关于我们

神奇的考点母题以多位财政部会计财务评价中心专家为核心，联袂著名大学的博士、教授，秉承**"四精""三六"**的教学理念，独创"神奇的考点母题"五步教学法，助力财会人才实现职业梦想。

核心业务

初级会计师　中级会计师　高级会计师

注册会计师　税务师

神母优势

1、**豪华的师资团队**：优秀专家团队，教授领衔、全博士阵容

2、**经过实践的通关保障**：丰富的考试研究经验和命题经验

3、**独特的教学理念**：独创五步教学法、四精课程"三六"原则

4、**硬核的《神奇的考点母题》系列教材**：精准定位考点 真题之源

5、**高质量的准真题和考前神奇密训卷**：聚焦考试重点，一题顶十题

神奇的考点母题 专注财经考试培训

致力成为财经考试培训标准领航者

@神奇母题会计图书

抖音号：89711618843

神奇母题官方图书号

神母豪华师资阵容

教授领衔 全博授课

王峰娟 教授 / 博士

北京工商大学商学院 教授、博士生导师
中央财经大学 博士

杨克智 副教授 / 博士

中央财经大学 会计学博士
北京工商大学MPAcc中心主任

张晓婷 教授 / 博士

北京师范大学 法学院教授
中国人民大学 博士

任翠玉 教授 / 博士

东北财经大学 会计学院 博士、教授

张旭娟 教授 / 博士

山西财经大学 法学院教授
中国政法大学 法学博士

宋迪 博士

中国政法大学 教师
中国人民大学会计学 博士

鄢翔 博士

上海财经大学 会计学博士
首都经济贸易大学 教师

于上尧 博士

中国人民大学财务与金融系 博士
北京工商大学财务系 副教授 硕士研究生导师

郝琳琳 教授 / 博士后

北京工商大学 法学院 教授
财政部科研院 博士后

刘胜 博士

北京工商大学 金融学博士
首都经济贸易大学 特聘导师

高瑜彬 副教授 / 博士

北京工商大学 会计系副主任、副教授
吉林大学管理学、会计学 博士

李静怡 副教授 / 博士

东北财经大学 副教授、经济学博士

李辰颖 副教授 / 博士后

北京林业大学 经济管理学院 副教授
中央财经大学 管理学 博士
上海财经大学 博士后

邹学庚 博士

中国政法大学民商法学 博士
中国政法大学民商经济法学院 教师

宋淑琴 教授 / 博士

东北财经大学教授，管理学博士
辽宁省教学名师

华忆昕 博士

中国政法大学民商法学博士
中国政法大学商学院教师

师资团队	授课明细
初级领航天团	杨克智 鄢翔 /《初级会计实务》、张晓婷 宋迪 /《经济法基础》
中级神奇天团	王峰娟 任翠玉 /《财务管理》、杨克智 /《会计实务》、张晓婷 张旭娟 /《经济法》
高级会计 - 核之队	王峰娟 杨克智 /《高级会计实务》
注会圆梦天团	杨克智 /《会计》、王峰娟 于上尧 /《财务成本管理》、张晓婷 /《经济法》 鄢翔 /《审计》、刘胜 /《战略》、郝琳琳 /《税法》
税务师梦之队	任翠玉 /《财务与会计》- 财务管理、高瑜彬 /《财务与会计》- 会计、 李辰颖 /《税法》(一)、李静怡 /《税法》(二)、 宋迪 /《涉税服务实务》、邹学庚 /《涉税服务相关法律》

考点母题 真题之源 聚焦考点 助力上岸

“四精”课程服务

高效通关有保障

精致

内容质量高

精准

考点定位准

精短

时间消耗少

精彩

专家讲授棒

神奇的考点母题——“三六”原则

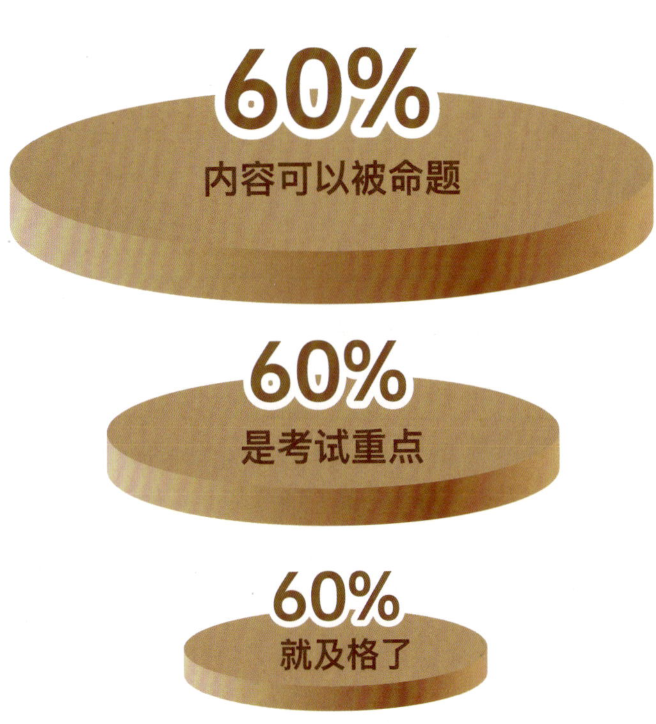

花少量的时间，掌握**关键内容**，

抓住重点你也可以轻松上岸

神奇的考点母题——五步教学法

五步教学法是一个教学闭环和通关阵法，环环相扣、互为依托，相辅相成。神奇的考点母题五步教学法通过大量实践，已经展现了其独特的魅力。

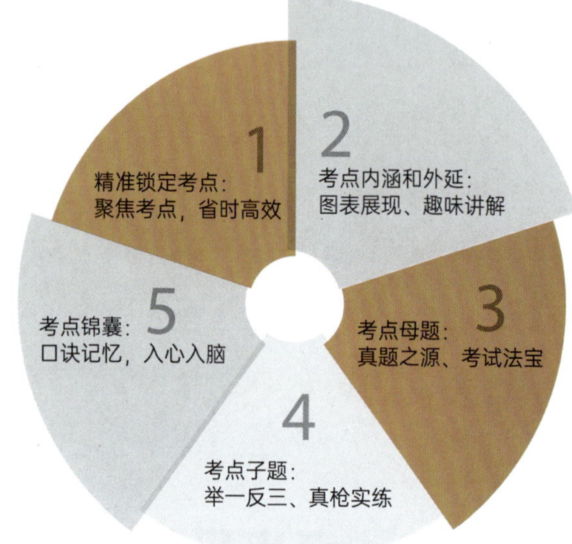

全程专家直播授课

全程直播授课

专家全程直播授课，"博士级"名师在线答疑

母题模式

母题讲解模式，摆脱题海战术， 以不变应万变

考点剖析精讲

浓缩考试精华，直击要点，考点全覆盖， 一题顶十题

其他培训机构	VS	神奇的考点母题
机构讲师授课	VS	全国性考试前命题专家授课
大部分为录播 +少部分课程直播	VS	全程100%直播+答疑
常规讲解模式	VS	独创母题讲解模式
无答疑或者 松散答题服务	VS	全国性考试前命题专家授课 +211，985具有博士学历 大学老师联合答疑

神奇的考点母题

2023年 中级会计专业技术资格考试

THE MAGIC KEY TO EXAM

中级经济法

应试指导及母题精讲

神奇母题® 1

编著 ◎ 张晓婷 张旭娟

THE MAGIC KEY TO EXAM

团结出版社
UNITY PRESS

图书在版编目（CIP）数据

中级经济法应试指导及母题精讲 / 张晓婷，张旭娟编著 . -- 北京：团结出版社，2023.3

ISBN 978-7-5126-9933-5

Ⅰ . ①中… Ⅱ . ①张… ②张… Ⅲ . ①经济法－中国－资格考试－题解 Ⅳ . ① D922.290.4

中国版本图书馆 CIP 数据核字 (2022) 第 236086 号

出　版： 团结出版社
（北京市东城区东皇城根南街 84 号　邮编：100006）
电　话：（010）65228880　65244790
网　址： http://www.tjpress.com
E-mail： 65244790@163.com
经　销： 全国新华书店
印　刷： 涿州汇美亿浓印刷有限公司
装　订： 涿州汇美亿浓印刷有限公司

开　本： 185mm × 260mm　16 开
印　张： 36
字　数： 325 千字
版　次： 2023 年 5 月　第 1 版
印　次： 2023 年 5 月　第 1 次印刷

书　号： 978-7-5126-9933-5
定　价： 88.00 元

前　言

相较于注册会计师、税务师而言，中级会计师考试难度较为适中。考试的基本要求为连续两年通过《中级会计实务》《财务管理》《经济法》三个科目。从最近几年的趋势看，考试难度有所加强。鉴于此，神奇考点母题团队精心编制了本套中级会计师系列辅导教材，本系列辅导教材按照最新考试大纲和教材、尊重命题规律和考生学习规律、以考点母题为本位、辅之以子题进行编制。本套辅导教材的特点有：

1. 考点母题化

将教材内容进行优化，剔除不能出考题的内容，或者出题概率不大的内容，将教材凝缩为考点母题，使讲义的内容更加精致，考点更加集中。同时将考点对应的真题出题方向和选项进行全面、精准归纳，形成真题出题的原料库。考点母题搭建起教材和考试之间的桥梁，掌握了考点母题就掌握了考试的秘方，解决了考生“学习学得好但考试不一定考得好”的问题，让考试更轻松，过关更高效。在精致的基础上，做到精短、精准。

2. 习题子题化

将考点母题按照真题的范式衍生出考点子题，考点子题完全按照真题的难度和要求命制，是高质量准真题。通过练习考点子题，掌握考点母题衍生真题的规律，举一反三，有的放矢，拒绝题海战术。把好题练好，练熟。

3. 教材形象化

看漫画学知识，将教材海量文字内容通过漫画的形式或图表的形式进行展示，将公式形象化，让教材通俗易懂、一目了然。本书将核心考点内容都漫画化了，核心公式都形式化、可视化了，让内容更生动，学习更有趣。

4. 记忆口诀化

根据各科目考试特点，将需要记忆的考点总结成朗朗上口的记忆口诀，让考点入心入脑，不但让考生学会考点内容和母题内容，还让考生能轻松地记忆和准确运用。

5. 书课一体化

本套辅导教材为神奇母题课程的授课讲义，完全书课一体。神奇的考点母题授课团队均为高校教授、博士，考点把握精准、授课专业精彩、课时精短高效、课程资料精致。书中部分考点母题配有考点视频二维码，方便考生立体学习。

《经济法》科目的特点是内容庞杂，知识点细碎。尤其是近几年经济法的考试呈现出面宽、点杂、点细、点碎、点活的特点，这就要求学员们对所学知识进行精准记忆，但大多数学员在学习的过程中经常出现学起来就会、放下书就忘、抓不住重点的现象。为解决学员们在备考过程中出现的问题，神奇的考点母题团队基于多年的教研培训经验以及对中级职称考试命题规律的把握，将教材内容总结提炼为考点母题，通过对教材内容的高度浓缩，更准确地聚焦考点，突出重点，精炼关键词，使学员能够快速、准确记忆所学知识点，并做到以点带面。为了帮助学员更好地理解和精准记忆所学知识点，本辅导教材将教材内容以考点母题形式呈现，同时配套经典题目作为考点子题。学员在学习的过程中可以通过练习经典例题加深对知识点的理解，活学活用，更加精准记忆知识点。本书由张晓婷教授、张旭娟教授编著，董甜、赵静、谢兴凤参与了校对、编辑等工作。

神奇的考点母题教研团队

张晓婷 教授 法学博士

北京师范大学法学院教授 硕士生导师

中国人民大学经济法学博士

中国法学会经济法学会理事

中国法学会财税法学会理事

中国法学会社会法学会理事

北京市经济法学研究会理事

主持省部级课题 1 项

主持海淀区教委课题 1 项

主持北京师范大学校级课题及教改项目多项

参与国家社科基金项目、省部级课题、中国法学会规划课题多项

出版专著 1 部

发表学术论文 30 多篇

神奇的考点母题创始人

担任上市公司独立董事

张旭娟 教授 法学博士

山西财经大学法学院教授 硕士生导师

中国政法大学经济法学博士

中国法学会银行法学研究会常务理事；中国法学会经济法学研究会理事；山西省法学会常务理事；山西省人民政府法律专家库成员；山西省法学会金融法研究会会长；北方金融调解中心理事长；太原仲裁委员会仲裁员；山西邦宁律师事务所兼职律师。

主持国家社科基金项目一项，省部级项目十余项。在《中国法学》《政法论坛》《北方法学》等杂志发表论文四十余篇。出版专著及教材十余部。

神奇的考点母题创始人

某商业银行独立董事

目 录

第1章 总 论

本章是经济法的总论，主要介绍了法律体系、法律行为与代理、经济纠纷解决途径三个方面的内容。具体知识结构分布如图 1-1。

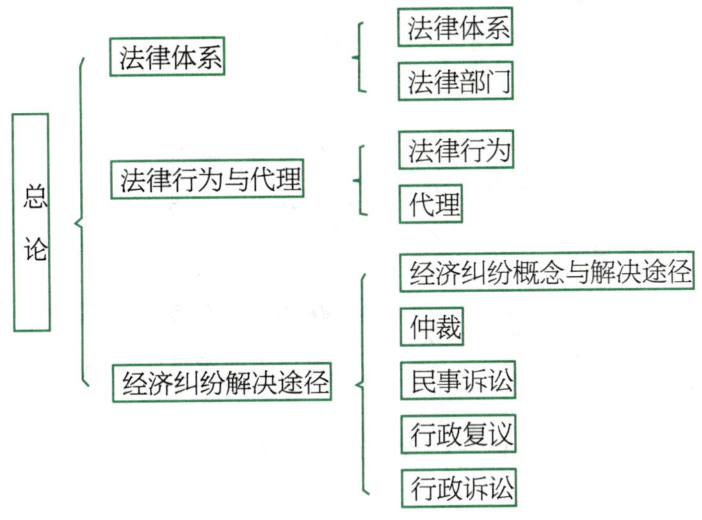

图 1-1 第 1 章知识框架图

近三年本章考试题型及分值分布

题型	2022（1卷）	2022（2卷）	2021（1卷）	2021（2卷）	2020（1卷）	2020（2卷）
单选题	5 题 5 分	5 题 5 分	5 题 5 分	4 题 4 分	4 题 4 分	3 题 3 分
多选题	3 题 6 分	2 题 4 分	1 题 2 分	2 题 4 分	2 题 4 分	2 题 4 分
判断题	2 题 2 分	2 题 2 分	1 题 1 分	1 题 1 分	2 题 2 分	2 题 2 分
合计	10 题 13 分	9 题 11 分	8 分	9 分	10 分	9 分

第一节　法律体系

【本节知识框架】

- 法律体系
  - 法律体系
    - 法律体系的概念
    - 中国社会主义法律体系
  - 法律部门
    - 法律部门的概念
    - 我国的主要法律部门

图 1-2　第 1 节知识框架图

略

第二节 法律行为与代理

【本节知识框架】

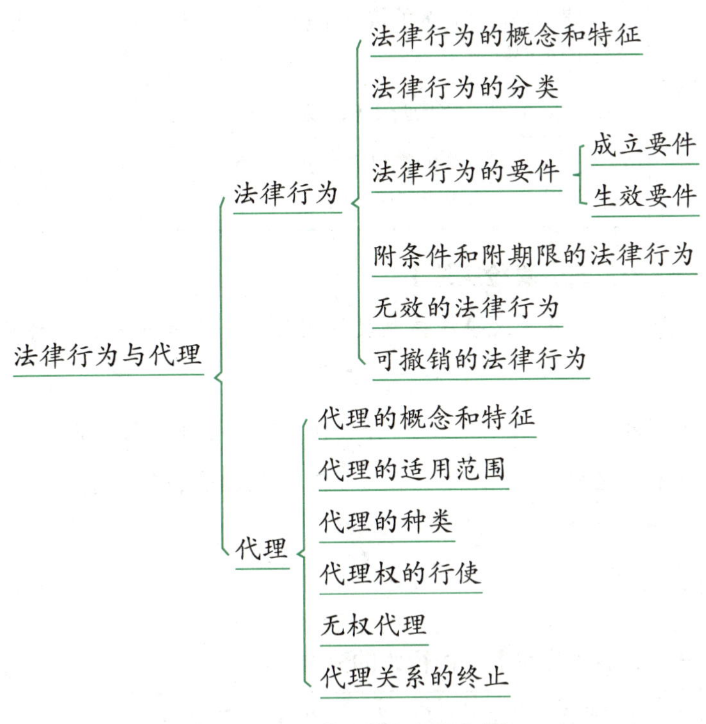

图 1-3 第 2 节知识框架图

【本节考点、考点母题及考点子题】

法律行为

（一）法律行为的概念与特征

法律行为是指民事主体通过意思表示设立、变更、终止民事法律关系的行为。它是法律事实的一种。

【考点母题——万变不离其宗】法律行为的特征

<table>
<tr><td colspan="3">下列关于法律行为特征的表述中，正确的有（　）。</td></tr>
<tr><td rowspan="2">A. 法律行为是以达到一定的民事法律后果为目的的行为（设权行为）</td><td>a. 有意识创设的、自觉自愿的行为</td><td>示例：设立遗嘱以处分财产，订立合同以设立债权</td></tr>
<tr><td colspan="2">b. 法律行为的目的性，是决定行为法律效果的基本依据，但法律行为能否发生当事人旨在追求的法律效果，决定于该行为是否符合法律行为的生效要件，只有符合生效要件的法律行为，才能发生当事人预期的法律后果</td></tr>
<tr><td rowspan="3">B. 法律行为以意思表示为要素</td><td colspan="2">意思表示是法律行为的核心要素，也是区分法律行为与非表意行为（事实行为）的重要标志</td></tr>
<tr><td colspan="2">事实行为示例：拾得遗失物，建造房屋</td></tr>
<tr><td colspan="2">行为人表达与外部的意思应是其内心的真实意思；行为人仅有内心意思但不表达于外部，不构成意思表示</td></tr>
</table>

【考点子题——举一反三，真枪实练】

[1]（历年真题·单选题）根据民事法律制度的规定，下列各项中，属于民事法律行为的是（　）。

A. 刘某食用新鲜草莓　　B. 王某与机器人对弈

C. 张某观测宇宙黑洞　　D. 李某购买考试教材

（二）法律行为的分类

【考点母题——万变不离其宗】法律行为的分类

<table>
<tr><td colspan="3">（1）按照法律行为的成立需要几方当事人的意思表示，法律行为可以分为（　）。</td></tr>
<tr><td>A. 单方法律行为</td><td>依一方当事人的意思表示而成立的法律行为</td><td>示例：委托代理的撤销；无权代理的追认</td></tr>
<tr><td>B. 多方法律行为</td><td>依两个或两个以上当事人意思表示一致而成立的法律行为</td><td>决议行为：仅需依照规定的程序或方式作出，而不要求各方的意思表示全部一致</td></tr>
<tr><td colspan="3">（2）按照法律行为当事人从对方当事人取得利益有无对价为标准，法律行为可以分为（　）。</td></tr>
<tr><td>A. 有偿法律行为</td><td>双方当事人各因其给付而从对方取得利益的行为</td><td>示例：买卖、租赁、承揽</td></tr>
<tr><td>B. 无偿法律行为</td><td>当事人一方无须为给付而获得利益的法律行为</td><td>示例：赠与、无偿委托、借用</td></tr>
<tr><td colspan="3">【注意】有偿法律行为义务人的法律责任比无偿法律行为义务人的法律责任要重。</td></tr>
</table>

续表

(3)按照法律行为的成立是否要具备法律规定或当事人约定的形式，法律行为可以分为（ ）。		
A. 要式法律行为	法律明确规定或当事人明确约定必须采取一定形式或履行一定程序才能成立的法律行为	示例：融资租赁合同、建设工程合同、技术开发合同应当采用书面形式
B. 非要式法律行为	法律未规定特定的形式，可由当事人自由选择形式即可成立的法律行为	
【注意】该种区分对于判定法律行为的成立具有意义。同时，要式成立可以督促当事人谨慎进行民事活动，使权利义务关系明确具体并有确凿凭证，从而起到稳定交易秩序的作用。		
(4)按照法律行为之间的依存关系，可以将法律行为分为（ ）。		
A. 主法律行为	不需要有其他法律行为的存在就可以独立成立的法律行为	示例：借款合同
B. 从法律行为	从属于其他法律行为而存在的法律行为	示例：担保合同
【注意】该种分类便于明确主从法律行为的效力关系。从法律行为的效力依附于主法律行为。从法律行为以主法律行为的存在为前提，与主法律行为同命运；除法律另有规定或当事人另有约定外，主法律行为无效或消灭，从法律行为亦随之无效或消灭。		

【考点子题——举一反三，真枪实练】

[2]（历年真题•单选题）赵某和钱某为确保借款合同的履行，签订了一份房屋抵押合同。根据法律行为的分类，该抵押合同的性质是（ ）。

A. 从法律行为　B. 单方法律行为　C. 实践法律行为　D. 非要式法律行为

[3]（历年真题•多选题）甲和乙签订标的额为3 000万元的建设工程合同，该合同属于（ ）。

A. 单方法律行为　B. 从法律行为　C. 要式法律行为　D. 有偿法律行为

（三）法律行为的要件

【考点母题——万变不离其宗】法律行为的要件

成立要件	（1）下列各项中，属于民事法律行为成立要件的有（ ）。		
	A. 当事人	B. 意思表示	C. 意思表示内容

续表

<table>
<tr><td rowspan="15">生效要件</td><td colspan="5">（2）根据《民法典》的规定，法律行为应当具备的生效要件有（　）。</td></tr>
<tr><td rowspan="10">A. 行为人具有相应的民事行为能力</td><td colspan="4">民事行为能力，指民事主体能够独立参加民事法律关系，以自己的行为取得民事权利或承担民事义务的能力，即独立实施法律行为的能力。</td></tr>
<tr><td rowspan="7">自然人的民事行为能力</td><td colspan="3">（3）根据《民法典》的规定，依据民事行为能力的不同，可以将自然人划分为不同的种类。该种类有（　）。</td></tr>
<tr><td rowspan="2">A. 无民事行为能力人</td><td>不满8周岁的未成年人（<8周岁）</td><td rowspan="2">实施的法律行为无效</td></tr>
<tr><td>不能辨认自己行为的成年人</td></tr>
<tr><td rowspan="2">B. 限制民事行为能力人</td><td>8周岁以上的未成年人（≥8周岁）</td><td rowspan="2">只能独立实施纯获利益的法律行为以及与其年龄、智力或精神健康状况相适应的法律行为，其他法律行为应由其法定代理人代理，或征得其法定代理人的同意而实施</td></tr>
<tr><td>不能完全辨认自己行为的成年人</td></tr>
<tr><td rowspan="2">C. 完全民事行为能力人</td><td>18周岁以上的成年人（≥18周岁）</td><td rowspan="2">可以独立地实施法律行为</td></tr>
<tr><td>16周岁以上不满18周岁但以自己的劳动收入为主要生活来源的未成年人（视为完全的民事行为能力人）</td></tr>
<tr><td rowspan="2">法人的民事行为能力</td><td colspan="3">（4）下列关于法人民事行为能力的表述中，正确的有（　）。</td></tr>
<tr><td colspan="3">A. 法人民事行为能力随其成立而产生，随其终止而消灭
B. 法人民事行为能力的行使要与其民事权利能力范围相适应，否则可能不发生法人实施法律行为所追求的法律效果</td></tr>
<tr><td rowspan="4">B. 意思表示真实</td><td colspan="4">（5）意思表示真实是指行为人的意思表示是其自主形成的内心意思的真实反映。意思表示真实包含（　）。</td></tr>
<tr><td colspan="2">A. 意思自由</td><td colspan="2">当事人意思的形成及其表示是其自由意志决定的，不存在受欺诈、受胁迫、被乘人之危等干涉和妨害意思自由的因素</td></tr>
<tr><td colspan="2">B. 意思与表示相一致</td><td colspan="2">不存在通谋虚假表示、不正确、误传等意思表示不一致的情形</td></tr>
<tr><td colspan="4">【注意】意思表示不真实，可能导致法律行为无效或是可撤销。</td></tr>
</table>

续表

生效要件	C. 不违反强制性规定，不违背公序良俗	（6）下列关于违反法律、行政法规的强制性规定以及违背公序良俗民事法律行为效力的表述中，正确的有（ ）。 A. 违反法律、行政法规的强制性规定的民事法律行为无效，但是该强制性规定不导致该民事法律行为无效的除外 B. 违背公序良俗的民事法律行为无效

【考点子题——举一反三，真枪实练】

［4］（历年真题•多选题）根据《民法典》的规定，下列人员中，属于完全民事行为能力人的有（ ）。

A. 张某，20周岁，待业人员，不能完全辨认自己的行为

B. 刘某，16周岁，网店店主，以自己的劳动收入为全部生活来源

C. 李某，18周岁，大学生，学费和生活费由父母负担

D. 王某，7周岁，小学生，已参与拍摄电视剧两部，获酬3000元

［5］（历年真题•单选题）王某13周岁生日时，爷爷送其价值1万元的电脑一台，奶奶送其价值50元的棒球帽一顶。同年某天，王某未事先征得法定代理人的同意，将其电脑与棒球帽分别赠送给同班同学。下列关于王某行为效力的表述中，正确的是（ ）。

A. 赠送棒球帽的行为效力待定　　B. 受赠棒球帽的行为有效

C. 赠送电脑的行为无效　　D. 受赠电脑的行为效力待定

［6］（历年真题•单选题）下列关于民事行为能力的表述中，不正确的是（ ）。

A. 6周岁的赵某将其家中价值2 000元的玩具赠与同学的法律行为无效

B. 10周岁的孙某接受其父亲同事赠与的200元红包，必须征得孙某法定代理人的同意

C. 12周岁的李某单独购买价格为10元的练习册的法律行为有效

D. 25周岁的钱某不能辨认自己的行为，用价值5 000元的手机换取1颗棒棒糖的法律行为无效

（四）附条件和附期限的法律行为

附条件的法律行为，是指当事人在法律行为中约定一定的条件，并以将来该条件的成就（或发生）或不成就（或不发生）作为法律行为效力发生或消灭的根据。

附期限的法律行为，是指当事人在法律行为中约定一定的期限，并以该期限的到来作为法律行为生效或解除的根据。

【考点母题——万变不离其宗】附条件和附期限的民事法律行为

附条件的法律行为	（1）下列关于附条件法律行为的表述中，正确的有（　）。
	A. 法律行为可以附条件，所附条件可以是事件，也可以是行为 B. 当事人恶意促使条件成就的，应当认定条件没有成就；当事人恶意阻止条件成就的，应当认定条件已经成就
	（2）能够作为法律行为所附条件的事实必须具备的要件有（　）。
	A. 是将来发生的事实　B. 是不确定的事实 C. 是当事人任意选择的事实，而非法定的事实　D. 是合法的事实 E. 是所限制的是法律行为效力的发生或消灭，而不涉及法律行为的内容
附期限的法律行为	期限是必然要到来的事实

【考点子题——举一反三，真枪实练】

［7］（历年真题•单选题）下列法律行为中，属于附条件法律行为的是（　）。

A. 钱某承诺如果郑某考上研究生，则赠与郑某一部手机

B. 孙某承诺在其去世后将生前收藏的一幅名画赠与张某

C. 赵某和王某订立赠与合同，约定合同自签订之日起两个月后生效

D. 李某承诺2021年10月1日赠与周某一台电脑

（五）无效法律行为

【考点母题——万变不离其宗】无效的法律行为

无效法律行为的概念	（1）下列关于无效法律行为的表述中，正确的有（　）。
	A. 无效法律行为是指对于当事人所追求的法律效果，自始、当然、确定的不发生 B. 无效法律行为并非不发生任何法律后果，可能引发侵权责任、缔约过失责任或公法上的责任 C. 按照无效法律原因存在于行为的全部或部分，无效法律行为可分为全部无效与部分无效
	（2）【判断金句】民事法律行为部分无效，不影响其他部分效力的，其他部分仍然有效。
无效法律行为的种类	（3）根据《民法典》的规定，下列法律行为中，属于无效民事法律行为的有（　）。
	A. 无民事行为能力人独立实施的　B. 当事人通谋虚假表示实施的 C. 恶意串通，损害他人合法权益的　D. 违反强制性规定或违背公序良俗的
	【注意】违反强制性规定的法律行为效力须具体情况具体分析。
无效法律行为的法律后果	（4）【判断金句】无效的法律行为，从行为开始起就没有法律约束力。
	（5）下列各项中，属于无效法律行为法律后果的有（　）。

续表

<table>
<tr><td rowspan="3">无效法律行为的法律后果</td><td colspan="2">A. 恢复原状（返还财产）</td></tr>
<tr><td>B. 赔偿损失</td><td>有过错的一方应当赔偿对方由此所受到的损失，各方都有过错的，应当各自承担相应的责任</td></tr>
<tr><td colspan="2">C. 收归国家、集体所有或返还第三人
D. 其他制裁（行政/刑事制裁）</td></tr>
</table>

【考点子题——举一反三，真枪实练】

［8］（历年真题 • 多选题）根据民事法律制度的规定，下列行为中，属于无效法律行为的有（　）。

A. 6周岁的王某将自己的电话手表赠与赵某

B. 张某以高于市场价30%的价格将房屋出售给李某

C. 宋某以泄露王某隐私为由，胁迫王某以超低价将祖传古董卖给自己

D. 甲公司代理人刘某与乙公司负责人串通，以甲公司名义向乙公司购买质次价高的商品

［9］（经典子题 • 多选题）根据《民法典》的规定，下列行为中，属于无效法律行为的有（　）。

A. 甲欲将房屋赠与乙，为避免亲友不悦，与乙签订了房屋买卖协议

B. 丙企业为了从丁企业获得贷款，双方协商签订了名义上的买卖合同

C. 张某赠送李某5万元，但条件是李某继续与其保持情人关系

D. 13岁的小林自己决定接受奖励金

（六）可撤销的法律行为

可撤销的法律行为，是指可因行为人行使撤销权请求法院或仲裁机关予以撤销而归于无效的法律行为。

【考点母题——万变不离其宗】可撤销的法律行为

<table>
<tr><td rowspan="2">可撤销法律行为的效力特征</td><td>（1）下列关于可撤销法律行为效力特征的表述中，正确的有（　）。</td></tr>
<tr><td>A. 在该行为被撤销前，行为效力已经发生，未经撤销，其效力不消灭，即其效力的消灭以撤销为条件
B. 该行为的撤销应由享有撤销权的当事人行使，且撤销权人须通过法院或仲裁机关行使撤销权
C. 撤销权人对权利的行使有选择权　　D. 撤销权的行使有时间限制
E. 该行为一经撤销，其效力溯及自行为开始时无效</td></tr>
</table>

续表

可撤销法律行为的种类	（2）下列法律行为中，一方有权请求人民法院或仲裁机关予以撤销的有（　）。	
	A. 行为人对行为内容有重大误解的	行为人对行为的性质、对方当事人、标的物的品种、质量、规格和数量等的不正确认识
	B. 受欺诈的	一方以欺诈手段，使对方在违背真实意思的情况下实施的民事法律行为，受欺诈方享有撤销权
		第三人实施欺诈行为，使一方在违背真实意思的情况下实施的民事法律行为，对方知道或者应当知道该欺诈行为的，受欺诈方享有撤销权
	C. 受胁迫的	一方或者第三人以胁迫手段，使对方在违背真实意思的情况下实施的民事法律行为，受胁迫方享有撤销权
	D. 显失公平的	一方利用对方处于危困状态、缺乏判断能力等情形，致使民事法律行为成立时显失公平的，受损害方享有撤销权
撤销权消灭的情形	（3）下列情形中，导致可撤销民事法律行为当事人的撤销权消灭的有（　）。	
	A. 当事人自知道或者应当知道撤销事由之日起1年内、重大误解的当事人自知道或者应当知道撤销事由之日起90日内没有行使撤销权 B. 当事人受胁迫，自胁迫行为终止之日起1年内没有行使撤销权 C. 当事人知道撤销事由后明确表示或者以自己的行为表明放弃撤销权 D. 当事人自民事法律行为发生之日起5年内没有行使撤销权的，撤销权消灭	
	【注意】撤销权行使的期限，不因任何事由中止、中断和延长。	
可撤销法律行为的法律后果	（4）下列关于可撤销法律行为法律后果的表述中，正确的有（　）。	
	A. 被依法撤销后，法律行为从行为开始起无效，具有与无效法律行为相同的法律后果 B. 若撤销权人放弃撤销权或未在法定期间内行使撤销权的，可撤销行为确定地成为完全有效的法律行为	

【考点子题——举一反三，真枪实练】

[10]（历年真题•单选题）下列法律行为中，属于可撤销法律行为的是（　）。

A. 7周岁的赵某未经父母同意给喜欢的游戏充值600元

B. 吴某故意将赝品古董花瓶描述成真品，以高价卖给不知情的钱某

C. 孙某从李某处购买自制枪支用于打猎

D. 不能辨认自己行为的郑某花费5 000元购买了一部手机

[11]（历年真题•单选题）根据民事法律制度的规定，下列行为中，不属于可撤销法律行为的是（　）。

A. 孙某受蔡某欺诈与其签订买卖合同

B. 陈某受王某胁迫与其签订房屋租赁合同

C. 李某误以为赵某的镀金表为纯金表而花高价购买

D. 刘某超越代理权以甲公司的名义与乙公司签订买卖合同

[12]（历年真题•单选题）2022年3月31日，张某与李某签订了一份买卖合同。2022年4月30日，张某发现自己对合同标的存在重大误解。张某行使该合同撤销权的最晚日期为（　）。

A. 2022年5月30日　　B. 2022年7月29日

C. 2023年3月31日　　D. 2023年4月30日

[13]（历年真题•多选题）根据《民法典》的规定，下列关于撤销权消灭情形的表述中，正确的有（　）。

A. 当事人自民事法律行为发生之日起5年内没有行使撤销权的，撤销权消灭

B. 当事人自应当知道撤销事由之日起1个月内没有行使撤销权的，撤销权消灭

C. 当事人受胁迫，自胁迫行为终止之日起1年内没有行使撤销权的，撤销权消灭

D. 重大误解的当事人自知道或者应当知道撤销事由之日起90日内没有行使撤销权的，撤销权消灭

[14]（经典子题•多选题）甲公司向乙公司订购奶粉一批，乙公司在订立合同时，将国产奶粉谎称为进口奶粉。甲公司事后得知实情，适逢国产奶粉畅销。甲公司有意履行合同，乙公司则希望将这批货物以更高价格售与他人。关于本案的下列说法中，正确的有（　）。

A. 甲公司向乙公司催告交货，则合同成为确定地有效

B. 甲公司向乙公司预付货款，则合同成为确定地有效

C. 甲公司向乙公司送交确认合同有效的通知，则合同成为确定地有效

D. 乙公司以合同订立时存在欺诈事情为由主张撤销，则合同失去约束力

考点2 代理

（一）代理的概念和特征

代理是指代理人在代理权限内，以被代理人的名义与相对人实施法律行为，由此产生的法律后果直接由被代理人承担的法律制度。

【考点讲解——精要解读】代理关系

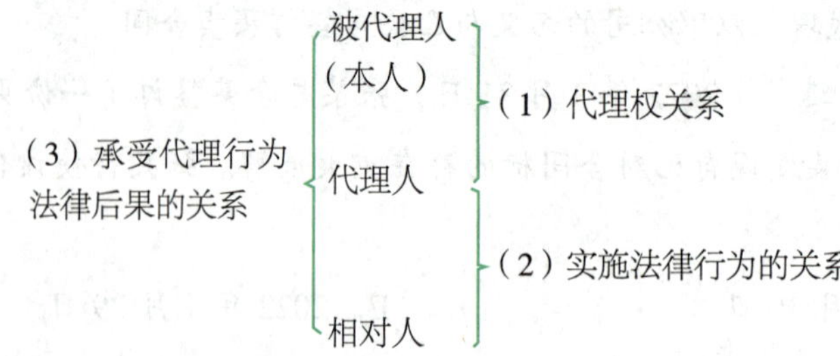

【考点母题——万变不离其宗】代理

<table>
<tr><td rowspan="4">代理的法律特征</td><td colspan="2">（1）下列各项中，属于代理法律特征的有（　）。</td></tr>
<tr><td>A. 代理人必须以被代理人的名义实施法律行为</td><td>区别行纪、寄售行为等受托处分财产的行为</td></tr>
<tr><td>B. 代理人在代理权限内独立地向相对人进行意思表示</td><td>代理人独立的意思表示
区别传递信息、中介行为</td></tr>
<tr><td>C. 代理行为的法律后果直接归属于被代理人</td><td>与无效代理行为、冒名欺诈行为区别</td></tr>
<tr><td rowspan="2">代理的适用范围</td><td colspan="2">（2）下列关于代理适用范围的表述中，正确的有（　）。</td></tr>
<tr><td colspan="2">A. 代理适用于民事主体之间设立、变更和终止权利义务的法律行为
B. 依照法律规定应当由本人实施的民事法律行为，不得代理
C. 依照当事人约定应当由本人实施的民事法律行为，不得代理
D. 依照民事法律行为的性质应当由本人实施的民事法律行为，不得代理
E. 应当由本人实施的民事法律行为，本人未亲自实施的，应当认定行为无效</td></tr>
<tr><td rowspan="2">无效的代理行为</td><td colspan="2">（3）下列代理行为中，应当认定为无效的有（　）。</td></tr>
<tr><td colspan="2">A. 订立遗嘱　　B. 婚姻登记　　C. 收养子女</td></tr>
<tr><td rowspan="4">代理的种类</td><td colspan="2">（4）下列各项中，属于代理种类的有（　）。</td></tr>
<tr><td rowspan="2">A. 委托代理</td><td>（5）下列关于委托代理的表述中，正确的有（　）。</td></tr>
<tr><td>A. 委托代理可以用书面形式也可以用口头形式
B. 委托代理授权采用书面形式的，授权委托书应当载明代理人的姓名或名称、代理事项、权限和期间，并由被代理人签名或盖章</td></tr>
<tr><td>B. 法定代理</td><td>（6）【判断金句】无民事行为能力人、限制行为能力人的监护人是其法定代理人。</td></tr>
<tr><td rowspan="3">代理权的行使</td><td colspan="2">（7）下列关于代理权行使一般要求的表述中，正确的有（　）。</td></tr>
<tr><td colspan="2">A. 委托代理人应按照被代理人的委托授权行使代理权
B. 法定代理人应依照法律的规定行使代理权
C. 代理人行使代理权必须符合被代理人的利益，勤勉尽责、审慎周到
D. 代理人不得与他人恶意串通损害被代理人利益，也不得利用代理权谋取私利</td></tr>
<tr><td colspan="2">（8）下列关于转委托代理的表述中，正确的有（　）。</td></tr>
</table>

续表

<table>
<tr><td rowspan="9">代理权的行使</td><td colspan="2">A. 转委托代理，又称复代理，是指代理人为了实施其代理权限内的行为而以自己的名义为被代理人选任代理人的代理
B. 转委托以本代理的存在为前提
C. 转委托的第三人是原代理人以自己的名义选任的代理人
D. 转委托的第三人行使的代理权是原代理人的代理权
E. 转委托的第三人是被代理人的代理人，而不是代理人的代理人</td></tr>
<tr><td colspan="2">（9）下列关于转委托代理的表述中，符合《民法典》的规定的有（　）。</td></tr>
<tr><td colspan="2">A. 代理人需要转委托第三人代理的，应当取得被代理人的同意或者追认
B. 转委托代理经被代理人同意或者追认的，代理人可以就代理事务直接指示转委托的第三人，代理人仅就第三人的选任以及对第三人的指示承担责任</td></tr>
<tr><td rowspan="2">C. 转委托代理未经被代理人同意或者追认的，代理人应当对转委托的第三人的行为承担责任；但是，在紧急情况下，代理人为了维护被代理人的利益，需要转委托第三人代理的除外</td><td>紧急情况示例：急病、通讯联络中断、疫情防控等</td></tr>
<tr><td>委托代理人自己不能办理代理事项，又不能与被代理人及时取得联系，如不及时转委托第三人代理，会给被代理人造成损失或扩大损失</td></tr>
<tr><td colspan="2">（10）下列关于禁止滥用代理权的表述中，正确的有（　）。</td></tr>
<tr><td colspan="2">A. 代理人不得以被代理人的名义与自己实施民事法律行为，但是被代理人同意或者追认的除外
B. 代理人不得以被代理人的名义与自己同时代理的其他人实施民事法律行为，但是被代理的双方同意或者追认的除外</td></tr>
<tr><td colspan="2">（11）下列关于不当代理与违法代理责任的表述中，正确的有（　）。</td></tr>
<tr><td colspan="2">A. 代理人不履行或者不完全履行职责，造成被代理人损害的，应当承担民事责任
B. 代理人和相对人恶意串通，损害被代理人合法权益的，代理人和相对人应当承担连带责任
C. 代理人知道或者应当知道代理事项违法仍然实施代理行为，或者被代理人知道或者应当知道代理人的代理行为违法未作反对表示的，被代理人和代理人应当承担连带责任</td></tr>
<tr><td rowspan="3">无权代理</td><td colspan="2">（12）【判断金句】无权代理是指没有代理权而以他人名义进行的代理行为。（没有代理权包括没有代理权而实施的代理、超越代理权而实施的代理以及代理权终止后实施的代理）</td></tr>
<tr><td colspan="2">（13）下列关于无权代理法律后果的表述中，正确的有（　）。</td></tr>
<tr><td colspan="2">A. 无权代理未经被代理人追认的，对被代理人不发生效力
B. 相对人可以催告被代理人自收到通知之日起30日内予以追认；代理人未作表示的，视为拒绝追认
C. 行为人实施的行为被追认前，善意相对人有撤销的权利，其撤销应当以通知的方式作出
D. 行为人实施的行为未被追认的，善意相对人有权请求行为人履行债务或者就其受到的损害请求行为人赔偿，赔偿的范围不得超过被代理人追认时相对人所能获得的利益
E. 相对人知道或者应当知道行为人无权代理的，相对人和行为人按照各自的过错承担责任</td></tr>
</table>

续表

无权代理	（14）【判断金句】行为人没有代理权、超越代理权或者代理权终止后，仍然实施代理行为，相对人有理由相信行为人有代理权的，代理行为有效。
	（15）下列情形中，构成表见代理由被代理人承担代理行为后果的有（　）。
	A. 被代理人对相对人表示已将代理权授予他人，而实际并未授权 B. 被代理人将某种有代理权的证明文件（如盖有公章的空白合同文本）交给他人，他人以该种文件使相对人相信其有代理权并与之进行法律行为 C. 代理人违反被代理人的意思或者超越代理权，相对人无过失地相信其有代理权而与之进行法律行为 D. 代理关系终止后未采取必要的措施而使相对人仍然相信行为人有代理权，并与之进行法律行为
代理关系的终止	（16）下列情形中，能够导致委托代理终止的有（　）。
	A. 代理期限届满或者代理事务完成　B. 被代理人取消委托或者代理人辞去委托 C. 代理人丧失民事行为能力　D. 代理人或者被代理人死亡 E. 作为代理人或被代理人的法人、非法人组织终止
	（17）下列情形中，被代理人死亡后，委托代理人实施的代理行为仍然有效的有（　）。
	A. 代理人不知道且不应当知道被代理人死亡　B. 被代理人的继承人予以承认 C. 授权中明确代理权在代理事务完成时终止 D. 被代理人死亡前已经实施，为了被代理人的继承人的利益继续代理
	（18）下列情形中，能够导致法定代理关系终止的有（　）。
	A. 被代理人取得或者恢复完全民事行为能力　B. 代理人丧失民事行为能力 C. 代理人或者被代理人死亡

【考点子题——举一反三，真枪实练】

［15］（历年真题·单选题）根据民事法律制度的规定，下列关于代理制度的表述中，正确的是（　）。

A. 代理人和第三人恶意串通，损害被代理人合法权益的，代理人和第三人应当承担连带责任

B. 代理行为包括传递信息等非独立进行意思表示的行为

C. 代理行为的法律后果直接归属于代理人

D. 代理人必须以自己的名义实施法律行为

［16］（历年真题·多选题）根据民事法律制度的规定，下列代理行为无效的有（　）。

A. 孙某受李某委托代为租赁房屋　B. 赵某受钱某委托代为购买汽车

C. 周某受吴某委托代为婚姻登记　D. 郑某受王某委托代为收养子女

［17］（经典子题·单选题）甲为乙公司业务员，负责某小区的订奶业务多年，每月月底在小区摆摊，更新订奶户并收取下月订奶款。2017年5月29日，甲从乙公司辞职。5月30日，甲仍照常前往小区摆摊收取订奶款，订奶户不知内情，照例交款，甲亦如

常开出盖有乙公司公章的订奶款收据。后甲下落不明。根据《民法典》的规定，关于本案的下列表述中，正确的是（　）。

A. 甲的行为构成无权处分，应由乙公司向订奶户承担损害赔偿责任后，再向甲追偿

B. 甲的行为构成无效代理，应由甲向订奶户承担合同履行义务

C. 甲的行为与乙公司无关，应由甲向订奶户承担合同履行义务

D. 甲的行为构成表见代理，应由乙公司向订奶户承担合同履行义务

[18]（历年真题·判断题）被代理人死亡后，被代理人的继承人承认的委托代理行为仍有效。（　）

[19]（历年真题·多选题）根据民事法律制度的规定，下列情形中，属于委托代理终止法定情形的有（　）。

A. 代理人丧失民事行为能力

B. 被代理人丧失民事行为能力

C. 代理人死亡

D. 代理事务完成

第三节 经济纠纷解决途径

【本节知识框架】

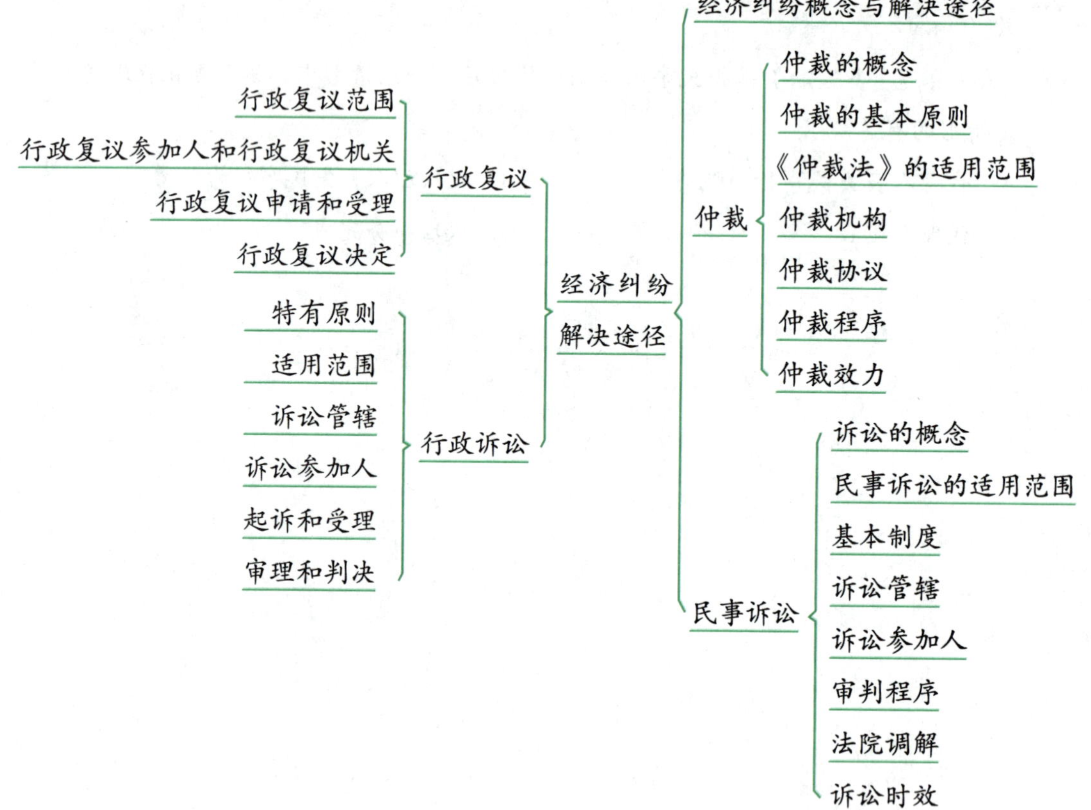

图 1-4 第 3 节知识框架图

【本节考点、考点母题及考点子题】

考点3 经济纠纷概念与解决途径

（一）经济纠纷的概念

经济纠纷是指市场经济主体在经济活动中因一方或双方违反法律规定或依法生效的合同，损害对方合法权益而引起的经济争议，包括平等主体之间涉及经济内容的纠纷，以及公民、法人或者其他组织作为行政管理相对人与行政机关之间因行政管理所发生的涉及经济内容的纠纷。

（二）经济纠纷的解决途径

【考点母题——万变不离其宗】经济纠纷的解决途径

<table>
<tr><td colspan="2">（1）下列各项中，属于经济纠纷解决途径的有（　）。</td></tr>
<tr><td>A. 和解</td><td>当事人在平等的基础上相互协商、互谅互让，进而对纠纷解决达成协议的方式</td></tr>
<tr><td rowspan="3">B. 调解</td><td>经济纠纷的当事人在中立第三方的主持下，自愿进行协商、解决纠纷的办法</td></tr>
<tr><td>（2）在我国，调解的形式主要有（　）。</td></tr>
<tr><td>A. 民间调解　B. 行政调解　C. 仲裁调解
D. 法院调解（人民法院审理行政案件不适用调解）
【注意】法院调解属于诉内调解，其他都属于诉外调解。</td></tr>
<tr><td colspan="2">C. 仲裁　D. 复议　E. 诉讼</td></tr>
<tr><td colspan="2">（3）在多元化纠纷解决机制中，适用于解决横向关系经济纠纷的解决途径有（　）。</td></tr>
<tr><td colspan="2">A. 仲裁　B. 民事诉讼</td></tr>
<tr><td colspan="2">（4）在多元化纠纷解决机制中，适用于解决纵向关系经济纠纷的解决途径有（　）。</td></tr>
<tr><td colspan="2">A. 行政复议　B. 行政诉讼</td></tr>
<tr><td colspan="2">【注意】行政复议通常不是行政诉讼的前置程序，除非法律另有规定；行政复议一般也没有最终的法律效力，行政相对人对复议决定不服，可以依法向人民法院提起行政诉讼，只有在法律规定复议裁决为终局裁决的情况下，复议才具有最终的法律效力。</td></tr>
</table>

【考点子题——举一反三，真枪实练】

[20]（经典子题•多选题）下列各项中，适用于解决横向关系经济纠纷的解决途径的有（　）。

A. 民事诉讼　B. 仲裁　C. 行政诉讼　D. 行政复议

考点4 仲裁

（一）仲裁的概念

仲裁是指仲裁机构根据纠纷当事人之间自愿达成的协议，以第三者的身份对所发生的纠纷进行审理，并作出对争议各方均有约束力的裁决的解决纠纷活动。

（二）仲裁的基本原则

【考点母题——万变不离其宗】仲裁的基本原则

下列各项中，属于仲裁基本原则的有（　）。	
A. 自愿原则	由双方自愿达成仲裁协议，没有仲裁协议，一方申请仲裁的，仲裁组织不予受理
	当事人可以自愿选择仲裁机构及仲裁员
	当事人可以自行和解，达成和解协议后，可以请求仲裁庭根据和解协议作出仲裁裁决书，也可以撤回仲裁请求
	当事人自愿调解的，仲裁庭应予调解
B. 以事实为根据，以法律为准绳，公平合理地解决纠纷原则	
C. 仲裁组织依法独立行使仲裁权原则	仲裁组织是民间组织，不隶属于国家机关
	仲裁组织独立进行仲裁，不受任何行政机关、社会团体和个人的干涉
	人民法院依法对仲裁进行必要的监督
D. 一裁终局原则	仲裁裁决作出后，当事人就同一纠纷不能再申请仲裁或向人民法院起诉；但是裁决被人民法院依法裁定撤销或不予执行的，当事人可以重新达成仲裁协议申请仲裁，也可以向人民法院起诉

【考点子题——举一反三，真枪实练】

［21］（历年真题•多选题）根据仲裁法律制度的规定，下列各项中，属于仲裁基本原则的有（　）。

A. 自愿原则　　B. 公开仲裁原则

C. 仲裁组织依法独立行使仲裁权原则　　D. 一裁终局原则

（三）《仲裁法》的适用范围

【考点母题——万变不离其宗】《仲裁法》的适用范围

下列关于仲裁适用范围的表述中，正确的有（ ）。
A. 平等主体的公民、法人和其他组织之间发生的合同纠纷和其他财产纠纷，可以仲裁 B. 与人身有关的婚姻、收养、监护、扶养、继承纠纷不能进行仲裁 C. 由强制性法律规范调整的法律关系的争议不能进行仲裁（如行政争议） D. 劳动争议和农业集体经济组织内部的农业承包合同纠纷，不适用《仲裁法》（适用专门的规定，因为它们在解决纠纷的原则、程序等方面有自己的特点）

【考点子题——举一反三，真枪实练】

[22]（历年真题•单选题）下列各项中，属于仲裁法律制度适用范围的是（ ）。

A. 融资租赁合同纠纷　　B. 农业集体经济组织内部的农业承包合同纠纷

C. 离婚纠纷　　D. 行政争议

[23]（历年真题•多选题）根据《仲裁法》的规定，下列各项中，不属于仲裁机构受理案件范围的有（ ）。

A. 甲公司与某行政机关之间的行政争议

B. 李某与王某之间的承揽合同纠纷

C. 蔡某与所在单位之间劳动合同纠纷

D. 陈某与所属农业集体经济组织之间的农业承包合同纠纷

（四）仲裁机构

【考点母题——万变不离其宗】仲裁机构

下列关于仲裁机构的表述中，正确的有（ ）。
A. 仲裁机构是有权对当事人提交的纠纷进行审理和裁决的机构，这一机构为仲裁委员会 B. 仲裁委员会可以在直辖市和省、自治区人民政府所在地的市设立，也可以根据需要在其他设区的市设立，不按行政区划层层设立 C. 仲裁委员会的设立虽然应当经省、直辖市的司法行政部门登记，但是，仲裁委员会独立于行政机关，与行政机关没有隶属关系 D. 仲裁委员会之间没有隶属关系

（五）仲裁协议

仲裁协议是指双方当事人自愿把他们之间可能发生或者已经发生的经济纠纷提交仲裁机构裁决的书面约定。仲裁协议应当以书面形式订立，口头达成仲裁的意思表示无效。

【考点母题——万变不离其宗】仲裁协议

仲裁协议的形式	（1）下列各项中，属于仲裁协议形式的有（　）。
	A. 合同中订立的仲裁条款 B. 纠纷发生前后以其他书面形式达成的请求仲裁的协议 【注意】其他书面形式，是指合同书、信件和数据电文（包括电报、传真、电传、电子数据交换和电子邮件）等形式。
仲裁协议的内容	（2）下列各项中，属于仲裁协议内容的有（　）。
	A. 请求仲裁的意思表示　B. 仲裁事项　C. 选定的仲裁委员会
仲裁协议的效力	（3）下列关于仲裁协议效力的表述中，正确的有（　）。
	A. 仲裁协议中为当事人设定的义务，不能任意更改、终止或撤销 B. 合法有效的仲裁协议对双方当事人诉权的行使产生一定的限制，在当事人双方发生协议约定的争议时，任何一方只能将争议提交仲裁，而不能向人民法院起诉 C. 对仲裁组织而言，仲裁协议具有排除法院管辖权的作用 D. 仲裁协议具有独立性，合同的变更、解除、终止或无效，不影响仲裁协议的效力
仲裁协议效力异议的处理	（4）当事人对仲裁协议的效力有异议时的下列处理中，正确的有（　）。
	A. 应当在仲裁庭首次开庭前请求仲裁委员会作出决定，或请求人民法院作出裁定 B. 一方请求仲裁委员作出决定，另一方请求人民法院作出裁定的，由人民法院裁定
无效的仲裁协议	（5）下列协议中，属于无效仲裁协议的有（　）。
	A. 约定的仲裁事项超过法律规定的仲裁范围的　B. 无民事行为能力人订立的仲裁协议 C. 限制行为能力人订立的仲裁协议 D. 一方采取胁迫手段，迫使对方订立仲裁协议的 E. 仲裁协议中对仲裁事项或仲裁委员会没有约定或者约定不明确，当事人达不成补充协议的
有仲裁协议但当事人起诉的处理	（6）当事人达成仲裁协议，一方向人民法院起诉未声明有仲裁协议，人民法院受理后的下列处理方式中，符合有关法律制度规定的有（　）。
	A. 另一方在首次开庭前提交仲裁协议的，人民法院应当驳回起诉，但仲裁协议无效的除外 B. 另一方在首次开庭前未对人民法院受理该起诉提出异议的，视为放弃仲裁协议，人民法院应当继续审理

【考点子题——举一反三，真枪实练】

[24]（历年真题•单选题）下列关于仲裁协议效力的表述中，不符合仲裁法律制度规定的是（　）。

A. 因买卖合同解除导致其中的仲裁协议无效

B. 一方当事人受胁迫而订立的仲裁协议无效

C. 限制民事行为能力人订立的仲裁协议无效

D. 约定仲裁事项为继承纠纷的仲裁协议无效

[25]（历年真题•单选题）根据仲裁法律制度的规定，下列关于仲裁协议效力的表述中，不正确的是（ ）。

A. 仲裁协议因合同解除而无效

B. 一方采取胁迫手段，迫使对方订立的仲裁协议无效

C. 无民事行为能力人订立的仲裁协议无效

D. 仲裁协议未约定仲裁委员会，当事人达不成补充协议的，仲裁协议无效

[26]（历年真题•多选题）根据仲裁法律制度的规定，下列属于无效仲裁协议的有（ ）。

A. 限制民事行为能力人与他人订立的仲裁协议

B. 因一方违约而被相对人依法解除的买卖合同中包含的仲裁协议

C. 当事人就继承纠纷约定仲裁的仲裁协议

D. 一方采取胁迫手段，迫使对方订立的仲裁协议

（六）仲裁程序

【考点母题——万变不离其宗】申请仲裁

（1）下列条件中，申请仲裁时必须符合的有（ ）。
A. 有仲裁协议　　B. 有具体的仲裁请求和事实、理由　　C. 属于仲裁委员会的受理范围
（2）下列关于仲裁申请递交的表述中，正确的有（ ）。
A. 仲裁不实行级别管辖和地域管辖，仲裁委员会由当事人协议选定 B. 当事人申请仲裁，应当向选定的仲裁委员会递交仲裁协议、仲裁申请书及副本

【考点母题——万变不离其宗】仲裁庭的组成

（1）【判断金句】仲裁庭可以由 1 名仲裁员成立独任仲裁庭或 3 名仲裁员组成合议仲裁庭。由 3 名仲裁员组成的合议仲裁庭，设首席仲裁员。
（2）下列关于仲裁庭成员组成的表述中，正确的有（ ）。
A. 当事人约定由 3 名仲裁员组成合议仲裁庭的，应当各自选定或者各自委托仲裁委员会主任指定 1 名仲裁员，第 3 名仲裁员由当事人共同选定或者共同委托仲裁委员会主任指定，第 3 名仲裁员是首席仲裁员 B. 当事人约定由 1 名仲裁员成立仲裁庭的，应当由当事人共同选定或者共同委托仲裁委员会主任指定仲裁员 C. 当事人没有在仲裁规则规定的期限内约定仲裁庭的组成方式或者选定仲裁员的，由仲裁委员会主任指定
（3）下列情形中，仲裁员应当回避的有（ ）。

续表

A. 仲裁员是本案当事人或者当事人、代理人的近亲属　B. 仲裁员与本案有利害关系 C. 仲裁员与本案当事人、代理人有其他关系，可能影响公正仲裁的 D. 仲裁员私自会见当事人、代理人，或者接受当事人、代理人的请客送礼的
(4)【判断金句】当事人提出回避申请，应当说明理由，在首次开庭前提出。回避事由在首次开庭后知道的，可以在最后一次开庭终结前提出。
(5)【判断金句】仲裁员是否回避，由仲裁委员会主任决定；仲裁委员会主任担任仲裁员时，由仲裁委员会集体决定。

【考点子题——举一反三，真枪实练】

[27]（历年真题•多选题）根据《仲裁法》的规定，下列情形中，属于仲裁员审理案件时必须回避的有（　）。

A. 是本案的当事人　　B. 与本案有利害关系

C. 是本案当事人的近亲属　　D. 接受当事人的礼物

【考点母题——万变不离其宗】仲裁裁决

(1)【判断金句】仲裁应当开庭进行。当事人协议不开庭的，仲裁庭可以根据仲裁申请书、答辩书以及其他材料作出裁决。
(2)【判断金句】仲裁一般不公开进行。当事人协议公开的，可以公开进行，但涉及国家秘密的除外。
(3)【判断金句】申请人经书面通知，无正当理由不到庭或者未经仲裁庭许可中途退庭的，可以视为撤回仲裁申请，对于被申请人则可以缺席裁决。
(4)【判断金句】当事人申请仲裁后，达成和解协议的，可以请求仲裁庭根据和解协议作出裁决书，也可以撤回仲裁申请。

【考点母题——万变不离其宗】仲裁的和解、调解及裁决的作出

仲裁的和解	(1)【判断金句】申请仲裁后，当事人可以自行和解。达成和解协议的，可以请求仲裁庭根据和解协议作出裁决书，也可以申请撤回仲裁申请。
	(2)【判断金句】当事人达成和解协议，撤回仲裁申请后反悔的，可以根据仲裁协议申请仲裁。
仲裁的调解	(3) 下列关于仲裁庭在作出裁决前调解达成协议的说法中，正确的有（　）。
	A. 仲裁庭应当制作调解书或者根据协议的结果制作裁决书 B. 调解书经双方当事人签收后，与裁决书具有同等法律效力 C. 在调解书签收前当事人反悔的，仲裁庭应当及时作出裁决
仲裁裁决的作出	(4)【判断金句】裁决应按多数仲裁员的意见作出，少数仲裁员的不同意见可以记入笔录。仲裁庭不能形成多数意见时，裁决应当按首席仲裁员的意见作出。
	(5)【判断金句】裁决书自作出之日起发生法律效力。

【考点子题——举一反三，真枪实练】

[28]（历年真题·判断题）仲裁裁决书自送达之日起发生法律效力。（ ）

（七）仲裁效力

【考点母题——万变不离其宗】仲裁效力

（1）下列关于仲裁效力的表述中，正确的有（ ）。
A. 当事人应当履行仲裁裁决 B. 一方当事人不履行仲裁裁决的，另一方当事人可以按照有关规定向人民法院申请执行，受理申请的人民法院应当执行
C. 当事人提出证据证明裁决有依法应撤销情形的，可在收到裁决书之日起6个月内，向仲裁委员会所在地的中级人民法院申请撤销裁决 【提示】注意情形、期间、地域管辖、级别管辖
（2）当事人依法请求人民法院撤销仲裁裁决的，人民法院经组成合议庭审查核实裁决有法定撤销情形之一的，或认定裁决违背社会公共利益的，应当裁定撤销。该法定撤销情形有（ ）。
A. 没有仲裁协议的 B. 裁决的事项不属于仲裁协议的范围或者仲裁委员会无权仲裁的 C. 仲裁庭的组成或者仲裁的程序违反法定程序的　　D. 裁决所根据的证据是伪造的 E. 对方当事人隐瞒了足以影响公正裁决的证据的 F. 仲裁员在仲裁该案时有索贿受贿、徇私舞弊、枉法裁决行为的
（3）【判断金句】当事人一方申请执行仲裁裁决，另一方申请撤销裁决的，人民法院应当裁定中止执行。
（4）【判断金句】人民法院裁定撤销裁决的，应当裁定终结执行。撤销裁决的申请被裁定驳回的，人民法院应当裁定恢复执行。

【考点子题——举一反三，真枪实练】

[29]（历年真题·判断题）当事人提出证据证明仲裁裁决有依法应撤销情形的，可在收到裁决书之日起1年内，向仲裁委员会所在地的基层人民法院申请撤销仲裁裁决。（ ）

[30]（历年真题·多选题）根据《仲裁法》的规定，下列情形中，属于仲裁裁决的法定撤销情形的有（ ）。

A. 仲裁庭的组成违反法定程序

B. 裁决的事项不属于仲裁协议的范围

C. 仲裁员在仲裁该案时有枉法裁决行为

D. 对方当事人隐瞒了足以影响公正裁决的证据

[31]（历年真题·判断题）当事人一方申请执行仲裁裁决，另一方申请撤销裁决的，人民法院应当裁定终结执行。（ ）

考点5 民事诉讼

（一）诉讼的概念

诉讼是指人民法院根据纠纷当事人的请求，运用审判权确认各方权利义务关系，解决经济纠纷的活动。

【考点母题——万变不离其宗】解决经济纠纷的诉讼

经济纠纷所涉及的诉讼包括（ ）。		
A. 民事诉讼	人民法院在当事人及其他诉讼参与人的参与下，依法审理并裁决平等主体之间的经济纠纷案件的活动	
B. 行政诉讼	人民法院根据当事人的请求，依法审查并裁决行使行政管理职权的行政机关所作出的具体行政行为的合法性，以解决经济纠纷的活动	示例：纳税人与税务机关在税收征纳关系上发生争议的行政案件

（二）民事诉讼的适用范围

公民之间、法人之间、其他组织之间以及他们相互之间因财产关系和人身关系发生纠纷，可以提起民事诉讼。

【考点母题——万变不离其宗】适用《民事诉讼法》的案件

（1）下列案件中，适用《民事诉讼法》的有（ ）。		
A. 民事纠纷案件	（2）民事纠纷案件包括（ ）。	
	A. 由民法调整的物权关系、债权关系、知识产权关系、人身权关系引起的诉讼	示例：房屋产权争议案件、合同纠纷案件、侵犯著作权案件、侵犯名誉权案件
	B. 由民法调整的婚姻家庭关系、继承关系、收养关系引起的诉讼	示例：离婚案件、追索抚养费案件、财产继承案件、解除收养关系案件
	C. 由经济法调整的经济关系中属于民事性质的诉讼	示例：因环境污染引起的侵权案件、因不正当竞争引起的损害赔偿案件
B. 商事纠纷案件	由商法调整的商事关系引起的诉讼	示例：票据纠纷案件、股东权益纠纷案件、保险合同纠纷案件、证券纠纷案件
C. 劳动争议案件	因劳动法调整的社会关系发生的争议，法律规定适用民事诉讼程序的案件	示例：劳动合同纠纷案件

续表

D. 法律规定人民法院适用《民事诉讼法》审理的非讼案件	(3)法律规定人民法院适用《民事诉讼法》审理的非讼案件主要有( )。
	A. 适用特别程序审理的案件,如选民资格案件、宣告失踪或宣告死亡案件、认定公民无民事行为能力或限制民事行为能力案件 B. 适用督促程序审理的案件 C. 适用公示催告程序适用的案件

(三)基本制度

1. 合议制度

合议制度是指由3名以上审判人员组成审判组织,代表人民法院行使审判权,对案件进行审理并作出裁判的制度。

【考点母题——万变不离其宗】合议制度

(1)下列关于合议制度的表述中,正确的有( )。
A. 合议制是一种基本的审判组织形式 B. 人民法院审理第一审民事案件,由审判员、陪审员共同组成合议庭或者由审判员组成合议庭 C. 人民法院审理第二审民事案件,由审判员组成合议庭 D. 合议庭的成员,应当是3人以上的单数
(2)下列关于独任制度的表述中,正确的有( )。
A. 独任制度是指由一名审判员独立对案件进行审理和裁判的制度 B. 适用简易程序、特别程序(选民资格案件及重大、疑难的案件除外)、督促程序、公示催告程序公示催告阶段审理的民事案件,由审判员一人独任审理 C. 基层人民法院审理的基本事实清楚、权利义务关系明确的第一审民事案件,可以由审判员一人适用普通程序独任审理 D. 中级人民法院对第一审适用简易程序审结或者不服裁定提起上诉的第二审民事案件,事实清楚、权利义务关系明确的,经双方当事人同意,可以由审判员一人独任审理
(3)下列案件中,不得由审判员一人独任审理的有( )。
A. 涉及国家利益、社会公共利益的案件 B. 涉及群体性纠纷,可能影响社会稳定的案件 C. 人民群众广泛关注或者其他社会影响较大的案件 D. 属于新类型或者疑难复杂的案件 E. 法律规定应当组成合议庭审理的案件 F. 其他不宜由审判员一人独任审理的案件
(4)下列关于人民法院裁定由独任审理转合议庭审理的表述中,正确的有( )。
A. 人民法院在审理过程中,发现案件不宜由审判员一人独任审理的,应当裁定转由合议庭审理
B. 当事人认为案件由审判员一人独任审理违反法律规定的,可以向人民法院提出异议。人民法院对当事人提出的异议应当审查,异议成立的,裁定转由合议庭审理

【考点子题——举一反三,真枪实练】

[32](经典子题·多选题)根据民事诉讼法律制度的规定,下列案件中,不得由审判员一人独任审理的有( )。

A. 涉及群体性纠纷，可能影响社会稳定的案件

B. 属于新类型或者疑难复杂的案件

C. 适用公示催告程序公示催告阶段审理的民事案件

D. 适用简易程序审理的民事案件

2. 回避制度

回避制度是指审判人员和其他有关人员，遇有法律规定的情形时，退出对某一案件的审理活动的制度。

【考点母题——万变不离其宗】回避制度

（1）适用回避制度的主体有（　）。
A. 审判人员　B. 书记员　C. 翻译人员　D. 鉴定人　E. 勘验人
（2）根据《民事诉讼法》的规定，审判人员、书记员、翻译人员、鉴定人、勘验人有特定情形之一的，应当自行回避，当事人有权用口头或者书面方式申请他们回避。该特定情形有（　）。
A. 是本案当事人或者当事人、诉讼代理人近亲属的 B. 与本案有利害关系的 C. 与本案当事人、诉讼代理人有其他关系，可能影响对案件公正审理的 【注意】上述人员接受当事人、诉讼代理人请客送礼，或者违反规定会见当事人、诉讼代理人的，当事人有权要求他们回避。

3. 公开审判制度

公开审判制度是指人民法院的审判活动依法向社会公开的制度。

【考点母题——万变不离其宗】公开审判制度

（1）下列案件中，不应当公开审理的有（　）。
A. 涉及国家秘密的案件　B. 涉及个人隐私的案件　C. 法律规定不公开审理的案件 【注意】人民法院审理民事案件，除上述情况外，应当公开进行。
（2）下列案件中，当事人可以申请不公开审理的有（　）。
A. 离婚案件　B. 涉及商业秘密的案件
（3）【判断金句】不论案件是否公开审理，一律公开宣告判决。

4. 两审终审制度

两审终审制度是指一个诉讼案件经过两级人民法院审判后即终结的制度。我国人民法院分为四级：最高人民法院、高级人民法院、中级人民法院、基层人民法院。

【考点母题——万变不离其宗】两审终审制度

（1）下列关于两审终审制的表述中，正确的有（ ）。
A. 一个案件经第一审人民法院审判后，当事人如果不服，有权在法定期限内向上一级人民法院提起上诉，由该上一级人民法院进行第二审 B. 二审人民法院的判决、裁定是终审的判决、裁定
（2）下列案件中，不实行两审终审制度的有（ ）。
A. 适用特别程序、督促程序、公示催告程序和简易程序中的小额诉讼程序审理的案件，实行一审终审 B. 最高人民法院所作的一审判决、裁定，为终审判决、裁定
（3）【判断金句】对终审判决、裁定，当事人不得上诉。如果发现终审裁判确有不正确，可以通过审判监督程序予以纠正。

【考点子题——举一反三，真枪实练】

[33]（经典子题•单选题）甲、乙公司因技术转让合同的履行产生纠纷，甲公司向某人民法院提起诉讼，法院受理该案件。已知该案件涉及商业秘密，下列关于该案件是否公开审理的表述中，正确的是（ ）。

A. 该案件必须公开审理

B. 该案件不应当公开审理

C. 由双方当事人协商后决定是否公开审理

D. 当事人申请不公开审理的，可以不公开审理

[34]（经典子题•多选题）下列案件中，不实行两审终审制度的有（ ）。

A. 适用特别程序的案件　　B. 适用督促程序的案件

C. 高级人民法院所作的一审判决、裁定　　D. 最高人民法院所作的一审判决、裁定

[35]（经典子题•判断题）不论民事诉讼案件是否公开审理，一律公开宣告判决。（ ）

（四）诉讼管辖

诉讼管辖是指各级人民法院之间以及不同地区的同级人民法院之间，受理第一审经济案件的分工和权限。

【考点讲解——精要解读】诉讼管辖

- 诉讼管辖
  - 地域管辖
    - 一般地域管辖
    - 特殊地域管辖
    - 专属管辖
    - 协议管辖
    - 共同管辖和选择管辖
  - 级别管辖

1. 地域管辖

地域管辖是确定同级人民法院之间在各自管辖的地域内审理第一审经济案件的分工和权限。分为一般地域管辖和特殊地域管辖。

（1）一般地域管辖

【考点母题——万变不离其宗】一般地域管辖

<table>
<tr><td colspan="2">（1）民事诉讼一般地域管辖中确定案件管辖权的依据是（　）。</td></tr>
<tr><td rowspan="2">A. 被告住所地</td><td>被告为公民的，其住所地（户籍所在地）与经常居住地不一致的，由经常居住地人民法院管辖</td></tr>
<tr><td>法人或者其他组织的住所地是指法人或者其他组织的主要办事机构所在地，主要办事机构所在地不能确定的，法人或者其他组织的注册地或者登记地为住所地</td></tr>
<tr><td colspan="2">（2）根据民事诉讼法律制度的规定，关于两个以上人民法院都有管辖权的诉讼确立管辖权的下列表述中，正确的有（　）。</td></tr>
<tr><td colspan="2">A. 原告可以选择向其中一个人民法院起诉
B. 原告向两个以上有管辖权的人民法院起诉的，由最先立案的人民法院管辖
C. 先立案的人民法院不得将案件移送给另一个有管辖权的人民法院
D. 人民法院在立案前发现其他有管辖权的人民法院已先立案的，不得重复立案
E. 人民法院在立案后发现其他有管辖权的人民法院已先立案的，裁定将案件送给立案的人民法院</td></tr>
</table>

【考点子题——举一反三，真枪实练】

[36]（历年真题•多选题）根据民事诉讼法律制度的规定，关于两个以上人民法院都有管辖权的诉讼确立管辖权的下列表述中，正确的有（　）。

A. 原告可以选择向其中一个人民法院起诉

B. 原告向两个以上有管辖权的人民法院起诉的，由最先立案的人民法院管辖

C. 先立案的人民法院可以将案件移送给另一个有管辖权的人民法院

D. 人民法院在立案前发现其他有管辖权的人民法院已先立案的，不得重复立案

[37]（历年真题•多选题）根据民事诉讼法律制度的规定，下列关于两个人民法院均有管辖权的民事诉讼的表述中，正确的有（　）。

A. 原告向两个有管辖权的人民法院起诉的，由最先立案的人民法院管辖

B. 先立案的人民法院可以将案件移送给另一个有管辖权的人民法院

C. 人民法院在立案前发现另一个有管辖权的人民法院已先立案的，不得重复立案

D. 人民法院立案后发现另一个有管辖权的人民法院已先立案的，裁定将案件移送给先立案的人民法院

（2）**特殊地域管辖**

特殊地域管辖是以被告住所地或者引起诉讼纠纷的法律事实所在地为标准来确定的一种地域管辖。

【考点母题——万变不离其宗】特殊地域管辖

<table>
<tr><td rowspan="2">确定管辖权的依据</td><td colspan="3">（1）下列各项中，属于特殊地域管辖确定管辖权依据的有（　）。</td></tr>
<tr><td colspan="3">A. 被告住所地　　B. 引起诉讼纠纷的法律事实所在地</td></tr>
<tr><td rowspan="11">合同纠纷特殊地域管辖</td><td colspan="3">（2）根据民事诉讼法律制度的规定，在没有协议管辖的情况下，关于合同纠纷地域管辖的下列表述中，正确的有（　）。</td></tr>
<tr><td colspan="3">A. 因合同纠纷引起的诉讼，由被告住所地人民法院管辖</td></tr>
<tr><td rowspan="9">B. 因合同纠纷引起的诉讼，由合同履行地人民法院管辖</td><td>合同约定履行地的</td><td>以约定的履行地点为合同履行地</td></tr>
<tr><td rowspan="3">合同对履行地点没有约定/约定不明确的</td><td>争议标的为给付货币的，接受货币一方所在地为合同履行地</td></tr>
<tr><td>交付不动产的，不动产所在地为合同履行地</td></tr>
<tr><td>其他标的，履行义务一方所在地为合同履行地</td></tr>
<tr><td colspan="2">即时结清的合同，交易行为地为合同履行地</td></tr>
<tr><td colspan="2">合同没有实际履行，当事人双方住所都不在合同约定的履行地的，由被告住所地人民法院管辖</td></tr>
<tr><td rowspan="3">以信息网络方式订立的买卖合同</td><td>通过信息网络交付标的的，以买受人住所地为合同履行地</td></tr>
<tr><td>通过其他方式交付标的的，收货地为合同履行地</td></tr>
<tr><td>合同对履行地有约定的，从其约定</td></tr>
<tr><td rowspan="6">保险合同纠纷特殊地域管辖</td><td colspan="3">（3）下列地方的人民法院中，属于财产保险合同纠纷地域管辖的法院的有（　）。</td></tr>
<tr><td colspan="3">A. 被告住所地　　B. 保险标的物所在地</td></tr>
<tr><td colspan="3">（4）保险标的物是运输工具或者运输中的货物时，财产保险合同纠纷地域管辖的法院包括（　）。</td></tr>
<tr><td colspan="3">A. 被告住所地人民法院　　B. 保险标的物所在地人民法院
C. 运输工具登记注册地人民法院　　D. 运输目的地人民法院
E. 保险事故发生地人民法院</td></tr>
<tr><td colspan="3">（5）人身保险合同纠纷的地域管辖法院包括（　）。</td></tr>
<tr><td colspan="3">A. 被告住所地人民法院　　B. 被保险人住所地人民法院</td></tr>
</table>

续表

<table>
<tr><td rowspan="2">票据纠纷特殊地域管辖</td><td colspan="2">（6）票据纠纷的地域管辖法院包括（　）。</td></tr>
<tr><td colspan="2">A. 票据支付地人民法院　　B. 被告住所地人民法院</td></tr>
<tr><td rowspan="2">公司设立、确认股东资格、分配利润、解散纠纷</td><td colspan="2">（7）因公司设立、确认股东资格、分配利润、解散等纠纷提起的诉讼，地域管辖的法院是（　）。</td></tr>
<tr><td colspan="2">A. 公司住所地人民法院</td></tr>
<tr><td rowspan="2">运输合同纠纷特殊地域管辖</td><td colspan="2">（8）因铁路、公路、水上、航空运输和联合运输合同纠纷提起的诉讼，地域管辖的法院有（　）。</td></tr>
<tr><td colspan="2">A. 运输始发地人民法院　　B. 目的地人民法院
C. 被告住所地人民法院</td></tr>
<tr><td rowspan="6">侵权行为纠纷特殊地域管辖</td><td colspan="2">（9）因侵权行为提起的诉讼，地域管辖的法院有（　）。</td></tr>
<tr><td rowspan="2">A. 侵权行为地人民法院</td><td>侵权行为实施地：信息网络侵权行为实施地包括实施被诉侵权行为的计算机设备所在地</td></tr>
<tr><td>侵权结果发生地：信息网络侵权行为侵权结果地包括被侵权人住所地</td></tr>
<tr><td colspan="2">B. 被告住所地人民法院</td></tr>
<tr><td colspan="2">（10）因产品、服务质量不合格造成他人财产、人身损害提起的诉讼，地域管辖的法院有（　）。</td></tr>
<tr><td colspan="2">A. 产品制造地人民法院　　B. 产品销售地人民法院
C. 服务提供地人民法院　　D. 侵权行为地人民法院
E. 被告住所地人民法院</td></tr>
<tr><td rowspan="2">交通事故损害赔偿案件特殊地域管辖</td><td colspan="2">（11）交通事故的地域管辖法院包括（　）。</td></tr>
<tr><td colspan="2">A. 事故发生地人民法院
B. 车辆、船舶最先到达地、航空器最先降落地人民法院
C. 被告住所地人民法院</td></tr>
<tr><td rowspan="2">海事损害事故赔偿案件特殊地域管辖</td><td colspan="2">（12）因船舶碰撞或者其他海事损害事故请求损害赔偿提起的诉讼，地域管辖的法院有（　）。</td></tr>
<tr><td colspan="2">A. 碰撞发生地人民法院　　B. 碰撞船舶最先到达地人民法院
C. 加害船舶被扣留地人民法院　　D. 被告住所地人民法院</td></tr>
<tr><td rowspan="2">海难救助费用纠纷特殊地域管辖</td><td colspan="2">（13）因海难救助费用提起的诉讼，地域管辖的法院有（　）。</td></tr>
<tr><td colspan="2">A. 救助地人民法院　　B. 被救助船舶最先到达地</td></tr>
<tr><td rowspan="2">因共同海损纠纷案件特殊地域管辖</td><td colspan="2">（14）因共同海损提起的诉讼，地域管辖的法院有（　）。</td></tr>
<tr><td colspan="2">A. 船舶最先到达地的人民法院　　B. 共同海损理算地的人民法院
C. 航程终止地的人民法院</td></tr>
</table>

【考点子题——举一反三，真枪实练】

[38] (历年真题•单选题) 根据民事诉讼法律制度的规定，在没有协议管辖的情况下，关于合同纠纷地域管辖的下列表述中，正确的是（ ）。

A. 因合同纠纷引起的诉讼，由原告住所地或者合同签订地人民法院管辖

B. 因合同纠纷引起的诉讼，由原告住所地或者合同履行地人民法院管辖

C. 因合同纠纷引起的诉讼，由被告住所地或者合同履行地人民法院管辖

D. 因合同纠纷引起的诉讼，由被告住所地或者合同签订地人民法院管辖

[39] (经典子题•多选题) 根据民事诉讼法律制度的规定，对车辆发生的交通事故纠纷引起的诉讼享有管辖权的有（ ）。

A. 事故发生地的人民法院　　B. 车辆最先到达地的人民法院

C. 车辆登记地的人民法院　　D. 被告住所地的人民法院

（3）专属管辖

专属管辖是指法律强制规定某类案件必须由特定的人民法院管辖，其他人民法院无权管辖，当事人也不得协议变更管辖。专属管辖具有强制性和排他性两大特征。

【考点母题——万变不离其宗】专属管辖

<table>
<tr><td colspan="2">根据民事诉讼法律制度的规定，下列关于专属管辖的表述中，正确的有（ ）。</td></tr>
<tr><td rowspan="3">A. 因不动产纠纷提起的诉讼，由不动产所在地的人民法院管辖</td><td>不动产纠纷是指因不动产的权利确认、分割、相邻关系等引起的物权纠纷</td></tr>
<tr><td>农村土地承包经营合同纠纷、房屋租赁合同纠纷、建设工程施工合同纠纷、政策性房屋买卖合同纠纷，按照不动产纠纷确定管辖</td></tr>
<tr><td>不动产已登记的，以不动产登记簿记载的所在地为不动产所在地；不动产未登记的，以不动产实际所在地为不动产所在地</td></tr>
<tr><td colspan="2">B. 因港口作业发生纠纷提起的诉讼，由港口所在地人民法院管辖</td></tr>
<tr><td colspan="2">C. 因继承遗产纠纷提起的诉讼，由被继承人死亡时住所地或者主要遗产所在地人民法院管辖</td></tr>
</table>

【考点子题——举一反三，真枪实练】

[40] (历年真题•单选题) 根据民事诉讼法律制度的规定，下列民事诉讼中，适用专属管辖的是（ ）。

A. 因确认股东资格纠纷提起的诉讼　　B. 因票据纠纷提起的诉讼

C. 因港口作业中发生纠纷提起的诉讼　　D. 因航空运输合同纠纷提起的诉讼

[41] (历年真题•单选题) 根据民事诉讼法律制度的规定，下列民事诉讼中，适用专属管辖的是（ ）。

A. 因房屋租赁合同纠纷提起的诉讼　　B. 因保险合同纠纷提起的诉讼
C. 因公司设立纠纷提起的诉讼　　D. 因侵权行为提起的诉讼

（4）协议管辖

【考点母题——万变不离其宗】协议管辖

（1）根据民事诉讼法律制度的规定，下列关于协议管辖的表述中，正确的是（　）。
A. 双方当事人在合同纠纷或者其他财产权益纠纷（如因物权、知识产权中的财产权利而产生的民事纠纷）发生之前或发生之后，以书面协议或者默示的方式选择解决他们之间纠纷的人民法院
（2）根据民事诉讼法律制度的规定，合同纠纷或者其他财产权益纠纷的当事人可以书面协议选择与争议有实际联系的特定地点的人民法院管辖，但不得违反《民事诉讼法》对级别管辖和专属管辖的规定。该特定地点有（　）。
A. 被告住所地　B. 合同履行地　C. 合同签订地 D. 原告住所地　E. 标的物所在地
（3）【判断金句】根据管辖协议，起诉时能确定管辖法院的，从其约定；不能确定的，按照民事诉讼的相关规定确定管辖。
（4）【判断金句】管辖协议约定由两个以上与争议有实际联系的地点的人民法院管辖，原告可以向其中一个人民法院起诉。

【注意】专属管辖 > 协议管辖 > 特殊地域管辖 > 一般地域管辖

（5）共同管辖和选择管辖

【考点母题——万变不离其宗】共同管辖和选择管辖

【判断金句】两个以上人民法院都有管辖权（共同管辖）的诉讼，原告可以向其中一个人民法院起诉（选择管辖）；原告向两个以上有管辖权的人民法院起诉的，由最先立案的人民法院管辖。

【考点子题——举一反三，真枪实练】

[42]（历年真题•单选题　改编）当事人之间不存在管辖协议时，下列关于民事诉讼地域管辖的表述中，不符合民事诉讼法律制度规定的是（　）。

A. 因合同纠纷引起的诉讼，由被告住所地或合同履行地人民法院管辖

B. 因航空事故请求损害赔偿提起的诉讼，由航空器登记地人民法院管辖

C. 因海难救助费用提起的诉讼，由救助地或被救助船舶最先到达地人民法院管辖

D. 因票据纠纷引起的诉讼，由票据支付地或被告住所地人民法院管辖

[43]（历年真题•单选题）根据民事诉讼法律制度的规定，下列民事纠纷中，当事人不得约定纠纷管辖法院的是（　）。

A. 收养协议纠纷　B. 赠与合同纠纷　C. 物权变动纠纷　D. 商标权纠纷

2. 级别管辖

级别管辖是指根据案件的性质、影响范围来划分上下级人民法院受理第一审经济案件的分工和权限。

【考点母题——万变不离其宗】级别管辖

根据民事法律制度的规定，下列关于级别管辖的表述中，正确的有（　）。
A. 基层人民法院原则上管辖第一审案件 B. 中级人民法院管辖在本辖区有重大影响的案件、重大涉外案件及由最高人民法院确定由中级人民法院管辖的案件 C. 高级人民法院管辖在辖区有重大影响的第一审案件 D. 最高人民法院管辖在全国有重大影响的案件以及认为应当由它审理的案件

（五）诉讼参加人

【考点母题——万变不离其宗】诉讼参加人

根据民事法律制度的规定，诉讼参加人包括（　）。	
A. 当事人	是指公民、法人和其他组织因经济权益发生争议或受到损害，以自己的名义进行诉讼，并受人民法院调解或裁判约束的利害关系人
	当事人包括原告、被告、共同诉讼人、诉讼中的第三人
	法人由其法定代表人进行诉讼，其他组织由其主要负责人进行诉讼
B. 诉讼代理人	是指以被代理人的名义，在代理权限范围内，为了维护被代理人的合法权益而进行诉讼的人
	代理人包括法定代理人、指定代理人、委托代理人

（六）审判程序

【考点讲解】审判程序

审判程序
- 第一审程序
  - 普通程序
  - 简易程序
- 第二审程序
- 审判监督程序

1. 第一审程序

(1) 普通程序

【考点母题——万变不离其宗】起诉和受理、开庭审理

起诉	(1)起诉时必须符合的法定条件有(　)。
	A. 原告是与本案有直接利害关系的公民、法人和其他组织　B. 有明确的被告 C. 有具体的诉讼请求和事实、理由 D. 属于人民法院受理民事诉讼的范围和管辖范围
	(2)【判断金句】当事人起诉到人民法院的民事纠纷，适宜调解的，先行调解，但当事人拒绝调解的除外。
受理	(3)人民法院接到起诉状或口头起诉后，经审查认为符合起诉条件的，应当在一定期限内立案，并通知当事人。该期限为(　)。
	A. 7天
开庭审理	(4)下列关于人民法院公开审理民事案件的表述中，正确的有(　)。
	A. 人民法院对于公开审理的民事案件，应当公告当事人的姓名、案由和开庭的时间、地点 B. 庭审主要围绕当事人争议的事实、证据和法律适用问题进行，对于判决前能够调解的，还可以进行调解，调解不成的，应当依法及时判决

【考点子题——举一反三，真枪实练】

[44](历年真题•多选题)根据《民事诉讼法》的规定，提起民事诉讼必须符合的法定条件有(　)。

A. 有书面诉状　　B. 有明确的被告

C. 有具体的诉讼请求和事实、理由　　D. 原告与本案有直接利害关系

[45](历年真题•判断题)涉及商业秘密的诉讼案件，一律不公开审理。　(　)

(2) 简易程序

【考点母题——万变不离其宗】简易程序

适用范围	(1)适用简易程序的案件有(　)。	
	A. 事实清楚的简单案件	当事人对争议的事实陈述基本一致，并能提供相应的证据，无须人民法院调查收集证据即可查明事实
	B. 权利义务关系明确的简单案件	能够明确区分谁是责任的承担者，谁是权利的享有者
	C. 争议不大的简单案件	当事人对案件的是非、责任承担以及诉讼标的争执无原则分歧

续表

不适用简易程序的案件	（2）下列案件中，不适用简易程序的有（　）。
	A. 起诉时被告下落不明的　B. 发回重审的　C. 当事人一方人数众多的 D. 适用审判监督程序的　E. 涉及国家利益、社会公共利益的 F. 第三人起诉请求改变或者撤销生效判决、裁定、调解书的 G. 其他不宜适用简易程序的案件
小额诉讼程序	（3）【判断金句】在满足简易程序的前提下，基层人民法院及其派出的人民法庭审理事实清楚、权利义务关系明确、争议不大的简单金钱给付民事案件，适用更为简易的小额诉讼程序。
	（4）下列关于适用小额诉讼程序的表述中，正确的有（　）。
	A. 标的额为各省、自治区、直辖市上年度就业人员年平均工资50%以下的，适用小额诉讼的程序审理 B. 标的额超过各省、自治区、直辖市上年度就业人员年平均工资50%但在2倍以下的，当事人双方也可以约定适用小额诉讼的程序
	（5）人民法院审理的下列案件中，不得适用小额诉讼程序的有（　）。
	A. 人身关系、财产确权案件　B. 涉外案件 C. 需要评估、鉴定或者对诉前评估、鉴定结果有异议的案件 D. 一方当事人下落不明的案件　E. 当事人提出反诉的案件 F. 其他不适宜用小额诉讼的程序审理的案件
	（6）【判断金句】适用小额诉讼程序审理案例，可以一次开庭审结并且当庭宣判。
开庭方式	（7）下列关于简易程序开庭方式的表述中，正确的有（　）。
	A. 适用简易程序的当事人双方可就开庭方式向人民法院提出申请，由人民法院决定是否准许 B. 经当事人双方同意，可以采用视听传输技术等方式开庭 C. 人民法院可以采取捎口信、电话、短信、传真、电子邮件等简便方式传唤双方当事人、通知证人和送达裁判文书以外的诉讼文书 D. 以简便方式送达的开庭通知，未经当事人确认或者没有其他证据证明当事人已经收到的，人民法院不得缺席判决
独任审判	（8）【判断金句】适用简易程序审理案件，由审判员独任审判，书记员担任记录。
简易程序与普通程序的转换	（9）人民法院发现案情复杂，需要转为普通程序审理的下列表述中，正确的有（　）。
	A. 应当在审理期限届满前作出裁定 B. 应当将合议庭组成人员及相关事项书面通知双方当事人 C. 审理期限自人民法院立案之日计算 【注意】案件转为普通程序审理的，审理期限自人民法院立案之日计算。
	（10）【判断金句】已经按照普通程序审理的案件，在开庭后不得转为简易程序审理。

【考点子题——举一反三，真枪实练】

[46]（历年真题·判断题）被二审人民法院发回重审的民事诉讼案件可以适用简易程序审理。（　）

[47]（历年真题•单选题）根据民事诉讼法律制度的规定，下列关于人民法院审理民事案件适用简易程序的表述中，正确的是（　）。

A. 发回重审的案件，可以适用简易程序审理

B. 经适用简易程序的当事人双方同意，可以采用视听传输技术方式开庭

C. 适用简易程序审理的案件，不得采取捎口信的方式传唤双方当事人

D. 已经按照普通程序审理的案件，开庭后发现案情简单，可以转为简易程序审理

[48]（历年真题•判断题）张某因王某未偿还到期借款20万元，向甲县人民法院提起诉讼，此时王某下落不明已达半年。甲县人民法院可以适用简易程序审理本案。（　）

[49]（历年真题•判断题）适用简易程序审理的民事案件，由审判员独任审判。（　）

[50]（经典子题•多选题）根据《民事诉讼法》的规定，人民法院审理的下列民事案件中，不得适用小额诉讼程序的有（　）。

A. 财产确权案件　　B. 涉外案件

C. 需要鉴定的案件　　D. 一方当事人下落不明的案件

[51]（经典子题•判断题）适用小额诉讼程序审理案件，由于是独任制，所以不得一次开庭审结。（　）

2. 第二审程序

第二审程序，又称上诉程序，是指上级人民法院审理当事人不服第一审人民法院尚未生效的判决和裁定而提起的上诉案件所适用的程序。

【考点母题——万变不离其宗】上诉的条件

下列条件中，上诉必须具备的有（　）。
A. 只有第一审案件的当事人才可以提起上诉 B. 只能对法律规定的可以上诉的判决、裁定提起上诉 C. 当事人不服地方人民法院第一审判决的，有权在判决书送达之日起15日内向上一级人民法院提起上诉 D. 当事人不服地方人民法院第一审裁定的，有权在裁定书送达之日起10日内向上一级人民法院提起上诉 【注意】上诉状应当通过原审人民法院提出，并按照对方当事人或者代理人的人数提出副本。当事人直接向第二审人民法院上诉的，第二审人民法院应当在5日内将上诉状移交原审人民法院。

【考点母题——万变不离其宗】二审审理

（1）下列关于二审人民法院是否开庭审理的表述中，正确的有（　）。
A. 第二审人民法院应当对上诉请求的有关事实和适用法律进行审查，并开庭审理 B. 经过阅卷和调查，询问当事人，在事实核对清楚后，人民法院认为不需要开庭审理的，也可以径行判决、裁定

续表

(2) 第二审人民法院对上诉案件经过审理，处理的方式有（ ）。
A. 原判决认定事实清楚，适用法律正确的，判决驳回上诉，维持原判决 B. 原判决适用法律不正确，依法改判 C. 原判决认定事实不正确，或者原判决认定事实不清，证据不足，裁定撤销原判决，发回原审人民法院重审，或者查清事实后改判 D. 原判决违反法定程序，可能影响案件正确判决的，裁定撤销原判决，发回原审人民法院重审
(3)【判断金句】第二审人民法院的判决、裁定是终审的判决、裁定。
(4)【判断金句】当事人对重审案件的判决、裁定可以上诉。

【考点子题——举一反三，真枪实练】

[52]（历年真题·单选题）根据民事诉讼法律制度的规定，当事人不服地方人民法院第一审裁定的，有权在裁定书送达之日起一定期间内向上一级人民法院提起上诉。该期间为（ ）。

A. 5日　　B. 10日　　C. 15日　　D. 30日

[53]（历年真题·单选题）根据《民事诉讼法》的规定，下列关于第二审程序的表述中，不正确的是（ ）。

A. 只有第一审案件的当事人才可以提起上诉

B. 当事人应当通过原审人民法院提交上诉状

C. 当事人对重审案件的判决和裁定不可以上诉

D. 第二审人民法院的判决和裁定是终审的判决和裁定

3. 审判监督程序（再审程序）

审判监督程序，又称再审程序，是指有审判监督权的人员和机关，发现已经发生法律效力的判决、裁定有不正确的，依法提出对原案重新进行审理的一种特别程序。

【考点母题——万变不离其宗】审判监督程序（再审程序）

审判监督程序的启动	(1) 下列关于审判监督程序启动的表述中，正确的有（ ）。	
	法院系统发动	A. 各级人民法院院长对本院已经生效的判决、裁定、调解书，发现确有不正确，认为需要再审的，提交审判委员会讨论决定 B. 最高人民法院对地方各级人民法院已经生效的判决、裁定、调解书，发现确有不正确的，有权提审或指令下级人民法院再审 C. 上级人民法院对下级人民法院已经生效的判决、裁定、调解书，发现确有不正确的，有权提审或指令下级人民法院再审

续表

审判监督程序的启动	当事人发动	D. 当事人对已经发生法律效力的判决、裁定，认为有不正确的，可以向上一级人民法院申请再审；当事人一方人数众多或者当事人双方为公民的案件，也可以向原审人民法院申请再审 【注意】当事人申请再审的，不停止判决、裁定的执行。
		E. 当事人对已经发生法律效力的调解书申请再审，应当在调解书发生法律效力后6个月内提出
审判监督不予受理的案件	（2）下列情形中，当事人申请再审时，人民法院不予受理的有（　）。	
	A. 再审申请被驳回后再次提出申请的　B. 对再审判决、裁定提出申请的 C. 在人民检察院对当事人的申请作出不予提出再审检察建议或者抗诉决定后又提出申请的 【注意】A、B两项情形，人民法院应当告知当事人可以向人民检察院申请再审检察建议或者抗诉，但因人民检察院提出再审检察建议或者抗诉而再审作出的判决、裁定除外。	

【考点子题——举一反三，真枪实练】

[54]（历年真题•多选题）根据民事诉讼法律制度的规定，下列关于审判监督程序启动的表述中，正确的有（　）。

A. 当事人对已经生效的判决，认为有不正确的，可以向上一级人民法院申请再审

B. 上级人民法院对下级人民法院已经生效的判决，发现确有不正确的，有权提审

C. 各级人民法院院长对本院已经生效的判决，发现确有不正确，认为需要再审的，提交审判委员会讨论决定

D. 最高人民法院对地方各级人民法院已经生效的判决，发现确有不正确的，有权指令下级人民法院再审

[55]（历年真题•单选题）根据民事诉讼法律制度的规定，下列关于审判监督程序的表述中，正确的是（　）。

A. 上级人民法院对下级人民法院已经发生法律效力的判决，发现确有不正确的，有权提审

B. 当事人对已经发生法律效力的判决，认为有不正确的，只能向原审人民法院申请再审

C. 各级人民法院院长对本院已经发生法律效力的判决，发现确有不正确的，有权决定再审

D. 当事人对已经发生法律效力的判决申请再审的，应当停止判决的执行

[56]（历年真题•多选题）根据民事诉讼法律制度的规定，对于当事人的下列再审申请，人民法院不予受理的有（　）。

A. 在调解书发生法律效力后3个月内提出申请的

B. 再审申请被驳回后提出申请的

C. 对再审判决、裁定提出申请的

D. 在人民检察院对当事人的申请作出不予提出再审检察建议后又提出申请的

[57]（历年真题•单选题）根据民事诉讼法律制度的规定，下列关于审判监督程序的表述中，不正确的是（　）。

A. 当事人申请再审的，不停止判决的进行

B. 再审申请被驳回后，当事人再次提出申请的，人民法院不予受理

C. 当事人对已经发生法律效力的判决，认为有不正确的，只能向上一级人民法院申请再审

D. 最高人民法院对地方各级人民法院已经发生法律效力的判决，发现不正确的，有权提审

（七）法院调解

【考点母题——万变不离其宗】法院调解

含义	（1）法院调解又称诉讼中调解。其含义包括（　）。
	A. 法院调解是一种诉讼活动；只要双方当事人在法院主持下就争议案件进行自愿协商，就可以理解为法院调解 B. 法院调解是一种结案方式 【注意】作为一种解决争议的方式，法院调解需以当事人达成协议为条件。
适用	（2）关于法院调解适用的下列表述中，正确的有（　）。
	A. 适用一审程序、二审程序与再审程序审理的民事案件，根据当事人自愿的原则，均可在事实清楚的基础上，分清是非，进行调解 B. 适用特别程序、督促程序、公示催告程序的案件，婚姻等身份关系确认案件以及其他根据案件性质不能调解的案件，不得调解
调解书	（3）下列关于调解书的表述中，正确的有（　）。
	A. 除特别情况外，调解达成协议，人民法院应当制作调解书 B. 调解书应当写明诉讼请求、案件的事实和调解结果 C. 调解书由审判人员、书记员署名，加盖人民法院公章，送达双方当事人 D. 调解书经双方当事人签收后，即具有法律效力
法院调解的效力	（4）法院调解生效后，法律效力有（　）。
	A. 诉讼结束，当事人不得以同一事实和理由再行起诉 B. 该案的诉讼法律关系消灭　　C. 对调解书不得上诉 D. 当事人在诉讼中的实体权利义务争议消灭 E. 具有给付内容的调解书具有强制执行效力

【考点子题——举一反三，真枪实练】

[58]（经典子题·多选题）根据民事诉讼法律制度的规定，下列关于法院调解的表述中，正确的有（　）。

A. 法院调解是一种诉讼外的活动　　B. 确认婚姻关系的案件不得调解

C. 调解书一经作出就发生法律效力　　D. 对调解书不得上诉

[59]（经典子题·多选题）根据民事诉讼法律制度的规定，下列关于法院调解生效后的效力的表述中，正确的有（　）。

A. 诉讼结束，当事人不得以同一事实和理由再行起诉

B. 该案的诉讼法律关系消灭

C. 当事人在诉讼中的实体权利义务争议消灭

D. 具有给付内容的调解书具有强制执行效力

（八）诉讼时效

1. 诉讼时效的概念

诉讼时效是指权利人不在法定期间内行使权利而失去诉讼保护的制度。

【考点母题——万变不离其宗】诉讼时效的概念

<table>
<tr><td rowspan="5">诉讼时效的特点</td><td colspan="2">（1）下列关于诉讼时效特点的表述中，正确的有（　）。</td></tr>
<tr><td colspan="2">A. 诉讼时效以权利人不行使法定权利的事实状态的存在为前提</td></tr>
<tr><td colspan="2">B. 诉讼时效期间届满时债务人获得抗辩权，但债权人的实体权利并不消灭</td></tr>
<tr><td rowspan="2">C. 诉讼时效具有法定性和强制性</td><td>诉讼时效的期间、计算方法以及中止、中断的事由由法律规定，当事人约定无效</td></tr>
<tr><td>当事人对诉讼时效利益的预先放弃无效</td></tr>
<tr><td rowspan="2">实体权利不消灭</td><td colspan="2">（2）下列关于诉讼时效期间届满法律后果的表述中，正确的有（　）。</td></tr>
<tr><td colspan="2">A. 义务人可以拒绝履行其义务，但权利本身及请求权不消灭
B. 权利人超过诉讼时效期间后起诉的，人民法院应当受理；受理后，义务人提出诉讼时效抗辩的，人民法院查明无中止、中断、延长事由的，判决驳回权利人的诉讼请求；义务人未提出诉讼时效抗辩的，人民法院不应对诉讼时效问题进行释明及主动适用诉讼时效的规定进行裁判
C. 当事人在一审期间不提出诉讼时效抗辩，在二审期间提出的，人民法院不予支持，但其基于新的证据能够证明对方当事人的请求权已过诉讼时效期间的情形除外
D. 当事人未按照规定提出诉讼时效抗辩，却以诉讼时效期间届满为由申请再审或者提出再审抗辩的，人民法院不予支持
E. 诉讼时效届满后，当事人自愿履行义务的，不受诉讼时效限制；义务人履行了义务后，又以诉讼时效期间届满为由抗辩的，人民法院不予支持</td></tr>
</table>

【考点子题——举一反三，真枪实练】

[60]（历年真题·单选题）根据诉讼时效法律制度的规定，下列关于诉讼时效制度适用的表述中，不正确的是（　）。

A. 当事人不可以约定延长或缩短诉讼时效期间

B. 诉讼时效期间届满后，当事人自愿履行义务的，不受诉讼时效限制

C. 当事人未按照规定提出诉讼时效抗辩，却以诉讼时效期间届满为由申请再审，人民法院不予支持

D. 当事人未提出诉讼时效抗辩，人民法院可以主动适用诉讼时效规定进行审判

[61]（历年真题·单选题）根据民事法律制度的规定，下列关于诉讼时效期间届满法律效力的表述中，不正确的是（　）。

A. 诉讼时效期间届满后，实体权利本身归于消灭

B. 诉讼时效期间届满后，义务人获得抗辩权

C. 诉讼时效期间届满后，权利人起诉的，人民法院应当受理

D. 诉讼时效期间届满后，当事人自愿履行义务的，不受诉讼时效限制

2. 诉讼时效的适用对象

【考点母题——万变不离其宗】诉讼时效的适用对象

（1）下列请求权中，不适用诉讼时效规定的有（　）。	
A. 请求停止侵害、排除妨碍、消除危险	B. 不动产物权的权利人请求返还财产
C. 登记的动产物权的权利人请求返还财产	D. 请求支付抚养费、赡养费或者扶养费
E. 依法不适用诉讼时效的其他请求权	
（2）当事人对特定债权请求权提出诉讼时效抗辩的，人民法院不予支持。该特定债权请求权包括（　）。	
A. 支付存款本金及利息的请求权	
B. 兑付国债、金融债券以及向不特定对象发行的企业债券本息请求权	
C. 基于投资关系产生的缴付出资的请求权	D. 其他依法不适用诉讼时效规定的债权请求权

【考点子题——举一反三，真枪实练】

[62]（历年真题·单选题）根据民事法律制度的规定，下列权利中，属于诉讼时效适用对象的是（　）。

A. 支付存款本金及利息请求权

B. 基于投资关系产生的缴付出资请求权

C. 未登记动产物权的权利人请求返还财产的权利

D. 兑付国债、金融债券以及向不特定对象发行的企业债券本息请求权

[63]（历年真题•单选题）下列当事人的请求权中，属于诉讼时效适用对象的是（　）。

A. 王某请求甲公司支付车辆维修费　B. 张某请求乙银行支付存款利息

C. 李某请求其儿子支付赡养费　D. 陈某请求赵某返还被其侵占的房产

[64]（历年真题•单选题）下列当事人的请求权中，属于诉讼时效适用对象的是（　）。

A. 甲公司请求乙公司支付租金　B. 赵某请求孙某停止侵害

C. 周某请求丁银行支付存款本金及利息　D. 丙公司请求股东钱某缴付出资

3. 诉讼时效期间的种类与起算

【考点题源——万题之源】诉讼时效期间的种类

	区别点	普通诉讼时效期间 主观时效期间	长期诉讼时效期间 客观时效期间
1	期间	3年	20年
2	起算点	权利人知道或者应当知道权利受到损害以及义务人之日	权利受侵害之日
3	期间的性质	可变期间（可以中止、中断）	不能中止、中断，但可延长

【考点母题——万变不离其宗】诉讼时效期间的起算

下列关于诉讼时效期间起算点的表述中，正确的有（　）。	
一般规定	A. 诉讼时效期间自权利人知道或者应当知道受到侵害以及债务人之日起计算；法律另有规定的，依照其规定
另有规定	B. 20年长期时效期间，自权利受到侵害之日起算
	C. 债务分期履行的，自最后一期履行期限届满之日起算
	D. 无民事行为能力人或者限制民事行为能力人对其法定代理人的请求权，自该法定代理终止之日起算
	E. 未成年人遭受性侵害的损害赔偿请求权，自受害人年满18周岁之日起算

【考点子题——举一反三，真枪实练】

[65]（历年真题•单选题）根据《民法典》的规定，下列关于诉讼时效期间起算点的表述中，不正确的是（　）。

A. 20年长期诉讼时效期间，自权利受到损害之日起算

B. 3年普通诉讼时效期间，自权利人知道或者应当知道权利受到损害以及义务人之日起算

C. 债务分期履行的，诉讼时效期间自最后一期履行期限届满之日起算

D. 未成年人遭受性侵害的损害赔偿请求权的诉讼时效期间，自侵害之日起算

[66]（历年真题•单选题）根据《民法典》的规定，下列关于最长诉讼时效期间20年的表述中，正确的是（　）。

A. 该期间不可以延长　　B. 自权利受到侵害之日起算

C. 该期间可以中止　　D. 该期间可以中断

【考点题源——万题之源】普通时效起算时点

情形	起算时点
侵权行为所生之债	自权利人知道或应当知道权利被侵害事实和加害人之时
	人身损害赔偿的诉讼时效期间，伤势明显的，从受伤害之日起算；伤害当时未曾发现，后经检查确诊并能证明是由侵害引起的，从伤势确诊之日起算
约定履行期限之债	自履行期限届满之日
未约定履行期限之债	依照《民法典》的有关规定，可以确定履行期限的，诉讼时效期间从履行期限届满之日起计算；不能确定履行期限的，诉讼时效期间从债权人要求债务人履行义务的宽限期届满之日起计算，但债务人在债权人第一次向其主张权利之时明确表示不履行义务的，诉讼时效期间从债务人明确表示不履行义务之日起计算
以不作为义务内容之债	自债权人得知或应当知道债务人作为之时
附条件之债	自该条件成就之日
附期限之债	自该期限届至之日
其他法律有特别规定的	《国家赔偿法》赔偿请求人请求国家赔偿的诉讼时效为2年，自其知道或者应当知道国家机关及其工作人员行使职权时的行为侵犯其人身权、财产权之日起计算，但被羁押等限制人身自由期间不计算在内
	《民用航空法》航空运输的诉讼时效期间为2年，自民用航空器到达目的地点、应当到达目的地点或者运输终止之日起计算

4. 诉讼时效期间的中止、中断与延长

（1）诉讼时效期间的中止

诉讼时效期间的中止是指诉讼时效期间行将完成之际，因发生一定的法定事由而使权利人不能行使请求权，暂时停止计算诉讼时效期间，以前经过的时效期间仍然有效，待阻碍时效进行的事由消失后，继续计算诉讼时效期间。

【考点母题——万变不离其宗】诉讼时效期间的中止

<table>
<tr><td rowspan="7">诉讼时效期间中止的条件</td><td colspan="3">（1）下列关于诉讼时效期间中止条件的表述中，正确的有（　）。</td></tr>
<tr><td rowspan="4">A. 因法定事由而发生</td><td>a. 不可抗力</td><td>自然灾害、军事行动</td></tr>
<tr><td rowspan="3">b. 其他障碍</td><td>权利被侵害的无民事行为能力人或者限制民事行为能力人没有法定代理人，或者法定代理人死亡、丧失民事行为能力、丧失代理权</td></tr>
<tr><td>继承开始后未确定继承人或者遗产管理人</td></tr>
<tr><td>权利人被义务人或者其他人控制等</td></tr>
<tr><td>B. 法定事由发生于或存续于诉讼时效期间的最后6个月内</td><td colspan="2">如果在诉讼时效期间的最后6个月前发生上述法定事由，到最后6个月开始时法定事由已消除的，则不能发生诉讼时效期间中止；但如果该法定事由到最后6个月开始时仍然继续存在，则应自最后6个月开始时中止诉讼时效，直到该障碍消除</td></tr>
<tr><td colspan="3"></td></tr>
<tr><td rowspan="2">诉讼时效期间中止的效力</td><td colspan="3">（2）下列关于诉讼时效期间中止效力的表述中，正确的有（　）。</td></tr>
<tr><td colspan="3">A. 时效暂停计算，待中止的原因消灭后，再继续计算时效期间
B. 自中止时效的原因消除之日起满6个月，诉讼时效期间届满（补偿期）</td></tr>
</table>

（2）**诉讼时效期间的中断**

诉讼时效期间的中断是指在诉讼时效进行中，因发生一定的法定事由，致使已经经过的时效期间统归无效，待时效中断的法定事后消除后，诉讼时效期间重新计算。

【考点母题——万变不离其宗】诉讼时效期间的中断

<table>
<tr><td rowspan="5">诉讼时效期间中断的事由</td><td colspan="2">（1）下列事由中，能够引起诉讼时效期间中断的有（　）。</td></tr>
<tr><td colspan="2">A. 权利人向义务人提出请求履行义务的要求</td></tr>
<tr><td>B. 义务人同意履行义务</td><td>义务人作出分期履行、部分履行、请求延期履行、支付利息、提供履行担保等承诺
【注意】义务人否认债务不能引起诉讼时效期间的中断。</td></tr>
<tr><td>C. 权利人提起诉讼或申请仲裁</td><td>起诉引起诉讼时效期间中断，从人民法院裁判生效之时起重新起算
申请仲裁与起诉效力相同</td></tr>
<tr><td>D. 与提起诉讼或者申请仲裁具有同等效力的其他情形</td><td>申请支付令；申请破产、申报破产债权；为主张权利而申请宣告义务人失踪或死亡；申请诉前财产保全、诉前临时禁令等诉前措施；申请强制执行；申请追加当事人或者被通知参加诉讼；在诉讼中主张抵销等。还包括：权利人向人民调解委员会以及其他依法有权解决相关民事纠纷的国家机关、事业单位、社会团体等社会组织提出保护相应民事权利请求；权利人向公安机关、人民检察院、人民法院报案或者控告，请求保护其民事权利</td></tr>
</table>

续表

连带债权/债务的诉讼时效中断	（2）下列关于连带债权人中的一人发生诉讼时效中断效力事由和连带债务人中的一人发生诉讼时效中断效力事由的效力表述中，正确的有（ ）。
	A. 对于连带债权人中的一人发生诉讼时效中断效力的事由，应当认定对其他连带债权人也发生诉讼时效中断的效力 B. 对于连带债务人中的一人发生诉讼时效中断效力的事由，应当认定对其他连带债务人也发生诉讼时效中断的效力
诉讼时效期间中断的效力	（3）下列关于诉讼时效期间中断效力的表述中，正确的有（ ）。
	A. 诉讼时效期间中断的事由发生后，已经过时效期间归于无效 B. 中断事由存续期间，时效不进行 C. 中断事由终止时，重新计算时效期间

【考点对比——一目了然】诉讼时效期间的中止和中断

区别点	中止	中断
法定事由	客观障碍	当事人的行为
法定事由发生时间	诉讼时效最后6个月内	诉讼时效期内
效力	暂时停止计算，待阻碍时效进行的事由消失后，继续计算	以前经过的诉讼时效统归无效，诉讼时效重新计算

（3）诉讼时效期间的延长

20年长期诉讼时效期间，有特殊情况的，人民法院可以根据权利人的申请决定延长。

【考点子题——举一反三，真枪实练】

[67]（历年真题•多选题）王某借给李某5万元。约定的还款期间届满后，李某未还款。在诉讼时效期间届满前发生的下列事由中，能够导致诉讼时效期间中断的有（ ）。

A. 王某要求李某还款　　B. 李某向王某还款1万元

C. 李某向王某请求延期还款　　D. 王某向人民法院提起诉讼要求李某还款

[68]（历年真题•单选题）根据民事诉讼法律制度的规定，在诉讼时效期间最后6个月内发生或存续的下列事由中，能够引起诉讼时效中止的是（ ）。

A. 权利人提起诉讼

B. 权利被侵害的限制民事行为能力人的法定代理人死亡

C. 权利被侵害的完全民事行为能力人的委托代理人辞去委托

D. 义务人同意履行义务

[69]（历年真题•多选题）根据民事法律制度的规定，下列关于诉讼时效中止的表述中，正确的有（ ）。

A. 权利人向义务人提出履行义务请求的，诉讼时效中止

B. 引起诉讼时效中止的法定事由应发生于或存续至诉讼时效期间的最后6个月内

C. 诉讼时效中止的事由消除以后，重新计算诉讼时效期间

D. 权利人被义务人控制使其不能行使请求权，是诉讼时效中止的法定事由

（九）执行程序

执行程序是人民法院依法对已经发生法律效力的判决、裁定及其他法律文书的规定，强制义务人履行义务的程序。对发生法律效力的判决、裁定、民事调解书和其他应由人民法院执行的法律文书，当事人必须履行。一方拒绝履行的，对方当事人可以向人民法院申请执行。

【考点母题——万变不离其宗】执行程序

（1）【判断金句】申请执行的期间为2年。
（2）关于执行期间起算日的下列表述中，正确的有（　）。
A. 执行期间从法律文书规定履行期间的最后一日起计算 B. 法律文书规定分期履行的，从最后一期履行期限届满之日起计算 C. 法律文书未规定履行期间的，从法律文书生效之日起计算
（3）【判断金句】申请执行时效的中止、中断，适用法律有关诉讼时效中止、中断的规定。
（4）【判断金句】申请执行人超过申请执行时效期间向人民法院申请强制执行的，人民法院应予受理。被执行人对申请执行时效期间提出异议，人民法院经审查异议成立的，裁定不予执行。
（5）【判断金句】被执行人履行全部或者部分义务后，又以不知道申请执行时效期间届满为由请求执行回转的，人民法院不予支持。

考点6 行政复议

行政复议是指国家行政机关在依照法律、法规的规定履行对社会的行政管理职责的过程中，作为行政管理主体的行政机关一方与作为行政管理相对人的公民、法人或者其他组织一方，对于法律规定范围内的具体行政行为发生争议，由行政管理相对人向作出具体行政行为的行政机关的上一级行政机关或者法律规定的其他行政机关提出申请，由该行政机关对引起争议的具体行政行为的合法性、适当性进行审查并作出相应决定的活动和制度。

行政复议是行政机关实施的被动行政行为，它兼具行政监督、行政救济和行政司法行为的特征与属性，是现代国家保护公民免受行政机关具体行政行为不法侵害的一种重要的法律制度。

（一）行政复议的范围

公民、法人或者其他组织认为行政机关的具体行政行为侵犯其合法权益，符合《行政复议法》规定范围的，可以申请行政复议。

【考点母题——万变不离其宗】行政复议范围

<table>
<tr><td rowspan="12">可以申请行政复议的事项</td><td colspan="2">（1）根据《行政复议法》的规定，具有情形之一的，公民、法人或者其他组织可以申请行政复议。该特定情形有（　）。</td></tr>
<tr><td>A. 行政处罚行为</td><td>对行政机关作出的警告、罚款、没收违法所得、没收非法财物、责令停产停业、暂扣或者吊销许可证、暂扣或者吊销执照、行政拘留等行政处罚决定不服的</td></tr>
<tr><td>B. 行政强制行为</td><td>对行政机关作出的限制人身自由或者查封、扣押、冻结财产等行政强制措施决定不服的</td></tr>
<tr><td>C. 行政许可行为</td><td>对行政机关作出的有关许可证、执照、资质证、资格证等证书变更、中止、撤销的决定不服的</td></tr>
<tr><td>D. 行政确权行为</td><td>对行政机关作出的关于确认土地、矿藏、水流、森林、山岭、草原、荒地、滩涂、海域等自然资源的所有权或者使用权的决定不服的</td></tr>
<tr><td>E. 侵犯经营自主权行为</td><td>认为行政机关侵犯其合法的经营自主权的</td></tr>
<tr><td>F. 侵犯承包经营权行为</td><td>认为行政机关变更或者废止农业承包合同，侵犯其合法权益的</td></tr>
<tr><td>G. 违法要求履行义务的行为</td><td>认为行政机关违法集资、征收财物、摊派费用或者违法要求履行其他义务的</td></tr>
<tr><td>H. 行政审核行为</td><td>认为符合法定条件，申请行政机关颁发许可证、执照、资质证、资格证等证书，或者申请行政机关审批、登记有关事项，行政机关没有依法办理的</td></tr>
<tr><td>I. 行政不作为</td><td>申请行政机关履行保护人身权利、财产权利、受教育权利的法定职责，行政机关没有依法履行的</td></tr>
<tr><td>J. 行政给付行为</td><td>申请行政机关依法发放抚恤金、社会保险金或者最低生活保障费，行政机关没有依法发放的</td></tr>
<tr><td>K. 其他行政侵权行为</td><td>认为行政机关的其他具体行政行为侵犯其合法权益的</td></tr>
<tr><td></td><td colspan="2">（2）公民、法人或者其他组织认为行政机关的具体行政行为所依据的某些规定不合法，在对具体行政行为申请行政复议时，可以一并向行政复议机关提出对该规定的审查申请。该等规定有（　）。</td></tr>
</table>

续表

<table>
<tr><td rowspan="2">可以申请行政复议的事项</td><td colspan="2">A. 国务院部门的规定　　B. 县级以上地方各级人民政府及其工作部门的规定
C. 乡、镇人民政府的规定</td></tr>
<tr><td colspan="2">【注意】上述所列规定不含国务院部、委员会规章和地方人民政府规章。（行政复议可以附带审查抽象行政行为，但只限于规章以下的规范性文件）</td></tr>
<tr><td rowspan="4">行政复议的排除事项</td><td colspan="2">（3）下列事项中，不能申请行政复议的有（　）。</td></tr>
<tr><td>A. 内部行政行为</td><td>不服行政机关作出的行政处分或者其他人事处理决定，可依照有关法律、行政法规的规定提出申诉</td></tr>
<tr><td>B. 抽象行政行为</td><td>不服行政法规与行政规章的，规章的审查依照法律、行政法规办理</td></tr>
<tr><td>C. 行政机关针对民事争议的处理</td><td>不服行政机关对民事纠纷作出的调解或者其他处理，可依法申请仲裁或者向法院提起诉讼</td></tr>
</table>

【考点子题——举一反三，真枪实练】

［70］（历年真题•单选题）下列行政争议中，属于行政复议范围的是（　）。

A. 赵某对公安机关限制其人身自由的行政强制措施的决定不服

B. 钱某认为国家税务总局制定的部门规章侵犯其权益

C. 孙某不服行政机关对其与张某的民事纠纷作出的调解

D. 行政机关工作人员李某对本单位将其调离原岗位的决定不服

［71］（经典子题•单选题）根据《行政复议法》的规定，公民、法人或者其他组织申请行政复议时，可一并提出对具体行政行为所依据的有关规定的审查申请。在此，可以对其进行审查的“规定”包含（　）。

A. 国务院部门规定 B. 国务院部门规章 C. 地方人民政府规章 D. 行政法规

［72］（经典子题•单选题）根据《行政复议法》的规定，下列各项中，不属于行政复议范围的是（　）。

A. 对某市场监督管理局作出的吊销营业执照决定不服

B. 对某环保局作出的罚款决定不服

C. 对某公安局作出的行政拘留决定不服

D. 对某税务局作出的给予其职工的撤职处分决定不服

［73］（经典子题•单选题）根据行政复议法律制度的规定，下列各项中，不属于税务行政复议范围的是（　）。

A. 甲认为主管税务机关的具体征税行为不合法

B. 乙认为税法规定的税率太高不合理

C. 丙认为税务机关的具体发票管理行为不合法

D. 丁认为税务机关对其纳税信用等级的评定行为不合法

[74]（经典子题•判断题）消费者李某与销售者赵某之间因买卖手机的质量问题产生纠纷，后该纠纷经市场监督管理局进行了调解，但李某对调解结果不服。李某有权提起行政复议。（ ）

（二）行政复议参加人和行政复议机关

【考点母题——万变不离其宗】行政复议参加人和行政复议机关

行政复议参加人	（1）行政复议的参加人有（ ）。
	A. 申请人 B. 被申请人 C. 第三人
行政复议机关	（2）当事人对县级以上地方各级人民政府工作部门的具体行政行为不服的，可以向特定的复议机关申请复议。该特定复议机关有（ ）。
	A. 该部门所属的本级人民政府 B. 上一级主管部门
	（3）当事人对下列行政机关的具体行政行为不服时，应当向上一级主管部门申请行政复议的有（ ）。
	A. 海关 B. 金融 C. 税务 D. 外汇管理 E. 国家安全机关
	（4）对地方各级人民政府的具体行政行为不服的，应当向特定机关申请行政复议。该特定机关是（ ）。
	A. 上一级人民政府
	（5）对省、自治区人民政府依法设立的派出机关所属的县级地方人民政府的具体行政行为不服的，应当向特定机关申请行政复议。该特定机关是（ ）。
	A. 该派出机关
	（6）【判断金句】对国务院部门或者省、自治区、直辖市人民政府的具体行政行为不服的，向作出该具体行政行为的国务院部门或者省、自治区、直辖市人民政府申请行政复议。对行政复议决定不服的，可以向人民法院提起行政诉讼；也可以向国务院申请裁决，国务院依照《行政复议法》的规定作出最终裁决。
	（7）【判断金句】对县级以上地方人民政府依法设立的派出机关的具体行政行为不服的，向设立该派出机关的人民政府申请行政复议；对政府工作部门依法设立的派出机构依照法律、法规或者规章规定，以自己的名义作出的具体行政行为不服的，向设立该派出机构的部门或者该部门的本级地方人民政府申请行政复议；对法律、法规授权的组织的具体行政行为不服的，分别向直接管理该组织的地方人民政府、地方人民政府工作部门或者国务院部门申请行政复议；对两个或者两个以上行政机关以共同的名义作出的具体行政行为不服的，向其共同上一级行政机关申请行政复议；对被撤销的行政机关在撤销前所作出的具体行政行为不服的，向继续行使其职权的行政机关的上一级行政机关申请行政复议。申请人对上述具体行政行为不服的，也可以向具体行政行为发生地的县级地方人民政府提出行政复议申请，由接受申请的县级地方人民政府自接到该行政复议申请之日起7日内，转送有关行政复议机关，并告知申请人。

【考点子题——举一反三，真枪实练】

[75]（历年真题•多选题）下列行政复议申请情形中，符合法律规定的有（ ）。

A. 张某对甲市乙县人民政府的具体行政行为不服，应当向甲市人民政府申请行政复议

B. 王某对丙县财政局的具体行政行为不服，可以向丙县人民政府申请行政复议

C. 李某对丁市税务局的具体行政行为不服，可以向丁市人民政府申请行政复议

D. 赵某对商务部的具体行政行为不服，应当向国务院申请行政复议

[76]（经典子题•多选题）甲市乙区公安局所辖派出所以李某制造噪声干扰他人正常生活为由，对李某处以500元罚款。李某不服，申请复议。下列机关中，可以作为复议机关的有（ ）。

A. 乙区公安局　B. 乙区人民政府　C. 甲市公安局　D. 甲市人民政府

[77]（经典子题•判断题）当事人对市教育局作出罚款的行政处罚决定不服的，只能向省人民政府申请行政复议。（ ）

[78]（经典子题•单选题）根据法律、法规关于行政复议管辖的规定，下列情形中，应当向上一级主管部门申请行政复议的是（ ）。

A. 对国家安全机关作出的具体行政行为不服申请复议的

B. 对自然资源部门作出的具体行政行为不服申请复议的

C. 对公安机关作出的具体行政行为不服申请复议的

D. 对生态环境部门作出的具体行政行为不服申请复议的

（三）行政复议申请和受理

【考点母题——万变不离其宗】行政复议申请和受理

行政复议的申请	（1）下列关于行政复议申请的表述中，正确的有（ ）。
	A. 公民、法人或者其他组织认为具体行政行为侵犯其合法权益的，可以自知道该具体行政行为之日起60日内提出行政复议申请；但是法律规定的申请期限超过60日的除外 B. 因不可抗力或者其他正当理由耽误法定申请期限的，申请期限自障碍消除之日起继续计算 C. 申请人申请行政复议，可以书面申请，也可以口头申请；口头申请的，行政复议机关应当当场记录申请人的基本情况、行政复议请求、申请行政复议的主要事实、理由和时间 D. 公民、法人或者其他组织向人民法院提起行政诉讼，人民法院已经依法受理的，不得申请行政复议

续表

<table>
<tr><td rowspan="2">行政复议的受理</td><td colspan="2">（2）下列关于行政复议受理的表述中，正确的有（　）。</td></tr>
<tr><td colspan="2">A. 行政复议机关收到行政复议申请后，应当在5日内进行审查，对不符合法律规定的行政复议申请，决定不予受理，并书面告知申请人；对符合法律规定，但是不属于本机关受理的行政复议申请，应当告知申请人向有关行政复议机关提出
B. 除上述情形外，行政复议申请自行政复议机关负责法制工作的机构收到之日起即为受理
C. 行政复议机关受理行政复议申请，不得向申请人收取任何费用</td></tr>
<tr><td rowspan="12">行政复议与行政诉讼的关系</td><td colspan="2">（3）【判断金句】行政复议是行政系统内部的纠纷解决手段，行政诉讼是外部的司法解决纠纷手段。</td></tr>
<tr><td colspan="2">（4）具体行政行为引起的经济纠纷，行政相对人具有申请救济的权利。申请救济的情况有（　）。</td></tr>
<tr><td>A. 可复议可诉讼</td><td>绝大多数具体行政行为引发的经济纠纷，行政相对人具有可复议可诉讼的选择权</td></tr>
<tr><td rowspan="3">B. 先复议后诉讼（复议前置）</td><td>经济纠纷发生后行政诉讼的提起须以行政复议为前提，没有申请行政复议的，不得提起诉讼</td></tr>
<tr><td>法律、法规规定先复议后诉讼的，只有行政复议机关决定不予受理或者受理后超过行政复议期限不作出答复的，公民、法人或者其他组织才可以自收到不予受理决定书之日起或者行政复议期满之日起15日内，依法向人民法院提起行政诉讼</td></tr>
<tr><td>示例：公民、法人或者其他组织认为行政机关的具体行政行为侵犯其已经依法取得的土地、矿藏、水流、森林、山岭、草原、荒地、滩涂、海域等自然资源的所有权或者使用权的，应当先申请行政复议，对复议决定不服的，可以依法向人民法院提起行政诉讼。</td></tr>
<tr><td rowspan="3">C. 只复议不诉讼（复议终局）</td><td>对于行政机关作出的具体行政行为只能申请复议，而不得提起诉讼，即法律不提供司法解决的途径</td></tr>
<tr><td>示例：根据国务院或者省、自治区、直辖市人民政府对行政区划的勘定、调整或者征收土地的决定，确认土地、矿藏、水流、森林、山岭、草原、荒地、滩涂、海域等自然资源的所有权或者使用权的行政复议决定为最终裁决。</td></tr>
<tr><td>原因：这一行政管理事项属于宪法规定的国务院或者省级人民政府的职权，由行政机关作出最终决定更为合适</td></tr>
<tr><td rowspan="2">D. 或诉讼或裁决</td><td>只能在诉讼和申请国务院裁决中选择一种纠纷解决途径</td></tr>
<tr><td>示例：对国务院部门或者省、自治区、直辖市人民政府的具体行政行为不服的，向作出该具体行政行为的国务院部门或者省、自治区、直辖市人民政府申请行政复议。对行政复议决定不服的，可以向人民法院提起行政诉讼，也可以向国务院申请裁决，国务院依照《行政复议法》的规定作出最终裁决。</td></tr>
</table>

续表

<table>
<tr><td rowspan="3">行政复议期间具体行政行为的执行效力</td><td>（5）【判断金句】一般情况下，行政复议期间具体行政行为并不停止执行。</td></tr>
<tr><td>（6）有特定情形之一的，行政复议期间具体行政行为可以停止执行。该特定情形有（　）。</td></tr>
<tr><td>A. 被申请人认为需要停止执行的　B. 行政复议机关认为需要停止执行的
C. 申请人申请停止执行，行政复议机关认为其要求合理，决定停止执行的
D. 法律规定停止执行的</td></tr>
</table>

【考点子题——举一反三，真枪实练】

[79]（经典子题•单选题）根据《行政复议法》的规定，因不可抗力或者其他正当理由耽误法定申请期限的，申请期限的计算规则是（　）。

A. 自障碍消除之日起继续计算　B. 自障碍消除之日起重新计算

C. 自障碍发生之日起继续计算　D. 自障碍发生之日起重新计算

[80]（经典子题•单选题）根据《行政复议法》的规定，行政复议机关收到行政复议申请后，应当在一定期限内进行审查，决定是否受理。该期限为（　）。

A. 15日　B. 5日　C. 7日　D. 10日

[81]（历年真题•单选题）根据行政复议法律制度的规定，下列关于行政复议申请和受理的表述中，正确的是（　）。

A. 申请行政复议必须采用书面形式

B. 公民认为具体行政行为侵犯其合法权益的，应当自知道该具体行政行为之日起15日内提出行政复议申请

C. 行政复议机关受理行政复议申请，不得向申请人收取任何费用

D. 公民提起行政诉讼已由人民法院依法受理的，还可以再申请行政复议

[82]（历年真题•多选题）根据行政复议法律制度的规定，下列关于行政复议申请和受理的表述中，正确的有（　）。

A. 申请人申请行政复议，可以口头申请

B. 行政复议机关决定不予受理行政复议申请的，可以口头告知申请人

C. 行政复议机关受理行政复议申请，可以向申请人收取合理费用

D. 公民向人民法院提起行政诉讼，人民法院已经依法受理的，不得申请行政复议

[83]（经典子题•多选题）根据行政复议法律制度的规定，下列情形中，属于行政复议期间具体行政行为可以停止执行的有（　）。

A. 被申请人认为需要停止执行的　B. 复议机关认为需要停止执行的

C. 人民法院认为需要停止执行的　D. 法律规定停止执行的

（四）行政复议决定

【考点母题——万变不离其宗】行政复议决定

<table>
<tr><td rowspan="3">行政复议的审查办法</td><td colspan="2">（1）下列关于行政复议的审查办法的表述中，正确的有（　）。</td></tr>
<tr><td rowspan="2">A. 原则上采取书面审查的方法</td><td>书面审查方式是指行政复议机关根据书面材料查清案件事实并做出行政复议决定</td></tr>
<tr><td>书面审查排除当事人的言辞辩论，当事人以书面形式提出自己的申请意见和答辩意见，以书面形式提交和运用证据</td></tr>
<tr><td>行政复议的审查办法</td><td colspan="2">B. 申请人提出要求或者行政复议机关负责法制工作的机构认为有必要时，可以向有关组织和人员调查情况，听取申请人、被申请人和第三人的意见</td></tr>
<tr><td rowspan="2">行政复议举证责任承担</td><td colspan="2">（2）下列关于行政复议举证责任承担的表述中，正确的是（　）。</td></tr>
<tr><td colspan="2">A. 行政复议的举证责任，由被申请人承担</td></tr>
<tr><td rowspan="2">对抽象行政行为提出审查申请的处理程序</td><td colspan="2">（3）申请人在申请行政复议时，一并提出对国务院部门的规定、县级以上地方人民政府及其工作部门的规定或者乡镇人民政府的规定进行审查申请的下列处理程序中，正确的有（　）。</td></tr>
<tr><td colspan="2">A. 若行政复议机关对该规定有权处理的，应当在30日内依法处理
B. 若行政复议机关对该规定无权处理的，应当在7日内按照法定程序移送有权力的行政机关依法处理，有权处理的行政机关应当在60日内依法处理；处理期间，中止对具体行政行为的审查</td></tr>
<tr><td rowspan="2">行政复议决定的作出期限</td><td colspan="2">（4）下列关于行政复议决定的作出期限的表述中，正确的有（　）。</td></tr>
<tr><td colspan="2">A. 行政复议机关应当自受理申请之日起60日内作出行政复议决定；但是法律规定的行政复议期限少于60日的除外
B. 情况复杂，不能在规定期限内作出行政复议决定的，经行政复议机关的负责人批准，可以适当延长，并告知申请人和被申请人，但延长期限最多不得超过30日</td></tr>
<tr><td rowspan="4">行政复议决定的作出</td><td colspan="2">（5）行政复议机构应当对被申请人作出的具体行政行为进行审查，提出意见，经行政复议机关的负责人同意或者集体讨论通过后，按照相关规定作出行政复议决定。该相关规定有（　）。</td></tr>
<tr><td>A. 维持决定</td><td>如果具体行政行为认定事实清楚、证据确凿、适用依据正确，程序合法，内容适当的，决定维持具体行政行为</td></tr>
<tr><td>B. 履行决定</td><td>被申请人依法应当履行法定职责但不履行的，决定其在一定期限内履行</td></tr>
<tr><td>C. 撤销、变更或者确认违法决定</td><td>（6）具体行政行为有特定情形之一的，行政复议机构应当决定撤销、变更或者确认该具体行政行为违法。该特定情形有（　）。</td></tr>
</table>

续表

行政复议决定的作出	C. 撤销、变更或者确认违法决定	A. 主要事实不清、证据不足的　B. 适用依据不正确的 C. 违反法定程序的　D. 超越或者滥用职权的 E. 具体行政行为明显不当的 【注意】决定撤销或者确认该具体行政行为违法的，可以责令被申请人在一定期限内重新作出具体行政行为。
		（7）下列关于行政复议决定的表述中，正确的有（　）。
		A. 被申请人不按照法律规定提出书面答复，提交当初作出具体行政行为的证据、依据和其他有关材料的，视为该具体行政行为没有证据、依据，（行政复议机构）决定撤销该具体行政行为 B. 行政复议机关责令被申请人重新作出具体行政行为的，被申请人不得以同一事实和理由作出与原具体行政行为相同或者基本相同的具体行政行为 C. 行政复议决定书一经送达，即发生法律效力
行政复议决定的履行	（8）下列关于行政复议决定履行的表述中，正确的有（　）。	
	A. 自觉履行	被申请人应自觉履行行政复议决定
	B. 限期履行	被申请人不履行或者无正当理由拖延履行行政复议决定的，行政复议机关或者有关上级行政机关应当责令其限期履行
	C. 强制执行	申请人逾期不起诉又不履行行政复议决定的，或者不履行最终裁决的行政复议决定的，对于维持具体行政行为的行政复议决定，由作出具体行政行为的行政机关依法强制执行，或者申请人民法院强制执行；对于变更具体行政行为的行政复议决定，由行政复议机关依法强制执行，或者申请人民法院强制执行

【考点子题——举一反三，真枪实练】

[84]（经典子题·多选题）关于行政复议决定的下列表述中，正确的有（　）。

A. 行政复议的举证责任，由申请人承担

B. 被申请人不按照法律规定提出书面答复，提交当初作出具体行政行为的证据、依据和其他有关材料的，视为该具体行政行为没有证据、依据，行政复议机构应决定撤销该具体行政行为

C. 行政复议机关责令被申请人重新作出具体行政行为的，被申请人不得以同一事实和理由作出与原具体行政行为相同或者基本相同的具体行政行为

D. 行政复议决定书一经送达，即发生法律效力

[85]（经典子题·单选题）根据行政复议法律制度的规定，税务行政复议机关审查被申请人的具体行政行为时，认为其依据不合法并有权处理的，应当在一定期限内依法处理。该期限为（　）。

A. 90日　B. 180日　C. 30日　D. 60日

[86]（经典子题·判断题）行政复议决定书一经作出，即发生法律效力。（　）

考点7 行政诉讼

行政诉讼是指公民、法人或者其他组织认为行政机关或者法律、法规授权的组织的行政行为侵犯其合法权益，依法向人民法院请求司法保护，人民法院通过对被诉行政行为的合法性进行审查，在双方当事人和其他诉讼参与人的参与下，对该行政争议进行审理和裁判的司法活动。

（一）特有原则

【考点母题——万变不离其宗】行政诉讼的特有原则

<table>
<tr><td colspan="2">（1）行政诉讼特有的原则有（　）。</td></tr>
<tr><td rowspan="3">A. 被告负举证责任原则</td><td>被告应当提供作出该行政行为的证据和所依据的规范性文件</td></tr>
<tr><td>被告不提供或者无正当理由逾期提供证据，视为没有相应证据</td></tr>
<tr><td>在诉讼过程中，被告及其代理人不得自行向原告、第三人和证人收集证据</td></tr>
<tr><td rowspan="3">B. 行政行为合法性审查原则</td><td>人民法院一般只审查行政行为的合法性问题，而不审查行政行为的适当性或称合理性问题</td></tr>
<tr><td>人民法院审理行政案件，对行政行为是否合法进行审查</td></tr>
<tr><td>【对比】行政复议无论对于合法性问题还是对于适当性问题，都可以进行审查。</td></tr>
<tr><td rowspan="2">C. 不适用调解原则</td><td>（2）人民法院审理行政案件，不适用调解。但是特定的行政案件，可以调解。该特定行政案件包括（　）。</td></tr>
<tr><td>A. 行政赔偿案件　　B. 行政补偿案件
C. 行政机关行使法律、法规规定的自由裁量权的案件</td></tr>
<tr><td rowspan="3">D. 不停止行政行为执行原则</td><td>一般情况下，不得因当事人提起诉讼而停止执行行政行为</td></tr>
<tr><td>（3）下列情形中，因当事人提起诉讼，人民法院可以裁定停止执行行政行为的有（　）。</td></tr>
<tr><td>A. 被告认为需要停止执行
B. 原告或者利害关系人申请停止执行，人民法院认为该行政行为的执行会造成难以弥补的损失，并且停止执行不损害国家利益、社会公共利益
C. 人民法院认为该行政行为的执行会给国家利益、社会公共利益造成重大损害
D. 法律、法规规定停止执行</td></tr>
</table>

【考点子题——举一反三，真枪实练】

[87]（经典子题•单选题）甲公司因抗税被税务机关处以所纳税款的3倍罚款，甲公司认为处罚过重，为此与税务机关产生争议，其解决争议应当选择的方式是（　）。

A. 行政复议　　B. 民事诉讼　　C. 行政诉讼　　D. 仲裁

[88]（经典子题·多选题）根据《行政诉讼法》的规定，人民法院审理的下列行政案件中，可以调解的有（　）。

A. 行政赔偿案件　　B. 行政补偿案件

C. 行政机关行使法律、法规规定的自由裁量权的案件　　D. 行政不作为案件

[89]（经典子题·多选题）根据《行政诉讼法》的规定，一般情况下，不得因当事人提起诉讼而停止执行行政行为，但存在例外情形。属于该例外情形的有（　）。

A. 原告认为需要停止执行

B. 被告认为需要停止执行

C. 人民法院认为该行政行为的执行会给国家利益造成重大损害

D. 法律、法规规定停止执行

（二）适用范围

公民、法人或者其他组织认为行政机关和行政机关工作人员的行政行为侵犯其合法权益，有权向人民法院提起行政诉讼。此处所称的行政行为，包括法律、法规、规章授权的组织作出的行政行为。

【考点母题——万变不离其宗】行政诉讼的适用范围

行政诉讼受理范围	（1）公民、法人和其他组织提起的下列行政诉讼中，属于人民法院受理范围的有（　）。	
	A. 行政处罚行为	对行政拘留、暂扣或吊销许可证和执照、责令停产停业、没收违法所得、没收非法财物、罚款、警告等行政处罚不服的
	B. 行政强制行为	对限制人身自由或者对财产的查封、扣押、冻结等行政强制措施和行政强制执行不服的
	C. 行政许可行为	申请行政许可，行政机关拒绝或者在法定期限内不予答复，或者对行政机关作出的有关行政许可的其他决定不服的
	D. 行政确权行为	对行政机关作出的关于确认土地、矿藏、水流、森林、山岭、草原、荒地、滩涂、海域等自然资源的所有权或者使用权的决定不服的
	E. 行政征收、征用行为	对征收、征用决定及其补偿决定不服的
	F. 行政不作为	申请行政机关履行保护人身权、财产权等合法权益的法定职责，行政机关拒绝履行或者不予答复的
	G. 侵犯经营自主权、土地承包经营权、土地经营权行为	认为行政机关侵犯其经营自主权或者农村土地承包经营权、农村土地经营权的

续表

行政诉讼受理范围	H. 排除或者限制竞争行为	认为行政机关滥用行政权力排除或者限制竞争的
	I. 违法要求履行义务行为	认为行政机关违法集资、摊派费用或者违法要求履行其他义务的
	J. 行政给付行为	认为行政机关没有依法支付抚恤金、最低生活保障待遇或者社会保险待遇的
	K. 行政协议行为	认为行政机关不依法履行、未按照约定履行或者违法变更、解除政府特许经营协议、土地房屋征收补偿协议等协议的
	L. 其他侵犯人身、财产权等合法权益行为	认为行政机关侵犯其他人身权、财产权等合法权益的
		教育行政决定案件、设施使用费征收案件、计划生育案件等
	【注意】除上述规定外，法院受理法律、法规规定可以提起诉讼的其他行政案件。	
行政诉讼不予受理范围	（2）公民、法人、其他组织对下列事项提起的行政诉讼中，人民法院不予受理的有（ ）。	
	A. 国家行为	国防、外交等国家行为
	B. 抽象行政行为	行政法规、规章或者行政机关制定、发布的具有普遍约束力的决定、命令
	C. 内部行政行为	行政机关对行政机关工作人员的奖惩、任免等决定
	D. 终局行政裁决行为	法律规定由行政机关最终裁决的具体行政行为
不属于人民法院行政诉讼受案范围的行为	（3）下列行为中，不属于人民法院行政诉讼受案范围的有（ ）。	
	A. 公安、国家安全等机关依照《刑事诉讼法》的明确授权实施的行为 B. 调解行为以及法律规定的仲裁行为 C. 行政指导行为 D. 驳回当事人对行政行为提起申诉的重复处理行为 E. 行政机关作出的不产生外部法律效力的行为 F. 行政机关为作出行政行为而实施的准备、论证、研究、层报、咨询等过程性行为 G. 行政机关根据人民法院的生效裁判、协助执行通知书作出的执行行为，但行政机关扩大执行范围或者采取违法方式实施的除外 H. 上级行政机关基于内部层级监督关系对下级行政机关作出的听取报告、执法检查、督促履责等行为 I. 行政机关针对信访事项作出的登记、受理、交办、转送、复查、复核意见等行为 J. 对公民、法人或者其他组织权利义务不产生实际影响的行为	

【考点子题——举一反三，真枪实练】

[90]（历年真题·单选题）下列争议中，可以提起行政诉讼的是（ ）。

A. 赵某对甲省人民政府关于自然资源权属作出的复议决定不服

B. 钱某对乙公安机关对其打架斗殴作出行政拘留15日的决定不服

C. 丙税务机关工作人员孙某对本单位作出撤销其行政职务的决定不服

D. 丁财政部门工作人员李某对本单位对其作出年度考核不合格的决定不服

[91]（历年真题•多选题）根据行政诉讼法律制度的规定，公民、法人或者其他组织对下列行为提起的行政诉讼中，人民法院不受理的有（　）。

A. 国家行为　B. 内部行政行为　C. 行政指导行为　D. 行政征收行为

[92]（经典子题•多选题）根据《行政诉讼法》的规定，公民、法人或者其他组织对下列事项提起的诉讼中，属于人民法院行政诉讼受理范围的有（　）。

A. 认为国务院部门制定的规章不合法　B. 对没收违法所得的行政处罚决定不服

C. 申请行政许可，行政机关拒绝　D. 认为行政机关滥用行政权力限制竞争

[93]（经典子题•多选题）根据《行政诉讼法》的规定，下列案件中，属于行政诉讼受理范围的有（　）。

A. 对行政机关暂扣许可证不服提起诉讼的案件

B. 对行政机关作出人事任免、奖惩决定不服提起诉讼的案件

C. 对仲裁委员会就劳动争议作出的仲裁裁决不服提起诉讼的案件

D. 对行政机关解除政府特许经营协议不服提起诉讼的案件

（三）诉讼管辖

【考点母题——万变不离其宗】行政诉讼管辖

<table>
<tr><td rowspan="8">级别管辖</td><td colspan="2">（1）下列关于行政诉讼级别管辖的表述中，正确的有（　）。</td></tr>
<tr><td colspan="2">A. 基层人民法院管辖第一审行政案件</td></tr>
<tr><td rowspan="4">B. 中级人民法院管辖下列第一审行政案件</td><td>a. 对国务院部门或者县级以上地方人民政府所作的行政行为提起诉讼的案件</td></tr>
<tr><td>b. 海关处理的案件</td></tr>
<tr><td>c. 本辖区内重大、复杂的案件</td></tr>
<tr><td>d. 其他法律规定由中级人民法院管辖的案件</td></tr>
<tr><td colspan="2">C. 高级人民法院管辖本辖区内重大、复杂的第一审行政案件</td></tr>
<tr><td colspan="2">D. 最高人民法院管辖全国范围内重大、复杂的第一审行政案件</td></tr>
<tr><td rowspan="4">地域管辖</td><td rowspan="4">一般地域管辖</td><td>（2）下列关于行政诉讼一般地域管辖的表述中，正确的有（　）。</td></tr>
<tr><td>A. 行政案件由最初作出行政行为的行政机关所在地人民法院管辖</td></tr>
<tr><td>B. 经复议的案件也可以由复议机关所在地人民法院管辖</td></tr>
<tr><td>C. 经最高人民法院批准，高级人民法院可以根据审判工作的实际情况，确定若干人民法院跨行政区域管辖行政案件</td></tr>
</table>

续表

地域管辖	特殊地域管辖	（3）下列关于行政诉讼特殊地域管辖的表述中，正确的有（ ）。
		A. 对限制人身自由的行政强制措施不服提起的诉讼，由被告所在地或者原告所在地人民法院管辖
		B. 因不动产提起的行政诉讼，由不动产所在地人民法院管辖
	共同管辖	（4）下列关于行政诉讼共同管辖的表述中，正确的有（ ）。
		A. 两个以上人民法院都有管辖权的案件，原告可以选择其中一个人民法院提起诉讼 B. 原告向两个以上有管辖权的人民法院提起诉讼的，由最先立案的人民法院管辖
裁定管辖	移送管辖	（5）下列关于行政诉讼移送管辖的表述中，正确的有（ ）。
		A. 人民法院发现受理的案件不属于本院管辖的，应当移送有管辖权的人民法院，受移送的人民法院应当受理 B. 受移送的人民法院认为受移送的案件按照规定不属于本院管辖的，应当报请上级人民法院指定管辖，不得再自行移送
	指定管辖	（6）下列关于行政诉讼指定管辖的表述中，正确的有（ ）。
		A. 有管辖权的人民法院由于特殊原因不能行使管辖权的，由上级人民法院指定管辖 B. 人民法院对管辖权发生争议，由争议双方协商解决；协商不成的，报它们的共同上级人民法院指定管辖
	移转管辖	（7）下列关于行政诉讼移转管辖的表述中，正确的有（ ）。
		A. 上级人民法院有权审理下级人民法院管辖的第一审行政案件 B. 下级人民法院对其管辖的第一审行政案件，认为需要由上级人民法院审理，或者指定管辖的，可以报请上级人民法院决定

【考点子题——举一反三，真枪实练】

[94]（经典子题•判断题）对行政复议决定不服提起行政诉讼的案件，只能由复议机关所在地人民法院管辖。（ ）

（四）诉讼参加人

诉讼参加人包括当事人和诉讼代理人。原告是作为行政相对人或者其他利害关系人的公民、法人或者其他组织；被告是作为行政主体的行政机关和法律、法规规章授权组织。行政诉讼的当事人、法定代理人可以委托1~2人作为诉讼代理人进行诉讼。

【考点母题——万变不离其宗】行政诉讼的诉讼参加人

<table>
<tr><td rowspan="15">原告的确认</td><td colspan="2">原告的确认直接关系到原告是否拥有诉权，能否将争议起诉到人民法院通过司法途径获得救济。行政诉讼的原告不仅仅限于行政行为直接针对的行政相对人，公民、法人或者其他组织即使不是某一行政行为的直接相对人，只要其合法权益受到行政行为的实质影响，即可成为行政诉讼的原告。这里的合法权益主要指人身权、财产权。人身权、财产权以外的合法权益受到行政行为侵害的，只有专门的法律、法规另有规定可以起诉的，方可提起行政诉讼。</td></tr>
<tr><td colspan="2">（1）行政诉讼原告的类型包括（　）。</td></tr>
<tr><td>A. 受害人</td><td>是受到公民、法人或者其他组织违法行为侵害的人。受害人并非行政行为的相对人。当受害人因受到损害要求主管行政机关追究加害人的法律责任时，可以原告身份依法提起行政诉讼</td></tr>
<tr><td rowspan="3">B. 相邻权人</td><td>相邻权人是指与不动产的占有人相邻的公民、法人或者其他组织，占有人在行使物权时，可对其相邻的他人的不动产依法享有特定支配权</td></tr>
<tr><td>相邻权利人并非行政行为的相对人；当其认为相邻权受到行政行为的侵害，与行政行为产生利害关系时，可以原告身份起诉</td></tr>
<tr><td>示例：某城乡规划局向甲公司发放了建设用地规划许可证，刘某认为，建筑工程完成后将遮挡其房屋采光，刘某作为相邻权人就属于行政相关人，可以起诉城乡规划局</td></tr>
<tr><td>C. 公平竞争权人</td><td>公民、法人或者其他组织认为行政机关滥用行政权利排除或者限制竞争的，可以向人民法院提起行政诉讼</td></tr>
<tr><td>D. 投资人</td><td>联营企业、中外合资或者合作企业的联营、合资、合作各方认为联营、合资、合作企业的权益或自己一方合法权益受行政行为侵害的，可以自己的名义提起诉讼</td></tr>
<tr><td>E. 合伙组织</td><td>合伙企业向人民法院提起诉讼的，应当以核准登记的字号为原告；其他合伙组织起诉的，合伙人为共同原告</td></tr>
<tr><td>F. 农村土地承包人</td><td>农村土地承包人等土地使用权人对行政机关处分其使用的农村土地的行为不服，可以自己的名义提起诉讼</td></tr>
<tr><td>G. 非国有企业</td><td>非国有企业被行政机关注销、撤销、合并、强令兼并、出售、分立或者改变企业隶属关系的，该企业或者其法定代表人可以提起诉讼</td></tr>
<tr><td>H. 股份制企业</td><td>股份制企业的股东大会、董事会等认为行政机关作出的行政行为侵犯企业经营自主权的，可以企业名义提起诉讼</td></tr>
<tr><td>I. 非营利法人的设立人</td><td>事业单位、社会团体、基金会、社会服务机构等非营利法人的出资人、设立人认为行政行为损害法人合法权益的，可以自己的名义提起诉讼</td></tr>
<tr><td>J. 业主委员会</td><td>业主委员会对于行政机关作出的涉及业主共有利益的行政行为，可以自己的名义提起诉讼；业主委员会不起诉的，专有部分占建筑物总面积过半数或者占总户数过半数的业主可以提起诉讼</td></tr>
</table>

续表

<table>
<tr><td rowspan="2">原告的确认</td><td>K. 债权人</td><td>债权人以行政机关对债务人所作的行为损害债权实现为由提起行政诉讼的，人民法院应当告知其就民事争议提起民事诉讼，但行政机关作出行政行为时依法应予保护或者应予考虑的除外</td></tr>
<tr><td colspan="2">【注意】公民因被限制人身自由而不能提起诉讼的，其近亲属可依其口头或者书面委托以该公民的名义提起诉讼。近亲属起诉时无法与被限制人身自由的公民取得联系，近亲属可以先行起诉，并在诉讼中补充提交委托证明。</td></tr>
<tr><td rowspan="14">被告的确认</td><td colspan="2">“谁作出行政行为，谁就是被告”</td></tr>
<tr><td colspan="2">（2）下列关于行政诉讼被告确认的表述中，正确的有（ ）。</td></tr>
<tr><td>A. 直接被告的确认</td><td>公民、法人或者其他组织直接向人民法院提起诉讼的，作出行政行为的行政机关是被告</td></tr>
<tr><td rowspan="2">B. 复议案件的被告确认</td><td>经复议的案件，复议机关决定维持原行政行为的，作出原行政行为的行政机关和复议机关是共同被告；复议机关改变原行政行为的，复议机关是被告</td></tr>
<tr><td>复议机关在法定期限内未作出复议决定，公民、法人或者其他组织起诉原行政行为的，作出原行政行为的行政机关是被告；起诉复议机关不作为的，复议机关是被告</td></tr>
<tr><td>C. 共同被告的确认</td><td>两个以上行政机关作出同一行政行为的，共同作出行政行为的行政机关是共同被告</td></tr>
<tr><td>D. 委托行政的被告确认</td><td>行政机关委托的组织所作的行政行为，委托的行政机关是被告</td></tr>
<tr><td>E. 经批准的行政行为的被告确认</td><td>当事人不服经上级行政机关批准的行政行为，向人民法院提起诉讼的，以在对外发生法律效力的文书上署名的机关为被告</td></tr>
<tr><td rowspan="2">F. 法律、法规、规章授权组织作为被告的确认</td><td>法律、法规或者规章授权组织所作的行政行为，该授权组织是被告</td></tr>
<tr><td>法律、法规或者规章授权行使行政职权的行政机关内设机构、派出机构或者其他组织，超出法定授权范围实施行政行为，当事人不服提起诉讼的，若属于幅度越权，以实施该行为的机构或者组织为被告；若属于种类越权，以该行政机关为被告</td></tr>
<tr><td rowspan="2">G. 内部机构的被告确认</td><td>行政机关组建并赋予行政管理职能但不具有独立承担法律责任能力的机构，以自己的名义作出行政行为，当事人不服提起诉讼的，以组建该机构的行政机关为被告</td></tr>
<tr><td>行政机关内设机构、派出机构没有法律、法规或者规章授权的情况下，以自己的名义作出行政行为，当事人不服提起诉讼的，以该行政机关为被告</td></tr>
<tr><td>H. 开发区管理机构的被告确认</td><td>对由国务院、省级人民政府批准设立的开发区管理机构作出的行政行为不服提起诉讼的，以该开发区管理机构为被告</td></tr>
</table>

续表

被告的确认	H. 开发区管理机构的被告确认	对由国务院、省级人民政府批准设立的开发区管理机构所属职能部门作出的行政行为不服提起诉讼的，以其职能部门为被告
		对其他开发区管理机构所属职能部门作出的行政行为不服提起诉讼的，以开发区管理机构为被告
		开发区管理机构没有行政主体资格的，以设立该机构的地方人民政府为被告
	I. 不作为案件中的被告确认	具有法定职权且依法应当履行但拒不行使，从而侵害相对人合法权益的行政机关，可以作为被告
	J. 被告资格的转移	行政机关被撤销或者职权变更的，行政职权依然存在的，继续行使其职权的行政机关是被告；行政职权已不复存在的，作出撤销决定的行政机关是被告
	（3）下列关于被告变更、追加的表述中，正确的有（　）。	
	A. 原告所起诉的被告不适格，人民法院应当通知原告变更被告；原告不同意变更的，应当裁定驳回起诉 B. 存在多名被告，原告只选择了部分被告起诉，对于其他被告没有起诉的，人民法院通知原告应当追加被告，应当追加被告而原告不同意追加的，人民法院应当通知其以第三人的身份参加诉讼，但行政复议机关作共同被告的除外（即对于复议维持遗漏被告的，人民法院应当依职权追加遗漏的行政机关为诉讼被告，不再将遗漏的被告列为诉讼第三人）	

【考点子题——举一反三，真枪实练】

[95]（经典子题•单选题）根据行政诉讼法律制度的规定，对复议机关决定维持原行政行为而当事人不服提起诉讼的案件，确定被告的原则是（　）。

A. 以复议机关为被告，以作出原行政行为的行政机关为第三人

B. 以作出原行政行为的行政机关和复议机关为共同被告

C. 以作出原行政行为的行政机关为被告，复议机关为第三人

D. 由当事人选择作出原行政行为的行政机关和复议机关二者之一作为被告

[96]（经典子题•单选题）下列关于行政诉讼被告的表述中，正确的是（　）。

A. 复议机关改变原具体行政行为的，由作出原具体行政行为的行政机关和复议机关作为共同被告

B. 行政诉讼被告可以是行政机关工作人员

C. 当事人不服经上级行政机关批准的行政行为而向法院提起诉讼的，应当以在对外发生法律效力的文书上署名的行政机关为被告

D. 存在多名被告，原告只选择了部分被告起诉，对于其他被告没有起诉的，人民法院通知原告应当追加被告，应当追加被告而原告不同意追加的，人民法院应当通知其以第三人的身份参加诉讼

（五）起诉和受理

1. 起诉

【考点母题——万变不离其宗】起诉

与行政复议的衔接关系	（1）行政诉讼与行政复议的衔接关系的下列表述中，正确的有（ ）。
	A. 对属于人民法院受案范围的行政案件，公民、法人或者其他组织可以先向行政机关申请复议，对复议决定不服的，再向人民法院提起诉讼；也可以直接向人民法院提起诉讼 B. 公民、法人或者其他组织申请行政复议，行政复议机关已经依法受理的，或者法律、法规规定应当先向行政复议机关申请行政复议决定、对行政复议决定不服再向人民法院提起行政诉讼的，在法定复议期限内不得向人民法院提起行政诉讼 C. 法律、法规规定应当先向行政复议机关申请行政复议，对行政复议决定不服再向人民法院提起行政诉讼的，行政复议机关决定不予受理或者受理后超过行政复议期限不作答复的，公民、法人或者其他组织可以自收到不予受理决定书之日起或者行政复议期满之日起15日内，依法向人民法院提起行政诉讼
起诉的一般条件	（2）提起行政诉讼，应当符合的条件有（ ）。
	A. 原告是认为行政行为侵犯其合法权益的公民、法人或者其他组织 B. 有明确的被告 C. 有具体的诉讼请求和事实根据 D. 属于人民法院受案范围和受诉人民法院管辖
起诉的时间条件	（3）下列关于提起行政诉讼的时间条件的表述中，正确的有（ ）。
	A. 除法律另有规定外，公民、法人或者其他组织直接向人民法院提起诉讼的，应当自知道或者应当知道作出行政行为之日起6个月内提出 B. 因不动产提起诉讼的案件自行政行为作出之日起超过20年，其他案件自行政行为作出之日起超过5年提起诉讼的，人民法院不予受理 C. 公民、法人或者其他组织申请行政机关履行保护其人身权、财产权等合法权益的法定职责，行政机关在接到申请之日起2个月内不履行的，公民、法人或者其他组织可以向人民法院提起诉讼；法律、法规对行政机关履行职责的期限另有规定的，从其规定 D. 公民、法人或者其他组织在紧急情况下请求行政机关履行保护其人身权、财产权等合法权益的法定职责，行政机关不履行的，提起诉讼不受前述规定期限的限制 E. 公民、法人或者其他组织因不可抗力或者其他不属于其自身的原因耽误起诉期限的，被耽误的时间不计算在起诉期限内。公民、法人或者其他经济组织因上述情形以外的其他特殊情况耽误起诉期限的，在障碍消除后10日内，可以申请延长期限，是否准许由人民法院决定
起诉方式	（4）下列关于行政诉讼起诉方式的表述中，正确的有（ ）。
	A. 起诉应当向人民法院递交起诉状，并按照被告人数提出副本 B. 书写起诉状确有困难的，可以口头起诉，由人民法院记入笔录，出具注明日期的书面凭证，并告知对方当事人

【考点子题——举一反三，真枪实练】

[97]（经典子题•单选题）根据《行政诉讼法》的规定，因不动产提起诉讼的案件自行政行为作出之日起超过一定期限的，人民法院不予受理。该期限为（　）。

A. 6个月　　B. 3年　　C. 5年　　D. 20年

2. 受理

【考点母题——万变不离其宗】行政诉讼的受理

下列关于行政诉讼受理的表述中，正确的有（　）。
A. 人民法院在接到起诉状时对符合法律规定的起诉条件的，应当登记立案 B. 对当场不能判定是否符合法律规定的起诉条件的，应当接收起诉状，出具注明收到日期的书面凭证，并在7日内决定是否立案 C. 不符合起诉条件的，作出不予立案的裁定（裁定书应当载明不予立案的理由） D. 原告对不予立案的裁定不服的，可以提起上诉 E. 人民法院既不立案，又不作出不予立案裁定的，当事人可以向上一级人民法院起诉；上一级人民法院认为符合起诉条件的，应当立案、审理，也可以指定其他下级人民法院立案、审理 F. 公民、法人或者其他组织认为行政行为所依据的国务院部门和地方人民政府及其部门制定的规范性文件不合法，在对行政行为提起诉讼时，可以一并请求对该规范性文件进行审查（不含规章） G. 人民法院审理行政案件，应当收取诉讼费用；诉讼费用由败诉方承担，双方都有责任的由双方分担

【考点子题——举一反三，真枪实练】

[98]（经典子题•单选题）根据《行政诉讼法》的规定，下列关于行政诉讼受理的表述中，不正确的是（　）。

A. 人民法院对当场不能判定是否符合法律规定的起诉条件的，应当接收起诉状，出具注明收到日期的书面凭证，并在7日内决定是否立案

B. 原告对人民法院不予立案的裁定不服的，可以提起上诉

C. 公民、法人或者其他组织认为行政行为所依据的国务院部门和地方人民政府及其部门制定的规范性文件不合法，在对行政行为提起诉讼时，不可以一并请求对该规范性文件进行审查

D. 人民法院审理行政案件，应当收取诉讼费用

（六）审理和判决

1. 第一审普通程序

【考点母题——万变不离其宗】行政诉讼的第一审普通程序

<table>
<tr><td rowspan="2">第一审普通程序的审理</td><td colspan="2">（1）下列关于行政诉讼第一审普通程序审理的表述中，正确的有（　）。</td></tr>
<tr><td colspan="2">A. 人民法院审理行政案件，由审判员组成合议庭，或者由审判员、陪审员组成合议庭；合议庭的成员，应当是3人以上的单数
B. 人民法院（一般）公开审理行政案件，但涉及国家秘密、个人隐私和法律另有规定的行政案件，不公开审理；涉及商业秘密的行政案件，当事人申请不公开审理的，可以不公开审理
C. 被诉行政机关负责人应当出庭应诉；不能出庭的，应当委托行政机关相应的工作人员出庭
D. 在涉及行政许可、登记、征收、征用和行政机关对民事争议所作的裁决的行政诉讼中，当事人申请一并解决相关民事争议的，人民法院可以一并审理
E. 人民法院审理行政案件，不适用调解；但是，行政赔偿、补偿以及行政机关行使法律、法规规定的自由裁量权的案件可以调解；调解应当遵循自愿、合法原则，不得损害国家利益、社会公共利益和他人合法权益
F. 人民法院审理行政案件，以法律和行政法规、地方性法规为依据；地方性法规适用于本行政区域内发生的行政案件；人民法院审理民族自治地方的行政案件，并以该民族自治地方的自治条例和单行条例为依据；人民法院审理行政案件，参照规章</td></tr>
<tr><td rowspan="7">第一审普通程序的判决</td><td rowspan="2">审限</td><td>（2）下列关于行政诉讼第一审普通程序审理期限的表述中，正确的有（　）。</td></tr>
<tr><td>A. 人民法院应当在立案之日起6个月内作出第一审判决
B. 有特殊情况需要延长的，由高级人民法院批准，高级人民法院审理第一审案件需要延长的，由最高人民法院批准
C. 人民法院对公开审理和不公开审理的案件，一律公开宣告判决</td></tr>
<tr><td>驳回诉讼请求</td><td>（3）【判断金句】行政行为证据确凿，适用法律、法规正确，符合法定程序的，或者原告申请被告履行法定职责或者给付义务理由不成立的，人民法院判决驳回原告的诉讼请求。</td></tr>
<tr><td rowspan="2">判决撤销或者部分撤销</td><td>（4）行政行为有特定情形之一的，人民法院判决撤销或者部分撤销，并可以判决被告重新作出行政行为。该特定情形有（　）。</td></tr>
<tr><td>A. 主要证据不足的　B. 适用法律、法规不正确的　C. 违反法定程序的
D. 超越职权的　E. 滥用职权的　F. 明显不当的</td></tr>
<tr><td rowspan="2">判决履行义务</td><td>（5）下列关于行政诉讼第一审程序中人民法院判决被告履行义务的表述中，正确的有（　）。</td></tr>
<tr><td>A. 人民法院经过审理，查明被告不履行法定职责的，判决被告在一定期限内履行
B. 人民法院经过审理，查明被告依法负有给付义务的，判决被告履行给付义务</td></tr>
</table>

续表

第一审普通程序的判决	判决变更行政处罚	（6）下列关于行政诉讼第一审程序中人民法院判决变更行政处罚的表述中，正确的有（　）。
		A. 行政处罚明显不当，或者其他行政行为涉及对款额的确定、认定确有不正确的，人民法院可以判决变更 B. 人民法院判决变更，不得加重原告的义务或者减损原告的权益；但利害关系人同为原告，且诉讼请求相反的除外
	判决行政行为违法或者无效	（7）下列关于行政诉讼第一审程序中人民法院判决行政行为违法或者无效的表述中，正确的有（　）。
		A. 人民法院判决确认违法或者无效的，可以同时判决责令被告采取补救措施 B. 行政行为被人民法院判决确认违法或者无效的，给原告造成损失的，依法判决被告承担赔偿责任

【考点子题——举一反三，真枪实练】

［99］（经典子题•多选题）根据《行政诉讼法》的规定，下列关于行政诉讼的表述中，正确的有（　）。

A. 行政诉讼实行被告对行政行为合法性负举证责任原则

B. 若被告认为需要，则可以在行政诉讼期间停止执行行政行为

C. 法院判决变更行政行为，不得加重原告的义务或者减损原告的权益

D. 没有原告或者利害关系人的申请，法院不得依职权在行政诉讼期间裁定停止执行行政行为

2. 简易程序

【考点母题——万变不离其宗】行政诉讼的简易程序

适用范围	（1）人民法院审理的下列第一审行政案件中，认为事实清楚、权利义务关系明确、争议不大的，可以适用简易程序的有（　）。	
	A. 被诉的行政行为是依法当场作出的 B. 案件涉及款额 2 000 元以下的 D. 除上述规定外的第一审行政案件，当事人各方同意适用简易程序的	C. 属于政府信息公开案件的
	（2）下列案件中，不适用简易程序的有（　）。	
	A. 发回重审的案件	B. 按照审判监督程序再审的案件
审判组织与审理期限	（3）下列关于行政案件适用简易程序的审判组织和审理期限的表述中，正确的有（　）。	
	A. 由审判员一人独任审理	B. 应当在立案之日起 45 日内审结
转为普通程序	（4）【判断金句】人民法院在审理过程中，发现案件不宜适用简易程序的，裁定转为普通程序。	

【考点子题——举一反三，真枪实练】

[100]（经典子题•多选题）根据《行政诉讼法》的规定，人民法院审理第一审行政案件，认为事实清楚、权利义务关系明确、争议不大的，可以适用简易程序。具备该前提条件，可以适用简易程序的案件有（　）。

A. 行政机关不履行法定职责的案件　　B. 案件涉及款额5 000元以下的

C. 政府信息公开案件　　D. 被诉的行政行为是依法当场作出的

3. 第二审程序

【考点母题——万变不离其宗】第二审程序

<table>
<tr><td rowspan="2">第二审程序的提起</td><td>（1）下列关于第二审程序的提起表述中，正确的有（　）。</td></tr>
<tr><td>A. 当事人不服人民法院第一审判决的，有权在判决书送达之日起15日内向上一级人民法院提起上诉
B. 当事人不服人民法院第一审裁定的，有权在裁定书送达之日起10日内向上一级人民法院提起上诉
【注意】逾期不提起上诉的，人民法院的第一审判决或者裁定发生法律效力。</td></tr>
<tr><td rowspan="2">第二审程序的审理</td><td>（2）下列关于第二审程序审理的表述中，正确的有（　）。</td></tr>
<tr><td>A. 人民法院对上诉案件，应当组成合议庭，开庭审理
B. 经过阅卷、调查和询问当事人，对没有提出新的事实、证据或者理由，合议庭认为不需要开庭审理的，也可以不开庭审理
C. 人民法院审理上诉案件，应当对原审人民法院的判决、裁定和被诉行政行为进行全面审查</td></tr>
<tr><td rowspan="2">第二审程序的判决</td><td>（3）下列关于第二审程序判决的表述中，正确的有（　）。</td></tr>
<tr><td>A. 人民法院审理上诉案件，应当在收到上诉状之日起3个月内作出终审判决
B. 有特殊情况需要延长的，由高级人民法院批准，高级人民法院审理上诉案件需要延长的，由最高人民法院批准
C. 人民法院审理上诉案件，按照法律规定的各种情形，分别作出处理</td></tr>
</table>

【考点子题——举一反三，真枪实练】

[101]（经典子题•单选题）根据行政诉讼法律制度的规定，下列关于行政诉讼二审程序的说法中，不正确的是（　）。

A. 若当事人对原审法院认定的事实有争议，但没有提出新的事实、证据或者理由，则二审法院可以不开庭审理

B. 二审法院审理上诉案件，一般应当在收到上诉状之日起3个月内作出终审判决

C. 当事人不服一审判决提起上诉的，应当在判决书送达之日起10日内提起

D. 二审法院审理上诉案件时，应当对原审法院的裁判和被诉行政行为是否合法进行全面审查

4. 审判监督程序

【考点母题——万变不离其宗】审判监督程序

当事人发动	下列关于审判监督程序的表述中，正确的有（　）。
	A. 当事人对已经发生法律效力的判决、裁定，认为确有不正确的，可以向上一级人民法院申请再审，但判决、裁定不停止执行
法院系统发动	B. 各级人民法院院长对本院已经发生法律效力的判决、裁定，发现有法定再审事由，或者发现调解违反自愿原则或者调解书内容违法，认为需要再审的，应当提交审判委员会讨论决定
	C. 最高人民法院对地方各级人民法院已经发生法律效力的判决、裁定，上级人民法院对下级人民法院已经发生法律效力的判决、裁定，发现有法定再审事由，或者发现调解违反自愿原则或者调解书内容违法的，有权提审或者指令下级人民法院再审
检察院系统抗诉	D. 最高人民检察院对各级人民法院已经发生法律效力的判决、裁定，上级人民检察院对下级人民法院已经发生法律效力的判决、裁定，发现有法定再审事由，或者发现调解书损害国家利益、社会公共利益的，应当提出抗诉
	E. 地方各级人民检察院对同级人民法院已经发生法律效力的判决、裁定，发现有法定再审事由，或者发现调解书损害国家利益、社会公共利益的，可以向同级人民法院提出检察建议，并报上级人民检察院备案；也可以提请上级人民检察院向同级人民法院提出抗诉

【考点子题——举一反三，真枪实练】

[102]（经典子题•判断题）地方各级人民检察院对同级人民法院已经发生法律效力的判决、裁定，发现有法定再审事由，或者发现调解书损害国家利益、社会公共利益的，可以向同级人民法院提出检察建议，并报上级人民检察院备案；但不得提请上级人民检察院向同级人民法院提出抗诉。（　）

七、执行

【考点母题——万变不离其宗】执行

（1）下列关于执行的表述中，正确的有（　）。
A. 当事人必须履行人民法院发生法律效力的判决、裁定、调解书 B. 公民、法人或者其他组织拒绝履行判决、裁定、调解书的，行政机关或者第三人可以向第一审人民法院申请强制执行，或者由行政机关依法强制执行
（2）行政机关拒绝履行判决、裁定、调解书的，第一审人民法院可以采取的措施有（　）。

续表

A. 对应当归还的罚款或者应当给付的款额，通知银行从该行政机关的账户内划拨 B. 在规定期限内不履行的，从期满之日起，对该行政机关负责人按日处50元至100元的罚款 C. 将行政机关拒绝履行的情况予以公告 D. 向监察机关或者该行政机关的上一级行政机关提出司法建议；接受司法建议的机关，根据有关规定进行处理，并将处理情况告知人民法院 E. 拒不履行判决、裁定、调解书，社会影响恶劣的，可以对该行政机关直接负责的主管人员和其他直接责任人员予以拘留；情节严重，构成犯罪的，依法追究刑事责任
（3）【判断金句】公民、法人或者其他组织对行政行为在法定期间不提起诉讼又不履行的，行政机关可以申请人民法院强制执行，或者依法强制执行。

【考点子题——举一反三，真枪实练】

[103]（经典子题•多选题）根据行政诉讼法律制度的规定，行政机关拒绝履行判决、裁定的，第一审法院可以采取的措施有（　）。

A. 在规定期间内不履行的，从期满之日起，对该行政机关负责人按日处以50元至100元的罚款

B. 向该行政机关的上一级行政机关提出司法建议

C. 对应当给付的款项，通知银行从该行政机关的账户内划拨

D. 提请人民检察院对该行政机关提起公益诉讼

［本章考点子题答案及解析］

[1]【答案：D】民事法律行为，指民事主体通过意思表示设立、变更、终止民事法律关系的行为。民事法律行为以达到一定的民事法律后果为目的。选项ABC都不产生民事法律后果，不是民事法律行为。选项D属于买卖合同，是民事法律行为。

[2]【答案：A】借款合同是主合同，抵押合同是从合同，选项A正确。合同都是双方或多方法律行为，选项B不正确。抵押合同为诺成合同，不属于实践性法律行为，选项C不正确。抵押合同必须采用书面形式，因而是要式法律行为，选项D不正确。

[3]【答案：CD】合同行为是典型的双方民事法律行为，选项A不正确；从法律行为是指从属于其他法律行为而存在的法律行为，选项B不正确。

[4]【答案：BC】选项A：不能完全辨认自己行为的成年人为限制民事行为能力人。选项B：十六周岁以上的未成年人，以自己的劳动收入为主要生活来源的，视为完全民事行为能力人。选项C：十八周岁以上的成年人为完全民事行为能力人。选项D：不满八周岁的未成年人为无民事行为能力人。

[5]【答案：B】限制民事行为能力人，实施民事法律行为由其法定代理人代理或者经其法定代理人同意、追认（因此赠送电脑的行为效力待定，选项C不正确），但是可以独立实施纯获利益的民事法律行为或者与其年龄、智力相适应的民事法律行为（因此赠送棒球帽的行为有效，选项A不正确）。限制民事行为能力人实施的纯获益的行为有效（因此选项B正确、选项D不正确）。

[6]【答案：B】限制民事行为能力人独立实施的纯获利益的民事法律行为有效，10周岁的孙某属于限

制民事行为能力人，接受其父亲同事赠与的 200 元红包属于纯获利益行为，该民事法律行为有效，无需征得法定代理人的同意，选项 B 不正确。

[7] 【答案：A】选项 BCD 属于附生效期限的民事法律行为。

[8] 【答案：AD】选项 A 为无民事行为能力人独立实施的民事法律行为；选项 B 为有效的民事法律行为；选项 C 为可撤销的民事法律行为；选项 D 为代理人与第三人恶意串通损害被代理人利益的行为。

[9] 【答案：ABC】选项 A 中的买卖行为属于虚假通谋行为，无效；选项 B 中的买卖行为也属于通谋虚假的行为，无效；选项 C 违背社会公共利益，无效；选项 D 为纯获利益的行为，有效。

[10] 【答案：B】（1）7 周岁的赵某属于无民事行为能力人，其独立实施的民事法律行为无效。枪支属于禁止流通物，买卖枪支违反法律的强制性规定，为无效民事法律行为。不能辨认自己行为的人为无民事行为能力人，其实施的民事法律行为无效。选项 ACD 均为无效民事法律行为。（2）吴某的行为构成欺诈，该买卖行为为可撤销法律行为。

[11] 【答案：D】超越代理权与第三人所为的法律行为，不属于可撤销的法律行为。

[12] 【答案：B】重大误解的当事人自知道或者应当知道撤销事由之日起 90 日内没有行使撤销权，撤销权消灭。

[13] 【答案：ACD】导致可撤销民事法律行为当事人的撤销权消灭的有：（1）当事人自知道或者应当知道撤销事由之日起 1 年内、重大误解的当事人自知道或者应当知道撤销事由之日起 90 日内没有行使撤销权（选项 D）；（2）当事人受胁迫，自胁迫行为终止之日起 1 年内没有行使撤销权（选项 C）；（3）当事人知道撤销事由后明确表示或者以自己的行为表明放弃撤销权；（4）当事人自民事法律行为发生之日起 5 年内没有行使撤销权的，撤销权消灭（选项 A）。

[14] 【答案：ABC】受欺诈方催告交货、预付货款、送交合同有效的通知，都是放弃撤销权的行为，合同确定有效。乙公司作为欺诈方，无撤销合同的权利。

[15] 【答案：A】非独立进行意思表示的行为，如传递信息、中介行为等不属于代理行为，选项 B 不正确；代理行为的法律后果直接归属于被代理人，选项 C 不正确；代理人必须以被代理人的名义实施法律行为，选项 D 不正确。

[16] 【答案：CD】依照法律规定或按照双方当事人约定应当由本人实施的民事法律行为，不得代理，如订立遗嘱、婚姻登记、收养子女等；本人未亲自实施的，应当认定行为无效。

[17] 【答案：D】甲的行为构成表见代理，乙公司应承担责任。

[18] 【答案：√】被代理人死亡后，有下列情形之一的，委托代理人实施的代理行为仍有效：（1）代理人不知道并且不应知道被代理人死亡；（2）被代理人的继承人予以承认；（3）授权中明确代理权在代理事务完成时终止；（4）被代理人死亡前已经实施，为了被代理人的继承人的利益继续代理。

[19] 【答案：ACD】能够导致委托代理终止的情形有：代理期限届满或者代理事务完成（选项 D）；被代理人取消委托或者代理人辞去委托；代理人丧失民事行为能力（选项 A）；代理人或者被代理人死亡（选项 C）；作为代理人或被代理人的法人、非法人组织终止。

[20] 【答案：AB】在多元化纠纷解决机制中，适用于解决横向关系经济纠纷的解决途径有仲裁和民事诉讼；适用于解决纵向关系经济纠纷的解决途径有行政复议和行政诉讼。

[21] 【答案：ACD】仲裁的基本原则有：自愿原则；以事实为根据，以法律为准绳，公平合理地解决纠

纷原则；仲裁组织依法独立行使仲裁权原则；一裁终局原则。

[22]【答案：A】农业集体经济组织内部的农业承包合同不适用《仲裁法》；离婚纠纷和行政争议，均不是仲裁的适用范围。

[23]【答案：ACD】行政争议不能仲裁。劳动争议和农业集体经济组织内部的农业承包合同纠纷不适用《仲裁法》。

[24]【答案：A】仲裁协议具有独立性，合同的变更、解除、终止或无效，不影响仲裁协议的效力；选项A不符合规定。有下列情形之一的，仲裁协议无效：（1）约定的仲裁事项超出法律规定的仲裁范围的（选项D）；（2）无民事行为能力人或者限制民事行为能力人订立的仲裁协议（选项C）；（3）一方采取胁迫手段，迫使对方订立仲裁协议的（选项B）。

[25]【答案：A】（1）仲裁协议具有独立性，合同的变更、解除、终止或无效，不影响仲裁协议的效力。选项A不正确。（2）选项BCD是无效的仲裁协议，表述均正确。

[26]【答案：ACD】仲裁协议具有相对独立的效力，不因合同无效而无效。选项ACD均为无效的仲裁协议。

[27]【答案：ABCD】选项ABCD均为仲裁员回避的情形。

[28]【答案：×】裁决书自作出之日起发生法律效力。

[29]【答案：×】当事人提出证据证明裁决有依法应撤销情形的，可在收到裁决书之日起6个月内，向仲裁委员会所在地的中级人民法院申请撤销裁决。

[30]【答案：ABCD】仲裁裁决的法定撤销情形：（1）没有仲裁协议的；（2）裁决的事项不属于仲裁协议的范围或者仲裁委员会无权仲裁的（选项B）；（3）仲裁庭的组成或者仲裁的程序违反法定程序的（选项A）；（4）裁决所根据的证据是伪造的；（5）对方当事人隐瞒了足以影响公正裁决的证据的（选项D）；（6）仲裁员在仲裁该案时有索贿受贿，徇私舞弊、枉法裁决行为的（选项C）。

[31]【答案：×】当事人一方申请执行仲裁裁决，另一方申请撤销裁决的，人民法院应当裁定中止执行。

[32]【答案：AB】下列案件不得由审判员一人独任审理：涉及国家利益、社会公共利益的案件；涉及群体性纠纷，可能影响社会稳定的案件；人民群众广泛关注或者其他社会影响较大的案件；属于新类型或者疑难复杂的案件；法律规定应当组成合议庭审理的案件；其他不宜由审判员一人独任审理的案件。适用简易程序、特别程序（选民资格案件及重大、疑难的案件除外）、督促程序、公示催告程序公示催告阶段审理的民事案件，由审判员一人独任审理。

[33]【答案：D】人民法院审理民事或行政案件，除涉及国家秘密、个人隐私或者法律另有规定的以外，应当公开进行。离婚案件，涉及商业秘密的案件，当事人申请不公开审理的，可以不公开审理。

[34]【答案：ABD】两审终审制度的例外有：（1）适用特别程序、督促程序、公示催告程序和简易程序中的小额诉讼程序审理的案件，实行一审终审；（2）最高人民法院所作的一审判决、裁定，为终审判决、裁定。

[35]【答案：√】不论案件是否公开审理，一律公开宣告判决。

[36]【答案：ABD】先立案的人民法院不得将案件移送给另一个有管辖权的人民法院，选项C的表述不正确。

[37]【答案：ACD】两个以上人民法院都有管辖权的案件，原告向两个以上有管辖权的人民法院起诉

的，由最先立案的人民法院管辖（选项 A 正确）；先立案的人民法院不得将案件移送给另一个有管辖权的人民法院（选项 B 不正确）；人民法院在立案前发现其他有管辖权的人民法院已先立案的，不得重复立案（选项 C 正确）；人民法院在立案后发现其他有管辖权的人民法院已先立案的，裁定将案件送给立案的人民法院（选项 D 正确）。

[38]【答案：C】因合同纠纷引起的诉讼，由被告住所地或者合同履行地人民法院管辖。

[39]【答案：ABD】交通事故的地域管辖法院有：事故发生地的人民法院；车辆、船舶最先到达地、航空器最先降落地的人民法院；被告住所地的人民法院。

[40]【答案：C】有关专属管辖的规定如下：因不动产纠纷提起的诉讼，由不动产所在地的人民法院管辖；因港口作业发生纠纷提起的诉讼，由港口所在地人民法院管辖；因继承遗产纠纷提起的诉讼，由被继承人死亡时住所地或者主要遗产所在地人民法院管辖。据此，选项 C 为专属管辖。选项 ABD 为特殊地域管辖。

[41]【答案：A】有关专属管辖的规定如下：因不动产纠纷提起的诉讼，由不动产所在地的人民法院管辖；因港口作业发生纠纷提起的诉讼，由港口所在地人民法院管辖；因继承遗产纠纷提起的诉讼，由被继承人死亡时住所地或者主要遗产所在地人民法院管辖。据此，选项 A 为因不动产纠纷提起的诉讼，适用专属管辖。

[42]【答案：B】因航空事故请求损害赔偿提起的诉讼，由事故发生地人民法院、航空器最先降落地人民法院或者被告住所地人民法院管辖。

[43]【答案：A】合同之债和其他财产权益纠纷，当事人可以协议的方式选择解决他们之间纠纷的管辖法院。

[44]【答案：BCD】起诉可以采用口头形式。

[45]【答案：×】本题考核民事诉讼公开审判制度。离婚案件，涉及商业秘密的案件，当事人申请不公开审理的，可以不公开审理。

[46]【答案：×】发回重审的案件，不适用简易程序。

[47]【答案：B】（1）发回重审的案件，不适用简易程序审理。选项 A 不正确。（2）适用简易程序的当事人双方可就开庭方式向人民法院提出申请，由人民法院决定是否准许。选项 B 正确。（3）适用简易程序的案件，人民法院可以采取捎口信、电话、短信、传真、电子邮件等简便方式传唤双方当事人、通知证人和送达裁判文书以外的诉讼文书。选项 C 不正确。（4）已经按照普通程序审理的案件，在开庭后不得转为简易程序审理。选项 D 不正确。

[48]【答案：×】起诉时被告下落不明的，不适用简易程序。

[49]【答案：√】适用简易程序审理案件，由审判员独任审判，书记员担任记录。

[50]【答案：ABCD】人民法院审理的下列案件，不得适用小额诉讼程序：人身关系、财产确权案件（选项 A）；涉外案件（选项 B）；需要评估、鉴定（选项 C）或者对诉前评估、鉴定结果有异议的案件；一方当事人下落不明的案件（选项 D）；当事人提出反诉的案件；其他不适宜用小额诉讼的程序审理的案件。

[51]【答案：×】适用小额诉讼程序审理案件，可以一次开庭审结并且当庭宣判。

[52]【答案：B】当事人不服地方人民法院第一审裁定的，有权在裁定书送达之日起 10 日内向上一级人民法院提起上诉。

[53]【答案：C】当事人对重审案件的判决和裁定可以上诉，选项C不正确。

[54]【答案：ABCD】选项ABCD均为审判监督程序启动情形。

[55]【答案：A】(1) 上级人民法院对下级人民法院已经生效的判决、裁定、调解书，发现确有不正确的，有权提审或指令下级人民法院再审。选项A正确。(2) 当事人对已经发生法律效力的判决、裁定，认为有不正确的，可以向上一级人民法院申请再审；当事人一方人数众多或者当事人双方为公民的案件，也可以向原审人民法院申请再审。选项B不正确。(3) 各级人民法院院长对本院已经生效的判决、裁定、调解书，发现确有不正确，认为需要再审的，提交审判委员会讨论决定。选项C不正确。(4) 当事人申请再审的，不停止判决、裁定的执行。选项D不正确。

[56]【答案：BCD】当事人对已经发生法律效力的调解书申请再审，应当在调解书发生法律效力后6个月内提出，选项A符合规定。

[57]【答案：C】当事人对已经发生法律效力的判决、裁定，认为有不正确的，可以向上一级人民法院申请再审；当事人一方人数众多或者当事人双方为公民的案件，也可以向原审人民法院申请再审，选项C不正确。

[58]【答案：BD】法院调解是一种诉讼活动；只要双方当事人在法院主持下就争议案件进行自愿协商，就可以理解为法院调解，选项A不正确。适用特别程序、督促程序、公示催告程序的案件，婚姻等身份关系确认案件以及其他根据案件性质不能调解的案件，不得调解，选项B正确。调解书经双方当事人签收后，即具有法律效力，选项C不正确。对调解书不得上诉，选项D正确。

[59]【答案：ABCD】法院调解生效后，具有以下效力：诉讼结束，当事人不得以同一事实和理由再行起诉；该案的诉讼法律关系消灭；对调解书不得上诉；当事人在诉讼中的实体权利义务争议消灭；具有给付内容的调解书具有强制执行效力。

[60]【答案：D】义务人未提出诉讼时效抗辩的，人民法院不应对诉讼时效问题进行释明及主动适用诉讼时效规定进行裁判。

[61]【答案】A】选项A：诉讼时效期间届满，并不丧失实体权利。

[62]【答案：C】登记的动产物权的权利人请求返还财产，不适用诉讼时效的规定。选项C明确的是未登记动产。

[63]【答案：A】下列请求权，不适用诉时效规定：请求停止侵害、排除妨碍、消除危险；不动产物权和登记的动产物权的权利人请求返还财产（选项D）；请求支付抚养费、赡养费或者扶养费（选项C）。当事人对下列债权请求权提出诉讼时效抗辩的，人民法院不予支持：支付存款本金及利息的请求权（选项B）；兑付国债、金融债券以及向不特定对象发行的企业债券本息请求权；基于投资关系产生的缴付出资的请求权；其他依法不适用诉讼时效规定的债权请求权。

[64]【答案：A】下列请求权，不适用诉时效规定：请求停止侵害（选项B）、排除妨碍、消除危险；不动产物权和登记的动产物权的权利人请求返还财产；请求支付抚养费、赡养费或者扶养费。当事人对下列债权请求权提出诉讼时效抗辩的，人民法院不予支持：支付存款本金及利息的请求权（选项C）；兑付国债、金融债券以及向不特定对象发行的企业债券本息请求权；基于投资关系产生的缴付出资的请求权（选项D）；其他依法不适用诉讼时效规定的债权请求权。

[65]【答案：D】未成年人遭受性侵害的损害赔偿请求权的诉讼时效期间，自受害人年满十八周岁之日起算。

[66]【答案：B】20年的最长诉讼时效期间从权利受侵害之日起计算，是客观时效期间；该期间不发生中止、中断问题，但可以延长，选项ACD均不正确。

[67]【答案：ABCD】权利人主张权利（选项AD）以及义务人承诺债务（选项BC）都能够引起诉讼时效期间中断。

[68]【答案：B】中止诉讼时效的事由包括：（1）不可抗力；（2）无民事行为能力人或者限制民事行为能力人没有法定代理人，或者法定代理人死亡（选项B）、丧失民事行为能力、丧失代理权；（3）继承开始后未确定继承人或者遗产管理人；（4）权利人被义务人或者其他人控制；（5）其他导致权利人不能行使请求权的障碍。选项AD是引起诉讼时效中断的事由。选项C不能引起诉讼时效的中断或中止。

[69]【答案：BD】选项A属于诉讼时效中断的法定事由；选项C，诉讼时效中止，自中止时效的原因消除之日起满6个月，诉讼时效期间届满。

[70]【答案：A】（1）对行政机关作出的限制人身自由或者查封、扣押、冻结财产等行政强制措施决定不服的，公民、法人或者其他组织可以申请行政复议。选项A正确。（2）行政复议的排除事项有：内部行政行为（选项D）；抽象行政行为（选项B）；行政机关针对民事争议的处理（选项C）。

[71]【答案：A】在对具体行政行为申请行政复议时，可以一并向行政复议机关提出审查申请的“规定”：国务院部门的规定；县级以上地方各级人民政府及其工作部门的规定；乡、镇人民政府的规定。“规定”不含国务院部、委员会规章和地方人民政府规章，也不包含行政法规。

[72]【答案：D】下列事项不能申请行政复议：（1）不服行政机关作出的行政处分或者其他人事处理决定，可依照有关法律、行政法规的规定提出申诉。（2）不服行政机关对民事纠纷作出的调解或者其他处理，可依法申请仲裁或者向法院提起诉讼。

[73]【答案：B】抽象行政行为不能申请行政复议，属于行政复议的排除事项。

[74]【答案：×】下列事项不能申请行政复议：（1）不服行政机关作出的行政处分或者其他人事处理决定，可依照有关法律、行政法规的规定提出申诉。（2）不服行政机关对民事纠纷作出的调解或者其他处理，可依法申请仲裁或者向法院提起诉讼。

[75]【答案：AB】（1）对地方各级人民政府的具体行政行为不服的，应当向上一级人民政府申请行政复议。选项A正确。（2）当事人对县级以上地方各级人民政府工作部门的具体行政行为不服的，可以向该部门所属的本级人民政府或者上一级主管部门申请行政复议。丙县人民政府是丙县财政局所属的本级人民政府。选项B正确。（3）对海关、金融、税务、外汇管理、国家安全机关的具体行政行为不服，应当向上一级主管部门申请行政复议。丁市人民政府不是丁市税务局的上一级主管部门。选项C不正确。（4）对国务院部门或者省、自治区、直辖市人民政府的具体行政行为不服的，向作出该具体行政行为的国务院部门或者省、自治区、直辖市人民政府申请行政复议。据此，赵某应当向商务部申请行政复议。选项D不正确。

[76]【答案：AB】对政府工作部门依法设立的派出机构依照法律、法规或者规章规定，以自己的名义作出的具体行政行为不服的，向设立该派出机构的部门或者该部门的本级地方人民政府申请行政复议。本案派出所是乙区公安局的派出机构，而乙区公安局所在地的人民政府是乙区人民政府，因此，可以作为复议机关的是乙区公安局和乙区人民政府。

[77]【答案：×】当事人对县级以上地方各级人民政府工作部门的具体行政行为不服的，由申请人选

择，可以向该部门的本级人民政府申请行政复议，也可以向上一级主管部门申请行政复议。对市教育局作出的罚款的行政处罚不服的，可以向市人民政府或省教育厅申请行政复议。

[78]【答案：A】对海关、金融、税务、外汇管理等实行垂直领导的行政机关和国家安全机关的具体行政行为不服的，向上一级主管部门申请行政复议。

[79]【答案：A】公民、法人或者其他组织认为具体行政行为侵犯其合法权益的，可以自知道该具体行政行为之日起60日内提出行政复议申请；但是法律规定的申请期限超过60日的除外。因不可抗力或者其他正当理由耽误法定申请期限的，申请期限自障碍消除之日起继续计算。

[80]【答案：B】行政复议机关收到行政复议申请后，应当在5日内进行审查，对不符合法律规定的行政复议申请，决定不予受理，并书面告知申请人；对符合法律规定，但是不属于本机关受理的行政复议申请，应当告知申请人向有关行政复议机关提出。

[81]【答案：C】（1）申请人申请行政复议，可以书面申请，也可以口头申请。选项A不正确。（2）公民、法人或者其他组织认为具体行政行为侵犯其合法权益的，可以自知道该具体行政行为之日起60日内提出行政复议申请；但是法律规定的申请期限超过60日的除外。选项B不正确。（3）行政复议机关受理行政复议申请，不得向申请人收取任何费用。选项C正确。（4）公民、法人或者其他组织向人民法院提起行政诉讼，人民法院已经依法受理的，不得申请行政复议。选项D不正确。

[82]【答案：AD】（1）申请人申请行政复议，可以书面申请，也可以口头申请。选项A正确。（2）行政复议机关收到行政复议申请后，应当在5日内进行审查，对不符合法律规定的行政复议申请，决定不予受理，并书面告知申请人。选项B不正确。（3）行政复议机关受理行政复议申请，不得向申请人收取任何费用。选项C不正确。（4）公民、法人或者其他组织向人民法院提起行政诉讼，人民法院已经依法受理的，不得申请行政复议。选项D正确。

[83]【答案：ABD】一般情况下，行政复议期间具体行政行为并不停止执行。但是有下列情形之一的，行政复议期间具体行政行为可以停止执行：被申请人认为需要停止执行的；行政复议机关认为需要停止执行的；申请人申请停止执行，行政复议机关认为其要求合理，决定停止执行的；法律规定停止执行的。

[84]【答案：BCD】行政复议的举证责任，由被申请人承担，选项A不正确。选项BCD的表述均正确。

[85]【答案：C】申请人在申请行政复议时，一并提出对国务院部门的规定、县级以上地方人民政府及其工作部门的规定或者乡镇人民政府的规定进行审查的申请，若行政复议机关对该规定有权处理的，应当在30日内依法处理，若行政复议机关对该规定无权处理的，应当在7日内按照法定程序移送有权力的行政机关依法处理，有权处理的行政机关应当在60日内依法处理；处理期间，中止对具体行政行为的审查。

[86]【答案：×】行政复议决定书一经送达，即发生法律效力。

[87]【答案：A】甲公司与税务机关处罚的争议属于行政争议，一般情况下行政相对人可以选择诉讼，也可以选择复议，但本案争议焦点是处罚的适当性，处罚的适当性问题不在人民法院诉讼审查的范围，故甲公司应当选择行政复议解决该罚款争议。

[88]【答案：ABC】人民法院审理行政案件，不适用调解。但是，行政赔偿、补偿以及行政机关行使法

律、法规规定的自由裁量权的案件可以调解。

[89]【答案：BCD】一般情况下，不得因当事人提起诉讼而停止执行行政行为，但存在例外情形，如被告认为需要停止执行、人民法院认为该行政行为的执行会给国家利益造成重大损害、法律、法规规定停止执行等，裁定停止执行。

[90]【答案：B】选项A属于只复议不诉讼的情形。选项CD属于内部具体行政行为，均不得提起行政诉讼。

[91]【答案：ABC】行政诉讼不予受理范围有：国家行为（选项A）；抽象行政行为；内部行政行为（选项B）；终局行政裁决行为。另外，行政指导行为也不属于人民法院行政诉讼受案范围（选项C）。行政征收、征用行为属于行政诉讼的适用范围。

[92]【答案：BCD】制定行政法规、规章是立法行为，不由法院监督，因此不能对行政法规、规章提起行政诉讼。法院可以应请求对行政行为所依据的国务院部门和地方人民政府及其部门制定的规范性文件（不含规章）进行审查，经审查认为不合法的，可以通过司法建议形式，建议制定机关修改或者废止。

[93]【答案：AD】公民、法人和其他组织对行政拘留、暂扣或吊销许可证和执照（选项A）、责令停产停业、没收违法所得、没收非法财物、罚款、警告等行政处罚不服的，认为行政机关不依法履行、未按照约定履行或者违法变更、解除政府特许经营协议、土地房屋征收补偿协议等协议的（选项D）均可提起行政诉讼，属于行政诉讼受理范围。行政机关对行政机关工作人员的奖惩、任免等决定（选项B）属于行政诉讼不予受理的范围。法律规定的仲裁行为（选项C）不属于行政诉讼的受案范围。

[94]【答案：×】行政案件由最初作出行政行为的行政机关所在地人民法院管辖；经复议的案件也可以由复议机关所在地人民法院管辖；经最高人民法院批准，高级人民法院可以根据审判工作的实际情况，确定若干人民法院跨行政区域管辖行政案件。

[95]【答案：B】经复议的案件，复议机关决定维持原行政行为的，作出原行政行为的行政机关和复议机关是共同被告；复议机关改变原行政行为的，复议机关是被告。

[96]【答案：C】经复议的案件，复议机关决定维持原行政行为的，作出原行政行为的行政机关和复议机关是共同被告；复议机关改变原行政行为的，复议机关是被告，选项A不正确。公民、法人或者其他组织直接向人民法院提起诉讼的，作出行政行为的行政机关是被告，行政诉讼的被告只能是行政主体，包括行政机关和法律、行政法规授权的组织，不包括行政机关工作人员，选项B不正确。当事人不服经上级行政机关批准的行政行为，向人民法院提起诉讼的，以在对外发生法律效力的文书上署名的机关为被告，选项C正确。存在多名被告，原告只选择了部分被告起诉，对于其他被告没有起诉的，人民法院通知原告应当追加被告，应当追加被告而原告不同意追加的，人民法院应当通知其以第三人的身份参加诉讼，但行政复议机关作共同被告的除外，选项D不正确。

[97]【答案：D】公民、法人或者其他组织直接向人民法院提起诉讼的，应当自知道或者应当知道作出行政行为之日起6个月内提出。法律另有规定的除外。因不动产提起诉讼的案件自行政行为作出之日起超过20年，其他案件自行政行为作出之日起超过5年提起诉讼的，人民法院不予受理。

[98]【答案：C】公民、法人或者其他组织认为行政行为所依据的国务院部门和地方人民政府及其部门

制定的规范性文件不合法，在对行政行为提起诉讼时，可以一并请求对该规范性文件进行审查，选项C不正确，当选。

[99]【答案：AB】行政诉讼被告应当提供作出该行政行为的证据和所依据的规范性文件，选项A正确。一般情况下，不得因当事人提起诉讼而停止执行行政行为，但存在例外情形，如被告认为需要停止执行、人民法院认为该行政行为的执行会给国家利益造成重大损害、法律、法规规定停止执行等，裁定停止执行，选项B正确。人民法院判决变更，不得加重原告的义务或者减损原告的权益，但利害关系人同为原告，且诉讼请求相反的除外，选项C不正确。人民法院认为该行政行为的执行会给国家利益、社会公共利益造成重大损害的，可以依职权裁定停止执行行政行为，选项D不正确。

[100]【答案：CD】人民法院审理下列第一审行政案件，认为事实清楚、权利义务关系明确、争议不大的，可以适用简易程序：被诉的行政行为是依法当场作出的（选项D）；案件涉及款额2 000元以下的（选项B）；属于政府信息公开案件的（选项C）。

[101]【答案：C】当事人不服人民法院第一审判决的，有权在判决书送达之日起15日内向上一级人民法院提起上诉；当事人不服人民法院第一审裁定的，有权在裁定书送达之日起10日内向上一级人民法院提起上诉。选项C表述不正确，当选。

[102]【答案：×】地方各级人民检察院对同级人民法院已经发生法律效力的判决、裁定，发现有法定再审事由，或者发现调解书损害国家利益、社会公共利益的，可以向同级人民法院提出检察建议，并报上级人民检察院备案；也可以提请上级人民检察院向同级人民法院提出抗诉。

[103]【答案：ABC】行政机关拒绝履行判决、裁定、调解书的，第一审人民法院可以采取下列措施：对应当归还的罚款或者应当给付的款额，通知银行从该行政机关的账户内划拨（选项C）；在规定期限内不履行的，从期满之日起，对该行政机关负责人按日处50元至100的罚款（选项A）；将行政机关拒绝履行的情况予以公告；向监察机关或者该行政机关的上一级行政机关提出司法建议（选项B），接受司法建议的机关，根据有关规定进行处理，并将处理情况告知人民法院；拒不履行判决、裁定、调解书，社会影响恶劣的，可以对该行政机关直接负责的主管人员和其他直接责任人员予以拘留；情节严重，构成犯罪的，依法追究刑事责任。

第 2 章　公司法律制度

本章主要包括公司法律制度概述、公司的登记管理、有限责任公司、股份有限公司、董监高的资格和义务、公司股票和债券、公司财务与会计、公司合并、分立、增资、减资、解散和清算。具体知识结构分布如图 2-1。

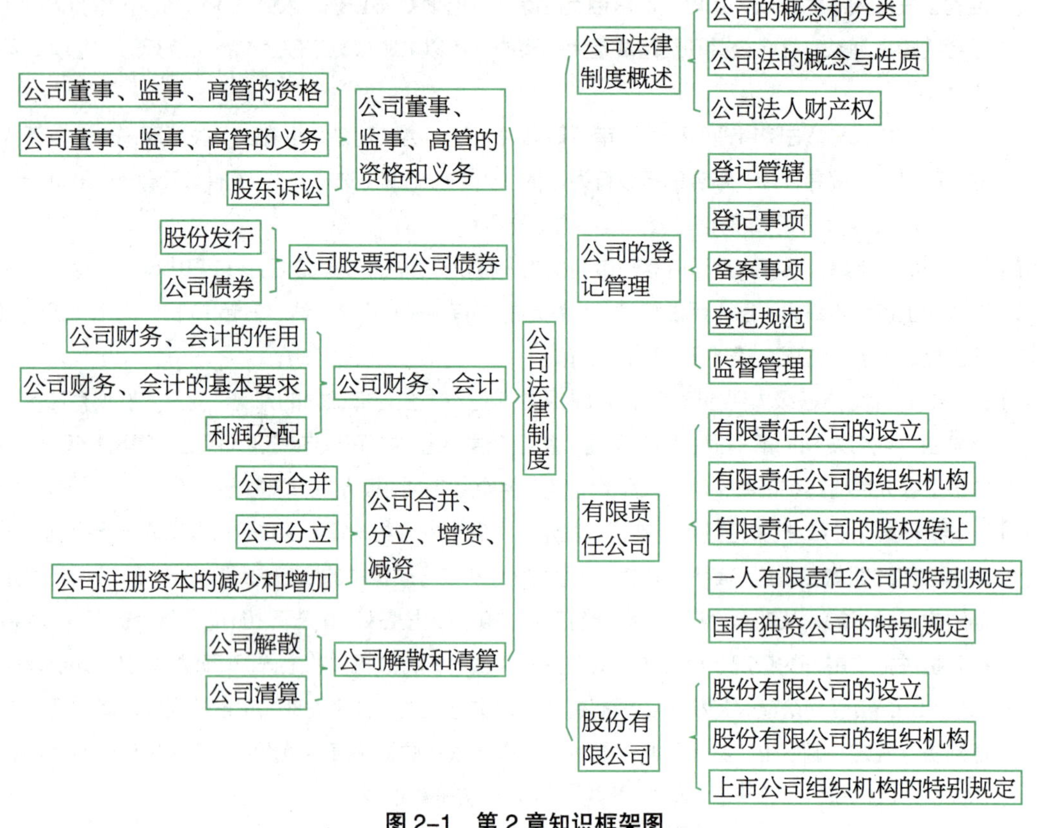

图 2-1　第 2 章知识框架图

本章考情分析

本章为重点章。占分比重 17 分左右。必出简答题或综合题。2023 年教材对本章的部分内容作了一些修改。

	2022 年卷 1	2022 年卷 2	2021 年卷 1	2021 年卷 2	2020 年卷 1	2020 年卷 2
单选题	3 题 3 分	4 题 4 分	3 题 3 分	3 题 3 分	4 题 4 分	5 题 5 分
多选题	2 题 4 分	2 题 4 分	2 题 4 分	1 题 2 分	3 题 6 分	2 题 4 分
判断题	1 题 1 分	1 题 1 分	1 题 1 分	1 题 1 分	1 题 1 分	1 题 1 分
简答题	1 题 6 分	1 题 6 分	1 题 6 分	—	1 题 6 分	1 题 6 分
综合题	1 题 2 分	1 题 2 分	—	1 题 10 分	—	—
合计	16 分	17 分	14 分	16 分	17 分	16 分

第一节　公司法律制度概述

【本节知识框架】

- 公司法律制度概述
  - 公司的概念和种类
    - 公司的概念
    - 公司的种类
  - 公司法的概念与性质
    - 公司法的概念
    - 公司法的性质
  - 公司法人财产权
    - 公司向其他企业投资或者为他人提供担保的限制
    - 公司为公司股东或者实际控制人提供担保的限制
    - 公司原则上不得成为承担连带责任的出资人

【本节考点、考点母题及考点子题】

考点1　公司的种类

- 公司的种类
  - 是否受其他特别法调整为标准
    - 一般法意义上的公司
    - 特别法意义上的公司
  - 股票是否上市为标准
    - 上市公司
    - 非上市公司
  - 国籍为标准
    - 本国公司
    - 外国公司
  - 资本结构和股东责任标准
    - 有限责任公司
    - 股份有限公司
    - 无限公司
    - 两合公司
  - 信用基础标准
    - 资合公司
    - 人合公司
    - 资合兼人合
  - 组织关系标准
    - 母公司与子公司
    - 总公司与分公司

【考点母题——万变不离其宗】子公司与分公司

（1）下列关于子公司的表述中，正确的有（　）。	（2）下列关于分公司的表述中，正确的有（　）。	
A. 具有法人资格	A. 不具有法人资格	
B. 独立承担民事责任	B. 不能独立承担民事责任	
C. 与母公司是两个独立的法人	C. 民事责任由总公司承担	《民法典》规定，法人设立的分支机构以自己的名义从事民事活动，产生的民事责任由法人承担；也可以先以该分支机构管理的财产承担，不足以承担的，由法人承担
D. 领取《企业法人营业执照》	D. 领取《营业执照》，进行经营活动	
E. 有独立的名称、章程和财产	E. 无独立的名称、章程和财产	

【考点子题—举一反，真枪实练】

［1］（历年真题•单选题）下列关于子公司法人资格和民事责任承担的表述中，符合公司法律制度规定的是（　）。

A. 子公司不具有法人资格，其民事责任由母公司承担

B. 子公司不具有法人资格，其财产不足以清偿的民事责任，由母公司承担

C. 子公司具有法人资格，独立承担民事责任

D. 子公司不具有法人资格，应与母公司共同承担民事责任

［2］（历年真题•多选题）甲有限责任公司为扩展业务在外地设立乙分公司。下列关于乙分公司法律资格的表述中，正确的有（　）。

A. 乙分公司可以有独立的公司章程　　B. 乙分公司没有独立的财产

C. 乙分公司可以领取营业执照　　D. 乙分公司不能独立承担民事责任

公司法的性质

【考点母题——万变不离其宗】公司法的性质

下列关于公司法性质的表述中，正确的有（　）。
A. 公司法兼具组织法和活动法的双重性质，以组织法为主 B. 公司法兼具实体法和程序法的双重性质，以实体法为主 C. 公司法兼具强制法和任意法的双重性质，以强制法为主 D. 公司法兼具国内法和涉外法的双重性质，以国内法为主

考点3　公司法人财产权

法人财产权是指公司拥有由股东投资形成的法人财产，并依法对该财产行使占有、使用、受益、处分的权利。

【考点母题——万变不离其宗】公司向其他企业投资或对外提供担保

<table>
<tr><td rowspan="2">公司向其他企业投资或为他人提供担保的限制</td><td colspan="2">（1）下列关于公司向其他企业投资或为他人提供担保限制的表述中，正确的有（　）。</td></tr>
<tr><td colspan="2">A. 依章程规定，由董事会或股东（大）会决议
B. 公司章程对投资或担保的总额及单项投资或担保的数额有限额规定的，不得超过规定的限额</td></tr>
<tr><td rowspan="3">公司为公司股东或实际控制人提供担保的限制</td><td colspan="2">（2）下列关于公司为其股东或实际控制人提供担保限制的表述中，正确的有（　）。</td></tr>
<tr><td>A. 须经股东会或股东大会决议</td><td>接受担保的股东或受实际控制人支配的股东，不得参加该担保事项的表决</td></tr>
<tr><td colspan="2">B. 该项表决由出席会议的其他股东所持表决权的过半数通过</td></tr>
<tr><td>公司原则上不得成为承担连带责任的出资人</td><td colspan="2">（3）【判断金句】公司可以向其他企业投资；但是，除法律另有规定外，不得成为对所投资企业的债务承担连带责任的出资人。</td></tr>
</table>

【考点子题—举一反三，真枪实练】

［3］（经典例题•单选题）张某出资20万元、王某出资40万元、李某出资10万元、赵某出资30万元共同设立甲有限责任公司（下称甲公司）。赵某申请甲公司为其银行贷款作担保。为此，甲公司召开股东会，全体股东均出席了会议。表决时王某表示不同意。公司章程对股东表决权行使及股东会议事规则未作特别规定。根据公司法律制度的规定，下列关于股东会就担保事项决议效力的表述中，正确的是（　）。

A. 该决议须经全体股东通过，王某不同意，该决议不成立

B. 该决议须经出席会议的其他股东所持表决权过半数通过，王某不同意，张某、李某所持表决权仅占其他股东所持表决权的42%（30/70），该决议不成立

C. 该决议须经全体股东所持表决权过半数通过，张某、李某、赵某所持表决权占60%，该决议有效

D. 该决议须经出席会议的其他股东所持表决权的2/3以上通过，王某不同意，张某、李某所持表决权仅占其他股东所持表决权的42%（30/70），该决议不成立

［4］（历年真题•判断题）公司为公司股东或实际控制人提供担保的，可以由公司董事会决议。（　）

第二节 公司的登记管理

【本节知识结构】

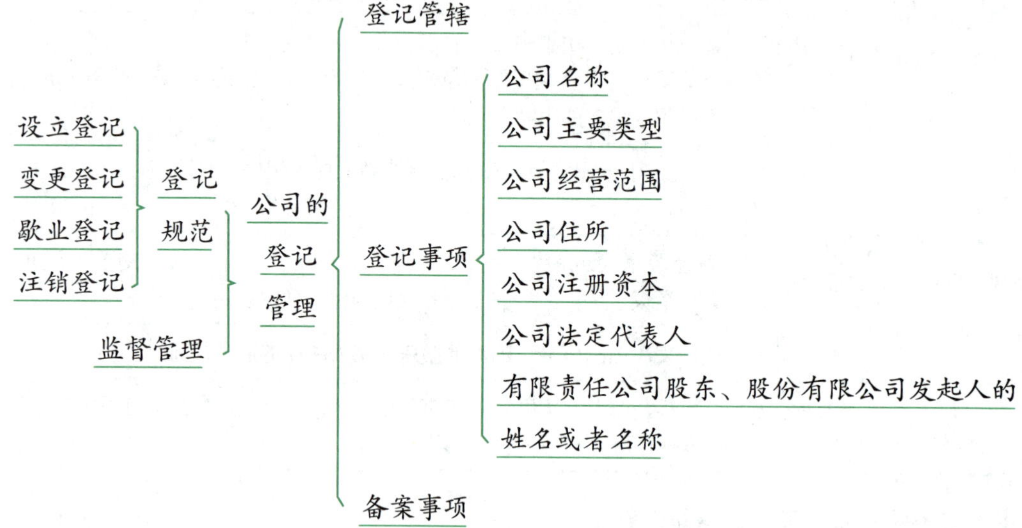

考点4 公司登记事项与备案事项

【考点母题——万变不离其宗】公司登记事项与备案事项

<table>
<tr><td colspan="3">（1）下列属于公司登记事项的有（ ）。</td></tr>
<tr><td rowspan="6">A. 公司名称</td><td colspan="2">（2）下列关于公司名称规则的表述中，正确的有（ ）。</td></tr>
<tr><td colspan="2">A. 公司只能登记一个名称，经登记的公司名称受法律保护</td></tr>
<tr><td colspan="2">B. 有限责任公司必须在公司名称中标明“有限责任公司”或者“有限公司”字样；股份有限公司必须在公司名称中标明“股份有限公司”或者“股份公司”的字样</td></tr>
<tr><td colspan="2">C. 企业名称应当使用规范汉字，民族自治地方的企业名称可以同时使用本民族自治地方通用的民族文字</td></tr>
<tr><td rowspan="2">D. 企业名称由行政区划名称、字号、行业或经营特点、组织形式组成</td><td>跨省、自治区、直辖市经营的企业，其名称可以不含行政区划名称</td></tr>
<tr><td>跨行业综合经营的企业，其名称可以不含行业或者经营特点</td></tr>
</table>

续表

A. 公司名称	E. 企业名称中的字号应当由两个以上汉字组成	县级以上地方行政区划名称、行业或者经营特点不得作为字号，另有含义的除外
	F. 企业名称不得存在的情形	损害国家尊严或者利益
		损害社会公共利益或者妨碍社会公共秩序
		使用或变相使用政党、党政军机关、群团组织名称及其简称、特定称谓和部队番号
		使用外国国家（地区）、国际组织名称及其通用简称、特定称谓
		含有淫秽、色情、赌博、迷信、恐怖、暴力的内容
		含有民族、种族、宗教、性别歧视的内容
		违背公序良俗或者可能有其他不良影响
		可能使公众受骗或者产生误解
		法律、行政法规以及国家规定禁止的其他情形
B. 公司主要类型	有限责任公司（含一人公司），股份有限公司	
C. 公司经营范围	股东选择的公司生产和经营的商品类别、品种及服务项目，包括一般经营项目和许可经营项目	
	经营范围由公司章程规定，并应依法登记	
D. 公司住所	（3）下列关于公司住所的表述中，正确的有（　）。	
	A. 公司进行经营活动的场所，同时也是发生纠纷时确定诉讼管辖及行政管辖的依据，是向公司送达文件的法定地址 B. 公司的住所是公司主要办事机构所在地址 C. 经公司登记机关登记的公司的住所只能有一个 D. 公司的住所应当在其公司登记机关辖区内	
E. 公司注册资本	（4）下列关于公司注册资本的表述中，正确的有（　）。	
	A. 除法律、行政法规或国务院决定另有规定外，公司的注册资本实行认缴登记制，以人民币表示 B. 有限责任公司的注册资本为在公司登记机关登记的全体股东认缴的出资额 C. 股份有限公司采取发起设立方式设立的，注册资本为在公司登记机关登记的全体发起人认购的股本总额 D. 股份有限公司采取募集方式设立的，注册资本为在公司登记机关登记的实收股本总额	
F. 公司法定代表人	（5）下列人员中，依公司章程规定可以担任公司法定代表人的有（　）。	
	A. 董事长　　B. 执行董事　　C. 经理	

续表

<table>
<tr><td rowspan="2">F. 公司法定代表人</td><td>（6）下列人员中，不得担任法定代表人的有（　）。</td></tr>
<tr><td>A. 无民事行为能力或者限制民事行为能力
B. 因贪污、贿赂、侵占财产、挪用财产或者破坏社会主义市场经济秩序被判处刑罚，执行期满未逾 5 年，或者因犯罪被剥夺政治权利，执行期满未逾 5 年
C. 担任破产清算的公司、非公司企业法人的法定代表人、董事或者厂长、经理，对破产负有个人责任的，自破产清算完结之日起未逾 3 年
D. 担任因违法被吊销营业执照、责令关闭的公司、非公司企业法人的法定代表人，并负有个人责任的，自被吊销营业执照之日起未逾 3 年
E. 个人所负数额较大的债务到期未清偿</td></tr>
<tr><td rowspan="3">G. 有限责任公司股东、股份有限公司发起人的姓名或名称</td><td>公司发起人是指创办公司的投资人，发起人在公司成立后转变为公司的股东</td></tr>
<tr><td>除一人有限责任公司股东只能是自然人或法人以外，其他公司股东可以是非法人组织</td></tr>
<tr><td>发起人为自然人的，应该登记发起人的姓名；发起人为法人或非法人组织的，应该登记发起人的名称</td></tr>
<tr><td colspan="2">（7）下列属于登记备案事项有（　）。</td></tr>
<tr><td colspan="2">A. 公司章程　B. 经营期限　C. 有限责任公司股东或股份有限公司发起人认缴的出资额
D. 公司董事、监事、高级管理人员　E. 公司登记联络员　F. 公司受益所有人相关信息</td></tr>
</table>

【考点子题—举一反三，真枪实练】

［5］（经典例题•单选题）根据公司法律制度的规定，下列关于公司名称的表述中，正确的是（　）。

A. 公司名称可自由使用县级行政区域地名

B. 公司名称可以使用群团组织名称作为公司名称

C. 公司可以登记多个名称

D. 企业字号可自由使用县级以上行政区划名称

［6］（经典例题•多选题）下列关于公司注册资本的表述中，符合公司法律制度规定的有（　）。

A. 公司注册资本一律实行认缴制，用人民币表示

B. 有限责任公司的注册资本为在公司登记机关登记的全体股东认缴的出资额

C. 股份有限公司采取发起方式设立的，注册资本为在公司登记机关登记的全体发起人认购的股本总额

D. 股份有限公司采取募集方式设立的，注册资本为在公司登记机关登记的全体发起人认购的股本总额

［7］（历年真题•单选题）根据公司法律制度的规定，公司的法定代表人依照公司章程的

规定，由特定人员担任。下列各项中，不属于该特定人员的是（ ）。

A. 董事长　　B. 执行董事　　C. 经理　　D. 监事

[8]（经典例题·多选题）根据公司法律制度的规定，下列属于公司登记事项的有（ ）。

A. 公司法定代表人　　B. 公司章程

C. 公司经营期限　　D. 股份有限公司发起人姓名或名称

考点5 登记规范

【考点母题——万变不离其宗】公司变更登记（备案）要求

（1）下列关于公司登记机关形式审查义务的表述中，正确的有（ ）。
A. 登记机关应当对申请材料进行形式审查 B. 对申请材料齐全、符合法定形式的予以确认并当场登记；不能当场登记的，应当在3个工作日内予以登记；情形复杂的，经登记机关负责人批准，可以再延长3个工作日 C. 申请材料不齐全或者不符合法定形式 的，登记机关应当一次性告知申请人需要补正的材料 D. 登记申请不符合法律、行政法规规定，或者可能危害国家安全、社会公共利益的，登记机关不予登记并说明理由
（2）下列关于公司申请变更登记要求的表述中，正确的有（ ）。
A. 公司变更登记事项，应当自作出变更决议、决定或法定变更事项发生之日起30日内向登记机关申请变更登记 B. 公司的法定代表人在任职期间发生不得担任公司的法定代表人情形的，应当向登记机关申请变更登记 C. 公司变更经营范围，属于依法须经批准的项目的，应当自批准之日起30日内申请变更登记 D. 许可证或者批准文件被吊销、撤销或有效期届满的，应当自许可证或批准文件被吊销、撤销或者有效期届满之日起30日内向登记机关申请变更登记或者办理注销登记 E. 公司变更住所跨登记机关辖区的，应当在迁入新的住所前，向迁入地登记机关申请变更登记，迁出地登记机关无正当理由不得拒绝移交公司档案等相关材料 F. 公司变更登记涉及营业执照记载事项的，登记机关应当及时为公司换发营业执照
（3）【判断金句】公司变更备案事项的，应当自作出变更决议、决定或者法定变更事项发生之日起30日内向登记机关办理备案。

【考点子题—举一反三，真枪实练】

[9]（经典例题·单选题）根据公司法律制度的规定，公司登记事项发生变更的应自一定期间内申请变更登记。下列关于公司注册资本增加变更登记期间的表述中，正确的是（ ）。

A. 公司应自变更决议或决定做出之日起30日内申请变更登记

B. 公司应自变更决议或决定做出之日起45日内申请变更登记

C. 公司应自变更决议或决定做出之日起30日后申请变更登记

D. 公司应自变更决议或决定做出之日起45日后申请变更登记

【考点母题——万变不离其宗】公司歇业

下列关于公司歇业的表述中，正确的有（ ）。
A. 因自然灾害、事故灾难、公共卫生事件、社会安全事件等原因造成经营困难的，公司可以自主决定在一定时期内歇业，法律、行政法规另有规定的除外 B. 公司应当在歇业前与职工依法协商劳动关系处理等有关事项 C. 公司应当在歇业前向登记机关办理备案，登记机关通过国家企业信用信息公示系统向社会公示歇业期限、法律文书送达地址等信息 D. 公司歇业的期限最长不得超过3年 E. 公司在歇业期间开展经营活动的，视为恢复营业，公司应当通过国家企业信用信息公示系统向社会公示 F. 公司歇业期间，可以法律文书送达地址代替住所

【考点子题—举一反三，真枪实练】

[10]（经典例题•单选题）根据公司法律制度的规定，下列关于公司歇业的表述中，正确的是（ ）。

A. 因自然灾害、事故灾难、公共卫生事件、社会安全事件等原因造成经营困难的，公司必须在一定时期内歇业

B. 公司歇业的期限最长不得超过2年

C. 公司在歇业期间开展经营活动的，视为恢复营业

D. 公司歇业期间，公司住所不得改变

【考点母题——万变不离其宗】注销登记

<table>
<tr><td colspan="2">（1）下列关于公司注销登记的表述中，正确的有（ ）。</td></tr>
<tr><td colspan="2">A. 公司因解散、被宣告破产或者其他法定事由需要终止的，应当依法向登记机关申请注销登记，经登记机关注销登记，公司终止；公司注销依法须经批准的，应当经批准后向登记机关申请注销登记</td></tr>
<tr><td colspan="2">B. 公司注销登记前应当清算，清算组应当自成立之日起10日内将清算组成员、清算组负责人名单通过国家企业信用信息公示系统公告</td></tr>
<tr><td colspan="2">C. 清算组应当自清算结束之日起30日内向登记机关申请注销登记，市场主体申请注销登记前，应当依法办理分支机构注销登记</td></tr>
<tr><td rowspan="2">D. 公司未发生债权债务或者已将债权债务清偿完结，未发生或者已结清清偿费用、职工工资、社会保险费用、法定补偿金、应缴纳税款（滞纳金、罚款），并由全体股东书面承诺对上述情况的真实性承担法律责任的，可以按照简易程序办理注销登记</td><td>（2）注销登记不适用简易程序的情形有（ ）。</td></tr>
<tr><td>A. 公司注销依法须经批准的
B. 公司被吊销营业执照、责令关闭、撤销
C. 被列入经营异常名录的</td></tr>
</table>

续表

E. 公司应当将承诺书及注销登记申请通过国家企业信用信息公示系统公示，公示期为20日	在公示期内无相关部门、债权人及其他利害关系人提出异议的，公司可以于公示期届满之日起20日内向登记机关申请注销登记
F. 人民法院裁定强制清算或者裁定宣告破产的，有关清算组、破产管理人可以持法院终结强制清算程序的裁定或者终结破产程序的裁定，直接向登记机关申请办理注销登记	

【考点子题—举一反三，真枪实练】

[11]（经典例题•多选题）根据公司法律制度的规定，下列属于公司注销不得适用简易程序情形的有（　）。

A. 公司注销须经依法批准的

B. 公司未发生债权债务的，全体股东书面承诺其真实性并承担法律责任的

C. 公司被吊销营业执照的

D. 公司被列入经营异常名录的

考点6 监督管理

【考点母题——万变不离其宗】监督管理

（1）下列关于公司登记机关行使监督管理职权的表述中，正确的有（　）。	
A. 进入公司的经营场所实施现场检查	
B. 查阅、复制、收集与公司经营活动有关的合同、票据、账簿以及其他资料	
C. 向与公司经营活动有关的单位和个人调查了解情况	
D. 依法责令公司停止相关经营活动 E. 依法查询涉嫌违法的公司的银行账户	登记机关行使依法责令公司停止相关经营活动、依法查询涉嫌违法的公司的银行账户职权的，应当经登记机关主要负责人批准
F. 提交虚假材料或采取其他欺诈手段隐瞒重要事实取得公司登记的，受虚假公司登记影响的自然人、法人和其他组织可以向登记机关提出撤销公司登记的申请，登记机关受理申请后，应当及时开展调查，经调查认定存在虚假公司登记情形的，登记机关应当撤销公司登记	（2）下列属于登记机关可以不予撤销公司登记情形的有（　）。 A. 撤销公司登记可能对社会公共利益造成重大损害 B. 撤销公司登记后无法恢复到登记前的状态 C. 法律、行政法规规定的其他情形
G. 相关公司和人员无法联系或拒不配合的，登记机关可以将相关公司的登记时间、登记事项等通过国家企业信用信息公示系统向社会公示，公示期为45日	相关公司及其利害关系人在公示期内没有提出异议的，登记机关可以撤销公司登记

续表

H.	因虚假公司登记被撤销的公司，其直接责任人自公司登记被撤销之日起3年内不得再次申请公司登记
I.	登记机关或其上级机关认定撤销公司登记决定不正确的，可以撤销该决定，恢复原登记状态，并通过国家企业信用信息公示系统公示

【考点子题—举一反三，真枪实练】

[12]（经典例题•单选题）根据公司法律制度的规定，因虚假公司登记被撤销的公司，其直接责任人自公司登记被撤销之日起一定期间内不得再次申请公司登记，该期间为（　）。

A. 45日　B. 1年　C. 2年　D. 3年

第三节　有限责任公司

【本节知识结构】

- 有限责任公司
  - 有限责任公司的设立
    - 公司设立的概念
    - 有限责任公司设立的原则
    - 有限责任公司设立的条件
    - 有限责任公司设立的程序
  - 有限责任公司的组织机构
    - 股东会
    - 董事会、经理
    - 监事会
    - 公司决议瑕疵的法律后果
  - 国有独资公司
    - 国有独资公司的概念
    - 国有独资公司的特别规定
  - 有限责任公司的股权转让
    - 股东
    - 股东权及分类
    - 股东滥用股东权的责任
    - 名义股东与实际出资人的关系
    - 有限责任公司股东转让股权
    - 有限责任公司股东退出公司
  - 一人有限责任公司
    - 一人有限责任公司的概念
    - 一人有限责任公司的特别规定

【本节考点、考点母题及考点子题】

考点7　有限责任公司的设立

（一）公司设立的概念

公司设立是指公司发起人为促成公司成立并取得法人资格，依照法律规定的条件程序所必须完成的一系列法律行为的总称。

（二）有限责任公司的设立原则

我国《公司法》规定，公司设立采用准则主义。对于特殊行业（如金融、互联网、能源）的公司设立，《公司法》采用核准主义，未经审批机关批准，不得设立。

（三）有限责任公司的设立条件

【考点母题——万变不离其宗】有限责任公司的设立条件

下列关于有限责任公司设立条件的表述中，正确的有（ ）。	
A. 股东符合法定人数（1-50，包括自然人、法人、非法人组织）	
B. 有符合公司章程规定的全体股东认缴的出资额	C. 股东共同制定公司章程
D. 有公司名称，建立符合有限责任公司要求的组织机构	E. 有公司住所

【考点母题——万变不离其宗】有限责任公司股东的出资方式

股东可以出资的方式	（1）下列属于有限责任公司股东出资方式的有（ ）。			
	A. 货币	B. 实物	C. 知识产权	
	D. 土地使用权	E. 可以用货币估价并可转让的其他非货币财产		
股东不得出资的方式	（2）下列属于股东不得出资的方式有（ ）。			
	A. 土地所有权	B. 非法的财产（如毒品）	C. 劳务	D. 信用
	E. 自然人姓名	F. 商誉	G. 特许经营权	H. 设定担保的财产

【考点子题—举一反三，真枪实练】

［13］（历年真题•单选题）甲有限责任公司四位股东的下列非货币财产中，不能用作出资的是（ ）。

A. 赵某的新能源汽车　　B. 钱某的商标权

C. 乙公司的非专利技术　　D. 丙公司的某快餐特许经营权

【考点母题——万变不离其宗】股东非货币财产出资未评估作价的处理

（1）关于出资人非货币财产出资但未依法评估作价时，公司、其他股东或公司债权人请求认定出资人未履行出资义务的下列表述中，正确的有（ ）。
A. 人民法院应当委托具有合格资格的评估机构对该财产评估作价 B. 评估确定的价额显著低于公司章程所定价额的，应认定出资人未全面履行出资义务
（2）关于出资人以符合法定条件的非货币财产出资后，因客观因素导致出资财产贬值后如何处理的下列表述中，正确的是（ ）。
A. 因市场变化或其它客观因素导致出资财产贬值时该出资人不承担补足出资责任，但当事人另有约定的除外
【注意】所有非货币出资都需要进行评估，但评估不一定由法定评估机构进行，也可以由股东协商进行评估作价。

【考点子题—举一反三，真枪实练】

[14]（经典例题•单选题）张某、王某、李某共同出资设立甲有限责任公司。公司章程规定，张某以学区房出资评估作价 50 万；王某与李某各以货币出资 30 万。后因张某房屋附近的学校搬迁，该房屋的价值显著贬值，市值仅为 30 万。王某向法院请求张某承担补足出资责任。当事人对因非货币出资贬值如何处理未做约定。下列关于张某应否承担补足出资责任的表述中，符合公司法律制度规定的是（　）。

A. 张某应承担补足出资责任，因该房屋价值显著贬值

B. 张某应承担补足出资的责任，因公司章程规定张某出资应达到 50 万

C. 张某应承担补足出资的责任，因当事人未约定非货币出资贬值如何处理

D. 张某不应承担补足出资的责任，因房屋贬值是学校搬迁的客观因素导致的，且当事人未对非货币出资贬值如何处理另行约定

[15]（历年真题•单选题）2021 年 1 月，丁某、吴某和谢某出资设立有限责任公司，谢某以经评估作价 1 000 万元的商品房出资，公司章程对股东出资责任未作特别规定。2021 年 2 月，谢某办理了不动产权属转移登记手续。2021 年 4 月，田某通过增资成为该公司股东。后因市场变化，谢某出资的商品房贬值，市场公允价值仅为 800 万元。下列关于谢某出资行为的法律责任的表述中，正确的是（　）。

A. 谢某已履行出资义务，无需补足差额

B. 谢某应补足 200 万元的差额，丁某和吴某承担连带责任

C. 谢某应补足 200 万元的差额，丁某、吴某和田某承担连带责任

D. 谢某应补足 200 万元的差额，若无法补足，公司有权解除其股东资格

【考点母题——万变不离其宗】以划拨土地使用权或有担保的土地使用权出资的处理

关于出资人以划拨土地使用权或以设定权利负担的土地使用权出资，公司、其他股东或公司债权人主张认定出资人未履行出资义务时如何处理的下列表述中，正确的有（　）。
A. 出资人在指定的合理期间内办理手续或解除权利负担的，法院应认定履行了出资义务 B. 出资人逾期未办理手续或未解除权利负担的，法院应认定未全面履行出资义务

【考点母题——万变不离其宗】以房屋、土地使用权、知识产权等财产出资有瑕疵时股东权利认定情形

已交付公司使用但未办理权属变更登记的	（1）关于出资人已将房屋等交付公司使用，但未办理权属变更登记手续时，其权利义务认定的下列表述中，正确的有（　）。
	A. 出资人在法院责令并指定的合理期间内办理了权属变更手续，应认定其已经履行了出资义务 B. 出资人此时有权主张自其实际交付财产给公司使用时就享有相应股东权利
办理权属变更登记但未交付公司使用的	（2）关于出资人已将房屋等办理权属变更手续但未交付公司使用时，其权利义务的下列表述中，正确的有（　）。
	A. 应向公司交付房屋、土地使用权等（公司、其他股东有权要求） B. 出资人在实际交付之前不享有相应股东权利

【考点子题—举一反三，真枪实练】

[16]（经典例题•单选题）2017年8月，李某、王某、刘某共同出资设立甲有限责任公司（下称甲公司）。王某、刘某以货币出资，李某以房屋作价出资。2018年3月，王某、刘某按期缴纳全部出资；李某将房屋交付甲公司但未办理过户手续。2020年1月，甲公司分配利润时，王某认为李某虽已将房屋交付公司使用但未办理过户手续，不能参加利润分配。李某认为其虽未办理过户手续，但已交付房屋，有权参加利润分配。为此，双方发生纠纷并起诉到法院。法院责令李某在指定期间办理房屋权属变更登记手续，李某如期办理。下列关于李某是否有权享有分配此次利润的股东权利的表述中，符合公司法律制度规定的是（　）。

A. 李某不享有分配此次利润的股东权利，因其在分配利润前未履行出资义务

B. 李某不享有分配此次利润的股东权利，因其股东权利自办理房屋权属变更登记完毕之日起才享有

C. 李某享有分配此次利润的股东权利，因其在公司登记时已确立股东身份

D. 李某享有分配此次利润的股东权利，因其依法院指定期间办理了房屋权属变更登记手续，其股东权利自实际交付房屋给公司使用时即应享有

［17］（经典例题·多选题）2017 年 8 月，李某、王某、刘某共同出资设立甲有限责任公司（下称甲公司）。王某、刘某以货币出资，李某以房屋作价出资。2018 年 3 月，王某、刘某按期缴纳全部出资；李某将房屋办理了过户登记手续但未交付甲公司使用。2020 年 4 月，甲公司分配利润时，王某认为李某虽已办理过户手续，但未交付房屋，未履行出资义务，不能参加利润分配。李某认为其虽未交付房屋，但已办理了过户手续，房屋的所有权已属于甲公司，履行了出资义务，可以参加利润分配。为此，双方发生纠纷并起诉到法院。下列关于该纠纷解决办法的表述中，符合公司法律制度规定的有（　）。

A. 王某、刘某有权要求李某将出资房屋交付甲公司

B. 甲公司有权要求李某交付出资房屋

C. 王某、刘某无权主张李某在出资房屋交付使用前不享有股东权利，不能参加此次利润分配

D. 王某、刘某有权主张李某在出资房屋交付使用前不享有股东权利，不能参加此次利润分配

【考点母题——万变不离其宗】公司章程

<table>
<tr><td rowspan="2">公司章程的效力</td><td>（1）公司章程对特定人员有约束力。该特定人员包括（　）。</td></tr>
<tr><td>A. 公司　B. 股东　C. 董事　D. 监事　E. 高级管理人员</td></tr>
<tr><td colspan="2">【注意】高级管理人员包括：公司的经理、副经理、财务负责人、上市公司董事会秘书和公司章程规定的其他人员。实际控制人不是公司股东。</td></tr>
<tr><td rowspan="2">章程应载明的事项</td><td>（2）有限责任公司的章程应载明的事项包括（　）。</td></tr>
<tr><td>A. 公司名称和住所　B. 公司经营范围　C. 公司注册资本
D. 股东的姓名或名称　E. 股东的出资方式、出资额和出资时间
F. 公司的机构及其产生办法、职权、议事规则　G. 公司法定代表人
H. 股东会会议认为需要规定的事项</td></tr>
<tr><td rowspan="2">章程绝对必要记载事项（法定必须记载的事项，如记载违法，将导致整个章程无效，公司不能成立）</td><td>（3）下列属于章程绝对必要记载事项的有（　）。</td></tr>
<tr><td>A. 公司名称和住所　B. 公司营业范围　C. 公司注册资本
D. 股东的姓名或名称　E. 公司法定代表人　F. 公司的机构</td></tr>
<tr><td rowspan="2">相对必要记载事项（法定但不强制必须记载的事项。予以记载即具有法律效力，不予记载或记载不合法，不影响整个章程的效力，只导致所涉条款无效）</td><td>（4）下列属于章程相对必要记载事项的有（　）。</td></tr>
<tr><td>A. 特别股的权利和义务
B. 特别股股东或受益人的姓名和名称及住所
C. 实物出资事项　D. 公司设立费用及其支付方法
E. 盈余分配方法　F. 公司解散事由及清算办法</td></tr>
</table>

续表

任意记载事项	(5)【判断金句】任意记载事项指法律并不列举也不强制要求记载，其内容由发起人按照实际需要记入章程的事项，凡法律未列举的与公司运作有关的事项都属此类范围。

【考点子题—举一反三，真枪实练】

[18]（历年真题·多选题）根据公司法律制度的规定，公司章程对特定人员或机构有约束力。下列各项中，属于该特定人员或机构的有（　）。

A. 副经理　B. 职工监事　C. 财务负责人　D. 实际控制人

[19]（历年真题·多选题）根据公司法律制度的规定，下列各项中，属于有限责任公司章程绝对必要记载事项的有（　）。

A. 公司股东的姓名或名称　B. 公司注册资本

C. 公司法定代表人　D. 公司经营范围

（四）有限责任公司的设立程序

【考点母题——万变不离其宗】股东缴纳出资

下列关于有限责任公司股东缴纳出资规定的表述中，正确的有（　）。
A. 股东应按公司章程规定的期限足额缴纳各自所认缴的出资额 B. 以货币出资的，应将货币出资足额存入为设立公司而在银行开设的账户 C. 以非货币财产出资的，应当依法办理财产权的转移手续 D. 以非货币财产出资的，财产权转移手续应在6个月内办理完毕

【考点子题—举一反三，真枪实练】

[20]（历年真题·多选题）根据公司法律制度的规定，下列关于有限责任公司股东缴纳出资的表述中，正确的有（　）。

A. 股东以货币出资的，应当将货币出资足额存入为设立有限责任公司而在银行设立的账户

B. 股东以非货币财产出资的，应当依法办理财产权的转移手续

C. 股东以非货币财产出资的，应在6个月内办理财产权转移手续

D. 股东应按公司章程规定的期限足额缴纳各自所认缴的出资额

【考点母题——万变不离其宗】股东不按期缴纳出资及出资不足的责任

股东不按期出资责任的一般规定	（1）下列关于股东不按期缴纳出资责任的表述中，正确的有（　）
	A. 足额缴纳　B. 向已足额缴纳的股东承担违约责任

续表

股东出资不足时的责任承担	（2）关于公司成立后发现作为设立公司出资的非货币财产的实际价额显著低于公司章程所定价额（或设立时出资不足）时如何处理的下列表述中，正确的有（　）。
	A. 交付该出资的股东补足其差额　B. 公司**设立时**的其他股东承担连带责任 C. 公司的发起人承担责任后，可以向被告股东追偿

【考点子题—举一反三，真枪实练】

［21］（历年真题·单选题）郑某、吴某、蔡某共同出资设立甲有限责任公司。郑某在规定时间缴纳了认缴出资额的一半；吴某以房产出资，但未按章程规定办理房屋所有权转移手续；蔡某如期足额缴纳出资。下列关于郑某承担责任的表述中，符合公司法律制度规定的是（　）。

A. 郑某应向公司足额缴纳出资，并向吴某、蔡某承担违约责任

B. 郑某应向公司足额缴纳出资，并向蔡某承担违约责任

C. 郑某应向公司足额缴纳出资，但无需向吴某、蔡某承担违约责任

D. 郑某可将出资抽回，退出公司，但应向吴某、蔡某承担违约责任

［22］（历年真题·单选题）刘、关、张于 2017 年 3 月出资设立三国有限责任公司。2018 年 4 月，该公司又吸收赵云入股。2020 年 10 月，该公司因经营不善严重亏损，被依法宣告破产。法院在清算中查明：刘在公司设立时作为出资的房产，其实际价额显著低于公司章程所定价额；刘的个人财产不足以抵偿其应出资额与实际出资额的差额。根据公司法律制度的规定，对刘不足出资的行为，正确的处理方法是（　）。

A. 刘以个人财产补交其差额，不足部分由关、张、赵云补足

B. 刘以个人财产补交其差额，不足部分由关、张补足

C. 刘以个人财产补交其差额，不足部分待有财产时再补足

D. 刘、关、张、赵云均不承担补交该差额的责任

【考点母题——万变不离其宗】公司增资时股东未履行出资义务时董事、高级管理人员的责任

【判断金句】股东在公司**增资时**未履行或未全面履行出资义务，未尽勤勉义务和忠实义务而使出资未缴足的**董事（不包括监事）**、**高级管理人员**承担相应责任；董事、高级管理人员承担责任后，可以向被告股东追偿。

【考点母题——万变不离其宗】股东未履行出资义务即转让股权的处理

公司的权利	（1）关于股东未履行或未全面履行出资义务即转让股权，受让人知道或应该知道时，**公司**对该股东及受让人权利的下列表述中，正确的有（　）。
	A. 请求该股东履行出资义务 B. 请求受让人对此承担连带责任

续表

<table>
<tr><td rowspan="2">公司债权人的权利</td><td>（2）关于股东未履行或未全面履行出资义务即转让股权，受让人知道或应该知道时，公司债权人对该股东及受让人权利的下列表述中，正确的有（　）。</td></tr>
<tr><td>A. 请求该股东依法承担补充赔偿责任（以公司不能清偿部分且以该股东未出资本息范围为限）
B. 请求受让人对此承担连带责任
C. 公司债权人同时有权请求公司设立时的其它股东对此承担连带责任</td></tr>
<tr><td colspan="2">【注意】受让人承担责任后，有权向该未履行或未全面履行出资义务的股东追偿。但当事人另有约定的除外。</td></tr>
</table>

【考点子题—举一反三，真枪实练】

[23]（经典例题•多选题）2013年，赵某、张某、孙某共同出资设立甲有限责任公司（下称甲公司）。赵某、张某、孙某各以现金出资50万元。赵某、张某均按章程规定足额缴纳了出资。孙某一直未出资。2017年，甲公司向乙银行贷款100万元，期限3年。2018年，刘某得知孙某未出资，意欲购买孙某在甲公司的股权。赵某、张某均表示同意。但刘某仅缴纳出资25万，也未办理股东变更登记。2020年贷款到期，乙银行要求甲公司偿还贷款，因甲公司无力清偿，遂要求孙某履行其出资义务用于偿还贷款。孙某、刘某没有对未按期出资的责任进行约定。下列关于甲公司和乙银行权利的表述中，符合公司法律制度规定的有（　）。

A. 甲公司有权请求孙某履行出资义务，并由刘某承担连带责任

B. 乙银行只能请求孙某履行出资义务偿还贷款

C. 乙银行有权请求孙某承担偿还100万元贷款责任，刘某对此承担连带责任

D. 乙银行有权请求赵某、张某承担孙某未出资本息范围内偿还贷款的连带责任

【考点母题——万变不离其宗】违法所得出资后股权的处置

以贪污、受贿、侵占、挪用等违法所得的货币出资后取得股权的，对违法犯罪行为进行追究、处罚时，对其股权应采取特定方法处理。该特定方法包括（　）。
A. 拍卖　　B. 变卖

【考点子题—举一反三，真枪实练】

[24]（历年真题•单选题）李某以违法犯罪所得的20万元出资并取得公司股权，对李某犯罪行为处罚时，就其股权处置的下列表述中，正确的是（　）。

A. 将李某的出资从公司中抽出，补偿受害人损失

B. 将李某的出资从公司中抽出，并将公司注册资本减少20万

C. 采取拍卖或变卖的方式处置李某的股权

D. 将李某的出资从公司中抽出，其他股东对20万元出资承担连带责任

【考点母题——万变不离其宗】股东抽逃出资情形及其法律责任

<table>
<tr><td rowspan="2">抽逃情形</td><td>（1）下列属于股东抽逃出资情形的有（　）。</td></tr>
<tr><td>A. 制作虚假财务会计报表虚增利润进行分配　B. 通过虚构债权债务关系将其出资转出
C. 利用关联交易将出资转出　D. 其他未经法定程序将出资抽回的行为</td></tr>
<tr><td rowspan="2">公司或其他股东的权利</td><td>（2）公司或其他股东对抽逃出资股东和协助抽逃出资的其他股东、董事、高级管理人员或实际控制人的权利有（　）。</td></tr>
<tr><td>A. 请求抽逃出资的股东向公司返还出资本息
B. 请求协助抽逃出资的其他股东、董事、高级管理人员或实际控制人对此承担连带责任</td></tr>
<tr><td rowspan="2">公司债权人的权利</td><td>（3）公司债权人对抽逃出资股东和协助抽逃出资的其他股东、董事、高级管理人员或实际控制人的权利有（　）。</td></tr>
<tr><td>A. 请求抽逃出资的股东在抽逃出资本息范围内对公司债务不能清偿的部分承担补充赔偿责任
B. 请求协助抽逃出资的其他股东、董事、高级管理人员或实际控制人对此承担连带责任</td></tr>
<tr><td colspan="2">【注意】抽逃出资的股东已经承担上述责任，其他债权人不得再提出相同请求（只惩罚一次）。</td></tr>
</table>

【考点子题一举一反三，真枪实练】

[25]（经典例题•单选题）2016年，张某、李某、王某共同出资设立甲有限责任公司（下称甲公司）。李某出资100万元，张某、王某各出资50万元，上述出资均已按期足额缴纳。李某担任董事长，王某为财务负责人。2020年10月，李某以董事长的身份，与其所控制的乙公司签订货物买卖合同，货款总额70万元。2020年12月，张某发现李某从乙公司买回的货物不值70万，市场上同类货物市价仅为20万，而合同签字的代理人是经李某授权的王某。经查，王某是签订上述买卖合同的出谋策划者。甲公司章程允许进行关联交易。下列关于李某、王某行为性质的认定及其责任承担的表述中，符合公司法律制度规定的是（　）。

A. 李某的行为已构成抽逃出资，应承担向公司返还出资本息的责任，王某对此不承担责任

B. 李某的行为不构成抽逃出资，因甲公司章程允许进行关联交易

C. 李某的行为已构成抽逃出资，王某属于协助抽逃，应由李某承担返还出资本息的责任，不足部分由王某承担

D. 李某的行为已构成抽逃出资，王某属于协助抽逃，应由李某承担返还出资本息的责任，王某对此承担连带责任

【考点母题——万变不离其宗】股东未尽出资义务或抽逃出资的法律后果

下列关于股东未履行或未全面履行或抽逃出资法律后果的表述中，正确的有（ ）。	
A. 公司根据章程或股东会决议对该股东利润分配请求权、新股优先认购权、剩余财产分配请求权等股东权利作出相应的合理限制，	该股东请求认定该限制无效的，法院不予支持
B. 对股东**未履行**出资义务或抽逃**全部**出资，经公司**催告**缴纳或返还但在合理期间内仍未缴纳或返还出资，公司以股东会决议**解除**该股东的股东资格的，	该股东请求确认该解除行为无效的，法院不予支持
C. 公司或其他股东请求该股东向公司全面履行出资义务或返还出资，	**被告股东以诉讼时效为由进行抗辩的，法院不予支持**
D. 公司债权人的债权未过诉讼时效期间，其依照规定请求该股东承担赔偿责任，	被告股东以出资义务或返还出资义务超过诉讼时效期间为由进行抗辩的，法院不予支持
【注意】基于投资关系产生的缴付出资请求权不得提出诉讼时效抗辩（第一章的内容）。	

【考点子题—举一反三，真枪实练】

[26]（历年真题•简答题）2014年1月，周某、吴某、蔡某和其他十人共同出资设立甲有限责任公司（下称甲公司），根据公司章程的记载，周某为第一大股东，出资550万元，占注册资本的55%，股东认缴的出资应在公司成立后的6个月内缴足。公司章程对股权转让及议事规则未作特别规定。2018年3月，蔡某认缴的出资经催告仍未足额缴纳，甲公司遂向法院提起诉讼，请求蔡某补足出资，并承担相应的责任。蔡某以公司的请求已过诉讼时效为由拒绝。

问题：蔡某拒绝甲公司诉讼请求的理由是否符合法律规定？简要说明理由。

【考点母题——万变不离其宗】第三人垫付出资的责任

下列关于第三人垫付出资时发起人及第三人应承担责任的表述中，正确的是（ ）。
A. 第三人代垫资金协助发起人设立公司，双方明确约定在公司验资后或在公司成立后将该发起人的出资抽回以偿还该第三人，发起人依照前述约定抽回出资偿还第三人后又不能补足出资的，相关权利人有权请求第三人连带承担发起人因抽回出资而产生的相应责任

【考点母题——万变不离其宗】公司设立登记

公司成立日期	（1）下列关于公司登记成立日期的表述中，正确的是（ ）。
	A. 公司企业法人营业执照签发日期为公司成立日期
出资证明书	（2）出资证明书是确认股东出资的凭证，由公司盖章。下列属于出资证明书应载明事项的有（ ）。
	A. 公司名称　B. 公司成立日期　C. 公司注册资本 D. 股东的姓名或名称、缴纳的出资额和出资日期　E. 出资证明书的编号和核发日期

续表

股东名册	（3）下列关于股东名册的表述中，正确的有（　）。
	A. 有限责任公司应当置备股东名册 B. 股东名册是记载股东情况及其资本事项而设置的账簿 C. 记载于股东名册的股东，可以依股东名册主张行使股东权利
股东身份登记变更效力	（4）【判断金句】公司应当将股东的姓名或名称向公司登记机关登记，登记事项发生变更的，应当办理变更登记。未经登记或者变更登记的，不得对抗第三人。

【考点子题—举一反三，真枪实练】

[27]（经典例题·判断题）股东的姓名或名称只有在公司登记机关登记后，股东才能主张行使股东权利。（　）

考点 8　有限责任公司的组织机构

（一）股东会

【考点母题——万变不离其宗】股东会职权与董事会职权

（1）下列属于有限责任公司股东会职权的有（　）。	（2）下列属于有限责任公司董事会职权的有（　）。
A. 决定公司的经营方针和投资计划	A. 决定公司的经营计划和投资方案（经理组织实施）
B. 选举和更换非由职工代表担任的董事、监事，决定有关董事、监事的报酬事项	B. 决定聘任或解聘公司经理及其报酬事项，并根据经理提名决定聘任或解聘公司副经理、财务负责人及其报酬事项
C. 审议批准董事会的报告	C. 召集股东会会议，并向股东会报告工作
D. 审议批准监事会或监事的报告	D. 执行股东会的决议
E. 审议批准公司的年度财务预算方案、决算方案	E. **制订**公司的年度财务预算方案、决算方案
F. 审议批准公司的利润分配方案和弥补亏损方案	F. **制订**公司的利润分配方案和弥补亏损方案
G. 对公司增减注册资本作出决议 H. 对发行公司债券作出决议	G. **制订**公司增减注册资本以及发行公司债券的方案
I. 对公司合并、分立、变更公司形式、解散和清算等事项作出决议	H. **制订**公司合并、分立、变更公司形式、解散的方案
J. 修改公司章程	I. **制定**公司的基本管理制度（经理拟订） J. **决定**公司内部管理机构的设置（经理拟订）

续表

K. 公司章程规定的其他职权	K. 公司章程规定的其他职权
【注意】股东会是权力机关，重要事项须经其审议批准或作出决议通过。董事会是执行机关。	

【考点子题—举一反三，真枪实练】

[28]（历年真题•多选题）根据公司法律制度的规定，下列各项中，属于股东会职权的有（ ）。

A. 决定公司的经营方针和投资计划　　B. 决定公司内部管理机构的设置

C. 对发行公司债券作出决议　　D. 修改公司章程

【考点母题——万变不离其宗】股东会的召开及决议

召开	（1）下列关于股东会召开的表述中，正确的有（ ）。
	A. 首次股东会会议由出资最多的股东召集和主持 B. 董事会、监事会不履行召集职责的，代表 1/10 以上表决权（表决权 ≥ 10%）的股东可以自行召集和主持 C. 召开股东会会议，应当于会议召开 15 日前通知全体股东；公司章程另有规定或全体股东另有约定的除外 D. 股东会会议形式有定期会议和临时会议，定期会议召开由公司章程规定 E. 股东会应当对所议事项的决定作成会议记录，出席会议的股东应当在会议记录上签名
临时股东会	（2）下列属于股东会临时会议召开情形的有（ ）。
	A. 代表 1/10 以上表决权的股东　　B. 1/3 以上的董事 C. 监事会或不设监事会的公司的监事
【注意】股东人数较少或规模较小的有限责任公司可不设监事会，只设 1 至 2 名监事。	
特别决议	（3）下列事项中，属于必须经代表 2/3 以上表决权的股东通过的有（ ）。
	A. 修改公司章程（改章程）　　B. 增加或减少注册资本（增减资） C. 公司合并、分立、解散（合分解）　　D. 变更公司形式（变形式）
【注意】股东会表决权的行使可由章程规定。章程规定优先于法定。普通决议依章程规定表决。股东会可以在章程中规定更为严格（即高于 2/3）的特别决议表决规则。	

【考点子题—举一反三，真枪实练】

[29]（历年真题•单选题）甲有限责任公司注册资本为 1200 万元，股东人数为 19 人，董事会成员 3 人，监事会成员 3 人。股东一次缴清出资，该公司章程对股东表决权行使事项未作特别规定。根据公司法律制度的规定，该公司出现的下列情形中，属于应当召开临时股东会的是（ ）。

A. 出资 96 万元占表决权 8% 的某股东提议召开

B. 公司未弥补的亏损达到40万元

C. 2名董事提议召开

D. 2名监事提议召开

[30](历年真题•单选题)某有限责任公司股东刘、关、张、赵分别持有公司5%、20%、35%和40%的股权，该公司章程未对股东行使表决权及股东会决议方式作出规定。下列关于该公司股东会会议召开及决议作出的表述中，符合公司法律制度规定的是（　）。

A. 刘可以提议召开股东会临时会议

B. 只有赵可以提议召开股东会临时会议

C. 只要张和赵表示同意，股东会即可作出增加公司注册资本的决议

D. 只要关和赵表示同意，股东会即可作出变更公司形式的决议

（二）董事会、经理

【考点母题——万变不离其宗】董事会、经理

组成	（1）下列关于董事会组成的表述中，正确的有（　）。
	A. 可以有公司职工代表　B. 成员为3至13人 C. 两个或两个以上的国有企业或其他两个以上的国有投资主体投资设立的有限责任公司，其董事会成员中应当有公司职工代表 D. 董事长、副董事长的产生办法由公司章程规定 E. 董事任期由公司章程规定，但每届任期不得超过3年 F. 董事任期届满未及时改选，或董事在任期内辞职导致董事会成员低于法定人数的，在改选出的董事就任前，原董事仍应当依照法律、行政法规和公司章程的规定，履行董事职务
召开	（2）下列关于董事会召开的表述中，正确的有（　）。
	A. 董事会会议由董事长召集和主持 B. 董事长不能或不履行职务的，由副董事长召集和主持 C. 董事长、副董事长不能或不履行职务的，由半数以上董事共同推举一名董事召集和主持
决议	（3）下列关于董事会决议的表述中，正确的有（　）。
	A. 董事会的议事方式和表决程序，除公司法规定外，由章程规定 B. 董事会决议的表决，实行一人一票 C. 董事会应当对所议事项的决定做成会议记录，出席会议的董事应当在会议记录上签名
执行董事	（4）下列关于执行董事的表述中，正确的有（　）。
	A. 股东人数较少或规模较小的可以设1名执行董事，不设董事会 B. 执行董事可以兼任经理 C. 执行董事的职权由公司章程规定

续表

<table>
<tr><td rowspan="4">经理</td><td>（5）下列关于经理的聘任及解聘的表述中，正确的是（　）。</td></tr>
<tr><td>A. 有限责任公司可以设经理，由董事会决定聘任或解聘</td></tr>
<tr><td>（6）下列属于经理职权的有（　）。</td></tr>
<tr><td>A. 主持公司的生产经营管理工作，组织实施董事会决议
B. 组织实施公司年度经营计划和投资方案　C. 拟订公司内部管理机构设置方案
D. 拟订公司的基本管理制度　E. 拟订公司的具体规章
F. 提请聘任或解聘公司副经理、财务负责人
G. 决定聘任或解聘除董事会决定聘任或解聘以外的负责管理人员
H. 董事会授予的其他职权　I. 公司章程对经理职权另有规定的，从其规定</td></tr>
</table>

【考点子题—举一反三，真枪实练】

[31]（经典例题·多选题）下列关于有限责任公司董事会的表述中，不符合公司法律制度规定的有（　）。

A. 董事会成员中应当有公司职工代表

B. 董事任期由公司章程规定，但每届任期不得超过3年

C. 董事长和副董事长由公司董事会选举产生

D. 董事长和副董事长不召集和主持董事会的，必须由全体董事共同推举一名董事召集和主持

[32]（经典例题·多选题）根据公司法律制度的规定，下列各项中，属于董事会职权的有（　）。

A. 审议批准公司的利润分配方案　B. 制定公司的基本管理制度

C. 决定公司的内部管理机构设置　D. 决定或解聘公司的经理

[33]（历年真题·单选题）甲公司聘请张某担任经理，公司章程未对经理职权作特别规定，董事会未作特别授权。下列关于张某职权的表述中，正确的是（　）。

A. 有权制订甲公司的年度财务预算方案

B. 有权组织实施甲公司的年度经营计划和投资方案

C. 有权决定聘任其好友李某担任甲公司的财务负责人

D. 有权制定甲公司的基本管理制度

（三）监事会

【考点母题——万变不离其宗】监事会

组成	（1）下列关于监事会组成的表述中，正确的有（　）。

续表

组成	A. 股东人数较少或规模较小的，可以不设监事会，只设 1-2 名监事 B. 设监事会的，其成员不少于 3 人 C. 监事会成员中必须包括股东代表和适当比例的公司职工代表 D. 职工代表的比例不得低于 1 / 3，具体比例由章程规定，职工代表通过职代会、职工大会民主选举产生 E. 监事会主席由全体监事过半数的监事选举产生 F. 监事每届任期 3 年，每届任期届满，连选可以连任 G. 监事任期届满未及时改选，或监事在任期内辞职导致监事会成员低于法定人数的，在改选出的监事就任前，原监事仍应依照法律、行政法规或公司章程的规定，履行监事职务
召开及决议	（2）下列关于监事会会议召开及决议的表述中，正确的有（　）。
召开及决议	A. 监事会主席不能或不履行职务的，由半数以上监事共同推举 1 名监事召集和主持监事会会议 B. 监事会的议事方式及表决程序，除公司法规定外，由公司章程规定 C. 监事会决议应当经半数以上监事通过 D. 监事会应当对所议事项的决定做成会议记录，出席会议的监事应当在会议记录上签名
职权	（3）下列关于监事会职权的表述中，正确的有（　）。
	A. 检查公司财务 B. 对董事、高级管理人员执行公司职务的行为进行监督，对违反法律、行政法规、公司章程或股东会决议的董事、提出罢免的建议 C. 当董事、高级管理人员的行为损害公司的利益时，要求董事、高级管理人员予以纠正 D. 提议召开临时股东会会议，在董事会不履行规定的召集和主持股东会会议职责时召集和主持股东会会议 E. 向股东会会议提出提案　　F. 依法对董事、高级管理人员提起诉讼 G. 监事可以列席董事会会议，并对董事会决议事项提出质询或建议 H. 监事会、不设监事会的公司监事发现公司经营情况异常，可以进行调查；必要时，可聘请会计师事务所等协助其工作，费用由公司承担 I. 监事会、不设监事会的公司的监事行使职权所必需的费用，由公司承担
兼职	（4）下列人员中，不得兼任监事的有（　）。
	A. 董事　　B. 高级管理人员
【注意】高级管理人员的范围和不得兼任董事的人的范围。	

【考点子题——举一反三，真枪实练】

[34]（历年真题·多选题）根据公司法律制度的规定，下列人员中，不得兼任监事的有（　）。

A. 董事　　B. 财务负责人

C. 经理　　D. 上市公司董事会秘书

[35]（历年真题·单选题）根据公司法律制度的规定，下列关于有限责任公司监事会及监事的表述中，正确的是（　）。

A. 监事会主席由股东会选举产生　　B. 公司章程可以规定监事的任期为每届5年

C. 高级管理人员可以兼任监事　　D. 规模较小的公司可以不设监事会

[36]（历年真题•单选题）根据公司法律制度的规定，下列人员中，不得兼任公司董事的是（　）。

A. 监事　　B. 财务负责人　　C. 经理　　D. 股东

[37]（经典例题•单选题）根据公司法律制度的规定，下列各项中，不属于有限责任公司监事会职权的是（　）。

A. 检查公司财务　　B. 解聘公司财务负责人

C. 提议召开临时股东会会议　　D. 建议罢免违反公司章程的经理

（四）公司决议瑕疵的法律后果

【考点母题——万变不离其宗】公司决议瑕疵的法律后果

<table>
<tr><td rowspan="2">决议无效</td><td colspan="2">（1）下列属于决议无效情形的是（　）。</td></tr>
<tr><td colspan="2">A. 公司股东会或股东大会、董事会的决议内容违反法律、行政法规的</td></tr>
<tr><td rowspan="6">决议不成立的情形</td><td colspan="2">（2）下列属于公司决议不成立情形的有（　）。</td></tr>
<tr><td rowspan="2">A. 公司未召开会议的</td><td>（3）下列不属于公司未召开会议情形的有（　）。</td></tr>
<tr><td>A. 对股东会行使职权事项，股东以书面形式一致表示同意的，可以不召开股东会会议，直接做出决定，并由全体股东在决定文件上签名、盖章的
B. 公司章程规定可以不召开股东会或股东大会而直接做出决定，并由全体股东在决定文件上签名、盖章的</td></tr>
<tr><td colspan="2">B. 会议未对决议事项进行表决的</td></tr>
<tr><td colspan="2">C. 出席会议的人数或股东所持表决权不符合公司法或公司章程规定的</td></tr>
<tr><td colspan="2">D. 会议的表决结果未达到公司法或章程规定的通过比例的</td></tr>
<tr><td rowspan="2">决议被撤销的情形</td><td colspan="2">（4）下列属于公司决议被撤销情形的有（　）。</td></tr>
<tr><td colspan="2">A. 股东会或股东大会、董事会会议召集程序违反法律、行政法规或公司章程
B. 股东会或股东大会、董事会会议表决方式违反法律、行政法规或公司章程
C. 决议内容违反公司章程</td></tr>
<tr><td rowspan="2">决议撤销的程序</td><td colspan="2">（5）下列关于公司决议撤销程序的表述中，正确的有（　）。</td></tr>
<tr><td colspan="2">A. 股东可自决议作出之日起60日内，请求撤销股东会或股东大会、董事会决议
B. 请求撤销的原告在起诉时应具有股东资格　　C. 公司为被告
D. 对决议涉及的其他利害关系人，可以依法列为第三人
E. 一审法庭辩论终结前，其他有原告资格的人以相同的诉讼请求申请参加上述规定诉讼的，可以列为共同原告</td></tr>
</table>

续表

【注意】股东、董事和监事可请求认定股东会或股东大会、董事会决议无效或不成立；但只有股东有权请求撤销。	
决议具有轻微瑕疵的效力	(6)【判断金句】股东会或股东大会、董事会会议在召集程序、表决方式仅有轻微瑕疵，**且对决议未产生实质影响的**，股东撤销决议的请求法院不予支持。
决议无效或被撤销法律后果	(7)【判断金句】股东会或股东大会、董事会决议被法院判决无效或撤销的，**公司依据该决议与善意相对人形成的民事法律关系不受影响。**

【考点子题—举一反三，真枪实练】

[38]（经典例题•多选题）根据公司法律制度的规定，股东会存在特定情形，当事人主张决议不成立的，人民法院应予支持。该情形包括（　）。

A. 对股东会行使职权事项，股东以书面形式一致表示同意直接做出决定，并由全体股东在决定文件上签名、盖章形成决议的

B. 会议未对决议事项进行表决的

C. 出席会议的人数或股东所持表决权不符合公司法或公司章程规定的

D. 会议的表决结果未达到公司法或公司章程规定的通过比例的

[39]（经典例题•判断题）刘某、关某、张某、赵某共同出资设立甲有限责任公司（下称甲公司），其出资比例为：刘某、关某、张某各占 30%，赵某占 10%。公司章程规定，召开股东会会议，应在会议召开 15 日前通知全体股东；股东按照出资比例行使表决权。但甲公司 2020 年召开股东会时在会议召开 10 天前通知全体股东。后全体股东均出席了股东会。该次股东会作出了减少公司注册资本的决议。在表决时赵某不同意，其他三位股东均同意。后赵某以该决议的会议召集程序违反公司章程规定为由请求撤销，对此主张人民法院应予以支持。（　）

[40]（经典例题•单选题）张某、王某、李某各出资 20 万元，赵某出资 60 万元设立甲有限责任公司（下称甲公司）。章程规定，第一期出资在公司成立后 1 个月内缴纳，其余出资在公司成立后 1 年内缴足；公司设股东会、董事会和监事会；公司对外投资超过 50 万须经股东会决议且经股东所持表决权的 3/4 通过。章程对其他事项未做特别规定。公司成立后，甲公司决定对丙公司投资 60 万元，为此召开股东会，表决时赵某不同意，其他三位股东同意。后甲公司与丙公司签订了投资协议。甲公司向丙公司先期投资 30 万元。赵某向法院提出请求撤销股东会的该项决议，法院判决撤销该决议。经查，丙公司对甲公司章程的规定不知情。下列关于该投资协议效力的表述中，符合公司法律制度规定的是（　）。

A. 投资协议无效，因投资额超过章程规定的限额且未达到全体股东所持表决权的 3/4

B. 投资协议无效，因作出投资的决议被法院撤销

C. 投资协议有效，因甲公司已实际履行该协议

D. 投资协议有效，因丙公司为善意相对人，甲公司依据撤销的股东会决议与善意相对人形成的民事法律关系不受影响

[41]（历年真题•单选题）甲有限责任公司股东王某认为公司董事会作出的一项决议内容违反公司章程，向人民法院提起诉讼请求撤销该项决议。根据公司法律制度的规定，王某提起诉讼的被告应当是（　）。

A. 总经理　　B. 董事会　　C. 董事长　　D. 甲有限责任公司

考点9 有限责任公司股权转让

（一）股东

【考点母题——万变不离其宗】股东资格

下列关于股东资格的表述中，正确的有（　）。
A. 股东可以为自然人（除担任发起人外，不需要具有民事行为能力） B. 股东可以为法人或其他组织 C. 国家公务员不得成为公司股东（但可成为上市公司股东）　　D. 公司不得自为股东 E. 机关法人一般不能担任公司股东，但依法对外投资时，可以成为国有股东

（二）股东权及其分类

公司股东依法享有资产受益权、参与重大决策和选择管理者等权利。

以股东权行使的目的是为股东个人利益还是涉及全体股东共同利益为标准，可以将股东权分为共益权（全体利益）和自益权（个人利益）。

共益权是指股东依法参加公司事务的决策和经营管理的权利，是股东基于公司利益同时兼为自己的利益而行使的权利。

自益权是指股东仅以个人利益为目的而行使的权利，即依法从公司取得收益或处分自己股权的权利。

【考点母题——万变不离其宗】共益权、知情权（查阅、复制权）

共益权范围	（1）下列各项中，属于股东共益权范围的有（　）。
	A. 股东会或股东大会参加权　　B. 提案权　　C. 质询权 D. 表决权　　E. 累积投票权 F. 股东会或股东大会召集请求权和自行召集权 G. 知情权　　H. 提起诉讼权

续表

<table>
<tr><td rowspan="2">查阅复制范围</td><td colspan="2">（2）下列各项中，属于股东有权查阅、复制（知情权）范围的有（　）。</td></tr>
<tr><td colspan="2">A. 公司章程　　B. 股东名册
C. 公司债券存根　　D. 股东会会议记录
E. 董事会会议决议　　F. 监事会会议决议
G. 财务会计报告</td></tr>
<tr><td rowspan="2">不得复制的范围</td><td colspan="2">（3）属于股东只有权查阅、不得复制的是（　）。</td></tr>
<tr><td colspan="2">A. 会计账簿</td></tr>
<tr><td rowspan="4">公司拒绝查阅的条件和程序及不正当目的的认定</td><td colspan="2">（4）下列属于公司拒绝股东查阅会计账簿的条件及程序的有（　）。</td></tr>
<tr><td rowspan="2">A. 公司有合理根据认为股东查阅会计账簿有不正当目的，可能损害公司合法利益的，可拒绝查阅；但公司章程、股东之间的协议等实质性剥夺股东依公司法规定查阅或复制公司文件材料的权利，公司以此为由拒绝股东查阅或复制的，法院不予支持</td><td>（5）下列属于法院可以认定股东查阅会计账簿有不正当目的的情形有（　）。</td></tr>
<tr><td>A. 股东自营与公司主营业务有实质性竞争关系业务的，但公司章程另有规定或全体股东另有约定的除外
B. 为他人经营与公司主营业务有实质性竞争关系业务的，但公司章程另有规定或全体股东另有约定的除外
C. 股东为了向他人通报有关信息查阅公司会计账簿，可能损害公司合法利益的
D. 股东在向公司提出查阅请求之日前的 3 年内，曾通过查阅公司会计账簿，向他人通报有关信息损害公司合法权益的</td></tr>
<tr><td colspan="2">B. 公司拒绝的，应自股东提出书面请求之日起 15 日内书面答复并说明理由</td></tr>
<tr><td rowspan="2">股东起诉的资格条件</td><td colspan="2">（6）下列属于股东请求查阅或复制特定文件材料遭拒绝时起诉的资格条件是（　）。</td></tr>
<tr><td colspan="2">A. 股东起诉请求查阅或复制特定文件材料的，在起诉时应具有股东资格，但股东（原告）有初步证据证明在持股期间其合法权益受到损害，请求依法查阅或复制其持股期间的公司特定文件材料的除外</td></tr>
<tr><td rowspan="2">辅助查阅</td><td colspan="2">（7）股东依法院生效判决查阅或复制公司特定文件材料的，在该股东在场的情况下，可以由特定人员辅助进行。该特定人员包括（　）。</td></tr>
<tr><td colspan="2">A. 会计师　　B. 律师　　C. 依据执业行为规范负有保密义务的中介机构执业人员</td></tr>
<tr><td>股东、会计师、律师滥用知情权后果</td><td colspan="2">（8）【判断金句】股东行使知情权后或辅助股东查阅公司文件材料的会计师、律师等泄露公司商业秘密导致公司合法权益受到损害，公司有权请求该股东及会计师、律师赔偿相关损失。</td></tr>
</table>

【考点子题—举一反三，真枪实练】

[42]（经典例题•单选题）张某、王某、李某、赵某共同出资在 A 省 B 市设立从事饭店服务的甲有限责任公司（下称甲公司）。公司章程规定股东自营或为他人经营与甲公司主营业务有实质性竞争关系业务的，不得查阅公司会计账簿。关于各股东要求查阅甲公司会计账簿，会被认定为具有不正当目的情形的下列表述中，符合公司法律

制度规定的是（　）。

A. 张某在C省D市设立从事饭店服务的乙公司，要求查阅甲公司会计账簿

B. 王某在A省B市从事饭店服务的丙公司担任总经理，要求查阅甲公司会计账簿

C. 李某在提出查阅请求的5年前，曾向A省B市从事饭店服务的丁公司通报过损害甲公司利益的信息，要求查阅甲公司会计账簿

D. 赵某为了了解公司的经营状况查阅甲公司会计账簿

[43]（经典例题•判断题）小花是翠花有限责任公司（下称翠花公司）的股东。小花在查阅该公司的会计账簿后，发现公司亏损，难以为继。于是，小花将其持有的股权折价转让给公司主管二小。一个月后，小花发现翠花公司的会计账簿作假，实际上翠花公司盈利丰厚。小花当时出售股权的价格远低于该股权的价值。故小花向法院提起要求查阅其持股期间会计账簿的诉讼。翠花公司认为小花已不是翠花公司股东，无权提起诉讼，法院应驳回其起诉。翠花公司的主张应得到法院支持。（　）

[44]（历年真题•判断题）查阅公司账簿的权利属于股东的共益权。（　）

【考点母题——万变不离其宗】自益权（主要内容为分配利润请求权）

<table>
<tr><td rowspan="2">股东自益权范围</td><td colspan="2">（1）下列各项中，属于股东自益权范围的有（　）。</td></tr>
<tr><td colspan="2">A. 股利分配请求权　B. 剩余财产分配权
C. 新股认购优先权　D. 股份质押权　E. 股份转让权</td></tr>
<tr><td rowspan="2">股东请求分配利润条件</td><td colspan="2">（2）下列属于股东请求公司分配利润条件的有（　）。</td></tr>
<tr><td>A. 股东提交载明具体分配方案的股东（大）会的有效决议
B. 公司拒绝分配利润且其关于无法执行股东（大）会决议的抗辩理由不成立的，法院应判决公司按照决议载明的具体分配方案向股东分配利润</td><td>股东未提交载明具体分配方案的股东（大）会决议而请求分配利润的，法院应驳回其诉讼请求。但违反法律规定滥用股东权利导致公司不分配利润，给其他股东造成损失的除外</td></tr>
<tr><td rowspan="2">股东请求分配利润案件的程序</td><td colspan="2">（3）下列关于股东请求公司分配利润案件程序的表述中，正确的有（　）。</td></tr>
<tr><td colspan="2">A. 应当列公司为被告
B. 一审法庭辩论终结前，其他股东基于同一分配方案请求并申请参加诉讼的，应当列为共同原告</td></tr>
</table>

【考点子题—举一反三，真枪实练】

[45]（经典例题•判断题）只要股东未提交载明具体分配方案的股东会决议，即使公司的大股东滥用股东权利导致公司不分配利润，给其他股东造成了损失，该股东也不得向法院提起请求公司分配利润的诉讼。（　）

【考点母题——万变不离其宗】单独股东权和少数股东权

<table>
<tr><td rowspan="2">单独股东权（一股即可单独行使的权利）范围</td><td colspan="3">（1）下列属于单独股东权行使范围的有（　）。</td></tr>
<tr><td>A. 股利分配请求权
D. 股份质押权</td><td>B. 剩余财产分配权
E. 股份转让权</td><td>C. 新股认购优先权
F. 表决权</td></tr>
<tr><td rowspan="2">少数股东权</td><td colspan="3">（2）下列关于少数股东权的表述中，正确的有（　）。</td></tr>
<tr><td colspan="3">A. 单独或共同持有一定比例以上股份方可行使的权利
B. 请求召开临时股东会或股东大会的权利</td></tr>
</table>

（三）股东滥用股东权的责任

【考点母题——万变不离其宗】股东滥用股东权的责任

<table>
<tr><td colspan="4">（1）下列关于股东滥用股东权责任承担的表述中，正确的有（　）。</td></tr>
<tr><td colspan="4">A. 股东滥用股东权利给公司或其他股东造成损失的，应依法承担赔偿责任</td></tr>
<tr><td rowspan="7">B. 股东滥用公司法人独立地位和股东有限责任，逃避债务，严重损害公司债权人利益的，应对公司债务承担连带责任（公司法人人格否认原则）</td><td colspan="3">（2）下列关于股东滥用法人独立地位和股东有限责任认定条件的表述中，正确的有（　）。</td></tr>
<tr><td colspan="2">A. 只有在股东实施了滥用公司法人独立地位及股东有限责任的行为，且该行为严重损害了公司债权人利益的情况下，才能适用</td><td>损害债权人利益，主要是指股东滥用权利使公司财产不足以清偿公司债权人的债权</td></tr>
<tr><td colspan="3">B. 只有实施了滥用法人独立地位和股东有限责任行为的股东才对公司债务承担连带清偿责任，其他股东不应承担此责任</td></tr>
<tr><td colspan="3">C. 公司人格否认不是全面、彻底、永久地否定公司的法人资格，而只是在具体案件中依据特定的法律事实、法律关系，突破股东对公司债务不承担责任的一般规则，例外地判令其承担连带责任</td></tr>
<tr><td rowspan="3">D. 滥用行为</td><td colspan="2">（3）下列属于股东滥用公司法人独立地位和股东有限责任情形的是（　）。</td></tr>
<tr><td rowspan="2">A. 人格混同（认定公司人格与股东人格是否存在混同，最根本的判断标准是公司是否有独立意思和独立财产，最主要的表现是公司的财产与股东的财产是否混同且无法区分）</td><td>（4）下列属于人格混同情形的有（　）。</td></tr>
<tr><td>A. 股东无偿使用公司资金或财产，不作财务记载的
B. 股东用公司的资金偿还股东的债务，或将公司的资金供关联公司无偿使用，不作财务记载的
C. 公司账簿与股东账簿不分，致使公司财产与股东财产无法区分的
D. 股东自身收益与公司盈利不加区分，致使双方利益不清的
E. 公司的财产记载于股东名下，由股东占有、使用的
【注意】在出现人格混同的情况下，往往同时出现以下混同：公司业务和股东业务混同；公司员工与股东员工混同，特别是财务人员混同；公司住所与股东住所混同。法院在审理案件时，关键要审查是否构成人格混同，而不要求同时具备其他方面的混同，其他方面的混同往往只是人格混同的补强。</td></tr>
</table>

续表

B. 股东滥用公司法人独立地位和股东有限责任，逃避债务，严重损害公司债权人利益的，应对公司债务承担连带责任（公司法人人格否认原则）	D. 滥用行为	B. 过度支配与控制（公司控制股东对公司过度支配与控制，操纵公司的决策过程，使公司完全丧失独立性，沦为控制股东的工具或躯壳，严重损害公司债权人利益，应当否认公司人格，由滥用控制权的股东对公司债务承担连带责任）	（5）下列属于股东过度支配与控制情形的有（　）。 A. 母子公司之间或者子公司之间进行利益输送的 B. 母子公司或者子公司之间进行交易，收益归一方，损失却由另一方承担的 C. 先从原公司抽走资金，然后再成立经营目的相同或类似的公司，逃避原公司债务的 D. 先解散公司，再以原公司场所、设备、人员及相同或相似的经营目的另设公司，逃避原公司债务的 E. 控制股东或实际控制人控制多个子公司或关联公司，滥用控制权使多个子公司或关联公司财产边界不清、财务混同，利益相互输送，丧失人格独立性，沦为控制股东逃避债务、非法经营，甚至违法犯罪工具的，可以综合案件事实，否认子公司或关联公司法人人格，判令承担连带责任
		C. 资本显著不足	（6）下列属于资本显著不足情形的有（　）。 A. 公司设立后在经营过程中，股东实际投入公司的资本数额与公司经营所隐含的风险相比明显不匹配 B. 股东利用较少资本从事力所不及的经营，表明其没有从事公司经营的诚意，实质是恶意利用公司独立人格和股东有限责任把投资风险转嫁给债权人 【注意】由于资本显著不足的判断标准有很大的模糊性，特别是要与公司采取“以小博大”的正常经营方式相区分，因此在适用时要十分谨慎，应当与其他因素结合起来综合判断。
C. 控股股东、实际控制人、董事、监事、高级管理人员不得利用其关联关系损害公司利益，违反规定给公司造成损失的，应当承担赔偿责任			

【考点子题——举一反三，真枪实练】

［46］（历年真题•判断题）公司股东滥用公司法人独立地位和股东有限责任，逃避债务，严重损害公司债权人利益的，应当对公司债务承担连带责任。（　）

［47］（经典例题•多选题）根据公司法律制度的规定，下列属于可以适用公司法人人格否认原则的有（　）。

A. 甲有限责任公司股东张某无偿使用公司机器设备，不做财务记载

B. 乙有限责任公司的法定代表人王某自己代交收工程款，不做财务记载

C. 丙有限责任公司（下称丙公司）的控股股东为逃避公司债务，采取从丙公司抽走资金，然后又成立了一个经营目的与丙公司相同的丁有限责任公司

D. 戊有限责任公司的业务与其股东陈某的业务混同，但分别记账

【考点母题——万变不离其宗】控股股东、实际控制人、高级管理人员

<table>
<tr><td rowspan="2">控股股东</td><td>（1）下列属于控股股东的有（　）。</td></tr>
<tr><td>A. 出资额占有限责任公司资本总额 50% 以上或其持有的股份占股份有限公司股本总额 50% 以上的股东
B. 出资额或持有股份的比例虽然不足 50%，但依其出资额或持有的股份所享有的表决权已足以对股东会、股东大会的决议产生重大影响的股东</td></tr>
<tr><td>实际控制人</td><td>（2）【判断金句】实际控制人虽不是公司的股东，但通过投资关系、协议或其他安排，能够实际支配公司行为的人。</td></tr>
<tr><td rowspan="2">高级管理人员</td><td>（3）下列人员中，属于高级管理人范围的有（　）。</td></tr>
<tr><td>A. 经理　B. 副经理　C. 财务负责人
D. 上市公司董事会秘书　E. 公司章程规定的其他人员</td></tr>
</table>

【考点子题—举一反三，真枪实练】

[48]（历年真题•多选题）根据公司法律制度的规定，下列各项中，属于上市公司高级管理人员的有（　）。

A. 副经理　B. 监事会主席　C. 董事　D. 董事会秘书

【考点母题——万变不离其宗】关联交易损害公司利益的处理

（1）【判断金句】关联交易损害公司利益，公司依法请求控股股东、实际控制人、董事、监事、高级管理人员赔偿所造成的损失，被告仅以该交易已经履行了信息披露、经股东会或股东大会同意等法律、行政法规或公司章程规定的程序为由抗辩的，法院不予支持。
（2）【判断金句】关联交易损害公司利益，公司没有提起诉讼的，有资格提起诉讼的股东，可以提起股东代表诉讼。

注意：关联关系是指公司控股股东、实际控制人、董事、监事、高级管理人员与其直接或者间接控制的企业之间的关系以及可能导致公司利益转移的其他关系。但国家控股的企业之间不因为同受国家控股而具有关联关系。

【考点子题—举一反三，真枪实练】

[49]（经典例题•判断题）甲公司的控股股东李某经公司股东会同意，将其生产的原材料以高于市场价 30% 的价格销售给甲公司。因该交易经股东会同意，故甲公司对在该交易中所遭受的损失无权请求李某赔偿。（　）

【考点母题——万变不离其宗】名义股东和实际出资人

<table>
<tr><td rowspan="2">合同效力及投资权益归属</td><td colspan="2">（1）下列关于名义股东和实际出资人订立合同的效力及投资权益归属的表述中，正确的有（　）。</td></tr>
<tr><td colspan="2">A. 如无《民法典》规定的无效情形，该合同有效
B. 实际出资人有权以其实际履行了出资义务而享有投资权益
C. 名义股东不得以公司股东名册记载、公司登记机关登记为由否认实际出资人的权利</td></tr>
<tr><td rowspan="2">实际出资人想“显名”</td><td colspan="2">（2）下列关于实际出资人请求变更股东登记、记载于股东名册条件的表述中，正确的是（　）。</td></tr>
<tr><td colspan="2">A. 须经公司其他股东半数以上同意</td></tr>
<tr><td rowspan="2">名义股东转让、质押股权</td><td colspan="2">（3）下列关于名义股东将登记于其名下的股权转让、质押或以其他方式处分法律后果的表述中，正确的有（　）。</td></tr>
<tr><td>A. 受让人符合善意取得条件的，受让人取得股权
B. 受让人取得股权给实际出资人造成损失的，实际出资人有权请求名义股东承担赔偿责任</td><td>《民法典》规定善意取得制度：无处分权人将不动产或动产转让给受让人的，所有权人有权追回；除法律另有规定外，符合下列情形的，受让人取得该不动产或动产的所有权：①受让人受让该不动产或者动产时是善意；②以合理的价格转让；③转让的不动产或动产依照法律规定应当登记的已经登记，不需要登记的已经交付给受让人。受让人依据前款规定取得不动产或动产的所有权的，原所有权人有权向无处分权人请求损害赔偿。当事人善意取得其他物权的，参照适用前两款规定</td></tr>
<tr><td rowspan="2">“一股二卖”的处理</td><td colspan="2">（4）下列关于“一股二卖”时，第一受让人能否取得股权的表述中，正确的有（　）。</td></tr>
<tr><td colspan="2">A. 第二受让人符合善意取得条件的，第一受让人（受让股东）不能取得股权
B. 原股东处分股权造成受让股东（第一受让人）损失，受让股东有权请求原股东承担赔偿责任
C. 受让股东（第一受让人）有权请求对于未及时办理变更登记有过错的董事、高级管理人员或实际控制人承担相应责任
D. 受让股东（第一受让人）对于未及时办理变更登记有过错的，可以适当减轻上述董事、高级管理人员或实际控制人的责任</td></tr>
<tr><td rowspan="2">名义股东的责任和权利</td><td colspan="2">（5）下列关于名义股东应承担的责任及权利的表述中，正确的有（　）。</td></tr>
<tr><td colspan="2">A. 公司债权人请求名义股东承担对公司债务不能清偿的部分在未出资本息范围内的补充赔偿责任，名义股东不得以其仅为名义股东而非实际出资人为由进行抗辩
B. 名义股东承担赔偿责任后，有权向实际出资人追偿</td></tr>
<tr><td>冒名人责任</td><td colspan="2">（6）【判断金句】冒用他人名义出资并将该他人作为股东在公司登记机关登记的，冒名登记行为人应当承担相应责任。</td></tr>
<tr><td>被冒名股东不承担任何责任</td><td colspan="2">（7）【判断金句】公司、其他股东或公司债权人不得以未履行出资义务为由，请求被冒名登记为股东的承担补足出资责任或对公司债务不能清偿部分的赔偿责任。</td></tr>
</table>

【考点子题—举一反三，真枪实练】

[50]（经典例题•单选题）张某拟与他人共同投资设立甲有限责任公司（下称甲公司）。张某和刘某约定，刘某为名义股东，张某为实际股东；投资权益归张某。甲公司成立时，刘某的股东身份登记于公司登记机关。但张某并未实际出资。后因甲公司经营不善无力清偿所欠乙公司50万债务，乙公司要求刘某在未出资本息范围内承担公司不能清偿债务的补充赔偿责任，遭到拒绝。下列关于刘某对乙公司债务是否承担补充赔偿责任的表述中，符合公司法律制度规定的是（　）。

A. 刘某应承担补充赔偿责任，因其股东身份登记于公司登记机关

B. 刘某不应承担补充赔偿责任，因其不是实际出资人

C. 刘某不应承担补充赔偿责任，因合同约定投资权益归张某

D. 刘某不应承担补充赔偿责任，因甲公司具有法人资格

[51]（历年真题•单选题）根据公司法律制度的规定，如果实际出资人未经公司一定比例的其他股东同意，请求公司变更股东、签发出资证明书、记载于股东名册、记载于公司章程并办理公司登记机关登记的，人民法院不予支持。该特定比例为（　）。

A. 过半数　　B. 半数以上　　C. 三分之二以上　　D. 四分之三以上

[52]（经典例题•单选题）王某是甲公司的总经理。李某曾短期供职于甲公司，2016年初离职。2017年1月，李某发现自己被登记为乙公司的股东。经查，乙公司是王某与他人共同出资设立的，甲公司与乙公司经营业务基本相同，王某为了不让甲公司发现自己是乙公司的股东，用李某留存的身份信息资料将自己的股权登记在李某名下。因王某在乙公司一直未实际出资，乙公司及该公司其他股东要求李某承担补足出资的责任。下列关于李某是否应承担补足出资责任的表述中，符合公司法律制度规定的是（　）。

A. 不应承担补足出资的责任，因其为被冒名登记的股东

B. 应承担补足出资的责任，因其为登记股东

C. 应承担补足出资的责任，因其未实际出资

D. 不应承担补足出资的责任，因其与王某之间未对出资进行约定

（四）有限责任公司股东转让股权

【考点母题——万变不离其宗】股东转让股权

股东之间转让股权	（1）下列关于有限责任公司股东之间转让股权的表述中，正确的是（　）。
	A. 股东之间可以相互转让其全部或部分股权，不受限制

续表

<table>
<tr><td rowspan="6">向股东以外的人转让股权的条件</td><td colspan="3">（2）下列关于股东向股东以外的人转让股权条件的表述中，正确的有（　）。</td></tr>
<tr><td colspan="3">A. 应经公司其他股东过半数同意</td></tr>
<tr><td colspan="2" rowspan="2">B. 转让股东应就其股权转让事项以书面或其他能够确认收悉的合理方式通知其他股东征求同意</td><td>（3）下列属于收到转让通知的股东依法被视为同意情形的有（　）。</td></tr>
<tr><td>A. 其他股东自接到书面通知之日起满 30 日未答复的
B. 其他股东半数以上既不同意转让又不购买的</td></tr>
<tr><td rowspan="2">C. 经股东同意转让的股权</td><td>在同等条件下</td><td>其它股东有权主张转让股东应向其以书面或其他能够确认收悉的合理方式通知转让股权的同等条件；同等条件应考虑转让股权的数量、价格、支付方式及期限等因素</td></tr>
<tr><td>其他股东有优先购买权</td><td>两个以上股东主张行使优先购买权的，协商确定各自的购买比例；协商不成的，按照转让时各自的出资比例行使优先购买权</td></tr>
<tr><td rowspan="2">不得行使优先购买权的情形</td><td colspan="3">（4）下列属于股东不得行使优先购买权情形的是（　）。</td></tr>
<tr><td colspan="3">A. 自然人股东因继承发生变化时，其他股东无权主张依法行使优先购买权，除非公司章程另有规定或全体股东另有约定</td></tr>
<tr><td colspan="4">【注意】公司章程对股权转让另有规定的，从其规定。</td></tr>
<tr><td rowspan="2">行使优先购买权的期间</td><td colspan="3">（5）下列关于股东行使优先购买权期间的表述中，正确的有（　）。</td></tr>
<tr><td colspan="3">A. 主张优先购买权的股东在收到通知后，在公司章程规定的行使期间内提出购买请求
B. 公司章程未规定行使期间或规定不明确的，以通知确定的期间为准
C. 通知确定的期间短于 30 日或未明确行使期间的，行使期间为 30 日</td></tr>
<tr><td rowspan="2">转让股东的反悔权</td><td colspan="3">（6）下列关于转让股东在其他股东主张优先购买后反悔时如何处理的表述中，正确的有（　）。</td></tr>
<tr><td colspan="3">A. 转让股东在其他股东主张优先购买后又不同意转让股权的（反悔），其他股东无权主张优先购买权，除非公司章程另有规定或全体股东另有约定
B. 因转让股东反悔给其他股东造成损失的，其他股东有权主张转让股东赔偿其合理的损失</td></tr>
<tr><td rowspan="2">转让股东损害优先购买权</td><td colspan="3">（7）下列属于转让股东损害其他股东优先购买权情形的有（　）。</td></tr>
<tr><td colspan="3">A. 未就其股权转让事项征求其他股东意见　　B. 以欺诈、恶意串通等手段</td></tr>
<tr><td rowspan="2">损害其他股东利益，其他股东仍可主张优先购买权期间</td><td colspan="3">（8）下列关于转让股东损害其他股东优先购买权时，其他股东有权在法定期间内主张按照同等条件购买该转让股权。该法定期间包括（　）。</td></tr>
<tr><td colspan="3">A. 自知道或应当知道行使优先购买权的同等条件之日起 30 日内
B. 自股权变更登记之日起 1 年内</td></tr>
</table>

续表

股东以外的股权受让人的损失承担	(9)【判断金句】股东以外的股权受让人，因股东行使优先购买权而不能实现合同目的的，可依法请求转让股东承担相应的民事责任。
股东向股东以外的人转让股权后的处理	(10)【判断金句】有限责任公司股东转让股权后，公司应当注销原股东的出资证明书，向新股东签发出资证明书，并相应修改公司章程和股东名册中有关股东及其出资额的记载，对公司章程的该项修改不需要再由股东会表决。

【考点子题—举一反三，真枪实练】

[53]（经典例题·单选题）张某、王某、李某、赵某共同出资设立甲有限责任公司。四人股权比例分别为20%、20%、30%、30%。王某拟将其持有的股权转让给孙某，并书面通知了其他股东。赵某、李某不同意转让也不购买；张某在接到通知之日起30日内未答复。公司章程对股权转让未作特别规定。下列关于王某转让其股权效力的表述中，符合公司法律制度规定的是（　）。

A. 因赵某、李某不同意转让也不购买，张某未答复，均应视为不同意转让，王某转让股权未经其他股东持有表决权的过半数通过，故转让无效

B. 因无人明确表示同意，王某转让股权未经其他股东所持表决权的过半数通过，故转让无效

C. 因赵某、李某既不同意转让也不购买，张某未在规定期限内答复，均应视为同意转让，王某转让股权经其他股东过半数同意，故转让有效

D. 因赵某、李某既不同意转让也不购买，张某未在规定期限内答复，无法确定是否同意，王某转让股权未经其他股东过半数同意，故转让无效

[54]（历年真题·单选题）王某、陈某和赵某为甲有限责任公司的股东，三人均已办理股东资格登记，公司章程对股权转让未作特别规定。王某所持股权的实际出资人为钱

某，陈某和赵某对此均不知情。王某将所持股权以合理价格全部转让给陈某并办理了股权变更登记，钱某和赵某知悉后对此提出异议。下列关于该股权转让的表述中，正确的是（ ）。

A. 王某将股权转让给陈某须经赵某同意　B. 赵某有权就该股权转让行使优先购买权
C. 陈某已合法取得该股权　D. 钱某可以要求王某返还股权

[55]（经典例题•判断题）有限责任公司的公司章程可以规定自然人股东因继承发生变化时，其他股东有权主张行使优先购买权。（ ）

[56]（经典例题•判断题）张某、王某、李某共同出资设立甲有限责任公司（下称甲公司）。甲公司章程对股权转让未特别规定。王某拟向赵某转让其股权。张某、李某表示同意并主张优先购买权。为此，张某、李某向银行申请贷款并支付了利息，后王某反悔不愿意转让股权。张某、李某无权请求王某对其贷款损失承担责任。（ ）

【考点母题——万变不离其宗】人民法院强制转让股东股权

下列关于人民法院强制转让股权程序及条件的表述中，正确的有（ ）。
A. 通知公司　B. 通知全体股东 C. 其他股东在同等条件下有优先购买权（其他股东自法院通知之日起20日内行使优先购买权；自法院通知之日起满20日不行使优先购买权的，视为放弃优先购买权）

【考点子题—举一反三，真枪实练】

[57]（历年真题•单选题）甲有限责任公司的股东郑某，因无法偿还个人到期债务，法院拟将其在甲公司的股权依强制执行程序拍卖偿债。下列关于人民法院采取强制执行程序做法的表述中，符合公司法律制度规定的是（ ）。

A. 法院应征得公司同意后，方可采取拍卖程序

B. 法院应征得其他股东同意，方可采取拍卖程序

C. 法院应通知公司及全体股东，其他股东可参加拍卖程序，并在同等条件下享有优先购买权

D. 法院应通知全体股东，其他股东可以参加拍卖程序，但不能享有优先购买权

[58]（经典例题•判断题）有限责任公司的股东向股东以外的人转让股权后，应修改公司章程，此事项涉及的章程修改须经股东会决议。（ ）

（五）有限责任公司股东退出公司

【考点母题——万变不离其宗】股东退出公司（异议股东股权回购请求权）

<table>
<tr><td rowspan="2">退出条件（对股东会决议ABC事项投反对票的股东可请求公司按合理价格收购其股权的情形）</td><td colspan="2">（1）下列关于股东退出公司法定条件的表述中，正确的有（　）。</td></tr>
<tr><td colspan="2">A. 公司连续5年不向股东分配利润，而公司该5年连续盈利，且符合法定分配利润条件的
B. 公司合并、分立、转让主要财产的
C. 章程规定的营业期限届满或规定的其他解散事由出现，股东会会议通过决议修改章程使公司存续的</td></tr>
<tr><td rowspan="6">股东退出公司的法定程序</td><td colspan="2">（2）下列关于股东退出公司法定程序的表述中，正确的有（　）。</td></tr>
<tr><td colspan="2">A. 请求公司以合理价格收购其股权</td></tr>
<tr><td rowspan="2">B. 依法向法院提起诉讼</td><td>（3）下列关于股东起诉的条件和期间的表述中，正确的是（　）。</td></tr>
<tr><td>A. 自股东会决议通过之日起60日内股东和公司不能达成股权收购协议的（先协商），股东可以自股东会决议通过之日起90日内起诉</td></tr>
<tr><td rowspan="2">C. 注重调解</td><td>（4）法院在审理股东重大分歧案件时，当事人可协商一致以某些特定方式解决分歧，只要不违反法律、行政法规强制性规定的，法院应予支持。该特定方式包括（　）。</td></tr>
<tr><td>A. 公司回购部分股东股份　B. 其他股东受让部分股东股份
C. 他人受让部分股东股份　D. 公司减资　E. 公司分立
F. 其他能够解决分歧，恢复公司正常经营，避免公司解散的方式</td></tr>
</table>

【考点子题—举一反三，真枪实练】

［59］（历年真题•简答题）2014年1月，周某、吴某、蔡某和其他十人共同出资设立甲有限责任公司（下称甲公司），根据公司章程的记载，周某为第一大股东，出资550万元，占注册资本的55%，股东认缴的出资应在公司成立后的6个月内缴足。公司章程对股权转让和议事规则未作特别规定。

2018年4月，吴某拟将其持有的甲公司股权转让给股东以外的人李某，并书面通知其他股东。周某同意，其他股东反对。吴某认为周某代表的表决权已过半数，所以自己可以将股权转让给李某。吴某遂与李某签订股权转让合同。

2018年5月，为提高市场竞争力，甲公司拟与乙公司合并，并召开股东会会议进行表决，股东钱某投了反对票，其他人赞成，决议通过。钱某提出退出甲公司，要求甲公司以合理价格收购其持有的本公司股权，遭到拒绝。

要求：根据上述资料和公司法律制度的规定，不考虑其他因素，回答下列问题：

（1）吴某认为可以将股权转让给李某的理由是否符合法律规定？简要说明理由。

（2）甲公司是否有权拒绝收购钱某股权？简要说明理由。

[60]（历年真题·简答题）2018年8月，赵某、钱某、孙某和李某各出资100万元，设立甲有限责任公司（以下简称“甲公司”），四名股东各持股25%。公司章程对股权转让及股权继承未作特别规定，全体股东亦未作特别约定。

2021年9月，赵某因病去世，其女儿周某作为唯一继承人要求继承赵某所持公司全部股权。钱某不同意该股权继承，向周某主张行使优先购买权，提出按照市场公允价值200万元购买该股权，遭到周某拒绝。钱某向人民法院提起诉讼，请求行使优先购买权。

2022年2月，孙某为儿子购买婚房缺少资金，遂与李某签订股权转让协议，将其所持甲公司10%的股权以120万元的价格转让给李某。钱某得知后，不同意该股权转让，主张按照相同条件行使优先购买权或者以60万元的价格购买孙某所持甲公司5%的股权，遭到孙某拒绝。

2022年5月，因孙某与其他股东在经营理念上的差异越来越大，其他股东在甲公司股东会会议上一致通过甲公司分立的决议：由孙某独立持有一家小公司，其他股东留在甲公司。孙某不愿独立经营，对该项决议投了反对票。甲公司股东会依法通过了公司分立的决议。孙某因此对甲公司经营心灰意冷，遂要求甲公司以合理的价格收购其股权，以退出公司。

要求：

根据上述资料和公司法律制度的规定，不考虑其他因素，回答下列问题：

（1）2021年9月，钱某请求行使优先购买权，人民法院是否应予支持？简要说明理由。

（2）2022年2月，钱某对孙某转让的股权是否享有优先购买权？简要说明理由。

（3）2022年5月，孙某是否有权请求甲公司以合理价格收购其股权？简要说明理由。

考点10 一人有限责任公司

一人有限责任公司是指只有一个自然人股东或一个法人股东（一人有限责任公司的股东只能是自然人或法人，而不能是其他组织）的有限责任公司。是独立的企业法人。

【考点母题——万变不离其宗】一人有限责任公司的特别规定

下列关于一人有限责任公司特别规定的表述中，正确的有（ ）。

续表

A. 一个自然人只能投资设立一个一人有限责任公司 B. 一个自然人设立的一人有限责任公司不能投资设立新的一人有限责任公司 C. 应当在公司登记中注明自然人独资或法人独资 D. 应当在每一会计年度终了时编制财务会计报告，并经会计师事务所审计 E. 不设股东会，股东行使股东会职权时，应当采用书面形式，并由股东签字后置备于公司 F. 股东不能证明公司财产独立于股东自己财产的，应当对公司债务承担连带责任

【考点子题—举一反三，真枪实练】

[61]（经典例题•单选题）根据公司法律制度的规定，下列关于一人有限责任公司设立的表述中，正确的是（　）。

A. 一人有限责任公司只能由一个自然人出资设立

B. 一个自然人可以出资设立多个一人有限责任公司

C. 合伙企业可以出资设立一人有限责任公司

D. 一个法人可以出资设立多个一人有限责任公司

[62]（历年真题•判断题）一人有限责任公司的股东只能是自然人。（　）

[63]（历年真题•多选题）李某设立了一个一人有限责任公司。李某的下列行为中，符合公司法律制度规定的有（　）。

A. 决定用公司盈利再投资设立另一个一人有限责任公司

B. 决定不编制财务会计报告

C. 决定由李某本人担任公司经理和法定代表人

D. 决定不设股东会

考点11　国有独资公司

【考点母题——万变不离其宗】国有独资公司的特别规定

下列关于国有独资公司特别规定的表述中，正确的有（　）。
A. 章程由国有资产监督管理机构制定，或由董事会制订报国有资产监督管理机构批准 B. 不设股东会，由国有资产监督管理机构（单一股东）行使股东会职权 C. 董事会成员中应当有职工代表 D. 董事会可行使股东的部分职权 E. 公司的合并、分立、解散、增减注册资本和发行公司债券，必须由国有资产监督管理机构决定（重要的国有独资公司合并、分立、解散、破产，应经国有资产监督管理机构审核后，报本级人民政府批准） F. 董事长、副董事长由国有资产监督管理机构从董事会成员中指定

续表

G. 董事会中非职工董事由国有资产监督管理机构委派
H. 董事每届任期不得超过 3 年
I. 经国有资产监督管理机构同意，董事会成员可以兼任经理
J. 国有独资公司设经理，由董事会聘任或解聘
K. 董事长、副董事长、董事、高级管理人员，未经国有资产监督管理机构同意，不得在其他有限责任公司、股份有限公司或其他经济组织兼职
L. 监事会成员不得少于 5 人
M. 监事会主席由国有资产监督管理机构从监事会成员中指定

【考点子题—举一反三，真枪实练】

[64]（历年真题•单选题）甲公司为国有独资公司，其董事会作出的下列决议中，符合公司法律制度规定的是（　）。

A. 聘任张某为公司经理

B. 增选王某为公司董事

C. 批准董事林某兼任乙有限责任公司经理

D. 决定发行公司债券 500 万元

[65]（经典例题•单选题）下列关于国有独资公司组织机构的表述中，符合公司法律制度规定的是（　）。

A. 经理由国有资产监督管理机构聘任

B. 董事长、副董事长由董事会选举产生

C. 董事会成员中必须有公司职工代表

D. 监事会成员不得少于 3 人

[66]（历年真题•单选题）根据公司法律制度的规定，下列关于国有独资公司组织机构的表述中，不正确的是（　）。

A. 国有独资公司的经理由董事会聘任

B. 国有独资公司的董事长由国有资产监督管理机构从董事会成员中指定

C. 国有独资公司设股东会，股东会成员由国有资产监督管理机构委派

D. 国有独资公司监事会中的职工代表由公司职工代表大会选举产生

第四节　股份有限公司

【本节知识结构】

- 股份有限公司
  - 上市公司组织机构的特别规定
    - 增加股东大会特别决议事项
    - 上市公司设立独立董事
    - 上市公司设立董事会秘书
    - 关联关系董事的表决权排除制度
  - 股份有限公司的设立
    - 设立方式
    - 设立条件
    - 设立程序
    - 股份有限公司发起人承担的责任
  - 股份有限公司的组织机构
    - 股东大会
    - 董事会、经理
    - 监事会

【本节考点、考点母题及考点子题】

考点 12　股份有限公司的设立

（一）股份有限公司的设立方式

发起设立：发起人认购公司应发行的全部股份而设立的公司，不向发起人之外的社会公众发行。

募集设立：发起人认购公司应发行股份的一部分，其余股份向社会公开募集或向特定对象募集设立公司。

（二）股份有限公司的设立条件

【考点母题——万变不离其宗】股份有限公司的设立条件

<table>
<tr><td rowspan="2">发起人</td><td>（1）下列关于股份有限公司发起人的表述中，正确的有（　）。</td></tr>
<tr><td>A. 应当有 2 人以上 200 人以下，其中，须有半数以上的发起人在中国境内有住所
B. 为设立公司而签署公司章程、向公司认购出资或股份并履行公司设立职责的人
C. 可以是自然人，也可以是法人　　D. 可以是中国公民，也可以是外国公民</td></tr>
</table>

续表

设立条件	（2）下列关于股份有限公司设立条件的表述中，正确的有（ ）。
	A. 发起人符合法定人数 B. 有符合章程规定的全体发起人认购的股本总额或募集的实收股本总额 C. 发起人制订公司章程，采用募集方式设立的须经创立大会通过 D. 股份发行、筹办事项符合法律规定 E. 有公司名称，建立符合股份有限公司要求的组织机构　　F. 有公司住所

【考点子题—举一反三，真枪实练】

[67]（历年真题•多选题）根据公司法律制度的规定，下列关于股份有限公司发起设立的表述中，正确的有（ ）。

A. 应当有2人以上200人以下为发起人

B. 注册资本为在公司登记机关登记的实收股本总额

C. 须有半数以上的发起人在中国境内有住所

D. 发起人只能是法人

[68]（经典例题•单选题）根据公司法律制度的规定，下列关于股份有限公司发起人的表述中，正确的是（ ）。

A. 发起人只能是自然人

B. 发起人只能是中国公民

C. 发起人是认购公司股份并履行公司设立职责的人

D. 半数以上的发起人应具有中国国籍

（三）股份有限公司的设立程序

【考点母题——万变不离其宗】股份有限公司的设立程序

发起设立公司的程序	（1）下列属于以发起设立方式设立股份有限公司程序的有（ ）。
	A. 发起人书面认足公司章程规定其认购的股份　　B. 缴纳出资 C. 选举董事会和监事会　　D. 申请设立登记
发起人认购股份（在发起人认购的股份缴足前，不得向他人募集股份）	（2）以募集设立方式设立的股份有限公司，发起人须认购一定比例的股份。该比例是（ ）。
	A. 不少于公司股份总数的35%，除非法律、行政法规另有规定
公开募集股份程序	（3）下列关于以募集设立方式设立股份有限公司时，发起人向社会公开募集股份的表述中，正确的有（ ）。

续表

公开募集股份程序	A. 公告招股说明书 B. 由依法设立的证券公司承销，签订承销协议 C. 应当同银行签订代收股款协议 D. **认股人未按期缴纳所认股份的股款，经公司发起人催缴后在合理期间内仍未缴纳，公司发起人有权对该股份另行募集，认股人延期缴纳股款给公司造成损失，公司有权请求该认股人承担赔偿责任** E. 召开创立大会 F. 申请设立登记

【考点子题—举一反三，真枪实练】

[69]（经典例题•单选题）根据公司法律制度的规定，以募集方式设立股份有限公司，发起人认购的股份不得少于公司股份总数的一定比例。该比例为（ ）。

A. 25% B. 35% C. 50% D. 75%

[70（历年真题•单选题）根据公司法律制度的规定，股份有限公司的认股人未按期缴纳所认股份的股款，经公司发起人催缴后在合理期限内仍未缴纳，公司发起人对该股份可以采取一定措施。该措施及效力是（ ）。

A. 注销该股份

B. 对该股份另行募集的，法院应认定该募集行为有效

C. 对该股份另行募集的，法院应认定该募集行为无效

D. 对该股份不得另行募集

【考点母题——万变不离其宗】创立大会

举行会议	（1）下列属于创立大会可以举行的情形有（ ）。
	A. 发行股份的股款缴足后，必须经依法设立的验资机构验资并出具证明 B. 发起人应当在股款缴足之日起30日内主持召开公司创立大会 C. 创立大会由发起人、认股人组成 D. 发起人在创立大会召开15日前将会议日期通知各认股人或予以公告 E. 有代表股份总数过半数的发起人、认股人出席
职权	（2）下列属于创立大会职权的有（ ）。
	A. 审议发起人关于公司筹办情况的报告 B. 通过公司章程 C. 选举董事会成员 D. 选举监事会成员 E. 对公司的设立费用进行审核 F. 对发起人用于抵作股款的财产的作价进行审核 G. 发生不可抗力或经营条件发生重大变化直接影响公司设立的，可以作出不设立公司的决议
决议	（3）根据公司法律制度的规定，创立大会作出决议，须经特定比例的表决权通过。该比例是（ ）
	A. 须经出席会议的**认股人**所持表决权过半数通过

续表

<table>
<tr><td rowspan="2">抽回股本的情形</td><td>（4）下列属于发起人、认股人缴纳股本后可以抽回股本情形的有（　）。</td></tr>
<tr><td>A. 超过招股说明书规定的截止期限尚未募足股份的
B. 发行股份的股款缴足后，发起人在30日内未召开创立大会的
C. 创立大会作出不设立公司决议的</td></tr>
</table>

【考点子题—举一反三，真枪实练】

[71]（历年真题•多选题）根据公司法律制度的规定，发起人、认股人缴纳股款或交付抵作股款的出资后，可以抽回其股本情形的有（　）。

A. 发行的股份超过招股说明书规定的截止期限尚未募足

B. 创立大会作出不设立公司的决议

C. 股款缴足后，发起人在30日内未召开创立大会

D. 公司登记成立后

[72]（经典例题•多选题）下列关于设立股份有限公司设立条件及程序的表述中，符合公司法律制度规定的有（　）。

A. 以募集方式设立的股份有限公司其注册资本应为在公司登记机关登记的全体发起人认购的股本总额

B. 发起人至少应有2人

C. 采用募集方式设立股份有限公司时，发起人制订公司章程须经创立大会通过

D. 创立大会作出决议须经出席会议的发起人所持表决权过半数通过

[73]（经典例题•单选题）下列关于创立大会召开及职权的表述中，符合公司法律制度规定的是（　）。

A. 发起人应当在股款缴足之日起30日内主持召开创立大会

B. 创立大会由发起人组成

C. 创立大会应有代表股份总数过半数的发起人出席方可举行

D. 创立大会不得作出不设立公司的决议

（四）股份有限公司发起人承担的责任

【考点母题——万变不离其宗】发起人承担的责任

<table>
<tr><td colspan="3">（1）根据公司法律制度的规定，股份有限公司发起人承担的责任包括（　）。</td></tr>
<tr><td rowspan="3">A. 公司不能成立时，对设立行为所产生的债务和费用负连带责任</td><td colspan="2">（2）公司因故未成立时，发起人对设立行为产生的债务和费用承担责任的表述中，正确的有（　）。</td></tr>
<tr><td colspan="2">A. 全体或部分发起人对设立公司行为所产生的费用和债务向债权人承担连带清偿责任</td></tr>
<tr><td>B. 部分发起人承担后，有权请求其他发起人分担</td><td>其他发起人按照约定的责任承担比例分担责任；没有约定责任承担比例的，按照约定的出资比例分担责任；没有约定出资比例的，按照均等份额分担责任</td></tr>
</table>

续表

B. 公司不能成立时，对认股人已缴纳的股款，负返还股款并加算银行同期存款利息的连带责任
C. 在公司设立过程中，由于发起人的过失致使公司利益受到损害的，应当对公司承担赔偿责任
(3) 下列关于发起人因履行公司设立职责造成他人受损害时受害人权利的表述中，正确的有（　）。
A. 公司成立后受害人有权请求公司承担侵权赔偿责任 B. 公司未成立，受害人有权请求全体发起人承担连带赔偿责任

【考点子题—举一反三，真枪实练】

[74]（历年真题·多选题）根据公司法律制度的规定，股份有限公司的发起人在公司不能成立时应当承担特定的责任。该特定责任包括（　）。

A. 在公司不能成立时，只对设立行为所产生的债务承担连带责任

B. 在公司不能成立时，对认股人已缴纳股款，承担返还股款并加算银行同期存款利息的连带责任

C. 在公司不能成立时，由于发起人因履行公司设立职责给他人造成损害的，全体发起人对受害人承担连带赔偿责任

D. 在公司不能成立时，只对设立行为所产生的费用承担连带责任

【考点母题——万变不离其宗】公司设立阶段的合同责任

以发起人名义订合同	(1) 下列关于发起人**为设立公司以自己的名义对外签订合同的**合同相对人权利的表述中，正确的有（　）。	
	A. 有权请求发起人承担合同责任	
	B. 公司成立后，有权请求公司承担合同责任	公司成立后对签署合同予以确认
		公司成立后已实际享有合同权利
		公司成立后已实际履行合同义务
以设立中公司名义订合同	(2) 下列关于发起人**以设立中公司名义对外签订合同后**公司承担责任情形的表述中，正确的有（　）。	
	A. 公司成立后合同相对人有权请求公司承担合同责任	
	B. 公司成立后有证据证明发起人利用设立中公司的名义为自己的利益与相对人签订合同	相对人为善意，公司承担
		相对人为恶意，公司不承担

【考点子题—举一反三，真枪实练】

[75]（经典例题·单选题）刘某、孙某为甲股份有限公司（下称甲公司）的发起人。在筹办公司成立事务时，二人向乙家具店以甲公司的名义签订了购买办公桌椅的合同，并将办公桌椅拉走，但一直未付款。后甲公司成立，乙家具店要求甲公司付款，甲公司认为办公桌椅已被刘某、孙某各自据为己有，该货款不应由甲公司承担为由拒付。经查，乙家具店知道刘某、孙某买办公桌椅是为自己使用而购买的。下列关于

该货款责任承担的表述中，符合公司法律制度规定的是（　）。

A. 应由甲公司承担，因该合同是以甲公司名义签订的

B. 应由乙家具店自行承担责任，因乙家具店明知该合同是假借甲公司名义签订的

C. 应由刘某、孙某承担，因该合同是刘某、孙某以甲公司名义为自己利益签订的，且乙家具店为恶意相对人

D. 应先由甲公司承担，甲公司再向刘某、孙某追偿

[76]（历年真题·单选题）王某等多名自然人拟通过发起设立的方式设立股份有限公司。下列关于该公司设立的表述中，正确的是（　）。

A. 在选举董事会和监事会后，发起人应向公司登记机关报送验资证明

B. 半数以上的发起人应具有中国国籍

C. 王某等发起人可以认购公司股份总数的 25%，其余部分由非发起人股东认购

D. 王某为设立公司以自己名义对外签订合同的，合同相对人有权请求王某承担合同责任

考点 13　股份有限公司的组织机构

（一）股东大会

【考点母题——万变不离其宗】股东大会

上市公司股东大会的职权	（1）下列属于上市公司股东大会职权的有（　）。 A. 对公司聘用、解聘会计师事务所作出决议 B. 审议公司在一年内购买、出售重大资产超过公司最近一期经审计总资产 30% 的事项 C. 审议批准变更募集资金用途事项　　D. 审议股权激励计划 E. 审议批准本公司及本公司控股子公司的对外担保总额，达到或超过最近一期经审计净资产的 50% 以后提供的任何担保 F. 审议批准公司的对外担保总额，达到或超过最近一期经审计总资产的 30% 以后提供的任何担保 G. 审议批准为资产负债率超过 70% 的担保对象提供的担保 H. 审议批准单笔担保额超过最近一期经审计净资产 10% 的担保 I. 审议批准对股东、实际控制人及其关联方提供的担保
临时股东大会的召开（出现该等情形后，应当在 2 个月内召开）	（2）下列属于股份有限公司临时股东大会召开情形的有（　）。 A. 董事人数不足法定人数或公司章程所定人数的 2／3 时 B. 公司未弥补的亏损达实收股本总额 1／3 时 C. 单独或合计持有公司 10% 以上股份的股东请求时 D. **董事会**认为必要时　　E. **监事会**提议召开时

续表

股东大会的召开	（3）下列关于股份有限公司股东大会召开的表述中，正确的有（　）。
	A. 股东大会应每年召开一次年会，上市公司股东大会应在上一会计年度结束后的 6 个月内召开 B. 董事长、副董事长不能或不召集主持股东大会的，由半数以上董事共同推举一名董事主持 C. 董事会、监事会不召集主持的，连续 90 日以上单独或合计持有公司 10% 以上股份的股东可以自行召集和主持 D. 召开股东大会会议，应当将会议召开时间、地点和审议事项于会议召开 20 日前通知各股东 E. 临时股东大会应当于会议召开 15 日前通知各股东 F. 发行无记名股票的，应当于会议召开 30 日前公告会议召开的时间、地点和审议事项 G. 单独或合计持有公司 3% 以上股份的股东，可以在股东大会召开 10 日前提出临时提案并书面提交董事会，董事会应在 2 日内通知其他股东，并将该临时提案提交股东大会审议 H. 股东大会不得对会议通知中未列明的事项作出决议 I. 无记名股票持有人出席股东大会会议的，应当于会议召开 5 日前至股东大会闭会时将股票交存于公司
表决权	（4）下列关于股份有限公司表决权行使规定的表述中，正确的有（　）。
	A. 股东出席股东大会会议，所持每一股份有一表决权 B. 公司持有的本公司股份没有表决权 C. 股东可以委托代理人出席股东大会会议，代理人应向公司提交股东授权委托书，并在授权范围内行使表决权 D. 股东大会作出决议，除特别决议外，必须经出席会议的股东所持表决权过半数通过
特别决议	（5）下列事项中，属于股份有限公司股东大会作出决议**须经出席会议股东所持表决权 2/3 以上通过**的有（　）。
	A. 修改公司章程　　B. 增加或减少注册资本的决议 C. 公司合并、分立、解散　　D. 变更公司形式的决议
累积投票权适用范围	（6）股份有限公司股东大会选举特定人员时可以依照公司章程的规定或股东大会的决议，实行累积投票制。该特定人员包括（　）。
	A. 董事　　B. 监事

【考点子题——举一反三，真枪实练】

[77]（历年真题·多选题）甲公司是一家以募集方式设立的股份有限公司，其注册资本为人民币6000万。董事会有8名成员。最大股东李某持有公司表决权股份总数的12%。根据公司法律制度的规定，下列各项中，属于甲公司应当在两个月内召开临时股东大会的情形有（　）。

A. 董事人数减至5人　　B. 监事陈某提议召开

C. 最大股东李某请求召开　　D. 公司未弥补亏损达人民币1600万元

[78]（历年真题·多选题）根据公司法律制度的规定，股份有限公司股东大会所作的下列决议中，必须经出席会议的股东所持表决权的2/3以上通过的有（　）。

A. 批准公司年度预算方案的决议　　B. 变更公司形式的决议

C. 增加或者减少注册资本的决议　　D. 公司合并、分立、解散的决议

[79]（历年真题·多选题）根据公司法律制度的规定，下列情形中，甲股份有限公司应当在两个月内召开临时股东大会的有（　）。

A. 持有公司表决权股份总数的5%的股东请求时

B. 董事人数不足公司章程所定人数的1/2

C. 公司未弥补亏损达实收股本总额的1/2时

D. 监事会主席王某提议召开时

[80]（经典例题·多选题）下列关于股东大会召开的表述中，符合公司法律制度规定的有（　）。

A. 董事会、监事会不召集主持股东大会的，连续90日以上单独或合计持有公司10%以上股份的股东可以自行召集和主持

B. 召开股东大会会议，应当将会议召开的时间、地点和审议的事项于会议召开20日前通知各股东

C. 临时股东大会应当于会议召开15日前通知各股东

D. 单独或者合计持有公司1%以上股份的股东，可以在股东大会召开10日前提出临时提案并书面提交董事会

[81]（历年真题·多选题）根据公司法律制度的规定，股份有限公司股东大会选举特定人员时可以依照公司章程的规定或股东大会的决议，实行累积投票制。该特定人员包括（　）。

A. 董事　　B. 监事　　C. 总经理　　D. 董事会秘书

[82]（历年真题·单选题）根据公司法律制度的规定，下列关于股东大会的表述中，正确的是（　）。

A. 股东大会作出决议，必须经全体股东所持表决权过半数通过

B. 股东人数较少的股份有限公司，股东大会会议可以每两年召开一次

C. 股东大会可以依照公司章程的规定以累积投票制的方式选举董事

D. 股东大会可以对会议通知中未列明的事项作出决议

[83]（历年真题•单选题）甲上市公司董事会拟提议2021年度股东大会的召开日期。董事会提议的下列召开日期中，符合法律规定的是（　）。

A. 2022年6月15日　　B. 2022年7月15日

C. 2022年8月15日　　D. 2022年9月15日

（二）董事会、经理

【考点母题——万变不离其宗】董事会、经理

董事会的组成	（1）下列关于股份有限公司董事会组成的表述中，正确的有（　）。
	A. 董事会成员为5人至19人　　B. 董事会成员中可以有公司职工代表
临时董事会	（2）下列属于股份有限公司临时董事会召开情形的有（　）。
	A. 代表1／10以上表决权的股东　　B. 1／3以上董事　　C. 监事会
董事会的召开	（3）下列关于股份有限公司董事会召开的表述中，正确的有（　）。
	A. 董事长和副董事长由董事会以全体董事的过半数选举产生 B. 董事长、副董事长不能或不履行职务的，由半数以上董事共同推举1名董事履行职务 C. 董事会每年度至少召开2次会议，每次会议应当于会议召开10日前通知全体董事和监事
董事会的决议	（4）下列关于股份有限公司董事会决议及董事责任的表述中，正确的有（　）。
	A. 董事会会议应有过半数的董事出席方可举行 B. 董事会作出决议须经全体董事的过半数通过 C. 董事会会议，应由董事本人出席；董事因故不能出席，可以书面委托其他董事代为出席 D. 董事应当对董事会的决议承担责任 E. 董事会的决议违反法律、行政法规或公司章程、股东大会决议，致使公司遭受严重损失的，参与决议的董事对公司负赔偿责任，但经证明在表决时曾表明异议并记载于会议记录的，该董事可以免除责任
经理	（5）下列关于股份有限公司经理的表述中，正确的有（　）。
	A. 由董事会决定聘任或解聘　　B. 董事会可以决定由董事会成员兼任公司经理

三种公司董事会比较一览图

	有限责任公司	国有独资公司	股份有限公司
组成	3-13人；两个或两个以上国企投资设立的公司须有职工代表；其他可以有职工代表	必须有职工代表	5-19人；可以有职工代表
董事产生	职代董事职代会选；非职代董事股东会选	职代董事职代选；非职代董事由国有资产监督管理机构委派	同有限
董事长、副董	产生办法章程定	国有资产监督管理机构指定	全体董事过半数选举产生
职权	执行机关的职权	代行股东会职权，但对合分解、增减资、发债无权决定	同有限
决议	章程规定	未规定	全体过半数通过
兼任经理	不设董事会的，执董可兼任	国有资产监督管理机构同意	董事会决定

【考点子题—举一反三，真枪实练】

[84]（历年真题•单选题）某股份有限公司共有甲、乙、丙、丁、戊、巳、庚七位董事。某次董事会会议，董事甲、乙、丙、丁、戊、巳参加，庚因故未能出席，也未书面委托其他董事代为出席。该次会议通过一项违反法律规定的决议，给公司造成严重损失。该次会议的会议记录记载，董事戊在该项决议表决时表明了异议。根据公司法律制度的规定，应对公司负赔偿责任的是（　）。

A. 董事甲、乙、丙、丁、戊、巳、庚　　B. 董事甲、乙、丙、丁、戊、巳

C. 董事甲、乙、丙、丁、巳、庚　　D. 董事甲、乙、丙、丁、巳

[85]（经典例题•多选题）下列关于股份有限公司董事会作出决议的程序及后果的表述中，不符合公司法律制度规定的有（　）。

A. 董事会会议须有过半数的董事出席方可举行

B. 董事会决议必须经出席会议董事的过半数通过方为有效

C. 董事不能出席董事会会议的可以书面委托他人代为出席

D. 董事会的决议违反公司章程，致使公司遭受严重损失的，参与决议且未投反对票的董事应对公司负赔偿责任

[86]（历年真题•多选题）根据公司法律制度的规定，下列关于股份有限公司可以召开临时董事会的情形中，正确的有（　）。

A. 1/3以上的董事　　B. 1/3以上的监事

C. 代表10%以上表决权的股东　　D. 监事会

（三）监事会（与有限责任公司相同）

考点 14　上市公司组织机构的特别规定

（一）增加股东大会的特别决议事项

【考点母题——万变不离其宗】上市公司股东大会的特别决议

下列事项中，须经上市公司出席会议的股东所持表决权 2/3 以上通过的有（　）。	
A. 修改公司章程	B. 增加或减少注册资本的决议
C. 公司合并、分立、解散	D. 变更公司形式的决议
E. 在一年内购买、出售重大资产或担保金额超过公司资产总额 30% 的	
【注意】普通股份有限公司股东大会的特别决议仅限于前 4 条。	

【考点子题—举一反三，真枪实练】

[87]（经典例题 • 单选题）根据公司法律制度的规定，下列事项中，上市公司股东大会作出决议必须经出席会议的股东所持表决权 2/3 以上通过的是（　）。

A. 为实际控制人提供担保的决议

B. 公司一次担保金额超过公司资产总额 30% 的决议

C. 解聘公司会计师事务所的决议

D. 为资产负债率超过 70% 的担保对象提供担保的决议

（二）上市公司设立独立董事

独立董事是指不在公司担任除董事外的其他职务，并与其受聘的上市公司及其主要股东不存在可能妨碍其进行独立客观判断的关系的董事。

【考点母题——万变不离其宗】独立董事

资格	（1）下列属于不得担任独立董事情形的有（　）。
	A. 在上市公司或其附属企业**任职的人员**及其直系亲属、主要社会关系（直系亲属是指配偶、父母、子女等；主要社会关系是指兄弟姐妹、岳父母、儿媳女婿、兄弟姐妹的配偶、配偶的兄弟姐妹等） B. 直接或间接持有上市公司已发行股份 **1% 以上**或是上市公司**前 10 名**股东中的**自然人股东**及其直系亲属 C. 在直接或间接持有上市公司已发行股份 **5% 以上**的股东单位或在上市公司**前 5 名**股东单位**任职的人员**及其直系亲属 D. 最近一年内曾经具有上述 A、B、C 所列举情形的人员 E. 为上市公司或其附属企业提供财务、法律、咨询等服务的人员

续表

<table>
<tr><td rowspan="2">职权</td><td>（2）下列关于独立董事职权的表述中，正确的有（　）。</td></tr>
<tr><td>A. 依法行使股份有限公司董事的职权
B. 对公司关联交易、聘用或解聘会计师事务所等重大事项进行审核并发表独立意见
C. 对上市公司董事、高级管理人员的提名、任免、报酬、考核事项以及其认为可能损害中小股东权益的事项发表独立意见</td></tr>
<tr><td colspan="2">【注意】不能担任公司董事、监事和高级管理人员的也不能担任独立董事。</td></tr>
</table>

【考点子题—举一反三，真枪实练】

[88]（经典例题•单选题）根据公司法律制度的规定，下列人员中，可以担任独立董事的是（　）。

A. 张某，2021年曾在某上市公司担任董事，辞职半年

B. 王某，曾为乙企业董事长，因其决策失误导致乙企业破产清算，自乙企业破产清算完结之日起未逾3年

C. 李某，曾为丙公司董事，因贷款炒股，个人负有到期债务1000万元尚未偿还

D. 赵某，曾担任丁国有企业总设计师，因交通肇事罪被判处有期徒刑，执行期满未逾5年

[89]（历年真题•多选题）某上市公司拟聘请独立董事。根据公司法律制度的规定，下列人员中，不得担任该上市公司独立董事的有（　）。

A. 该上市公司的分公司经理

B. 该上市公司董事会秘书配偶的弟弟

C. 持有该上市公司已发行股份2%的股东郑某的岳父

D. 持有该上市公司已发行股份10%的甲公司的某董事的配偶

[90]（历年真题•多选题）根据公司法律制度的规定，下列人员中，不得担任甲上市公司独立董事的有（　）。

A. 在甲上市公司担任董事的王某的弟媳宋某

B. 持有甲上市公司2%股份的股东李某的父亲

C. 在甲上市公司的第三大股东丙有限责任公司担任董事的张某的弟弟

D. 在甲上市公司的第六大股东丁有限责任公司担任董事长的赵某

（三）上市公司设立董事会秘书

【考点母题——万变不离其宗】上市公司董事会秘书

下列关于上市公司董事会秘书的表述中，正确的有（　）。

续表

A. 掌管董事会文件并协助董事会成员的人员 B. 是董事会设置的服务席位，既不能代表董事会，也不能代表董事长 C. 是公司的高级管理人员（承担法律、行政法规和公司章程对高级管理人员所要求的义务） D. 负责公司股东大会和董事会会议的筹备、文件保管以及公司股东资料的管理，办理信息披露事务等事宜

【考点子题—举一反三，真枪实练】

[91]（经典例题•单选题）根据公司法律制度的规定，下列关于上市公司董事会秘书的地位及其职权的表述中，不正确的是（　）。

A. 董事会秘书负责公司文件保管以及股东资料的管理

B. 董事会秘书属于公司的高级管理人员

C. 董事会秘书的职责包括办理信息披露事务、股东大会会议的筹备

D. 董事会秘书的职责包括监事会会议的筹备

（四）增设关联交易董事的表决权排除制度

【考点母题——万变不离其宗】上市公司关联关系董事表决权排除制度

下列关于上市公司关联关系董事表决权排除制度的表述中，正确的有（　）。
A. 该董事不得对该项决议行使表决权，也不得代理其他董事行使表决权 B. 董事会会议由过半数的无关联关系董事出席即可举行 C. 董事会会议所作决议须经无关联关系董事过半数通过 D. 出席董事会的无关联关系董事人数不足3人的，应将该事项提交上市公司股东大会审议

【考点子题—举一反三，真枪实练】

[92]（经典例题•单选题）甲上市公司（下称甲公司）董事会成员共9人。2018年12月20日，董事杨某向银行贷款200万需由甲公司提供担保，甲公司就该事项召开董事会。出席会议的有6人（包括杨某）。公司章程规定，公司可对外提供担保，金额在500万元以下的担保由董事会决议批准。在表决时，杨某未参与表决，有3名董事同意，2名反对。下列关于董事会决议效力的表述中，符合公司法律制度规定的是（　）。

A. 该决议无效，因其未经全体董事过半数通过

B. 该决议无效，因其未经出席会议的董事过半数通过

C. 该决议有效，因其经出席会议的无关联关系董事过半数通过

D. 该决议无效，因其未经无关联关系董事过半数通过

[93]（历年真题•单选题）上市公司甲公司根据公司章程的规定，就甲公司向乙公司投资

事项召开董事会会议。甲公司董事长王某之妻林某在乙公司担任董事长。下列关于甲公司董事会会议的表述中，正确的是（ ）。

A. 王某可以就该项投资决议行使表决权

B. 林某可以代理王某参加会议并就该项投资决议行使表决权

C. 王某可以代理其他董事就该项投资决议行使表决权

D. 若出席会议的无关联关系董事只有2人，甲公司应将该事项提交股东大会审议

第五节　公司董事、监事、高级管理人员的资格和义务

【本节知识结构】

- 公司董事、监事、高级管理人员的资格和义务
  - 公司董事、监事、高级管理人员的资格
  - 公司董事、监事、高级管理人员的义务
    - 忠实义务和勤勉义务
    - 忠实义务的内容
    - 违反忠实义务的后果
    - 勤勉义务的内容
  - 股东诉讼
    - 股东代表诉讼
    - 股东直接诉

【本节考点、考点母题及考点子题】

考点 15　公司董事、监事、高级管理人员的资格

【考点母题——万变不离其宗】公司董事、监事、高级管理人员的资格

下列属于不得担任公司董事、监事、高级管理人员情形的有（　）。

A. 无民事行为能力或限制民事行为能力

B. 因贪污、贿赂、侵占财产、挪用财产或破坏社会主义市场经济秩序，被判处刑罚，执行期满未逾 5 年，或因犯罪被剥夺政治权利，执行期满未逾 5 年

C. 担任破产清算的公司、企业的董事或厂长、经理，对该公司、企业的破产负有个人责任的，自该公司、企业破产清算完结之日起未逾 3 年

D. 担任因违法被吊销营业执照、责令关闭的公司、企业的法定代表人，并负有个人责任的，自该公司、企业被吊销营业执照之日起未逾 3 年

E. 个人所负数额较大的债务到期未清偿

【注意】公司违反上述规定选举、委派董事、监事或聘任高级管理人员的，该选举、委派或聘任无效。公司董事、监事、高级管理人员在任职期间出现上述所列情形的，公司应当解除其职务。

【考点子题—举一反三，真枪实练】

[94]（历年真题•单选题）甲股份有限公司2014年6月召开股东大会，选举公司董事。根据公司法律制度的规定，下列人员中，不得担任该公司董事的是（　）。

A. 张某，因挪用财产被判处刑罚，执行期满已逾6年

B. 吴某，原系乙有限责任公司董事长，因其个人责任导致该公司破产，清算完结已逾5年

C. 储某，系丙有限责任公司控股股东，该公司股东会决策失误，导致公司负有300万元到期不能清偿的债务

D. 杨某，原系丁有限责任公司法定代表人，因其个人责任导致该公司被吊销营业执照未逾2年

[95]（历年真题•单选题）根据公司法律制度的规定，下列人员中，符合公司董事、监事、高级管理人员任职资格的是（　）。

A. 张某，曾为甲大学教授，现已退休

B. 王某，曾为乙企业董事长，因犯罪被剥夺政治权利，执行期满未逾5年

C. 李某，曾为丙公司董事，因贷款炒股，个人负有到期债务1000万元尚未偿还

D. 赵某，曾担任丁国有企业总设计师，因贪污罪被判处有期徒刑，执行期满未逾5年

考点16 公司董事、监事、高级管理人员的义务（忠实义务和勤勉义务）

【考点母题——万变不离其宗】忠实义务和勤勉义务

<table>
<tr><td rowspan="2">忠实义务的内容</td><td>（1）下列关于忠实义务内容的表述中，正确的有（　）。</td></tr>
<tr><td>A. 董事、监事、高级管理人员在执行公司业务时应该以公司利益作为自己行为的最高准则，不得追求自己和他人利益
B. 其核心要求是不得与公司存在利益冲突
C. 董事与公司之间的关联交易如果有利于公司，董事会或股东会可以批准该项交易
D. 如果董事能够证明该项交易对公司完全公平，该项关联交易有效</td></tr>
<tr><td rowspan="2">违反忠实义务的行为</td><td>（2）下列属于公司董事、监事、高级管理人员违反忠实义务行为的有（　）。</td></tr>
<tr><td>A. 挪用公司资金
B. 将公司资金以其个人名义或以其他个人名义开立账户存储
C. 违反公司章程的规定，未经股东会、股东大会或董事会同意，将公司资金借贷给他人或以公司财产为他人提供担保
D. 违反公司章程的规定或未经股东会、股东大会同意，与本公司订立合同或进行交易
E. 未经股东会或股东大会同意，利用职务便利为自己或他人谋取属于公司的商业机会，自营或为他人经营与所任职公司同类的业务
F. 接受他人与公司交易的佣金归为己有　　G. 擅自披露公司秘密</td></tr>
</table>

续表

违反忠实义务的后果	(3)下列关于公司董事、监事、高级管理人员违反忠实义务后果的表述中，正确的有(　)。
	A. 公司董事、高级管理人员违反上述规定所得的收入应当归公司所有 B. 公司董事、监事、高级管理人员执行公司职务时违反法律、行政法规或公司章程的规定，给公司造成损失的，应当承担赔偿责任
勤勉义务的内容	(4)下列关于勤勉义务内容的表述中，正确的有(　)。
	A. 董事、监事、高级管理人员必须尽职尽责地对公司履行其作为董事、监事、高级管理人员的职责 B. 公司股东会或股东大会要求董事、监事、高级管理人员列席会议的，董事、监事、高级管理人员应当列席并接受股东的质询 C. 董事、高级管理人员应当如实向公司监事会或不设监事会的有限责任公司的监事提供有关情况和资料，不得妨碍监事会或者监事行使职权

【考点子题—举一反三，真枪实练】

[96](历年真题·多选题)甲有限责任公司董事陈某拟出售一辆轿车给本公司。公司章程对董事、高级管理人员与本公司交易事项未作规定。根据公司法律制度的规定，下列关于陈某与公司进行关联交易且交易有效需满足条件的表述中，正确的有(　)。

A. 经股东会或董事会批准该项交易

B. 陈某能够证明该项交易对公司完全公平

C. 经监事会批准该项交易

D. 只要陈某是该公司董事，陈某就不得从事该项交易

考点17　股东代表诉讼

(一)股东代表诉讼：是指当董、监、高或他人违反法律、行政法规或章程的行为给公司造成损失，公司拒绝或怠于向该违法行为人请求损害赔偿时，具备法定资格的股东有权代表其他股东，代替公司提起诉讼，请求违法行为人赔偿公司损失的行为。

(二)股东直接诉讼：是指股东对董事、高级管理人员违反规定损害股东利益的，股东可以依法直接向人民法院提起诉讼。

【重点知识比较——一目了然】股东代表诉讼与股东直接诉讼

	损害对象不同	起诉股东资格不同	前置条件不同	胜诉利益归属不同	是否有权要求损害人承担责任不同

续表

股东代表诉讼	公司董事、监事、高级管理人员损害了公司的利益	有限责任公司的股东；股份有限公司连续180日以上单独或合计持有公司1%以上股份的股东	只有在董事会或监事会收到股东书面请求后拒绝提起诉讼或30日内未提起诉讼，有资格的股东才能提起	归属于公司	股东无权请求损害人向其承担责任
股东直接诉讼	损害了股东自己的利益	没有限制	没有限制	归属于股东自己	股东有权请求损害人向其承担责任

【考点讲解】股东代表诉讼

（1）公司董事、高级管理人员执行公司职务时违反法律、行政法规或公司章程的规定，给公司造成损失的，股东有权提起诉讼	谁有资格提	①有限责任公司的股东
		②股份有限公司连续180日以上（股东提起诉讼时）单独或合计持有公司1%以上股份的股东
	向谁提	股东通过监事会或监事提起诉讼
	怎么提	书面请求监事会或不设监事会的有限责任公司的监事向法院提起诉讼
（2）公司监事执行公司职务时违反法律、行政法规或者公司章程的规定，给公司造成损失的，股东有权提起诉讼	谁有资格提	①有限责任公司的股东
		②股份有限公司连续180日以上单独或合计持有公司1%以上股份的股东
	向谁提	股东通过董事会或执行董事提起诉讼
	怎么提	书面请求董事会或不设董事会的有限责任公司的执行董事向法院提起诉讼
（3）股东直接提起代表诉讼的情形	监事会、不设监事会的监事，或董事会、执行董事，收到有限责任公司的股东、股份有限公司连续180日以上单独或合计持有公司1%以上股份的股东的书面请求后：	①拒绝提起诉讼
		②自收到请求之日起30日内未提起诉讼
		③情况紧急、不立即提起诉讼将会使公司利益受到难以弥补的损害的，股东有权为了公司的利益，以自己的名义直接向法院提起诉讼
（4）股东提起直接代表诉讼的程序	股东直接对董事、监事、高级管理人员或其他人提起诉讼，列公司为第三人。一审法庭辩论终结前，符合条件的其他股东以相同的诉讼请求申请参加诉讼，列为共同原告	
（5）股东提起代表诉讼的法律后果	①股东直接提起诉讼的案件，胜诉利益归属于公司	
	②其诉讼请求部分或全部得到法院支持的，公司应当承担股东因参加诉讼支付的合理费用	
	③股东无权请求被告直接向其承担民事责任	

续表

（6）董事、监事、高级管理人员以外的其他人的行为给公司造成损失时股东为了公司的利益提起诉讼的程序	谁有资格提	①有限责任公司的股东
		②股份有限公司连续 180 日以上单独或合计持有公司 1% 以上股份的股东
	向谁提（三选一）	①通过监事会或监事；或
		②董事会或执行董事；或
		③直接向法院提起诉讼

【考点子题——举一反三，真枪实练】

[97]（经典例题·单选题）甲有限责任公司（下称甲公司）设股东会、董事会、监事会。甲公司经理王某违反法律规定，损害了甲公司的利益，股东张某拟通过诉讼请求王某承担损害赔偿责任。下列关于张某诉讼权利的表述中，符合公司法律制度规定的是（　）。

A. 张某有权直接向人民法院起诉王某　　B. 张某有权书面请求监事会起诉王某

C. 张某有权书面请求董事会起诉王某　　D. 张某有权书面请求股东会起诉王某

[98]（历年真题·多选题）2018 年 5 月，甲股份有限公司（下称甲公司）董事长王某违反公司章程规定，将公司 300 万资金投入某网络借贷平台。2019 年 7 月，该平台倒闭，甲公司损失惨重，部分股东书面请求甲公司监事会对王某提起诉讼，监事会拒绝。该部分股东中的下列股东因此拟向人民法院提起股东代表诉讼，其中有资格提起股东代表诉讼的有（　）。

A. 已经连续 240 日持有甲公司 1.2% 股份的乙有限责任公司

B. 已经连续 360 日持有甲公司 0.8% 股份的李某

C. 已经连续 90 日持有甲公司 5% 股份的郑某

D. 已经连续 200 日持有甲公司 3% 股份的赵某

[99]（历年真题•单选题）甲有限责任公司设股东会、董事会、监事会，该公司经理王某违反法律规定，拖延向股东张某分配利润，张某拟通过诉讼维护自己的权利，下列关于张某诉讼权利的表述中，符合公司法律制度规定的是（　）。

A. 张某有权直接向人民法院起诉王某　B. 张某有权书面请求监事会起诉王某

C. 张某有权书面请求董事会起诉王某　D. 张某有权书面请求股东会起诉王某

[100]（历年真题•多选题）根据公司法律制度的规定，股份有限公司董事、高级管理人员执行公司职务时因违法给公司造成损失的，在一定情形下，连续180日以上单独或合计持有公司1%以上股份的股东可以为了公司利益，以自己的名义直接向人民法院提起诉讼。下列各项中，属于该情形的有（　）。

A. 股东书面请求公司董事会向人民法院提起诉讼遭到拒绝

B. 股东书面请求公司董事会向人民法院提起诉讼，董事会自收到请求之日起30日内未提起诉讼

C. 股东书面请求公司监事会向人民法院遭到拒绝

D. 股东书面请求公司监事会向人民法院提起诉讼，监事会自收到请求之日起30日内未提起诉讼

[101]（经典例题•多选题）甲有限责任公司设董事会和监事会。下列情形中，该公司股东有权为了公司的利益，以自己的名义向人民法院直接提起诉讼的有（　）。

A. 该公司的董事会、监事会收到股东的书面请求后拒绝提起诉讼的

B. 该公司的董事会、监事会自收到股东的书面请求之日起30日内未提起诉讼的

C. 情况紧急，该股东不立即提起诉讼将会使公司受到难以弥补的损害的

D. 该股东有确切证据证明他人损害公司利益给公司造成损失的

第六节　公司股票和公司债券

【本节知识结构】

- 公司股票和公司债券
  - 股份发行
    - 股票的种类
    - 股份的发行原则
    - 股份的发行价格
    - 股份转让
  - 公司债券
    - 公司债券的概念和特征
    - 公司债券的种类

【本节考点、考点母题及考点子题】

股份发行

【考点母题——万变不离其宗】优先股

<table>
<tr><td rowspan="2">优先股的特征</td><td>（1）下列关于优先股的表述中，正确的有（　）。</td></tr>
<tr><td>A. 优先股股东不参与公司决策　　B. 优先股股东不参与公司红利分配
C. 在公司进行清算时，优先股股东先于普通股股东取得公司剩余财产
D. 优先股的股利按约定的股率支付　　E. 优先股股东有权出席股东大会
F. 优先股股东就特定事项有表决权　　G. 本公司持有的优先股无表决权</td></tr>
<tr><td rowspan="2">优先股的分类表决事项</td><td>（2）下列事项中，属于优先股股东与普通股股东进行分类表决的有（　）。</td></tr>
<tr><td>A. 修改公司章程中与优先股相关的内容　　B. 一次或累计减少公司注册资本超过 10%
C. 公司合并、分立、解散　　D. 变更公司形式　　E. 发行优先股</td></tr>
<tr><td rowspan="2">优先股股东的决议效力</td><td>（3）根据公司法律制度的规定，股东就发行优先股等特定事项行使表决权时，须经一定比例表决权通过方为有效。该比例为（　）。</td></tr>
<tr><td>A. 除须经出席会议的普通股股东（含表决权恢复的优先股股东）所持表决权的 2/3 以上通过之外，须经出席会议的优先股股东（不含表决权恢复的优先股股东）所持表决权的 2/3 以上通过（双表决）</td></tr>
</table>

续表

【注意】F 选项和（3）题中“特定事项”均为（2）题中的事项。
（4）【判断金句】相同条款的优先股应当具有同等权利，同次发行的相同条款优先股，每股发行的条件、价格和票面股息率应当相同；任何单位或者个人认购的股份，每股应当支付相同价额。

【考点子题一举一反三，真枪实练】

[102]（历年真题•多选题）根据公司法律制度的规定，上市公司的优先股股东有权出席股东大会会议，就相关事项与普通股股东分类表决，该相关事项有（　）。

A. 修改公司章程中与优先股相关的内容　B. 一次减少公司注册资本达 5%

C. 变更公司形式　D. 发行优先股

[103]（历年真题•单选题）根据公司法律制度的规定，下列关于优先股与普通股股东权利的表述中，正确的是（　）。

A. 优先股股东先于普通股股东分配公司红利

B. 公司清算时普通股股东先于优先股股东取得公司剩余财产

C. 优先股股东和普通股股东都可以参与公司决策

D. 优先股股东先于普通股股东分配公司利润

【考点母题——万变不离其宗】股票发行价格

下列关于股票发行价格的表述中，正确的有（　）。
A. 股票发行价格可以按票面金额发行（平价）　B. 股票发行价格可以超过票面金额发行（溢价） C. 股票发行价格不得低于票面金额发行（折价）

【考点子题一举一反三，真枪实练】

[104]（历年真题•单选题）根据公司法律制度的规定，下列关于股票发行价格的表述中，正确的是（　）。

A. 股票发行价格只能与票面金额相同

B. 股票发行价格必须超过票面金额

C. 股票发行价格可以与票面金额相同，也可以超过票面金额，但不得低于票面金额

D. 股票发行价格可以与票面金额相同，也可以低于票面金额，但不得超过票面金额

【考点母题——万变不离其宗】公司发行新股

股份有限公司发行新股，股东大会应当对特定事项作出决议。该特定事项包括（　）。
A. 新股种类及数额　B. 新股发行价格 C. 新股发行的起止日期　D. 向原有股东发行新股的种类及数额

[105]（历年真题•单选题）根据公司法律制度的规定，股份有限公司发行新股，股东大会应当对特定事项作出决议。下列各项中，不属于该特定事项的是（　）。

A. 新股种类及数额　　B. 新股发行价格

C. 新股发行的起止日期　　D. 承销的证券公司

【考点母题——万变不离其宗】股份转让的限制

发起人的限制	（1）下列关于发起人股份转让限制的表述中，正确的有（　）。
	A. 发起人持有的本公司股份，自公司成立之日起 1 年内不得转让 B. 公司公开发行股份前已发行的股份，发起人自公司股票在证券交易所上市交易之日起 1 年内不得转让
公司董事、监事、高级管理人员的限制	（2）下列关于公司董事、监事、高级管理人员股份转让限制的表述中，正确的有（　）。
	A. 公司董事、监事、高级管理人员应当向公司申报所持有的本公司的股份及其变动情况，在任职期间每年转让的股份不得超过其所持有本公司股份总数的 25% B. 所持本公司股份自公司股票上市交易之日起 1 年内不得转让 C. 离职后半年内，不得转让其所持有的本公司股份 D. 公司章程可以对公司董事、监事、高级管理人员转让其所持有的本公司股份作出其他限制性规定
上市公司董事、监事、高级管理人员的限制	（3）下列关于上市公司董事、监事、高级管理人员股份转让限制的表述中，正确的有（　）。
	A. 在任职期间，每年通过集中竞价、大宗交易、协议转让等方式转让的股份不得超过其所持本公司股份总数的 25%，因司法强制执行、继承、遗赠、依法分割财产等导致股份变动的除外 B. 所持股份不超过 1 000 股的，可一次全部转让，不受 25% 比例的限制
上市公司董事、监事、高级管理人员不得买卖本公司股票的期间	（4）上市公司董事、监事、高级管理人员在特定期间内不得买卖本公司股票。该特定期间包括（　）。
	A. 定期报告公告前 30 日内　　B. 业绩预告公告前 10 日内 C. 业绩快报公告前 10 日内 D. 自可能对本公司股票交易价格产生重大影响的重大事项发生之日或在决策过程中，至依法披露后 2 个交易日内

【考点子题一举一反三，真枪实练】

[106]（历年真题•多选题）下列关于股份有限公司股份转让限制的表述中，符合公司法律制度规定的有（　）。

A. 公司发起人持有的本公司股份，自公司成立之日起 1 年内不得转让

B. 公司董事持有的本公司股份，自公司股票上市交易之日起 1 年内不得转让

C. 公司监事离职后 1 年内，不得转让其所持有的本公司股份

D. 公司经理在任职期间每年转让的股份不得超过其所持有的本公司股份总数的 25%

[107]（经典例题•多选题）根据公司法律制度的规定，上市公司董事、监事和高级管理人员在一定期间内不得买卖本公司股票。该期间包括（　）。

A. 本公司定期报告公告前30日内

B. 本公司业绩预告公告前10日内

C. 本公司业绩快报公告前20日内

D. 自可能对本公司股票交易价格产生重大影响的重大事项发生之日起，至依法披露后2个交易日内

[108]（历年真题•单选题）某股份有限公司于2019年8月在上海证券交易所上市。公司章程对股份转让的限制未作特别规定，该公司有关人员的下列股份转让行为中，符合公司法律制度规定的是（　）。

A. 发起人王某于2020年10月转让了其所持本公司公开发行股份前已发行的股份总数的30%

B. 董事郑某于2020年4月将其所持本公司全部股份1500股一次性转让

C. 董事张某共持有本公司股份10000股。2020年9月通过协议转让了其中的2600股

D. 总经理李某于2021年1月离职，2021年3月转让了其所持甲公司股份总数的25%

[109]（历年真题•单选题）甲股份有限公司（以下简称“甲公司”）于2021年1月成立，公司章程对股份转让未作特别规定。作为发起人之一的魏某持有甲公司18%的股份，未在甲公司任职。2022年3月，魏某拟将所持甲公司1%的股份转让。下列关于魏某转让股份的表述中，正确的是（　）。

A. 魏某有权请求甲公司收购其股份

B. 魏某转让股份无需经其他股东同意

C. 其他发起人可主张优先购买权

D. 由于甲公司成立时间不足2年，魏某不得转让股份

【考点母题——万变不离其宗】公司收购本公司股份

<table>
<tr><td rowspan="5">可收购的情形</td><td colspan="2">（1）下列属于公司可以收购本公司股票情形的有（　）。</td></tr>
<tr><td rowspan="2">A. 减少公司注册资本</td><td>（2）注册资本减少后股份应予注销的期间为（　）。</td></tr>
<tr><td>A. 应当自收购之日起10日内注销</td></tr>
<tr><td rowspan="2">B. 与持有本公司股份的其他公司合并
C. 股东因对股东大会作出的公司合并、分立决议持异议，要求公司收购其股份</td><td>（3）在此两种情形下，股份应转让或注销的期间为（　）。</td></tr>
<tr><td>A. 在6个月内转让或注销</td></tr>
</table>

续表

可收购的情形	D. 将股份用于员工持股计划或股权激励 E. 将股份用于转换上市公司发行的可转换为股票的公司债券 F. 上市公司为了维护公司价值及股东权益所必需	（4）在此三种情形下，公司决议方式、公司持有的本公司股份的限制比例、转让或注销期间及交易方式为（　）。 A. 可依照公司章程或股东大会授权，经 2/3 以上董事出席的董事会会议决议 B. 公司合计持有的本公司股份数不得超过本公司已发行股份总数的 10% C. 应在 3 年内转让或注销 D. 通过公开的集中交易方式进行
不得收购的情形	（5）公司不得收购本公司股票的情形是（　）。	
	A. 公司不得接受本公司的股票作为质押权的标的	

【考点子题—举一反三，真枪实练】

[110]（历年真题•多选题）根据公司法律制度的规定，下列情形中上市公司可以收购本公司股份的有（　）。

A. 上市公司为维护公司价值及股东权益所必需

B. 将股份用于转换上市公司发行的可转换为股票的公司债券

C. 与持有本公司股份的其他公司合并

D. 减少公司注册资本

[111]（历年真题•单选题）2021 年 5 月，甲上市公司拟收购本公司股份用于实施员工持股计划。下列关于该公司股份收购的表述中，正确的是（　）。

A. 该收购计划可以由董事会授权董事长决定

B. 该公司应当通过公开的集中交易方式进行此次收购

C. 该公司收购的股份可以在收购后第 5 年转让给公司员工

D. 该公司在此次收购后合计持有的本公司股份数可以达到本公司已发行股份总额的 20%

[112]（经典例题•多选题）根据公司法律制度的规定，下列情形中，属于公司收购本公司股票后其合计持有的本公司股份不得超过已发行股份 10% 的有（　）。

A. 将股份用于员工持股计划或股权激励

B. 将股份用于转换上市公司发行的可转换为股票的公司债券

C. 上市公司为了维护公司价值及股东权益所必需

D. 减少公司注册资本

[113]（经典例题•多选题）下列情形中，属于公司收购本公司股票后应在 6 个月内转让或注销股份的有（　）。

A. 持有本公司股份的其他公司合并

B. 股东因对股东大会作出的公司合并、分立决议持异议，要求公司收购其股份

C. 减少公司注册资本

D. 将股份用于员工持股计划或股权激励

考点19 公司债券

【考点母题——万变不离其宗】公司债券

<table>
<tr><td rowspan="2">特征</td><td>（1）下列关于公司债券与股票区别的表述中，正确的有（　）。</td></tr>
<tr><td>A. 债券持有人是公司的债权人；股票持有人是公司的股东（地位不同）
B. 债券持有人无论公司是否盈利，对公司享有按照约定给付利息的请求权；股票持有人只有在公司有盈利时才能依法获得股利分配（利息分配不同）
C. 公司债券到了约定期限，公司必须偿还债券本金；股票持有人仅在公司解散时方可请求分配剩余财产（支付本金不同）
D. 公司债券持有人享有优先于股票持有人获得清偿的权利；股票持有人必须在公司全部债务清偿后，方可就公司剩余财产请求分配（清偿顺序不同）
E. 公司债券的利率一般固定不变，风险较小；股票股利分配的高低，与公司经营好坏密切相关，风险较大（风险不同）</td></tr>
<tr><td rowspan="2">可转换公司债券</td><td>（2）下列关于可转换公司债券的表述中，正确的有（　）。</td></tr>
<tr><td>A. 是可转换成公司股票的债券，该债券在发行时规定了转换为股票的条件与办法
B. 转换条件具备时，债券持有人拥有将公司债券转换成公司股票或不转换股票的选择权</td></tr>
</table>

第七节　公司财务、会计

【本节知识结构】

公司财务、会计——利润分配
- 公司利润分配顺序
- 公积金

【本节考点、考点母题及考点子题】

利润分配

【考点母题——万变不离其宗】利润分配

利润分配顺序	（1）公司应当按照特定的顺序分配利润，该顺序为（　）。
	A. 弥补以前年度亏损，但不得超过税法规定的弥补期限 B. 缴纳所得税　C. 弥补在税前利润弥补亏损之后仍存在的亏损 D. 提取法定公积金　E. 提取任意公积金　F. 向股东分配利润
利润分配	（2）下列关于公司利润分配的表述中，正确的有（　）。
	A. 有限责任公司按照股东实缴的出资比例分配，但全体股东约定不按照出资比例分配的除外 B. 股份有限公司按照股东持有的股份分配，但股份有限公司章程规定不按持股比例分配的除外 C. 公司股东会、股东大会或董事会违反规定，在公司弥补亏损和提取法定公积金之前向股东分配利润的，股东必须将违反规定分配的利润退还公司 D. 公司持有的本公司股份不得分配利润
利润分配的时间	（3）下列关于公司利润分配时间的表述中，正确的有（　）。
	A. 分配利润的股东会或股东大会决议作出后，公司应当在决议载明的时间内完成利润分配 B. 决议未载明利润分配时间的，以公司章程规定的时间为准 C. 决议、章程中均未规定时间或时间超过 1 年的，公司应当自决议作出之日起 1 年内完成利润分配 D. 决议中载明的利润分配时间超过公司章程规定时间的，股东可依法请求法院撤销决议中关于利润分配时间的规定

【考点子题—举一反三，真枪实练】

[114]（历年真题•单选题）根据公司法律制度的规定，下列关于公司利润分配的表述中，正确的是（　）。

A. 公司持有的本公司股份可以分配利润

B. 公司股东大会可以决议在弥补亏损前向股东分配利润

C. 股份有限公司章程不得规定不按持股比例分配利润

D. 有限责任公司股东可以约定不按出资比例分配利润

【考点母题——万变不离其宗】公积金

<table>
<tr><td rowspan="7">公积金种类</td><td colspan="3">（1）公积金的种类包括（　）。</td></tr>
<tr><td rowspan="5">A. 盈余公积金</td><td colspan="2">（2）盈余公积金的种类包括（　）。</td></tr>
<tr><td rowspan="2">A. 法定公积金</td><td>（3）下列关于法定公积金提取比例的表述中，正确的有（　）。</td></tr>
<tr><td>A. 法定公积金按照公司税后利润的 10% 提取
B. 当公司法定公积金累计额为公司注册资本的 50% 以上时可以不再提取</td></tr>
<tr><td rowspan="2">B. 任意公积金</td><td>（4）下列关于任意公积金提取的表述中，正确的是（　）。</td></tr>
<tr><td>A. 按照股东会或股东大会决议，从公司税后利润中提取</td></tr>
<tr><td colspan="3">B. 资本公积金（股份有限公司以超过股票票面金额的发行价格发行股份所得溢价款等）</td></tr>
<tr><td rowspan="5">公积金的用途</td><td colspan="3">（5）下列关于公积金用途的表述中，正确的有（　）。</td></tr>
<tr><td>A. 弥补公司亏损</td><td colspan="2">【注意】资本公积金不得用于弥补公司的亏损。</td></tr>
<tr><td colspan="3">B. 扩大公司生产经营</td></tr>
<tr><td rowspan="2">C. 转增公司资本</td><td colspan="2">（6）根据公司法律制度的规定，法定公积金转增资本应留存一定的比例。该比例为（　）。</td></tr>
<tr><td colspan="2">A. 不得少于转增前公司注册资本的 25%</td></tr>
</table>

【考点子题—举一反三，真枪实练】

[115]（经典例题•多选题）下列关于公司公积金用途的表述中，符合公司法律制度规定的有（　）。

A. 资本公积金可以用于弥补公司亏损

B. 盈余公积金可以用于扩大公司生产经营

C. 任意公积金可以转增公司资本

D. 法定公积金不得转增公司资本

[116]（历年真题·单选题）下列关于法定公积金的表述中，符合公司法律制度规定的是（　）。

A. 法定公积金按照公司股东会或股东大会决议，从公司税后利润中提取

B. 法定公积金按照税后利润的 10% 提取，当公司法定公积金累计额为公司注册资本的 50% 以上时可以不再提取

C. 股份有限公司以超过股票票面金额的发行价格发行股份所得溢价款，应当列为公司法定公积金

D. 对用法定公积金转增资本的，法律没有限制

[117]（历年真题·单选题）根据公司法律制度的规定，公司向股东分配利润以及提取法定公积金、任意公积金，应当按照一定的顺序。下列排序中，正确的是（　）。

A. 首先提取法定公积金，其次提取任意公积金，最后向股东分配利润

B. 首先提取任意公积金，其次提取法定公积金，最后向股东分配利润

C. 首先向股东分配利润，其次提取任意公积金，最后提取法定公积金

D. 首先向股东分配利润，其次提取法定公积金，最后提取任意公积金

第八节 公司合并、分立、增资、减资

【本节知识结构图】

- 公司合并、分立、增资、减资
  - 公司合并
    - 签订合并协议
    - 编制资产负债表及财产清单
    - 作出合并决议
    - 通知债权人
    - 依法进行登记
  - 公司分立
  - 公司注册资本的减少

【本节考点、考点母题及考点子题】

公司合并

【考点母题——万变不离其宗】公司合并（吸收合并、新设合并）

合并程序	（1）下列关于公司合并程序的表述中，正确的有（ ）。
	A. 签订合并协议 B. 编制资产负债表及财产清单 C. 作出合并决议 D. 通知债权人，公司应当自作出合并决议之日起 10 日内通知债权人，并于 30 日内在报纸上公告；债权人自接到通知书之日起 30 日内，未接到通知书的自公告之日起 45 日内，可以要求公司清偿债务或提供相应的担保 E. 依法进行登记
合并后的债权债务承担	（2）下列关于公司合并时合并各方债权债务承担的表述中，正确的有（ ）。
	A. 由合并后存续的公司承继（吸收合并） B. 由新设的公司承继（新设合并）

【考点子题—举一反三，真枪实练】

［118］（历年真题•单选题）甲有限责任公司与乙有限责任公司拟合并为丙有限责任公司。根据公司法律制度的规定，下列关于应承担甲、乙有限责任公司债权、债务的表述中，正确的是（ ）。

A. 由甲公司自行承担　　B. 由乙公司自行承担

C. 由丙公司承担　　D. 由甲、乙公司按照各自过错承担

考点 22　公司分立的法律后果

【考点母题——万变不离其宗】公司分立（派生分立、新设分立）的法律后果

下列关于公司分立前各方债权债务承担的表述中，正确的是（　）。
A. 由分立后的公司承担连带责任，但公司在分立前与债权人就债务清偿达成的书面协议另有约定的除外

【考点子题—举一反三，真枪实练】

[119]（历年真题·单选题）甲有限责任公司拟分立为乙和丙两个有限责任公司。甲有限责任公司对其分立前的债务清偿并未与债权人达成书面协议。根据公司法律制度的规定，下列关于对甲有限责任公司分立前的债务承担责任的表述中，正确的是（　）。

A. 由甲有限责任公司承担

B. 由乙有限责任公司承担，不足部分由丙有限责任公司承担

C. 由乙、丙有限责任公司承担连带责任

D. 由丙有限责任公司承担，不足部分由乙有限责任公司承担补充责任

考点 23　公司注册资本的减少

【考点母题——万变不离其宗】公司注册资本减少的程序

下列关于公司减少注册资本程序的表述中，正确的有（　）。
A. 编制资产负债表及财产清单　　B. 作出减资决议 C. 通知债权人，公司应当自作出减资决议之日起 10 日内通知债权人，并于 30 日内在报纸上公告；债权人自接到通知书之日起 30 日内，未接到通知书的自公告之日起 45 日内，可以要求公司清偿债务或者提供相应的担保 D. 依法进行变更登记

【考点子题—举一反三　真枪实练】

[120]（经典例题·单选题）甲为红光有限责任公司的债权人，现红光有限责任公司股东会作出减少注册资本决议，并依法向债权人发出了通知、进行了公告。根据公司法律制度的规定，甲在法定期间内有权要求红光有限责任公司清偿债务或者提供相应的担保。该法定期间为（　）。

A. 自接到通知书之日起 15 日内，未接到通知书的自公告之日起 30 日内

B. 自接到通知书之日起 30 日内，未接到通知书的自公告之日起 45 日内

C. 自接到通知书之日起 30 日内，未接到通知书的自公告之日起 90 日内

D. 自接到通知书之日起 90 日内，未接到通知书的自公告之日起 90 日内

第九节 公司解散和清算

【本节知识结构图】

- 公司解散和清算
  - 公司的解散
    - 公司解散的原因
    - 公司司法解散
  - 公司清算
    - 清算组
    - 公司清算的程序
    - 公司清算法律责任

【本节考点、考点母题及考点子题】

考点24 公司解散的原因

【考点母题——万变不离其宗】公司解散的原因

<table>
<tr><td rowspan="2">解散的原因</td><td>（1）下列属于公司解散原因的有（　）。</td></tr>
<tr><td>A. 公司章程规定的营业期限届满或公司章程规定的其他解散事由出现（可通过修改章程而存续）
B. 股东会或股东大会决议解散　　C. 因公司合并或分立需要解散
D. 依法被吊销营业执照、责令关闭或被撤销
E. 人民法院依法予以解散</td></tr>
<tr><td rowspan="2">股东可以提起解散公司诉讼的情形（司法解散）</td><td>（2）下列属于持有公司全部股东表决权10%以上的股东可以提起解散公司诉讼情形的有（　）。</td></tr>
<tr><td>A. 公司持续2年以上无法召开股东会或股东大会，公司经营管理发生严重困难的
B. 股东表决时无法达到法定或公司章程规定的比例，持续2年以上不能作出有效的股东会或股东大会决议，公司经营管理发生严重困难的
C. 公司董事长期冲突，且无法通过股东会或股东大会解决，公司经营管理发生严重困难的
D. 经营管理发生其他严重困难，公司继续存续会使股东利益受到重大损失的</td></tr>
</table>

续表

股东**不得**提起解散公司诉讼的情形	(3) 下列属于股东不得提起解散公司诉讼情形的有（　）。
	A. 知情权受到损害　　B. 利润分配请求权受到损害 C. 公司亏损、财产不足以偿还全部债务 D. 公司被吊销企业法人营业执照未进行清算
股东可以提起诉讼的资格	(4) 只有持有一定比例股份的股东才能依法提起解散公司的诉讼。该比例为（　）。
	A. 持有公司全部股东表决权 10% 以上（股东提起解散公司诉讼应当以公司为被告）
收购股份转让或注销期间	(5) 股东提起解散公司诉讼中经法院调解公司收购原告（提起诉讼的股东）股份的，公司应当在一定期间内将股份转让或注销。该期间为（　）。
	A. 自调解书生效之日起 6 个月内
【注意】提起解散之诉的股东（原告）的股份转让或注销之前，不得以公司收购其股份为由对抗公司债权人。	

【考点子题—举一反三，真枪实练】

[121]（经典例题·单选题）根据公司法律制度的规定，持有公司全部股东表决权 10% 以上的股东，在公司发生特定情形时，可以提起解散公司的诉讼。该特定情形是（　）。

A. 公司章程实质性剥夺股东查阅、复制公司会计账簿的权利的

B. 股东提交载明具体分配利润方案股东会的有效决议，请求分配利润，公司拒绝分配且拒绝理由不成立的

C. 公司亏损不足以偿还全部债务

D. 公司连续 2 年以上未召开股东会，公司经营管理发生重大困难的

[122]（历年真题·多选题）根据公司法律制度的规定，持有有限责任公司全部股东表决权 10% 以上的股东，在发生某些法定事由时，可提起解散公司的诉讼，法院应予受理。下列各项中，属于该法定事由的有（　）。

A. 公司持续 2 年以上无法召开股东会，公司经营管理发生严重困难的

B. 股东表决时无法达到法定比例，持续 2 年以上不能作出有效股东会决议，公司经营管理发生严重困难的

C. 公司严重侵害股东知情权，股东会无法解决的

D. 公司严重侵害利润分配请求权，股东利益遭受重大损失的

[123]（经典例题·判断题）甲股东持有有限责任公司全部股份表决权的 15%。甲股东以该公司被吊销营业执照未进行清算为由，向法院提起解散公司的诉讼，法院应予受理。（　）

考点25 公司清算

【考点母题——万变不离其宗】公司清算

<table>
<tr><td rowspan="5">清算组组成</td><td colspan="2">（1）下列关于清算组组成人员的表述中，正确的有（　）。</td></tr>
<tr><td colspan="2">A. 有限责任公司的清算组由股东组成</td></tr>
<tr><td colspan="2">B. 股份有限公司的清算组由董事或者股东大会确定的人员组成</td></tr>
<tr><td rowspan="2">C. 人民法院受理公司清算案件，应当及时指定有关人员组成清算组</td><td>（2）下列人员或机构中，属于法院受理公司清算案件时能够担任清算组成员的有（　）。</td></tr>
<tr><td>A. 公司股东、董事、监事、高级管理人员
B. 依法设立的律师事务所、会计师事务所、破产清算事务所等社会中介机构
C. 依法设立的律师事务所、会计师事务所、破产清算事务所等社会中介机构中具备相关专业知识并取得执业资格的人员</td></tr>
<tr><td rowspan="3">清算组职权</td><td colspan="2">（3）下列属于清算组职权的有（　）。</td></tr>
<tr><td colspan="2">A. 清理公司财产，分别编制资产负债表和财产清单　B. 通知、公告债权人
C. 处理与清算有关的公司未了结的业务
D. 清缴所欠税款以及清算过程中产生的税款　E. 清理债权、债务
F. 处理公司清偿债务后的剩余财产　G. 代表公司参与民事诉讼活动</td></tr>
<tr><td colspan="2">【注意】清算组成员因故意或重大过失给公司或债权人造成损失的，应当承担赔偿责任。</td></tr>
<tr><td rowspan="2">清算组成立时间</td><td colspan="2">（4）公司清算组成立的时间为（　）。</td></tr>
<tr><td colspan="2">A. 在公司解散事由出现之日起15日内</td></tr>
<tr><td rowspan="2">债权人、股东可申请法院指定清算组的情形</td><td colspan="2">（5）下列属于债权人可申请法院指定清算组情形的有（　）。</td></tr>
<tr><td colspan="2">A. 公司解散逾期（超过15日）不成立清算组进行清算的
B. 虽然成立清算组但故意拖延清算的
C. 违法清算可能严重损害债权人或股东利益的
（上述情形下，债权人未申请时，股东可以申请）</td></tr>
<tr><td rowspan="2">清理公司财产</td><td colspan="2">（6）【判断金句】清算方案应报经股东会、股东大会或人民法院确认，清算组执行未经确认的清算方案给公司或债权人造成损失的，公司、股东或债权人有权主张清算组成员承担赔偿责任。</td></tr>
<tr><td colspan="2">（7）【判断金句】公司解散时，股东尚未缴纳的出资（包括到期应缴未缴的出资、分期缴纳尚未届满缴纳期限的出资）均应作为清算财产。</td></tr>
<tr><td>公告和通知债权人</td><td colspan="2">（8）【判断金句】清算组应自成立之日起10日内通知债权人，并于60日内在报纸上公告，债权人应自接到通知书之日起30日内，未接到通知书的自公告之日起45日内向清算组申报债权。</td></tr>
</table>

续表

登记债权	（9）下列关于清算组登记债权的表述中，正确的有（ ）。 A. 债权人在规定的期限内未申报债权，在公司清算程序终结前补充申报的，清算组应予登记 B. 债权人补充申报的债权，可以在公司尚未分配财产中依法清偿 C. 清算组未按照上述规定履行通知和公告义务，导致债权人未及时申报债权而未获清偿，清算组成员对因此造成的损失承担赔偿责任 D. 申报期间，清算组不得对债权人进行清偿
公司清算后剩余财产的处置	（10）下列关于公司清偿公司债务后剩余财产处置的表述中，正确的有（ ）。 A. 公司财产分别支付清算费用、职工工资、社保和法定补偿金、缴纳所得税后清偿公司债务 B. 清偿公司债务后的剩余财产，**有限责任公司按照股东的出资比例分配** C. 清偿公司债务后的剩余财产，**股份有限公司按照股东持有的股份比例分配** D. 清算期间，公司存续，但不得开展与清算无关的经营活动
清算中特定人员对债权人承担赔偿责任	（11）有限责任公司的股东、实际控制人、股份有限公司的董事、控股股东和实际控制人在清算时因某些行为对公司债权人造成损失，公司债权人有权主张其在造成损失范围内对公司债务承担责任。该行为包括（ ）。 A. 未在法定期间成立清算组致使公司财产贬值、流失、毁损或灭失 B. 因怠于履行义务致使公司主要财产、账册、重要文件等灭失，无法进行清算 C. 公司未经清算即办理注销登记，导致公司无法进行清算 D. 在公司解散后，恶意处置公司财产给债权人造成损失 E. 未经依法清算，以虚假的清算报告骗取公司登记机关办理法人注销登记

【考点子题—举一反三，真枪实练】

[124]（历年真题•多选题）根据公司法律制度的规定，公司的某些特定人员未在法定期限内成立清算组开始清算，导致公司财产贬值、流失、毁损或灭失，公司债权人可以主张在其造成损失的范围内承担赔偿责任。下列不属于该人员的有（ ）。

A. 有限责任公司的股东　　B. 股份有限公司的控股股东

C. 股份有限公司的中小股东　　D. 股份有限公司的监事

[125]（历年真题•单选题）甲有限责任公司（下称甲公司）于2018年7月注册设立。由于经营管理不善，于2019年9月解散并依法清算。根据公司法律制度的规定，下列财产中，不属于清算财产的是（ ）。

A. 股东李某分期缴纳但尚未到期的出资12万元

B. 股东赵某出租给甲公司价值为20万元的设备

C. 股东陈某从甲公司借用但尚未归还的资金8万元

D. 股东王某到期未缴纳的出资10万元

[126]（经典例题•多选题）根据公司法律制度的规定，下列情形中，属于清算组职权的

有（ ）。

A. 处理公司清偿债务后的剩余财产　　B. 代表公司参与民事诉讼活动

C. 清缴所欠税款　　D. 处理所有公司未了结的事务

[127]（经典例题•判断题）债权人在规定的期限内未申报债权，在公司清算程序终结前补充申报的，清算组不予登记。（ ）

[128]（经典例题•多选题）下列关于公司解散后进行清算程序的表述中，符合公司法律制度规定的有（ ）。

A. 公司解散时，股东尚未缴纳的出资均应作为清算财产

B. 债权申报期间，清算组不得对债权人进行清偿

C. 清偿公司债务后的剩余财产，有限责任公司按照股东的出资比例分配

D. 清算期间，公司存续，可以进行一切经营活动

[本章考点子题答案及解析]

[1]【答案：C】母子公司均具有法人资格，在法律上是彼此独立的企业。子公司具有法人资格，依法独立承担民事责任。

[2]【答案：BCD】分公司只是总公司的分支机构，没有独立的公司章程，没有独立的财产，但可以领取营业执照依法独立从事生产经营活动，其民事责任由设立分公司的总公司承担。故选项A不正确。

[3]【答案：B】公司为公司股东或实际控制人提供担保的，必须经股东会或股东大会决议。该事项决议时，接受担保的股东赵某，不得参加上述事项的表决。该项表决由出席会议的其它股东所持表决权的过半数通过。即须经其他股东所持表决权过半数（大于 35/70 × 100%）通过才有效。

[4]【答案：×】公司为公司股东或实际控制人提供担保的，必须经股东会或股东大会决议。

[5]【答案：A】选项A正确：企业名称由行政区划名称、字号、行业或经营特点、组织形式组成。选项B不正确：公司名称中不得使用或变相使用政党、党政军机关、群团组织名称及其简称、特定称谓和部队番号。选项C不正确：公司只能登记一个名称，经登记的公司名称受法律保护。选项D不正确：企业名称中的字号应当由两个以上汉字组成，县级以上地方行政区划名称、行业或者经营特点不得作为字号，另有含义的除外。

[6]【答案：BC】除法律、行政法规或者国务院决定另有规定外，公司的注册资本实行认缴登记制，以人民币表示。有限责任公司的注册资本为在公司登记机关登记的全体股东认缴的出资额。股份有限公司采取发起设立方式设立的，注册资本为在公司登记机关登记的全体发起人认购的股本总额。股份有限公司采取募集方式设立的，注册资本为在公司登记机关登记的实收股本总额。

[7]【答案：D】法定代表人可以由公司章程规定，但只能在董事长、执行董事和经理中选择。

[8]【答案：AD】选项BC不正确：公司章程、公司经营期限属于公司登记备案事项。

[9]【答案：A】公司变更登记事项，应当自作出变更决议、决定或法定变更事项发生之日起30日内向登记机关申请变更登记。

[10]【答案：C】因自然灾害、事故灾难、公共卫生事件、社会安全事件等原因造成经营困难的，公司可以自主决定在一定时期内歇业，法律、行政法规另有规定的除外。公司歇业的期限最长不得超过 3 年。公司在歇业期间开展经营活动的，视为恢复营业，公司应当通过国家企业信用信息公示系统向社会公示。公司歇业期间，可以法律文书送达地址代替住所。

[11]【答案：ACD】公司未发生债权债务或者已将债权债务清偿完结，未发生或者已结清清偿费用、职工工资、社会保险费用、法定补偿金、应缴纳税款（滞纳金、罚款），并由全体股东书面承诺对上述情况的真实性承担法律责任的，可以按照简易程序办理注销登记。公司注销依法须经批准的，或者公司被吊销营业执照、责令关闭、撤销，或者被列入经营异常名录的，不适用简易注销程序。

[12]【答案：D】因虚假公司登记被撤销的公司，其直接责任人自公司登记被撤销之日起 3 年内不得再次申请公司登记。

[13]【答案：D】股东的出资方式包括货币、实物、知识产权、土地使用权和可以用货币估价并可转让的其他非货币财产。

[14]【答案：D】本题中，因张某出资时房屋评估价值为 50 万，说明已经全面履行了出资义务。由于学校搬迁导致房屋贬值为 30 万，属于公司法规定的“出资贬值的原因是因市场变化或其他客观原因导致财产贬值的，公司、其他股东或公司债权人请求该出资人承担补足出资责任的，法院不予支持。但当事人另有约定除外”的情形。故选项 D 正确。选项 A 不正确：不是张某出资房屋现值显著低于公司章程所定价额就一定承担补足出资的责任，而是要看导致贬值的原因。选项 B 不正确：张某出资的房屋已评估作价完成了出资义务，不再承担补足出资责任。选项 C 不正确：当事人未另行约定出资贬值时如何处理，张某不应承担补足出资的责任。

[15]【答案：A 】本题中，因谢某出资时房屋评估价值为 1000 万，说明已经全面履行了出资义务。由于市场变化导致房屋贬值为 800 万，属于公司法规定的“出资贬值的原因是因市场变化或其他客观原因导致财产贬值的，公司、其他股东或公司债权人请求该出资人承担补足出资责任的，法院不予支持。但当事人另有约定除外”的情形。本题已明确当事人之间不存在另有约定的情形。

[16]【答案：D】本题中，李某交付房屋给公司使用但未办理权属变更登记手续，法院责令李某在指定的期间内办理权属变更手续，李某如期办理后，法院应当认定李某履行了出资义务，并且李某有权主张其自实际交付财产给公司使用时就享有股东权利。故选项 D 正确。

[17]【答案：ABD】本题中，李某虽将房屋办理了过户登记手续但未交付房屋给公司使用。此种情况下，公司或其他股东有权主张李某向公司交付房屋，并在实际交付之前不享有相应的股东权利。故选项 ABD 正确

[18]【答案：ABC】公司章程对公司、股东、董事、监事、高级管理人员有约束力。

[19]【答案：ABCD】有限责任公司章程应载明公司名称和住所；公司经营范围；公司注册资本；股东的姓名或名称；股东的出资方式、出资额和出资时间；公司的机构及其产生办法、职权、议事规则；公司法定代表人。

[20]【答案：ABCD】股东应按公司章程规定的期限足额缴纳各自所认缴的出资额。以货币出资的，应将货币出资足额存入为设立公司而在银行开设的账户；以非货币财产出资的，应当依法办理财产权的转移手续，其财产权转移手续在 6 个月内办理完毕。

[21]【答案：B】股东未按期缴纳出资，应足额缴纳并向已足额缴纳出资的股东承担违约责任。本题中，

郑某未按期缴纳出资，除了自己应足额缴纳出资外，还应向已足额缴纳出资的股东蔡某承担违约责任。郑某并不向吴某承担违约责任，因吴某也未足额缴纳出资。故选项 B 正确。故选项 ACD 不正确。

[22]【答案：B】公司成立后，发现作为设立公司出资的非货币财产的实际价额显著低于章程所定价额的，应当由交付出资的股东补足其差额；公司设立时的其他股东承担连带责任。本题中，刘出资不足，应由刘补足出资，设立时的其它股东承担连带责任，因赵云不是设立时的股东，故不承担甲出资不足的连带责任。选项 B 应选。

[23]【答案：AD】股东未履行或未全面履行出资义务即转让股权，受让人知道或应当知道，公司请求该股东履行出资义务、受让人对此承担连带责任的，法院应予支持，故选项 A 应选；公司债权人依照规定向该股东提起承担补充赔偿责任的诉讼，同时请求前述受让人对此承担连带责任的，法院应予支持，选项 BC 不选。受让人根据上述规定承担责任后，向该未履行或未全面履行出资义务的股东追偿的，法院应予支持，但当事人另有约定的除外。股东在公司设立时未履行或未全面履行出资义务，发起人与被告股东共同承担连带责任，故选项 D 应选。

[24]【答案：C】以贪污、受贿、侵占、挪用等违法犯罪所得的货币出资后取得股权的，对违法犯罪行为予以追究、处罚时，应当采取拍卖或变卖的方式处置其股权。不能直接将出资的财产从公司抽出。

[25]【答案：D】公司成立后，股东通过关联交易将其出资转出的行为属于抽逃出资。股东抽逃出资的，公司或其他股东有权请求其向公司返还出资本息，协助抽逃出资的其他股东、董事、或实际控制人对此承担连带责任。本题中，李某利用关联交易将其出资转出，王某属于协助抽逃出资。因此李某的行为构成抽逃出资，应向公司返还出资本息，协助抽逃出资的王某对此承担连带责任。故选项 D 正确。选项 ABC 不正确。

[26]【答案】蔡某拒绝甲公司诉讼请求的理由不符合法律规定。

【理由】公司股东未履行或未全面履行出资义务或抽逃出资，公司或其他股东请求其向公司全面履行出资义务或返还出资，被告股东以诉讼时效为由进行抗辩的，法院不予支持。

[27]【答案：×】记载于股东名册的股东，可以依股东名册主张行使股东权利。

[28]【答案：ACD】决定公司内部管理机构的设置属于董事会职权。故选项 B 不正确。

[29]【答案：C】有限责任公司临时股东会议的召开，必须由 1/10 以上表决权的股东、1/3 以上董事、监事会或者不设监事会的监事提议，方可召开。故选项 A 不正确。未弥补的亏损属于股份有限公司临时股东大会召开情形的规定，故选项 B 不正确。董事会成员 3 人，只要有 1 名董事提议，即符合条件，本题有 2 名董事提议召开，故选项 C 正确。选项 D 中 2 名监事提议召开不正确，必须是监事会提议召开，不设监事会的设 1-2 名监事，才可以提议召开，但本题中已明确设立监事会，故选项 D 不正确。

[30]【答案：C】代表 10% 以上表决权的股东可提议召开临时股东会，故乙、丙、丁均有提议召开临时股东会的权利，故选项 AB 不正确。股东会就下列事项作出决议，须经代表 2/3 以上表决权的股东通过：（1）修改公司章程；（2）增减注册资本；（3）公司合并、分立、解散；（4）变更公司形式。本题中，丙和丁的表决权达到 75%，超过全部表决权的 2/3，故选项 C 应选。选项 D 中乙和丁的表决权为 60%，未达到全部表决权的 2/3，故不选。

[31]【答案：ACD】两个以上的国有企业或者其他两个以上的国有投资主体投资设立的有限责任公司，其董事会成员中应当有公司职工代表，其他有限责任公司董事会成员中也可以有，但不是应当有，本题属于一般的有限责任公司，选不符合的情形，故选项 A 应选。董事长、副董事长的产生办法由公司章程规定而不是由公司董事会选举产生，故选项 C 应选。董事长和副董事长不召集和主持董事会的，由半数以上董事共同推举一名董事召集和主持，而不是必须由全体董事共同推举，故选项 D 应选。

[32]【答案：BCD】董事会的职权有：决定公司的经营计划和投资方案；制订公司的年度财务预算方案、决算方案（股东会审议决定）；制订公司的利润分配方案和弥补亏损方案（股东会审议决定），故选项 A 不选；制订公司增加或减少注册资本以及发行公司债券的方案（股东会审议决定）；制订公司合并、分立、变更公司形式、解散的方案（股东会审议决定）；决定公司内部管理机构的设置；决定聘任或者解聘公司经理及其报酬事项，并根据经理的提名决定聘任或者解聘公司副经理、财务负责人及其报酬事项；制定公司的基本管理制度等。选项 A 为股东会的职权，董事会只是“制订”，说明董事会提出方案，最终决定权在股东会。凡是“制定”、“决定”说明董事会可以自行决定，不必由股东会再行决议。选项 BCD 均为董事会有权决定的职权。

[33]【答案：B】选项 B：公司的年度经营计划和投资方案由经理组织实施；选项 ACD：属于董事会的职权。

[34]【答案：ABCD】董事、高级管理人员不得兼任监事。经理、财务负责人及上市公司董事会秘书均属于高级管理人员。

[35]【答案：D】一般有限责任公司监事会主席由全体监事过半数的监事选举产生，选项 A 不正确；监事每届任期 3 年，每届任期届满，连选可以连任，选项 B 不正确；董事、高级管理人员不得兼任监事，选项 C 不正确。股东人数较少或者规模较小的有限责任公司，可以设一到两名监事，不设立监事会，选项 D 正确。

[36]【答案：A】董事、高级管理人员不得兼任监事。高级管理人员，是指公司的经理、副经理、财务负责人、上市公司董事会秘书和公司章程规定的其他人员。既然董事不能兼任监事，那么监事也不能兼任董事。但高级管理人员可以兼任董事。故选项 A 应选。

[37]【答案：B】监事会的职权为：检查公司财务；对董事、高级管理人员执行公司职务的行为进行监督，对违反法律、行政法规、公司章程或股东会决议的董事、高级管理人员提出罢免的建议；提议召开临时股东会会议，在董事会不履行规定的召集和主持股东会会议职责时召集和主持股东会会议等，故选项 ACD 均为监事会职权。而解聘公司财务负责人为董事会职权，故选项 B 应选。

[38]【答案：BCD】股东会或股东大会、董事会决议存在下列情形之一的，当事人主张决议不成立的，人民法院应当予以支持：（1）公司未召开会议的，但对股东会行使职权事项，股东以书面形式一致表示同意的，可以不召开股东会会议，直接做出决定，并由全体股东在决定文件上签名、盖章或公司章程规定可以不召开股东会或股东大会而直接做出决定，并由全体股东在决定文件上签名、盖章的除外，故选项 A 不选；（2）会议未对决议事项进行表决的；（3）出席会议的人数或股东所持表决权不符合公司法或公司章程规定的；（4）会议的表决结果未达到公司法或章程规定的通过比例的。故选项 BCD 应选。

[39]【答案：×】股东会或者股东大会、董事会的会议召集程序、表决方式违反法律、行政法规或者公

司章程，或者决议内容违反公司章程的，股东可以自决议作出之日起 60 日内，请求人民法院撤销股东会或股东大会、董事会决议，法院应当予以支持，但会议召集程序或者表决方式仅有轻微瑕疵，且对决议未产生实质影响的，法院不予支持。本题中的通知时间不符合规定属于轻微瑕疵，赵某开会的权利也未受到影响，该瑕疵对决议的形成也未产生实质影响，故赵某要求撤销法院不应予以支持。

[40]【答案：D】股东会或股东大会、董事会决议被人民法院判决无效或撤销的，公司依据该决议与善意相对人形成的民事法律关系不受影响。本题中，丙公司属于不知情的善意相对人，故其所签投资协议的效力不受股东会决议被撤销的影响。

[41]【答案：D】股东请求确认董事会决议不成立、无效或者撤销决议的案件，应当列公司为被告。

[42]【答案：B】有限责任公司有证据证明股东存在下列情形之一的，法院应当认定股东查阅会计账簿有“不当目的”：（1）股东自营或者为他人经营与公司主营业务有实质性竞争关系业务的，但公司章程另有规定或全体股东另有约定的除外；（2）股东为了向他人通报有关信息查阅公司会计账簿，可能损害公司合法利益的；（3）股东在向公司提出查阅请求之日前的 3 年内，曾通过查阅公司会计账簿，向他人通报有关信息损害公司合法权益的；（4）股东有不正当目的的其他情形。本题中，张某在 C 省 D 市设立从事饭店服务的乙有限责任公司，与甲公司并不能产生实际竞争业务关系，故要求查阅甲公司会计账簿不具有不正当目的，故选项 A 不选。王某在 A 省 B 市从事饭店服务的丙有限责任公司担任总经理，显然与甲公司存在实质竞争业务关系，故要求查阅甲公司会计账簿具有不正当目的，故选项 B 应选。李某在提出查阅请求的 5 年前，曾向 A 省 B 市从事饭店服务的丁有限责任公司通报过损害甲公司利益的信息，该行为已经过了法律规定的 3 年时间，因此李某要求查阅甲公司会计账簿不再认定为不具有不正当目的，故选项 C 不选。赵某为了了解公司的经营状况查阅甲公司会计账簿属于股东的知情权范围，故不属于具有不正当目的的情形。故选项 D 不选。

[43]【答案：×】股东起诉请求查阅或者复制公司特定文件材料的，人民法院应当依法予以受理。公司有证据证明上述原告在起诉时不具有股东资格的，人民法院应当驳回起诉，但原告有初步证据证明在持股期间其合法权益受到损害，请求依法查阅或者复制其持股期间的公司特定文件材料的除外。本题中小花有初步证据证明其合法权益是在其持股期间受到损害的，小花就有提起诉讼的资格，法院不应驳回其起诉。翠花公司的主张不应得到法院支持。

[44]【答案：√】共益权包括股东（大）会参加权、提案权、质询权、在股东（大）会上的表决权、累积投票权、股东（大）会召集请求权和自行召集权；了解公司事务、查阅公司账簿和其他文件的知情权；起诉权等。

[45]【答案：×】股东提交载明具体分配方案的股东会或股东大会的有效决议，请求公司分配利润，公司拒绝分配利润且其关于无法执行决议的抗辩理由不成立的，人民法院应当判决公司按照决议载明的具体分配方案向股东分配利润。股东未提交载明具体分配方案的股东会或者股东大会决议，请求公司分配利润的，人民法院应当驳回其诉讼请求，但违反法律规定滥用股东权利导致公司不分配利润，给其他股东造成损失的除外。

[46]【答案：√】公司股东滥用公司法人独立地位和股东有限责任，逃避债务，严重损害公司债权人利益的，应当对公司债务承担连带责任。

[47]【答案：ABC】选项 A 正确：股东无偿使用公司资金或者财产，不作财务记载的；选项 B 正确：股东自身收益与公司盈利不加区分，致使双方利益不清的；选项 C 正确：先从原公司抽走资金，然后再成立经营目的相同或者类似的公司，逃避原公司债务的。选项 D 不正确：在出现人格混同的情况下，往往同时出现以下混同：公司业务和股东业务混同；公司员工与股东员工混同，特别是财务人员混同；公司住所与股东住所混同。人民法院在审理案件时，关键要审查是否构成人格混同，而不要求同时具备其他方面的混同，其他方面的混同往往只是人格混同的补强。本题中，虽然公司业务和股东业务混同，但并不必然导致双方利益不清，因为分别记账，所以不属于人格混同。

[48]【答案：AD】高级管理人员是指公司的经理、副经理、财务负责人、上市公司董事会秘书和公司章程规定的其他人员。

[49]【答案：×】关联交易损害公司利益，公司依法请求控股股东、实际控制人、董、监、高赔偿所造成的损失，被告仅以该交易已经履行了信息披露、经股东会或股东大会同意等法律、行政法规或公司章程规定的程序为由抗辩的，法院不予支持。

[50]【答案：A】公司债权人以登记于公司登记机关的股东未履行出资义务为由，请求其对公司债务不能清偿的部分在未出资本息范围内承担补充赔偿责任，股东以其仅为名义股东而非实际出资人为由进行抗辩的，人民法院不予支持。名义股东根据上述规定承担赔偿责任后，向实际出资人追偿的，人民法院应予支持。本题中，刘某的股东身份登记于公司登记机关，债权人乙公司无法知道张某为实际出资人，故乙公司有权要求刘某承担责任。故选项 A 应选。

[51]【答案：B】如果实际出资人未经公司其他股东半数以上同意，请求公司变更股东、签发出资证明书、记载于股东名册、记载于公司章程并办理公司登记机关登记的，人民法院不予支持。

[52]【答案：A】冒用他人名义出资并将他人作为股东在公司登记机关登记的，冒名登记行为人应当承担相应责任。公司、其他股东或公司债权人不得以未履行出资义务为由，请求被冒名登记为股东的承担补足出资责任或对公司债务不能清偿部分的赔偿责任。本题中，王某冒用李某的名义登记，应由冒名登记人王某承担一切责任，被冒用人李某对任何人均不承担责任，故选项 BC 不正确，选项 D 不正确是因为不承担责任的原因不是因为未约定，而是因为李某为被冒用股东。故选项 A 正确。

[53]【答案：C】向股东以外的人转让须经全体股东过半数同意。 股东应就其股权转让事项书面通知其他股东征求同意，其他股东自接到书面通知之日起满 30 日未答复的，视为同意转让。其他股东半数以上不同意转让的，不同意的股东应当购买该转让的股权；不购买的，视为同意转让。本题中，因赵某、李某不同意转让也不购买，应视为同意转让。故选项 AB 不正确。因赵某、李某既不同意转让也不购买，张某未在规定期限内答复，均视为同意转让，王某转让股权经其他股东过半数同意，故转让有效，选项 C 正确，选项 D 不正确。

[54]【答案：C】名义股东将登记于其名下的股权转让、质押或以其他方式处分，受让人符合善意取得条件的，受让人取得股权。本题中，陈某为善意受让人。

[55]【答案：√】有限责任公司的自然人股东因继承发生变化时，其他股东主张依据公司法规定行使优先购买权的，人民法院不予支持，但公司章程另有规定或者全体股东另有约定的除外。

[56]【答案：×】有限责任公司的转让股东，在其他股东主张优先购买后又不同意转让股权的，对其他

股东优先购买的主张，人民法院不予支持，但公司章程另有规定或者全体股东另有约定的除外。故王某有权反悔，并且其他股东不能主张优先购买权，除非公司章程另有规定。其他股东主张转让股东赔偿其损失合理的，法院应予以支持。

[57]【答案：C】人民法院依照法律规定的强制执行程序转让股东的股权时，应当通知公司及全体股东，其他股东在同等条件下有优先购买权。

[58]【答案：×】股东转让股权后，公司应当注销原股东的出资证明书，向新股东签发出资证明书，并相应修改公司章程和股东名册中有关股东及其出资额的记载。对公司章程的该项修改不需要再由股东会表决。

[59]【答案】

（1）吴某认为可以将股权转给李某的理由不合法。

【理由】股东向股东以外的人转让股权，应当经其他股东过半数同意。是“股东人数”过半数，而非“表决权过半数”。

【或答：周某一人同意，其他人均反对，不符合“其他股东过半数”的要求。】

（2）甲公司无权拒绝收购钱某股权。

【理由】有下列情形之一的，对股东会该项决议投反对票的股东可以请求公司按照合理的价格收购其股权：公司合并、分立、转让主要财产的。

【或答：钱某对公司合并决议投反对票，可以要求公司按照合理的价格收购其股权。】

[60]【答案】

（1）不予支持。

【理由】自然人股东因继承发生变化时，其他股东主张依法行使优先购买权，人民法院不予支持，但公司章程另有规定或全体股东另有约定的除外。

（2）没有。

【理由】经股东同意转让的股权，在同等条件下，其他股东有优先购买权。同等条件应考虑转让股权的数量、价格、支付方式及期限等因素，本案中，钱某只购买5%的股权不属于同等条件。

（3）有。

【理由】对股东会决议公司合并、分立、转让主要财产的事项投反对票的股东可请求公司按合理价格收购其股权。

[61]【答案：D】一人有限责任公司应当在公司登记中注明自然人独资或者法人独资。一个自然人只能投资设立一个一人有限责任公司，该一人有限责任公司不能投资设立新的一人有限责任公司，法人设立一人有限责任公司则没有此限制。合伙企业为非法人组织，不能设立一人有限责任公司。

[62]【答案：×】一人有限责任公司的股东可以是法人，可以是自然人，但不能是其他组织。

[63]【答案：CD】一个自然人只能投资设立一个人有限责任公司，该一人有限责任公司不能投资设立新的一人有限责任公司；故选项A不正确。一人有限责任公司应当在每一会计年度终了时编制财务会计报告，并经会计师事务所审计；故选项B不正确。公司法定代表人依照公司章程的规定，由董事长、执行董事或经理担任；故选项C正确。一人有限责任公司不设股东会；故选项D正确。

[64]【答案：A】国有独资公司不设股东会，由国有资产监督管理机构行使股东会职权。国有资产监督管理机构可以授权公司董事会行使股东会的部分职权，决定公司的重大事项，但公司的合并、分

立、解散、增减注册资本和发行公司债券，必须由国有资产监督管理机构决定。故选项 D 不选。国有独资公司的董事长、副董事长、董事、高级管理人员，未经国有资产监督管理机构同意，不得在其他有限责任公司、股份有限公司或者其他经济组织兼职。故选项 C 不选。董事会成员由国有资产监督管理机构委派，故选项 B 不选。国有独资公司设经理，由董事会聘任或者解聘。故选项 A 应选。

[65]【答案：C】国有独资公司设经理，由董事会聘任或解聘。故选项 A 不选。董事长、副董事长由国有资产监督管理机构从董事会成员中指定。故选项 B 不选。国有独资公司设监事会，其成员不得少于 5 人。故选项 D 不选。董事会成员中必须有职工代表。故选项 C 应选。

[66]【答案：C】国有独资公司不设股东会。

[67]【答案：AC】设立股份有限公司，应当有 2 人以上 200 人以下为发起人，其中须有半数以上的发起人在中国境内有住所，故选项 AC 正确。股份有限公司采取发起设立方式设立的，注册资本为在公司登记机关登记的全体发起人认购的股本总额，故选项 B 不正确。发起人可以是中国公民，也可以是外国公民，故选项 D 不正确。

[68]【答案：C】设立股份有限公司，应当有 2 人以上 200 人以下为发起人，其中须有半数以上的发起人在中国境内有住所，故选项 D 不正确，发起人可以是自然人，可以是法人，故选项 A 不正确。发起人可以是中国公民，也可以是外国公民，故选项 B 不正确。发起人是认购公司股份并履行公司设立职责的人，故选项 C 正确。

[69]【答案：B】以募集设立方式设立的股份有限公司，发起人认购的股份不得少于公司股份总数的 35%；但法律、行政法规另有规定的，从其规定。

[70]【答案：B】根据公司法律制度的规定，股份有限公司的认股人未按期缴纳所认股份的股款，经公司发起人催缴后在合理期间内仍未缴纳，公司发起人对该股份另行募集的，人民法院应当认定该募集行为有效。故选项 B 正确。

[71]【答案：ABC】发行的股份超过招股说明书规定的截止期限尚未募足的；或发行股份的股款缴足后，发起人在 30 日内未召开创立大会的；或创立大会作出不设立公司决议的，认股人可以按照所缴股款并加算银行同期存款利息，要求发起人返还。发起人、认股人缴纳股款或交付抵作股款的出资后，除上述情形外不得抽回其股本。故选项 ABC 正确。

[72]【答案：BC】设立股份有限公司，应当有 2 人以上 200 人以下为发起人，其中，须有半数以上的发起人在中国境内有住所，选项 B 正确。采取募集方式设立的，注册资本为在公司登记机关登记的实收股本总额，选项 A 不正确。发起人制订公司章程，采用募集方式设立的须经创立大会通过，选项 C 正确。创立大会作出决议，须经出席会议的认股人所持表决权过半数通过。选项 D 不正确。

[73]【答案：A】发起人应当在股款缴足之日起 30 日内主持召开公司创立大会，故选项 A 正确；创立大会由发起人、认股人组成，故选项 B 不正确；创立大会应有代表股份总数过半数的发起人、认股人出席，方可举行，故选项 C 不正确；创立大会对发生不可抗力或者经营条件发生重大变化直接影响公司设立的，可以作出不设立公司的决议。故选项 D 不正确。

[74]【答案：BC】股份有限公司发起人承担的责任：（1）公司不能成立时，对设立行为所产生的债务和费用负连带责任，即公司因故未成立，债权人请求全体或者部分发起人对设立公司行为所产生的

费用和债务承担连带清偿责任的，人民法院应予支持。故选项 AD 不正确。（2）公司不能成立时，对认股人已缴纳的股款，负返还股款并加算银行同期存款利息的连带责任。（3）在公司设立过程中，由于发起人的过失致使公司利益受到损害的，应当对公司承担赔偿责任。

[75]【答案：C】发起人以设立中公司名义对外签订合同，公司成立后合同相对人请求公司承担合同责任的，法院应予支持。公司成立后有证据证明发起人利用设立中公司的名义为自己的利益与相对人签订合同，公司以此为由主张不承担合同责任的，法院应予支持，但相对人善意的除外。本题中，公司有证据证明刘某、孙某是利用公司的名义为自己的利益订立的合同，而乙家具店不是善意相对人，故甲公司不承担责任，选项 A 不正确。应由发起人自己承担责任。故选项 C 正确，选项 BD 不正确。

[76]【答案：D】发起人在选举董事会和监事会后，董事会应当向公司登记机关报送公司章程、验资证明以及法律、行政法规规定的其他文件，申请设立登记，选项 A 不正确；须有半数以上的发起人在中国境内有住所，选项 B 不正确；以募集设立方式设立的股份有限公司，发起人须认购一定比例的股份，发起人认购的股份不得少于公司股份总数的 35%，但法律、行政法规另有规定的，从其规定，选项 C 不正确。

[77]【答案：AC】有下列情形之一的，应当在 2 个月内召开临时股东大会：（1）董事人数不足法定人数或公司章程所定人数的 2/3 时；（2）公司未弥补的亏损达实收股本总额 1/3 时；（3）单独或合计持有公司 10% 以上股份的股东请求时；（4）董事会认为必要时；（5）监事会提议召开时。召开临时股东大会的董事会人数不足公司章程规定人数的 2/3（8×2/3=5.33，即需要 5 人以上），故选项 A 中董事人数减至 5 人不足公司章程的 2/3，应选。临时股东大会只能是监事会提议召开，故选项 B 不选。持有公司表决权股份总数的 10% 以上的股东有权提议召开，最大股东李某持有 12%，故选项 C 应选。公司未弥补亏损达实收股本总额（以募集方式设立的股份有限公司，注册资本即为实收股本总额）的 1/3 时召开，但 1600 万未达注册资本 6000 万的 1/3，无需召开临时股东大会，故选项 D 不选。

[78]【答案：BCD】本题考核股东大会的决议。股东大会作出修改公司章程、增加或减少注册资本的决议，以及公司合并、分立、解散或变更公司形式的决议，必须经出席会议的股东所持表决权的 2/3 以上通过。

[79]【答案：BC】有下列情形之一的，应当在 2 个月内召开临时股东大会：（1）董事人数不足法定人数或公司章程所定人数的 2/3 时；（2）公司未弥补的亏损达实收股本总额 1/3 时；（3）单独或合计持有公司 10% 以上股份的股东请求时；（4）董事会认为必要时；（5）监事会提议召开时。选项 B 中董事人数不足公司章程所定人数已达到 1/2（50%），由于法律规定不足章程规定 2/3（66.67%）即应开会，故只有 50% 时更应该召开临时股东大会。选项 C 同理。

[80]【答案：ABC】股东大会会议由董事会召集，董事长主持；董事长不能主持的，由副董事长主持；副董事长不能的，由半数以上董事共同推举一名董事主持。董事会不能的，监事会应当及时召集和主持；监事会不召集和主持的，连续 90 日以上单独或合计持有公司 10% 以上股份的股东可自行召集和主持，故选项 A 正确。召开股东大会会议，应当将会议召开的时间、地点和审议的事项于会议召开 20 日前通知各股东，故选项 B 正确；临时股东大会应当于会议召开 15 日前通知各股东，故选项 C 正确；单独或合计持有公司 3% 以上股份的股东，可在股东大会召开 10 日前提出临

时提案并书面提交董事会（提案权）；故选项 D 不正确。

[81]【答案: AB】股份有限公司股东大会选举董事、监事时，可以依照公司章程的规定或股东大会的决议，实行累积投票制。

[82]【答案: C】股东大会作出决议，必须经出席会议的股东所持表决权过半数通过，选项 A 不正确；根据公司法律制度的规定，股东大会应当每年召开 1 次，选项 B 不正确；股东大会不得对会议通知中未列明的事项作出决议，选项 D 不正确。

[83]【答案: A】股东大会应每年召开一次年会，上市公司股东大会应在上一会计年度结束后的 6 个月内召开。

[84]【答案: D】董事应当对董事会的决议承担责任。董事会的决议违反法律、行政法规或公司章程、股东大会决议，致使公司遭受严重损失的，参与决议的董事对公司负赔偿责任。但经证明在表决时曾表明异议并记载于会议记录的，该董事可免除责任。本题中，戊投了反对票并记载在会议记录上，故可以免责，庚因未参加会议也不承担责任。故选项 ABC 不正确，选项 D 正确。

[85]【答案: BC】董事会会议应有过半数的董事出席方可举行，本题选不符合的情形，故选项 A 不选。董事会作出决议，必须经全体董事的过半数通过，故选项 B 不合法，应选。董事会会议，应由董事本人出席；董事因故不能出席，可以书面委托其他董事代为出席，故选项 C 不合法，应选。董事应当对董事会的决议承担责任。董事会的决议违反法律、行政法规或者公司章程、股东大会决议，致使公司遭受严重损失的，参与决议的董事对公司负赔偿责任。但经证明在表决时曾表明异议并记载于会议记录的，该董事可以免除责任。故选项 D 不选。

[86]【答案: ACD】可以提议召开董事会临时会议的情形:（1）代表 1 / 10 以上表决权的股东，选项 C 正确;（2）1 / 3 以上董事，故选项 A 正确;（3）监事会，故选项 B 不正确，选项 D 正确。

[87]【答案: B】上市公司在一年内购买、出售重大资产或担保金额超过公司资产总额 30% 的，应当由股东大会作出决议，并经出席会议的股东所持表决权的 2 / 3 以上通过。故选项 B 正确。选项 ACD 均属于普通决议，只须经出席会议的股东所持表决权的过半数通过。

[88]【答案: D】下列人员不得担任独立董事:（1）在上市公司或其附属企业任职的人员及其直系亲属、主要社会关系（直系亲属是指配偶、父母、子女等；主要社会关系是指兄弟姐妹、岳父母、儿媳女婿、兄弟姐妹的配偶、配偶的兄弟姐妹等）;（2）直接或间接持有上市公司已发行股份 1% 以上或是上市公司前 10 名股东中的自然人股东及其直系亲属;（3）在直接或间接持有上市公司已发行股份 5% 以上的股东单位或在上市公司前 5 名股东单位任职的人员及其直系亲属;（4）最近一年内曾经具有前三项所列举情形的人员（故选项 A 不选）;（5）为上市公司或其附属企业提供财务、法律、咨询等服务的人员。更要注意的是，不能担任董事、监事、高级管理人员的人也不能担任独立董事。因此，选项 BC 均不能选。而选项 D 中赵某所犯罪行并非是不能担任董事、监事、的贪污、贿赂和其他经济犯罪。

[89]【答案: ABD】下列人员不得担任独立董事:（1）在上市公司或其附属企业任职的人员及其直系亲属、主要社会关系，选项 A 属于在上市公司附属企业任职的人员，故应选；选项 B 中的弟弟属于是在上市公司任职人员的主要社会关系，故应选。（2）直接或间接持有上市公司已发行股份 1% 以上或是上市公司前 10 名股东中的自然人股东及其直系亲属；选项 C 中的岳父不属于郑某的直系亲属，故不选。（3）在直接或间接持有上市公司已发行股份 5% 以上的股东单位或在上市公司前 5

名股东单位任职的人员及其直系亲属；选项 D 中的配偶属于直系亲属，应选。

[90]【答案：AB】下列人员不得担任独立董事：（1）在上市公司或者其附属企业任职的人员及其直系亲属、主要社会关系，故选项 AB 应选；（2）直接或间接持有上市公司已发行股份 1% 以上或是上市公司前 10 名股东中的自然人股东及其直系亲属，故选项 C 不选，因弟弟不属于直系亲属；（3）在直接或间接持有上市公司已发行股份 5% 以上的股东单位或在上市公司前 5 名股东单位任职的人员及其直系亲属，故选项 D 不选，因不属于前五大股东；（4）最近一年内曾经具有前三项所列举情形的人员；（5）为上市公司或其附属企业提供财务、法律、咨询等服务的人员。

[91]【答案：D】监事会会议的筹备不属于上市公司董事会秘书的职责。

[92]【答案：D】上市公司董事与董事会会议决议事项所涉及的企业有关联关系的，不得对该项决议行使表决权，也不得代理其他董事行使表决权。该董事会会议由过半数的无关联关系董事出席即可举行，董事会会议所作决议须经无关联关系董事过半数通过。本题中，该决议须经无关联关系董事（8 人）过半数（5 人以上）通过方为有效。故选项 D 正确。

[93]【答案：D】上市公司董事与董事会会议决议事项所涉及的企业有关联关系的，不得对该项决议行使表决权，也不得代理其他董事行使表决权。出席董事会的无关联关系董事人数不足 3 人的，应将该事项提交上市公司股东大会审议。

[94]【答案：D】不得担任公司的董事、监事、高级管理人员有：（1）无民事行为能力或限制民事行为能力。（2）因贪污、贿赂、侵占财产、挪用财产或破坏社会主义市场经济秩序，被判处刑罚，执行期满未逾 5 年，或因犯罪被剥夺政治权利，执行期满未逾 5 年。故选项 A 不选。（3）担任破产清算的公司、企业的董事或厂长、经理，对该公司、企业的破产负有个人责任的，自该公司、企业破产清算完结之日起未逾 3 年。故选项 B 不选。（4）担任因违法被吊销营业执照、责令关闭的公司、企业的法定代表人，并负有个人责任的，自该公司、企业被吊销营业执照之日起未逾 3 年。故选项 D 应选。（5）个人所负数额较大的债务到期未清偿。因选项 C 中控股股东决策失误与董、监、高资格无关，故不选。

[95]【答案：A】不得担任公司的董事、监事、高级管理人员有：（1）无民事行为能力或限制民事行为能力。（2）因贪污、贿赂、侵占财产、挪用财产或破坏社会主义市场经济秩序，被判处刑罚，执行期满未逾 5 年，或因犯罪被剥夺政治权利，执行期满未逾 5 年。故选项 BD 不选。（3）担任破产清算的公司、企业的董事或厂长、经理，对该公司、企业的破产负有个人责任的，自该公司、企业破产清算完结之日起未逾 3 年。（4）担任因违法被吊销营业执照、责令关闭的公司、企业的法定代表人，并负有个人责任的，自该公司、企业被吊销营业执照之日起未逾 3 年。（5）个人所负数额较大的债务到期未清偿。故选项 C 不选。

[96]【答案：AB】公司董事、高级管理人员不得有下列行为：违反公司章程的规定或未经股东会、股东大会同意，与本公司订立合同或进行交易等。董事与公司之间的关联交易如果有利于公司，董事会或股东会可以批准该项交易；如果董事能够证明该项交易对公司完全公平，该项关联交易有效。因公司章程未作规定，本题中已知是有限责任公司，故选项 AB 应选。

[97]【答案：B】公司董事、高级管理人员执行公司职务时违反法律、行政法规或公司章程的规定，给公司造成损失的，有限责任公司的股东、股份有限公司连续 180 日以上单独或合计持有公司 1% 以上股份的股东，可以书面请求监事会或不设监事会的有限责任公司的监事向法院提起诉讼。本

题中，经理属于高级管理人员，损害了公司的利益，故张某有权书面请求监事会向法院起诉。故选项 B 应选。

[98]【答案：AD】公司董事、高级管理人员执行公司职务时违反法律、行政法规或公司章程的规定，给公司造成损失的，股份有限公司连续 180 日以上单独或合计持有公司 1% 以上股份的股东，可以书面请求监事会向法院提起诉讼。故选项 AD 应选。

[99]【答案：A】公司董事、高级管理人员违法或公司章程的规定，损害"股东利益"，股东可依法直接向法院提起诉讼；故选项 A 应选。本题如损害"公司利益"，张某有权书面请求监事会起诉王某。

[100]【答案：CD】公司董事、高级管理人员执行公司职务时违反法律、行政法规或公司章程的规定，给公司造成损失的，股份有限公司连续 180 日以上单独或合计持有公司 1% 以上股份的股东，可以书面请求监事会向法院提起诉讼。监事会或董事会收到股份有限公司连续 180 日以上单独或合计持有公司 1% 以上股份的股东的书面请求后：①拒绝提起诉讼；故选项 C 应选。②自收到请求之日起 30 日内未提起诉讼；故选项 D 应选。③情况紧急、不立即提起诉讼将会使公司利益受到难以弥补的损害的，股东有权为了公司的利益，以自己的名义直接向法院提起诉讼。

[101]【答案：ABCD】公司董事、监事、高级管理人员执行公司职务时违反法律、行政法规或者公司章程的规定，给公司造成损失的，有限责任公司的股东、股份有限公司连续 180 日以上单独或合计持有公司 1% 以上股份的股东，可以书面请求董事会（或执行董事）、监事会或者不设监事会的有限责任公司的监事向法院提起诉讼。董事会（或执行董事、）监事会、不设监事会的有限责任公司的监事，收到有限责任公司的股东、股份有限公司连续 180 日以上单独或合计持有公司 1% 以上股份的股东的书面请求后：（1）拒绝提起诉讼，或（2）自收到请求之日起 30 日内未提起诉讼，或（3）情况紧急、不立即提起诉讼将会使公司利益受到难以弥补的损害的，上述股东有权为了公司的利益，以自己的名义直接向人民法院提起诉讼。其他人的行为给公司造成损失的，股东可以通过董事会或监事会提起诉讼，也可直接提起诉讼。

[102]【答案：ACD】优先股股东有权出席股东大会会议，就以下事项与普通股股东分类表决：（1）修改公司章程中与优先股相关的内容；故选项 A 应选。（2）一次或累计减少公司注册资本超过 10%；故选项 B 不正确，不选。（3）公司合并、分立、解散或变更公司形式；故选项 C 应选。（4）发行优先股，故选项 D 应选。

[103]【答案：D】优先股股东优先于普通股股东支付股利、分配剩余财产，优先股股东不参与公司决策，不参与公司红利分配，故选项 ABC 不正确。

[104 【答案：C】股票发行价格可以按票面金额（平价发行），也可以超过票面金额（溢价发行），但不得低于票面金额（折价发行）。故选项 C 正确。

[105]【答案：D】根据公司法律制度的规定，股份有限发行新股，股东大会应当对下列事项作出决议：新股种类及数额；新股发行价格；新股发行的起止日期；向原有股东发行新股的种类及数额。

[106]【答案：ABD】发起人持有的本公司股份，自公司成立之日起 1 年内不得转让。故选项 A 正确。公司公开发行股份前已发行的股份，自公司股票在证券交易所上市交易之日起 1 年内不得转让。公司董事、监事、高级管理人员在任职期间每年转让的股份不得超过其所持有本公司股份总数的 25%；所持本公司股份自公司股票上市交易之日起 1 年内不得转让。故选项 BD 正确。上述人员离职后半年内，不得转让其所持有的本公司股份。故选项 C 不正确。

[107]【答案：ABD】上市公司董事、监事和高级管理人员在下列期间不得买卖本公司股票：①上市公司定期报告公告前30日内；故选项A正确。②上市公司业绩预告、业绩快报公告前10日内；故选项B正确，选项C不正确。③自可能对本公司股票交易价格产生重大影响的重大事项发生之日或在决策过程中，至依法披露后2个交易日内。故选项D正确。

[108]【答案：A】发起人持有的本公司股份，自公司成立之日起1年内不得转让。公司公开发行股份前已发行的股份，自公司股票在证券交易所上市交易之日起1年内不得转让。公司董事、监事、高级管理人员在任职期间每年转让的股份不得超过其所持有本公司股份总数的25%；所持本公司股份自公司股票上市交易之日起1年内不得转让。上述人员离职后半年内，不得转让其所持有的本公司股份。上市公司董事、监事和高级管理人员在任职期间，每年通过集中竞价、大宗交易、协议转让等方式转让的股份不得超过其所持本公司股份总数的25%，因司法强制执行、继承、遗赠、依法分割财产等导致股份变动的除外。上市公司董事、监事和高级管理人员所持股份不超过1 000股的，可一次全部转让，不受前款转让比例的限制。本题中，发起人王某是在1年后转让，符合法律规定。【注意】对发起人转让股份只有时间限制，没有转让比例的限制，故选项A正确。选项B中董事郑某持有1500股，超过了1000股，不能一次性转让，故选项B不正确。选项C中董事张某1年内通过协议转让股份是其持有的股份总数的26%，超过了25%，故选项C不正确。选项D中的总经理李某在离职后2个月内即转让其所持股份，违反了离职后半年内不得转让的规定。【注意】对离职的董、监、高转让股份，只有时间限制，没有比例限制。故选项D不正确。

[109]【答案：B】发起人持有的本公司股份，自公司成立之日起1年内不得转让。公司公开发行股份前已发行的股份，自公司股票在证券交易所上市交易之日起1年内不得转让。故选项D不正确。股份有限公司股东转让股份可自由转让，无需经其他股东同意。故选项B正确。股份有限公司股东也无优先购买权，以合理价格收购股份是指股东对公司合并、分立持异议时行使的权利。

[110]【答案：ABCD】公司不得收购本公司股份。但是，有下列情形之一的除外：（1）减少公司注册资本；（2）与持有本公司股份的其他公司合并；（3）将股份用于员工持股计划或者股权激励；（4）股东因对股东大会作出的公司合并、分立决议持异议，要求公司收购其股份；（5）将股份用于转换上市公司发行的可转换为股票的公司债券；（6）上市公司为了维护公司价值及股东权益所必需。

[111]【答案：B】公司收购本公司股份用于员工持股计划或者股权激励，经股东大会决议或者依照公司章程的规定或者股东大会的授权，经2/3以上董事出席的董事会会议决议，选项A不正确；公司收购本公司股份用于员工持股计划或者股权激励的，应当在3年内转让或者注销，选项C不正确；股份有限公司回购股份用于股权激励或员工持股计划的，公司合计持有的本公司股份数不得超过本公司已发行股份总额的10%，选项D不正确。

[112]【答案：ABC】公司收购本公司股票将股份用于员工持股计划或者股权激励、用于转换上市公司发行的可转换为股票的公司债券、上市公司为了维护公司价值及股东权益所必需后，其合计持有的本公司股份不得超过已发行股份10%。故选项D不正确。

[113]【答案：AB】公司持有本公司股份的其他公司合并、公司股东因对股东大会作出的公司合并、分立决议持异议，要求公司收购其股份的，公司可以收购本公司股份，但公司收购本公司股票后应在6个月内转让或注销股份。故选项AB正确。

[114]【答案：D】有限责任公司按照股东实缴的出资比例分配利润，但全体股东约定不按照出资比例分

配的除外，故选项 D 正确。股份有限公司按照股东持有的股份分配，但股份有限公司章程规定不按持股比例分配的除外，故选项 C 不正确。公司股东会、股东大会或董事会违反规定，在公司弥补亏损和提取法定公积金之前向股东分配利润的，股东必须将违反规定分配的利润退还公司，故选项 B 不正确。公司持有的本公司股份不得分配利润，故选项 A 不正确。

[115]【答案：BC】公积金的用途包括：（1）弥补公司亏损，但资本公积金不得用于弥补公司的亏损。故选项 A 不正确。（2）扩大公司生产经营。故选项 B 正确。（3）转增公司资本。法定公积金转为资本时，所留存的该项公积金不得少于转增前公司注册资本的 25%。故选项 C 正确，选项 D 不正确。

[116]【答案：B】法定公积金按照公司税后利润的 10% 提取，当公司法定公积金累计额为公司注册资本的 50% 以上时可以不再提取，故选项 B 正确。股份有限公司以超过股票票面金额的发行价格发行股份所得的溢价款，应当列为公司资本公积金，故选项 C 不正确。法定公积金转为资本时，所留存的该项公积金不得少于转增前公司注册资本的 25%。故选项 D 不正确。值得注意的是，法定公积金的提取是法定的，不属于股东会或股东大会决议的事项。故选项 A 不正确。

[117]【答案：A】公司分配利润的顺序为：弥补以前年度亏损，但不得超过税法规定的弥补期限；缴纳所得税；弥补在税前利润弥补亏损之后仍存在的亏损；提取法定公积金；提取任意公积金；向股东分配利润。

[118]【答案：C】公司合并时，合并各方的债权、债务，应当由合并后存续的公司或者新设的公司承继。丙有限责任公司为新设的公司，故选项 C 正确。

[119]【答案：C】公司分立前的债务由分立后的公司承担连带责任。但是，公司在分立前与债权人就债务清偿达成的书面协议另有约定的除外。本题中，甲有限责任公司并未与债权人达成债务清偿的协议，故由乙、丙有限责任公司承担连带责任，选项 C 正确。

[120]【答案：B】公司应当自作出减资决议之日起 10 日内通知债权人，并于 30 日内在报纸上公告。债权人自接到通知书之日起 30 日内，未接到通知书的自公告之日起 45 日内，可以要求公司清偿债务或者提供相应的担保。故选项 B 正确。

[121]【答案：D】公司经营管理发生严重困难，继续存续会使股东利益受到重大损失，持有公司全部股东表决权 10% 以上的股东，以下列事由之一提起解散公司诉讼，法院应予受理：（1）公司持续 2 年以上无法召开股东会或股东大会，公司经营管理发生严重困难的；故选项 D 正确。（2）股东表决时无法达到法定或公司章程规定的比例，持续 2 年以上不能作出有效的股东会或者股东大会决议，公司经营管理发生严重困难的；（3）公司董事长期冲突，且无法通过股东会或股东大会解决，公司经营管理发生严重困难的；（4）经营管理发生其他严重困难，公司继续存续会使股东利益受到重大损失的情形。股东以知情权、利润分配请求权等权益受到损害，或公司亏损、财产不足以偿还全部债务，以及公司被吊销企业法人营业执照未进行清算等为由，提起解散公司诉讼的，法院不予受理。本题中，公司章程实质性剥夺股东查阅、复制公司会计账簿的权利的属于股东知情权受到侵害，不得提起解散公司的诉讼，故 A 不正确。股东提交载明具体分配利润方案股东会的有效决议，请求分配利润，公司拒绝分配且拒绝理由不成立的属于股东利润分配权益受到损害，不得提起解散公司的诉讼，故选项 B 不正确。选项 C 公司亏损不足以偿还全部债务不得提起解散公司的诉讼，故选项 C 不正确。

[122]【答案：AB】公司经营管理发生严重困难，继续存续会使股东利益受到重大损失，持有公司全部股东表决权 10% 以上的股东，以下列事由之一提起解散公司诉讼，法院应予受理：（1）公司持续两年以上无法召开股东会或股东大会，公司经营管理发生严重困难的；故选项 A 正确；（2）股东表决时无法达到法定或者公司章程规定的比例，持续两年以上不能作出有效的股东会或者股东大会决议，公司经营管理发生严重困难的；故选项 B 正确；股东以知情权、利润分配请求权等权益受到损害，或公司亏损、财产不足以偿还全部债务，以及公司被吊销企业法人营业执照未进行清算等为由，提起解散公司诉讼的，人民法院不予受理。故选项 CD 不正确。

[123]【答案：×】股东以知情权、利润分配请求权等权益受到损害，或公司亏损、财产不足以偿还全部债务，以及公司被吊销企业法人营业执照未进行清算等为由，提起解散公司诉讼的，法院不予受理。

[124]【答案：CD】有限责任公司的股东、股份有限公司的董事和控股股东未在法定期限内成立清算组开始清算，导致公司财产贬值、流失、毁损或灭失，债权人主张其在造成损失范围内对公司债务承担赔偿责任的，人民法院应依法予以支持。

[125]【答案：B】公司解散时，股东尚未缴纳的出资（包括到期应缴未缴的出资、分期缴纳尚未届满缴纳期限的出资）均应作为清算财产。

[126]【答案：ABC】清算组的职权包括：（1）清理公司财产，分别编制资产负债表和财产清单；（2）通知、公告债权人；（3）处理与清算有关的公司未了结的业务；不是所有未了结的业务，故选项 D 不正确。（4）清缴所欠税款以及清算过程中产生的税款；故选项 C 正确。（5）清理债权、债务；（6）处理公司清偿债务后的剩余财产；故选项 A 正确。（7）代表公司参与民事诉讼活动。故选项 B 正确。

[127]【答案：×】债权人在规定的期限内未申报债权，在公司清算程序终结前补充申报的，清算组应予登记。

[128]【答案：ABC】在债权申报期间，清算组不得对债权进行清偿，故选项 B 正确。公司解散时，股东尚未缴纳的出资均应作为清算财产，故选项 A 正确。清偿公司债务后的剩余财产，有限责任公司按照股东的出资比例分配，故选项 C 正确。清偿公司债务后的剩余财产，股份有限公司按照股东持有的股份比例分配。清算期间，公司存续，但不得开展与清算无关的经营活动。故选项 D 中可以开展一切经营活动的说法不正确。

第 3 章　合伙企业法律制度

本章内容主要包括普通合伙企业、有限合伙企业的特殊规定以及合伙企业的解散与清算，如图 3-1 所示。

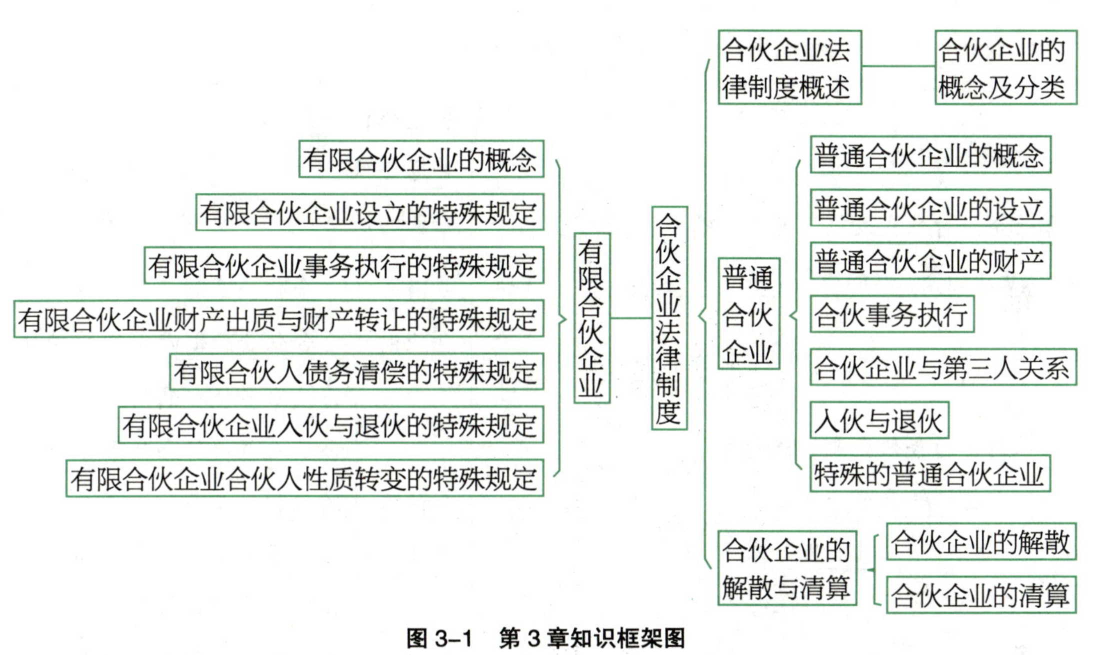

图 3-1　第 3 章知识框架图

本章考情分析

	2022 年卷 1	2022 年卷 2	2021 年卷 1	2021 年卷 2	2020 年卷 1	2020 年卷 2
单选题	5 题 5 分	5 题 5 分	3 题 3 分	4 题 4 分	3 题 3 分	4 题 4 分
多选题	2 题 4 分	2 题 4 分	1 题 2 分	2 题 4 分	1 题 2 分	2 题 4 分
判断题	2 题 2 分	2 题 2 分	1 题 1 分	1 题 1 分	1 题 1 分	1 题 1 分
简答题	—	—	—	—	—	—
综合题	—	—	0.5 题 6 分	—	0.5 题 6 分	—
合计	11 分	11 分	12 分	9 分	12 分	9 分

扫码畅听增值课

第二节 普通合伙企业

【本节知识结构图】

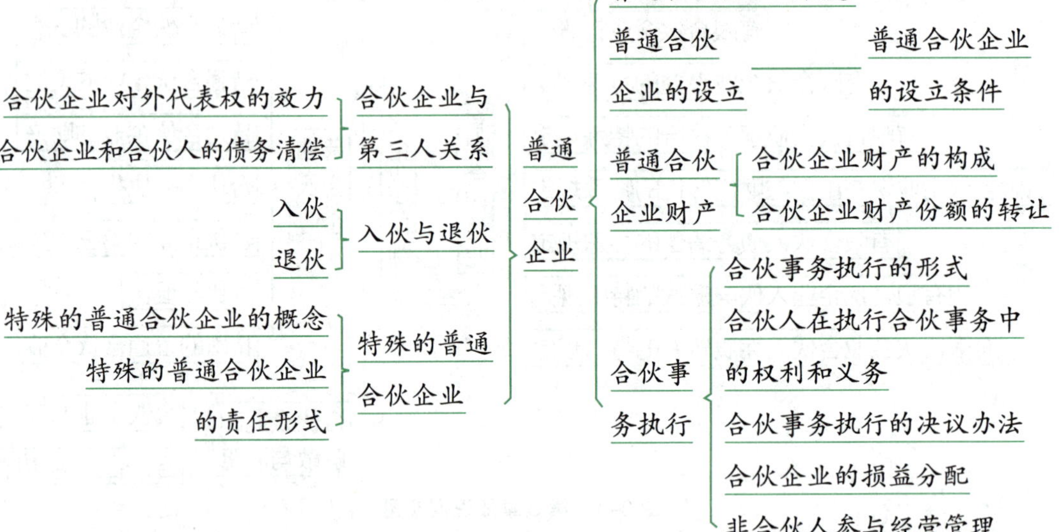

普通合伙企业是指由普通合伙人组成（普通合伙人是指在合伙企业中对合伙企业的债务依法承担无限连带责任的自然人、法人和其他组织），合伙人对合伙企业债务依法承担无限连带责任。

考点1 普通合伙企业的设立

【考点母题——万变不离其宗】普通合伙企业的设立

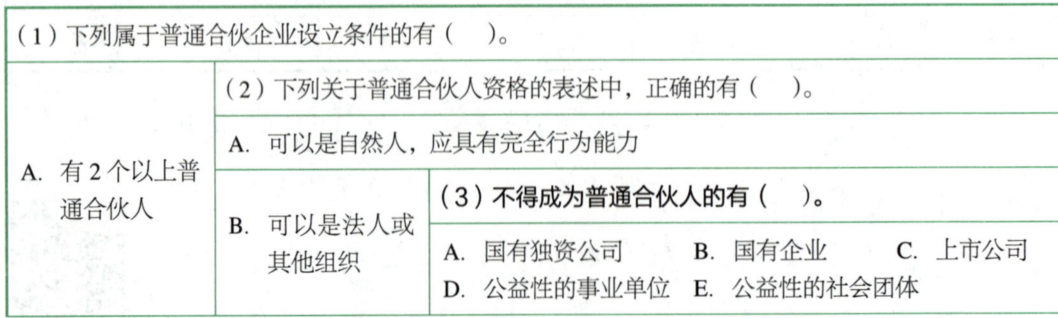

<table>
<tr><td colspan="3">（1）下列属于普通合伙企业设立条件的有（　）。</td></tr>
<tr><td rowspan="4">A. 有2个以上普通合伙人</td><td colspan="2">（2）下列关于普通合伙人资格的表述中，正确的有（　）。</td></tr>
<tr><td colspan="2">A. 可以是自然人，应具有完全行为能力</td></tr>
<tr><td rowspan="2">B. 可以是法人或其他组织</td><td>（3）不得成为普通合伙人的有（　）。</td></tr>
<tr><td>A. 国有独资公司　B. 国有企业　C. 上市公司
D. 公益性的事业单位　E. 公益性的社会团体</td></tr>
</table>

续表

B. 有书面合伙协议	（4）合伙协议应载明的事项包括（　）。	
	A. 名称和主要经营场所的地点 B. 合伙目的和经营范围 C. 合伙人姓名或名称、住所 D. 合伙人出资方式、数额、缴付期限 E. 利润分配、亏损分担方式　F. 合伙事务的执行 G. 入伙与退伙　H. 争议解决办法 I. 合伙企业的解散与清算　J. 违约责任	合伙协议须经全体合伙人协商一致订立。全体合伙人签字、盖章后生效。修改或补充合伙协议，应经全体合伙人一致同意，但合伙协议另有约定的除外
C. 有合伙人认缴或实际缴付的出资	**（5）下列属于普通合伙人出资方式的有（　）。**	
	A. 货币	
	B. 劳务	评估办法由全体合伙人协商确定，并在合伙协议中载明
	C. 实物　D. 知识产权 E. 土地使用权　F. 其他财产权利	需要评估作价的，可由全体合伙人协商确定，也可以由全体合伙人委托法定评估机构评估
D. 有合伙企业的名称和生产经营场所	（6）下列关于合伙企业名称的表述中，正确的是（　）。	
	A. 应当在其名称中标明“普通合伙”字样，可直接使用“合伙企业”字样	
（7）下列属于普通合伙企业应当依法登记事项的有（　）。		
A. 名称　B. 类型　C. 经营范围　D. 主要经营场所 E. 出资额　F. 执行事务合伙人名称或者姓名 G. 合伙人名称或者姓名、住所、承担责任方式 H. 执行事务合伙人是法人或者其他组织的，登记事项还应当包括其委派的代表姓名		
（8）下列属于普通合伙企业应当依法备案事项的有（　）。		
A. 合伙协议　B. 合伙期限 C. 合伙人认缴或者实际缴付的出资数额 D. 缴付期限和出资方式　E. 登记联络员 F. 外商投资合伙企业法律文件送达接受人　G. 合伙企业受益所有人相关信息		

【考点子题——举一反三，真枪实练】

［1］（历年真题·多选题）陈某、郑某与甲有限责任公司拟共同设立一家普通合伙企业，下列关于该合伙企业设立的表述中，正确的有（　）。

A. 应当有生产经营场所

B. 甲有限责任公司可以是国有企业

C. 陈某、郑某均应当具有完全民事行为能力

D. 名称中必须包含“普通合伙”字样

［2］（历年真题•多选题）下列有关普通合伙企业设立条件的表述中，符合合伙企业法律制度规定的有（　）。

A. 至少应有一个普通合伙人

B. 合伙人出资必须一次性实缴

C. 合伙人可以用劳务作价出资

D. 合伙协议应当由全体合伙人协商一致，以书面形式订立

［3］（历年真题•多选题）陈某、李某和甲股份有限公司签订合伙协议，拟设立一家普通合伙企业。下列关于该普通合伙企业设立的表述中，正确的有（　）。

A. 陈某以一套房屋出资，应当办理房屋所有权转移登记

B. 该普通合伙企业自李某向登记机关提交登记资料之日起成立

C. 全体合伙人可以委托法定评估机构评估甲股份有限公司出资的知识产权

D. 该普通合伙企业应当在其名称中标明“普通合伙”字样

［4］（历年真题•多选题）根据合伙企业法律制度的规定，下列关于普通合伙企业设立的表述中，正确的有（　）。

A. 合伙协议经过全体合伙人签名、盖章后，还需要向登记机关备案方可生效

B. 合伙人可以用劳务出资，其评估办法由全体合伙人协商确定，并在合伙协议中载明

C. 合伙企业在领取营业执照之前，合伙人不得以合伙企业名义从事合伙业务

D. 公益性的事业单位不得成为普通合伙人

［5］（历年真题•单选题）根据合伙企业法律制度的规定，下列主体中，可以成为合伙企业普通合伙人的是（　）。

A. 甲国有独资公司 B. 乙上市公司 C. 丙律师协会 D. 丁普通合伙企业

考点2 普通合伙企业财产

（一）合伙企业财产的构成

【考点母题——万变不离其宗】普通合伙企业的财产

<table>
<tr><td colspan="2">（1）下列属于普通合伙企业财产的有（　）。</td></tr>
<tr><td colspan="2">A. 合伙人认缴的出资</td></tr>
<tr><td rowspan="2">B. 以合伙企业名义取得的收益</td><td>（2）下列属于普通合伙企业收益的有（　）。</td></tr>
<tr><td>A. 公共积累资金　B. 未分配的盈余　C. 合伙企业债权
D. 合伙企业取得的工业产权（商标权、专利权）和非专利技术等财产权利</td></tr>
<tr><td colspan="2">C. 依法取得的接受捐赠的财产</td></tr>
</table>

续表

（3）【判断金句】合伙人在合伙企业清算前私自转移或处分合伙企业财产的，合伙企业不得以此对抗善意第三人。
【注意】合伙企业在清算前，不得请求分割合伙企业财产，但法律另有规定的除外。

【考点子题—举一反三 真枪实练】

[6]（历年真题•单选题）根据合伙企业法律制度的规定，下列各项中，不属于合伙企业财产的是（　）。

A. 合伙人认缴的出资　　B. 合伙企业取得的专利权

C. 合伙企业接受的捐赠　　D. 合伙企业承租的设备

[7]（历年真题•多选题）根据合伙企业法律制度的规定，下列各项中，属于以普通合伙企业名义取得的收益有（　）。

A. 合伙企业的债权　　B. 合伙企业的未分配的盈余

C. 合伙企业取得的商标使用权　　D. 合伙企业取得的非专利技术

[8]（历年真题•单选题）根据合伙企业法律制度的规定，下列关于合伙企业财产的表述中，正确的是（　）。

A. 合伙人以土地使用权出资需要评估作价的，不得由合伙人自行协商确定

B. 合伙人在合伙企业清算前私自转移合伙企业财产的，合伙企业不得以此对抗善意第三人

C. 合伙企业的原始财产是全体合伙人实际缴纳的财产

D. 合伙企业清算时，其财产首先用于缴纳所欠税款

（二）合伙企业财产的性质（略）

（三）合伙企业财产份额的转让与出质

【考点母题——万变不离其宗】普通合伙人财产份额的转让与出质

<table>
<tr><td rowspan="3">财产份额转让</td><td>（1）下列关于普通合伙企业财产份额转让的表述中，正确的有（　）。</td></tr>
<tr><td>A. 合伙人之间转让在合伙企业中的全部或部分财产份额时，应当通知其他合伙人
B. 除合伙协议另有约定外，合伙人向合伙人以外的人转让其在合伙企业中的全部或部分财产份额时，须经其他合伙人一致同意
C. 合伙人向合伙人以外的人转让其在合伙企业中的财产份额的，在同等条件下，其他合伙人有优先购买权；但合伙协议另有约定的除外</td></tr>
<tr><td>（2）【判断金句】合伙人以外的人依法受让合伙人在合伙企业中的财产份额的，经修改合伙协议即成为合伙企业的合伙人，依照《合伙企业法》和修改后的合伙协议享有权利，履行义务。</td></tr>
</table>

续表

财产份额出质	（3）下列关于普通合伙企业财产份额出质的表述中，正确的是（　）。
	A. 合伙人以其在合伙企业中的财产份额出质的，须经其他合伙人一致同意；未经其他合伙人一致同意，其行为无效，由此给善意第三人造成损失的，由行为人依法承担赔偿责任

【考点子题一举一反三 真枪实练】

[9]（历年真题·多选题）甲普通合伙企业（以下简称“甲企业”）的合伙人张某拟以其在甲企业中的财产份额出质，合伙协议对合伙人财产份额出质事项未作特别约定。下列关于张某财产份额出质的表述中，正确的有（　）。

A. 张某以其在甲企业中的财产份额出质，须经其他合伙人一致同意

B. 张某以其在甲企业中的财产份额出质，经其他合伙人过半数同意即可

C. 张某以其在甲企业中的财产份额出质，通知其他合伙人即可

D. 张某因出质行为无效给善意第三人造成损失的，张某应承担赔偿责任

[10]（历年真题·单选题）下列关于普通合伙企业合伙人转让其在合伙企业中的财产份额的表述中，不符合合伙企业法律制度规定的是（　）。

A. 合伙人向合伙人以外的人转让其在合伙企业中的财产份额，其他合伙人既不同意转让也不行使优先购买权的，视为同意

B. 合伙人之间转让其在合伙企业中的财产份额的，应当通知其他合伙人

C. 合伙人向合伙人以外的人转让其在合伙企业中的财产份额的，除非合伙协议另有约定，同等条件下，其他合伙人有优先购买权

D. 合伙人向合伙人以外的人转让其在合伙企业中的财产份额的，除非合伙协议另有约定，须经其他合伙人一致同意

[11]（历年真题·单选题）甲普通合伙企业的合伙人孙某将其在合伙企业中的财产份额转让给非合伙人赵某。下列关于赵某取得合伙人资格的时间的表述中，正确的是（　）。

A. 与合伙人孙某签订财产份额转让合同且支付相应价款之日

B. 修改合伙协议，将赵某列为合伙人之日

C. 企业登记机关变更登记之日

D. 与合伙人孙某签订财产份额转让合同之日

考点 3　合伙事务的执行

【考点母题——万变不离其宗】普通合伙企业事务的执行

执行方式	（1）下列关于普通合伙企业事务执行方式的表述中，正确的有（　）。
	A. 全体合伙人共同执行合伙事务 B. 委托一个或数个合伙人执行合伙事务（其他合伙人不再执行合伙事务）
全体一致同意事项	**（2）除非合伙协议另有约定，普通合伙企业的下列事项中，须经全体合伙人一致同意的有（　）。**
	A. 改变合伙企业的名称　B. 改变合伙企业的经营范围、主要经营场所的地点 C. 处分合伙企业的不动产　D. 转让或处分合伙企业的知识产权和其他财产权利 E. 以合伙企业名义为他人提供担保 F. 聘任合伙人以外的人担任合伙企业的经营管理人员
合伙人执行事务的权利	（3）下列关于普通合伙人在执行合伙事务中享有权利的表述中，正确的有（　）。
	A. 合伙人对执行合伙事务享有同等的权利 B. 执行合伙事务的合伙人对外代表合伙企业 C. 作为合伙人的法人、其他组织执行合伙企业事务的，由其委托的代表执行 D. 不执行合伙事务的合伙人的监督权利 E. 合伙人查阅合伙企业会计账簿等财务资料的权利 F. 合伙人分别执行合伙事务时，执行事务合伙人可以对其他合伙人执行的事务提出异议（异议权），提出异议时，应暂停该项事务的执行 G. 受委托执行事务的合伙人不按照合伙协议或全体合伙人的决定执行事务的，其他合伙人可以决定撤销该委托（撤销委托权）
合伙人执行事务的义务	（4）下列关于普通合伙人在执行合伙事务中承担义务的表述中，正确的有（　）。
	A. 合伙事务执行人向不参加执行事务的合伙人报告企业经营状况和财务状况 B. **合伙人不得自营或者同他人合作经营与本合伙企业相竞争的业务** C. 除协议另有约定或经全体合伙人一致同意外，合伙人不得同本合伙企业进行交易 D. 合伙人不得从事损害本合伙企业利益的活动
合伙事务的决议办法	（5）下列关于普通合伙企业事务执行决议办法的表述中，正确的有（　）。
	A. 由合伙协议对决议办法作出约定 B. 合伙协议未约定或约定不明的，实行合伙人一人一票并经全体合伙人过半数通过的表决办法 C. 全体合伙人一致同意
合伙企业损益的分配	（6）下列关于普通合伙企业损益分配的表述中，正确的有（　）。
	A. 合伙企业的利润分配、亏损分担，按照合伙协议的约定办理 B. 合伙协议未约定或约定不明的，由合伙人协商决定；协商不成的，由合伙人按照**实缴出资比例**分配、分担；无法确定出资比例的，由合伙人平均分配、分担 C. 合伙协议**不得约定**将全部利润分配给部分合伙人或由部分合伙人承担全部亏损

续表

被聘任的经营管理人员的资格及职责	（7）下列关于普通合伙企业中被聘任的经营管理人员资格及职责的表述中，正确的有（　）。
	A. 被聘任的经营管理人员，不是合伙企业的合伙人 B. 被聘任的合伙企业的经营管理人员应当在合伙企业授权范围内履行职务 C. 被聘任的合伙企业的经营管理人员，超越合伙企业授权范围履行职务，或在履行职务过程中因故意或重大过失给合伙企业造成损失的，依法承担赔偿责任

【考点子题—举一反三 真枪实练】

[12]（历年真题·多选题）根据合伙企业法律制度的规定，除合伙协议另有约定外，普通合伙企业的下列事务中，应当经全体合伙人一致同意的有（　）。

A. 改变合伙企业的名称

B. 转让合伙企业的商标权

C. 聘任合伙人以外的人担任合伙企业的经营管理人员

D. 合伙人之间转让在合伙企业中的部分财产份额

[13]（历年真题·多选题）下列关于普通合伙企业事务执行的表述中，符合合伙企业法律制度规定的有（　）。

A. 除合伙协议另有约定外，处分合伙企业的不动产须经全体合伙人一致同意

B. 除合伙协议另有约定外，合伙人不得自营与本企业相竞争的业务

C. 除合伙协议另有约定外，改变合伙企业的名称须经全体合伙人一致同意

D. 除合伙协议另有约定或者经全体合伙人一致同意外，合伙人不得同本企业进行交易

[14]（历年真题·单选题）某普通合伙企业委托合伙人杨某执行合伙事务。根据合伙企业法律制度的规定，下列关于杨某执行合伙事务的权利义务的表述中，正确的是（　）。

A. 只能由杨某对外代表该合伙企业

B. 除合伙协议另有约定外，杨某可以自行决定改变该合伙企业主要经营场所的地点

C. 除合伙协议另有约定外，杨某可以自行处分该合伙企业的不动产

D. 杨某可以自营与该合伙企业竞争的业务

[15]（历年真题·单选题）张某、李某、王某和赵某共同设立甲普通合伙企业（以下简称“甲企业”）。下列关于甲企业事务执行的表述中，正确的是（　）。

A. 若合伙协议未约定合伙事务执行人，则出资最少的张某无权对外代表合伙企业

B. 若合伙协议约定由张某和李某执行合伙企业事务，王某和赵某不再执行合伙事务

C. 若合伙协议约定由张某和李某执行合伙企业事务，张某对李某执行的事务提出异议时，不停止该项事务的执行

D. 若合伙协议约定由张某执行合伙企业事务，张某不按合伙协议执行事务，其他合伙人不得撤销对张某的委托

[16]（历年真题·多选题）张某、李某、王某和孙某共同设立甲普通合伙企业（以下简称“甲企业”），下列关于相关当事人权利义务的表述中，正确的有（　）。

A. 若张某、李某、王某和孙某一致同意，甲企业可以聘任陈某担任经营管理人员

B. 若合伙协议约定全部利润分配给张某和李某，全部亏损由王某和孙某承担，该约定有效

C. 王某为了解甲企业的财务状况，有权查阅甲企业会计账簿等财务资料

D. 若合伙协议中没有约定，也未经全体合伙人同意，孙某不得与甲企业交易

[17]（历年真题·单选题）下列有关普通合伙企业损益分配原则的表述中，符合合伙企业法律制度规定的是（　）。

A. 合伙企业的利润分配、亏损分担只能按照合伙人实缴出资比例分配、分担

B. 合伙企业的利润分配、亏损分担只能由全体合伙人平均分配、分担

C. 合伙企业不得将全部亏损由部分合伙人承担，除非合伙协议另有约定

D. 合伙协议不得约定将全部利润分配给部分合伙人

考点 4　合伙企业与第三人关系

【考点母题——万变不离其宗】普通合伙企业与第三人的关系

<table>
<tr><td rowspan="2">对外代表权行使的方式</td><td colspan="2">（1）下列属于普通合伙人对外代表权行使方式的有（　）。</td></tr>
<tr><td>A. 由全体合伙人共同执行合伙企业事务的，全体合伙人都有权对外代表合伙企业
B. 由部分合伙人执行合伙企业事务的，只有受委托执行的合伙人有权对外代表合伙企业
C. 因特别授权在单项合伙事务上有执行权的合伙人，依照授权范围可对外代表合伙企业</td><td>这些代表行为，对全体合伙人发生法律效力，即其执行合伙事务所产生的收益归合伙企业，所产生的费用和亏损由合伙企业承担</td></tr>
<tr><td rowspan="2">对外代表权的限制</td><td colspan="2">（2）下列关于普通合伙企业对外代表权限制效力的表述中，正确的是（　）。</td></tr>
<tr><td colspan="2">A. 合伙企业对合伙人执行合伙事务以及对外代表合伙企业权利的限制，不得对抗善意第三人</td></tr>
<tr><td rowspan="2">债权人追偿的权利</td><td colspan="2">（3）下列关于普通合伙企业的债权人向合伙人追偿权利的表述中，正确的是（　）。</td></tr>
<tr><td colspan="2">A. 合伙企业对其债务，应先以其全部财产进行清偿，合伙企业不能清偿到期债务的，合伙人承担无限连带责任，故债权人可以请求全体合伙人中的一人或数人承担全部清偿责任，也可以按照债权人自己确定的清偿比例向各合伙人分别追索</td></tr>
</table>

续表

（4）【判断金句】合伙人之间约定的分担比例对债权人没有约束力。	
合伙人发生的与合伙企业无关的债务清偿的处理	（5）下列关于普通合伙企业合伙人发生的与合伙企业无关的债务清偿的表述中，正确的有（　）。
	A. 相关债权人不得以其债权抵销其对合伙企业的债务 B. 相关债权人不得代位行使合伙人在合伙企业中的权利 C. 合伙人的自有财产不足清偿其与合伙企业无关的债务的，该合伙人可以其从合伙企业中分取的收益用于清偿 D. 债权人可以请求法院强制执行该合伙人在合伙企业中的财产份额用于清偿 E. 债权人不得自行接管债务人在合伙企业中的财产份额
法院强制执行份额	（6）下列关于法院强制执行合伙人财产份额时应如何处理的表述中，正确的有（　）。
	A. 应当通知全体合伙人　　B. 其他合伙人有优先购买权 C. 其他合伙人未购买，又不同意将该财产份额转让给他人的，应办理退伙结算或削减该合伙人相应财产份额的结算

【考点子题—举一反三 真枪实练】

[18]（历年真题•多选题）张某、李某和王某三人成立了一家普通合伙企业。合伙协议约定：由张某对外代表合伙企业，执行合伙事务；张某代表合伙企业签订标的额超过50万元的合同时，应当经过李某和王某的同意。关于该合伙企业执行合伙事务的表述中，正确的有（）。

A. 该合伙企业对张某对外签订合同金额的限制条款不得对抗善意第三人

B. 李某有权监督张某执行合伙事务的情况

C. 张某执行合伙事务所产生的收益直接归属于合伙人

D. 张某应当定期向李某和王某报告执行合伙事务的情况

[19]（历年真题•多选题）甲、乙、丙设立普通合伙企业，约定损益的分配和分担比例为4∶3∶3。该企业欠丁5万元，无力清偿。根据合伙企业法律制度的规定，债权人丁的下列做法中，正确的有（　）。

A. 要求甲、乙、丙分别清偿2万元、1.5万元、1.5万元

B. 要求甲、乙、丙分别清偿2万元、2万元、1万元

C. 要求甲、乙分别清偿2万元、3万元

D. 要求甲清偿5万元

[20]（历年真题•单选题）赵某、刘某、郑某设立甲普通合伙企业（下称甲企业），后赵某因个人原因对张某负债100万元，且其自有资产不足以清偿。张某欠甲企业50万元。下列关于张某对赵某债权实施方式的表述中，不符合合伙企业法律制度规定的

是（ ）。

A. 张某可请求将赵某从甲企业分取的收益用于清偿

B. 张某可申请法院强制执行赵某在甲企业中的财产份额用于清偿

C. 张某可以其对赵某的债权抵销其对甲企业的债务

D. 张某不可代位行使赵某在甲企业中的权利

[21]（历年真题·单选题）张某、李某、王某和赵某共同设立甲普通合伙企业（以下简称“甲企业”）。张某从乙银行贷款80万元，到期无法偿还该笔贷款，乙银行请求人民法院强制执行张某在甲企业中的财产份额用于清偿。下列关于人民法院强制执行张某财产份额的表述中，正确的是（ ）。

A. 人民法院强制执行张某财产份额时，应当取得其他合伙人的一致同意

B. 人民法院强制执行张某财产份额时，其他合伙人不行使优先购买权，则乙银行有权自行接管张某在甲企业中的财产份额

C. 人民法院强制执行张某财产份额时，其他合伙人未购买，又不同意将该财产份额转让给他人，甲企业应当为张某办理退伙或者削减其相应财产份额的结算

D. 张某的全部财产份额被人民法院强制执行后，张某对甲企业的债务不再承担连带责任

入伙与退伙

（一）入伙

【考点母题——万变不离其宗】普通合伙人的入伙

入伙条件	（1）下列关于普通合伙企业入伙条件的表述中，正确的有（ ）。
	A. 除合伙协议另有约定外，应当经全体合伙人一致同意　B. 订立书面入伙协议 C. 订立入伙协议时，原合伙人应当向新合伙人如实告知原合伙企业的经营状况和财务状况
新合伙人权利	（2）下列关于普通合伙企业**新合伙人权利**的表述中，正确的有（ ）。
	A. 可以在入伙协议中约定新合伙人以优越的条件入伙 B. 可以在入伙协议中约定新合伙人以较为不利的条件入伙
新合伙人责任	（3）下列关于普通合伙企业**新合伙人应承担责任的表述中**，正确的是（ ）。
	A. 新合伙人对入伙前合伙企业的债务承担无限连带责任

【考点子题—举一反三，真枪实练】

[22]（历年真题•单选题）2018年，张某、王某、李某各出资10万元开办一家经营手机销售业务的甲普通合伙企业（下称甲企业），合伙期限为5年。2020年，赵某提出以劳务入伙，张某、王某、李某表示同意，并告知赵某2019年甲企业曾向乙银行贷款30万元尚未到期。入伙协议约定赵某对入伙前合伙企业的一切债务不承担责任。后甲企业经营管理不善造成亏损，财产不足以清偿乙银行到期债务。合伙人对于赵某是否承担该笔债务发生争议。下列关于赵某对该笔债务是否承担责任的表述中，符合合伙企业法律制度规定的是（　）。

A. 赵某不承担责任，因入伙协议有约定

B. 赵某承担无限连带责任，因新合伙人对入伙前合伙企业的债务承担无限连带责任

C. 赵某承担补充责任，因该债务属于其入伙前的债务

D. 赵某不承担责任，因其以劳务出资

（二）退伙

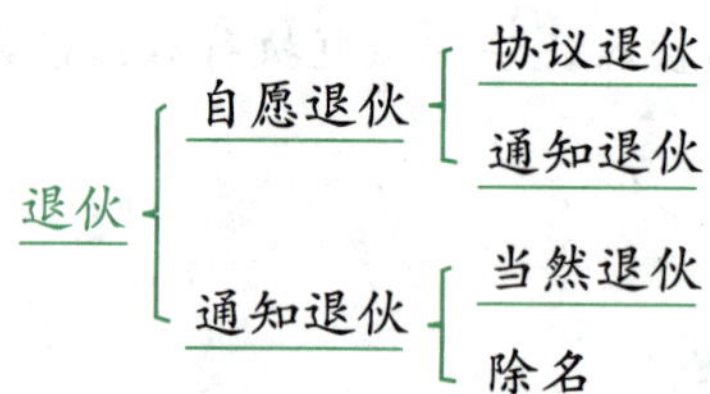

【考点母题——万变不离其宗】普通合伙人的退伙

协议退伙（约定经营期限）	（1）下列属于普通合伙人协议退伙情形的有（　）。
	A. 合伙协议约定的退伙事由出现　B. 经全体合伙人一致同意 C. 发生合伙人难以继续参加合伙的事由　D. 其他合伙人严重违反合伙协议约定的义务
通知退伙（未约定合伙期限）	（2）下列关于普通合伙人通知退伙的表述中，正确的是（　）。
	A. 合伙人在不给合伙企业事务执行造成不利影响的情况下，可以退伙，但应当提前30日通知其他合伙人
当然退伙	（3）下列属于普通合伙人当然退伙情形的有（　）。
	A. 作为合伙人的自然人死亡或被依法宣告死亡　B. 个人丧失偿债能力 C. 作为合伙人的法人或其他组织依法被吊销营业执照、责令关闭、撤销，或被宣告破产 D. 法律规定或合伙协议约定合伙人必须具有相关资格而丧失该资格 E. 合伙人在合伙企业中的全部财产份额被法院强制执行 F. 合伙人被认定为无民事行为能力人或限制民事行为能力人的，其他合伙人未能一致同意将其转为有限合伙人的

续表

<table>
<tr><td rowspan="2">除名情形</td><td colspan="2">（4）下列属于普通合伙人除名情形的有（　）。</td></tr>
<tr><td>A. 未履行出资义务
B. 因故意或重大过失给合伙企业造成损失
C. 执行合伙事务时有不正当行为
D. 发生合伙协议约定的事由</td><td>合伙人有该等情形之一的，经其他合伙人一致同意，可以决议将其除名</td></tr>
<tr><td rowspan="2">除名生效</td><td colspan="2">（5）下列关于普通合伙人被除名生效及其起诉期间的表述中，正确的有（　）。</td></tr>
<tr><td colspan="2">A. 对合伙人的除名决议应当书面通知被除名人
B. 被除名人接到除名通知之日，除名生效
C. 被除名人对除名决议有异议的，可以自接到除名通知之日起 30 日内，向法院起诉</td></tr>
<tr><td rowspan="2">财产继承时退还被继承合伙人财产份额的情形</td><td colspan="2">（6）普通合伙人死亡后，关于普通合伙企业应向合伙人的继承人退还被继承合伙人财产份额的下列表述中，正确的有（　）。</td></tr>
<tr><td colspan="2">A. 继承人不愿意成为合伙人
B. 法律规定或合伙协议约定合伙人必须具有相关资格，而该继承人未取得该资格
C. 合伙人的继承人为无民事行为能力人或限制民事行为能力人，全体合伙人未能一致同意将其转为有限合伙人的，合伙企业应当将被继承合伙人的财产份额退还该继承人
D. 合伙协议约定不能成为合伙人的其他情形</td></tr>
<tr><td>继承人成为合伙人的条件</td><td colspan="2">（7）【判断金句】普通合伙人死亡或被依法宣告死亡的，对该合伙人在合伙企业中的财产份额享有合法继承权的继承人，按照合伙协议约定或经全体合伙人一致同意，从继承开始之日起，取得该合伙企业的合伙人资格。</td></tr>
<tr><td rowspan="2">退伙人责任</td><td colspan="2">（8）下列关于普通合伙人退伙后其对合伙企业债务承担的表述中，正确的是（　）。</td></tr>
<tr><td colspan="2">A. 退伙人对基于其退伙前的原因发生的合伙企业债务，承担无限连带责任</td></tr>
</table>

【考点子题一举一反三，真枪实练】

[23]（历年真题·单选题）根据合伙企业法律制度的规定，普通合伙企业协议未约定合伙企业合伙期限的，合伙人在不给合伙企业事务造成不利影响的情况下，可以退伙，但应当提前一定期间通知其他合伙人。该期间是（　）。

A. 10 日　　B. 15 日　　C. 30 日　　D. 60 日

[24]（历年真题·单选题）根据合伙企业法律制度的规定，下列各项中，不属于普通合伙人当然退伙情形的是（　）。

A. 作为合伙人的法人被宣告破产

B. 合伙人未履行出资义务

C. 合伙人个人丧失偿债能力

D. 合伙人在合伙企业中的全部财产份额被人民法院强制执行

[25]（历年真题·多选题）根据合伙企业法律制度的规定，下列属于普通合伙企业合伙人除名的情形有（　）。

A. 合伙人因故意或重大过失给合伙企业造成损失

B. 合伙人执行合伙事务时有不当行为

C. 合伙人被宣告死亡

D. 合伙人未履行出资义务

[26]（经典例题·判断题）王某、孙某、刘某共同出资设立某会计师事务所。合伙协议约定，合伙人必须具有注册会计师资格。后刘某因违规行为被注销注册会计师资格。刘某当然退伙。（ ）

[27]（历年真题·单选题）普通合伙企业合伙人死亡后，关于该合伙人在合伙企业中的财产份额归属与身份继承的下列表述中，不符合合伙企业法律制度规定的是（ ）。

A. 从该合伙人死亡之日起，继承人当然取得该合伙企业的合伙人资格

B. 经全体合伙人一致同意，继承人可以从继承开始之日起，取得该合伙企业的合伙人资格

C. 继承人为无民事行为能力人的，经全体合伙人一致同意，继承人可以转为有限合伙人，普通合伙企业转为有限合伙企业

D. 继承人不愿意成为合伙人的，该合伙企业应当将被继承合伙人的财产份额退还继承人

[28]（历年真题·单选题）赵某、钱某、孙某各出资5万元开办一家经营餐饮的甲普通合伙企业（下称甲企业），合伙期限为5年。甲企业经营期间，孙某提出退伙，赵某、钱某表示同意，并约定孙某放弃一切合伙权利，也不承担合伙债务。后甲企业经营管理不善造成亏损，甲企业财产不足以清偿债务。合伙人对于孙某是否承担退伙前甲企业形成的债务发生争议。下列关于孙某对该债务是否承担责任的表述中，符合合伙企业法律制度规定的是（ ）。

A. 孙某不承担责任

B. 孙某承担无限连带责任

C. 孙某承担补充责任

D. 孙某以其出资额为限承担责任

[29]（历年真题·单选题）根据合伙企业法律制度的规定，下列关于合伙人除名的表述中，正确的是（ ）。

A. 对合伙人的除名决议应当书面通知被除名人

B. 被除名人接到除名通知后提出异议的，除名决议不生效

C. 发生合伙协议约定事由的自动除名，无需经其他合伙人决议

D. 被除名人对除名决议有异议的，应当自除名决议作出之日起15日内向人民法院起诉

考点 6　特殊普通合伙企业

特殊普通合伙企业是指以专业知识和专门技能为客户提供有偿服务的专业服务机构。名称中应标明“特殊普通合伙”字样。

【考点母题——万变不离其宗】特殊普通合伙企业责任承担

故意或重大过失	（1）下列关于特殊普通合伙企业合伙人**因故意或重大过失**给合伙企业造成损失责任承担的表述中，正确的有（　）。
	A. 合伙人执业活动中因故意或者重大过失造成的合伙企业债务，以合伙企业财产对外承担责任后，该合伙人应当按照合伙协议约定，对给合伙企业造成的损失承担赔偿责任 B. **一个合伙人或数个**合伙人在执业活动中**因故意或重大过失**造成合伙企业债务的，应当承担无限责任或无限连带责任 C. **其他合伙人**以其在合伙企业中的财产份额为限承担责任
非因故意或重大过失	（2）下列关于特殊普通合伙企业合伙人**非因故意或重大过失**给合伙企业造成损失责任承担的表述中，正确的是（　）。
	A. 合伙人在执业活动中**非因故意或重大过失**造成的合伙企业债务以及合伙企业的其他债务，由**全体**合伙人承担无限连带责任

【考点子题—举一反三，真枪实练】

[30]（历年真题•多选题）某会计师事务所是特殊的普通合伙企业，李某为合伙人。关于李某在执业活动中造成的合伙企业债务承担的下列表述中，正确的有（　）。

A. 李某造假引起的合伙企业债务，由李某本人承担无限责任

B. 李某造假引起的合伙企业债务，其他合伙人以其在合伙企业中的财产份额为限承担责任

C. 李某造假引起的合伙企业债务，合伙企业对外承担责任后，李某应当按照合伙协议的约定赔偿合伙企业的损失

D. 李某非因故意或重大过失造成的合伙企业债务，全体合伙人承担无限连带责任

第三节 有限合伙企业

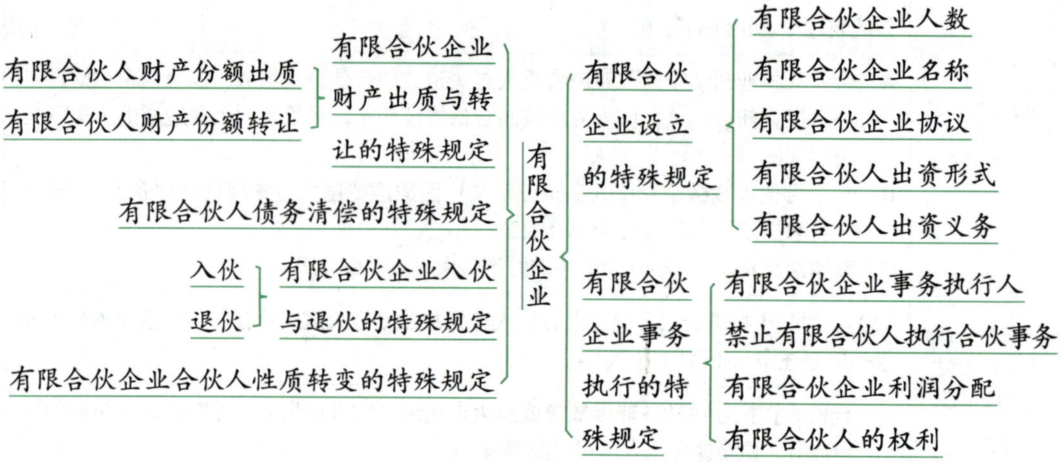

有限合伙企业
- 有限合伙企业财产出质与转让的特殊规定
  - 有限合伙人财产份额出质
  - 有限合伙人财产份额转让
- 有限合伙人债务清偿的特殊规定
- 有限合伙企业入伙与退伙的特殊规定
  - 入伙
  - 退伙
- 有限合伙企业合伙人性质转变的特殊规定
- 有限合伙企业设立的特殊规定
  - 有限合伙企业人数
  - 有限合伙企业名称
  - 有限合伙企业协议
  - 有限合伙人出资形式
  - 有限合伙人出资义务
- 有限合伙企业事务执行的特殊规定
  - 有限合伙企业事务执行人
  - 禁止有限合伙人执行合伙事务
  - 有限合伙企业利润分配
  - 有限合伙人的权利

普通合伙企业	有限合伙企业
是指由普通合伙人组成，合伙人对合伙企业债务承担无限连带责任的企业	是指由有限合伙人和普通合伙人共同组成，普通合伙人对合伙企业债务承担无限连带责任，有限合伙人以其认缴的出资额为限对合伙企业债务承担责任的企业
至少 2 名普通合伙人组成	至少 1 名普通合伙人，至少 1 名有限合伙人（2-50 人）
合伙人均有权执行合伙事务，也可委托 1 名或数名执行，谁执行谁代表	普通合伙人执行合伙企业事务，有限合伙人不执行合伙企业事务，不对外代表合伙企业
合伙人对合伙企业债务承担无限连带责任	普通合伙人承担无限连带责任，有限合伙人以其认缴的出资额为限承担责任

考点 7 有限合伙企业的设立

【考点母题——万变不离其宗】有限合伙企业设立

设立人数	（1）下列关于有限合伙企业人数规定的表述中，正确的有（ ）。	
	A. 有限合伙企业由 2 个以上 50 个以下合伙人设立	
	B. 至少应有 1 个普通合伙人	有限合伙企业仅剩有限合伙人的，应当解散；仅剩普通合伙人的，转为普通合伙企业。

续表

资格	（2）下列属于**不得**成为普通合伙人的有（　）。	
	A. 国有独资公司　B. 国有企业 C. 上市公司　D. 公益性的事业单位、社会团体 **【注意】上述主体可以成为有限合伙人。**	
出资方式	（3）下列属于有限合伙人出资方式的有（　）。	（4）下列**不属于**有限合伙人出资方式的是（　）。
	A. 货币　B. 实物 C. 知识产权　D. 土地使用权 E. 其他财产权利	A. 劳务
名称	（5）下列关于有限合伙企业名称的表述中，正确的是（　）。	
	A. 应标明“有限合伙”字样，不得标明“普通合伙”、“特殊普通合伙”、“有限公司”、“有限责任公司”字样	
合伙协议	（6）下列属于有限合伙协议应载明的事项包括（　）。	
	A. 普通合伙人和有限合伙人的姓名或名称、住所 B. 执行事务合伙人应具备的条件和选择程序 C. 执行事务合伙人权限与违约处理办法 D. 执行事务合伙人的除名条件和更换程序 E. 有限合伙人入伙、退伙的条件及相关责任 F. 有限合伙人和普通合伙人相互转变程序	
有限合伙人出资义务	（7）下列关于有限合伙人出资义务的表述中，正确的有（　）。	
	A. 应当按照合伙协议的约定按期足额缴纳出资 B. 未按期足额缴纳的，应当承担补缴义务，并对其他合伙人承担违约责任	
登记事项	（8）【判断金句】有限合伙企业登记事项中应载明有限合伙人的姓名或名称及认缴的出资数额。	

【考点子题—举一反三，真枪实练】

[31]（历年真题•单选题）下列有关有限合伙企业设立条件的表述中，不符合合伙企业法律制度规定的是（　）。

A. 有限合伙企业至少应有一个普通合伙人

B. 有限合伙企业名称中应当标明“特殊普通合伙”字样

C. 有限合伙人可以用知识产权作价出资

D. 有限合伙人可以是上市公司

考点8 有限合伙企业事务的执行

【考点母题——万变不离其宗】有限合伙企业事务的执行

执行合伙事务的人	（1）下列人员中，有权执行有限合伙企业合伙事务并有权代表合伙企业的是（　）。
	A. 普通合伙人（执行事务合伙人可以要求在合伙协议中确定执行事务的报酬及报酬提取方式。对于报酬的支付方式及其数额，应由合伙协议规定或全体合伙人讨论决定）
不执行合伙事务的人	（2）下列人员中，无权执行有限合伙企业合伙事务也无权代表合伙企业的是（　）。
	A. 有限合伙人
不视为执行事务的行为	**（3）有限合伙人的下列行为，不视为执行有限合伙事务的有（　）。**
	A. 参与决定普通合伙人入伙、退伙　B. 对企业的经营管理提出建议 C. 参与选择承办有限合伙企业审计业务的会计师事务所 D. 获取经审计的有限合伙企业财务会计报告 E. 对涉及自身利益的情况，查阅有限合伙企业财务会计账簿等财务资料 F. 在有限合伙企业中的利益受到侵害时，向有责任的合伙人主张权利或者提起诉讼 G. 执行事务合伙人怠于行使权利时，督促其行使权利或为了本企业的利益以自己的名义提起诉讼 H. 依法为本企业提供担保
不执行、不代表	（4）【判断金句】有限合伙人不执行合伙事务，不得对外代表有限合伙企业。
有限合伙人违反规定执行事务的责任与后果	（5）下列关于有限合伙人违反规定与他人以合伙企业的名义进行交易的责任和法律后果的表述中，正确的有（　）。
	A. 第三人有理由相信有限合伙人为普通合伙人并与其交易的，该有限合伙人对该笔交易承担与普通合伙人同样的责任 B. 有限合伙人未经授权以有限合伙企业名义与他人进行交易，给有限合伙企业或者其他合伙人造成损失的，该有限合伙人应当承担赔偿责任
利润分配	（6）下列关于有限合伙企业利润分配的表述中，正确的是（　）。
	A. 有限合伙企业不得将全部利润分配给部分合伙人；但合伙协议另有约定的除外
有限合伙人的权利	（7）下列关于有限合伙人权利的表述中，正确的有（　）。
	A. 有限合伙人可以同本有限合伙企业进行交易；但合伙协议另有约定的除外 B. 有限合伙人可以自营或同他人合作经营与本有限合伙企业相竞争的业务；但合伙协议另有约定的除外

【考点子题—举一反三，真枪实练】

[32]（历年真题•单选题）根据合伙企业法律制度的规定，下列关于有限合伙企业设立和事务执行的表述中，正确的是（　）。

A. 有限合伙人可以用劳务出资

B. 有限合伙人有权代表合伙企业执行合伙事务

C. 有限合伙企业至少应当有一个普通合伙人

D. 有限合伙企业名称中应当标明“有限责任”字样

[33]（历年真题·多选题）根据合伙企业法律制度的规定，有限合伙人的下列行为，不视为执行合伙事务的有（　）。

A. 参与决定普通合伙人入伙事宜

B. 参与选择承办有限合伙企业审计业务的会计师事务所

C. 就有限合伙企业中的特定事项对外代表本合伙企业

D. 对合伙企业的经营管理提出建议

[34]（经典例题·判断题）由于有限合伙人不能执行合伙企业事务，因此，即使第三人有理由相信有限合伙人为普通合伙人并与其交易的，该有限合伙人对该笔交易也不承担责任。（　）

[35]（历年真题·多选题）根据合伙企业法律制度的规定，下列关于有限合伙企业事务执行的特殊规定的表述中，正确的有（　）。

A. 合伙协议可以约定由有限合伙人执行合伙企业事务

B. 合伙协议可以约定有限合伙企业将全部利润分配给部分合伙人

C. 合伙协议可以约定有限合伙人不得同本企业进行交易

D. 合伙协议可以约定有限合伙人不得经营与本企业相竞争的业务

[36]（历年真题·单选题）李某为甲有限合伙企业的有限合伙人，合伙协议未就合伙人权利义务作特别约定。下列关于李某权利义务的表述中，正确的是（）。

A. 可以执行甲有限合伙企业的合伙事务

B. 不可以自营与甲有限合伙企业相竞争的业务

C. 可以对外代表甲有限合伙企业

D. 可以同甲有限合伙企业进行交易

考点9　有限合伙企业财产份额出质与转让

【考点母题——万变不离其宗】有限合伙企业财产份额出质与转让

财产出质	（1）下列关于有限合伙人财产份额出质的表述中，正确的是（　）。
	A. 有限合伙人可以将其在有限合伙企业中的财产份额出质；但合伙协议另有约定的除外

续表

财产转让	（2）下列关于有限合伙人财产份额转让的表述中，正确的是（ ）。
	A. 有限合伙人**可以按照合伙协议的约定**向合伙人以外的人转让其在有限合伙企业中的财产份额，但应当提前**30日通知**其他合伙人
【注意】有限合伙人财产份额的出质与普通合伙人不同。有限合伙人可以自行决定将其财产份额出质，除非合伙协议另有约定。普通合伙人将其财产份额出质须经其他合伙人一致同意，否则，出质行为无效，不允许合伙协议另行约定。	

【考点子题—举一反三，真枪实练】

[37]（历年真题•多选题）根据合伙企业法律制度的规定，除有限合伙企业合伙协议另有约定外，下列行为中，有限合伙人可以实施的有（ ）。

A. 将其在有限合伙企业中的财产份额出质

B. 对外代表有限合伙企业

C. 同本有限合伙企业进行交易

D. 同他人合作经营与本有限合伙企业相竞争的业务

[38]（经典例题•单选题）王某是甲有限合伙企业的有限合伙人，在合伙协议无特别约定的情形下，关于王某在合伙期间未经其他合伙人同意实施的下列行为中，不符合合伙企业法律制度规定的是（ ）。

A. 将自购的机器设备出租给合伙企业使用

B. 以合伙企业的名义购买汽车一辆归合伙企业使用

C. 以自己在合伙企业中的财产份额向银行提供质押担保

D. 提前30日通知其他合伙人将其部分合伙财产份额转让给合伙人以外的人

考点10 有限合伙企业债务清偿的特殊规定

【考点母题——万变不离其宗】有限合伙企业债务清偿的特殊规定

下列关于有限合伙人债务清偿的表述中，正确的有（ ）。
A. 该合伙人可以以其从有限合伙企业中分取的收益用于清偿 B. 债权人也可以依法请求人民法院强制执行该合伙人在有限合伙企业中的财产份额用于清偿 C. 人民法院强制执行有限合伙人的财产份额时，应当通知全体合伙人；在同等条件下，其他合伙人有优先购买权

【考点子题—举一反三，真枪实练】

[39]（经典例题•多选题）根据合伙企业法的规定，下列关于有限合伙人债务清偿的表述中，符合合伙企业法律制度规定的有（ ）。

A. 该合伙人可以以其从有限合伙企业中分取的收益用于清偿

B. 债权人可以依法请求人民法院强制执行该合伙人在有限合伙企业中的财产份额用于清偿

C. 人民法院强制执行有限合伙人的财产份额时，应当取得全体合伙人的一致同意

D. 人民法院强制执行有限合伙人的财产份额时，应通知全体合伙人，在同等条件下，其他合伙人有优先购买权

考点11 有限合伙企业的入伙与退伙

【考点母题——万变不离其宗】有限合伙企业的入伙与退伙

入伙	（1）下列关于**新入伙的有限合伙人对入伙前合伙企业的债务**承担责任的表述中，正确的是（　）。
	A. 以**认缴的出资额**为限承担责任
当然退伙	（2）下列属于有限合伙人当然退伙情形的有（　）。
	A. 作为合伙人的自然人死亡或被依法宣告死亡 B. 作为合伙人的法人或其他组织依法被吊销营业执照、责令关闭、撤销，或被宣告破产 C. 法律规定或合伙协议约定合伙人必须具有相关资格而丧失该资格 D. 合伙人在合伙企业中的全部财产份额被人民法院强制执行
合伙人丧失民事行为能力的处理	（3）下列关于有限合伙人丧失民事行为能力处理的表述中，正确的是（　）。
	A. 其他合伙人不得因此要求丧失民事行为能力的有限合伙人退伙
继承人的权利	（4）下列关于有限合伙人继承人权利的表述中，正确的是（　）。
	A. 继承人或权利承受人可依法取得该有限合伙人在有限合伙企业中的资格 【注意】与普通合伙人的继承人的权利不同。
退伙的责任	（5）下列关于有限合伙人退伙后责任承担的表述中，正确的是（　）。
	A. 有限合伙人对基于其退伙前的原因发生的有限合伙企业债务，以其退伙时从有限合伙企业中**取回的财产**承担责任

【考点子题一举一反三，真枪实练】

[40]（历年真题•多选题）根据合伙企业法律制度的规定，有限合伙人出现一定情形时当然退伙。下列属于有限合伙人当然退伙情形的有（　）。

A. 有限合伙人丧失民事行为能力的

B. 有限合伙人死亡的

C. 有限合伙人必须具有特定资格但该合伙人丧失该资格的

D. 有限合伙人在合伙企业中的部分财产份额被人民法院强制执行的

[41](历年真题•单选题)下列关于有限合伙企业中有限合伙人入伙与退伙的表述中，符合合伙企业法律制度规定的是(　　)。

A. 新入伙的有限合伙人对入伙前有限合伙企业的债务，以其实缴的出资额为限承担责任

B. 作为有限合伙的自然人，在有限合伙企业存续期间丧失民事行为能力的，该有限合伙人当然退伙

C. 退伙后的有限合伙人对基于其退伙前的原因发生的有限合伙企业的债务，以其退伙时从有限合伙企业中取回的财产为限承担责任

D. 退伙后的有限合伙人对基于其退伙前的原因发生的有限合伙企业的债务，以其实缴的出资额为限承担责任

[42](历年真题•单选题)张某、李某和王某共同设立甲有限合伙企业(以下简称“甲企业”)从事私募股权投资，合伙协议对入伙事项没有特别约定。2022年3月，乙公司拟成为甲企业有限合伙人。下列关于乙公司入伙的表述中，正确的是(　　)。

A. 经张某和王某二人同意，乙公司可成为新的有限合伙人

B. 对入伙前甲企业的债务，乙公司以其认缴的出资额为限承担责任

C. 乙公司入伙后，不得参与选择承办甲企业审计业务的会计师事务所

D. 乙公司入伙后，不得自营与甲企业相竞争的业务

有限合伙企业合伙人性质转变的特殊规定

【考点母题——万变不离其宗】有限合伙企业合伙人性质转变的责任承担

转变条件	(1)下列关于有限合伙人转变为普通合伙人或普通合伙人转变为有限合伙人条件的表述中，正确的是(　　)。
	A. 除合伙协议另有约定外，应当经全体合伙人一致同意
转变为普通合伙人责任承担	(2)下列关于有限合伙人转变为普通合伙人的责任承担的表述中，正确的是(　　)。
	A. 有限合伙人转变为普通合伙人的，对其作为有限合伙人期间合伙企业发生的债务承担无限连带责任
转变为有限合伙人责任承担	(3)下列关于普通合伙人转变为有限合伙人的责任承担的表述中，正确的是(　　)。
	A. 普通合伙人转变为有限合伙人的，对其作为普通合伙人期间合伙企业发生的债务承担无限连带责任

【考点子题—举一反三，真枪实练】

[43]（历年真题•单选题）2014年3月，王某、刘某、李某、赵某成立甲有限合伙企业（下称甲企业）。王某、刘某为普通合伙人，李某、赵某为有限合伙人。2015年3月，经全体合伙人同意，李某转为普通合伙人；刘某转为有限合伙人；王某退伙。2014年8月甲企业欠银行30万元，直至2017年3月甲企业被宣告破产仍未清偿。下列关于王某、刘某、李某、赵某对30万元债务承担责任的表述中，符合合伙企业法律制度规定的是（　）。

A. 王某应承担无限连带责任

B. 刘某应以其认缴的出资额为限承担清偿责任

C. 李某应以其认缴的出资额为限承担清偿责任

D. 赵某应以其实缴的出资额为限承担清偿责任

[44]（历年真题•多选题）2011年5月，赵某、钱某、孙某共同出资设立甲有限合伙企业（下称甲企业），赵某为普通合伙人，出资20万元，钱某、孙某为有限合伙人，各出资15万元。2012年，甲企业向银行借款50万元，该借款于2015年到期。2014年，经全体合伙人同意赵某转变为有限合伙人，孙某转变为普通合伙人。2015年，甲企业无力偿还50万元到期借款，合伙人就如何偿还该借款发生争议。下列关于赵某、钱某、孙某承担上述50万元借款责任的表述中，符合合伙企业法律制度规定的有（　）。

A. 赵某、孙某应承担无限连带责任

B. 孙某以15万元为限承担有限责任

C. 赵某以15万元为限承担有限责任

D. 钱某以15万元为限承担有限责任

第四节　合伙企业的解散与清算

- 合伙企业的解散与清算
  - 合伙企业的解散
  - 合伙企业的清算
    - 确定清算人
    - 清算人职责
    - 通知和公告债权人
    - 财产清偿顺序
    - 注销登记
    - 合伙企业不能清偿到期债务的处理

考点13　合伙企业的解散和清算

【考点母题——万变不离其宗】合伙企业的解散

下列情形中，属于合伙企业解散情形的有（　）。	
A. 合伙期限届满，合伙人决定不再经营	B. 合伙协议约定的解散事由出现
C. 全体合伙人决定解散	D. 合伙人已不具备法定人数满30天
E. 合伙协议约定的合伙目的已经实现或无法实现	F. 依法被吊销营业执照、责令关闭或者被撤销

【考点子题—举一反三，真枪实练】

[45]（经典例题•多选题）根据合伙企业法律制度的规定，下列各项中，属于合伙企业应当解散情形的有（　）。

A. 合伙人因决策失误给合伙企业造成重大损失

B. 合伙企业被依法吊销营业执照

C. 合伙企业的合伙人已不具备法定人数满30天

D. 合伙协议约定的合伙目的无法实现

【考点母题——万变不离其宗】合伙企业的清算

清算人	（1）下列关于合伙企业清算人确定的表述中，正确的有（　）。

续表

<table>
<tr><td>清算人</td><td colspan="2">A. 可以由全体合伙人担任清算人
B. 经全体合伙人过半数同意，可以自合伙企业解散事由出现后 15 日内指定一个或数个合伙人担任清算人
C. 经全体合伙人过半数同意，可以自合伙企业解散事由出现后 15 日内委托第三人担任清算人
D. 自合伙企业解散事由出现之日起 15 日内未确定清算人的，合伙人或其他利害关系人可申请人民法院指定清算人</td></tr>
<tr><td rowspan="2">清算人职责</td><td colspan="2">（2）下列各项中，属于清算人职责的有（　）。</td></tr>
<tr><td colspan="2">A. 清理合伙企业财产，分别编制资产负债表和财产清单
B. 处理与清算有关的合伙企业未了结事务
C. 清缴所欠税款　　D. 清理债权、债务
E. 处理合伙企业清偿债务后的剩余财产　　F. 代表合伙企业参加诉讼或者仲裁活动</td></tr>
<tr><td rowspan="4">清偿顺序</td><td colspan="2">（3）下列关于合伙企业财产清偿顺序的表述中，正确的有（　）。</td></tr>
<tr><td rowspan="2">A. 合伙企业的财产首先用于支付合伙企业的清算费用</td><td>（4）下列各项中，属于清算费用的有（　）。</td></tr>
<tr><td>A. 管理合伙企业财产的费用，如仓储费、保管费、保险费等
B. 处分合伙企业财产的费用，如聘任工作人员的费用等
C. 清算过程中的其他费用，如通告债权人的费用、调查债权的费用、咨询费用、诉讼费用等</td></tr>
<tr><td colspan="2">B. 合伙企业职工工资、社会保险费用和法定补偿金
C. 缴纳所欠税款　　D. 清偿债务</td></tr>
<tr><td rowspan="2">注销登记（破产后）后的责任</td><td colspan="2">（5）下列关于合伙企业注销登记后（破产后）普通合伙人责任的表述中，正确的是（　）。</td></tr>
<tr><td colspan="2">A. 合伙企业注销（宣告破产后）后，原普通合伙人对合伙企业存续期间的债务仍应承担无限连带责任</td></tr>
</table>

【考点子题—举一反三，真枪实练】

[46]（历年真题•单选题）根据合伙企业法律制度的规定，下列关于合伙企业清算人确定的表述中，正确的是（　）。

A. 自合伙企业解散事由出现之日起 15 日内未确定清算人的，合伙人可以申请人民法院指定清算人

B. 清算人只能在执行合伙企业事务的合伙人中选任

C. 合伙企业不可以委托合伙人以外的第三人担任清算人

D. 合伙人担任清算人必须经全体合伙人一致同意

[47]（历年真题•单选题）某普通合伙企业决定解散，经清算人确认：企业欠职工工资和社会保险费用 10 000 元，欠国家税款 8 000 元，另外发生清算费用 3 000 元。下列几种清偿顺序中，符合合伙企业法律制度规定的是（　）。

A. 先支付职工工资和社会保险费用，再缴纳税款，然后支付清算费用

B. 先缴纳税款，再支付职工工资和社会保险费用，然后支付清算费用

C. 先支付清算费用，再缴纳税款，然后支付职工工资和社会保险费用

D. 先支付清算费用，再支付职工工资和社会保险费用，然后缴纳税款

[48]（历年真题•单选题）张某、李某、刘某共同出资设立的甲普通合伙企业（下称甲企业），经全体合伙人一致同意决定解散。清算过程中，甲企业的财产及其合伙人的财产不足以偿清合伙企业的债务。清算结束后，下列关于甲企业可否注销及其剩余债务解决方法的表述中，符合合伙企业法律制度规定的是（　）。

A. 可以注销甲企业，剩余债务由张某、李某、刘某承担无限连带责任

B. 不能注销甲企业，债权人在清算结束后连续5年内，享有继续请求清偿的权利

C. 不能注销甲企业，剩余债务由张某、李某、刘某承担无限连带责任

D. 可以注销甲企业，剩余债务不再清偿

[49]（经典例题•多选题）根据合伙企业法律制度的规定，下列各项中，属于合伙企业清算费用的有（　）。

A. 仓储费

B. 聘用工作人员的费用

C. 通告债权人的费用

D. 咨询费用

[本章考点子题答案与解析]

[1] 【答案：ACD】国有独资公司、国有企业、上市公司以及公益性的事业单位、社会团体不得成为普通合伙人。

[2] 【答案：CD】普通合伙企业应有两个以上合伙人，故选项A不正确。普通合伙人可以用货币、实物、知识产权、土地使用权或者其他财产权利出资，也可以用劳务出资，故选项C正确。设立普通合伙企业，应当有合伙人认缴或者实际缴付的出资。合伙协议生效后，合伙人应当按照合伙协议的规定缴纳出资，而不是必须一次性实缴，故选项B不正确；合伙协议应当依法由全体合伙人协商一致，以书面形式订立，故选项D正确。

[3] 【答案：ACD】合伙人以实物、知识产权、土地使用权或者其他财产权利出资，需要评估作价的，可以由全体合伙人协商确定，也可以由全体合伙人委托法定评估机构评估。合伙企业的营业执照签发日期，为合伙企业的成立日期。以非货币财产出资的，依照法律、行政法规的规定，需要办理财产权转移手续的，应当依法办理。普通合伙企业应当在其名称中标明"普通合伙"字样。

[4] 【答案：BCD】合伙协议须经全体合伙人协商一致订立。全体合伙人签字、盖章后生效。故选项A不正确。

[5] 【答案：D】国有独资公司、国有企业、上市公司以及公益性的事业单位、社会团体不得成为普通合伙人。

[6] 【答案：D】合伙企业的财产由合伙人认缴的出资，本题选不属于的情形，故选项A不选、以合伙

企业名义取得的收益、依法取得的其他财产构成，专利权属于其他财产，故选项 B 不选。接受捐赠的财产属于依法取得的其他财产，故选项 C 不选。 选项 D 中承租的财产不属于合伙企业的财产，符合题意，故选项 D 应选。

[7] 【答案：ABD】以合伙企业名义取得的收益，包括合伙企业的公共积累资金、未分配的盈余、合伙企业债权、合伙企业取得的工业产权和非专利技术等财产权利。选项 C 只是商标使用权，并不是该企业取得的商标权，故选项 C 不选。

[8] 【答案：B】合伙人以实物、知识产权、土地使用权或者其他财产权利出资，需要评估作价的，可以由全体合伙人协商确定，也可以由全体合伙人委托法定评估机构评估，选项 A 不正确；合伙企业的原始财产是全体合伙人认缴的财产，选项 C 不正确；合伙企业清算时，其财产首先用于支付合伙企业的清算费用，选项 D 不正确。

[9] 【答案：AD】合伙人以其在合伙企业中的财产份额出质的，须经其他合伙人一致同意（不允许合伙协议另行约定）；未经其他合伙人一致同意，其行为无效，由此给善意第三人造成损失的，由行为人依法承担赔偿责任。

[10] 【答案：A】除合伙协议另有约定外，合伙人向合伙人以外的人转让其在合伙企业中的全部或者部分财产份额时，须经其他合伙人一致同意。 合伙人之间转让在合伙企业中的全部或者部分财产份额时，应当通知其他合伙人。合伙人向合伙人以外的人转让其在合伙企业中的财产份额的，在同等条件下，其他合伙人有优先购买权；但合伙协议另有约定的除外。选项 A 是故意将有限责任公司股东向股东以外的转让的规定混淆视听。故选项 A 符合题意，应选。

[11] 【答案：B】合伙人以外的人依法受让合伙人在合伙企业中的财产份额的，经修改合伙协议即成为合伙企业的合伙人，依照《合伙企业法》和修改后的合伙协议享有权利，履行义务。

[12] 【答案：ABC】除合伙协议另有约定外，普通合伙企业的下列事项应当经全体合伙人一致同意：①改变合伙企业的名称，故选项 A 正确；②改变合伙企业的经营范围、主要经营场所的地点；③处分合伙企业的不动产；④转让或者处分合伙企业的知识产权和其他财产权利，故选项 B 正确；⑤以合伙企业名义为他人提供担保；⑥聘任合伙人以外的人担任合伙企业的经营管理人员，故选项 C 正确。选项 D 不属于须经一致同意的事项，合伙人之间转让财产份额只需通知其他合伙人，故选项 D 不选。

[13] 【答案：ACD】除合伙协议另有约定外，处分合伙企业的不动产、改变合伙企业的名称须经全体合伙人一致同意，故选项 AC 正确。合伙人不得自营或者同他人合作经营与本合伙企业相竞争的业务，该规定是法律的强制性规定，不得由合伙协议另行约定，故选项 B 不正确。除合伙协议另有约定或者经全体合伙人一致同意外，合伙人不得同本合伙企业进行交易。选项 D 属于关联交易，是相对禁止，即只要合伙协议另有约定或全体合伙人一致同意，即可与本合伙企业进行交易，选项 D 正确。其他选项均可以由合伙协议另行约定。

[14] 【答案：A】执行合伙事务的人对外代表合伙企业，故选项 A 正确；除合伙协议另有约定外，普通合伙企业的下列事项应当经全体合伙人一致同意：改变合伙企业的经营范围、主要经营场所的地点；处分合伙企业的不动产，故选项 BC 不正确。合伙人不得自营与本合伙企业相竞争的业务，故选项 D 不正确。

[15] 【答案：B】普通合伙人有平等执行合伙企业事务的权利，不论持有份额多少，故选项 A 不正确。

委托一个或数个合伙人执行合伙企业事务，其他合伙人不再执行合伙事务，故选项 B 正确。合伙人分别执行合伙事务的，执行事务合伙人可以对其他合伙人执行的事务提出异议。提出异议时，应当暂停该项事务的执行，故选项 C 不正确。受委托执行事务的合伙人不按照合伙协议或全体合伙人的决定执行合伙事务的，其他合伙人可以决定撤销该委托，故选项 D 不正确。

[16]【答案: ACD】合伙协议不得约定将全部利润分配给部分合伙人或者由部分合伙人承担全部亏损。故选项 B 不正确。除合伙协议另有约定或者经全体合伙人一致同意外，合伙人不得同本合伙企业进行交易。除合伙协议另有约定外，聘任合伙人以外的人担任合伙企业的经营管理人员须经全体合伙人一致同意。每个合伙人均有权查阅合伙企业会计账簿等财务资料的权利。

[17]【答案: D】合伙企业的利润分配、亏损分担，按照合伙协议的约定办理；合伙协议未约定或者约定不明确的，由合伙人协商决定；协商不成的，由合伙人按照实缴出资比例分配、分担；无法确定出资比例的，由合伙人平均分配、分担。合伙协议不得约定将全部利润分配给部分合伙人或者由部分合伙人承担全部亏损，故选项 C 中的“合伙协议另有约定”的表述不正确，法律不允许合伙协议另有约定，故选项 C 不正确。注意：利润分配和亏损分担的原则是有顺序的，第一顺序：合伙协议约定优先；第二顺序：合伙协议未约定时，协商确定；第三顺序：协商不成，实缴出资比例分配、分担；第四顺序：无法确定出资比例，平均分配和分担。本题中，选项 A“只能”的表述不符合法律规定，故不选。选项 B 中“只能”的表述不正确，故不选。

[18]【答案: ABD】由一个或者数个合伙人执行合伙事务的，其执行合伙事务所产生的收益归合伙企业，所产生的费用和亏损由合伙企业承担，选项 C 不正确。

[19]【答案: ABCD】合伙人之间的分担比例对债权人没有约束力。债权人可以根据自己的清偿利益，请求全体合伙人中的一人或数人承担全部清偿责任，也可以按照自己确定的清偿比例向各合伙人分别追索。故合伙人之间约定的债务分担比例对债权人丁没有约束力，债权人丁可以根据自己的清偿利益，确定各合伙人的清偿比例，故选项 ABCD 均正确。

[20]【答案: C】合伙人发生与合伙企业无关的债务，相关债权人不得以其债权抵销其对合伙企业的债务，故选项 C 应选；也不得代位行使合伙人在合伙企业中的权利，故选项 D 不选。合伙人的自有财产不足清偿其与合伙企业无关的债务的，该合伙人可以其从合伙企业中分取的收益用于清偿，故选项 A 不选；债权人也可以依法请求人民法院强制执行该合伙人在合伙企业中的财产份额用于清偿，故选项 B 不选。注意：本题考核的是“不符合”的情形。

[21]【答案: C】人民法院强制执行普通合伙企业合伙人的财产份额，应当通知全体合伙人，其他合伙人有优先购买权。其他合伙人未购买，又不同意将该财产份额转让给他人的，应办理退伙结算或削减该合伙人相应财产份额的结算。

[22]【答案: B】如原合伙人愿意以更优越的条件吸引新合伙人入伙，或者新合伙人愿意以较为不利的条件入伙，也可以在入伙协议中另行约定。新合伙人对入伙前合伙企业的债务承担无限连带责任。本题考核的是新入伙的合伙人对入伙前合伙企业的债务是否承担责任。因法律规定赵某应对入伙前的合伙企业债务承担无限连带责任，故选项 ACD 不正确。值得注意的是，赵某入伙时入伙协议可以约定赵某对入伙前的债务不承担责任，但这种约定只约束合伙人，对合伙企业的债权人是没有约束力的。

[23]【答案: C】通知退伙是合伙协议未约定合伙期限的，合伙人在不给合伙企业事务执行造成不利影

响的情况下，可以退伙，但应当提前 30 日通知其他合伙人。故选项 C 正确。

[24]【答案：B】根据合伙企业法律制度的规定，合伙人有下列情形之一的，当然退伙：①作为合伙人的自然人死亡或者被依法宣告死亡，本题选不属于的情形；②个人丧失偿债能力，故选项 C 不选；③作为合伙人的法人或者其他组织依法被吊销营业执照、责令关闭、撤销，或者被宣告破产，故选项 A 不选；④法律规定或者合伙协议约定合伙人必须具有相关资格而丧失该资格；⑤合伙人在合伙企业中的全部财产份额被人民法院强制执行，故选项 D 不选。选项 B 属于除名情形。故选项 B 应选。

[25]【答案：ABD】合伙人有下列情形之一的，经其他合伙人一致同意，可以决议将其除名：①未履行出资义务；②因故意或者重大过失给合伙企业造成损失；③执行合伙事务时有不正当行为；④发生合伙协议约定的事由。故选项 ABD 应选。

[26]【答案：√】合伙人有下列情形的，当然退伙：法律规定或者合伙协议约定合伙人必须具有相关资格而丧失该资格。本题中，合伙协议约定合伙人必须有注册会计师资格，刘某丧失该资格后，当然退伙。

[27]【答案：A】合伙人死亡或者被依法宣告死亡的，对该合伙人在合伙企业中的财产份额享有合法继承权的继承人，按照合伙协议的约定或者经全体合伙人一致同意，从继承开始之日起，取得该合伙企业的合伙人资格，本题要求选不符合的情形，故选项 A 应选。有下列情形之一的，合伙企业应当向合伙人的继承人退还被继承合伙人的财产份额：①继承人不愿意成为合伙人；②法律规定或者合伙协议约定合伙人必须具有相关资格，而该继承人未取得该资格；③合伙协议约定不能成为合伙人的其他情形。合伙人的继承人为无民事行为能力人或者限制民事行为能力人的，经全体合伙人一致同意，可以依法成为有限合伙人，普通合伙企业依法转为有限合伙企业。全体合伙人未能一致同意的，合伙企业应当将被继承合伙人的财产份额退还该继承人。选项 BCD 均符合法律规定，故选项 BCD 不选。

[28]【答案：B】退伙人对基于其退伙前的原因发生的合伙企业债务，承担无限连带责任。故选项 B 正确。

[29]【答案：A】对合伙人的除名决议应当书面通知被除名人；被除名人接到除名通知之日，除名生效，故选项 B 不正确；被除名人对除名决议有异议的，可以自接到除名通知之日起 30 日内，向法院起诉，故选项 D 不正确。普通合伙人发生法定除名情形的，经其他合伙人一致同意，可以决议将其除名，故选项 C 不正确。

[30]【答案：ABCD】一个合伙人或者数个合伙人在执业活动中因故意或者重大过失造成合伙企业债务的，应当承担无限责任或者无限连带责任，其他合伙人以其在合伙企业中的财产份额为限承担责任。本题中，李某造假主观上是故意的，故应承担无限责任，选项 A 正确，其他合伙人以其在合伙企业中的财产份额为限承担责任，故选项 B 正确。合伙人在执业活动中非因故意或者重大过失造成的合伙企业债务以及合伙企业的其他债务，由全体合伙人承担无限连带责任，故选项 D 正确。合伙人执业活动中因故意或者重大过失造成的合伙企业债务，以合伙企业财产对外承担责任后，该合伙人应当按照合伙协议的约定，对给合伙企业造成的损失承担赔偿责任，故选项 C 正确。

[31]【答案：B】有限合伙企业至少应当有 1 个普通合伙人，本题要求选择不符合的情形，故选项 A 不选。国有独资公司、国有企业、上市公司以及公益性的事业单位、社会团体不得成为有限合伙企

业的普通合伙人，但可以成为有限合伙人，故选项D不选。有限合伙企业名称中应当标明“有限合伙”字样，不能标明“特殊普通合伙企业”字样，故选项B符合题意，应选。有限合伙人可以用货币、实物、知识产权、土地使用权或者其他财产权利作价出资，故选项C不选。

[32]【答案：C】有限合伙企业至少应当有1个普通合伙人。有限合伙企业名称中应当标明“有限合伙”字样，不能标明“特殊普通合伙企业”字样。有限合伙人可以用货币、实物、知识产权、土地使用权或者其他财产权利作价出资，不得以劳务出资。有限合伙人不执行合伙事务，不得对外代表有限合伙企业。故选项C正确。

[33]【答案：ABD】有限合伙人不执行合伙事务，不得对外代表有限合伙企业。有限合伙人的下列行为，不视为执行合伙事务：(1)参与决定普通合伙人入伙、退伙；故选项A正确。(2)对企业的经营管理提出建议；故选项D正确。(3)参与选择承办有限合伙企业审计业务的会计师事务所；故选项B正确。(4)获取经审计的有限合伙企业财务会计报告；(5)对涉及自身利益的情况，查阅有限合伙企业财务会计账簿等财务资料；(6)在有限合伙企业中的利益受到侵害时，向有责任的合伙人主张权利或者提起诉讼；(7)执行事务合伙人怠于行使权利时，督促其行使权利或者为了本企业的利益以自己的名义提起诉讼；(8)依法为本企业提供担保。有限合伙人不得执行合伙企业事务，故选项C不正确。

[34]【答案：×】第三人有理由相信有限合伙人为普通合伙人并与其交易的，该有限合伙人对该笔交易承担与普通合伙人同样的责任。

[35]【答案：BCD】有限合伙企业不得将全部利润分配给部分合伙人；但合伙协议另有约定的除外，即有限合伙企业的合伙协议可以约定将全部利润分配给部分合伙人，故选项B正确。有限合伙人可以同本有限合伙企业进行交易；但合伙协议另有约定的除外，即合伙协议可以禁止关联交易，故选项C正确。有限合伙人可以自营或者同他人合作经营与本有限合伙企业相竞争的业务；但合伙协议另有约定的除外，即合伙协议可以禁止有限合伙人经营与本企业相竞争的业务，故选项D正确。法律禁止有限合伙人执行合伙企业事务，合伙协议对此不得约定，故选项A不正确。

[36]【答案：D】有限合伙人不执行合伙事务，不得对外代表有限合伙企业，选项AC不正确；有限合伙人可以自营或同他人合作经营与本有限合伙企业相竞争的业务；但合伙协议另有约定的除外，选项B不正确。

[37]【答案：ACD】有限合伙人可以同本有限合伙企业进行交易；但合伙协议另有约定的除外。有限合伙人可以自营或者同他人合作经营与本有限合伙企业相竞争的业务；但合伙协议另有约定的除外。有限合伙人可以将其在有限合伙企业中的财产份额出质；但合伙协议另有约定的除外。禁止有限合伙人执行合伙企业事务。

[38]【答案：B】有限合伙人可以同本有限合伙企业进行交易；但合伙协议另有约定的除外。有限合伙人不执行合伙事务，不得对外代表有限合伙企业。故选项B不符合法律规定。有限合伙人可以将其在有限合伙企业中的财产份额出质；但合伙协议另有约定的除外。有限合伙人可以按照合伙协议的约定向合伙人以外的人转让其在有限合伙企业中的财产份额，但应当提前30日通知其他合伙人。

[39]【答案：ABD】有限合伙人的自有财产不足清偿其与合伙企业无关的债务的，该合伙人可以以其从有限合伙企业中分取的收益用于清偿，故选项A正确；债权人也可以依法请求人民法院强制执行

该合伙人在有限合伙企业中的财产份额用于清偿，故选项B正确。人民法院强制执行有限合伙人的财产份额时，应当通知全体合伙人，故选项C不正确。在同等条件下，其他合伙人有优先购买权，故选项D正确。

[40]【答案：BC】有限合伙人当然退伙的情形包括：①作为合伙人的自然人死亡或者被依法宣告死亡，故选项B正确；②作为合伙人的法人或者其他组织依法被吊销营业执照、责令关闭、撤销，或者被宣告破产；③法律规定或者合伙协议约定合伙人必须具有相关资格而丧失该资格，故选项C正确；④合伙人在合伙企业中的全部财产份额被人民法院强制执行，选项D不正确，因部分财产份额被法院执行并不丧失合伙人资格，不属于退伙情形。作为有限合伙人的自然人在有限合伙企业存续期间丧失民事行为能力的，其他合伙人不得因此要求其退伙，故选项A不正确。

[41]【答案：C】有限合伙人退伙后，对基于其退伙前的原因发生的有限合伙企业债务，以其退伙时从有限合伙企业中取回的财产承担责任，故选项C正确，选项D不正确。新入伙的有限合伙人对入伙前有限合伙企业的债务，以其认缴的出资额为限承担责任。故选项A不正确。作为有限合伙人的自然人在有限合伙企业存续期间丧失民事行为能力的，其他合伙人不得因此要求其退伙，故选项B不正确。

[42]【答案：B】有限合伙人可以自营或者同他人合作经营与本有限合伙企业相竞争的业务；但合伙协议另有约定的除外。新入伙的有限合伙人对入伙前有限合伙企业的债务，以其认缴的出资额为限承担责任。有限合伙人参与选择承办有限合伙企业审计业务的会计师事务所的行为，不视为执行合伙事务。故选项B正确。

[43]【答案：A】有限合伙人转变为普通合伙人的，对其作为有限合伙人期间有限合伙企业发生的债务承担无限连带责任，故李某应承担无限连带责任，故选项C不正确。普通合伙人转变为有限合伙人的，对其作为普通合伙人期间合伙企业发生的债务承担无限连带责任，故刘某应承担无限连带责任，故选项B不正确。普通合伙人对其退伙前合伙企业的债务承担连带责任。本题中，王某为普通合伙人，合伙企业的30万元债务发生在其退伙前，王某应承担无限连带责任，故选项A正确。有限合伙人以其认缴的出资额为限承担责任，赵某作为有限合伙人，应以其认缴的出资额为限承担责任，而不是实缴的出资额为限承担责任，故选项D不正确。

[44]【答案：AD】有限合伙人转变为普通合伙人的，对其作为有限合伙人期间有限合伙企业发生的债务承担无限连带责任。普通合伙人转变为有限合伙人的，对其作为普通合伙人期间合伙企业发生的债务承担无限连带责任，故赵某、孙某均应承担无限连带责任，选项A正确，选项BC不正确。钱某仍为有限合伙人故以其认缴的出资额15万元为限承担责任，故选项D正确。

[45]【答案：BCD】合伙企业有下列情形之一的，应当解散：（1）合伙期限届满，合伙人决定不再经营；（2）合伙协议约定的解散事由出现；（3）全体合伙人决定解散；（4）合伙人已不具备法定人数满30天；（5）合伙协议约定的合伙目的已经实现或者无法实现；（6）依法被吊销营业执照、责令关闭或者被撤销；（7）法律、行政法规规定的其他原因。注意，合伙人已不具备法定人数满30天就解散，选项C已有2个月低于法定人数，更应该解散。选项A属于合伙人除名的情形。故选项A不选。

[46]【答案：A】清算人可以由全体合伙人担任；经全体合伙人过半数同意，可以自合伙企业解散事由出现后15日内指定一个或数个合伙人或委托第三人担任清算人；自合伙企业解散事由出现之日起

15日内未确定清算人的，合伙人或利害关系人可申请人民法院指定清算人。

[47]【答案：D】合伙企业的财产首先用于支付合伙企业的清算费用。支付合伙企业的清算费用后的清偿顺序如下：合伙企业职工工资、社会保险费用和法定补偿金；缴纳所欠税款；清偿债务。故选项D正确。

[48]【答案：A】清算结束，清算人应当编制清算报告，经全体合伙人签名、盖章后，在15日内向企业登记机关报送清算报告，申请办理合伙企业注销登记。经企业登记机关注销登记，合伙企业终止。合伙企业注销后，原普通合伙人对合伙企业存续期间的债务仍应承担无限连带责任，故选项A正确，选项BCD不正确。

[49]【答案：ABCD】合伙企业的清算费用包括：①管理合伙企业财产的费用，如仓储费、保管费、保险费等；②处分合伙企业财产的费用，如聘任工作人员的费用等；③清算过程中的其他费用，如通告债权人的费用、调查债权的费用、咨询费用、诉讼费用等。

第 4 章　物权法律制度

扫码畅听增值课

本章内容主要包括物权法通则、所有权、用益物权、担保物权、占有五个方面。具体知识结构分布图如 4-1。

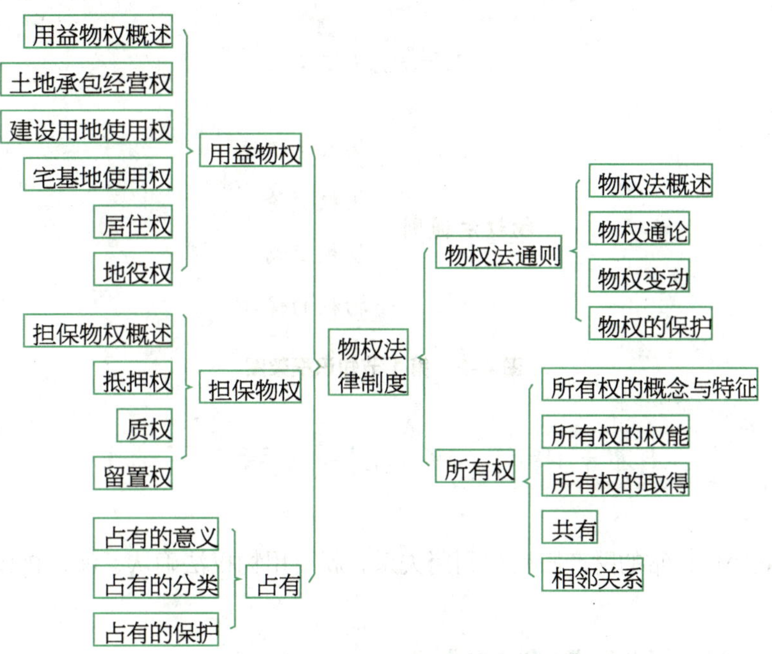

图 3-1　第 4 章知识框架图

2022年本章考试题型及分值分布

题型	2022（1 卷）	2022（2 卷）	2022（3 卷）
单选题	4 题 4 分	4 题 4 分	4 题 4 分
多选题	3 题 6 分	3 题 6 分	3 题 6 分
判断题	1 题 1 分	—	1 题 1 分
简答题	3 题 6 分	—	—
综合题	1 题 2 分	2 题 4 分	1 题 2 分
合计	12 题 19 分	9 题 14 分	9 题 13 分

大纲要求

掌握：物权变动，担保物权，包括担保物权概述、抵押权、质权、留置权；

熟悉：物权通论，物权的保护，所有权的取得、共有，土地承包经营权、建设用地使用权、居住权，占有的意义、分类与保护；

了解：物权法的概念与属性，所有权的概念、特征、权能以及相邻关系，用益物权的概念与特征、宅基地使用权、地役权。

第一节　物权法通则

【本节知识框架】

物权法通则
- 物权法概述
- 物权通论
- 物权变动
- 物权的保护

图 4-2　第 1 节知识框架图

【本节考点、考点母题及考点子题】

为了有效保护正常的财产归属和利用关系，就要用物权法确认、保护物权。

考点 1　物权法的概念与属性

（一）物权法的概念

【考点讲解——精要解读】物权法的概念

概念	物权法，是指调整人们基于对物的支配和利用而发生的财产关系的法律规范总和，其规定民事主体可以享有哪些物权，各种物权有哪些权能，如何行使、变动物权及怎样保护物权等	
狭义的物权法（形式意义的物权法）	在我国，现为《民法典》物权编	
广义的物权法（实质意义的物权法）	指调整财产归属和利用关系的所有法律规范，除《民法典》物权编外，包括其他法律、法规、司法解释有关财产归属和利用的规定	
	【例如】《土地管理法》《矿产资源法》《农村土地承包法》《城市房地产管理法》《最高人民法院关于适用〈中华人民共和国民法典〉物权编的解释（一）》（以下简称《物权编解释》）《最高人民法院关于适用〈中华人民共和国民法典〉有关担保制度的解释》（以下简称《担保司法解释》）等，均包含有关物权的法律规范。	

（二）物权法的属性

【考点母题——万变不离其宗】物权法的属性

<table>
<tr><td colspan="3">（1）下列关于物权法的属性的表述中，正确的有（　）。</td></tr>
<tr><td rowspan="3">A. 物权法是私法</td><td colspan="2">（2）下列关于物权法的私法属性的表述中，正确的有（　）。</td></tr>
<tr><td colspan="2">A. 物权法是对因物的归属和利用产生的民事关系进行规范的法，民事关系系属私人之间的关系，因此整体而言物权法属于私法；区别于主要调整公法关系的宪法、行政法等
B. 因为物权具有对抗第三人的效力，不像合同原则上仅在合同当事人之间具有效力，因此，物权法与社会、经济秩序具有密切关系；我国实行土地公有制，土地所有权属于国家或者集体，物权法律制度需要更多体现公共利益和公共政策</td></tr>
<tr><td>C. 物权法虽整体为私法，但仍然包含诸多公法规范，尤其体现在关于国家所有权和集体所有权、土地承包经营权、建设用地使用权、宅基地使用权等方面的规定</td><td>《民法典》第二百四十四条规定："国家对耕地实行特殊保护，严格限制农用地转为建设用地，控制建设用地总量。不得违反法律规定的权限和程序征收集体所有的土地。"此即为有关耕地保护的公法规范</td></tr>
<tr><td rowspan="2">B. 物权法是财产法</td><td colspan="2">（3）下列关于物权法的财产法属性的表述中，正确的有（　）。</td></tr>
<tr><td colspan="2">A. 物权法是规范财产秩序的法律，属于财产法，区别于规范身份秩序的身份法
B. 物权法基本功能在于定分止争，保障人们对于财产的归属和利用关系
C. 物权法只是财产法的一部分，其与合同法、公司法、证券法、票据法、保险法等，共同构成民商事财产法的整体</td></tr>
<tr><td rowspan="4">C. 物权法存在大量强制性规范</td><td colspan="2">（4）下列关于物权法中的强制性规范与任意性规范的表述中，正确的有（　）。</td></tr>
<tr><td rowspan="3">A. 物权具有对抗第三人的效力，会涉及第三人利益和社会公共利益，所以，物权法中有相当多规定属于强制性规范，要求当事人必须遵守，不容许当事人通过协议改变或排除适用；物权法中的强制性规范均具有强制性，体现了国家对于社会财富进行物权配置的公共意志</td><td>示例 1：《民法典》第二百四十二条规定，"法律规定专属于国家所有的不动产和动产，任何组织或者个人不能取得所有权。"</td></tr>
<tr><td>示例 2：《民法典》第三百一十八条规定，"遗失物自发布招领公告之日起一年内无人认领的，归国家所有。"</td></tr>
<tr><td>示例 3：《民法典》第三百四十六条规定，"设立建设用地使用权，应当符合节约资源、保护生态环境的要求，遵守法律、行政法规关于土地用途的规定，不得损害已经设立的用益物权。"</td></tr>
</table>

续表

C. 物权法存在大量强制性规范	B. 物权法整体上作为私法，也仍然需要充分尊重当事人在物权关系上的自主意志。所以，物权法仍然存在大量的任意性规范，只是相比起合同法这种相对人之间的交易关系法而言，物权法的任意性规范相对较少；物权法中的任意性规范都允许当事人通过"另有约定"改变规范内容，体现了当事人自主意志的优先	任意性规范，是指法律不强制当事人遵守与适用的规范，这类规范主要作为示范规范和因当事人意思不完备而发生纠纷时的补充裁判规范。
		示例 1 :《民法典》第三百零一条规定，"处分共有的不动产或者动产以及对共有的不动产或者动产作重大修缮、变更性质或者用途的，应当经占份额三分之二以上的按份共有人或者全体共同共有人同意，但是共有人之间另有约定的除外。"
		示例 2 :《民法典》第三百八十九条规定，"担保物权的担保范围包括主债权及其利息、违约金、损害赔偿金、保管担保财产和实现担保物权的费用。当事人另有约定的，按照其约定。"
D. 物权法具有较强的本土性色彩	（5）下列关于物权法的本土性色彩的表述中，正确的有（ ）。	
	A. 物权法受制于并反映国家的基本政治、经济制度，往往因受特定国家的历史传统、民族习惯和固有文化影响而有差异，所以，相比起主要规范市场交易的合同法而言，物权法具有较明显的本土化特征 B. 例如，因为我国实行土地公有制，我国物权法中的建设用地使用权、宅基地使用权、土地承包经营权等用益物权制度，明显具有与德国、日本等不同的本土色彩	

【考点子题——举一反三，真枪实练】

[1]（经典子题·多选题）下列关于物权法属性的表述中，正确的有（ ）。

A. 物权法是财产法

B. 物权法中有相当多规定属于强制性规范，要求当事人必须遵守，不容许当事人通过协议改变或排除适用

C. 为了保障国家对于社会财富的进行物权配置的公共意志，物权法不存在任意性规范

D. 物权法具有较强的本土性色彩

考点2 物权通论

（一）物权的概念

1. 物权的界定

【考点母题——万变不离其宗】物权的界定

（1）物权是指权利人依法对特定的物享有直接支配和排他的权利，包括（ ）。

续表

<table>
<tr><td rowspan="2">A. 所有权</td><td colspan="2">（2）按主体划分，所有权包括（　）。</td></tr>
<tr><td colspan="2">A. 国家所有权　B. 集体所有权　C. 私人所有权</td></tr>
<tr><td rowspan="3">B. 用益物权</td><td colspan="2">（3）下列各项中，属于用益物权的有（　）。</td></tr>
<tr><td colspan="2">A. 土地承包经营权　B. 建设用地使用权　C. 宅基地使用权
D. 居住权　E. 地役权</td></tr>
<tr><td>F. 准物权也被规定在用益物权编</td><td>a. 海域使用权　b. 探矿权　c. 采矿权
d. 取水权　e. 养殖权　f. 捕捞权</td></tr>
<tr><td rowspan="2">C. 担保物权</td><td colspan="2">（4）下列各项中，属于担保物权的有（　）。</td></tr>
<tr><td colspan="2">A. 抵押权　B. 质权　C. 留置权</td></tr>
</table>

【考点子题——举一反三，真枪实练】

［2］（经典子题·多选题）根据《民法典》的规定，下列权利中，属于用益物权的有（　）。

A. 留置权　　B. 居住权　　C. 地役权　　D. 质权

2. 物权的属性

【考点母题——万变不离其宗】物权的属性

<table>
<tr><td colspan="2">（1）下列各项中，属于物权的属性的有（　）。</td></tr>
<tr><td rowspan="2">A. 物权是主体直接支配标的物的权利</td><td>物权是权利主体对于标的物直接支配的权利；所谓直接支配，是指物权人对于标的物的支配，无须他人意思或行为介入即可实现。例如，房屋所有权人可以决定自己居住房屋，将房屋出租或赠送他人等，其对房屋的用益或处分无须取得其他人的同意</td></tr>
<tr><td>【对比】合同债权作为请求权，其实现通常需要债务人的履行行为予以配合</td></tr>
<tr><td rowspan="3">B. 物权是排他性的财产权</td><td>物权是支配权，支配体现了物权人可管控、处置标的物的自由意志，为使物权人可以实现支配意志，同一标的物上不得存在两个或两个以上不相容的物权，尤其是两个或两个以上的所有权</td></tr>
<tr><td>同一标的物上容许同时存在的数个担保物权，需要通过约定或法定规则确定彼此之间效力的优先劣后顺序</td></tr>
<tr><td>【对比】合同债权是相对性权利，原则上不具有对抗第三人的效力</td></tr>
<tr><td rowspan="2">C. 物权的客体具有特定性</td><td>基于物权是直接支配标的物的权利，物权的客体必须是特定的，否则物权人将无从支配标的物</td></tr>
<tr><td>权利质权及权利抵押权等担保物权以权利而非有体物为客体，仍未破坏客体的特定性</td></tr>
<tr><td rowspan="2">D. 物权的权利人是特定的，义务人不特定（物权是对世权）</td><td>因物权人对物的支配可自主实现，无须他人以积极行为予以协助，但其他人需承担尊重、不侵害物权人对物支配的消极不作为义务，所以物权的义务人是物权人之外不特定的所有其他人，物权因此被称为对世权</td></tr>
<tr><td>【对比】债权原则上只能对抗债务人，因此被称为对人权</td></tr>
</table>

【考点子题——举一反三，真枪实练】

[3]（经典子题·单选题）下列关于物权属性的表述中，不正确的是（　）。

A. 物权是主体直接支配标的物的权利

B. 同一标的物上不得存在两个或两个以上的所有权

C. 物权的客体具有特定性

D. 物权是对人权

（二）物权的客体

【考点母题——万变不离其宗】物权的客体

（1）下列关于物权的客体的表述中，正确的有（　）。	
A. 物权的客体是物	a. 作为物权客体的物，是指人们能够支配和利用的物质实体和自然力
	b. 物须具有客观物质性，系属有体物，且可为人们支配和使用
	c. 人体虽具物理属性，但基于人性尊严的考量，活人的身体并不属于物
B. 在法律特别规定情形中，权利可以成为物权的客体	法律规定权利可以作为权利抵押权、权利质权的客体，如在建设用地使用权上可以设立抵押权，债权之上可以设立质权

【考点子题——举一反三，真枪实练】

[4]（经典子题·判断题）物权的客体只能是物。（　）

【考点讲解——精要解读】物的分类

分类标准	具体分类		区分的法律意义
依据物能否移动且是否因移动而损害其价值	不动产	土地、建筑物、构筑物、在建房屋、纪念碑、林木、矿藏、海域、水库、贮水池、停车位、停车库等	（1）公示方法、物权变动要件不同：动产以交付为原则，不动产则须登记 （2）涉诉时的裁判管辖不同：不动产纠纷由不动产所在地法院管辖
	动产	系指不动产之外的物，如桌子、手机、书本、汽车、船舶、航空器等	
依据两个独立存在的物在用途上客观存在的主从关系	主物	指独立存在，与他物结合使用中有主要效用的物	（1）同属一人所有的两个独立存在的物，结合起来才能发挥效用的，构成主物与从物关系 （2）除非法律有特别规定或当事人另有约定，对于主物的处分，及于从物，如此有利于发挥主物与从物配合的整体效用
	从物	指在两个独立物结合使用中处于附属地位、起辅助和配合作用的物。在机器与维修工具中，机器是主物，维修工具是从物；在电视机与遥控中，电视机是主物，遥控器是从物	

续表

<table>
<tr><td rowspan="3">依据两物之间存在的原有物产生新物的关系</td><td>原物</td><td colspan="3">指依其自然属性或法律规定产生新物的物</td></tr>
<tr><td rowspan="2">孳息</td><td>天然孳息</td><td>是指果实、动物的出产物及其他按照物的使用方法所获得的出产物，如香蕉、鸡蛋等</td><td>确定天然孳息的归属：由所有权人取得；既有所有权人又有用益物权人的，由用益物权人取得；当事人另有约定的，按照约定</td></tr>
<tr><td>法定孳息</td><td>是指原物依法律关系所获得的物，如利息、股利、租金等</td><td>确定法定孳息的归属：当事人有约定的，按照约定取得；没有约定或者约定不明确的，按照交易习惯取得</td></tr>
</table>

【考点子题——举一反三，真枪实练】

[5]（经典子题•单选题）下列各项中，属于天然孳息的是（　）。

A. 山羊身上的羊毛　　B. 母鸡生下的鸡蛋

C. 出租柜台所得的租金　　D. 鸡蛋孵出的小鸡

[6]（经典子题•单选题）根据物权法律制度的规定，下列各项中，属于动产的是（　）。

A. 海域　　B. 房屋　　C. 林木　　D. 船舶

（三）物权的种类

1. 物权法定主义

【考点母题——万变不离其宗】物权法定主义

<table>
<tr><td>概念</td><td colspan="2">物权法定主义，是指物权的类型以及各类型的内容，均以民法或其他法律所规定的为限，而不许当事人任意创设</td></tr>
<tr><td rowspan="6">要求</td><td colspan="2">下列关于物权法定主义要求的表述中，正确的有（　）。</td></tr>
<tr><td rowspan="2">A. 类型法定</td><td>a. 当事人不得创设民法或其他法律所不承认的物权类型，如在动产上不得设立用益物权</td></tr>
<tr><td>b. 当前当事人可以设立的物权主要限于《民法典》所确认的类型</td></tr>
<tr><td rowspan="3">B. 内容法定</td><td>a. 当事人不得创设与物权法定内容相异的内容，如不得设定不转移占有的动产质权</td></tr>
<tr><td>b. 物权内容法定不是指物权的所有内容都只能由法律规定，而是指影响某种物权基本属性与结构的主要内容需由法律规定</td></tr>
<tr><td>c. 对于其他内容，当事人仍应有一定的自由空间，如土地承包经营权的期限、担保范围、地役权内容等，当事人仍可以通过合意确定</td></tr>
<tr><td rowspan="2">立法原理</td><td colspan="2">之所以确立物权法定原则，最主要的原因在于物权是具有对抗第三人效力的对世权，所以，不容许当事人任意创设多种多样的物权，否则，将对第三人构成很大的限制</td></tr>
<tr><td colspan="2">【对比】因债权只具有相对性效力，原则上不能对抗第三人，所以，合同法上有合同自由原则，允许当事人自由创设合同。</td></tr>
</table>

2. 物权的分类

【考点讲解——精要解读】物权的分类

<table>
<tr><th>分类标准</th><th colspan="2">具体分类</th><th>区分的法律意义</th></tr>
<tr><td rowspan="2">权利人是对自有物享有物权还是对他人所有之物享有物权</td><td>自物权</td><td>即所有权，指权利人依法对自有物享有的物权</td><td>明确不同的物权有不同范围的支配力，即不同的权利范围和内容：
自物权有全面、自主的支配力，得依自己意思对标的物为占有、使用、收益、处分，并排除他人干涉，故又称“完全物权”</td></tr>
<tr><td>他物权</td><td>系所有权之外的各种物权的总称，指权利人根据法律或合同的规定，对他人所有之物享有的物权</td><td>他物权仅具某些方面的、特定的支配力，须受设定他物权的合同或具体法律规定的限制，所以他物权又称“不完全物权”“限制物权”“定限物权”</td></tr>
</table>

续表

<table>
<tr><td rowspan="2">物权的标的是动产或不动产</td><td colspan="2">动产物权</td><td>物权公示方法不同、变动要件有差别：
原则上动产以“占有”为公示方法，以“交付”为变动要件</td></tr>
<tr><td colspan="2">不动产物权</td><td>不动产以“登记”为公示方法与变动要件</td></tr>
<tr><td rowspan="2">限制物权所支配的内容</td><td>用益物权</td><td colspan="2">是指以支配标的物的使用价值为内容的物权，即以实现对标的物的占有、使用和收益为目的而设立的他物权，如建设用地使用权、宅基地使用权、土地承包经营权、地役权、居住权等</td></tr>
<tr><td>担保物权</td><td colspan="2">是指以支配标的物的交换价值为内容的物权，即为担保债务履行而在债务人或第三人的物上设立的他物权，如抵押权、质权、留置权等</td></tr>
<tr><td colspan="4">【注意】此外，物权的分类还有：登记物权与不登记物权、意定物权与法定物权、主物权与从物权、有期限物权与无期限物权、民法上物权与特别法上物权等。</td></tr>
</table>

【考点子题——举一反三，真枪实练】

[7]（历年真题·单选题）根据物权法律制度的规定，下列权利中，属于担保物权的是（　）。

A. 留置权　　B. 地役权　　C. 居住权　　D. 土地承包经营权

[8]（经典子题·多选题）下列权利中，属于他物权的有（　）。

A. 所有权　　B. 建设用地使用权　　C. 抵押权　　D. 居住权

（四）物权的效力

物权的效力，是指法律赋予物权的强制性作用力，其反映法律保障物权人能够对标的物进行支配并排除他人干涉的程度和范围。

【考点母题——万变不离其宗】物权的效力

<table>
<tr><td colspan="3">（1）物权的效力包括（　）。</td></tr>
<tr><td rowspan="3">A. 物权的优先效力</td><td rowspan="3">物权相互间的优先效力</td><td>（2）下列关于并存于同一标的物上的物权之间的效力优劣顺序的表述中，正确的有（　）。</td></tr>
<tr><td>A. 物权对于标的物的直接支配性以及物权的排他性，决定了物权相互间效力优劣的确定，原则上应以物权成立时间的先后为标准，即“时间在先，权利在先”原则：同一标的物上存在两个或两个以上可相容的物权时，成立在先的物权效力优先于成立在后的物权。例如，同一房屋之上，先登记设立的抵押权效力优先于后登记设立的抵押权</td></tr>
<tr><td>（3）“时间在先，权利在先”原则的例外情形包括（　）。</td></tr>
</table>

续表

<table>
<tr><td rowspan="9">A. 物权的优先效力</td><td rowspan="3">物权相互间的优先效力</td><td>A. 限制物权优先于所有权</td><td>限制物权本即设立于他人所有权之上，是所有权人就其所有权自愿或依法接受的限制，所以，限制物权虽成立于所有权之后，但仍具有优先于所有权的效力</td></tr>
<tr><td rowspan="2">B. 法律的特别规定</td><td>a. 先成立的动产抵押权若未登记，其效力劣后于成立在后但已登记的抵押权</td></tr>
<tr><td>b. 同一动产上已经设立抵押权或者质权，该动产又被留置的，留置权人优先受偿</td></tr>
<tr><td rowspan="6">物权优先于债权的效力</td><td colspan="2">（4）下列关于物权和债权均指向同一标的物时物权优先于债权的效力的表述中，正确的有（　）。</td></tr>
<tr><td colspan="2">A. 物权存在于某标的物上，而债权请求的内容也指向该物而与物权发生冲突时，无论物权成立于债权之前或之后，物权均具有优先于债权的效力；这里的物权包括所有权、用益物权和担保物权，当其与债权均指向同一物而有内容冲突时，物权均应优先得到保护
B. 物权优先于债权的基本法理在于，物权是绝对权，具有对世效力，而债权是相对权，只具有对人效力</td></tr>
<tr><td colspan="2">（5）“物权优先于债权”的例外情形包括（　）。</td></tr>
<tr><td>A. 买卖不破租赁</td><td>租赁物在承租人按照租赁合同占有期限内发生所有权变动的，不影响租赁合同的效力；买受人取得的房屋所有权，无法对抗承租人基于租赁合同对于房屋用益的租赁权</td></tr>
<tr><td>B. 先租后抵</td><td>抵押权设立前，抵押财产已经出租并转移占有的，原租赁关系不受该抵押权的影响；先设立的租赁权具有对抗后设立的抵押权的效力</td></tr>
<tr><td>C. 经预告登记的债权</td><td>详见本节“不动产物权变动”部分</td></tr>
<tr><td rowspan="2">B. 物权的追及效力</td><td colspan="3">（6）下列关于物权的追及效力的表述中，正确的有（　）。</td></tr>
<tr><td colspan="3">A. 物权的追及效力，是指物权设立后，其标的物不论辗转至何人之手，物权人都有权追及标的物之所在而直接支配该物的效力
B. 物权以物为客体，只要客体存在，无论其流转至何处，物权并不消灭，物权不消灭，即应具有对抗第三人的效力，此可简单解释物权追及效力的法理
C. 物权的追及效力较典型地体现在抵押权的追及效力：抵押期间，抵押人可以转让抵押财产，抵押财产转让的，抵押权不受影响；抵押期间，即使抵押人将抵押物转让给第三人，若债务人到期未履行债务，抵押权人仍然可以追及至第三人（房屋所有权人）处行使抵押权，使得自己的债权获得优先受偿</td></tr>
<tr><td rowspan="2">C. 物权的妨害排除力</td><td colspan="3">（7）下列关于物权的妨害排除力的表述中，正确的有（　）。</td></tr>
<tr><td colspan="3">A. 物权的妨害排除力，是指排除他人妨害，恢复物权人对物正常支配的效力
B. 物权是直接且排他地支配物的权利，物权对物的这种支配关系受法律保护，因此，在禁止自力救济的法治主义原则下，对威胁到这种直接、排他支配内容的侵害有必要给予其排除侵害的救济手段，此救济手段自权利角度而言即为物权请求权（详见第四节“物权的保护”）</td></tr>
</table>

考点3　物权变动

（一）物权变动概述

物权变动，是指物权的发生、变更、消灭；自物权主体角度而言，对应为物权的取得、变更、丧失。

1. 物权变动的概念

【考点母题——万变不离其宗】物权变动的概念

<table>
<tr><td colspan="3">（1）物权变动包括（　）。</td></tr>
<tr><td rowspan="10">A. 物权的发生（物权的取得）</td><td rowspan="5">原始取得</td><td>（2）下列关于物权的原始取得的表述中，正确的有（　）。</td></tr>
<tr><td>A. 原始取得，是指非依据他人既存的权利而独立取得物权，又称物权的固有取得或物权的绝对发生</td></tr>
<tr><td>B. 原始取得的物权，并非继受他人既存权利而来，与他人的权利无关，所以，物权标的物上原存有的一切负担，均因原始取得而归于消灭，原来的物权人不得再就标的物主张任何权利。如拾得的遗失物，一旦确认最后依法由国家取得所有权，则原遗失物的所有权人或其他限制物权人，都不能再主张标的物上的权利</td></tr>
<tr><td>（3）下列各项中，属于原始取得所有权方式的有（　）。</td></tr>
<tr><td>A. 无主物之先占　B. 拾得遗失物　C. 添附　D. 善意取得</td></tr>
<tr><td rowspan="5">继受取得</td><td>（4）下列关于物权的继受取得的表述中，正确的有（　）。</td></tr>
<tr><td>A. 继受取得，是指基于他人既存的权利而取得物权，又称物权的传来取得、物权的相对发生</td></tr>
<tr><td>B. 继受取得，因其权利是继受自他人既存权利而来，且权利人不得将大于其所有的权利让与他人，所以，在标的物上的一切权利负担，均继续存在，由取得人承受。如买卖设有抵押权的房屋，买受人虽能取得房屋所有权，但取得的是有抵押权负担的所有权</td></tr>
<tr><td>（5）继受取得依继受方法为标准，可以分为（　）。</td></tr>
<tr><td>A. 移转继受取得，是指就他人既有的物权，依其原状移转而取得，实即物权主体的变更；如基于买卖、赠与而受让标的物的所有权
B. 创设继受取得，是指以既存物权人的权利为基础，创设限制物权而取得；如在他人房屋所有权上设立取得抵押权</td></tr>
<tr><td>B. 物权的变更</td><td>广义上的物权的变更</td><td>指物权的主体、客体、内容发生改变</td></tr>
</table>

续表

B. 物权的变更	狭义上的物权的变更	指物权的客体、内容的部分改变，如建设用地使用权存续期间的延长、建筑物占地面积的增减等;《民法典》中物权的变更是指狭义的变更
C. 物权的消灭（物权的丧失）	（6）物权消灭的情形有（ ）。	
	A. 绝对消灭	绝对消灭，是指因标的物灭失而物权自身不存在。物权以物为客体，物灭失，则以物为基础的物权彻底地消灭
	B. 相对消灭	相对消灭，是指物权与原主体相分离，但物权本身并未消灭，实为物权主体的变更 【例如】所有权人将其物出卖给他人而丧失所有权，对于原物权人而言，此为物权的丧失，对于新物权人而言，属于物权的继受取得，而就物权自身而言，则属于物权主体的变更。

【考点子题——举一反三，真枪实练】

[9]（经典子题•单选题）下列行为中，属于继受取得所有权方式的是（ ）。

A. 买卖　B. 添附　C. 善意取得　D. 拾得遗失物

[10]（经典子题•单选题）某地因地理位置得天独厚经常有陨石掉落，当地人多以陨石买卖为业且收入颇丰。一天，一块陨石从天而降，落入乙家的菜地里。邻居甲看到后将其捡到。关于陨石归属的下列表述中，正确的是（ ）。

A. 归甲所有　B. 归乙所有　C. 归甲、乙共同所有　D. 归国家所有

2. 物权变动的原因

【考点母题——万变不离其宗】物权变动的原因

（1）物权变动的原因，是指引起物权发生、变更、消灭的法律事实。物权变动的原因包括（ ）。	
A. 法律行为	（2）引起物权变动的法律行为，主要有（ ）。
	A. 买卖　B. 互易　C. 赠与　D. 遗赠 E. 设定、变更、终止他物权的各种法律行为
	【注意】仅仅有这些法律行为通常还不足以直接引发物权变动：动产物权变动另需有动产的交付才能生效；不动产物权变动还需要有相应的登记才会生效
B. 法律行为之外法律事实	（3）引起物权变动的法律行为之外的法律事实，主要有（ ）。
	A. 添附　B. 法定继承　C. 无主物的取得　D. 善意取得　E. 征用 F. 没收　G. 罚款等

【考点子题——举一反三，真枪实练】

[11]（经典子题•单选题）下列引起物权变动的行为中，属于法律行为的是（ ）。

A. 添附　B. 法定继承　C. 善意取得　D. 赠与

（二）物权变动的公示与公信原则

1．公示原则

【考点母题——万变不离其宗】物权变动的公示原则

<table>
<tr><td>含义</td><td colspan="3">公示原则，是指物权变动行为须以法定公示方式进行才能生效的原则。所谓公示，是将物权变动的意思表示公开向社会公众显示。易言之，公示是以可由外部辨识的方法对外显示物权的变动及其变动后的物权现状</td></tr>
<tr><td>立法理由</td><td colspan="3">物权是对物支配的排他性财产权，具有对世性效力。物权的存在与变动涉及义务人的范围大，物权变动只有具备可由外部辨识的公示表征，才足以明确物权归属，减少交易成本，明晰权利边界，防止第三人的侵害</td></tr>
<tr><td rowspan="10">公示原则的内容</td><td colspan="3">物权变动经公示的，发生权利变动的效力，即产生物权取得、变更、丧失的后果，并受法律保护；不公示的，不能发生物权变动的效力</td></tr>
<tr><td rowspan="3">动产物权变动</td><td colspan="2">（1）下列关于动产物权变动的法定公示方法的表述中，正确的有（　）。</td></tr>
<tr><td colspan="2">A. 动产物权变动的法定公示方法，是指“交付”，即动产占有的移转；动产物权的设立和转让，自交付时发生效力，但是法律另有规定的除外</td></tr>
<tr><td colspan="2">B. 动产物权变动之后，动产物权的公示方法为“占有”</td></tr>
<tr><td rowspan="6">不动产物权变动</td><td colspan="2">（2）下列关于不动产物权变动的法定公示方法的表述中，正确的有（　）。</td></tr>
<tr><td>A. 不动产物权变动的法定公示方法，是指“登记”</td><td>即在国家主管机关登记变动事项；不动产物权的设立、变更、转让和消灭，经依法登记，发生效力；未经登记，不发生效力，但是法律另有规定的除外</td></tr>
<tr><td rowspan="4">B. 关于不动产物权变动，登记生效为一般性原则，但存在法律规定的例外</td><td>（3）下列关于不动产物权设立不以登记为生效要件的表述中，正确的有（　）。</td></tr>
<tr><td>A. 在具体规则设计上，土地承包经营权、地役权的设定，以登记为对抗要件而非生效要件</td></tr>
<tr><td>B. 非因法律行为而取得不动产物权的，不以登记为生效要件</td></tr>
<tr><td>C. 依法属于国家所有的自然资源，所有权可以不登记</td></tr>
</table>

2．公信原则

【考点母题——万变不离其宗】物权变动的公信原则

<table>
<tr><td rowspan="2">含义</td><td>物权变动既以登记、交付为公示方法，即使此表征与真实的权利不符，对于信赖此公示方法而为交易的善意第三人，法律应对其信赖予以保护</td><td>【例如】在不动产登记簿上，A房产被登记为陈某所有，李某信赖该登记而向陈某购买该房产，并完成了所有权转移登记。即使其后确认房产的真正所有人是王某而非陈某，对于信赖房产登记而进行交易的李某，法律仍予以保护，即李某取得该房产的所有权</td></tr>
<tr><td colspan="2">所谓公信，是公示方法所表征的物权变动效力的可信赖性。此可信赖性，系法律赋予公示的效力，旨在保护基于信赖公示方式进行物权交易的善意第三人</td></tr>
</table>

续表

公信原则的法理	商品交换要求及时、可靠地将商品的物权移转给受让人，然受让人不可能在交易前均对出让人的处分权详尽调查，出让人以合法方式彰显自己有处分权，受让人即可对此予以信赖。而物权公示，通常即足以表彰出让人有处分权，所以，依法定公示方式转让物权的，善意受让人出于对公示的信赖，法律应保障其取得物权，否则，交易将失去起码的法律保障
公信原则的适用	（1）下列关于公信原则的适用的表述中，正确的有（　）。
	A. 公信原则主要适用于交换关系中的物权变动；非交换性质的物权变动，可具体适用其他特殊规定

（三）不动产物权变动

1. 基于法律行为而生的不动产物权变动

基于法律行为而生的不动产物权变动，首先须有买卖、赠与、互易等合同作为触发物权变动的动因。买卖合同等的成立、生效等问题属于合同法范畴，在此不加阐释。根据《民法典》第二百零九条的规定，不动产物权变动原则上以登记为生效要件，法律另有规定的除外。因此，下文解释不动产物权变动的公示方法——登记。

【考点母题——万变不离其宗】基于法律行为而生的不动产物权变动

不动产物权登记的概念	不动产物权登记是指物权变动当事人按照法律的要求，向国家主管机关提交申请书、有关的产权证书、合同书等，要求登载记录物权变动事项，该机关经审查无误后，将物权变动事项记载于不动产登记簿	
不动产物权的统一登记	国家对不动产实行统一登记制度。统一登记的范围、登记机构和登记办法，由法律、行政法规规定。当前，有关不动产物权统一登记的细则尚未完全确立	
不动产物权登记机构	（1）下列关于不动产物权登记机构的表述中，正确的有（　）。	
	A. 不动产登记，由不动产所在地的登记机构办理	
	B. 当前登记机构的审查以形式审查为主，必要情况下尽可能实施尽职调查；申请登记的不动产的有关情况需要进一步证明的，登记机构可以要求申请人补充材料，必要时可以实地查看	
	（2）不动产物权登记机构应当履行的职责有（　）。	
	A. 查验申请人提供的权属证明和其他必要材料　B. 就有关登记事项询问申请人 C. 如实、及时登记有关事项　D. 法律、行政法规规定的其他职责	
不动产登记簿	（3）下列关于不动产登记簿与不动产权属证书的表述中，正确的有（　）。	
	A. 不动产登记簿是物权归属和内容的根据	不动产登记簿，是指由不动产登记机构依法制作的，对其辖区内的不动产物权及其变动状况予以记载的官方记录簿

续表

<table>
<tr><td rowspan="2">不动产登记簿</td><td rowspan="2">B. 不动产权属证书是权利人享有该不动产物权的证明</td><td colspan="2">a. 不动产权属证书记载的事项，应当与不动产登记簿一致</td></tr>
<tr><td colspan="2">b. 不动产权属证书与不动产登记簿记载不一致的，除有证据证明不动产登记簿确有不正确外，以不动产登记簿为准</td></tr>
<tr><td rowspan="14">不动产物权登记的具体类型</td><td colspan="3">（4）不动产物权登记的具体类型主要包括（　）。</td></tr>
<tr><td rowspan="2">A. 总登记</td><td colspan="2">总登记，是指登记机构对特定行政管辖区域内所有不动产进行的全部登记，包括土地总登记和建筑物所有权的第一次登记</td></tr>
<tr><td colspan="2">总登记属于行政管理意义上的登记，目的是建立完整情形的不动产产籍产权制度</td></tr>
<tr><td rowspan="2">B. 首次登记</td><td colspan="2">首次登记，又称初始登记，是指不动产物权的第一次登记</td></tr>
<tr><td colspan="2">不动产物权首次登记具有重要意义，未经办理不动产首次登记，不得办理不动产其他类型的登记，法律、行政法规另有规定的除外</td></tr>
<tr><td>C. 他项权利登记</td><td colspan="2">又称他物权登记，如在不动产上创设建设用地使用权、地役权、抵押权等</td></tr>
<tr><td rowspan="2">D. 移转登记</td><td colspan="2">转移登记，俗称过户登记，是指不动产物权从转让人移转至受让人所办理的登记</td></tr>
<tr><td colspan="2">转移登记是不动产物权移转的生效要件</td></tr>
<tr><td>E. 变更登记</td><td colspan="2">学理上对于变更登记有不同的界定。本书与《不动产登记暂行条例实施细则》的规定一致，采狭义说，是指不动产物权的分割、合并、设立和增减时所为的登记</td></tr>
<tr><td rowspan="5">F. 更正登记</td><td colspan="2">（5）下列关于更正登记的表述中，正确的有（　）。</td></tr>
<tr><td colspan="2">A. 更正登记，是指对不正确的不动产登记内容进行更正的登记；通过更正登记，使得登记所表征的权利符合真实的权利状态，避免真实的权利人因登记而受到损害</td></tr>
<tr><td>B. 权利人、利害关系人认为不动产登记簿记载的事项不正确的，可以申请更正登记</td><td>不动产登记簿记载的权利人书面同意更正或者有证据证明登记确有不正确的，登记机构应当予以更正</td></tr>
<tr><td rowspan="2">C. 登记机构发现不动产登记簿的记载有不正确的，可以依职权直接更正登记</td><td>不动产登记机构发现不动产登记簿记载的事项不正确，应当通知当事人在 30 个工作日内办理更正登记</td></tr>
<tr><td>当事人逾期不办理的，不动产登记机构应当在公告 15 个工作日后，依法予以更正；但在不正确登记之后已经办理了涉及不动产权利处分的登记、预告登记和查封登记的除外</td></tr>
</table>

续表

<table>
<tr><td rowspan="13">不动产物权登记的具体类型</td><td rowspan="9">G. 异议登记</td><td colspan="2">（6）下列关于异议登记的表述中，正确的有（　）。</td></tr>
<tr><td colspan="2">A. 异议登记，是指登记机构就利害关系人对于不动产登记簿登记事项的异议所为的登记；异议抗辩的登记制度是一种临时性的保护真正权利人利益的措施；异议登记一经完成，即中止不动产登记权利的推定效力和公信力，第三人因此不得依据登记的公信力主张善意取得登记的不动产物权</td></tr>
<tr><td colspan="2">B. 不动产登记簿记载的权利人不同意更正的，利害关系人可以申请异议登记</td></tr>
<tr><td rowspan="4">C. 登记机构予以异议登记，申请人自异议登记之日起 15 日内不提起诉讼的，异议登记失效</td><td>异议登记只是一种临时性保护措施，并非纠纷的最终解决路径。所以，登记机构进行异议登记后，申请人须自异议登记之日起 15 日内向人民法院提起诉讼，以解决不动产物权纠纷</td></tr>
<tr><td>申请人在自提起异议登记之日起 15 日内提起诉讼，异议登记将维持效力直至法院作出生效判决</td></tr>
<tr><td>申请人一旦胜诉，即法院判决确认其为不动产的真正权利人，登记机构可依据生效的判决文书或协助执行通知书进行更正登记</td></tr>
<tr><td>若申请人败诉，申请人或登记簿记载的权利人可申请注销异议登记</td></tr>
<tr><td colspan="2">D. 异议登记不当，造成权利人损害的，权利人可以向申请人请求损害赔偿</td></tr>
<tr><td colspan="2">E. 当事人提起民事诉讼，请求确认物权归属的，人民法院应当依法受理，异议登记失效不影响人民法院对案件的实体审理</td></tr>
<tr><td rowspan="4">H. 预告登记</td><td colspan="2">（7）下列关于预告登记的表述中，正确的有（　）。</td></tr>
<tr><td colspan="2">A. 预告登记，是指为保全关于不动产物权的请求权而将此请求权进行的登记；预告登记的本质是限制现时登记的权利人处分其物权，以保障请求权人实现其请求权，即预告登记具有否定其后于债权标的物上成立的相冲突物权的效力</td></tr>
<tr><td colspan="2">B. 当事人签订买卖房屋的协议或者签订其他不动产物权的协议，为保障将来实现物权，按照约定可以向登记机构申请预告登记</td></tr>
<tr><td>C. 预告登记后，未经预告登记的权利人同意，处分该不动产的，不发生物权效力</td><td>未经预告登记的权利人同意，转让不动产所有权等物权，或者设立建设用地使用权、居住权、地役权、抵押权等其他物权的，应当认定其不发生物权效力</td></tr>
</table>

续表

不动产物权登记的具体类型	H. 预告登记	D. 预告登记后，债权消灭或者自能够进行不动产登记之日起 90 日内未申请登记的，预告登记失效	债权消灭，包括预告登记的买卖不动产物权的协议被认定无效、被撤销，或者预告登记的权利人放弃债权等情形
	I. 注销登记	注销登记，又称涂销登记，是指不动产上的他项权利因抛弃、存续期间届满、债务清偿、法院判决等原因而消灭时，不动产登记机构基于登记名义人的申请注销不动产权利所为的登记	
		（8）下列情形中，当事人可以申请办理注销登记的有（　）。	
		A. 不动产灭失的　　B. 权利人放弃不动产权利的 C. 不动产被依法没收、征收或者收回的 D. 人民法院、仲裁委员会的生效法律文书导致不动产权利消灭的 E. 法律、行政法规规定的其他情形	

【考点子题——举一反三，真枪实练】

[12]（经典子题•多选题）刘某借用张某的名义购买房屋后，将房屋登记在张某名下。双方约定该房屋归刘某所有，房屋由刘某使用，产权证由刘某保存。后刘某、张某因房屋所有权归属发生争议。关于刘某的权利主张的下列表述中，正确的有（　）。

A. 可向登记机构申请更正登记

B. 可向登记机构申请异议登记

C. 可向法院请求确认其为所有权人

D. 可依据法院确认其为所有权人的判决请求登记机关转移登记

[13]（经典子题•单选题）根据物权法律制度的规定，下列关于更正登记与异议登记的表述中，正确的是（　）。

A. 提起更正登记之前，须先提起异议登记

B. 更正登记的申请人可以是权利人，也可以是利害关系人

C. 异议登记之日起 10 日内申请人不起诉的，异议登记失效

D. 异议登记不当造成权利人损害的，登记机关应承担损害赔偿责任

2．非基于法律行为而生的不动产物权变动

【考点母题——万变不离其宗】非基于法律行为而生的不动产物权变动

（1）非基于法律行为而生的不动产物权变动的情形包括（　）。	
A. 因法律文书或者征收决定等而发生不动产物权变动	因人民法院、仲裁机构的法律文书或者人民政府的征收决定等，导致物权设立、变更、转让或者消灭的，自法律文书或者征收决定等生效时发生效力

续表

A. 因法律文书或者征收决定等而发生不动产物权变动	人民法院、仲裁机构在分割共有不动产或者动产等案件中作出并依法生效的改变原有物权关系的判决书、裁决书、调解书，以及人民法院在执行程序中作出的拍卖成交裁定书、变卖成交裁定书、以物抵债裁定书，均属于导致物权设立、变更、转让或者消灭的人民法院、仲裁机构的法律文书
B. 因继承而发生不动产物权变动	因继承取得物权的，自继承开始时发生效力
C. 因合法建造、拆除房屋等事实行为而发生不动产物权变动	因合法建造、拆除房屋等事实行为设立或者消灭物权的，自事实行为成就时发生效力
（2）下列关于非基于法律行为而生的不动产物权变动的效力的表述中，正确的有（　）。	
A. 依据前述规定享有物权，但尚未完成不动产登记的权利人，属于法律确认保护的物权人，所以，其依据《民法典》的规定请求保护其物权的，应予支持 B. 但依照上述特别规定取得不动产物权，虽不以登记为生效要件，若其拟进一步处分借此享有的不动产物权，则需要依照法律的一般规定处理；法律规定需要办理登记的，未经登记，不发生物权变动效力	

（四）动产物权变动

1. 基于法律行为而生的动产物权变动

基于法律行为而生的动产物权变动，除了买卖、赠与、互易等旨在引发物权变动的法律行为外，原则上以交付为生效要件，但法律另有规定的除外。

【考点母题——万变不离其宗】基于法律行为而生的动产物权变动

<table>
<tr><td rowspan="8">动产物权变动的一般公示方法——交付</td><td colspan="3">交付，是物的出让人以物权变动为目的，把自己占有的物或物权证书交给受让人占有的行为</td></tr>
<tr><td colspan="3">（1）动产交付的形态包括（　）。</td></tr>
<tr><td>A. 现实交付</td><td colspan="2">现实交付表现为当事人双方形成合意后，物的出让人将出让之物实际交受让人占有</td></tr>
<tr><td rowspan="4">B. 观念交付（与现实交付具有相同的效力）</td><td rowspan="2">a. 简易交付</td><td>动产物权的受让人或其代理人因合同业已占有出让人的出让物的，出让人与受让人或其代理人形成物权转让合意时，交付即为完成</td></tr>
<tr><td>动产物权设立和转让前，权利人已经占有该动产的，物权自民事法律行为生效时发生效力</td></tr>
<tr><td rowspan="2">b. 指示交付</td><td>出让人的出让动产被第三人占有的，出让人将返还请求权让与给受让人，并告知占有人向受让人交付该动产，是为指示交付，又称“返还请求权之让与”</td></tr>
<tr><td>动产物权设立和转让前，第三人占有该动产的，负有交付义务的人可以通过转让请求第三人返还原物的权利代替交付</td></tr>
</table>

续表

动产物权变动的一般公示方法——交付	B. 观念交付（与现实交付具有相同的效力）	c. 占有改定	出让人在转让物权后仍须继续占有转让动产的，出让人与受让人订立合同，使出让人由原来的所有人的占有改变为非所有人的占有，而受让人已取得物权，但将占有权交由出让人行使一段时间，在约定的期限届满时，出让人再按约定将该动产交还受让人直接占有
			动产物权转让时，当事人又约定由出让人继续占有该动产的，物权自该约定生效时发生效力
动产物权变动公示的特别规定	动产抵押	（2）下列关于动产抵押物权变动的公示的表述中，正确的是（　）。	
		A. 以动产抵押的，抵押权自抵押合同生效时设立；未经登记，不得对抗善意第三人	
	机动车、船舶、航空器等特殊动产的物权变动	（3）下列关于机动车、船舶、航空器等特殊动产的物权变动公示的表述中，正确的是（　）。	
		A. 船舶、航空器和机动车等的物权的设立、变更、转让和消灭，未经登记，不得对抗善意第三人（须进行登记，但仅以登记为物权变动对抗要件）	

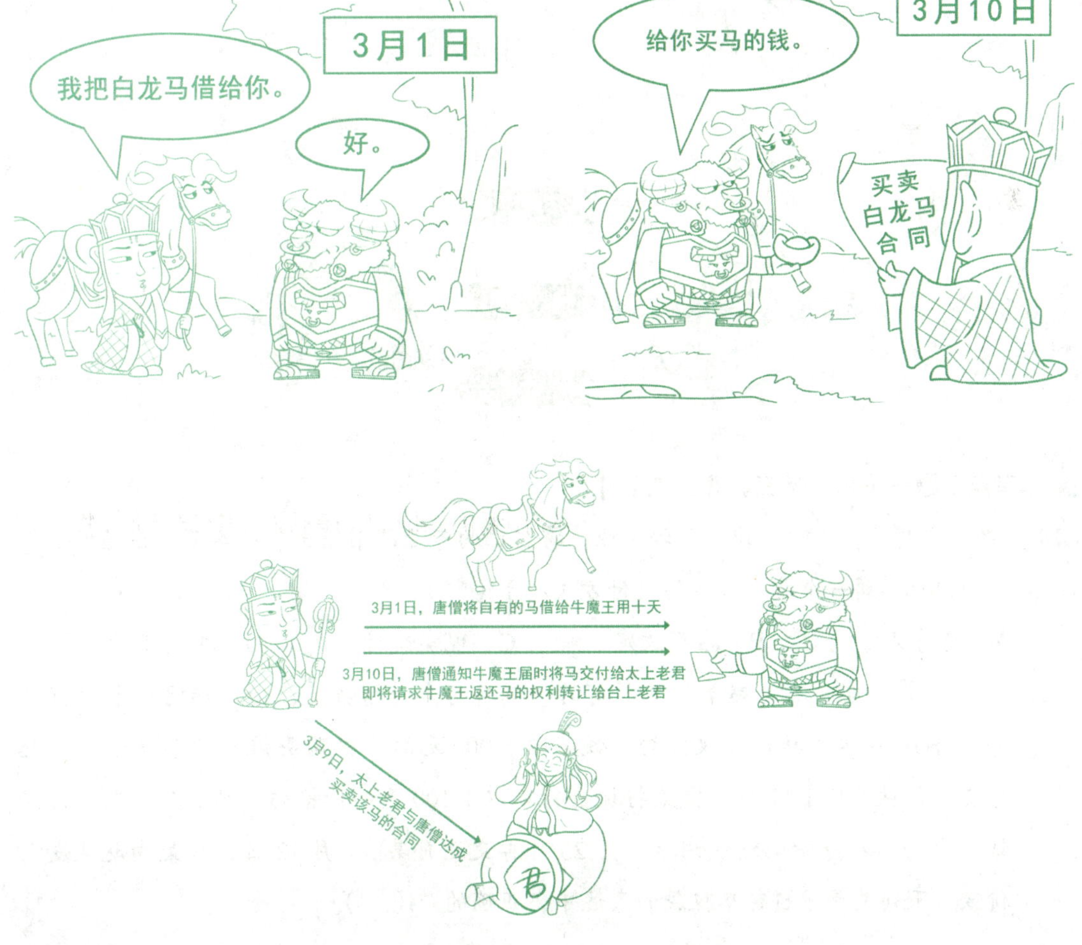

【考点子题——举一反三，真枪实练】

[14]（经典子题•单选题）钟某大学毕业，将自己的专业课书籍出售给李某，但约定继续借用该批书籍一个月。钟某的交付方式属于（　）。

A. 简易交付　B. 占有改定　C. 现实交付　D. 指示交付

[15]（历年真题•单选题）赵某将其所有的一辆自行车借给钱某，借用期间双方于2022年1月10日达成转让协议，约定钱某以1 000元的价格购买该自行车并于1月25日支付价款。1月11日，钱某将该自行车以1 100元的价格转让给孙某，双方约定钱某以借用人身份继续使用至2月25日再交还孙某。1月13日，钱某向赵某支付价款。下列关于该自行车权属的表述中，正确的是（　）。

A. 钱某于2022年1月25日取得自行车所有权

B. 钱某于2022年1月13日取得自行车所有权

C. 孙某于2022年2月25日取得自行车所有权

D. 孙某于2022年1月11日取得自行车所有权

[16]（经典子题•单选题）某酒店为在4月4日举办开业庆典，于4月3日向甲公司租赁一台高清摄像机。4月4日开业典礼中，酒店工作人员不慎摔坏该摄像机，酒店决定将其买下，于4月5日与甲公司达成买卖该摄像机的合意。4月6日，酒店依约向甲公司支付了价款。摄像机所有权的转移时间是（ ）。

A. 4月3日　　B. 4月4日　　C. 4月5日　　D. 4月6日

[17]（历年真题•多选题）根据物权法律制度的规定，下列关于物权变动效力的表述中，正确的有（ ）。

A. 因人民法院的法律文书导致物权转让的，自法律文书生效时发生效力

B. 动产物权转让前，权利人已经占有该动产的，物权自转让行为生效时发生效力

C. 因合法建造房屋设立物权的，自登记时发生效力

D. 因人民政府的征收决定导致物权消灭的，自征收决定生效时发生效力

[18]（经典子题•单选题）物权法律制度规定："动产物权转让时，双方又约定由出让人继续占有该动产的，物权自该约定生效时发生效力。"本条规定的交付形式是（ ）。

A. 现实交付　　B. 简易交付　　C. 占有改定　　D. 指示交付

[19]（经典子题•单选题）庞某有一辆名牌自行车，在借给黄某使用期间，达成转让协议，黄某以8 000元的价格购买该自行车。次日，黄某又将该自行车以9 000元的价格转卖给洪某，但约定由黄某继续使用一个月。关于该自行车的归属的下列表述中，正确的是（ ）。

A. 庞某未完成交付，该自行车仍归庞某所有

B. 黄某构成无权处分，洪某不能取得自行车所有权

C. 洪某在黄某继续使用一个月后，取得该自行车所有权

D. 庞某既不能向黄某、也不能向洪某主张原物返还请求权

2. 非基于法律行为而生的动产物权变动

【考点母题——万变不离其宗】非基于法律行为而生的动产物权变动

非基于法律行为而生的动产物权变动的原因包括（ ）。		
A. 继承	B. 人民法院或仲裁机构的法律文书	C. 人民政府的征收决定

续表

D. 事实行为	a. 遗失物拾得　b. 埋藏物发现　c. 添附　d. 先占
	因事实行为引发的动产物权变动，主要涉及所有权取得的问题，将在“所有权”一节阐释

考点4 物权的保护

【考点母题——万变不离其宗】物权的保护

物权保护的体系	公法层面的保护	宪法、刑法、行政法等公法从不同方面对物权提供保护
	私法层面的保护	侵权责任
		不当得利
		《民法典》物权编有关物权保护的一般规定
		《民法典》物权编有关物权保护的特别规定：物权请求权
物权保护的一般规定	（1）下列关于《民法典》物权编对物权保护的一般规定的表述中，正确的有（　）。	
	利害关系人可以请求确认物权	A. 因物权的归属、内容发生争议的，利害关系人可以请求确认权利
	债法层面对侵害物权造成损害的赔偿及其替代救济方式	B. 造成不动产或者动产毁损的，权利人可以依法请求修理、重作、更换或者恢复原状
		C. 侵害物权，造成权利人损害的，权利人可以依法请求损害赔偿，也可以依法请求承担其他民事责任
物权保护的特别规定——物权请求权	物权请求权的含义	物权请求权，是指物权人于其物权受到侵害或有被侵害的危险时，基于物权而请求侵害为或不为一定行为，以恢复物权圆满状态的权利
	物权请求权的意义	物权是直接且排他地支配物的权利，物权人对物的这种支配关系受法律保护，只要这种支配关系受到他人侵害或有侵害危险，即应赋予物权具有返还原物、排除妨害或消除危险的效力，如此才能保障物权支配的切实存在。所以，物权请求权是物权效力的体现，是物权所具有的旨在排除侵害或妨害的消极权能
	物权请求权的发生	（2）下列关于物权请求权的发生的表述中，正确的有（　）。
		A. 物权请求权的发生以物权的存在为前提，当物权受到侵害或有被侵害危险，标的物尚存在时，物权请求权才可能发生；相反，如标的物灭失，物权即消灭，物权请求权作为物权效力的体现，亦无从发生与行使 B. 物权请求权作为保障物权支配圆满存在的权能，其发生不以侵害人或妨害人的故意或过失为要件

续表

<table>
<tr><td rowspan="10">物权保护的特别规定——物权请求权</td><td rowspan="10">物权请求权的内容</td><td colspan="3">（3）物权请求权的内容包括（　）。</td></tr>
<tr><td rowspan="2">A. 标的物返还请求权</td><td colspan="2">（4）下列关于标的物返还请求权的行使的表述中，正确的有（　）。</td></tr>
<tr><td colspan="2">A. 物权人对于无权占有标的物之人，可以请求返还该物的权利
B. 请求人向相对人主张标的物返还请求权，须举证证明自己是物权人或依法律规定可以行使标的物返还请求权的人，如破产管理人、遗嘱执行人等
C. 占有人可以举证证明请求人欠缺物权或者自己对物的占有存在正当权源</td></tr>
<tr><td rowspan="7">B. 妨害排除请求权</td><td colspan="2">（5）下列关于妨害排除请求权的行使的表述中，正确的有（　）。</td></tr>
<tr><td colspan="2">A. 妨害物权或者可能妨害物权的，权利人可以请求排除妨害或者消除危险</td></tr>
<tr><td>B. 妨害排除请求权以妨害的存在为前提</td><td>妨害，是指以占有侵夺与占有扣留以外的方法阻碍或侵害物权的支配可能性；之所以排除占有侵夺与占有扣留作为妨害的形式，是因为占有侵夺或占有扣留属于无权占有，物权人对无权占有人主张标的物返还请求权即可</td></tr>
<tr><td rowspan="2">C. 妨害行为表现形式多样</td><td>（6）下列各项中，属于妨害行为的有（　）。</td></tr>
<tr><td>A. 妨害他人所有权的行使，如停车于他人车库
B. 可量物或不可量物的侵入，如丢弃废料于他人庭院
C. 未经授权使用他人之物，如在他人墙壁上悬挂广告招牌
D. 对物之实体的侵害，如占用他人土地建房等</td></tr>
<tr><td rowspan="2">D. 妨害与损害应该区别开来。妨害排除请求权不是损害赔偿请求权，物权人只能请求除去妨害的因素</td><td>【妨害】妨害构成对物支配的障碍，但并非造成标的物的毁损灭失。妨害排除旨在恢复物权支配的圆满状态，所以，妨害人无论是否有过错，均负有排除妨害的义务</td></tr>
<tr><td>【损害】侵害他人之物造成损失的，构成损害，侵害人在满足侵权责任法定构成要件的情况下，承担损害赔偿责任</td></tr>
</table>

续表

物权保护的特别规定——物权请求权	物权请求权的内容	C. 消除危险请求权（妨害防止请求权）	（7）下列关于消除危险请求权的行使的表述中，正确的有（　）。
			A. 物权人对于有妨害其物权的危险情形，可以请求予以消除的权利 B. 消除危险请求权以危险的客观存在为前提；消除危险请求权旨在阻却将来可能发生的对物的危险

【考点子题——举一反三，真枪实练】

[20]（经典子题•单选题）李某在自家院子紧挨邻居赵某房屋的一角开挖地窖，因地窖很深，极可能危及赵某房屋的安全。对此，赵某可行使的物权保护方法是（　）。

A. 确认物权　　B. 赔偿损失　　C. 消除危险　　D. 排除妨害

[21]（经典子题•多选题）下列情形中，当事人可以主张标的物返还请求权的有（　）。

A. 张某侵占了李某的电脑，因办公室失火电脑被烧毁，李某请求张某返还电脑

B. 蔡某偷了王某的戒指，王某请求蔡某返还戒指

C. 郑某借给孙某一台摄像机，借期过后，孙某谎称丢失，郑某请求孙某返还摄像机

D. 赵某向刘某购买钢材一吨，赵某取得钢材后即将钢材转卖给徐某，并已交付，但赵某一直未向刘某交付价款，刘某请求赵某返还钢材

[22]（经典子题•单选题）蔡永父母在共同遗嘱中表示，二人共有的某处房产由蔡永继承。蔡永父母去世前，该房由蔡永的姐姐蔡花借用，借用期未明确。2012 年上半年，蔡永父母先后去世，蔡永一直未办理该房屋所有权变更登记，也未要求蔡花腾退。2015 年下半年，蔡永因结婚要求蔡花腾退，蔡花拒绝搬出。下列表述中，符合民事法律制度规定的是（　）。

A. 因未办理房屋所有权变更登记，蔡永无权要求蔡花搬出

B. 因诉讼时效期间届满，蔡永的房屋腾退请求不受法律保护

C. 蔡花系合法占有，蔡永无权要求其搬出

D. 蔡永对该房屋享有物权请求权

第二节　所有权

【本节知识框架】

所有权
- 所有权的概念与特征
- 所有权的权能
- 所有权的取得
- 共有
- 相邻关系

图 4-3　第 2 节知识框架图

【本节考点、考点母题及考点子题】

考点 5　所有权的概念与特征

【考点母题——万变不离其宗】所有权的概念与特征

所有权的概念	所有权，是指所有权人对自己的不动产或动产，依法享有占有、使用、收益、处分的权利。所有权是物权制度的核心和基石，是最完全的物权，是物权最充分和最典型的表现形式	
所有权的特征	下列各项中，属于所有权的特征的有（　）。	
	A. 全面支配性	所有权是权利人对于自有物全面支配的权利 【对比】限制物权，权利人对于标的物的支配则仅限于一定范围内
	B. 统一性（整体性）	所有权赋予权利人全面支配标的物的一切可能性。除了法律的特别规定和公序良俗的限制，所有权人可以自由支配标的物。占有、使用、收益、处分只是尽其可能地描述所有权作用的全面性和充分性，但所有权的作用并非上述权能的简单相加 【对比】限制物权则是将所有权整体内容中的部分权能分离出去为他人设定的物权
	C. 恒久性	法律不限制所有权的存续期限，只要标的物存在，所有权就永久存在 【对比】限制物权只在法定或约定的期限内有效
	D. 弹力性	所有权上如设定用益物权或担保物权，所有权的全面支配权能相应缩小范围；如用益物权、担保物权消灭，分离出去的支配权能复归原位，所有权也就恢复其圆满状态

考点6 所有权的权能

【考点母题——万变不离其宗】所有权的权能

<table>
<tr><td rowspan="3">所有权的权能概述</td><td colspan="3">权能意味着行使权利的各种可能性；所有权的权能或被概括地描述为“随意处分”或“任意支配”，或被明确地划分为占有、使用、收益、处分等</td></tr>
<tr><td colspan="3">权能经常因所有权人的意思或法律规定或其他原因与作为整体的所有权相分离，而形成相对独立的他物权或其他权利；正是因为权能与所有权经常分离，才使得权能的划分以及对各项权能具体内容的界定成为必要</td></tr>
<tr><td colspan="3">所有权除具有积极权能外，一般认为其也具有消极权能，即排除他人干涉的权能</td></tr>
<tr><td rowspan="8">所有权的积极权能</td><td colspan="3">（1）下列各项中，属于所有权的积极权能的有（　）。</td></tr>
<tr><td rowspan="2">A. 占有</td><td rowspan="2">指人对物的事实上管领，即实际控制的权能</td><td>作为所有权的一项权能，占有可以依法律规定或所有权人的意思与所有权人相分离，非所有权人因此获得相对独立的占有权能</td></tr>
<tr><td>当占有非依法律规定或所有权人的意思与所有权人相分离时，这种占有则为无权占有，是对所有权的侵犯</td></tr>
<tr><td>B. 使用</td><td>指依照物的性质和用途加于利用，从而实现权利人利益的权能</td><td>一般认为，使用应不毁损物体或变更其性质，所以，只有不消耗物才有使用可言；对消耗物的“使用”，则可归结为“处分”</td></tr>
<tr><td rowspan="2">C. 收益</td><td rowspan="2">指获取物的孳息的权能</td><td>天然孳息：利用物的自然属性而获得</td></tr>
<tr><td>法定孳息：依一定法律关系的存在而获得</td></tr>
<tr><td rowspan="2">D. 处分</td><td rowspan="2">指所有权人变更、消灭其物或对物的权利的权能</td><td>事实处分：是指所有权人变更或消灭其物而实现其利益的行为，在法律效果上，事实处分导致了所有权的绝对消灭。如苹果所有权人将苹果吃掉</td></tr>
<tr><td>法律处分：是指变更或消灭其对物的权利的行为，在法律效果上，法律处分导致所有权全部或部分权能的移转如苹果所有权人将其苹果赠与他人</td></tr>
<tr><td rowspan="2">所有权的消极权能</td><td colspan="3">（2）下列关于所有权的消极权能的表述中，正确的有（　）。</td></tr>
<tr><td colspan="3">A. 消极权能，是指排除他人不法侵夺、干扰或妨害的权能；所有权的此项权能，须于受他人不法干涉时，才表现出来，故称为消极权能
B. 所有权的消极权能的内容，即物权请求权</td></tr>
</table>

考点7 所有权的取得

所有权的取得，指特定主体因一定法律事实的存在取得所有权。

所有权的取得，既可能因法律行为而发生，也可能因法律行为之外的法律事实发生。

基于法律行为取得所有权，主要涉及合同法中合同与前述物权变动公示问题。下面介绍因法律行为之外的法律事实取得所有权的一些方式，包括善意取得、拾得遗失物、发现埋藏物、添附等。

（一）拾得遗失物

【考点母题——万变不离其宗】拾得遗失物

遗失物的界定	遗失物，是指非基于占有人的意思而丧失占有，现又无人占有且非为无主的动产	动产占有的丧失若出于所有权人的意思，则该物属于无主物，而非遗失物
		是否丧失占有，应依社会观念及个案具体情形确定，如占有之物偶然掉落在他人土地上，属于控制力一时的弱化，不属于遗失物，但若遗忘物品在公共场所，该物品则属于遗失物
拾得遗失物的法律效果	（1）拾得遗失物产生的法律效果有（　）。	
	A. 拾得遗失物，应当返还权利人；拾得人应当及时通知权利人领取，或者送交公安等有关部门 B. 有关部门收到遗失物，知道权利人的，应当及时通知其领取；不知道的，应当及时发布招领公告，公告期为 1 年 C. 拾得人在遗失物送交有关部门前，有关部门在遗失物被领取前，应当妥善保管遗失物；因故意或者重大过失致使遗失物毁损、灭失的，应当承担民事责任 D. 权利人领取遗失物时，应当向拾得人或者有关部门支付保管遗失物等支出的必要费用；权利人悬赏寻找遗失物的，领取遗失物时应当按照承诺履行义务 E. 拾得人侵占遗失物的，无权请求保管遗失物等支出的费用，也无权请求权利人按照承诺履行义务（拾得人侵占遗失物，是指拾得人在返还请求权人提出返还请求后无正当理由拒绝返还遗失物或对于遗失物无权处分的情形） F. 遗失物自发布招领公告之日起 1 年内无人认领的，归国家所有	
拾得漂流物、发现埋藏物或者隐藏物情形的参照适用	拾得漂流物、发现埋藏物或者隐藏物的，参照适用拾得遗失物的有关规定。法律另有规定的，依照其规定	
	漂流物，是指所有权人不明，漂流于江、河、湖、海、溪、沟上的物品	
	埋藏物，是指包藏于他物之中，而其所有权人不明之动产。该物须埋藏于他物（多为土地）之中，通常不易自外部认定其存在之状态	
	隐藏物，是指放置于隐蔽的场所，不易被发现的物	

【考点子题——举一反三，真枪实练】

［23］（历年真题•多选题）根据物权法律制度的规定，下列关于拾得遗失物法律效果的表述中，正确的有（　）。

A. 拾得人享有费用返还请求权

B. 拾得人因拾得行为而享有遗失物的所有权

C. 遗失物自有关部门发布招领公告之日起6个月内无人认领的，归国家所有

D. 遗失人发出悬赏广告时，归还遗失物的拾得人享有悬赏广告所允诺的报酬请求权

（二）善意取得

【考点母题——万变不离其宗】善意取得

<table>
<tr><td rowspan="7">善意取得概述</td><td colspan="2">善意取得，是指动产或不动产让与人与受让人间，以移转所有权为目的，由让与人将动产交付或将不动产移转登记于受让人，即使让与人无移转所有权的权利，受让人以善意受让时，仍可取得其所有权之情形</td></tr>
<tr><td colspan="2">（1）下列关于善意取得制度的表述中，正确的有（　）。</td></tr>
<tr><td rowspan="3">A. 无处分权人将不动产或者动产转让给受让人的，所有权人有权追回；除法律另有规定外，符合特定情形的，受让人取得该不动产或者动产的所有权。该特定情形包括（　）。</td><td>a. 受让人受让该不动产或者动产时是善意</td></tr>
<tr><td>b. 以合理的价格转让</td></tr>
<tr><td>c. 转让的不动产或者动产依照法律规定应当登记的已经登记，不需要登记的已经交付给受让人</td></tr>
<tr><td colspan="2">B. 当事人善意取得其他物权的，参照适用有关所有权善意取得的规定</td></tr>
<tr><td colspan="2">C. 善意取得制度旨在追求交易安全与便利，以占有或登记的公信力为其不可或缺之基础</td></tr>
<tr><td rowspan="6">善意取得的要件</td><td colspan="2">（2）所有权善意取得的一般构成要件包括（　）。</td></tr>
<tr><td>A. 须让与人无权处分</td><td>如果让与人对标的物属于有权处分，只要没有其他效力瑕疵，交易履行即发生物权变动效力，无须通过善意取得制度予以救济</td></tr>
<tr><td rowspan="2">B. 须受让人自无处分权人取得占有或接受移转登记</td><td>转让的不动产或者动产依照法律规定应当登记的已经登记，不需要登记的已经交付给受让人；根据物权变动的公示方法，原则上，不动产的转让应当登记，动产转让不需要登记，但需要交付给受让人</td></tr>
<tr><td>对于机动车、船舶、航空器等特殊动产，在善意取得构成中，仍以交付作为物权变动的要件；转让人将船舶、航空器和机动车等交付给受让人的，应当认定符合善意取得的条件</td></tr>
<tr><td rowspan="2">C. 须受让人以合理的价格有偿受让</td><td>“合理的价格”，应当根据转让标的物的性质、数量以及付款方式等具体情况，参考转让时交易地市场价格以及交易习惯等因素综合认定</td></tr>
<tr><td>在赠与等无偿受让情形中，赠与人无权处分，即使受赠人属于善意，也无从主张善意取得</td></tr>
</table>

续表

<table>
<tr><td rowspan="4">善意取得的要件</td><td rowspan="4">D. 须受让人善意</td><td>善意，是指非因重大过失而不知让与人无让与的权利。受让人受让不动产或者动产时，不知道转让人无处分权，且无重大过失的，应当认定受让人为善意</td></tr>
<tr><td>若受让人明知或因重大过失而不知让与人无让与的权利，则受让人非为善意，即属恶意，不得主张善意取得的法律效果</td></tr>
<tr><td>权利人应承担主张受让人不构成善意的举证责任</td></tr>
<tr><td>对于受让人是否系属善意，以“受让人受让该不动产或者动产时”为判断时间点，该时点是指“依法完成不动产物权转移登记或者动产交付之时”，其中，当事人以简易交付方式交付动产的，转让动产民事法律行为生效时为动产交付之时；当事人以指示交付方式交付动产的，转让人与受让人之间有关转让返还原物请求权的协议生效时为动产交付之时</td></tr>
<tr><td rowspan="3">善意取得的法律效果</td><td colspan="2">（3）善意取得产生的法律效果有（　）。</td></tr>
<tr><td>A. 受让人取得动产或不动产的所有权</td><td>这种所有权的取得具有终局性、确定性，性质上应属原始取得，但善意受让人在受让动产时知道或者应当知道动产上存在抵押权等负担的，这些负担继续存在于该动产之上</td></tr>
<tr><td>B. 原所有权人可向让与人主张损害赔偿</td><td>受让人善意取得不动产或者动产的所有权的，原所有权人有权向无处分权人请求损害赔偿。原所有人依据其原先与让与人之间的关系的不同，可能依合同债务不履行、侵权行为等规定向让与人行使请求权</td></tr>
<tr><td rowspan="3">遗失物被无权处分的特别规定</td><td colspan="2">（4）下列关于遗失物被无权处分特别规定的表述中，正确的是（　）。</td></tr>
<tr><td rowspan="2">A. 所有权人或者其他权利人有权追回遗失物。该遗失物通过转让被他人占有的，权利人有权向无处分权人请求损害赔偿。或者自知道或者应当知道受让人之日起2年内向受让人请求返还原物。但受让人通过拍卖或者向具有经营资格的经营者购得该遗失物的，权利人请求返还原物时，应当支付受让人所付的费用。权利人向受让人支付所付费用后，有权向无处分权人追偿</td><td>（5）下列关于遗失物被无权处分的法律效果的表述中，正确的有（　）。</td></tr>
<tr><td>A. 原所有权人自知道或者应当知道受让人之日起2年内，可以向受让人请求返还原物，但若未向受让人请求返还原物，受让人取得遗失物所有权
B. 受让人通过拍卖或者向具有经营资格的经营者购得该遗失物的，权利人请求返还原物时，应当支付受让人所付的费用
C. 权利人向受让人支付所付费用后，有权向无处分权人追偿</td></tr>
</table>

【考点子题——举一反三，真枪实练】

[24]（历年真题•多选题）林某拾得陈某新购买的笔记本电脑，将其以5 000元的价格卖给善意第三人甲公司。甲公司具有二手电脑经营资格，同日将该电脑以5 500元的价格出售给丁某。下列关于相关当事人权利义务的表述中，正确的有（　）。

A. 陈某有权自知道或者应当知道受让人丁某之日起两年内向丁某请求返还

B. 若陈某要求丁某返还电脑，丁某有权要求陈某支付其 5 500 元

C. 陈某有权要求林某赔偿其损失

D. 陈某有权要求甲公司赔偿其损失

[25]（经典子题·简答题）李某将一价值 10 万元的项链托其朋友王某保管。保管期间，王某因急需用钱，擅自将该项链以 9.5 万元卖给不知情的陈某。陈某取得项链后不慎丢失，项链被赵某拾得，赵某将该项链以 9 万元卖给其邻居郑某。3 个月后陈某获知项链在郑某处，与郑某就项链所有权归属产生纠纷。

请回答下列问题：

（1）陈某是否取得项链所有权？说明理由。

（2）陈某是否有权要求郑某归还项链？

[26]（经典子题·单选题）甲、乙、丙三兄弟共同继承一幅古董字画，由甲保管。甲擅自将该画以市场价出卖给丁并已交付，丁对该画的共有权属并不知情。根据物权法律制度的规定，下列表述中，正确的是（　）。

A. 丁取得该画的所有权，但须以乙和丙均追认为前提

B. 经乙和丙中一人追认，丁即可取得该画的所有权

C. 无论乙和丙追认与否，丁均可取得该画的所有权

D. 无论乙和丙追认与否，丁均不能取得该画的所有权

[27]（经典子题·多选题）乙拾得甲丢失的手机，以市场价 500 元出让给不知情的旧手机经销商丙。根据物权法律制度的规定，下列表述中，正确的有（　）。

A. 乙拾得手机后，甲即失去手机所有权

B. 乙将手机出让给丙的行为属于无权处分

C. 甲有权请求乙给予损害赔偿

D. 甲有权请求丙返还手机，但应向丙支付 500 元

（三）添附

【考点母题——万变不离其宗】添附

添附的概念	添附，是指不同所有权人的物因结合或因加工而形成不可分割的物或具有新质的物，由于恢复原状之不可能或不合理而由一所有人取得或数所有人共同取得该物所有权，并由取得人对于他方因此所受的损失予以补偿

续表

<table>
<tr><td rowspan="2">添附的意义</td><td colspan="2">添附发生后，因恢复原状不可能或不合理，所以，只承认新物的存在，由此须决定新物所有权的归属；同时意味着法律禁止恢复到添附之前的状态，不认可有关当事人恢复原状或分离新物的请求，其根据在于此等请求的践行将造成社会经济资源的浪费</td></tr>
<tr><td colspan="2">添附制度一方面旨在确定新物所有权的归属，其主要系属物权法的内容；另一方面，由新物权属的确定又必然引发当事人间利益调和的问题，因此亦涉及有关利益补偿的债权法内容</td></tr>
<tr><td rowspan="6">添附的种类</td><td colspan="2">（1）添附的种类包括（　）。</td></tr>
<tr><td rowspan="2">A. 附合</td><td>附合，是指不同所有权人的物因密切结合而形成难以分割的新物，若分割会毁损该物或花费较大。附合，包括动产与动产的附合以及动产与不动产的附合</td></tr>
<tr><td>附合的认定，关键在于形成的新物难以分割，如错用他人油漆粉刷桌子，属于附合；相反，若错拿他人车辆备胎换到自己车子上，此时轮胎与车子的分离并不困难，所以，不构成附合</td></tr>
<tr><td rowspan="2">B. 混合</td><td>混合，是指两个或两个以上不同所有权人的动产相互混杂合并，不能识别或识别所需费用过大，因而发生所有权变动的法律事实。例如，不同所有人的不同大米被倒入同一仓库里，难以识别分离</td></tr>
<tr><td>混合与附合的主要不同在于：附合的数个物通常在形体上可识别、分割，只是分离将损害附合物的价值；混合则是数个物混在一起，在事实上不能或不易区别</td></tr>
<tr><td>C. 加工</td><td>加工，是指在他人的物上进行劳作或改造，从而使其具有更高价值的活动。例如，雕刻他人木材为木雕作品，在他人画布上作画等</td></tr>
<tr><td rowspan="3">添附的法律效果</td><td colspan="2">（2）添附产生的法律效果有（　）。</td></tr>
<tr><td colspan="2">A. 因加工、附合、混合而产生的物的归属，有约定的，按照约定；没有约定或者约定不明确的，依照法律规定；法律没有规定的，按照充分发挥物的效用以及保护无过错当事人的原则裁判确定</td></tr>
<tr><td colspan="2">B. 因一方当事人的过错或者确定物的归属造成另一方当事人损害的，应当给予赔偿或者补偿</td></tr>
</table>

【考点子题——举一反三，真枪实练】

[28]（经典子题·多选题）添附是所有权取得的特殊方式。根据物权法律制度的规定，下列各项中，属于添附的有（　）。

A. 加工　　B. 先占　　C. 附合　　D. 混合

[29]（经典子题·多选题）添附是所有权取得的特殊方式。根据物权法律制度的规定，下列各项中，构成添附的有（　）。

A. 用别人的钢筋盖房子　　B. 将粉灰刷在他人墙上

C. 螃蟹被大雨冲到其他人家的螃蟹池塘　　D. 将他人木头加工成门

[30]（经典子题·单选题）根据物权法律制度的规定，甲未经乙同意采取的下列行为中，属于添附中混合情形的是（　）。

A. 将乙的油与自己的油倒在一起　　B. 将乙的粉灰刷在自己家的墙上

C. 将乙的石料做成水墨砚　　D. 将乙的轮胎装到了自己的车上

[31]（经典子题·多选题）刘某是小有名气的雕刻师，好友王某喜欢收藏奇石。刘某借用了王某收藏的一块太湖石（价值 3 万元）和一块汉白玉（价值 1 万元）欣赏。后刘某把太湖石砌到了自己家中的电视背景墙里，把汉白玉雕刻成了柏拉图雕像（价值 3 万元）。下列关于此案的表述中，正确的有（　）。

A. 刘某把太湖石砌到了自己家中的电视背景墙的行为是加工

B. 刘某把太湖石砌到了自己家中的电视背景墙的行为是附合

C. 刘某把太湖石砌到了自己家中的电视背景墙的行为是混合

D. 刘某把汉白玉雕刻成了柏拉图雕像是加工

[32]（经典子题·判断题）甲公司租用了乙公司拥有所有权临街商铺，并将该商铺临街的墙面改造为落地玻璃墙。甲公司的改造行为是加工。（　）

考点8　共有

（一）共有的概念

【考点母题——万变不离其宗】共有的概念

共有的概念	（1）下列关于共有的概念的表述中，正确的有（　）。
	A. 共有，是指两个以上的人对于同一物的共同所有
	B. 共有，并非在一物之上成立两个以上所有权，其法律构造是：一物之上成立一个所有权，该所有权由多个共有人共同享有
	（2）共有产生的原因有（　）。
	A. 基于法律规定（如夫妻共有财产）　　B. 基于当事人的约定
	（3）最广义的共有的类型包括（　）。
	A. 按份共有　　B. 共同共有　　C. 区分所有

（二）按份共有

【考点母题——万变不离其宗】按份共有

<table>
<tr><td rowspan="2">按份共有的概念</td><td colspan="3">（1）下列关于按份共有含义的表述中，正确的有（　）。</td></tr>
<tr><td colspan="3">A. 按份共有，是指数人按其应有份额，对于一物，共同享有所有权的形态
B. 按份共有自共有关系确立时起，各共有人即已确定自己的共有权利份额
C. 份额是所有权的一定比例，是所有权在量上的分割，并非对共有物的份额，也不是所有权权能的划分
D. 各共有人依其份额享有共有权，其义务亦以份额为限
E. 各共有人对于共有物的支配是全面的，而非仅限于共有物的特定部分。至于各共有人如何支配共有物，原则上依照当事人的约定</td></tr>
<tr><td rowspan="2">共有形态的推定</td><td colspan="3">（2）下列关于共有形态推定的表述中，正确的是（　）。</td></tr>
<tr><td colspan="3">A. 共有人对共有的不动产或者动产没有约定为按份共有或者共同共有，或者约定不明确的，除共有人具有家庭关系等外，视为按份共有</td></tr>
<tr><td rowspan="7">按份共有的效力</td><td rowspan="4">对内效力</td><td colspan="2">（3）下列关于按份共有中共有物用益、处分及管理的表述中，正确的有（　）。</td></tr>
<tr><td colspan="2">A. 共有物属于多个共有人共有，所以，对于共有物的用益、处分与管理，任一共有人无权单独自主实施，原则上须遵循共有人的约定或法律的规定。
B. 按份共有人按照约定管理共有的不动产或者动产；没有约定或者约定不明确的，各共有人都有管理的权利和义务。共有人对共有物的管理费用以及其他负担，有约定的，按照其约定；没有约定或者约定不明确的，按照其份额负担
C. 处分共有的不动产或者动产以及对共有的不动产或者动产作重大修缮、变更性质或者用途的，应当经占份额 2/3 以上的按份共有人同意，但是共有人之间另有约定的除外</td></tr>
<tr><td colspan="2">（4）下列关于按份共有中共有份额的处分的表述中，正确的有（　）。</td></tr>
<tr><td colspan="2">A. 按份共有人可以自由处分其共有份额，除非共有人之间另有约定；共有人对其份额的处分只能是法律上的处分，多表现为权利份额分割、转让、抛弃或于份额上设定担保物权等
B. 当按份共有人转让其共有份额时，其他共有人在同等条件下享有优先购买的权利</td></tr>
<tr><td rowspan="3">按份共有人的优先购买权</td><td colspan="2">（5）下列关于按份共有人优先购买权的表述中，正确的有（　）。</td></tr>
<tr><td rowspan="2">A. 优先购买权行使的基本前提：按份共有人向共有人之外的人转让其份额</td><td>若是按份共有人之间转让共有份额，其他按份共有人不得主张优先购买，但按份共有人之间另有约定的除外</td></tr>
<tr><td>共有份额的权利主体因继承、遗赠等原因发生变化时，其他按份共有人也不得主张优先购买，但按份共有人之间另有约定的除外</td></tr>
</table>

续表

<table>
<tr><td rowspan="8">按份共有的效力</td><td rowspan="5">按份共有人的优先购买权</td><td>B. 按份共有人只有在同等条件下才享有优先购买权</td><td>"同等条件"，应当综合共有份额的转让价格、价款履行方式及期限等因素确定。所以，其他按份共有人虽主张优先购买，但提出减少转让价款、增加转让人负担等实质性变更要求的，均不符合同等条件的要求</td></tr>
<tr><td rowspan="2">C. 按份共有人转让其享有的共有的不动产或者动产份额的，应当将转让条件及时通知其他共有人。其他共有人应当在合理期限内行使优先购买权</td><td>（6）按份共有人优先购买权的行使期间，按份共有人之间有约定的，按照约定处理；没有约定或者约定不明的，按照下列情形确定（　）。</td></tr>
<tr><td>A. 转让人向其他按份共有人发出的包含同等条件内容的通知中载明行使期间的，以该期间为准
B. 通知中未载明行使期间，或者载明的期间短于通知送达之日起15日的，为15日
C. 转让人未通知的，为其他按份共有人知道或者应当知道最终确定的同等条件之日起15日
D. 转让人未通知，且无法确定其他按份共有人知道或者应当知道最终确定的同等条件的，为共有份额权属转移之日起6个月</td></tr>
<tr><td colspan="2">D. 按份共有人转让其享有的共有的不动产或者动产份额时，其他按份共有人以其优先购买权受到侵害为由，仅请求撤销共有份额转让合同或者认定该合同无效，不属于行使优先购买权，不予支持</td></tr>
<tr><td colspan="2">E. 两个以上其他共有人主张行使优先购买权的，协商确定各自的购买比例；协商不成的，按照转让时各自的共有份额比例行使优先购买权</td></tr>
<tr><td rowspan="2">对外效力</td><td colspan="2">（7）下列关于按份共有的对外效力的表述中，正确的有（　）。</td></tr>
<tr><td colspan="2">A. 对外效力涉及共有人与共有人之外的第三人之间的权利义务关系
B. 因共有的不动产或者动产产生的债权债务，在对外关系上，共有人享有连带债权、承担连带债务，但是法律另有规定或者第三人知道共有人不具有连带债权债务关系的除外
C. 在共有人内部关系上，除共有人另有约定外，按份共有人按照份额享有债权、承担债务
D. 偿还债务超过自己应当承担份额的按份共有人，有权向其他共有人追偿</td></tr>
</table>

【考点子题——举一反三，真枪实练】

[33]（历年真题·单选题）张某和陈某分别出资50%，共同购买了一套商业用房。双方约定按照出资额按份共有，但对其他事项未作约定。下列关于相关当事人权利义务的表述中，正确的是（　）。

A. 未经张某同意，陈某有权将该整套商业用房出售给第三人

B. 若张某去世，只有陈某放弃优先购买权，张某的法定继承人才可以继承其份额

C. 未经张某同意，陈某有权将该整套商业用房抵押给银行

D. 若陈某放弃优先购买权，张某可以向第三人转让其共有份额

[34]（历年真题•多选题）李某、王某和张某共有一栋房屋，份额分别为 20%、30% 和 50%。三人对共有份额的处分未作约定。李某拟将其份额以 30 万元的价格转让给陈某，陈某同意一次性付清价款。李某将拟转让事项和转让条件通知王某和张某。下列表述中，正确的有（　）。

A. 若王某与张某主张优先购买权，但均表示只愿分期付款 30 万元，李某可将其共有份额转让给陈某

B. 若王某与张某均表示愿一次性付款 30 万元行使优先购买权，则应当由份额更高者张某购买

C. 若王某与张某均表示愿一次性付款 30 万元行使优先购买权，可由两人协商确定各自的购买比例

D. 若王某与张某主张优先购买权，但均表示只愿分期付款 30 万元，可按两人份额的比例确定各自的购买比例

[35]（经典子题•单选题）根据物权法律制度的规定，下列各项中，属于按份共有的是（　）。

A. 夫妻共同财产　　B. 村民家庭承包鱼塘

C. 兄弟合买房屋　　D. 未分配遗产

[36]（经典子题•多选题）甲、乙、丙、丁按份共有一艘货船，份额分别为 10%、20%、30%、40%。甲欲将其共有份额转让，戊愿意以 50 万元的价格购买，价款一次付清。关于甲的共有份额转让的下列表述中，不正确的有（　）。

A. 甲向戊转让其共有份额，须经乙、丙、丁同意

B. 如乙、丙、丁均以同等条件主张优先购买权，则丁的主张应得到支持

C. 如丙在法定期限内以 50 万元分期付款的方式要求购买该共有份额，应予支持

D. 如甲改由向乙转让其共有份额，丙、丁在同等条件下享有优先购买权

[37]（经典子题•多选题）甲、乙、丙、丁按份共有某商铺，各自份额 25%。因经营理念发生分歧，甲与丙商定将其份额以 100 万元转让给丙，并通知了乙、丁；乙与第三人戊约定将其份额以 120 万元转让给戊，未通知甲、丙、丁。下列关于本案的表述中，正确的有（　）。

A. 乙、丁对甲的份额享有优先购买权

B. 甲、丙、丁对乙的份额享有优先购买权

C. 如甲、丙均对乙的份额主张优先购买权，双方可协商确定各自购买的份额

D. 丙、丁可仅请求认定乙与戊之间的份额转让合同无效

[38](历年真题·多选题)赵某、钱某和孙某共有一套四合院，份额分别为30%、30%和40%。三人约定轮流使用该房屋，对其他事项未作约定。在赵某居住期间，该四合院屋顶瓦片脱落砸伤路人李某，李某请求赔偿。下列关于赔偿责任承担的表述中，正确的有(　)。

A. 李某只能请求赵某、钱某和孙某按各自份额承担赔偿责任

B. 李某只能请求赵某承担全部赔偿责任，无权请求钱某和孙某承担赔偿责任

C. 若赵某承担了全部赔偿责任，可向钱某和孙某追偿超过其应当承担份额部分的赔偿款

D. 赵某、钱某和孙某应对李某所受损害承担连带责任

[39](历年真题·单选题)村民李某出资购买一头耕牛，并与邻居王某约定按照5:2的份额按份共有。王某使用该牛耕地期间，牛因雷声受惊，将路过的孙某撞伤。孙某为此支付医疗费700元，要求王某赔偿，王某以该耕牛系李某出资购买为由拒绝赔偿。下列关于赔偿责任承担的表述中，正确的是(　)。

A. 孙某只能要求王某和李某按照份额分别承担相应的赔偿责任

B. 因受伤发生在王某使用该牛耕地期间，孙某只能要求王某进行赔偿

C. 孙某既可以要求王某承担全部赔偿责任，也可以要求李某承担全部赔偿责任

D. 因该耕牛系李某出资购买，孙某只能要求李某进行赔偿

[40](经典子题·案例分析题)甲、乙二人是在某技校结识的朋友。2017年10月12日，俩人共同出资购买了一台价格为50万元的挖掘机，甲出资10万元，乙出资40万元，双方约定按出资比例共有。

2018年7月9日，挖掘机出现故障，无法正常工作。乙在未征得甲同意的情况下请丙维修，维修费3万元。乙要求甲分担20%的维修费用，甲以维修未征得自己同意为由拒绝。丙要求乙支付全部维修费，乙拒绝。

乙不想再与甲合作，欲将其份额对外转让。2018年8月2日，乙发函征询丁的购买意向，同时告知甲：正在寻找份额买主，甲须在接到通知之日起15日内决定是否行使优先购买权。甲认为，份额转让须经其同意，况且乙尚在寻找份额买主，在未告知任何交易条件的情况下，要求自己接到通知之日起15日内决定是否行使优先购买权，不符合法律规定，故对乙的通知置之不理。

2018年8月3日，甲在未告知乙的情况下，将挖掘机以市价卖给不知情的戊，约定3日后交付。

2018年8月4日，丁向乙回函称，对乙所占挖掘机的份额不感兴趣，想要整台挖掘机。由于甲对乙之前的通知置之不理，乙也再未告知甲，于8月4日当天将挖掘机转让给丁，并同时交付。

2018 年 8 月 6 日，戊要求甲交付挖掘机时，发现挖掘机已被乙交付给了丁，遂要求丁交出挖掘机，丁拒绝。

根据上述内容，分别回答下列问题：

（1）挖掘机维修是否需要征得甲的同意？乙是否有权要求甲分担 20% 的维修费用？并分别说明理由。

（2）乙是否有权拒绝向丙支付全部维修费用？并说明理由。

（3）乙的份额转让是否需要征得甲的同意？并说明理由。

（4）乙在寻找份额买主时要求甲在接到通知之日起 15 日内决定是否行使优先购买权，是否符合法律规定？并说明理由。

（5）丁是否取得挖掘机的所有权？并说明理由。

（6）丁是否有权拒绝戊交出挖掘机的请求？并说明理由。

（三）共同共有

【考点母题——万变不离其宗】共同共有

<table>
<tr><td rowspan="7">含义</td><td colspan="2">（1）下列关于共同共有含义的表述中，正确的有（　）。</td></tr>
<tr><td colspan="2">A. 共同共有，是指共有人平等和不分份额地享有共有权的共有形态</td></tr>
<tr><td colspan="2">B. 共有人对共有的不动产或者动产没有约定为按份共有或者共同共有，或者约定不明确的，除共有人具有家庭关系等外，视为按份共有</td></tr>
<tr><td>C. 共同共有以共同关系为前提；共同共有因共同关系而发生，因其存续而存续，因其消灭而消灭</td><td>共同关系，指基于共同目的而形成的关系，如夫妻关系、家庭关系</td></tr>
<tr><td>D. 共同共有是按份共有之外的另一种共有形态</td><td>共同共有存续期间，共有人没有共有份额。只要共同共有关系存在，共有人一般不能划分对财产的份额，只有在共有关系终止或者有重大理由需要分割，分割共有物时，才能确定各共有人应得的份额。所以，在共同共有中，各共有人的份额只是一种潜在的份额</td></tr>
<tr><td>E. 共同共有的共有人在共有期间平等地享有权利和承担义务</td><td>“平等”指共有关系存续中共有人的权利义务，而非指分割时亦须一律平等</td></tr>
<tr><td colspan="2"></td></tr>
<tr><td rowspan="2">共同共有的类型</td><td colspan="2">（2）下列各项中，属于共同共有的形态的有（　）。</td></tr>
<tr><td colspan="2">A. 夫妻共有财产　　B. 家庭共有财产
C. 共同继承的财产（指继承开始后，遗产分割前，两个或两个以上的继承人对其享有继承权的遗产）</td></tr>
</table>

续表

<table>
<tr><td rowspan="6">共同共有的效力</td><td rowspan="4">对内效力</td><td>（3）下列关于共同共有中共有物管理的表述中，正确的有（　）。</td></tr>
<tr><td>A. 共同共有人的权利，及于共有物全部
B. 对于共有物的使用与管理，除法律另有规定或合同另有约定外，应经全体共有人同意</td></tr>
<tr><td>（4）下列关于共同共有中共有物分割的表述中，正确的是（　）。</td></tr>
<tr><td>A. 各共有人仅在共有的基础丧失或者有重大理由需要分割时可以请求分割，各共有人亦无转让权，但共有人另有约定的除外</td></tr>
<tr><td rowspan="2">对外效力</td><td>（5）下列关于共同共有之物处分的表述中，正确的是（　）。
A. 只有依全体共有人的共同意思，对共有物的处分行为才能发生对外效力；当然，法律保护第三人的善意取得
（6）下列关于因共有的不动产或者动产产生的债权债务关系的表述中，正确的是（　）。</td></tr>
<tr><td>A. 因共有的不动产或者动产产生的债权债务，共同共有人享有连带债权、承担连带债务，但法律另有规定或者第三人知道共有人不具有连带债权债务关系的除外</td></tr>
</table>

【考点子题——举一反三，真枪实练】

[41]（经典子题·多选题）根据《民法典》的规定，下列关于共有的表述中，正确的有（　）。

A. 对于共有财产，部分共有人主张按份共有，部分共有人主张共同共有，如不能证明财产是按份共有的，应当认定为共同共有

B. 继承开始后，遗产分割前，两个或两个以上的继承人对其享有继承权的遗产为共同共有

C. 共同共有的共有人在共有期间平等地享有权利和承担义务，分割共有财产时亦须一律平等

D. 因共有的不动产或者动产产生的债权债务，在对外关系上，共有人享有连带债权、承担连带债务，但是法律另有规定或者第三人知道共有人不具有连带债权债务关系的除外

（四）建筑物区分所有权

【考点母题——万变不离其宗】建筑物区分所有权

建筑物区分所有权	建筑物区分所有权，是指由区分所有建筑物的专有部分所有权（专有权）、共有部分共有权（共有权）以及因区分所有建筑物共同关系所生的成员权（共同管理权）共同构成的特别所有权。建筑物区分所有权，源自于近现代以来高层建筑物激增，公寓大厦、住宅小区盛行的居住形态

续表

<table>
<tr><td rowspan="9">共有部分共有权</td><td colspan="2">（1）下列关于建筑物区分所有权中共有部分共有权的表述中，正确的有（　）。</td></tr>
<tr><td colspan="2">A. 业主对建筑物内的住宅、经营性用房等专有部分享有所有权，对专有部分以外的共有部分享有共有和共同管理的权利；业主对共有部分享有共有的权利即为共有权</td></tr>
<tr><td colspan="2">B. 共有权是指业主依照法律或管理规约的规定或业主大会的决定，对区分所有建筑物内的住房或经营性用房等专有部分之外的共用部分所享有的占有、使用和收益的权利</td></tr>
<tr><td rowspan="5">C. 共用部分在法律上为附随于专有部分而存在的附属物或从物，具有从属性</td><td>（2）建筑物区分所有权共有的部分包括（　）。</td></tr>
<tr><td>A. 建筑区划内的道路，属于业主共有，但是属于城镇公共道路的除外</td></tr>
<tr><td>B. 建筑区划内的绿地，属于业主共有，但是属于城镇公共绿地或者明示属于个人的除外</td></tr>
<tr><td>C. 建筑区划内的其他公共场所、公用设施和物业服务用房，属于业主共有</td></tr>
<tr><td>D. 占用业主共有的道路或者其他场地用于停放汽车的车位，属于业主共有</td></tr>
<tr><td colspan="2">D. 建筑物及其附属设施的费用分摊、收益分配等事项，有约定的，按照约定；没有约定或者约定不明确的，按照业主专有部分面积所占比例确定</td></tr>
</table>

【考点子题——举一反三，真枪实练】

[42]（经典子题 • 单选题）下列关于建筑物区分所有权的表述中，不正确的是（　）。

A. 业主对建筑物内的住宅等专有部分享有所有权

B. 业主对专有部分以外的共有部分享有共有权

C. 业主对专有部分以外的共有部分享有共同管理的权利

D. 业主建筑物及其附属设施的费用分摊、收益分配等事项没有约定的，按照业主的人数比例确定

[43]（经典子题 • 判断题）建筑区划内的绿地，属于业主共有。（　）

考点 9　相邻关系

【考点母题——万变不离其宗】相邻关系

<table>
<tr><td rowspan="2">相邻关系的概念</td><td colspan="2">（1）下列关于相邻关系的表述中，正确的有（　）。</td></tr>
<tr><td>A. 相邻关系，又称不动产相邻关系，是指相邻各方在对各自所有或使用的不动产行使所有权或使用权时，因相互间依法应当给予对方方便或接受限制而发生的权利义务关系</td><td>【例如】不动产权利人因建造、修缮建筑物以及铺设电线、电缆、水管、暖气和燃气管线等必须利用相邻土地、建筑物的，该土地、建筑物的权利人应当提供必要的便利</td></tr>
</table>

续表

相邻关系的概念	B. 相邻关系，性质上属于所有权内容之限制或扩张，实为所有权社会化的具体表现	相邻关系人之间基于邻里和睦的相互关照义务，足以提升彼此不动产利用的经济和社会效益。相反，若相邻不动产所有人或利用人均绝对排他地行使自己的权利，则相邻各方的冲突在所难免，且将影响不动产使用效益发挥的最大化
相邻关系的类型	（2）下列各项中，属于相邻关系的有（　）。	
	A. 避免邻地地基动摇或其他危险的相邻关系　B. 相邻用水与排水关系 C. 相邻必要通行关系　D. 相邻管线铺设关系 E. 因建造建筑物利用邻地的关系，不得影响相邻方通风、采光、日照的关系 F. 固体污染物、不可量物不得侵入的相邻关系等	

【考点子题——举一反三，真枪实练】

［44］（经典子题·判断题）不动产权利人因建造、修缮建筑物以及铺设电线、电缆、水管、暖气和燃气管线等必须利用相邻土地、建筑物的，该土地、建筑物的权利人应当提供必要的便利。（　）

［45］（经典子题·多选题）下列关于相邻关系的表述中，正确的有（　）。

A. 相邻关系，性质上属于所有权内容之限制或扩张，实为所有权社会化的具体表现

B. 相邻关系，是所有权存在的一种特殊形态

C. 建造建筑物不得影响相邻方通风、采光、日照

D. 不可量物不得侵入相邻方

第三节　用益物权

【本节知识框架】

用益物权
- 用益物权概述
- 土地承包经营权
- 建设用地使用权
- 宅基地使用权
- 居住权
- 地役权

图4-4　第3节知识框架图

【本节考点、考点母题及考点子题】

考点10　用益物权概念与特征

【考点母题——万变不离其宗】用益物权概念与特征

用益物权的概念	概念	用益物权，是指对他人所有之物享有以占有、使用、收益为内容的限制物权
	立法理由	用益物权产生的社会原因，在于资源的稀缺、人们对物质资料的占有与需求方面的矛盾以及为解决这一矛盾所寻求的关系安排
	作用	用益物权的作用是，保障用益物权人对他人之物进行，合乎约定的使用和收益
		用益物权人只要不违反法律规定或当事人约定，即可独占地、排他性地支配标的物，任何其他人，包括所有权人，均不得妨碍其行使权利
种类	（1）下列各项中，属于用益物权的有（　）。	
	A. 土地承包经营权　B. 建设用地使用权　C. 宅基地使用权　D. 居住权　E. 地役权	
特征	（2）下列各项中，属于用益物权的特征的有（　）。	
	A. 用益物权以对物的使用、收益为其主要内容，并以对物的占有为前提 B. 用益物权与担保物权同为限制物权，但用益物权取向于标的物的使用价值，担保物权取向于标的物的交换价值 C. 用益物权是他物权、限制物权、有期限物权 D. 用益物权是不动产物权，其标的物只限于不动产，或土地或房屋	

【考点子题——举一反三，真枪实练】

[46]（经典子题·多选题）根据物权法律制度的规定，下列权利中，属于用益物权的有（　）。

A. 地役权　　B. 土地承包经营权　　C. 抵押权　　D. 建设用地使用权

[47]（经典子题·多选题）下列关于用益物权特征的表述中，正确的有（　）。

A. 用益物权以对物的使用、收益为其主要内容，并以对物的占有为前提

B. 用益物权取决于标的物的交换价值

C. 用益物权是限制物权

D. 用益物权可以是不动产物权，也可以动产物权

考点 11 土地承包经营权

【考点母题——万变不离其宗】土地承包经营权

<table>
<tr><td rowspan="7">土地承包经营权概述</td><td>概念</td><td colspan="2">土地承包经营权，是指以种植、养殖、畜牧等农业目的，对集体经济组织所有或国家所有由农民集体使用的农用土地依法享有的占有、使用、收益的权利</td></tr>
<tr><td rowspan="6">特征</td><td colspan="2">（1）下列各项中，属于土地承包经营权的特征的有（　）。</td></tr>
<tr><td colspan="2">A. 土地承包经营权的主体只能是农业经营者
B. 土地承包经营权的客体是耕地、林地、山岭、草原、荒地、滩涂、水面等不动产
C. 土地承包经营权的内容是权利人在他人土地上为农业性质的耕作、养殖、畜牧等用益</td></tr>
<tr><td rowspan="4">D. 土地承包经营权的存续有具体期限；承包期限届满，土地承包经营权人可以依照农村土地承包的法律规定继续承包</td><td>（2）下列关于土地承包经营权存续期间的表述中，正确的有（　）。</td></tr>
<tr><td>A. 耕地的承包期为 30 年</td></tr>
<tr><td>B. 草地的承包期为 30 年至 50 年</td></tr>
<tr><td>C. 林地的承包期为 30 年至 70 年</td></tr>
<tr><td rowspan="4">土地承包经营权的取得</td><td colspan="3">（3）土地承包经营权的取得方式包括（　）。</td></tr>
<tr><td rowspan="3">A. 法律行为</td><td colspan="2">（4）基于法律行为取得土地承包经营权的方式包括（　）。</td></tr>
<tr><td rowspan="2">A. 根据土地承包经营合同设定而取得</td><td>土地承包经营权自土地承包经营权合同生效时设立；登记机构应当向土地承包经营权人发放土地承包经营权证、林权证等证书，并登记造册，确认土地承包经营权</td></tr>
<tr><td>农业集体经济组织作为发包方，集体经济组织内的农户作为承包方，双方就权利的客体、内容、期限以及其他相关权利义务协商一致，订立书面合同；合同生效时，承包人即取得承包经营权</td></tr>
</table>

续表

<table>
<tr><td rowspan="7">土地承包经营权的取得</td><td rowspan="6">A. 法律行为</td><td>A. 根据土地承包经营合同设定而取得</td><td>《民法典》并未强制以登记作为土地承包经营权的生效要件，登记只是其对抗要件</td></tr>
<tr><td rowspan="2">B. 通过土地承包经营权的互换、转让而取得</td><td>土地承包经营权人依照法律规定，有权将土地承包经营权互换、转让；互换、转让的对象只能是本集体经济组织成员；互换需进行备案，转让需要得到发包方的同意</td></tr>
<tr><td>土地承包经营权互换、转让的，当事人可以向登记机构申请登记；未经登记，不得对抗善意第三人</td></tr>
<tr><td rowspan="3">C. 通过招标、拍卖、公开协商等方式而取得</td><td>通过招标、拍卖、公开协商等方式承包农村土地，经依法登记取得权属证书的，可以依法采取出租、入股、抵押或者其他方式流转土地经营权</td></tr>
<tr><td>通过招标、拍卖、公开协商等方式取得土地承包经营权的，其客体主要限于“四荒”土地，即荒山、荒沟、荒丘、荒滩</td></tr>
<tr><td>承包人不限于本集体经济组织成员，集体经济组织以外的自然人、法人或其他组织均可取得此类土地的承包经营权</td></tr>
<tr><td colspan="3">B. 继承</td></tr>
<tr><td rowspan="6">土地经营权的流转</td><td rowspan="2">概念</td><td colspan="2">土地经营权流转，是指在不改变土地所有权性质（国有或集体所有）和土地农业用途的前提下，原承包方依法将经营权或从经营权中分离出来的部分权利移转给他人的法律行为</td></tr>
<tr><td colspan="2">允许承包户将土地经营权从土地承包经营权中分离出去，从而形成农民集体土地所有权、土地承包经营权、土地经营权“三权分置”的配置格局，旨在推动农业生产的规模化经营，提高农业生产效率</td></tr>
<tr><td rowspan="2">流转的原则要求</td><td colspan="2">（5）下列各项中，属于土地经营权流转的原则要求的有（　）。</td></tr>
<tr><td colspan="2">A. 土地经营权的流转应遵循平等自愿原则
B. 土地经营权的流转，不得改变土地所有权性质和农业用途
C. 土地经营权流转的期限不得超过承包期的剩余期限
D. 流转受让方须有农业经营能力，但不限于本集体经济组织成员</td></tr>
<tr><td rowspan="2">流转的具体规定</td><td colspan="2">（6）下列关于土地经营权流转的具体规定的表述中，正确的有（　）。</td></tr>
<tr><td colspan="2">A. 土地承包经营权人可以自主决定依法采取出租、入股或者其他方式向他人流转土地经营权
B. 流转期限为 5 年以上的土地经营权，自流转合同生效时设立
C. 当事人可以向登记机构申请土地经营权登记；未经登记，不得对抗善意第三人
D. 通过招标、拍卖、公开协商等方式承包农村土地，经依法登记取得权属证书的，可以依法采取出租、入股、抵押或者其他方式流转土地经营权</td></tr>
</table>

【考点子题——举一反三，真枪实练】

[48]（经典子题·多选题）下列关于土地承包经营权存续期间的表述中，正确的有（　）。

A. 耕地的承包期为30年　　B. 耕地的承包期30年至50年

C. 草地的承包期为30年至50年　　D. 林地的承包期为30年至70年

[49]（历年真题·单选题）陈某与其所属的甲集体经济组织拟就该集体所有的一块林地签订土地承包经营权合同，拟定的下列条款中，符合法律规定的是（　）。

A. 该林地的承包期为70年

B. 陈某可以向甲集体经济组织以外的人员转让土地承包经营权

C. 该林地的土地承包经营权自登记时生效

D. 陈某可以将该林地用于旅游度假村的建设

[50]（历年真题·多选题）根据物权法律制度的规定，下列关于土地承包经营权的表述中，正确的有（　）。

A. 本集体经济组织内的土地承包经营权人可以将土地承包经营权互换

B. 本集体经济组织之外的人员可以通过招标方式承包集体所有的荒山

C. 土地承包经营权人可以向本集体经济组织之外的人员转让土地承包经营权

D. 土地承包经营权人可以采取出租方式向本集体经济组织之外的人员流转土地经营权

[51]（经典子题·简答题节选）王某与陈某为同一个村的村民。2019年，双方订立书面协议，王某将自己承包的A耕地与陈某承包的B耕地互换耕种，协议约定的互换期限为5年，但互换协议未经村委会批准。2021年春，王某要求换回耕地，陈某拒绝，王某遂强行在A耕地上种植葡萄，被陈某毁掉，双方因此产生冲突。其后，王某向法院提起诉讼，主张自己与陈某互换耕地的行为未经村委会同意，是无效的，因此自己有权换回自己承包的A耕地。请分析王某的诉讼请求是否成立。

考点12 建设用地使用权

【考点母题——万变不离其宗】建设用地使用权

<table>
<tr><td rowspan="3">建设用地使用权概述</td><td>建设用地使用权，是指以在他人土地上拥有建筑物、构筑物及其附属设施为目的，而使用其土地的权利</td></tr>
<tr><td>（1）下列各项中，属于建设用地使用权的特征的有（　）。</td></tr>
<tr><td>A. 建设用地使用权是存在于国家或集体所有土地之上的权利</td></tr>
</table>

续表

<table>
<tr><td rowspan="7">建设用地使用权概述</td><td colspan="2" rowspan="2">B. 建设用地使用权以建造以及保存建筑物或其他工作物为目的</td><td>建筑物，是指定着于土地上或地面下，具有顶盖、墙垣，足以避风雨供人起居出入之构造物</td></tr>
<tr><td>其他工作物，是指建筑物以外，在土地上空、地表与地下之一切设备而言，如深水井、堤防等防水、引水或蓄水之建造物；桥梁、隧道、高架陆桥等交通设备；以及纪念碑、铁塔、电线杆等</td></tr>
<tr><td colspan="2" rowspan="5">C. 建设用地使用权是有期限的权利；依建设用地使用权用途的不同，规定了不同用地使用权期间</td><td>（2）下列关于建设用地使用权期限的表述中，正确的有（　）。</td></tr>
<tr><td>A. 居住用地为 70 年</td></tr>
<tr><td>B. 工业用地和教育、科技、文化、卫生、体育用地为 50 年</td></tr>
<tr><td>C. 商业、旅游、娱乐用地为 40 年</td></tr>
<tr><td>D. 综合或者其他用地为 50 年</td></tr>
<tr><td rowspan="11">建设用地使用权的取得</td><td colspan="3">（3）建设用地使用权的取得的方式有（　）。</td></tr>
<tr><td colspan="3">A. 不动产物权的一般取得原因，如继承，亦适用于建设用地使用权</td></tr>
<tr><td colspan="2">B. 建设用地使用权的特别取得原因</td><td>a. 通过划拨方式取得建设用地使用权
b. 通过出让方式取得建设用地使用权
c. 建设用地使用权转让</td></tr>
<tr><td rowspan="6">划拨方式</td><td colspan="2">（4）下列关于土地使用权划拨含义的表述中，正确的是（　）。</td></tr>
<tr><td colspan="2">A. 土地划拨，是指建设用地使用权人只需按照一定程序提出申请，经主管机关批准即可取得建设用地使用权，而无须向土地所有人支付租金及其他费用</td></tr>
<tr><td colspan="2">（5）下列各项中，属于土地划拨的特点的有（　）。</td></tr>
<tr><td colspan="2">A. 具有公益目的性（依此方式取得建设用地使用权，主要是国家机关、国防等公益事业用地）
B. 无偿性
C. 取得的土地使用权的转让受到限制（只有依法办理相关手续并缴足土地出让金后，才可转让）
D. 无期限性
E. 行政性（即须经严格的行政审批程序，才可划拨）</td></tr>
<tr><td colspan="2">（6）根据《民法典》的规定，下列关于限制建设用地使有权划拨出让的表述中，正确的是（　）。</td></tr>
<tr><td colspan="2">A. 严格限制以划拨方式设立建设用地使用权</td></tr>
<tr><td rowspan="2">出让方式</td><td colspan="2">（7）下列关于建设用地使用权出让含义的表述中，正确的有（　）。</td></tr>
<tr><td colspan="2">A. 建设用地使用权出让，是指国家以土地所有人的身份，以出让合同方式，将建设用地使用权在一定年限内让与土地使用者，向土地使用者依法收取土地使用权出让金的法律行为</td></tr>
</table>

续表

<table>
<tr><td rowspan="8">建设用地使用权的取得</td><td rowspan="4">出让方式</td><td colspan="3">（8）下列关于建设用地使用权出让方式的表述中，正确的有（　）。</td></tr>
<tr><td colspan="3">A. 建设用地使用权出让，具体形式包括协议、招标、拍卖
B. 工业、商业、旅游、娱乐和商品住宅等经营性用地以及同一土地有两个以上意向用地者的，应当采取招标、拍卖等公开竞价的方式出让</td></tr>
<tr><td colspan="3">（9）下列关于土地使用权出让的程序的表述中，正确的有（　）。</td></tr>
<tr><td colspan="3">A. 土地使用权出让，依法须订立书面出让合同，应向登记机构申请建设用地使用权登记
B. 建设用地使用权自登记时设立
C. 登记机构应当向建设用地使用权人发放权属证书</td></tr>
<tr><td rowspan="4">建设用地使用权转让</td><td colspan="3">（10）下列关于建设用地使用权转让的含义的表述中，正确的有（　）。</td></tr>
<tr><td colspan="3">A. 建设用地使用权转让，是指建设用地使用权人在其权利有效年限范围内，将其受让的建设用地使用权依法转让给第三人的法律行为，转让方式包括出售、交换、赠与等
B. 依建设用地使用权转让，受让人即成为新的土地使用权人，得依法行使剩余年限内的建设用地使用权</td></tr>
<tr><td colspan="3">（11）下列关于建设用地使用权转让的程序的表述中，正确的有（　）。</td></tr>
<tr><td colspan="3">A. 建设用地使用权转让，同样须订立书面转让合同，并办理过户的登记
B. 登记是建设用地使用权转让的生效条件</td></tr>
<tr><td rowspan="6">建设用地使用权的效力</td><td rowspan="6">建设用地使用权人的权利</td><td colspan="3">（12）建设用地使用权人的权利包括（　）。</td></tr>
<tr><td colspan="3">A. 占有使用土地</td></tr>
<tr><td rowspan="4">B. 权利处分</td><td colspan="2">（13）建设用地使用权人可行使的对权利的处分包括（　）。</td></tr>
<tr><td rowspan="2">A. 转让</td><td>建设用地使用权人得将其权利转让他人，除非有不得转让的法律限制或合同约定</td></tr>
<tr><td>除非当事人有明确相反的意思表示，建设用地使用权与其地上物的让与通常认可“房随地、地随房”之规则：
a. 建设用地使用权转让、互换、出资或者赠与的，附着于该土地上的建筑物、构筑物及其附属设施一并处分
b. 建筑物、构筑物及其附属设施转让、互换、出资或者赠与的，该建筑物、构筑物及其附属设施占用范围内的建设用地使用权一并处分</td></tr>
<tr><td>B. 抵押</td><td>建设用地使用权可以作为抵押权之标的；建设用地使用权抵押，当事人须订立书面抵押合同，须办理抵押登记；登记是建设用地使用权抵押的生效要件</td></tr>
</table>

续表

<table>
<tr><td rowspan="12">建设用地使用权的效力</td><td rowspan="9">建设用地使用权人的权利</td><td rowspan="4">B. 权利处分</td><td>B. 抵押</td><td>与建设用地使用权转让一样，除非当事人有明确相反的意思表示，建设用地使用权抵押时，其地上建筑物、构筑物及其附属设施随之抵押；而若以地上建筑物、构筑物及其附属设施抵押时，其占用范围内的建设用地使用权亦随之抵押</td></tr>
<tr><td rowspan="2">C. 出租</td><td>建设用地使用权人可以作为出租人，将其建设用地使用权随同地上建筑物、构筑物及其附属设施租赁给他人使用并收取租金</td></tr>
<tr><td>建设用地使用权出租后，建设用地使用权人（出租人）仍须向土地所有人履行义务</td></tr>
<tr><td colspan="2">D. 互换、赠与、出资</td></tr>
<tr><td>C. 附属行为</td><td colspan="2">建设用地使用权人可以在其土地使用范围内进行非保存建筑物或其他工作物的附属行为，如修筑围墙、养殖、种植花木等</td></tr>
<tr><td rowspan="2">D. 取得地上建筑物、构筑物及其附属设施的补偿</td><td colspan="2">非住宅建设用地使用权期限届满后的续期，依照法律规定办理；该土地上的房屋以及其他不动产的归属，有约定的，按照约定；没有约定或者约定不明确的，依照法律、行政法规的规定办理</td></tr>
<tr><td colspan="2">在建设用地使用权期限届满前，因公共利益需要提前收回土地的，出让人应当依法对该土地上的房屋以及其他不动产给予补偿，并退还相应的出让金</td></tr>
<tr><td colspan="3">（14）下列关于建设用地使用权期限届满后续期的表述中，正确的有（　）。</td></tr>
<tr><td colspan="3">A. 住宅建设用地使用权期限届满的，自动续期；续期费用的缴纳或者减免，依照法律、行政法规的规定办理
B. 非住宅建设用地使用权期限届满后的续期，依照法律规定办理；该土地上的房屋以及其他不动产的归属，有约定的，按照约定；没有约定或者约定不明确的，依照法律、行政法规的规定办理</td></tr>
<tr><td rowspan="3">建设用地使用权人义务</td><td colspan="3">（15）建设用地使用权人的义务包括（　）。</td></tr>
<tr><td colspan="3">A. 支付土地使用费　　B. 合理使用土地</td></tr>
<tr><td>C. 归还土地、恢复土地的原状</td><td colspan="2">建设用地使用权消灭时，建设用地使用权人有权取回地上建筑物及其他附着物，相应的，建设用地使用权人应负恢复土地原状的义务</td></tr>
</table>

【考点子题——举一反三，真枪实练】

[52]（经典子题•单选题）根据物权法律制度的规定，以有偿出让方式取得工业用地建设用地使用权，出让最高年限是（　）。

A. 30年　　B. 50年　　C. 70年　　D. 40年

[53]（经典子题•单选题）根据物权法律制度的规定，下列关于建设用地使用权的表述中，正确的是（　）。

A. 建设用地使用权自登记时设立

B. 以划拨方式取得的建设用地使用权，最高使用年限为 70 年

C. 建设用地使用权转让，书面转让合同生效时发生权利移转的效果

D. 建设用地使用权期限届满自动续期

宅基地使用权

【考点母题——万变不离其宗】宅基地使用权

<table>
<tr><td>概念及意义</td><td colspan="3">宅基地使用权，是指农村村民依法享有的，在集体所有土地上建造、保有房屋及附属设施的权利
宅基地使用权是具有社会保障与社会福利性质的权利，是农民的安身之本</td></tr>
<tr><td rowspan="2">取得及分配</td><td colspan="3">（1）下列关于宅基地使用权的表述中，正确的有（　）。</td></tr>
<tr><td colspan="3">A. 农村宅基地使用权是无偿取得的、永久性的权利，目的是供农村村民建设住宅及其他附属设施
B. 宅基地使用权的分配，坚持“一户一宅”原则</td></tr>
<tr><td rowspan="7">宅基地使用权的流转</td><td colspan="3">（2）下列关于宅基地使用权的流转的表述中，正确的有（　）。</td></tr>
<tr><td>原则</td><td colspan="2">A. 宅基地使用权原则上禁止流转，即不得买卖、赠与、投资入股、抵押</td></tr>
<tr><td rowspan="5">例外</td><td colspan="2">B. 宅基地使用权可以继承</td></tr>
<tr><td rowspan="4">C. 在满足限制条件的情况下，宅基地使用权可以随宅基地上的房屋所有权的转让而流转</td><td>（3）宅基地使用权随宅基地上的房屋所有权的转让而流转的限制条件有（　）。</td></tr>
<tr><td>A. 受让人只能是本集体经济组织的成员</td></tr>
<tr><td>B. 根据“一户一宅”原则，农村村民出卖住房后，再申请宅基地的，不予批准，以防止新的农村耕地流失</td></tr>
<tr><td>C. 受让人的宅基地面积不得超过省、自治区、直辖市规定的标准，否则，不得受让</td></tr>
</table>

【考点子题——举一反三，真枪实练】

[54]（经典子题•单选题）根据物权法律制度的规定，下列关于宅基地使用权的表述中，不正确的是（　）。

A. 宅基地使用权的分配，坚持“一户一宅”原则

B. 宅基地使用权原则上禁止继承

C. 农村宅基地使用权是无偿取得的、永久性的权利

D. 宅基地使用权随宅基地上的房屋所有权的转让而流转的，受让人只能是本集体经济组织的成员

[55]（经典子题•判断题）宅基地使用权原则上禁止流转。（　）

居住权

【考点母题——万变不离其宗】居住权

<table>
<tr><td>概念</td><td colspan="2">居住权，是指按照合同约定，为了满足生活居住的需要，对他人所有的住宅得以占有、使用并排除房屋所有权人干涉的用益物权；居住权是我国民法新确立的用益物权制度</td></tr>
<tr><td rowspan="3">居住权的设立</td><td colspan="2">（1）下列关于居住权的设立的表述中，正确的有（　）。</td></tr>
<tr><td colspan="2">A. 当事人设立居住权，应当采用书面形式订立居住权合同，也可以以遗嘱方式设立居住权
B. 居住权不得转让、继承
C. 设立居住权的，应当向登记机构申请居住权登记；居住权自登记时设立</td></tr>
<tr><td>D. 居住权无偿设立，但是当事人另有约定的除外
E. 设立居住权的住宅不得出租，但是当事人另有约定的除外</td><td>当事人可以约定有偿设立居住权，也可以约定设立居住权的房屋可以出租，如此相当于在生活性居住权之外，承认了投资性居住权，拓宽了居住权制度的实际适用价值与空间</td></tr>
<tr><td rowspan="2">居住权的消灭</td><td colspan="2">（2）下列关于居住权的消灭的表述中，正确的有（　）。</td></tr>
<tr><td colspan="2">A. 居住权期限届满或者居住权人死亡的，居住权消灭
B. 居住权消灭的，应当及时办理注销登记</td></tr>
</table>

【考点子题——举一反三，真枪实练】

[56]（历年真题·判断题）居住权自登记时设立。（　）

[57]（历年真题·多选题）根据物权法律制度的规定，下列关于居住权的表述中，正确的有（　）。

A. 居住权合同可以采用口头形式订立　B. 居住权自登记时设立

C. 居住权合同可以约定有偿设立居住权　D. 居住权期限届满的，居住权消灭

[58]（历年真题·单选题）根据物权法律制度的规定，下列关于居住权的表述中，正确的是（　）。

A. 当事人可以以遗嘱方式设立居住权

B. 居住权人死亡的，其法定继承人可以继承居住权

C. 居住权自居住权合同生效时设立

D. 居住权可以转让

[59]（经典子题·多选题）根据《民法典》的规定，下列关于居住权设立的表述中，正确的有（　）。

A. 当事人设立居住权，应当采用书面形式订立居住权合同，也可以以遗嘱方式设立居住权

B. 居住权不得转让、继承

C. 居住权自登记时设立

D. 设立居住权的住宅不得出租

考点15 地役权

【考点母题——万变不离其宗】地役权

概念	地役权，是指为实现自己土地的利益而使用他人土地的权利；其中，为自身便利而使用他人土地的土地，称为需役地；供他人土地便利而使用的土地，称为供役地
立法目的	地役权的立法目的是调整土地所有人或使用人之间因实现自己土地的利益而使用他人土地所发生的财产关系。其社会作用在于通过使用供役地而提高需役地的使用价值
地役权的设立	（1）下列关于地役权的设立的表述中，正确的有（　）。
	A. 设立地役权，当事人应当采用书面形式订立地役权合同 B. 地役权自地役权合同生效时设立 C. 当事人要求登记的，可以向登记机构申请地役权登记；未经登记，不得对抗善意第三人
地役权的期限	（2）下列关于地役权的期限的表述中，正确的是（　）。
	A. 地役权的期限由当事人约定，但不得超过土地承包经营权、建设用地使用权等用益物权的剩余期限
地役权人的权利及义务	（3）下列关于地役权人的权利与义务的表述中，正确的有（　）。
	A. 地役权人有权在合同约定的目的范围内使用供役地 B. 地役权人对供役地的使用应当选择损害最小的地点及方法为之 C. 地役权人不得违反法律规定或者合同约定，滥用地役权，否则，供役地权利人得解除地役权合同

【考点子题——举一反三，真枪实练】

[60]（经典子题·多选题）根据《民法典》的规定，下列关于地役权的表述中，正确的有（　）。

A. 地役权自登记时设立

B. 地役权的期限由当事人约定，但不得超过土地承包经营权、建设用地使用权等用益物权的剩余期限

C. 地役权人对供役地的使用应当选择损害最小的地点及方法为之

D. 地役权人有权在合同约定的目的范围内使用供役地

[61]（经典子题·单选题）根据物权法律制度的规定，下列物权变动中，须经登记方可生效的是（　）。

A. 设定地役权　　B. 转让土地承包经营权

C. 在生产设备上设定抵押权　　D. 设立建设用地使用权

第四节　担保物权

【本节知识框架】

担保物权
- 担保物权概述
- 抵押权
- 质权
- 留置权

图 4-5　第 4 节知识框架图

【本节考点、考点母题及考点子题】

考点 16　担保物权概述

（一）担保物权的意义

【考点母题——万变不离其宗】担保物权的意义

<table>
<tr><td rowspan="2">概念</td><td>（1）下列关于担保物权的表述中，正确的有（　）。</td></tr>
<tr><td>A. 担保物权，是指以确保债务之清偿为目的，于债务人或第三人所有之物或权利上所设定的，以取得担保作用之限制物权
B. 担保物权人在债务人不履行到期债务或者发生当事人约定的实现担保物权的情形，依法享有就担保财产优先受偿的权利
C. 担保物权除了抵押权、质权、留置权这三种典型担保权利外、让与担保、所有权保留、抵销、融资租赁等事实上也具有担保债权实现的功能</td></tr>
<tr><td rowspan="2">反担保</td><td>（2）下列关于反担保的表述中，正确的有（　）。</td></tr>
<tr><td>A. 第三人为债务人向债权人提供担保的，可以要求提供反担保
B. 反担保又称为“求偿担保”，是指在经济交往中，为了换取担保人提供保证、抵押或质押等担保方式，由债务人或第三人向该担保人新设担保，以担保该担保人承担担保责任后实现其追偿权的制度
C. 反担保人可以是债务人，也可以是债务人之外的其他人
D. 反担保方式可以是债务人提供的抵押或者质押，也可以是其他人提供的保证、抵押或者质押</td></tr>
</table>

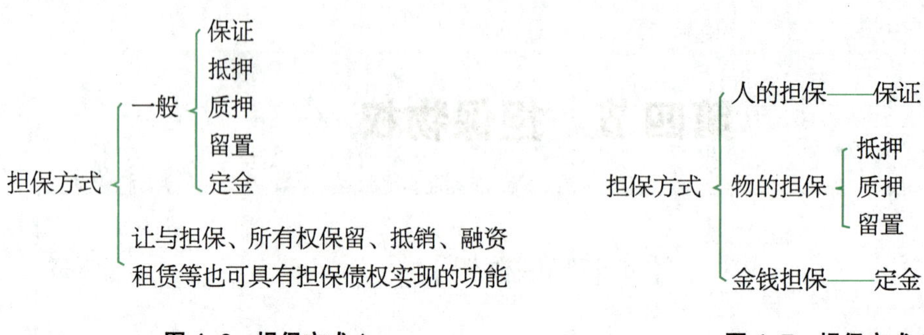

图 4-6　担保方式 1　　**图 4-7　担保方式 2**

（二）担保物权的特性

【考点母题——万变不离其宗】担保物权的特性

<table>
<tr><td colspan="3">（1）下列各项中，属于担保物权特性的有（　）。</td></tr>
<tr><td rowspan="4">A. 从属性</td><td colspan="2">（2）下列关于担保物权的从属性的表述中，正确的有（　）。</td></tr>
<tr><td colspan="2">A. 担保物权需从属于被担保的债权而存在，其成立以债权成立为前提，并因债权移转而移转，因债权消灭而消灭，此为担保物权的从属性
B. 担保合同是主债权债务合同的从合同；主债权债务合同无效的，担保合同无效，但是法律另有规定的除外</td></tr>
<tr><td rowspan="2">C. 担保物权具有从属性，具有法律强制性色彩，不允许当事人任意约定更改</td><td>当事人在担保合同中约定担保合同的效力独立于主合同，或者约定担保人对主合同无效的法律后果承担担保责任，该有关担保独立性的约定无效（但金融机构开立的独立保函的效力认定除外，其效力认定问题应适用《最高人民法院关于审理独立保函纠纷案件若干问题的规定》）</td></tr>
<tr><td>主合同有效的，有关担保独立性的约定无效不影响担保合同的效力；主合同无效的，人民法院应当认定担保合同无效，但是法律另有规定的除外</td></tr>
<tr><td rowspan="4">B. 不可分性</td><td colspan="2">（3）下列关于担保物权的不可分性的表述中，正确的有（　）。</td></tr>
<tr><td colspan="2">A. 被担保的债权在未受全部清偿前，担保物权人可就担保物的全部行使其权利，称为担保物权的不可分性；不可分性可强化担保物权的担保功能</td></tr>
<tr><td>B. 被担保的债权即使被分割、部分清偿或消灭，担保物权仍为担保各部分的债权或余存的债权而存在</td><td>分割或转移的如果是债务，可能涉及第三人担保意愿：主债务被分割或者部分转移，债务人自己提供物的担保，债权人请求以该担保财产担保全部债务履行的，人民法院应予支持；第三人提供物的担保，主张对未经其书面同意转移的债务不再承担担保责任的，人民法院应予支持</td></tr>
<tr><td colspan="2">C. 担保标的物即使被分割或部分灭失，分割后各部分或余存的部分担保物，仍为担保全部债权而存在</td></tr>
</table>

续表

<table>
<tr><td rowspan="3">C. 物上代位性</td><td colspan="2">（4）下列关于担保物权的物上代位性的表述中，正确的有（　）。</td></tr>
<tr><td colspan="2">A. 担保物毁损、灭失或者被征收等，其交换价值转化为其他形态的物时，担保物权的效力及于该物，此即担保物权的物上代位性
B. 担保期间，担保财产毁损、灭失或者被征收等，担保物权人可以就获得的保险金、赔偿金或者补偿金等优先受偿；被担保债权的履行期限未届满的，也可以提存该保险金、赔偿金或者补偿金等</td></tr>
<tr><td>物上代位性的具体保障实施</td><td>C. 抵押权依法设立后，抵押财产毁损、灭失或者被征收等，抵押权人请求按照原抵押权的顺位就保险金、赔偿金或者补偿金等优先受偿的，人民法院应予支持
D. 给付义务人已经向抵押人给付了保险金、赔偿金或者补偿金，抵押权人请求给付义务人向其给付保险金、赔偿金或者补偿金的，人民法院不予支持，但是给付义务人接到抵押权人要求向其给付的通知后仍然向抵押人给付的除外
E. 抵押权人请求给付义务人向其给付保险金、赔偿金或者补偿金的，人民法院可以通知抵押人作为第三人参加诉讼</td></tr>
<tr><td rowspan="2">D. 补充性</td><td colspan="2">（5）下列关于担保物权的补充性的表述中，正确的有（　）。</td></tr>
<tr><td colspan="2">A. 担保物权一经成立，即补充了主债权债务人之间债的关系的效力，增强了债权人的债权得以实现的可能
B. 只有在债务人不履行到期债务或者发生当事人约定的实现担保物权的情形，担保物权补充性的担保功能才会发动，保障债权的实现。</td></tr>
</table>

（三）担保合同的无效

【考点母题——万变不离其宗】担保物权的特性

<table>
<tr><td rowspan="7">担保合同的无效</td><td colspan="2">（1）下列情形中，担保合同无效的有（　）。</td></tr>
<tr><td>A. 机关法人提供担保的</td><td>【例外】经国务院批准为使用外国政府或者国际经济组织贷款进行转贷的除外</td></tr>
<tr><td>B. 居民委员会、村民委员会提供担保的</td><td>【例外】依法代行村集体经济组织职能的村民委员会，依照《村民委员会组织法》规定的讨论决定程序对外提供担保的除外</td></tr>
<tr><td rowspan="3">C. 以公益为目的的非营利性学校、幼儿园、医疗机构、养老机构等提供担保的</td><td>（2）以公益为目的的非营利性学校、幼儿园、医疗机构、养老机构等提供担保的，担保合同无效，但是有特定情形之一的除外，该特定情形有（　）。</td></tr>
<tr><td>A. 在购入或者以融资租赁方式承租教育设施、医疗卫生设施、养老服务设施和其他公益设施时，出卖人、出租人为担保价款或者租金实现而在该公益设施上保留所有权</td></tr>
<tr><td>B. 以教育设施、医疗卫生设施、养老服务设施和其他公益设施以外的不动产、动产或者财产权利设立担保物权</td></tr>
<tr><td colspan="2">【注意】登记为营利法人的学校、幼儿园、医疗机构、养老机构等提供担保，当事人不得以其不具有担保资格为由主张担保合同无效。</td></tr>
</table>

续表

<table>
<tr><td rowspan="8">担保合同无效的法律责任</td><td colspan="2">（3）下列关于担保合同无效的法律责任的表述中，正确的有（　）。</td></tr>
<tr><td colspan="2">A. 担保合同被确认无效后，债务人、担保人、债权人有过错的，应当根据其过错各自承担相应的民事责任</td></tr>
<tr><td rowspan="3">B. 主合同有效而第三人提供的担保合同无效，人民法院应当区分不同情形确定担保人的赔偿责任</td><td>a. 债权人与担保人均有过错的，担保人承担的赔偿责任不应超过债务人不能清偿部分的1/2</td></tr>
<tr><td>b. 担保人有过错而债权人无过错的，担保人对债务人不能清偿的部分承担赔偿责任</td></tr>
<tr><td>c. 债权人有过错而担保人无过错的，担保人不承担赔偿责任</td></tr>
<tr><td rowspan="2">C. 主合同无效导致第三人提供的担保合同无效，人民法院应当区分不同情形确定担保人的赔偿责任</td><td>a. 担保人无过错的，不承担赔偿责任</td></tr>
<tr><td>b. 担保人有过错的，其承担的赔偿责任不应超过债务人不能清偿部分的1/3</td></tr>
</table>

考点17 抵押权

（一）抵押权概述

【考点母题——万变不离其宗】抵押权概述

<table>
<tr><td>下列关于抵押权的表述中，正确的有（　）。</td></tr>
<tr><td>A. 抵押权是指为担保债务的履行，债务人或者第三人不转移财产的占有，将该财产作为债权的担保，债务人不履行到期债务或者发生当事人约定的实现抵押权的情形，债权人有权就该财产优先受偿的权利
B. 在抵押关系中，提供财产担保的债务人或者第三人为抵押人，债权人为抵押权人，提供担保的财产为抵押财产
C. 抵押权的设立不以抵押财产的转移占有为要件，抵押人在抵押权设立后仍可继续占有、使用抵押财产，这是抵押权与质权、留置权最大的不同；抵押权既具有担保功能，也不影响抵押物的使用价值</td></tr>
</table>

（二）抵押合同

【考点母题——万变不离其宗】抵押合同

<table>
<tr><td rowspan="4">抵押合同</td><td colspan="2">（1）下列关于抵押合同的表述中，正确的有（　）。</td></tr>
<tr><td colspan="2">A. 设立抵押权，当事人应当采取书面形式订立抵押合同</td></tr>
<tr><td>B. 抵押合同一般包括下列条款</td><td>a. 被担保债权的种类和数额　b. 债务人履行债务的期限
c. 抵押财产的名称、数量等情况　d. 担保的范围
e. 当事人认为需要约定的其他事项</td></tr>
<tr><td colspan="2">C. 抵押合同对被担保的主债权种类、抵押财产没有约定或者约定不明，根据主合同和抵押合同不能补正或者无法推定的，抵押不成立</td></tr>
</table>

续表

"流押条款"的效力	（2）下列关于抵押合同中流押条款的效力的表述中，正确的有（ ）。
	A. 抵押权人在债务履行期届满前，不得与抵押人约定债务人不履行到期债务时抵押财产归债权人所有 B. 如果当事人在抵押合同中约定了流押条款，该条款无效，该条款的无效不影响抵押合同其他部分内容的效力 C. 债务人不履行到期债务时，抵押权人只能依法就抵押财产优先受偿

【考点子题——举一反三，真枪实练】

[62]（经典子题·多选题）甲向乙借款 100 万元，同时与乙签订了房屋抵押合同，约定如果甲到期不能偿还借款，乙可以取得房屋所有权，并做了抵押登记。借款到期后，甲不能偿还债务。关于此案的下列表述中，符合民事法律制度规定的有（ ）。

A. 双方关于乙取得房屋所有权的约定不发生相应效力

B. 乙可以请求拍卖甲抵押的房屋而从中优先受偿

C. 抵押合同因属虚假行为而无效

D. 抵押合同全部无效

（三）抵押财产

【考点母题——万变不离其宗】抵押财产范围

<table>
<tr><td rowspan="2">可以设立抵押权的财产</td><td colspan="2">（1）根据《民法典》的规定，债务人或者第三人有权处分的下列财产中，可以抵押的有（ ）。</td></tr>
<tr><td colspan="2">A. 建筑物和其他土地附着物 B. 建设用地使用权 C. 海域使用权
D. 生产设备、原材料、半成品、产品 E. 正在建造的建筑物、船舶、航空器
F. 交通运输工具 G. 法律、行政法规未禁止抵押的其他财产</td></tr>
<tr><td rowspan="4">不得设立抵押的财产</td><td colspan="2">（2）下列财产中，不得抵押的有（ ）。</td></tr>
<tr><td colspan="2">A. 土地所有权
B. 宅基地、自留地、自留山等集体所有的土地使用权，但法律规定可以抵押的除外
C. 学校、幼儿园、医院等以公益为目的的非营利法人的教育设施、医疗卫生设施和其他公益设施</td></tr>
<tr><td>D. 所有权、使用权不明或者有争议的财产</td><td>当事人以所有权、使用权不明或者有争议的财产抵押，经审查构成无权处分的，应当依照有关善意取得的规定处理，即相对人属于善意的，仍可基于善意取得制度取得抵押权</td></tr>
<tr><td>E. 依法被查封、扣押、监管的财产</td><td>已经设定抵押的财产被采取查封、扣押等财产保全或执行措施的，不影响抵押权的效力</td></tr>
</table>

续表

不得设立抵押的财产	E. 依法被查封、扣押、监管的财产	当事人以依法被查封或者扣押的财产抵押，抵押权人请求行使抵押权，经审查查封或者扣押措施已经解除的，人民法院应予支持；抵押人以抵押权设立时财产被查封或者扣押为由主张抵押合同无效的，人民法院不予支持；当事人以依法被监管的财产抵押的，适用该款规定确认抵押的效力
	F. 法律、行政法规规定不得抵押的其他财产	例如，以法定程序确认为违法的建筑物抵押的，抵押无效
关于抵押财产的其他规定	房地一体原则	（3）下列关于房地一体原则的表述中，正确的有（ ）。
		A. 以建筑物抵押的，该建筑物占用范围内的建设用地使用权一并抵押 B. 以建设用地使用权抵押的，该土地上的建筑物一并抵押 C. 抵押人未将前述财产一并抵押的，未抵押的财产视为一并抵押 D. 抵押人将建设用地使用权、土地上的建筑物或者正在建造的建筑物分别抵押给不同债权人的，人民法院应当根据抵押登记的时间先后确定清偿顺序 E. 乡镇、村企业的建设用地使用权不得单独抵押；以乡镇、村企业的厂房等建筑物抵押的，其占用范围内的建设用地使用权一并抵押；实现抵押权后，未经法定程序，不得改变土地所有权的性质和土地用途
	抵押财产涉及违法的建筑物	（4）下列关于涉及违法的建筑物的抵押合同的效力的表述中，正确的有（ ）。
		A. 以违法的建筑物抵押的，抵押合同无效，但是一审法庭辩论终结前已经办理合法手续的除外 B. 当事人以建设用地使用权依法设立抵押，抵押人以土地上存在违法的建筑物为由主张抵押合同无效的，人民法院不予支持
	抵押财产涉及划拨建设用地	（5）下列关于涉及划拨建设用地的抵押合同的效力的表述中，正确的有（ ）。
		A. 抵押人以划拨建设用地上的建筑物抵押，当事人以该建设用地使用权不能抵押或者未办理批准手续为由主张抵押合同无效或者不生效的，人民法院不予支持；抵押权依法实现时，拍卖、变卖建筑物所得的价款，应当优先用于补缴建设用地使用权出让金 B. 当事人以划拨方式取得的建设用地使用权抵押，抵押人以未办理批准手续为由主张抵押合同无效或者不生效的，人民法院不予支持；已经依法办理抵押登记，抵押权人主张行使抵押权的，人民法院应予支持；抵押权依法实现时，拍卖、变卖建筑物所得的价款，应当优先用于补缴建设用地使用权出让金
	以集体所有土地使用权抵押	（6）下列关于以集体所有土地使用权抵押的效力的表述中，正确的有（ ）。
		A. 以集体所有土地的使用权依法抵押的，实现抵押权后，未经法定程序，不得改变土地所有权的性质和土地用途

【考点子题——举一反三，真枪实练】

[63]（历年真题•多选题）根据物权法律制度的规定，下列财产中，可以设立抵押权的有（　）。

A. 集体土地所有权　　B. 海域使用权

C. 船舶　　D. 正在建造的房屋

[64]（经典子题•单选题）根据物权法律制度的规定，下列各项中，属于禁止抵押的财产的是（　）。

A. 土地所有权　　B. 正在建造的建筑物

C. 海域使用权　　D. 生产设备

[65]（经典子题•多选题）根据物权法律制度的规定，债务人有权处分的下列财产中，可以抵押的有（　）。

A. 现有的及将有的应收账款　　B. 交通运输工具

C. 可以转让的股权　　D. 建设用地使用权

[66]（经典子题•单选题）根据物权法律制度的规定，下列各项中，不得抵押的财产是（　）。

A. 土地所有权　　B. 正在建造的船舶　C. 海域使用权　　D. 建筑物

（四）抵押登记

【考点母题——万变不离其宗】抵押登记

<table>
<tr><td colspan="3">（1）下列关于抵押登记效力的表述中，正确的有（　）。</td></tr>
<tr><td rowspan="6">A. 以登记为生效要件</td><td colspan="2">（2）下列财产设定抵押时，抵押权自登记时设立的有（　）。</td></tr>
<tr><td colspan="2">A. 建筑物和其他土地附着物　　B. 建设用地使用权
C. 海域使用权　　D. 正在建造的建筑物</td></tr>
<tr><td colspan="2">（3）下列关于抵押登记记载的内容与抵押合同约定的内容不一致的处理的表述中，正确的有（　）。</td></tr>
<tr><td colspan="2">A. 抵押登记记载的内容与抵押合同约定的内容不一致的，以登记记载的内容为准</td></tr>
<tr><td colspan="2">（4）下列关于以尚未办理权属证书的财产抵押的效力的表述中，正确的有（　）。</td></tr>
<tr><td colspan="2">A. 以尚未办理权属证书的财产抵押的，只要当事人在一审法庭辩论终结前能够提供权利证书或者补办登记手续的，法院可以认定抵押有效</td></tr>
<tr><td rowspan="2">B. 以登记为对抗要件</td><td colspan="2">（5）下列财产设定抵押时，抵押权自抵押合同生效时设立、未经登记不得对抗善意第三人的有（　）。</td></tr>
<tr><td>A. 凡是属于动产抵押的，均以登记为对抗要件</td><td>【例如】生产设备、原材料、半成品、产品、交通运输工具和正在建造的船舶、航空器抵押或其他动产。</td></tr>
</table>

【考点子题——举一反三，真枪实练】

[67]（经典子题•简答题）李某向王某借款4万元办加工厂，王某要求李某以其新购置的一辆吉普车抵押，李某同意了，双方遂签订了借款合同约定：如果李某到期无法偿还，王某可将其吉普车变卖后受偿。合同签订后，双方并未到车管所办理抵押登记。后李某因加工厂倒闭，无力偿还王某的借款，又恐王某廉价变卖吉普车使其遭受更大的损失，遂将其吉普车卖给了陈某，陈某并不知该车已抵押给王某。王某得知后，向法院起诉，要求法院从陈某处追回吉普车变卖受偿。

请分析王某能否从陈某处追回吉普车优先受偿？

[68]（经典子题•多选题）根据物权法律制度的规定，下列物权变动，以公示为生效要件的有（　）。

A. 在已建成房屋上设抵押权　　B. 在正在建造的房屋上设抵押权

C. 在土地上设地役权　　D. 在生产设备上设抵押权

[69]（经典子题•单选题）根据物权法律制度的规定，以特定财产作为抵押物的，抵押权须办理抵押登记才能设立。下列各项中，属于该类特定财产的是（　）。

A. 正在建造的航空器　　B. 建设用地使用权

C. 正在建造的轮船　　D. 轿车

[70]（经典子题•判断题）甲公司以其生产设备设定抵押向乙银行贷款800万。双方于5月6日签订了抵押合同，并于5月9日办理了抵押登记。该抵押权设立的时间为5月9日。（　）

[71]（经典子题•单选题）甲向乙借款50万元。约定以甲的A幢房屋抵押给乙。双方为此签订了抵押合同，但在抵押登记时，登记为以甲的B幢房屋抵押给乙。后甲未能按约还款，乙欲行使抵押权。根据物权法律制度的规定，下列关于乙行使抵押权的表述中，正确的是（　）。

A. 乙只能对甲的A幢房屋行使抵押权

B. 乙只能对甲的B幢房屋行使抵押权

C. 乙可选择对甲的A幢房屋或者B幢房屋行使抵押权

D. 乙不能行使抵押权。因为登记机关记载的抵押物与抵押合同约定的抵押物不一致，抵押无效

（五）抵押权的效力

1. 抵押权的范围

【考点母题——万变不离其宗】抵押权的范围

<table>
<tr><td rowspan="2">抵押权担保的范围</td><td colspan="2">（1）抵押权的担保范围，当事人有约定的按照约定，当事人没有约定的，抵押权担保的债权范围包括（ ）。</td></tr>
<tr><td colspan="2">A. 主债权及其利息　B. 违约金　C. 损害赔偿金　D. 实现抵押权的费用</td></tr>
<tr><td rowspan="11">抵押权效力所及的标的物的范围</td><td colspan="2">抵押权效力所及的标的物的范围，是指抵押权人行使抵押权时有权依法予以变价的抵押财产的范围；该标的物的范围，除了抵押物本身外，特殊情况需要特别处理</td></tr>
<tr><td rowspan="4">抵押物所生孳息</td><td>（2）下列关于抵押权的效力是否及于孳息的表述中，正确的有（ ）。</td></tr>
<tr><td>A. 债务人不履行到期债务或者发生当事人约定的实现抵押权的情形，致使抵押财产被人民法院依法扣押的，自扣押之日起抵押权人有权收取该抵押财产的天然孳息或者法定孳息，但抵押权人未通知应当清偿法定孳息的义务人的除外
B. 在抵押财产被人民法院依法扣押之前，抵押人有权收取孳息，抵押权的效力不及于这些孳息</td></tr>
<tr><td>（3）抵押权人依照法律规定收取抵押物孳息的，孳息的清偿顺序为（ ）。</td></tr>
<tr><td>A. 充抵收取孳息的费用　B. 主债权的利息　C. 主债权</td></tr>
<tr><td rowspan="2">从物</td><td>（4）下列关于抵押权的效力是否及于从物的表述中，正确的有（ ）。</td></tr>
<tr><td>A. 从物产生于抵押权依法设立前，抵押权人主张抵押权的效力及于从物的，人民法院应予支持，但是当事人另有约定的除外
B. 从物产生于抵押权依法设立后，抵押权人主张抵押权的效力及于从物的，人民法院不予支持，但是在抵押权实现时可以一并处分，但抵押权人对该从物不享有优先受偿权</td></tr>
<tr><td rowspan="2">添附物</td><td>（5）下列关于抵押权的效力是否及于添附物的表述中，正确的有（ ）。</td></tr>
<tr><td>A. 抵押权依法设立后，抵押财产被添附，添附物归第三人所有的，抵押权效力及于抵押人应获得的补偿金
B. 抵押权依法设立后，抵押财产被添附，抵押人对添附物享有所有权的，抵押权的效力及于添附物，但是添附导致抵押财产价值增加的，抵押权的效力不及于增加的价值部分
C. 抵押权依法设立后，抵押人与第三人因添附成为添附物的共有人，抵押权的效力及于抵押人对共有物享有的份额</td></tr>
<tr><td rowspan="2">代位物</td><td>（6）下列关于抵押权的效力是否及于代位物的表述中，正确的有（ ）。</td></tr>
<tr><td>A. 基于抵押权的物上代位性，抵押权的效力当然及于抵押物的代位物
B. 抵押权依法设立后，抵押财产毁损、灭失或者被征收等，抵押权人可以请求按照原抵押权的顺位就保险金、赔偿金或者补偿金等优先受偿
C. 给付义务人已经向抵押人给付了保险金、赔偿金或者补偿金，抵押权人不得请求给付义务人向其给付保险金、赔偿金或者补偿金，但是给付义务人接到抵押权人要求向其给付的通知后仍然向抵押人给付的除外</td></tr>
</table>

续表

<table>
<tr><td rowspan="2">抵押权效力所及的标的物的范围</td><td rowspan="2">抵押权设立后新增的建筑物</td><td>（7）下列关于抵押权的效力是否及于抵押权设立后新增的建筑物的表述中，正确的有（　）。</td></tr>
<tr><td>A. 建设用地使用权抵押后，该土地上新增的建筑物不属于抵押财产；该建设用地使用权实现抵押权时，应当将该土地上新增的建筑物与建设用地使用权一并处分，但新增建筑物所得的价款，抵押权人无权优先受偿
B. 当事人仅以建设用地使用权抵押，债权人主张抵押权的效力及于土地上已有的建筑物以及正在建造的建筑物已完成部分的，人民法院应予支持；债权人主张抵押权的效力及于正在建造的建筑物的续建部分以及新增建筑物的，人民法院不予支持
C. 当事人以正在建造的建筑物抵押，抵押权的效力范围限于已办理抵押登记的部分；当事人按照担保合同的约定，主张抵押权的效力及于续建部分、新增建筑物以及规划中尚未建造的建筑物的，人民法院不予支持</td></tr>
</table>

【考点子题——举一反三，真枪实练】

[72]（历年真题·多选题）陈某用自己的轿车作抵押向银行借款40万元，并办理了抵押登记。陈某驾驶该车出行时，不慎发生交通事故。经鉴定，该车的价值损失了30%，保险公司赔偿了该车损失。根据物权法律制度的规定，下列关于该抵押担保的表述中，正确的有（　）。

A. 该轿车不再担保银行债权　　B. 该轿车应担保银行债权

C. 保险赔偿不应担保银行债权　　D. 保险赔款应担保银行债权

2. 抵押人的权利

抵押权设立后，抵押人仍占有抵押物，可以继续对抵押物进行使用、收益和处分。

【考点母题——万变不离其宗】抵押人的权利

<table>
<tr><td rowspan="5">抵押物出租的权利</td><td colspan="3">（1）下列关于抵押人出租抵押物的权利的表述中，正确的有（　）。</td></tr>
<tr><td colspan="3">A. 抵押权设立前，抵押财产已经出租并转移占有的，原租赁关系不受该抵押权的影响</td></tr>
<tr><td rowspan="3">B. 抵押权设立后，《民法典》并未禁止抵押人出租抵押物</td><td colspan="2">（2）抵押权设立后，抵押人出租抵押物，在抵押权实现时可能发生抵押权与租赁权的效力冲突。下列关于抵押权与租赁权效力冲突时的处理的表述中，正确的有（　）。</td></tr>
<tr><td rowspan="2">A. 若抵押权已登记，其具有对抗第三人的效力，且抵押权设立在先，则租赁权不得对抗抵押权</td><td>租赁权不得对抗已登记的抵押权，是指因租赁关系的存在致使抵押权行使时无人购买抵押物或售价降低导致不利于被担保债权实现等情况下，抵押权人有权主张租赁关系终止</td></tr>
<tr><td>若租赁关系的存在不影响被担保债权的受偿实现，则应确认租赁关系的存续，且在抵押物（租赁物）变卖关系中，应有“买卖不破租赁”规则的适用：租赁物在承租人按照租赁合同占有期限内发生所有权变动的，不影响租赁合同的效力</td></tr>
</table>

续表

<table>
<tr><td>抵押物出租的权利</td><td>B. 抵押权设立后，《民法典》并未禁止抵押人出租抵押物</td><td>B. 若抵押权未登记，抵押人将抵押财产出租给他人并移转占有，抵押权人行使抵押权的，租赁关系不受影响，但是抵押权人能够举证证明承租人知道或者应当知道已经订立抵押合同的除外</td></tr>
<tr><td rowspan="10">抵押物转让的权利</td><td colspan="2">（3）下列关于抵押人转让抵押物的权利的表述中，正确的有（　）。</td></tr>
<tr><td colspan="2">A. 抵押期间，抵押人可以转让抵押财产；当事人另有约定的，按照其约定</td></tr>
<tr><td rowspan="4">B. 当事人可以约定禁止抵押物的转让，该约定根据是否登记而效力不同</td><td>（4）下列关于当事人约定禁止或者限制转让抵押财产但是未将约定登记的效力的表述中，正确的有（　）。</td></tr>
<tr><td>A. 抵押人违反约定转让抵押财产，抵押权人请求确认转让合同无效的，人民法院不予支持
B. 抵押财产已经交付或者登记，抵押权人请求确认转让不发生物权效力的，人民法院不予支持，但是抵押权人有证据证明受让人知道的除外
C. 抵押权人请求抵押人承担违约责任的，人民法院依法予以支持</td></tr>
<tr><td>（5）下列关于当事人约定禁止或者限制转让抵押财产且已经将约定登记的效力的表述中，正确的有（　）。</td></tr>
<tr><td>A. 抵押人违反约定转让抵押财产，抵押权人请求确认转让合同无效的，人民法院不予支持
B. 抵押财产已经交付或者登记，抵押权人主张转让不发生物权效力的，人民法院应予支持，但是因受让人代替债务人清偿债务导致抵押权消灭的除外</td></tr>
<tr><td rowspan="3">C. 抵押财产转让的，抵押权不受影响；但存在例外情形</td><td>（6）下列各项中，抵押财产转让时抵押权受影响的有（　）。</td></tr>
<tr><td>A. 动产抵押权未经登记，不得对抗善意第三人，抵押人若将未办理抵押登记的动产抵押物转让给善意买受人，抵押权仍受影响</td></tr>
<tr><td>B. 动产抵押权还受制于《民法典》“正常买受人”规则：以动产抵押的，不得对抗正常经营活动中已经支付合理价款并取得抵押财产的买受人</td></tr>
<tr><td colspan="2">D. 抵押人转让抵押财产的，应当及时通知抵押权人；抵押权人能够证明抵押财产转让可能损害抵押权的，可以请求抵押人将转让所得的价款向抵押权人提前清偿债务或者提存；转让的价款超过债权数额的部分归抵押人所有，不足部分由债务人清偿</td></tr>
</table>

【考点子题——举一反三，真枪实练】

[73]（经典子题·单选题）2016 年 6 月 1 日，赵某向王某借款 15 万元，双方约定赵某在 2016 年 12 月 1 日还本付息。赵某以其自有的房屋作抵押并办理了抵押登记。该房在抵押前已出租给宋某，租赁期为 2015 年 12 月 31 日至 2018 年 12 月 31 日。2016 年 12 月 1 日，赵某到期未偿还借款本息。王某在实现抵押权时与宋某发生纠纷。下列关于王某实现抵押权的表述中，符合民事法律制度规定的是（　）。

A. 王某自借款到期日起有权通知宋某，要求收取租金用以偿还借款利息

B. 王某有权主张租赁关系终止，因租赁关系存在使该房屋难以出售

C. 王某有权主张租赁关系终止，因租赁关系不得对抗已登记的抵押权

D. 王某无权主张租赁关系终止，因原租赁关系不受抵押权的影响

[74]（历年真题·简答题）2021年8月17日，赵某因生产经营需要向钱某借款100万元，借款期限一年，年利率为10%，到期一次还本付息。双方同时签订了书面抵押合同，约定以赵某所有的一套价值110万元的房屋设立抵押权，若赵某在2022年8月16日未能按照合同约定向钱某支付本息，该套房屋归钱某所有。

2021年8月19日，赵某与钱某办理了抵押登记。8月20日，双方达成补充协议，约定该套房屋在抵押期间不得转让，但双方未将该约定进行登记。

2022年8月15日，赵某因急需周转资金，将该套房屋以105万元的价格转让给善意第三人李某，并办理了房屋所有权转移登记。次日，赵某向钱某偿还15万元。钱某多次向赵某催讨剩余借款本息未果，于2022年8月31日向人民法院提起诉讼，请求确认赵某的转让行为不发生物权转移效力，该房屋归钱某所有，以抵偿剩余借款本息。

要求：

根据上述资料和物权法律制度的规定，不考虑其他因素，回答下列问题：

（1）钱某对赵某房屋的抵押权何时设立？简要说明理由。

（2）赵某与钱某的抵押合同约定，若赵某未能按照合同约定支付本息，该套房屋归钱某所有，该约定是否有效？简要说明理由。

（3）2022年8月31日，钱某请求确认赵某的转让行为不发生物权转移效力，人民法院是否应予支持？简要说明理由。

[75]（历年真题·简答题节选）2016年5月，甲公司将一厂房出租给乙公司，租期5年，月租金3万元。2017年5月，甲公司以该厂房担保其向丙银行的借款本金1 000万元及其利息。

2018年6月，甲公司不能履行对丙银行的到期借款债务，致使厂房被人民法院依法查封。此时，乙公司已拖欠甲公司3个月租金9万元，丙银行通知乙公司应向其交付租金。乙公司认为厂房租赁合同的出租人是甲公司，而非丙银行，因此拒绝向丙银行交付租金。

2018年8月，厂房被依法拍卖，乙公司请求买受人丁公司继续履行剩余期间的租赁合同，遭到拒绝。

要求：

根据上述资料和物权、合同法律制度的规定，不考虑其他因素，回答下列问题：

（1）乙公司拒绝向丙银行交付租金是否符合法律规定？简要说明理由。

（2）乙公司是否有权请求买受人丁公司继续履行租赁合同？简要说明理由。

3. 抵押权人的权利

【考点母题——万变不离其宗】抵押权人的权利

<table>
<tr><td rowspan="9">抵押权的顺位权</td><td>抵押权顺位的概念</td><td colspan="2">抵押权的顺位，又称为抵押权的顺序，是指数个抵押权并存于同一抵押物之上时，各抵押权之间存在的效力优先劣后的顺序关系；先顺位的抵押权所担保的债权较后顺位的抵押权所担保的债权可优先受偿。所以，顺位属于一种利益，被称为顺位权</td></tr>
<tr><td rowspan="2">抵押权顺位的确定标准</td><td colspan="2">（1）同一财产向两个以上债权人抵押的，拍卖、变卖抵押财产所得的价款依照下列规定清偿（　）。</td></tr>
<tr><td>A. 抵押权已经登记的，按照登记的时间先后确定清偿顺序
B. 抵押权已经登记的先于未登记的受偿
C. 抵押权未登记的，按照债权比例清偿</td><td>抵押权顺位的确定以登记为首要标准，先登记的抵押权顺位在先，有登记的抵押权优先于未登记的抵押权</td></tr>
<tr><td rowspan="2">抵押权顺位的放弃</td><td colspan="2">（2）下列关于债权人放弃抵押权或者抵押权顺位的效力的表述中，正确的有（　）。</td></tr>
<tr><td colspan="2">A. 抵押权人可以放弃抵押权或者抵押权的顺位
B. 债务人以自己的财产设定抵押，抵押权人放弃该抵押权、抵押权顺位或者变更抵押权的，其他担保人在抵押权人丧失优先受偿权益的范围内免除担保责任，但是其他担保人承诺仍然提供担保的除外</td></tr>
<tr><td rowspan="4">抵押权顺位的变更</td><td colspan="2">（3）下列关于抵押权顺位的变更的表述中，正确的有（　）。</td></tr>
<tr><td colspan="2">A. 抵押权顺位的变更，是指同一抵押人的数个抵押权人将其抵押权顺位相互交换的现象
B. 抵押权人与抵押人可以协议变更抵押权顺位以及被担保的债权数额等内容；但是，抵押权的变更未经其他抵押权人书面同意的，不得对其他抵押权人产生不利影响</td></tr>
<tr><td rowspan="2">C. 抵押权顺位变更应主要取决于抵押权人之间的合意，并非局限于“抵押权人与抵押人协议变更抵押权顺位”这种情形</td><td>抵押权顺位的变更，若未经其他抵押权人同意，且对其他抵押权人产生不利影响，则该顺位变更对其他抵押权人不发生效力</td></tr>
<tr><td>只有经过其他抵押权人同意，抵押权顺位的变更才能约束全体抵押权人</td></tr>
<tr><td rowspan="2">抵押权的处分</td><td colspan="3">（4）抵押权人可对抵押权实施的处分包括（　）。</td></tr>
<tr><td>A. 抵押权的转让</td><td colspan="2">因抵押权具有从属性，抵押权不得与所担保的债权分离而单独转让；债权转让的，担保该债权的抵押权一并转让，但法律另有规定或者当事人另有约定的除外</td></tr>
</table>

续表

<table>
<tr><td rowspan="2">抵押权的处分</td><td>B. 将抵押权作为担保</td><td>抵押权人可以将其抵押权与其所担保的债权一并为他人债权设立担保，成立附抵押权的债权质权</td></tr>
<tr><td>C. 抵押权的抛弃</td><td>抵押权的抛弃是指抵押权人放弃可以获得优先受偿的担保利益；债务人以自己的财产设定抵押，抵押权人放弃该抵押权的，其他担保人在抵押权人丧失优先受偿权益的范围内免除担保责任，但是其他担保人承诺仍然提供担保的除外</td></tr>
<tr><td rowspan="6">抵押权的保全</td><td colspan="2">（5）下列关于抵押权的保全的表述中，正确的有（　）。</td></tr>
<tr><td colspan="2">A. 抵押人占有抵押财产并可对其使用、收益，若抵押人按照通常方法使用抵押财产，导致抵押财产价值减少，属于抵押财产正常使用中的合理损耗，抵押权人对此须容忍</td></tr>
<tr><td rowspan="2">B. 抵押人不得不合理实施减少抵押财产价值的行为</td><td>抵押人的行为足以使抵押财产价值减少的，抵押权人有权请求抵押人停止其行为，如请求抵押人停止拆毁作为抵押财产的建筑物</td></tr>
<tr><td>在抵押人置抵押权人的请求于不顾，继续实施足以导致抵押财产价值减少的情形，抵押权人可请求法院强制抵押人停止其行为</td></tr>
<tr><td colspan="2">C. 抵押财产价值减少的，抵押权人有权请求恢复抵押财产的价值，或者提供与减少的价值相应的担保；抵押人不恢复抵押财产的价值也不提供担保的，抵押权人有权请求债务人提前清偿债务</td></tr>
<tr><td colspan="2">D. 在抵押物灭失、毁损或者被征用的情况下，抵押权人可以就该抵押物的保险金、赔偿金或者补偿金优先受偿；抵押权所担保的债权未届清偿期的，抵押权人可以请求人民法院对保险金、赔偿金或补偿金等采取保全措施</td></tr>
</table>

【考点子题——举一反三，真枪实练】

［76］（历年真题·单选题）甲公司以其所有的一套房屋抵押，先后向乙银行、丙银行和丁银行分别借款100万元、300万元和500万元，并依次办理了抵押登记。在丙银行不知情的情况下，丁银行与乙银行约定交换双方抵押权的顺位并办理了变更登记。上述债务均已到期，因甲公司无力偿还，人民法院拍卖该房屋取得价款400万元，乙银行、丙银行、丁银行均主张优先受偿。下列关于债权人债权清偿的表述中，正确的是（　）。

A. 先清偿乙银行100万元，再清偿丙银行300万元，丁银行无法获得清偿

B. 清偿丁银行400万元，乙银行和丙银行无法获得清偿

C. 先清偿丁银行100万元，再清偿丙银行300万元，乙银行无法获得清偿

D. 先清偿乙银行100万元，再清偿丙银行112.5万元，最后清偿丁银行187.5万元

［77］（经典子题·多选题）甲以自有房屋向乙银行抵押借款，办理了抵押登记。丙因甲欠钱不还，强行进入该房屋居住。借款到期后，甲无力偿还债务。该房屋由于丙的非

法居住，难以拍卖，甲怠于行使对丙的返还请求权。下列关于乙银行可以行使权利的表述中，符合民事法律制度规定的有（　）。

A. 请求甲行使对丙的返还请求权，防止抵押财产价值的减少

B. 请求甲将对丙的返还请求权转让给自己

C. 可以代位行使对丙的返还请求权

D. 可以依据抵押权直接对丙行使返还请求权

4．动产抵押权的特别效力规定

【考点母题——万变不离其宗】动产抵押权的特别效力规定

<table>
<tr><td rowspan="2">动产抵押权的登记对抗</td><td colspan="2">（1）下列关于未经登记的动产抵押权的效力的表述中，正确的有（　）。</td></tr>
<tr><td colspan="2">A. 动产抵押权未经登记，不得对抗善意第三人
B. 抵押人转让抵押财产，受让人占有抵押财产后，抵押权人向受让人请求行使抵押权的，人民法院不予支持，但是抵押权人能够举证证明受让人知道或者应当知道已经订立抵押合同的除外
C. 抵押人将抵押财产出租给他人并移转占有，抵押权人行使抵押权的，租赁关系不受影响，但是抵押权人能够举证证明承租人知道或者应当知道已经订立抵押合同的除外
D. 抵押人的其他债权人向人民法院申请保全或者执行抵押财产，人民法院已经作出财产保全裁定或者采取执行措施，抵押权人主张对抵押财产优先受偿的，人民法院不予支持
E. 抵押人破产，抵押权人主张对抵押财产优先受偿的，人民法院不予支持</td></tr>
<tr><td rowspan="4">动产抵押的“正常买受人”规则</td><td colspan="2">（2）下列关于动产抵押的“正常买受人”规则的表述中，正确的是（　）。</td></tr>
<tr><td>A. 动产抵押即使登记，亦不得对抗正常经营活动中已经支付合理价款并取得抵押财产的买受人；此被称为“正常买受人”规则，即无论动产抵押权是否登记，均不得对抗此类买受人</td><td>出卖人正常经营活动，是指出卖人的经营活动属于其营业执照明确记载的经营范围，且出卖人持续销售同类商品</td></tr>
<tr><td colspan="2">（3）买受人在出卖人正常经营活动中通过支付合理对价取得已被设立抵押权的动产，抵押权人不得请求就该动产优先受偿，但是有特定情形的除外。该特定情形有（　）。</td></tr>
<tr><td colspan="2">A. 购买商品的数量明显超过一般买受人
B. 购买出卖人的生产设备
C. 订立买卖合同的目的在于担保出卖人或者第三人履行债务
D. 买受人与出卖人存在直接或者间接的控制关系
E. 买受人应当查询抵押登记而未查询的其他情形</td></tr>
</table>

续表

<table>
<tr><td rowspan="12">价款债权抵押的超级优先效力</td><td colspan="2">（4）下列关于价款债权抵押权的含义的表述中，正确的有（　）。</td></tr>
<tr><td colspan="2">A. 动产抵押担保的主债权是抵押物的价款，标的物交付后十日内办理抵押登记的，该抵押权人优先于抵押物买受人的其他担保物权人受偿，但是留置权人除外</td></tr>
<tr><td rowspan="2">B. 价款债权抵押权常见于对如下两种价款债权提供特别担保的抵押权</td><td>a. 融资机构提供贷款专用于购置标的物形成的债权</td></tr>
<tr><td>b. 出卖人允许买受人赊购标的物形成的债权</td></tr>
<tr><td colspan="2">（5）价款债权抵押权的设立条件包括（　）。</td></tr>
<tr><td colspan="2">A. 被担保的债权是购置物的价款债权　B. 购置物已交付给买受人
C. 自购置物交付之日起 10 日内办理完抵押登记</td></tr>
<tr><td colspan="2">（6）担保人在设立动产浮动抵押并办理抵押登记后又购入或者以融资租赁方式承租新的动产，下列权利人中，为担保价款债权或者租金的实现而订立担保合同，并在该动产交付后 10 日内办理登记，主张其权利优先于在先设立的浮动抵押权的，人民法院应予支持的有（　）。</td></tr>
<tr><td colspan="2">A. 在该动产上设立抵押权或者保留所有权的出卖人
B. 为价款支付提供融资而在该动产上设立抵押权的债权人
C. 以融资租赁方式出租该动产的出租人</td></tr>
<tr><td colspan="2">（7）买受人取得动产但未付清价款或者承租人以融资租赁方式占有租赁物但是未付清全部租金，又以标的物为他人设立担保物权，下列关于权利顺序的表述中，正确的是（　）。</td></tr>
<tr><td colspan="2">A. 买受人取得动产但未付清价款或者承租人以融资租赁方式占有租赁物但是未付清全部租金，又以标的物为他人设立担保物权，前述所列权利人为担保价款债权或者租金的实现而订立担保合同，并在该动产交付后 10 日内办理登记，主张其权利优先于买受人为他人设立的担保物权的，人民法院应予支持</td></tr>
<tr><td colspan="2">（8）同一动产上存在多个价款债权抵押权的，清偿顺序确定的下列表述中，正确的是（　）。</td></tr>
<tr><td colspan="2">A. 同一动产上存在多个价款债权抵押权的，人民法院应当按照登记的时间先后确定清偿顺序</td></tr>
<tr><td rowspan="2">动产抵押、质押并存时的效力顺序</td><td colspan="2">（9）下列关于动产抵押、质押并存时的效力顺序的表述中，正确的是（　）。</td></tr>
<tr><td colspan="2">A. 同一财产既设立抵押权又设立质权的，拍卖、变卖该财产所得的价款按照登记、交付的时间先后确定清偿顺序</td></tr>
</table>

【考点子题——举一反三，真枪实练】

[78]（经典子题•单选题）甲把棉花抵押给乙银行用以担保 100 万元借款，于 10 日后办理了登记。在抵押期间，未经过乙银行同意，把棉花卖给不知情的丙棉纺厂，丙向甲付清款项。后乙主张抵押权时，甲表示已将抵押的棉花卖给丙，且丙已经把棉花加工成棉布销售一空。下列表述中，符合民事法律制度规定的是（　）。

A. 丙没有取得棉花的所有权　　B. 银行对棉花的抵押权已经消灭

C. 丙应赔偿乙银行的损失　　D. 乙银行的抵押权自登记时设立

[79]（经典子题•单选题）张某将其自有的一辆轿车以30万元的价格卖给王某，于1月1日交付。但王某并无能力支付车款。为了保障张某债权实现，王某以购买的该轿车为张某设定抵押担保，并签订抵押合同。1月5日，王某又向李某借款20万元并将该轿车抵押给李某且办理了抵押登记。1月7日，王某再次将该轿车质押并交付给吴某，借款15万元。1月9日，张某同王某对该轿车办理抵押登记。后因王某无力清偿借款，张某、李某、吴某均要求行使其担保物权。根据物权法律制度的规定，下列人员中，可以取得对该轿车优先于其他担保物权人受偿的是（　）。

A. 张某，因其抵押担保的是该轿车的价款，且在标的物交付后10日内办理了抵押登记

B. 李某，因其抵押登记早于张某的抵押登记

C. 吴某，因其已实际取得该轿车

D. 三人均无优先受偿权，因王某重复抵押、质押

（六）抵押权的实现

【考点母题——万变不离其宗】抵押权的实现

<table>
<tr><td>含义</td><td colspan="2">抵押权的实现，是指抵押权人在其债权已届清偿期未获清偿或发生当事人约定的实现抵押权的情形时，可变价处分抵押财产，以使其债权优先受偿的行为</td></tr>
<tr><td rowspan="6">抵押权实现的条件、方式和程序</td><td colspan="2">（1）下列关于抵押权实现的条件、方式和程序的表述中，正确的有（　）。</td></tr>
<tr><td colspan="2">A. 债务人不履行到期债务或者发生当事人约定的实现抵押权的情形，抵押权人可以与抵押人协议以抵押财产折价或者以拍卖、变卖该抵押财产所得的价款优先受偿</td></tr>
<tr><td rowspan="3">B. 抵押权人与抵押人之间可以达成有关实现抵押权的协议</td><td>当事人约定当债务人不履行到期债务或者发生当事人约定的实现担保物权的情形，担保物权人有权将担保财产自行拍卖、变卖并就所得的价款优先受偿的，该约定有效</td></tr>
<tr><td>因担保人的原因导致担保物权人无法自行对担保财产进行拍卖、变卖，担保物权人请求担保人承担因此增加的费用的，人民法院应予支持</td></tr>
<tr><td>抵押人与抵押权人之间的协议损害其他债权人利益的，其他债权人可以请求人民法院撤销该协议</td></tr>
<tr><td colspan="2">C. 抵押权人与抵押人未就抵押权实现方式达成协议的，抵押权人可以请求人民法院拍卖、变卖抵押财产
D. 债权人以诉讼方式行使担保物权的，应当以债务人和担保人作为共同被告
E. 抵押财产折价或者变卖的，应当参照市场价格</td></tr>
</table>

续表

抵押权的行使期间	（2）下列关于抵押权的行使期间的表述中，正确的有（　）。
	A. 抵押权人应当在主债权诉讼时效期间行使抵押权；未行使的，人民法院不予保护 B. 主债权诉讼时效期间届满后，抵押权人主张行使抵押权的，人民法院不予支持；抵押人以主债权诉讼时效期间届满为由，主张不承担担保责任的，人民法院应予支持 C. 主债权诉讼时效期间届满前，债权人仅对债务人提起诉讼，经人民法院判决或者调解后未在《民事诉讼法》规定的申请执行时效期间内对债务人申请强制执行，其向抵押人主张行使抵押权的，人民法院不予支持
抵押物变价款的分配	（3）抵押物折价或者拍卖、变卖所得的价款，当事人没有约定的，其清偿顺序为（　）。
	A. 实现抵押权的费用　　B. 主债权的利息　　C. 主债权
	（4）下列关于抵押物变价款的分配的表述中，正确的是（　）。
	A. 抵押财产折价或者拍卖、变卖后，其价款超过债权数额的部分归抵押人所有，不足部分由债务人清偿

【考点子题——举一反三，真枪实练】

[80]（经典子题•简答题）陈某以自己的一辆汽车作抵押，获得乙银行贷款20万元，办理了抵押登记。由于陈某的汽车价值80万元，所以陈某又将该汽车抵押给王某，获得王某的借款10万元，但未办理抵押登记。后陈某又将其抵押给丙银行，获得贷款20万元，办理了抵押登记。后陈某做生意亏本，导致无法偿还乙银行、丙银行的贷款和王某的借款。于是三个债权人同时要求实现其抵押权。但抵押物拍卖后仅获得45万元，不足以清偿陈某的全部债务。

请分析本案中，乙银行、丙银行、王某的债权应按什么顺序受偿？

（七）特殊抵押权

1. 最高额抵押权

【考点母题——万变不离其宗】最高额抵押权

概念	最高额抵押权，是指为担保债务的履行，债务人或者第三人对一定期间内将要连续发生的债权提供担保财产，债务人不履行到期债务或者发生当事人约定的实现抵押权的情形，抵押权人有权在最高债权额限度内就该担保财产优先受偿的特殊抵押权
特征	（1）最高额抵押权的特征有（　）。
	A. 抵押担保的是将来发生的债权，现在尚未发生，但最高额抵押权设立前已经存在的债权，经当事人同意，可以转入最高额抵押担保的债权范围 B. 抵押担保的债权额不确定，但设有最高限制额 C. 实际发生的债权是连续的、不特定的，即债权人并不规定对方实际发生债权的次数和数额 D. 债权人仅对抵押财产行使最高限度内的优先受偿权 E. 最高额抵押权只需首次登记即可设立，即尽管最高额抵押权所担保的是一定期间内连续发生的债权，但无须每个新生债权都到登记部门办理抵押登记，只需办理首次抵押登记即可

续表

<table>
<tr><td rowspan="2">最高额抵押权的转让</td><td colspan="2">（2）下列关于最高额抵押权的转让的表述中，正确的是（ ）。</td></tr>
<tr><td>A. 最高额抵押担保的债权确定前，部分债权转让的，最高额抵押权不得转让，但当事人另有约定的除外</td><td>部分债权，通常是指抵押合同约定的一定期间内发生的某个或某些债权的转让</td></tr>
<tr><td rowspan="2">最高额抵押权的变更</td><td colspan="2">（3）下列关于最高额抵押权的变更的表述中，正确的是（ ）。</td></tr>
<tr><td colspan="2">A. 最高额抵押担保的债权确定前，抵押权人与抵押人可以通过协议变更债权确定的期间、债权范围以及最高债权额，但变更的内容不得对其他抵押权人产生不利影响</td></tr>
<tr><td rowspan="2">最高额抵押权所担保的债权确定</td><td colspan="2">（4）下列情形中，最高额抵押权的抵押权人债权确定的有（ ）。</td></tr>
<tr><td colspan="2">A. 约定的债权确定期间届满
B. 没有约定债权确定期间或者约定不明确，抵押权人或者抵押人自最高额抵押权设立之日起满2年后请求确定债权
C. 新的债权不可能发生　　D. 抵押权人知道或者应当知道抵押财产被查封、扣押
E. 债务人、抵押人被宣告破产或者被解散　　F. 法律规定债权确定的其他情形</td></tr>
<tr><td rowspan="2">最高额抵押权的行使</td><td colspan="2">（5）下列关于最高额抵押权的行使的表述中，正确的有（ ）。</td></tr>
<tr><td colspan="2">A. 最高额抵押权所担保的不特定债权，在特定后，债权已届清偿期的，最高额抵押权人可以根据普通抵押权的规定行使其抵押权
B. 抵押权人实现最高额抵押权时，如果实际发生的债权余额高于最高限额的，以最高限额为限，超过部分不具有优先受偿的效力；如果实际发生的债权余额低于最高限额的，以实际发生的债权余额为限对抵押物优先受偿</td></tr>
</table>

2. 浮动抵押权

【考点母题——万变不离其宗】浮动抵押权

<table>
<tr><td>概念</td><td colspan="2">企业、个体工商户、农业生产经营者可以将现有的以及将有的生产设备、原材料、半成品、产品抵押，债务人不履行到期债务或者发生当事人约定的实现抵押权的情形，债权人有权就抵押财产确定时的动产优先受偿；债权人在此享有的抵押权称为浮动抵押权</td></tr>
<tr><td rowspan="3">浮动抵押权的效力</td><td colspan="2">（1）浮动抵押权的效力有（ ）。</td></tr>
<tr><td>A. 浮动抵押权的登记对抗效力</td><td>设立浮动抵押权，抵押权人应当向抵押人住所地的市场监督管理部门办理登记。抵押权自抵押合同生效时设立；未经登记，不得对抗善意第三人</td></tr>
<tr><td>B. 浮动抵押权不得对抗“正常买受人”</td><td>浮动抵押权无论是否办理抵押登记，均不得对抗正常经营活动中已支付合理价款并取得抵押财产的买受人</td></tr>
<tr><td rowspan="3">浮动抵押财产的确定</td><td colspan="2">浮动抵押财产的确定，又称结晶或封押，是指浮动抵押权因抵押财产的确定而变成固定抵押权（普通抵押权），抵押权人有权就抵押财产所得价款优先受偿</td></tr>
<tr><td colspan="2">（2）浮动抵押权要实行，需要确定浮动抵押的财产。下列情形发生时，浮动抵押的抵押财产确定的有（ ）。</td></tr>
<tr><td colspan="2">A. 债务履行期限届满，债权未实现　　B. 抵押人被宣告破产或者解散
C. 当事人约定的实现抵押权的情形
D. 严重影响债权实现的其他情形，如抵押人因经营管理不善而导致经营状况恶化或严重亏损，或抵押人为了逃避债务而故意隐匿、转移财产</td></tr>
</table>

【考点子题——举一反三，真枪实练】

[81]（历年真题•单选题 改编）甲公司向乙银行借款100万元，将其现有的以及将有的生产设备、原材料、半成品、产品一并抵押给乙银行，但未办理抵押登记。抵押期间，未经乙银行同意，甲公司以市场价格将一批产成品转让给善意第三人丙公司，并已交付。后甲公司不能向乙银行清偿到期债务。下列关于该抵押权的表述中，正确的是（ ）。

A. 该抵押权因抵押物不特定而不能设立

B. 该抵押权因未办理抵押登记而不能设立

C. 该抵押权虽已设立但不能对抗丙公司

D. 乙银行有权对丙公司从甲公司处购买的产成品行使抵押权

[82]（经典子题•多选题）甲服装公司与乙银行订立合同，约定甲公司向乙银行借款300万元，用于购买进口面料。同时，双方订立抵押合同，约定甲公司以其现有的以及将有的生产设备、原材料、产品为前述借款设立抵押。借款合同和抵押合同订立后，乙银行向甲公司发放了贷款，但未办理抵押登记。之后，根据乙银行的要求，丙为此项贷款提供连带责任保证，丁以一台大型挖掘机作质押并交付。下列关于甲公司抵押的表述中，正确的有（ ）。

A. 该抵押合同为最高额抵押合同

B. 乙银行自抵押合同生效时取得抵押权

C. 乙银行自抵押登记完成时取得抵押权

D. 乙银行的抵押权不得对抗在正常经营活动中已支付合理价款并取得抵押财产的买受人

[83]（经典子题•多选题）2014年7月1日，甲公司、乙公司和张某签订了《个人最高额抵押协议》，张某将其房屋抵押给乙公司，担保甲公司在一周前所欠乙公司货款300万元，最高债权额400万元，并办理了最高额抵押登记，债权确定期间为2014年7月2日到2015年7月1日。债权确定期限内，甲公司因从乙公司分批次进货，又欠乙公司100万元。甲公司未还款。下列关于抵押担保的债权额和抵押权期间的表述中，正确的有（ ）。

A. 债权额为100万元

B. 债权额为400万元

C. 抵押权期间为1年

D. 抵押权期间为主债权诉讼时效期间

考点 18　质权

质押分为动产质权和权利质权。

（一）动产质权

【考点母题——万变不离其宗】动产质权

<table>
<tr><td>动产质权的概念</td><td colspan="2">动产质权是指为担保债务的履行，债务人或者第三人将其动产出质给债权人占有，债务人不履行到期债务或者发生当事人约定的实现质权的情形，债权人有权就该动产优先受偿的担保物权
该债务人或者第三人为出质人，债权人为质权人，交付的动产为质押财产，称为质物</td></tr>
<tr><td rowspan="8">质押合同</td><td colspan="2">（1）下列关于质押合同的表述中，正确的有（　）。</td></tr>
<tr><td colspan="2">A. 为设立质权，当事人应当采取书面形式订立质押合同；质押合同自成立时生效</td></tr>
<tr><td>B. 质押合同一般包括以下条款</td><td>a. 被担保债权的种类和数额　b. 债务人履行债务的期限
c. 质押财产的名称、数量等情况　d. 担保的范围
e. 质押财产交付的时间、方式</td></tr>
<tr><td colspan="2">（2）下列关于质押担保的范围的表述中，正确的是（　）。</td></tr>
<tr><td rowspan="2">A. 质押担保的范围由当事人约定</td><td>（3）当事人未约定质押担保范围的，质押担保的范围包括（　）。</td></tr>
<tr><td>A. 主债权及利息　B. 违约金　C. 损害赔偿金
D. 质物保管费用　E. 实现质权的费用</td></tr>
<tr><td colspan="2">（4）下列关于“流质条款”的效力的表述中，正确的有（　）。</td></tr>
<tr><td colspan="2">A. 质权人在债务履行期届满前，不得与出质人约定债务人不履行到期债务时质押财产归债权人所有
B. 当事人在质押合同中约定流质条款的，流质条款无效，但不影响质押合同其他部分内容的效力及质权的设立，质权人只能依法就质押财产优先受偿</td></tr>
<tr><td rowspan="4">动产质权的生效</td><td colspan="2">（5）动产质权生效的一般规定为（　）。</td></tr>
<tr><td colspan="2">A. 质押合同自成立时生效，但质权自出质人交付质押财产时设立，即动产质权的设立以质物的交付为生效要件</td></tr>
<tr><td colspan="2">（6）下列关于债权人、出质人与监管人订立三方协议，出质人以通过一定数量、品种等概括描述能够确定范围的货物为债务的履行提供担保的情形下质权设立的表述中，正确的有（　）。</td></tr>
<tr><td>A. 债权人、出质人与监管人订立三方协议，出质人以通过一定数量、品种等概括描述能够确定范围的货物为债务的履行提供担保，当事人有证据证明监管人系受债权人的委托监管并实际控制该货物的，人民法院应当认定质权于监管人实际控制货物之日起设立</td><td>监管人违反约定向出质人或者其他人放货、因保管不善导致货物毁损灭失，债权人有权请求监管人承担违约责任</td></tr>
</table>

续表

<table>
<tr><td rowspan="2">动产质权的生效</td><td rowspan="2">B. 当事人有证据证明监管人系受出质人委托监管该货物，或者虽然受债权人委托但是未实际履行监管职责，导致货物仍由出质人实际控制的，质权未设立</td><td>债权人可以基于质押合同的约定请求出质人承担违约责任，但是不得超过质权有效设立时出质人应当承担的责任范围</td></tr>
<tr><td>监管人未履行监管职责，债权人有权请求监管人承担责任</td></tr>
<tr><td rowspan="4">质权人对质物的权利和责任</td><td colspan="2">（7）质权人对质物的权利有（ ）。</td></tr>
<tr><td colspan="2">A. 质权人有权收取质押财产的孳息，但合同另有约定的除外；上述孳息应当先充抵收取孳息的费用
B. 因不能归责于质权人的事由可能使质押财产毁损或者价值明显减少，足以危害质权人权利的，质权人有权要求出质人提供相应的担保；出质人不提供的，质权人可以拍卖、变卖质押财产，并与出质人通过协议将拍卖、变卖所得的价款提前清偿债务或者提存</td></tr>
<tr><td colspan="2">（8）质权人对质物的责任有（ ）。</td></tr>
<tr><td colspan="2">A. 质权人在质权存续期间，未经出质人同意，擅自使用、处分质押财产，给出质人造成损害的，应当承担赔偿责任
B. 质权人负有妥善保管质押财产的义务；因保管不善致使质押财产毁损、灭失的，应当承担赔偿责任
C. 质权人的行为可能使质押财产毁损、灭失的，出质人可以请求质权人将质押财产提存，或者请求提前清偿债务并返还质押财产；质物提存费用由质权人负担，出质人提前清偿债权的，应当扣除未到期部分的利息
D. 质权人在质权存续期间，未经出质人同意转质，造成质押财产毁损、灭失的，应当向出质人承担赔偿责任</td></tr>
<tr><td rowspan="2">质权的实现</td><td colspan="2">（9）下列关于质权的实现的表述中，正确的有（ ）。</td></tr>
<tr><td colspan="2">A. 债务人履行债务或者出质人提前清偿所担保的债权的，质权人应当返还质押财产
B. 债务人不履行到期债务或者发生当事人约定的实现质权的情形，质权人可以与出质人协议以质押财产折价，也可以就拍卖、变卖质押财产所得的价款优先受偿；质押财产折价或者变卖的，应当参照市场价格
C. 出质人可以请求质权人在债务履行期届满后及时行使质权；质权人不行使的，出质人可以请求人民法院拍卖、变卖质押财产；出质人请求质权人及时行使质权，因质权人怠于行使权利造成损害的，由质权人承担赔偿责任
D. 质押财产折价或者拍卖、变卖后，其价款超过债权数额的部分归出质人所有，不足部分由债务人清偿
E. 为债务人质押担保的第三人，在质权人实现质权后，有权向债务人追偿</td></tr>
</table>

【考点子题——举一反三，真枪实练】

[84]（经典子题•多选题）甲向乙借款，欲以轿车做担保。关于担保的下列表述中，符合民事法律制度规定的有（ ）。

A. 甲可就该轿车设定质权

B. 甲可就该轿车设定抵押权

C. 就该轿车的质权自登记时设立　　　　D. 就该轿车的抵押权自登记时设立

[85]（经典子题·多选题）2016年3月3日，甲向乙借款10万元，约定还款日期为2017年3月3日。借款当日，甲将自己饲养的市值5万元的名贵宠物鹦鹉质押交付给乙，作为债务到期不履行的担保；另外第三人丙提供了连带责任保证。下列关于乙的质权的表述中，正确的有（　）。

A. 2016年5月5日，鹦鹉产蛋一枚，市值2 000元，应交由甲处置

B. 因乙照管不善，2016年10月1日鹦鹉死亡，乙需承担赔偿责任

C. 2017年4月4日，甲未偿还借款，乙未实现质权，则甲可以请求乙及时行使权利

D. 乙可放弃该质权，丙可在乙丧失质权的范围内免除相应的保证责任

[86]（历年真题·单选题）李某向陈某借款10万元，将一辆卡车质押给陈某。质押合同约定，由李某代陈某占有该卡车。后李某无力偿还该借款，陈某拟依法拍卖该卡车行使优先受偿权。下列关于陈某是否享有对该卡车优先受偿权的表述中，符合物权法律制度规定的是（　）。

A. 陈某享有优先受偿权，因质押合同已经成立

B. 陈某享有优先受偿权，因李某无力偿还该借款

C. 陈某不享有优先受偿权，因李某代陈某占有该卡车，质押财产未交付给质权人，质权未设立

D. 陈某不享有优先受偿权，因质押卡车未办理登记

（二）权利质权

【考点母题——万变不离其宗】权利质权

权利质权的概念	权利质权是指债务人或者第三人以其所有权之外的可让与财产权利作为债权的担保，当债务人不履行到期债务或者发生当事人约定的实现质权的情形，债权人有权依照法律规定，以该财产权利折价或者以拍卖、变卖该财产权利的价款优先受偿的担保权利
适用法律	《民法典》对于权利质权未作特别规定的，应适用有关动产质权的规定
权利质权的客体	（1）债务人或者第三人有权处分的下列权利中，可以出质的有（　）。
	A. 汇票、支票、本票　　B. 债券、存款单　　C. 仓单、提单 D. 可以转让的基金份额、股权 E. 可以转让的注册商标专用权、专利权、著作权等知识产权中的财产权 F. 现有的以及将有的应收账款　　G. 法律、行政法规规定可以出质的其他财产权利
权利质权的设立	（2）下列关于权利质权的设立的表述中，正确的有（　）。

续表

<table>
<tr><td rowspan="4">权利质权的设立</td><td>证券权利</td><td>A. 以汇票、本票、支票、债券、存款单、仓单、提单出质的，质权自权利凭证交付质权人时设立；没有权利凭证的，质权自办理出质登记时设立；法律另有规定的，依照其规定
B. 以汇票出质，当事人以背书记载“质押”字样并在汇票上签章，汇票已经交付质权人的，质权自汇票交付质权人时设立
C. 存货人或者仓单持有人在仓单上以背书记载“质押”字样，并经保管人签章，仓单已经交付质权人的，质权自仓单交付质权人时设立；没有权利凭证的仓单，依法可以办理出质登记的，仓单质权自办理出质登记时设立</td></tr>
<tr><td>基金份额、股权</td><td>D. 以基金份额、股权出质的，质权自办理出质登记时设立</td></tr>
<tr><td>知识产权</td><td>E. 以注册商标专用权、专利权、著作权等知识产权中的财产权出质的，质权自办理出质登记时设立</td></tr>
<tr><td>应收账款</td><td>F. 以应收账款出质的，质权自办理出质登记时设立</td></tr>
<tr><td rowspan="4">权利质权的转让</td><td colspan="2">（3）下列关于权利质权的转让的表述中，正确的有（　）。</td></tr>
<tr><td>基金份额、股权</td><td>A. 基金份额、股权出质后，不得转让，但是出质人与质权人协商同意的除外；出质人转让基金份额、股权所得的价款，应当向质权人提前清偿债务或者提存</td></tr>
<tr><td>知识产权中的财产权</td><td>B. 以注册商标专用权、专利权、著作权等知识产权中的财产权出质后，出质人不得转让或者许可他人使用，但是出质人与质权人协商同意的除外；出质人转让或者许可他人使用出质的知识产权中的财产权所得的价款，应当向质权人提前清偿债务或者提存</td></tr>
<tr><td>应收账款</td><td>C. 应收账款出质后，不得转让，但是出质人与质权人协商同意的除外；出质人转让应收账款所得的价款，应当向质权人提前清偿债务或者提存</td></tr>
<tr><td rowspan="4">特殊法律规定</td><td rowspan="2">证券权利</td><td>（4）下列关于证券权利的兑现日期或者提货日期先于主债权到期时质权人的权利的表述中，正确的是（　）。</td></tr>
<tr><td>A. 汇票、本票、支票、债券、存款单、仓单、提单的兑现日期或者提货日期先于主债权到期的，质权人可以兑现或者提货，并与出质人协议将兑现的价款或者提取的货物提前清偿债务或者提存</td></tr>
<tr><td rowspan="2">仓单质权</td><td>（5）下列关于出质人在同一货物上设立多个担保物权的清偿顺序的表述中，正确的有（　）。</td></tr>
<tr><td>A. 出质人既以仓单出质，又以仓储物设立担保，按照公示的先后确定清偿顺序；难以确定先后的，按照债权比例清偿
B. 保管人为同一货物签发多份仓单，出质人在多份仓单上设立多个质权，按照公示的先后确定清偿顺序；难以确定先后的，按照债权比例受偿
【注意】存在AB两项规定的同一货物设立多个质权的情形，债权人举证证明其损失系由出质人与保管人的共同行为所致，可以请求出质人与保管人承担连带赔偿责任</td></tr>
</table>

续表

特殊法律规定	应收账款	(6) 下列关于以应收账款出质的法律规定的表述中，正确的有（ ）。
		A. 以现有的应收账款出质，应收账款债务人向质权人确认应收账款的真实性后，又以应收账款不存在或者已经消灭为由主张不承担责任的，人民法院不予支持 B. 以现有的应收账款出质，应收账款债务人未确认应收账款的真实性，质权人以应收账款债务人为被告，请求就应收账款优先受偿，能够举证证明办理出质登记时应收账款真实存在的，人民法院应予支持；质权人不能举证证明办理出质登记时应收账款真实存在，仅以已经办理出质登记为由，请求就应收账款优先受偿的，人民法院不予支持 C. 以现有的应收账款出质，应收账款债务人已经向应收账款债权人履行了债务，质权人请求应收账款债务人履行债务的，人民法院不予支持，但是应收账款债务人接到质权人要求向其履行的通知后，仍然向应收账款债权人履行的除外 D. 以基础设施和公用事业项目收益权、提供服务或者劳务产生的债权以及其他将有的应收账款出质，当事人为应收账款设立特定账户，发生法定或者约定的质权实现事由时，质权人请求就该特定账户内的款项优先受偿的，人民法院应予支持；特定账户内的款项不足以清偿债务或者未设立特定账户，质权人请求折价或者拍卖、变卖项目收益权等将有的应收账款，并以所得的价款优先受偿的，人民法院依法予以支持

【考点子题——举一反三，真枪实练】

[87]（历年真题•单选题）吴某拟将其对赵某的应收账款出质给林某。吴某于 2022 年 1 月 10 日将拟出质事项以电子邮件方式通知赵某。赵某于 1 月 11 日表示无异议。吴某与林某于 1 月 16 日签订质押合同，于 1 月 18 日办理了出质登记。该项质权设立的日期为（ ）。

A. 2022 年 1 月 18 日　　B. 2022 年 1 月 16 日

C. 2022 年 1 月 10 日　　D. 2022 年 1 月 11 日

[88]（经典子题•多选题）根据物权法律制度的规定，下列各项中，可以出质的有（ ）。

A. 支票　　B. 存款单　　C. 仓单　　D. 可以转让的股权

[89]（历年真题•多选题）根据物权法律制度的规定，下列债务人有权处分的权利中，可以用以设定权利质押的有（ ）。

A. 可转让的基金份额　　B. 现有的及将有的应收账款

C. 建设用地使用权　　D. 存款单

考点19 留置权

【考点母题——万变不离其宗】留置权

<table>
<tr><td>留置权的概念</td><td colspan="2">留置权，是指债务人不履行到期债务，债权人可以留置已经合法占有的债务人的动产，并有权就该动产优先受偿的担保权利。其中债权人为留置权人，占有的动产为留置财产，即留置物。留置权属于法定担保物权</td></tr>
<tr><td rowspan="2">留置权的担保范围</td><td colspan="2">（1）留置权担保的范围包括（　）。</td></tr>
<tr><td colspan="2">A. 主债权及利息　B. 违约金　C. 损害赔偿金
D. 留置物保管费用　E. 实现留置权的费用</td></tr>
<tr><td rowspan="8">留置权的成立要件</td><td colspan="2">（2）下列各项中，属于成立留置权的需具备的要件有（　）。</td></tr>
<tr><td rowspan="3">A. 债权人占有债务人的动产</td><td>债务人不履行到期债务，债权人因同一法律关系留置合法占有的第三人的动产，并主张就该留置财产优先受偿的，人民法院应予支持；第三人以该留置财产并非债务人的财产为由请求返还的，人民法院不予支持</td></tr>
<tr><td>留置财产为可分物的，留置财产的价值应当相当于债务的金额</td></tr>
<tr><td>当事人可以在合同中约定不得留置的物；法律规定或者当事人约定不得留置的动产，不得留置</td></tr>
<tr><td rowspan="3">B. 占有的动产应与债权属于同一法律关系，但企业之间留置的除外</td><td>留置权的适用范围不限于保管合同、运输合同、承揽合同等特定的合同关系，其他债权债务关系，只要法律不禁止留置，债务人不履行债务的，债权人均可以留置已经合法占有的动产</td></tr>
<tr><td>企业之间留置的动产与债权并非同一法律关系，债务人以该债权不属于企业持续经营中发生的债权为由请求债权人返还留置财产的，人民法院应予支持</td></tr>
<tr><td>企业之间留置的动产与债权并非同一法律关系，债权人留置第三人的财产，第三人请求债权人返还留置财产的，人民法院应予支持</td></tr>
<tr><td colspan="2">C. 债权已届清偿期且债务人未按规定的期限履行义务</td></tr>
<tr><td rowspan="2">留置权人的权利与义务</td><td colspan="2">（3）下列关于留置权人的权利与义务的表述中，正确的有（　）。</td></tr>
<tr><td colspan="2">A. 留置权人负有妥善保管留置财产的义务；因保管不善致使留置财产毁损、灭失的，应当承担赔偿责任
B. 留置权人有权收取留置财产的孳息；孳息应当先充抵收取孳息的费用</td></tr>
</table>

续表

留置权的实现	（4）下列关于留置权实现的表述中，正确的有（ ）。
	A. 留置权人与债务人应当约定留置财产后的债务履行期限；没有约定或者约定不明确的，留置权人应当给债务人60日以上履行债务的期限，但是鲜活易腐等不易保管的动产除外 B. 债务人逾期未履行的，留置权人可以与债务人协议以留置财产折价，也可以就拍卖、变卖留置财产所得的价款优先受偿 C. 留置财产折价或者变卖的，应当参照市场价格 D. 留置财产折价或者拍卖、变卖后，其价款超过债权数额的部分归债务人所有，不足部分由债务人清偿 E. 债务人可以请求留置权人在债务履行期限届满后行使留置权；留置权人不行使的，债务人可以请求人民法院拍卖、变卖留置财产 F. 留置权人在债权未受全部清偿前，留置物为不可分物的，留置权人可以就其留置物的全部行使留置权；留置的财产为可分物的，留置物的价值应当相当于债务的金额
担保物权并存时的效力顺序	（5）同一动产上已设立抵押权或者质权，该动产又被留置的，清偿顺序为（ ）。
	A. 同一动产上已设立抵押权或者质权，该动产又被留置的，留置权人优先受偿
留置权的消灭	（6）下列各项中，属于留置权消灭的原因有（ ）。
	A. 留置权人对留置财产丧失占有　　B. 留置物灭失、损毁而无代位物 C. 与留置物有同一法律关系的债权消灭 D. 债务人另行提供价值相当的担保并被债权人接受 E. 实现留置权

【考点子题——举一反三，真枪实练】

[90]（历年真题·单选题）根据物权法律制度的规定，下列财产中，既可以用于抵押，又可以被留置的是（ ）。

A. 建筑物　　B. 仓单　　C. 船舶　　D. 建设用地使用权

[91]（经典子题·多选题）甲公司向乙银行借款20万元，以一台机器抵押，办理了抵押登记。其后，甲公司将该机器质押给丙公司。丙公司在占有该机器期间，将其交给丁企业修理，因拖欠修理费而被丁企业留置。后乙银行、丙公司、丁企业均主张行使机器上的担保物权。下列关于各担保物权效力顺序的表述中，正确的有（ ）。

A. 乙银行优先于丙公司受偿　　B. 丙公司优先于丁企业受偿

C. 丁企业优先于乙银行受偿　　D. 丙公司优先于乙银行受偿

[92]（历年真题·单选题）王某向赵某借款10万元，以其卡车抵押并办理了抵押登记。后因发生交通事故，王某将该卡车送到甲修理厂修理。修理完毕，王某因无法支付1万元维修费，该卡车被甲修理厂留置。后王某欠赵某的借款到期，赵某要求对该卡车行使抵押权，甲修理厂以王某欠修理费为由拒绝，双方发生争议。根据物权法律

制度的规定，下列关于如何处理该争议的表述中，正确的是（　）。

A. 甲修理厂应同意赵某对该卡车行使抵押权，所欠修理费只能向王某要求清偿

B. 赵某应向甲修理厂支付修理费，之后甲修理厂向赵某交付该卡车

C. 如果经甲修理厂催告，王某 60 日后仍不支付修理费，甲修理厂有权行使留置权，所得价款偿付修理费后，剩余部分赵某有优先受偿权

D. 甲修理厂应将该卡车交给赵某行使抵押权，所得价款偿付借款后，剩余部分甲修理厂有优先受偿权

[93]（经典子题•多选题）根据物权法律制度的规定，下列权利中，可以设定在动产之上的有（　）。

A. 抵押权　　B. 质权　　C. 留置权　　D. 所有权

[94]（历年真题•多选题）2022 年 3 月 1 日，周某以其所有的一辆轿车设立抵押权，向吴某借款 10 万元，双方签订抵押合同但未办理抵押登记。3 月 23 日，周某为获得李某 20 万元的借款，又将该轿车抵押给李某，双方签订抵押合同并办理了抵押登记。4 月 10 日，该轿车因故障需要维修，周某将其送至王某处进行维修。周某一直未支付维修费用，该轿车被王某留置。上述债务均已到期，因周某无力偿还，该轿车被拍卖，吴某、李某、王某均主张就轿车拍卖价款优先受偿。下列关于债权人受偿顺序的表述中，正确的有（　）。

A. 吴某优先于李某受偿　　B. 李某优先于王某受偿

C. 李某优先于吴某受偿　　D. 王某优先于李某受偿

95]（经典子题•单选题）同升公司以一套价值 100 万元的设备作为抵押，向甲借款 10 万元，未办理抵押登记手续。同升公司又向乙借款 80 万元，以该套设备作为抵押，并办理了抵押登记手续。同升公司欠丙货款 20 万元，将该套设备出质给丙。丙不小心损坏了该套设备送丁修理，因欠丁 5 万元修理费，该套设备被丁留置。下列关于甲乙丙丁对该套设备享有的担保物权的清偿顺序的排列中，正确的是（　）。

A. 甲乙丙丁　　B. 乙丙丁甲　　C. 丙丁甲乙　　D. 丁乙丙甲

第五节　占有

【本节知识框架】

占有
- 占有的意义
- 占有的分类
- 占有的保护

图 4-8　第 5 节知识框架图

【本节考点、考点母题及考点子题】

考点 20　占有的意义

【考点母题——万变不离其宗】占有的意义

下列关于占有的表述中，正确的有（　）。	
A. 占有，是指人对于物进行实际控制的事实	
B. 在占有关系中，对物实施实际控制的人，称为占有人；被控制之物，称为占有物，包括不动产和动产	
C. 占有作为法律事实，不以占有人与物有身体上接触为限，应依一般社会观念并斟酌时空关系、法律关系等而为具体认定；一般而言，对于物已有确定与继续的支配关系，或处于可排除他人干涉状态的，即可谓其对于物已有事实上的控制。如存珠宝于保险箱，农夫置农具于田中等，均可成立占有关系	
D. 我国民法法理与实务向来认为占有属于**事实**，而非权利；《民法典》对于占有未进行定性	
E. 占有是一种人对物控制的事实，不以占有人对物具有占有权为前提，法律对一切占有均予以保护，除非有人能够证明其享有比占有人更高的权利，如此方可维护社会和平与秩序	对于有权人的占有，如所有权人对于所有物的占有，通常基于占有的权利基础即可实现对占有的保护，无须求助于占有的法律保护效力

考点21 占有的分类

【考点讲解——精要解读】占有的分类

<table>
<tr><th>分类标准</th><th colspan="2">具体分类</th><th>区分的法律意义</th></tr>
<tr><td rowspan="2">占有是否具有法律上的原因</td><td>有权占有</td><td>指基于法律依据而为的占有，主要指基于各种物权或债权的占有</td><td rowspan="2">（1）二者受法律保护的程度不同：有权占有因其有占有的权源，受法律保护，他人请求交付占有物时，占有人有权拒绝。而无权占有的占有人，因其占有不具有权源，无权拒绝有权源的人对其交还占有物的请求
（2）因侵权行为占有他人之物，无权占有人在占有物上无权主张留置权</td></tr>
<tr><td>无权占有</td><td>指欠缺法律依据的占有，如抢夺人对于赃物的占有或承租人在租赁关系消灭后占有租赁物等</td></tr>
<tr><td rowspan="2">无权占有人是否误信为有占有的权源</td><td>善意占有</td><td>指占有人误信其有占有的法律依据且无怀疑的占有，如继承误以为是遗产的财产而占有该财产</td><td rowspan="2">（1）动产的善意取得，以善意受让占有为要件
（2）占有人与回复请求权人之间的权利义务不同：不动产或者动产被占有人占有的，权利人可以请求返还原物及其孳息；但是，应当支付善意占有人因维护该不动产或者动产支出的必要费用
（3）是否承担损害赔偿责任有所不同：占有人因使用占有的不动产或者动产，致使该动产或者动产受到损害的，恶意占有人应当承担赔偿责任；善意占有人无须承担赔偿责任
（4）是否赔偿保险金、不足以弥补的损失不同：占有的不动产或者动产毁损、灭失，该不动产或者动产的权利人请求赔偿的，占有人应当将因毁损、灭失取得的保险金、赔偿金或者补偿金等返还给权利人；权利人的损害未得到足够弥补的，恶意占有人还应当赔偿损失</td></tr>
<tr><td>恶意占有</td><td>指占有人对物知其无占有的法律依据，或对于是否有权占有虽有怀疑而仍为占有</td></tr>
<tr><td rowspan="3">占有人对物的占有是否具有所有的意思</td><td>自主占有</td><td colspan="2">是指以所有的意思对物为占有，如买卖中对动产标的物的移转占有</td></tr>
<tr><td>他主占有</td><td colspan="2">是指不以所有的意思而为占有，如承租人、借用人、保管人、质权人等对标的物的占有</td></tr>
<tr><td colspan="3">【注意】所谓所有的意思，强调的是将物据为自己所有而排斥他人占有的意思，但不要求物客观上确属自己所有。所以，虽非自己的物，但以所有的意思而占有的，仍属自主占有，如盗窃者对于所盗赃物的占有。</td></tr>
</table>

续表

占有人在事实上是否直接占有其物	直接占有	是指占有人事实上占有其物，即直接对物有事实上的控制，如质权人、保管人、承租人等对物的占有
	间接占有	是指自己不直接占有其物，基于一定法律关系而对事实上占有其物之人有返还请求权，因而对其物有间接控制力，如出质人、出租人等基于一定法律关系对物的占有
【注意】此外，占有以其他标准还可分为公然占有与隐秘占有、和平占有与强暴占有、无过失占有与有过失占有、无瑕疵占有与瑕疵占有、单独占有与共同占有、部分占有与全部占有等。		

【考点子题——举一反三，真枪实练】

[96]（历年真题•单选题）孙某将其所有的一辆小汽车出质给钱某。钱某经孙某同意，驾驶该辆小汽车与林某、赵某一起出游。林某驾驶的小汽车是其从甲公司租赁而来。赵某驾驶的小汽车为其同宿舍好友陈某所有，赵某未经陈某同意私自开走，赵某准备在陈某考试结束以后电话告知陈某。下列关于各主体占有类型的表述中，不正确的是（　）。

A. 钱某对小汽车的占有属于有权占有　　B. 林某对小汽车的占有属于自主占有

C. 赵某对小汽车的占有属于恶意占有　　D. 孙某对小汽车的占有属于间接占有

第4章

考点 22　占有的保护

占有作为一种受法律保护的事实，对于占有人而言，系属利益。因为，占有被侵害，除了可能基于其占有权源受保护外，《民法典》占有编专门规定了占有保护请求权。

【考点母题——万变不离其宗】占有保护请求权

占有保护请求权的含义	占有保护请求权，是指占有人在占有被侵害时，得请求侵害人恢复其占有状态的权利	
占有保护请求权的内容	（1）占有保护请求权包括（　）。	
	A. 占有物返还请求权	占有的不动产或者动产被侵占的，占有人有权请求返还原物
		（2）下列关于占有物返还请求权的行使期限的表述中，正确的有（　）。
		A. 占有人返还原物的请求权，自侵占发生之日起一年内未行使的，该请求权消灭
	B. 占有妨害排除请求权 C. 占有妨害防止请求权	对妨害占有的行为，占有人有权请求排除妨害或者消除危险
	D. 占有损害赔偿请求权	因侵占或者妨害造成损害的，占有人有权依法请求损害赔偿

【考点子题——举一反三，真枪实练】

[97]（历年真题·判断题）占有人返还原物的请求权，自侵占发生之日起一年内未行使的，该请求权消灭。（ ）

[98]（经典子题·多选题）陈某遗失一条项链，李某拾得后将其放在办公桌，并张贴了招领公告。王某盗走该项链，卖给了不知情的林某，林某取得该项链后将其出质于赵某。下列关于占有类型的表述中，正确的有（ ）。

A. 李某对项链的占有属于无权占有 B. 王某对项链的占有属于他主占有

C. 林某对项链的占有属于自主占有 D. 赵某对项链的占有属于直接占有

[99]（经典子题·判断题）陈某和王某是邻居。陈某出国2年，王某将陈某的停车位占为己有。王某对陈某停车位的占有为恶意、无权占有。（ ）

[本章考点子题答案]

[1] 【答案：ABD】物权法的属性有：物权法是私法；物权法是财产法（选项A）；物权法存在大量的强制性规范（选项B）；物权法具有较强的本土色彩（选项D）。物权法整体上作为私法，也仍然需要充分尊重当事人在物权关系上的自主意志，所以，物权法仍然存在大量的任意性规范，只是相比起合同法这种相对人之间的交易关系法而言，物权法的任意性规范相对较少；物权法中的任意性规范都允许当事人通过“另有约定”改变规范内容，体现了当事人自主意志的优先，选项C表述不正确。

[2] 【答案：BC】用益物权包括土地承包经营权、建设用地使用权、宅基地使用权、居住权（选项B）、地役权（选项C）。选项AD为担保物权。

[3] 【答案：D】物权是对世权，权利人是特定的，义务人不特定，选项D的表述不正确。选项ABC表述正确，排除。

[4] 【答案：×】在法律特别规定情形中，权利可以成为物权的客体。

[5] 【答案：B】羊毛没有与山羊分离，属于山羊的一部分，不构成孳息。鸡蛋是母鸡的出产物，属于天然孳息。出租柜台所得的租金属于法定孳息。鸡蛋孵出小鸡，鸡蛋本身不复存在，不符合原物出产新物的关系，所以，小鸡并非鸡蛋的孳息。

[6] 【答案：D】不可移动，或如移动将损害其价值的物，为不动产，包括土地、海域以及房屋、林木等地上定着物，选项ABC均为不动产。动产是不动产以外的物，选项D即为动产，当选。

[7] 【答案：A】担保物权包括抵押权、质权和留置权。选项BCD为用益物权。

[8] 【答案：BCD】所有权是自物权。用益物权和担保物权均为他物权。

[9] 【答案：A】选项BCD均属于物权取得方式中原始取得。

[10] 【答案：A】先占，是以所有权人的意思占有无主动产。先占人基于先占行为取得无主动产的所有权。陨石虽然落入乙家菜地，但乙并未对陨石真实占有，陨石在被甲拾得之前是无主物，甲拾得行为属于先占，获得了陨石的所有权。

[11] 【答案：D】选项ABC均属于因法律行为之外的法律事实取得物权的方式。

[12]【答案: ABCD】权利人、利害关系人认为不动产登记簿记载的事项不正确的，可以申请更正登记；不动产登记簿记载的权利人书面同意更正或者有证据证明登记确有不正确的，登记机构应当予以更正；不动产登记簿记载的权利人不同意更正，利害关系人可以申请异议登记，选项 A B 正确。因物权的归属、内容发生争议的，利害关系人可以请求确认权利，选项 C 正确。因人民法院的生效法律文书导致不动产权利发生转移的，当事人可以向不动产登记机构申请转移登记，选项 D 正确。

[13]【答案: B】提起异议登记之前，须先提起更正登记，选项 A 表述不正确。权利人、利害关系人认为不动产登记簿记载的事项不正确的，可以申请更正登记，选项 B 表述正确，当选。登记机构予以异议登记的，申请人在异议登记之日起 15 日内不起诉，异议登记失效，选项 C 表述不正确。异议登记不当，造成权利人损害的，权利人可以向申请人请求损害赔偿，选项 D 表述不正确。

[14]【答案: B】出让人在转让物权后仍须继续占有转让动产的，出让人与受让人订立合同，使出让人由原来的所有人的占有改变为非所有人的占有，而受让人已取得物权，但将占有权交由出让人行使一段时间，在约定的期限届满时，出让人再按约定将该动产交还受让人直接占有。这就是占有改定。

[15]【答案: D】动产物权设立和转让前，权利人已经占有该动产的，物权自民事法律行为生效时发生效力。赵某与钱某的买卖合同属于简易交付，钱某于 1 月 10 日取得自行车的所有权，选项 AB 不正确。动产物权转让时，当事人又约定由出让人继续占有该动产的，物权自该约定生效时发生效力。钱某与孙某的买卖合同的交付方式为占有改定，自双方买卖合同生效时自行车的所有权发生变动，孙某于 1 月 11 日取得自行车所有权。选项 C 不正确，选项 D 正确。

[16]【答案: C】本题考察的是简易交付。题中酒店和甲公司就摄像机先租后买。在酒店就摄像机买卖与甲公司达成合意时，酒店作为买受人已经占有摄像机，所以，摄像机的交付构成简易交付。简易交付的完成以合同生效为准，本题中，双方形成摄像机买卖合意是在 4 月 5 日，所以，选项 C 正确。

[17]【答案: ABD】(1) 因人民法院、仲裁机构的法律文书或者人民政府的征收决定等，导致物权设立、变更、转让或者消灭的，自法律文书或者征收决定等生效时发生效力。选项 AD 正确。(2) 动产物权设立和转让前，权利人已经占有该动产的，物权自民事法律行为生效时发生效力。选项 B 正确。(3) 因合法建造、拆除房屋等事实行为设立或者消灭物权的，自事实行为成就时发生效力。选项 C 不正确。

[18]【答案: C】动产物权转让时，当事人又约定由出让人继续占有该动产的，物权自该约定生效时发生效力，这属于占有改定的交付形式。选项 C 正确。

[19]【答案: D】庞某向黄某转让自行车的交付属于简易交付，选项 A 不正确。在庞某和黄某达成转让协议时，黄某取得该自行车所有权，选项 B 不正确。黄某将自行车卖给洪某，约定由黄某继续使用一个月，属于占有改定，也已交付，在协议达成时自行车的所有权归洪某，选项 C 不正确。庞某在自行车转让给黄某之后，不再拥有所有权，因此也不再享有物权请求权，选项 D 正确。

[20]【答案: C】本题中，李某开挖地窖存在使赵某房屋受到损害的客观危险，但实际损害并未发生，因此，选项 C 正确。

[21]【答案: BC】本题主要考察标的物返还请求权的构成。选项 A 中，虽张某对于电脑属于无权占有，

但因电脑已经毁损，李某无法再主张所有物返还请求权。选项B、C中，蔡某与孙某均构成无权占有，且被占有物都还存在，所以，所有权人可以请求返还所有物。选项D中，刘某基于买卖合同把钢材交付给赵某，赵某即取得钢材所有权，其后，赵某又将钢材所有权转移给徐某，所以，刘某已经丧失钢材所有权，无法主张所有物返还请求权。

[22]【答案：D】因继承取得物权的，自继承开始时发生效力，蔡永父母双双去世后，蔡永即取得遗嘱中房产的所有权，登记与否在所不问（非基于法律行为的物权变动不必以公示为前提），即使尚未完成动产交付或不动产登记，也不妨碍物权之取得，并且，取得物权之人要求得到物权保护的，应予支持，蔡永可以向蔡花行使物权请求权，选项AC不正确，选项D正确。不动产物权权利人请求返还财产的请求权，不受诉讼时效的限制，选项B不正确。

[23]【答案：AD】（1）拾得行为不足以令拾得人取得遗失物的所有权，而负有归还权利人的义务。选项B不正确。（2）权利人领取遗失物时，应当向拾得人或者有关部门支付保管遗失物等支出的必要费用；权利人悬赏寻找遗失物的，领取遗失物时应当按照承诺履行义务。选项AD正确。（3）遗失物自发布招领公告之日起一年内（而不是6个月）无人认领的，归国家所有。选项C不正确。

[24]【答案：ABC】所有权人或者其他权利人有权追回遗失物。该遗失物通过转让被他人占有的，权利人有权向无处分权人请求损害赔偿（选项C），或者自知道或者应当知道受让人之日起二年内向受让人请求返还原物（选项A）；但是受让人通过拍卖或者向具有经营资格的经营者购得该遗失物的，权利人请求返还原物时应当支付受让人所付的费用（选项B）。权利人向受让人支付所付费用后，有权向无处分权人追偿（选项D：甲公司符合善意取得制度的要件，其处分笔记本电脑是有权处分，因而真权利人无权向甲公司追偿）。

第4章

[25]【答案】（1）本题中，王某将朋友托其保管的项链卖给陈某，属于无权处分，但陈某对此并不知情，属于善意买受人，陈某支付了合理的价款且已经取得项链的占有，所以，陈某可依善意取得制度取得项链的所有权。

（2）郑某购买的是陈某的遗失物，陈某可以自知道郑某为买受人之日起2年内要求郑某返还项链。

[26]【答案：C】该幅古董字画是三兄弟共有物，甲无权单独处分，须经全体共有人同意方可，因此甲的处分行为构成无权处分。因丁对此不知情且以合理价格支付，标的物已交付，所以丁符合善意取得的要件，适用善意取得制度，获得了该古董字画的所有权。无论其他共有人是否追认，丁都取得所有权。选项C的表述正确，当选。

[27]【答案：BC】选项A：乙拾得手机后，应当归还甲，甲对遗失物并不丧失所有权。选项B：乙是拾得遗失物之人，并非手机的所有权人，其将手机出让给丙的行为属于无权处分，当选。选项C：所有权人或者其他权利人有权追回遗失物；该遗失物通过转让被他人占有的，权利人有权向无处分权人请求损害赔偿，当选。选项D：所有权人或者其他权利人有权追回遗失物；该遗失物通过转让被他人占有的，权利人有权向无处分权人请求损害赔偿，或者自知道或者应当知道受让人之日起2年内向受让人请求返还原物，但受让人通过拍卖或者向具有经营资格的经营者购得该遗失物的，权利人请求返还原物时应当支付受让人所付的费用。权利人向受让人支付所付费用后，有权向无处分权人追偿，但丙是从乙手中买到的手机，乙并非是具有经营资格的经营者，因此甲有权请求丙返还手机，且不需向丙支付500元。

[28]【答案：ACD】添附是附合、混合与加工的总称。

[29]【答案: ABCD】添附是附合、混合与加工的总称。选项 AB 是附合，选项 C 是混合，选项 D 是加工。

[30]【答案: A】(1) 选项 A：属于混合。(2) 选项 B：属于附合。(3) 选项 C：属于加工。(4) 选项 D：轮胎与车子的分离并不困难，所以不构成附合。

[31]【答案: BD】附合，是指不同所有权人的物因密切结合而形成难以分割的新物，若分割会毁损该物或花费较大，刘某把太湖石砌到了自己家中的电视背景墙的行为是将他人的动产附合于自己的不动产中，难以分割，要么分割会毁损该电视墙，选项 B 正确，选项 AC 不正确。在他人的物上进行劳作或改造，从而使其具有更高价值的活动，称加工，所以李某在王某的汉白玉上进行雕刻并使汉白玉增值，为加工行为，选项 D 正确。

[32]【答案: ×】这种情形是动产附合于不动产而成为不动产不可分割的重要成分，不是加工行为。

[33]【答案: D】(1) 按份共有人对共有的不动产或者动产作重大修缮的、变更性质或者用途的，应当经占份额 2/3 以上的按份共有人同意，但是共有人之间另有约定的除外。陈某占份额为 50%，不能未经张某同意出售、抵押共有物。选项 AC 不正确。(2) 优先购买权以交易为前提。除非按份共有人另有约定，否则共有份额因继承、遗赠等非交易方式发生转让时，其他共有人不得主张优先购买。选项 B 不正确，选项 D 正确。

[34]【答案: AC】(1) 优先购买权需在同等条件下行使。如果按份共有人主张优先购买时，提出减少价款、增加转让人负担等交易条件的实质变更要求，其优先购买权不能得到支持。选项 AD 中，王某和陈某均表示只愿分期付款 30 万元，不构成“同等条件”，因此他们的优先购买权不能得到支持，李某可将其共有份额转让给陈某，选项 A 正确，选项 D 不正确。(2) 两个以上按份共有人主张优先购买且协商不成时，按照转让时各自份额比例行使优先购买权。选项 B 不正确，选项 C 正确。

[35]【答案: C】共有人对共有的不动产或者动产没有约定为按份共有或者共同共有，或者约定不明确的，除共有人具有家庭关系等外，视为按份共有。家庭关系中的共有为共同共有，包括夫妻共同财产、遗产、《农村土地承包法》中的家庭承包财产等，另外，以家庭共有财产投资的个人独资企业中的财产，亦属家庭成员共同共有。

[36]【答案: ABCD】(1) 选项 A：按份共有人对其享有的份额有处分自由，故可自由转让其享有的共有的不动产或者动产份额。(2) 选项 B：两个以上按份共有人主张优先购买且协商不成时，请求按照转让时各自份额比例行使优先购买权的，应予支持。(3) 选项 C：当按份共有人转让其共有份额时，其他共有人在同等条件下享有优先购买的权利，判断是否构成“同等条件”时，应当综合共有份额的转让价格、价款履行方式及期限等因素确定，因此，如果按份共有人主张优先购买时，提出减少价款、增加转让人负担等交易条件的实质变更要求，其优先购买权不能得到支持，因为丙提出分期付款方式履行，而戊是一次付清价款，所以交易条件实质变更。(4) 选项 D：构成优先购买权行使前提的交易须发生在共有人与共有人之外的第三人之间；如果按份共有人之间相互转让共有份额，除非共有人另有约定，否则其他共有人不得主张优先购买。

[37]【答案: BC】(1) 选项 A：构成优先购买权行使前提的交易须发生在共有人与共有人之外的第三人之间；如果按份共有人之间相互转让共有份额，除非共有人另有约定，否则其他共有人不得主张优先购买，表述不正确。(2) 选项 B：因为乙向共有人之外的第三人戊转让合伙份额，所以其

他合伙人在同等条件下享有优先购买权，表述正确，当选。（3）选项C：两个以上按份共有人主张优先购买且协商不成时，请求按照转让时各自份额比例行使优先购买权的，应予支持，因为甲、丙协商各自的购买份额，从其约定，表述正确，当选。（4）选项D：其他按份共有人以优先购买权受到侵害为由，仅请求撤销共有份额转让合同或者认定该合同无效的，不予支持，表述不正确。

[38]【答案：CD】（1）因共有的不动产或者动产产生的债权债务，在对外关系上，共有人享有连带债权、承担连带债务，但是法律另有规定或者第三人知道共有人不具有连带债权债务关系的除外。据此，选项D正确，选项AB不正确。（2）偿还债务超过自己应当承担份额的按份共有人，有权向其他共有人追偿。选项C正确。

[39]【答案：C】因共有的不动产或者动产产生的债权债务，在对外关系上，共有人享有连带债权、承担连带债务，但是法律另有规定或者第三人知道共有人不具有连带债权债务关系的除外。

[40]【答案】

（1）不需要征得甲的同意。乙有权要求甲分担20%的维修费用。

根据民事法律制度的规定，甲、乙二人形成按份共有，按份共有人对共有物作重大修缮的，应当经占份额2/3以上的按份共有人同意，但共有人之间另有约定的除外，本例中，甲、乙二人对此没有另有约定，乙占份额的4/5，大于2/3，故有权单独决定修缮，不必征得甲的同意。对共有物的管理费用以及其他负担，有约定的，按照约定，没有约定或者约定不明确的，按份共有人按照其份额负担，故乙有权要求甲承担与其份额相当即20%的修缮费用。

（2）乙无权拒绝向丙支付全部维修费用。

根据民事法律制度的规定，因共有的动产产生的债权债务，对外关系上，共有人享有连带债权、承担连带债务，但是法律另有规定或者第三人知道共有人不具有连带债权债务关系的除外。

（3）乙的份额转让不需要征得甲的同意。

根据民事法律制度的规定，按份共有人对其享有的份额有处分自由，故可自由转让其享有的共有的不动产或者动产份额，无须征得其他按份共有人同意。

（4）乙在寻找份额买主时要求甲在接到通知之日起15日内决定是否行使优先购买权，不符合法律规定。

根据民事法律制度的规定，优先购买权的行使期间须以同等条件确定为前提，发出的通知应包含同等条件之内容，未确定此内容前，优先购买权的期限不开始起算。

（5）丁取得挖掘机的所有权。

根据民事法律制度的规定，处分共有的不动产或者动产，应当经占份额2/3以上的按份共有人同意，但共有人之间另有约定的除外。乙对挖掘机的处分属于有权处分，且已交付于丁，发生物权转移的效果。

（6）丁有权拒绝戊交出挖掘机的请求。

根据民事法律制度的规定，戊虽为善意相对人，但尚未完成交付，不满足善意取得制度中的交付要件，戊不能取得所有权。丁已自乙处取得所有权，故有权拒绝戊的交付请求。

[41]【答案：BD】共有人对共有的不动产或者动产没有约定为按份共有或者共同共有，或者约定不明确的，除共有人具有家庭关系等外，视为按份共有，选项A表述不正确。虽然共同共有的共有人在共有期间平等地享有权利和承担义务，但“平等”指共有关系存续中共有人的权利义务，而非指

分割时亦须一律平等，选项 C 表述不正确。选项 BD 表述均正确。

[42]【答案: D】业主对建筑物内的住宅、经营性用房等专有部分享有所有权，对专有部分以外的共有部分享有共有和共同管理的权利；业主对共有部分享有共有的权利即为共有权，选项 ABC 表述均正确。建筑物及其附属设施的费用分摊、收益分配等事项，有约定的，按照约定；没有约定或者约定不明确的，按照业主专有部分面积所占比例确定，选项 D 表述不正确，适选。

[43]【答案: ×】建筑区划内的绿地，属于业主共有，但是属于城镇公共绿地或者明示属于个人的除外。

[44]【答案: √】不动产权利人因建造、修缮建筑物以及铺设电线、电缆、水管、暖气和燃气管线等必须利用相邻土地、建筑物的，该土地、建筑物的权利人应当提供必要的便利。

[45]【答案: ACD】相邻关系，性质上属于所有权内容之限制或扩张，实为所有权社会化的具体表现，并不是一种所有权存在的形态，选项 A 正确而选项 B 不正确。因建造建筑物利用邻地的关系，不得影响相邻方通风、采光、日照的关系，以及固体污染物、不可量物不得侵入的相邻关系均属于相邻关系，选项 CD 表述正确。

[46]【答案: ABD】根据《民法典》的规定，用益物权有：土地承包经营权（选项 B）；建设用地使用权（选项 D）；宅基地使用权；居住权；地役权（选项 A）。选项 C 属于担保物权。

[47]【答案: AC】用益物权以对物的使用、收益为其主要内容，并以对物的占有为前提，选项 A 正确。用益物权与担保物权同为限制物权，但用益物权取向于标的物的使用价值，担保物权取向于标的物的交换价值，选项 B 不正确。用益物权是他物权、限制物权、有期限物权，选项 C 正确。用益物权是不动产物权，其标的物只限于不动产，或土地或房屋，选项 D 不正确。

[48]【答案: ACD】耕地的承包期为 30 年，草地的承包期为 30 年至 50 年，林地的承包期为 30 年至 70 年。

[49]【答案: A】（1）林地的承包期为 30 年至 70 年。选项 A 正确。（2）土地承包经营权人依照法律规定，有权将土地承包经营权互换、转让；互换、转让的对象只能是本集体经济组织成员；互换需进行备案，转让需要得到发包方的同意。选项 B 不正确。（3）土地承包经营权自土地承包经营权合同生效时设立。选项 C 不正确。（4）土地承包经营权的内容是权利人在他人土地上为农业性质的耕作、养殖、畜牧等用益。用于旅游度假村的建设不属于农业性质。选项 D 不正确。

[50]【答案: ABD】（1）土地承包经营权人依照法律规定，有权将土地承包经营权互换、转让；互换、转让的对象只能是本集体经济组织成员。据此，选项 A 正确选项 C 不正确。（2）通过招标、拍卖、公开协商等方式取得土地承包经营权的，其客体主要限于“四荒”土地，即荒山、荒沟、荒丘、荒滩，承包人不限于本集体经济组织成员，集体经济组织以外的自然人、法人或其他组织均可取得此类土地的承包经营权。选项 B 正确。（3）土地经营权可以流转，流转受让方须有农业经营能力，但不限于本集体经济组织成员。选项 D 正确。

[51]【答案】王某的诉讼请求不成立。依照物权法律制度的规定，土地承包经营权人有权将属于同一集体经济组织的土地承包经营权互换。互换无须取得发包人同意。本案中，王某与陈某自愿互换了各自承包的耕地，签订了书面合同，属于有效的法律行为，双方均应依照诚实信用原则履行。在陈某不同意的情况下，王某不得强行要求换回自己承包的耕地。

[52]【答案: B】以有偿出让方式取得工业用地建设用地使用权，出让最高年限是 50 年。

[53]【答案：A】建设用地使用权自登记时设立，选项 A 表述正确，当选。以无偿划拨方式取得的建设用地使用权，除法律、行政法规另有规定外，没有使用期限的限制，选项 B 的表述不正确。建设用地使用权转让，须订立书面转让合同，并办理过户的登记，登记是建设用地使用权转让的生效条件，选项 C 的表述不正确。住宅建设用地使用权期限届满的，自动续期；续期费用的缴纳或者减免，依照法律、行政法规的规定办理，而不是所有的建设用地使用权期满都可自动续期，选项 D 的表述不正确。

[54]【答案：B】宅基地使用权可以继承，选项 B 表述不正确。

[55]【答案：√】宅基地使用权原则上禁止流转，即不得买卖、赠与、投资入股、抵押。

[56]【答案：√】设立居住权的，应当向登记机构申请居住权登记；居住权自登记时设立。

[57]【答案：BCD】(1) 当事人设立居住权，应当采用书面形式订立居住权合同，也可以以遗嘱方式设立居住权。选项 A 不正确。(2) 设立居住权的，应当向登记机构申请居住权登记；居住权自登记时设立。选项 B 正确。(3) 居住权无偿设立，但是当事人另有约定的除外。选项 C 正确。(4) 居住权期限届满或者居住权人死亡的，居住权消灭。选项 D 正确。

[58]【答案：A】(1) 当事人设立居住权，应当采用书面形式订立居住权合同，也可以以遗嘱方式设立居住权。选项 A 正确。(2) 居住权不得转让、继承。选项 BD 不正确。(3) 居住权自登记时设立。选项 C 不正确。

[59]【答案：ABC】当事人设立居住权，应当采用书面形式订立居住权合同，也可以以遗嘱方式设立居住权，选项 A 正确。居住权不得转让、继承，选项 B 正确。设立居住权的，应当向登记机构申请居住权登记，居住权自登记时设立，选项 C 正确。设立居住权的住宅不得出租，但是当事人另有约定的除外。

[60]【答案：BCD】设立地役权，当事人应当采用书面形式订立地役权合同，地役权自地役权合同生效时设立，当事人要求登记的，可以向登记机构申请地役权登记；未经登记，不得对抗善意第三人，选项 A 不正确。地役权的期限由当事人约定，但不得超过土地承包经营权、建设用地使用权等用益物权的剩余期限，选项 B 正确。地役权人对供役地的使用应当选择损害最小的地点及方法为之，选项 C 正确。地役权人有权在合同约定的目的范围内使用供役地，选项 D 正确。

[61]【答案：D】ABC 三项，不以登记为生效要件，未经登记，不得对抗善意第三人。选项 D，建设用地使用权自登记时设立。

[62]【答案：AB】抵押权人在债务履行期届满前，与抵押人约定债务人不履行到期债务时抵押财产归债权人所有的，只能依法就抵押财产优先受偿，即：当事人在抵押合同中约定，债务履行期满债权人未受清偿时，抵押物的所有权转移为抵押权人所有的内容无效；该内容的无效不影响抵押合同其他部分内容的效力。

[63]【答案：BCD】债务人或者第三人有权处分的下列财产可以抵押：(1) 建筑物和其他土地附着物；(2) 建设用地使用权；(3) 海域使用权（选项 B）；(4) 生产设备、原材料、半成品、产品；(5) 正在建造的建筑物（选项 D）、船舶（选项 C）、航空器；(6) 交通运输工具；(7) 法律、行政法规未禁止抵押的其他财产。下列财产不得抵押：(1) 土地所有权（选项 A）；(2) 宅基地、自留地、自留山等集体所有的土地使用权，但法律规定可以抵押的除外；(3) 学校、幼儿园、医院等以公益为目的的非营利法人的教育设施、医疗卫生设施和其他公益设施；(4) 所有权、使用权不明或

者有争议的财产;(5)依法被查封、扣押、监管的财产;(6)法律、行政法规规定不得抵押的其他财产。

[64]【答案: A】下列财产不得抵押:(1)土地所有权;(2)宅基地、自留地、自留山等集体所有的土地使用权，但法律规定可以抵押的除外;(3)学校、幼儿园、医疗机构等为公益目的成立的非营利法人的教育设施、医疗卫生设施和其他公益设施;(4)所有权、使用权不明或者有争议的财产;(5)依法被查封、扣押、监管的财产;(6)法律、行政法规规定不得抵押的其他财产。

[65]【答案: BD】根据物权法律制度的规定，债务人或者第三人有权处分的下列财产可以抵押:(1)建筑物和其他土地附着物;(2)建设用地使用权;(3)海域使用权;(4)生产设备、原材料、半成品、产品;(5)正在建造的建筑物、船舶、航空器;(6)交通运输工具;(7)法律、行政法规未禁止抵押的其他财产。选项 AC 属于质押的范围。

[66]【答案: A】根据物权法律制度的规定，不得设立抵押权的财产有:(1)土地所有权;(2)耕地、宅基地、自留地、自留山等集体所有的土地使用权，但法律规定可以抵押的除外;(3)学校、幼儿园、医院等为公益为目的成立的非营利法人的教育设施、医疗卫生设施和其他公益设施;(4)所有权、使用权不明或者有争议的财产;(5)依法被查封、扣押、监管的财产;(6)法律、行政法规规定不得抵押的其他财产。如:以法定程序确认为违法、违章的建筑物抵押的，抵押无效。故选项 A 应选。

[67]【答案】以车辆抵押的，抵押登记不属于抵押权设立的生效要件，但未办理抵押登记的，不能对抗善意第三人。本案中，抵押合同成立生效，抵押权即设立，但抵押未办理登记，不得对抗善意的陈某。因此，王某无权请求法院从陈某处追回吉普车，也就无法优先受偿。

[68]【答案: AB】选项 AB 属于不动产抵押权自登记时设立的情形，当选。选项 C 是合同生效时，设立地役权，是登记对抗。选项 D 是抵押合同生效时设立抵押权，是登记对抗。选项 CD 都不是“公示生效”，所以不选。

[69]【答案: B】根据物权法律制度的规定，建设用地使用权作为抵押物的，抵押权须办理抵押登记才能生效。其它均为抵押权自抵押合同生效时设立的情形。故选项 B 应选。

[70]【答案: ×】根据物权法律制度的规定，以生产设备、原材料、半成品、产品、交通运输工具、正在建造的船舶、正在建造的航空器或其他动产设定抵押，属于以登记为对抗要件的抵押，抵押权自抵押合同生效时设立。

[71]【答案: B】根据物权法律制度的规定，抵押物登记记载的内容与抵押合同约定的内容不一致的，以登记记载的内容为准。本题中，抵押合同中约定的抵押物为 A 房屋，登记的为 B 房屋，因此应 B 房屋为准行使抵押权。

[72]【答案: BD】根据物权法律制度的规定，在抵押物灭失、毁损或者被征用的情况下，抵押权人可以就该抵押物的保险金、赔偿金或者补偿金优先受偿。该轿车因无完全毁损，剩余价值的担保责任依然存在，选项 BD 正确。

[73]【答案: D】订立抵押合同前抵押财产已出租并转移占有的，原租赁关系不受该抵押权的影响。本案中，租赁发生在先，在后抵押不破在先租赁，所以王某无权主张租赁关系终止，因原租赁关系不受抵押权的影响。

[74]【答案】

（1）8 月 19 日抵押权设立。（1 分）

根据规定，以建筑物设立抵押的，抵押权自登记时设立。本题中，2021 年 8 月 19 日，赵某与钱某办理了抵押登记，所以从 8 月 19 日抵押权设立。（1 分）

（2）该约定无效。（1 分）

根据规定，流押条款无效，即抵押权人在债务履行期届满前，不得与抵押人约定"债务人不履行到期债务时，抵押财产归债权人所有。"所以本题中，该条款无效。（1 分）

不予支持。（1 分）

根据规定，抵押期间，抵押人可以转让抵押财产。当事人另有约定的，按照其约定。当事人约定禁止或限制转让抵押财产，该约定未经登记，不得对抗善意第三人，即抵押财产已经交付或者登记，抵押权人请求确认转让不发生物权效力的，法院不予支持。本题中，赵某、钱某约定该套房屋在抵押期间不得转让，但双方未将该约定进行登记，所以不得主张转让不发生物权效力，除非抵押权人有证据证明受让人知道。（1 分）

[75]【答案】

（1）不符合。

根据物权法律制度的规定，债务人不履行到期债务或发生当事人约定的实现抵押权的情形，致使抵押财产被人民法院依法扣押的，自扣押之日起抵押权人有权收取该抵押财产的天然孳息或者法定孳息，但抵押权人未通知应当清偿法定孳息的义务人的除外。

【或答：本题中，丙银行作为抵押权人自法院扣押之日起有权收取租金，且已经通知乙公司。】

（2）有权。

根据规定，订立抵押合同前抵押财产已出租的，原租赁关系不受该抵押权的影响（买卖不破租赁）。

【或答：本题中，先出租后抵押，抵押权实现后，租赁合同对丁公司具有约束力。或答：买卖不破租赁】

[76]【答案：C】抵押权人与抵押人可以协议变更抵押权顺位以及被担保的债权数额等内容；但是，抵押权的变更未经其他抵押权人书面同意的，不得对其他抵押权人产生不利影响。

[77]【答案：AB】抵押人的行为足以使抵押财产价值减少的，抵押权人有权要求抵押人停止其行为，本案中甲怠于行使对丙的返还请求权的行为到底是否属于"导致抵押财产价值减少"的行为，可能存在争议，但从命题的倾向看，"该房屋由于丙的非法居住，难以拍卖"，应认定为此情形，那就会发生保全请求权的问题。作为抵押权人的乙银行，依法有权请求甲行使对丙的返还请求权，以防止抵押财产的减少（选项 A），也可以请求甲将对丙的返还请求权转让给自己，由乙银行出面向丙请求返还（选项 B），并进而行使抵押权。选项 C 表述不正确，因为代位权的前提条件是债务人怠于行使（到期）债权，本案中甲怠于行使的是物权请求权。选项 D 表述不正确，抵押权是变卖抵押物以优先受偿或以抵押物折价清偿债务的权利，其权能不包括直接控制抵押物，也不直接享有抵押物的返还请求权。

[78]【答案：B】除当事人另有约定外，抵押人有权转让抵押物所有权，抵押权的存续也不会因为抵押财产转让而受限制，甲将棉花卖给丙时有处分权，棉花交付，丙合法取得棉花的所有权，选项 A 不正确。虽然乙银行的抵押权不随棉花易主而丧失，但是随着丙将棉花加工成棉布，抵押物棉花

第4章

已不存在，乙银行的抵押权无着附之处，因而随着抵押物的灭失抵押权随之消灭，选项 B 正确。以动产抵押的，不得对抗正常经营活动中已经支付合理对价并取得抵押财产的买受人（无论动产抵押权是否登记均不得对抗买受人），丙为“正常经营活动中已经支付合理对价并取得抵押财产的买受人”，乙银行的损失，丙不负赔偿责任，选项 C 不正确。以动产抵押的，抵押权自抵押合同生效时设立；未经登记，不得对抗善意第三人，棉花为动产，以其为客体的抵押权设立是抵押合同生效时，而非抵押登记时，选项 D 不正确。

[79]【答案：A】动产抵押担保的主债权是抵押物的价款，标的物交付后 10 日内办理抵押登记的，该抵押权人优先于抵押物买受人的其他担保物权人受偿，但是留置权人除外。本题中，王某在 1 月 1 日取得车辆后又相继设立了抵押担保且登记和质押担保且交付，即抵押权和质押权均设立了。但于 1 月 9 日才同主债权人办理抵押登记，如果按照动产抵押“先登记者优先”的原则，则张某的清偿顺序应在李某和吴某之后。但根据超级优先权规定，动产抵押担保的主债权是抵押物的价款，只要是在标的物交付后 10 日内办理抵押登记的，不论办理抵押登记的时间是先于还是后于其他担保物权人，均可优先受让。当然，超级优先权人劣后于留置权人。选项 A 正确。

[80]【答案】本案中，由于乙银行和丙银行的抵押权都经过了登记，而王某的抵押权没有登记，所以，乙银行和丙银行的债权先于王某的受偿。同时，乙银行的抵押权先于丙银行的抵押权登记，因此，乙银行先受偿，接着是丙银行，最后是王某。

[81]【答案：C】浮动抵押权无论是否办理抵押登记，均不得对抗正常经营活动中已支付合理价款并取得抵押财产的买受人。出卖人正常经营活动，是指出卖人的经营活动属于其营业执照明确记载的经营范围，且出卖人持续销售同类商品。本题中，虽然甲公司已将产成品抵押给乙银行，但销售产品是甲公司的正常经营活动，丙公司为已经支付合理价款的善意买受人，因此乙银行的抵押权不得对抗丙公司。

[82]【答案：BD】企业、个体工商户、农业生产经营者可以将现有的以及将有的生产设备、原材料、半成品、产品抵押，债务人不履行到期债务或者发生当事人约定的实现抵押权的情形，债权人有权就抵押财产确定时的动产优先受偿，此乃动产浮动抵押，选项 A 不正确。动产浮动抵押权自抵押合同生效时设立，不登记不得对抗善意第三人，选项 B 正确而选项 C 不正确。动产抵押权设定后，不得对抗在正常经营活动中已支付合理价款并取得抵押财产的买受人，选项 D 正确。

[83]【答案：BD】为担保债务的履行，债务人或者第三人对一定期间内将要连续发生的债权提供担保财产的，债务人不履行到期债务或者发生当事人约定的实现抵押权的情形，抵押权人有权在最高债权额限度内就该担保财产优先受偿，这就是最高额抵押合同，本案中，张某和乙公司签订的就是最高额抵押合同；最高额抵押权设立前已经存在的债权，经当事人同意，可以转入最高额抵押担保的债权范围，300 万债权虽然发生在最高额抵押权设立之前，但经当事人协商，也属于同一抵押物所担保的债权数额，所以债权数额为 400 万元，选项 A 不正确而选项 B 正确。抵押权人应当在主债权诉讼时效期间行使抵押权；未行使的，人民法院不予保护，选项 C 不正确而选项 D 正确。

[84]【答案：AB】动产上既可以设定抵押，也可以设定质押，选项 AB 正确。根据规定，动产质权的设立以交付为生效要件而非登记，选项 C 不正确。以动产设定抵押的，抵押权自抵押合同生效时设立；未经登记，不得对抗第三人，选项 D 不正确。

[85]【答案：BCD】质权人有权收取质押财产的孳息，但合同另有约定的除外；所收取的孳息应当先充抵收取孳息的费用，甲乙并未约定鹦鹉产生的孳息的收取权，所以鹦鹉蛋的收取权归乙，选项 A 表述不正确。质权人负有妥善保管质押财产的义务，因保管不善致使质押财产毁损、灭失的，应当承担赔偿责任，选项 B 表述正确。出质人可以请求质权人在债务履行期届满后及时行使质权；质权人不行使的，出质人可以请求人民法院拍卖、变卖质押财产；出质人请求质权人及时行使质权，因质权人怠于行使权利造成损害的，由质权人承担赔偿责任，选项 C 表述正确。质权人可以放弃质权；债务人以自己的财产出质，质权人放弃该质权的，其他担保人在质权人丧失优先受偿权益的范围内免除担保责任，但其他担保人承诺仍然提供担保的除外，选项 D 正确。

[86]【答案：C】根据物权法律制度的规定，质权自出质人交付质押财产时设立，即动产质权的设立以质物的交付为生效要件。代为占有并未交付质押财产给质权人，故质权未设立。故选项 C 应选。

[87]【答案：A】以应收账款出质的，质权自办理出质登记时设立。

[88]【答案：ABCD】债务人或者第三人有权处分的下列权利可以出质：（1）汇票、本票、支票（选项 A）；（2）债券、存款单（选项 B）；（3）仓单、提单（选项 C）；（4）可以转让的基金份额、股权（选项 D）；（5）可以转让的注册商标专用权、专利权、著作权等知识产权中的财产权；（6）现有的以及将有的应收账款；（7）法律、行政法规规定可以出质的其他财产权利。

[89]【答案：ABD】根据物权法律制度的规定，建设用地使用权属于抵押的财产，不能用于质押。

[90]【答案：C】建筑物和建设用地使用权只能设定抵押，不可被留置（留置物须为动产）。仓单只能设定权利质押，不可以被留置。船舶作为动产，可以抵押也可以被留置。

[91]【答案：AC】此题考查不同担保物权竞合时效力顺序问题。根据《民法典》的规定，同一动产既设立抵押权又设立质权的，拍卖、变卖该财产所得的价款按照登记、交付的时间先后确定清偿顺序。同一动产上已设立抵押权或者质权，该动产又被留置的，留置权人优先受偿。

[92]【答案：C】根据物权法律制度的规定，同一动产上已设立抵押权或者质权，该动产又被留置的，留置权人优先受偿。

[93]【答案：ABCD】抵押权在动产和不动产上均可设立；质权有动产质权和权利质权之分，可以设定在动产之上；留置权设定在动产之上；所有权在动产和不动产上均可设定。选项 ABCD 四项权利均可设定在动产之上。

[94]【答案：CD】（1）同一财产向两个以上债权人抵押的，抵押物拍卖或变卖金额不足以清偿全部抵押债权时，抵押权已登记的先于未登记的受偿。所以李某优先于吴某受偿。选项 A 不正确选项 C 正确。（2）同一动产上已设立抵押权或者质权，该动产又被留置的，留置权人优先受偿；同一财产既设定抵押权又设定质权的，拍卖、变卖该财产所得价款按照登记、交付的时间先后确定清偿顺序。选项 D 正确选项 B 不正确。

[95]【答案：D】同一动产上已设立抵押权或者质权，该动产又被留置的，留置权人优先受偿，同一财产既设定抵押权又设定质权的，拍卖、变卖该财产所得价款按照登记、交付的时间先后确定清偿顺序。丁的留置权最优先，登记的抵押权和质权，按照登记、交付时间的先后，本案中是先登记后质押交付的，所以乙优先于丙，甲的抵押权顺位在最后。

[96]【答案：B】（1）钱某基于质权人的身份占有出质的小汽车，是基于法律上的原因而为的占有，为有权占有。选项 A 正确。（2）林某租赁而来的小汽车，是他主占有而非自主占有，选项 B 不正

确。适选。(3) 赵某未经所有权人陈某同意私自开走小汽车，欠缺法律上原因的占有，其明知无占有的权源而占有，属于恶意占有。选项 C 正确。(4) 孙某将小汽车交付给钱某以设立质权，自己不直接占有小汽车，基于质押法律关系而对事实上占有其物之人有返还请求权，因而对其物有间接控制力，属于间接占有。选项 D 正确。

[97]【答案：√】占有人返还原物的请求权，自侵占发生之日起一年内未行使的，该请求权消灭。

[98]【答案：ACD】王某盗窃项链的目的是取得该项链的所有权，其系以所有的意思为占有，故属于自主占有，非他主占有。所以，选项 B 不正确。

[99]【答案：√】王某对陈某车位的占有，是明知对车位无占有的权源仍为占有，所以为恶意占有。另王某对陈某车位的占有，是欠缺法律上原因的占有，故为无权占有。

第 5 章　合同法律制度

本章内容主要包括合同的订立、合同的效力、合同的履行、合同的保全、合同的变更和转让、合同的消灭、违约责任和主要合同。如图 5-1 所示。

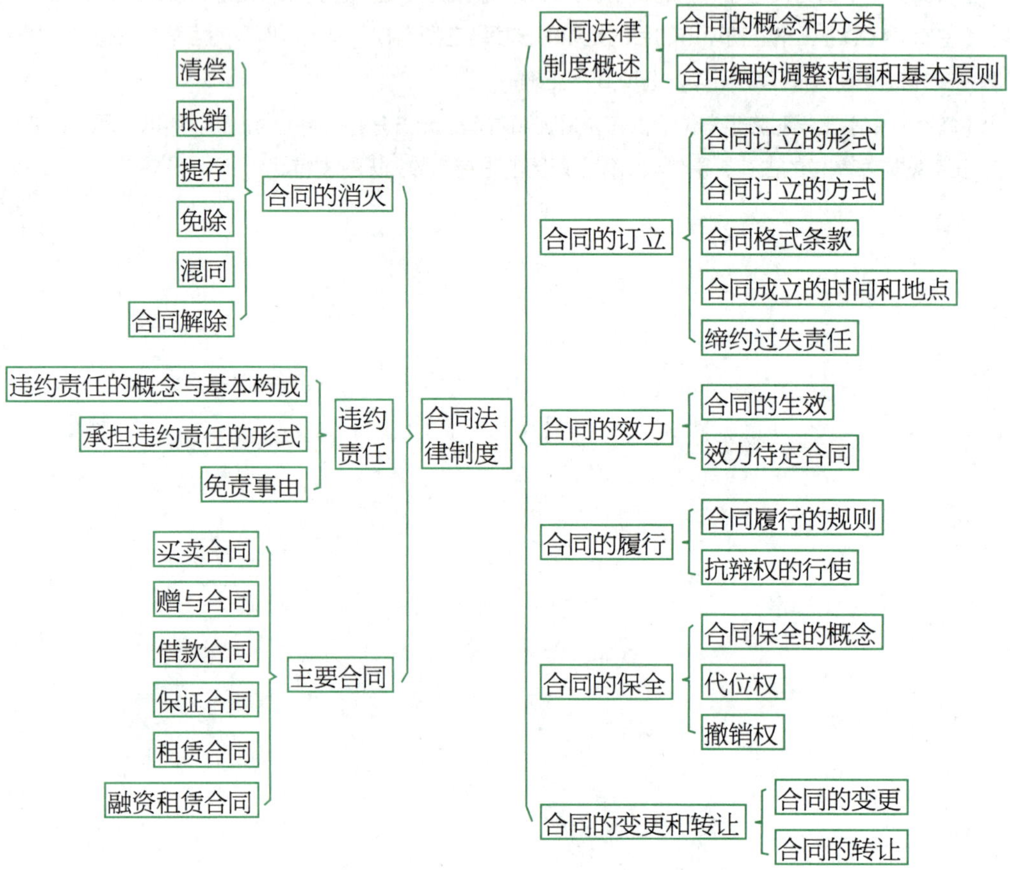

- 合同法律制度
  - 合同法律制度概述
    - 合同的概念和分类
    - 合同编的调整范围和基本原则
  - 合同的订立
    - 合同订立的形式
    - 合同订立的方式
    - 合同格式条款
    - 合同成立的时间和地点
    - 缔约过失责任
  - 合同的效力
    - 合同的生效
    - 效力待定合同
  - 合同的履行
    - 合同履行的规则
    - 抗辩权的行使
  - 合同的保全
    - 合同保全的概念
    - 代位权
    - 撤销权
  - 合同的变更和转让
    - 合同的变更
    - 合同的转让
  - 合同的消灭
    - 清偿
    - 抵销
    - 提存
    - 免除
    - 混同
    - 合同解除
  - 违约责任
    - 违约责任的概念与基本构成
    - 承担违约责任的形式
    - 免责事由
  - 主要合同
    - 买卖合同
    - 赠与合同
    - 借款合同
    - 保证合同
    - 租赁合同
    - 融资租赁合同

图 5–1　第 5 章知识框架图

近三年本章考试题型及分值分布

本章为重点章，占分比重为 17 分左右。本章属于《民法典》合同编的内容。

	2022 年卷 1	2022 年卷 2	2021 年卷 1	2021 年卷 2	2020 年卷 1	2020 年卷 2
单选题	4 题 4 分	4 题 4 分	6 题 6 分	4 题 4 分	4 题 4 分	5 题 5 分
多选题	2 题 4 分	2 题 4 分	3 题 6 分	2 题 4 分	2 题 4 分	2 题 4 分
判断题	1 题 1 分	1 题 1 分	1 题 1 分	1 题 1 分	1 题 1 分	1 题 1 分
简答题	1 题 6 分	—	1 题 6 分	1 题 6 分	—	1 题 6 分
综合题	1 题 4 分	1 题 4 分	—	—	0.5 题 6 分	—
合计	19 分	13 分	19 分	15 分	15 分	16 分

第一节　合同法律制度概述

【本节知识结构图】

合同法律制度概述
- 合同的分类
- 合同法的调整范围

考点 1　合同的分类

【考点母题——万变不离其宗】合同的分类

<table>
<tr><td rowspan="5">有名、无名合同</td><td colspan="3">（1）以法律、法规是否对其名称作出明确规定为标准，可将合同分为（　）。</td></tr>
<tr><td>A. 有名合同</td><td colspan="2">指法律设有详细规范，并赋予一定名称的合同</td></tr>
<tr><td rowspan="3">B. 无名合同</td><td colspan="2">（2）下列关于无名合同的表述中，正确的有（　）。</td></tr>
<tr><td colspan="2">A. 无名合同是指法律尚未特别规定，也未赋予一定名称的合同
B. 当事人之间依合意成立的无名合同，只要不违反法律、行政法规的强制性规范，不违背公序良俗，即属有效
C. 在无名合同不完备而出现纠纷时，应适用《民法典》合同编通则的规定，并可以参照合同编分则或者其他法律最相类似的规定</td></tr>
<tr></tr>
<tr><td rowspan="3">诺成与实践合同</td><td colspan="3">（3）按照除当事人双方意思表示一致外，是否尚需要交付标的物才能成立为标准，可将合同分为（　）。</td></tr>
<tr><td>A. 诺成合同</td><td colspan="2">是指当事人的意思表示一致即成立的合同</td></tr>
<tr><td>B. 实践合同</td><td colspan="2">是指除当事人的意思表示一致以外，尚须交付标的物或完成其他给付才能成立的合同（实践合同的认定限于法律特别规定或当事人约定合同的成立要件包含物的交付）</td></tr>
<tr><td rowspan="3">要式和不要式合同</td><td colspan="3">（4）按照法律、法规或当事人约定是否要求具备特定形式和手续为标准，可将合同分为（　）。</td></tr>
<tr><td>A. 要式合同</td><td>是指法律或当事人要求必须具备一定形式或手续的合同</td><td rowspan="2">【注意】区分的法律意义在于，二者的成立要件不同。要式合同除非采用法律规定或当事人约定的形式，否则不成立；不要式合同的成立则不拘泥于合同的形式。合同以不要式为原则，以要式为例外。</td></tr>
<tr><td>B. 不要式合同</td><td>即法律或当事人不要求必须具备一定形式或手续的合同</td></tr>
</table>

续表

双务与单务合同	(5)按照双方是否互负给付义务为标准，可将合同分为（ ）。		
	A. 双务合同	是双方当事人互负给付义务的合同	
	B. 单务合同	是只有一方当事人负给付义务的合同	
主合同与从合同	(6)以合同相互间的主从关系为标准，可将合同分为（ ）。		
	A. 主合同	凡不以另一合同的存在为前提即能独立存在的合同为主合同	
	B. 从合同	必须以另一合同的存在为前提，自身不能独立存在的合同为从合同	
预约合同与本约合同	(7)按照合同的订立是否以订立另一合同为内容，可以将合同分为（ ）。		
	预约合同	是约定将来订立相关联的另一合同的合同	(8)【判断金句】当事人约定在将来一定期限内订立合同的认购书、订购书、预订书等，构成预约合同。当事人一方不履行预约合同约定的订立合同义务的，对方可以请求其承担预约合同的违约责任。
	本约合同	是履行预约合同而订立的合同	

【考点子题——举一反三，真枪实练】

[1]（历年真题•多选题）下列合同中，属于诺成合同的有（ ）。

A. 赵某与钱某之间的买卖合同　　B. 孙某与李某之间的租赁合同

C. 周某与吴某之间的赠与合同　　D. 郑某与王某之间的借款合同

[2]（经典例题•判断题）预约合同是当事人约定在将来一定期限内订立相关联的另一合同的合同，因此，当事人一方不履行预约合同约定的订立合同义务的，对方不得请求其承担预约合同的违约责任。（ ）

考点2 合同法的调整范围

【考点母题——万变不离其宗】合同法的调整范围

下列关于合同法调整范围的表述中，正确的有（ ）。
A. 平等主体的自然人、法人、非法人组织之间的经济合同关系 B. 在政府机关参与的合同中，政府机关作为平等主体与对方签订合同时，适用合同法的规定 C. 涉及婚姻、收养、监护等有关身份关系的协议，适用该有关身份关系的法律规定；没有规定的，可以根据其性质参照适用合同法的规定 D. 劳动合同的订立、履行、变更、解除或终止，适用《劳动合同法》

【考点子题——举一反三，真枪实练】

[3]（经典例题•判断题）涉及婚姻、收养、监护等有关身份关系的协议，不得适用合同法的规定。（ ）

第二节　合同的订立

【本节知识结构图】

- 合同的订立
  - 合同订立的形式
  - 合同订立的方式
    - 要约
    - 承诺
  - 合同格式条款——《合同法》对格式条款适用的限制
  - 合同成立的时间和地点
    - 合同成立的时间
    - 合同成立的地点
  - 缔约过失责任

考点 3　合同订立的形式

【考点母题——万变不离其宗】合同订立的形式

<table>
<tr><td colspan="3">下列属于合同订立形式的有（　）。</td></tr>
<tr><td>A. 书面形式</td><td colspan="2">指合同书、信件和数据电文（包括电报、电传、传真、电子数据交换和电子邮件）等可以有形地表现所载内容的形式</td></tr>
<tr><td>B. 口头形式</td><td colspan="2">当事人双方就合同内容面对面或以通信设备交谈达成的协议</td></tr>
<tr><td rowspan="2">C. 其他形式</td><td>推定形式</td><td>指当事人没有口头或文字的意思表示，由特定行为间接推知其意思而成立合同</td></tr>
<tr><td>默示形式</td><td>指当事人既未明示其意思，亦不能借由其他事实推知其意思，即当事人单纯沉默
【注意】沉默原则上不具有意思表示价值，除非法律有特别规定或当事人有特别约定。</td></tr>
</table>

考点 4　要约

要约是一方当事人以缔结合同为目的，向对方当事人提出合同条件，希望对方当事人接受的意思表示。发出要约的为要约人，要约所指向的对方为受要约人。

要约邀请是希望他人向自己发出要约的表示。与要约区别：要约是一个一经承诺就成立合同的意思表示；而要约邀请的目的则是邀请他人向自己发出要约，自己如果承诺才成立合同。要约邀请处于合同的准备阶段，没有法律约束力。

【考点母题——万变不离其宗】要约与要约邀请

<table>
<tr><td rowspan="2">要约应具备的条件</td><td>（1）下列关于要约应具备条件的表述中，正确的有（　）。</td></tr>
<tr><td>A. 要约须由要约人向特定相对人作出意思表示
B. 要约的内容必须确定、完整，具有足以使合同成立的条款（包括标的、数量、价格等）
C. 表明经受要约人承诺，要约人即受该意思表示约束</td></tr>
<tr><td rowspan="2">要约邀请</td><td>（2）下列关于要约邀请的表述中，正确的有（　）。</td></tr>
<tr><td>A. 要约邀请是希望他人向自己发出要约的表示
B. 要约邀请处于合同的准备阶段，没有法律约束力
C. 拍卖公告、招标公告、招股说明书、债券募集办法、基金招募说明书、商业广告和宣传、寄送的价目表等为要约邀请；但商业广告和宣传的内容符合要约条件的，构成要约</td></tr>
</table>

【考点子题—举一反三 真枪实练】

［4］（历年真题•单选题）要约邀请是希望他人向自己发出要约的表示。根据《民法典》的规定，下列情形中，不属于发出要约邀请的是（　）。

A. 甲公司向数家贸易公司寄送价目表

B. 乙公司通过报刊发布招标公告

C. 丙公司在其运营中的咖啡自动售货机上载明“每杯一元”

D. 丁公司向社会公众发布招股说明书

［5］（历年真题•单选题）2022 年 4 月 30 日，张某发邮件给李某：“你昨天看中的那台笔记本电脑，8 000 元，是否愿意购买？”5 月 1 日，李某回复邮件：“7 800 元，送货上门。”5 月 2 日，张某回复邮件：“7 600 元，5 月 7 日到我家里取。”5 月 4 日，李某回复邮件：“同意。”张某和李某的下列邮件中，属于要约的是（　）。

A. 4 月 30 日张某发给李某的邮件　　B. 5 月 1 日李某回复张某的邮件

C. 5 月 2 日张某回复李某的邮件　　D. 5 月 4 日李某回复张某的邮件

［6］（历年真题•单选题）梁某在路上遇见同村的丁某，询问丁某是否愿意购买其某辆摩托车，价格 2 000 元，丁某当场未答复。次日，丁某找到梁某表示同意以 2 000 元的价格购买该摩托车，梁某告知丁某该摩托车已卖给邻村的林某。根据《民法典》的规定，丁某表示同意以 2 000 元的价格购买摩托车的意思表示是（　）。

A. 要约邀请　　B. 承诺　　C. 单方法律行为　　D. 要约

【考点母题——万变不离其宗】要约生效时间

<table>
<tr><td rowspan="4">要约生效时间</td><td colspan="2">下列关于要约生效时间的表述中，正确的有（　）。</td></tr>
<tr><td colspan="2">A. 以对话方式作出的要约，自相对人知道其内容时生效</td></tr>
<tr><td>B. 以非对话方式作出的意思表示，自到达受要约人时生效</td><td>要约到达受要约人，并非要约一定实际送达到受要约人或者其代理人手中，要约只要送达到受要约人通常的地址、住所或能够控制的现实或虚拟空间（如信箱或邮箱等）即为送达</td></tr>
<tr><td colspan="2">C. 以非对话方式作出的采用数据电文形式的意思表示，相对人指定特定系统接收数据电文的，该数据电文进入该特定系统时生效；未指定特定系统的，相对人知道或者应当知道该数据电文进入其系统时生效；当事人对采用数据电文形式的意思表示的生效时间另有约定的，按照其约定</td></tr>
</table>

【考点子题—举一反三 真枪实练】

［7］（经典例题 • 单选题）根据《民法典》的规定，下列关于以非对话方式发出要约生效时间的表述中，正确的是（　）。

A. 要约自到达受要约人时生效　　B. 要约只有到达受要约人手中才生效

C. 要约自受要约人知道其内容时生效　　D. 要约自要约人发出要约时生效

［8］（历年真题 • 单选题）3 月 1 日，甲公司经理赵某在产品洽谈会遇见钱某，钱某告知赵某其所在的公司欲出售一批钢材，赵某要求钱某给甲公司发一份书面要约。3 月 2 日，钱某用快递给甲公司发出要约，收件人为赵某。3 月 3 日，快递被送达甲公司传达室。3 月 5 日，赵某出差归来，传达室将快递送给赵某。3 月 6 日，赵某拆阅快递内容。该要约生效的时间是（　）。

A. 3 月 2 日　　B. 3 月 3 日　　C. 3 月 5 日　　D. 3 月 6 日

【考点母题——万变不离其宗】要约的效力、撤回、撤销与失效

<table>
<tr><td rowspan="2">要约效力</td><td>（1）下列关于要约效力的表述中，正确的有（　）。</td></tr>
<tr><td>A. 要约一经生效，要约人即受到要约的约束，不得随意撤销或对要约加以限制、变更和扩张
B. 受要约人在要约生效时即取得承诺的的地位和权利</td></tr>
<tr><td rowspan="2">要约撤回</td><td>（2）下列关于要约（非对话要约）撤回的表述中，正确的有（　）。</td></tr>
<tr><td>A. 要约撤回是指要约在发出后、生效前，要约人使要约不发生法律效力的意思表示
B. 撤回要约的通知应当在要约到达受要约人之前或与要约同时到达受要约人</td></tr>
</table>

续表

<table>
<tr><td rowspan="5">要约撤销</td><td colspan="2">（3）下列关于要约撤销的表述中，正确的有（　）。</td></tr>
<tr><td colspan="2">A. 要约撤销是指要约人在要约生效后、受要约人承诺前，使要约丧失法律效力的意思表示</td></tr>
<tr><td colspan="2">B. 撤销要约的意思表示以对话方式作出的，该意思表示的内容应当在受要约人作出承诺之前为受要约人所知道</td></tr>
<tr><td colspan="2">C. 撤销要约的意思表示以非对话方式作出的，应当在受要约人作出承诺之前到达受要约人</td></tr>
<tr><td>D. 有些要约法律规定不得撤销</td><td>（4）下列属于不得撤销要约情形的有（　）。
A. 要约人确定了承诺期限　B. 要约以其他形式明示要约不可撤销
C. 受要约人有理由认为要约是不可撤销的，并已经为履行合同做了准备工作</td></tr>
<tr><td rowspan="5">要约失效</td><td colspan="2">（5）下列属于要约失效情形的有（　）。</td></tr>
<tr><td colspan="2">A. 要约被拒绝</td></tr>
<tr><td colspan="2">B. 要约被依法撤销</td></tr>
<tr><td colspan="2">C. 承诺期限届满，受要约人未作出承诺</td></tr>
<tr><td>D. 受要约人对要约的内容做出实质性变更</td><td>（6）下列各项中，属于对要约内容做出实质性变更的有（　）。
A. 标的　B. 数量　C. 质量　D. 价款或报酬
E. 履行期限　F. 履行地点和方式
G. 违约责任　H. 解决争议方法</td></tr>
</table>

【考点子题—举一反三，真枪实练】

[9]（历年真题•多选题）甲公司以邮政快递的形式向乙公司发出了一份购买100台空调的书面要约。下列情形中，甲公司不得撤销要约的有（　）。

A. 甲公司的要约已经到达乙公司法定地址，且乙公司尚未作出承诺

B. 甲公司在要约中确定了承诺期限

C. 甲公司在要约中明示要约不可撤销

D. 乙公司有理由认为要约是不可撤销的，且已为履行合同做了合理准备工作

[10]（经典例题•多选题）根据《民法典》的规定，下列各项中，属于要约失效情形的有（　）。

A. 要约被依法撤回

B. 要约被依法撤销

C. 承诺期限届满，受要约人未做出承诺

D. 受要约人对要约内容中的质量条款进行了变更

[11]（历年真题•单选题）根据《民法典》的规定，下列情形中，不属于要约失效原因的是（　）。

A. 受要约人拒绝要约的通知到达要约人

B. 受要约人对要约的内容作出实质性变更

C. 承诺期限届满，受要约人未作出承诺

D. 在受要约人作出承诺后，要约人表示撤销要约

[12]（历年真题•单选题）甲公司于4月1日向乙公司发出订购一批实木沙发的书面要约，要求乙公司于4月8日前答复。4月2日乙公司收到该要约。4月3日，甲公司欲改向丙公司订购实木沙发，遂向乙公司发出撤销要约的信件，该信件于4月4日到达乙公司。4月5日，甲公司收到乙公司的回复，乙公司表示暂无实木沙发，问甲公司是否愿意选购布艺沙发。根据《民法典》的规定，甲公司要约失效的时间是（　）。

A. 4月3日　　B. 4月4日　　C. 4月5日　　D. 4月8日

考点5 承诺

【考点母题——万变不离其宗】承诺

承诺条件	（1）下列关于承诺应当具备条件的表述中，正确的有（　）。
	A. 须由受要约人作出（如由代理人作出承诺，则代理人须有合法的委托手续） B. 须向要约人作出 C. 内容须与要约的内容一致 D. 须在承诺期限内作出并到达要约人
承诺方式	（2）下列关于承诺方式的表述中，正确的有（　）。
	A. 承诺应当以通知的方式（可以是口头或书面的）作出；但是，根据交易习惯或要约表明可以通过行为作出承诺的除外 B. 法律或要约中没有规定必须以书面形式承诺，可以口头形式承诺 C. 要约人在要约中规定承诺需用特定方式的，该方式不为法律所禁止或不属于在客观上不可能，承诺人在作出承诺时须符合要约人规定的承诺方式
承诺期限	（3）下列关于承诺期限及其起算规定的表述中，正确的有（　）。
	A. 承诺应当在要约确定的期限内到达要约人 B. 要约以信件或电报作出的，承诺期限自信件载明的日期或电报交发之日开始计算 C. **信件未载明日期的，自投寄该信件的邮戳日期开始计算** D. 要约以电话、传真、电子邮件等快速通讯方式作出的，承诺期限自要约到达受要约人时开始计算
要约未规定期限时承诺到达的规定	（4）要约没有规定承诺期限时，承诺应当按照特定的期限到达。该特定期限为（　）。
	A. 要约以对话方式作出的，应当即时作出承诺 B. 要约以非对话方式作出的，承诺应当在合理期限内到达

续表

承诺迟到的效力	（5）下列关于承诺迟到效力的表述中，正确的有（　）。
	A. 受要约人超过承诺期限发出承诺的，除要约人及时通知受要约人该承诺有效的以外，为新要约 B. 受要约人在承诺期限内发出承诺，按照通常情形能够及时到达要约人，但因其他原因承诺到达要约人时超过承诺期限的，除要约人及时通知受要约人因承诺超过期限不接受该承诺的以外，该承诺有效
承诺生效	（6）下列关于承诺生效的表述中，正确的有（　）。
	A. 以非对话方式作出的意思表示，到达要约人时生效 B. 承诺不需要通知的，根据交易习惯或者要约的要求作出承诺的行为时生效
承诺撤回	（7）下列关于承诺能否撤回及撤回效力的表述中，正确的有（　）。
	A. 承诺可以撤回 B. 撤回承诺的通知应当在承诺通知到达要约人之前或与承诺通知同时到达要约人（撤回通知先到或与承诺同时到，撤回通知生效）
承诺对要约内容变更的效力	（8）下列关于承诺对要约内容变更效力的表述中，正确的有（　）。
	A. 受要约人对要约的内容作出实质性变更的，为新要约 B. 承诺对要约的内容作出非实质性变更的，除要约人及时表示反对或要约表明承诺不得对要约的内容作出任何变更的以外，该承诺有效，合同的内容以承诺的内容为准

【考点子题—举一反三，真枪实练】

[13]（历年真题•单选题）2012 年 10 月 8 日，甲厂向乙厂发函称其可提供 X 型号设备，请乙厂报价。10 月 10 日乙厂复函表示愿以 5 万元购买一台，甲厂 10 月 12 日复函称每台价格 6 万元，10 月 30 日前回复有效。乙厂于 10 月 19 日复函称愿以 5. 5 万元购买一台，甲厂收到后未作回复。后乙厂反悔，于 10 月 26 日发函称同意甲厂当初 6 万元的报价。下列关于双方往来函件法律性质的表述中，不符合《民法典》规定的是（　）。

A. 甲厂 10 月 8 日的发函为要约邀请　　B. 乙厂 10 月 10 日的复函为要约

C. 甲厂 10 月 12 日的复函为新要约　　D. 乙厂 10 月 26 日的发函为承诺

[14]（历年真题•单选题）陈某在 8 月 1 日向李某发出一份传真，出售螺纹钢材 100 吨，价款 430 万元，合同订立 7 日内一次性付款，如欲购买请在 5 日内回复。李某当日传真回复，表示同意购买，但要求分期付款，陈某未回复。8 月 5 日李某再次给陈某发传真，表示同意按照陈某传真的条件购买，陈某仍未回复。下列关于陈某、李某之间合同成立与否的表述中，符合《民法典》的规定是（　）。

A. 李某的第二次传真回复为新要约，陈某未表示反对，合同成立

B. 李某的两次传真回复，均为新要约，合同不成立

C. 李某的第二次传真回复为承诺，合同成立

D. 李某的第一次传真回复为承诺，合同成立

[15]（经典例题•多选题）甲公司向乙公司发出要约。下列关于甲公司要约失效情形的表述中，符合《民法典》规定的有（ ）。

A. 乙公司未在要约规定的期限内答复

B. 乙公司在回复甲公司的要约时变更了要约的价格条款

C. 甲公司的要约被乙公司拒绝

D. 乙公司对甲公司要约的内容附加了“请寄送样品5份”，甲公司未及时表示反对

[16]（历年真题•单选题）陈某以信件发出要约，信件未载明承诺开始日期，仅规定承诺期限为10天。5月8日，陈某将信件投入信箱；邮局将信件加盖5月9日邮戳发出，5月11日，信件送达受要约人李某的办公室；李某因外出，直至5月15日才知悉信件内容。根据《民法典》的规定，该承诺期限的起算日为（ ）。

A. 5月18日　　B. 5月9日　　C. 5月11日　　D. 5月15日

[17]（经典例题•单选题）2016年7月8日，甲公司向乙公司以信件发出要约，承诺期限为10日。信件载明的日期为7月7日。7月9日，要约到达乙公司。乙公司在7月12日向甲公司以信件发出承诺。但该承诺因快递公司的原因于7月19日到达甲公司。甲公司对此未予理睬。下列关于合同是否成立的表述中，符合《民法典》规定的是（ ）。

A. 合同不成立，因该承诺超过要约确定的有效期限到达

B. 合同成立，因该承诺在要约确定的有效期限内到达

C. 合同不成立，因该承诺超过要约确定的有效期限到达，构成新要约，而甲公司对此未予承诺

D. 合同成立，因该承诺依正常情形能够及时到达甲公司，但因快递公司原因致使承诺超过承诺期限，而甲公司并未及时表示反对，承诺有效

考点6 合同格式条款

格式条款是当事人为了重复使用而预先拟订，并在订立合同时未与对方协商的条款。

【考点母题——万变不离其宗】合同格式条款

提供格式条款一方的义务	（1）下列关于提供格式条款一方义务的表述中，正确的有（ ）。
	A. 应当遵循公平原则确定当事人之间的权利和义务

续表

<table>
<tr><td rowspan="3">提供格式条款一方的义务</td><td rowspan="3">B. 应采取合理的方式提示对方注意免除或限制责任的条款</td><td>（2）下列关于提供格式条款的一方对格式条款中免除或限制其责任的内容，应当认定“采取合理的方式”情形的表述中，正确的有（　）。</td></tr>
<tr><td>A. 在合同订立时采用足以引起对方注意的文字、符号、字体等特别标识，并按照对方的要求对该格式条款予以说明的
B. 提供格式条款一方对已尽合理提示及说明义务承担举证责任</td></tr>
<tr><td>（3）【判断金句】提供格式条款的一方未履行提示或者说明义务，致使对方没有注意或理解与其有重大利害关系的条款，对方可以主张该条款不成为合同的内容。</td></tr>
<tr><td rowspan="2">格式条款无效的情形</td><td colspan="2">（4）下列属于格式条款无效情形的有（　）。</td></tr>
<tr><td colspan="2">A. 提供格式条款一方不合理地免除或减轻其责任、加重对方责任、限制对方主要权利
B. 提供格式条款一方排除对方主要权利
C. 使用格式条款与无民事行为能力人订立合同（无能独）
D. 行为人与相对人以虚假的意思表示实施（通谋假）
E. 恶意串通，损害他人合法权益（恶串损）
F. 违反法律、行政法规的强制性规定或违背公序良俗（违强俗）
G. 造成对方人身伤害的免责条款
H. 因故意或重大过失造成对方财产损失的免责条款</td></tr>
<tr><td rowspan="2">格式条款的解释规则</td><td colspan="2">（5）下列关于格式条款解释规则的表述中，正确的有（　）。</td></tr>
<tr><td colspan="2">A. 对格式条款的理解发生争议的，应当按照通常理解予以解释
B. 对格式条款有两种以上解释的，应当作出不利于提供格式条款一方的解释
C. 格式条款和非格式条款不一致的，应当采用非格式条款</td></tr>
</table>

【考点子题—举一反三，真枪实练】

［18］（历年真题•多选题）根据《民法典》的规定，下列属于合同中无效格式条款的有（　）。

A. 有两种以上解释的格式条款

B. 因重大过失造成对方财产损失免责的格式条款

C. 就内容理解存在争议的格式条款

D. 造成对方人身伤害免责的格式条款

［19］（历年真题•多选题）根据《民法典》的规定，下列关于格式条款的表述中，正确的有（　）。

A. 提供格式条款一方对免除或者限制其责任的内容，应举证其已尽合理提示及说明义务

B. 对格式条款有两种以上解释的，应当作出有利于提供格式条款一方的解释

C. 格式条款和非格式条款不一致的，应当采用格式条款

D. 提供格式条款一方排除合同对方当事人主要权利的，格式条款无效

考点7 合同成立的时间和地点

【考点母题——万变不离其宗】合同成立的时间

合同书形式成立的时间	(1)下列关于采用合同书形式订立合同时合同成立时间的表述中，正确的有（　）。
	A. 当事人采用合同书形式订立合同的，自双方当事人均签名、盖章或按指印时合同成立 B. 在签名、盖章或按指印之前，当事人一方已经履行主要义务且对方接受时，该合同成立
信件、数据电文成立的时间	(2)下列关于采用信件、数据电文等形式订立合同时合同成立时间的表述中，正确的是（　）。
	A. 可以在合同成立之前要求签订确认书，签订确认书时合同成立
互联网网络方式	(3)下列关于当事人一方以互联网等信息网络发布的商品或服务信息符合要约条件的合同成立时间的表述中，正确的是（　）。
	A. 自对方选择该商品或服务并提交订单成功时合同成立，但当事人另有约定的除外
直接对话方式	(4)下列关于以直接对话方式订立合同成立时间的表述中，正确的是（　）。
	A. 承诺人的承诺生效时合同成立
书面形式成立时间	(5)下列关于采用书面形式订立合同时合同成立时间的表述中，正确的是（　）。
	A. 法律、行政法规规定或当事人约定合同应当采用书面形式订立，当事人未采用书面形式但是一方已经履行主要义务，对方接受时，该合同成立
要式合同	(6)下列关于采用要式合同订立合同成立时间的表述中，正确的是（　）。
	A. 以法律、行政法规规定的特殊形式要求完成的时间为合同成立时间

【考点子题—举一反三，真枪实练】

[20]（经典例题•单选题）2016年8月10日，北京的张某与上海的王某拟签订一份书面合同。张某于8月12日按指印后邮寄给王某签字盖章。8月15日王某在收到该合同之前，已按张某的要求履行合同义务。8月16日，张某接受了王某的履行。8月17日，王某签字盖章后寄送张某。根据《民法典》的规定，该合同成立时间为（　）。

A. 8月12日　　B. 8月15日　　C. 8月16日　　D. 8月17日

[21]（经典例题•单选题）甲公司需要一批生产A产品的原材料。7月8日，甲公司向乙公司发出传真，称"本公司欲购贵公司A产品原材料300吨，500元/吨，货到付款，需签书面协议。"7月9日，乙公司传真回复称"我公司仅库存200吨，500元/吨，款到发货。"甲公司未回复。7月12日，乙公司将200吨原材料发给甲公司，甲公司拒绝接受。下列关于甲公司是否有权拒收的表述中，符合《民法典》规定的是（　）。

A. 甲公司有权拒收，因合同未成立

B. 甲公司无权拒收，因甲公司的要约中未规定承诺期限

C. 甲公司无权拒收，因乙公司已经发货给甲公司，表明乙公司同意甲公司货到付款

D. 甲公司无权拒收，因乙公司变更甲公司要约后，甲公司未予回复

[22]（经典例题•单选题）小翠浏览某网站发现该网站平台发布的商品信息显示：某品牌家用煮蛋小电器，价格128元，方便实用。小翠觉得该商品不错，决定购买。网站显示小翠提交订单成功，且小翠按照网站提示支付了货款。双方对合同成立的时间未约定。根据《民法典》的规定，下列关于该买卖合同是否成立及成立时间的表述中，正确的是（　）。

A. 买卖合同已经成立，成立时间为小翠浏览该网站的时间

B. 买卖合同已经成立，成立时间为小翠提交订单成功的时间

C. 买卖合同已经成立，成立时间为小翠付款的时间

D. 买卖合同尚未成立，因商家尚未交货

【考点母题——万变不离其宗】合同成立的地点

下列关于合同成立地点的表述中，正确的有（　）。
A. 承诺生效的地点为合同成立的地点 B. 采用数据电文形式订立合同的，收件人的主营业地为合同成立的地点；没有主营业地的，其住所地为合同成立的地点 C. 当事人采用合同书形式订立合同的，双方当事人签名、盖章或者按指印的地点为合同成立的地点。双方当事人签名、盖章或按指印不在同一地点的，最后签名、盖章或按指印的地点为合同成立的地点 D. 当事人对合同成立的地点另有约定的，按照其约定 E. 采用书面形式订立的合同，合同约定的成立地点与实际签字或盖章地点不符的，应当认定约定的地点为合同成立地点 F. 合同需要完成特殊的约定或法定形式才能成立的，以完成合同约定形式或法定形式的地点为合同成立的地点

【考点子题—举一反三，真枪实练】

[23]（历年真题•单选题）郑某和张某拟订一份书面合同。双方在甲地谈妥合同的主要条款，郑某于乙地在合同上签字，其后，张某于丙地在合同上盖章，合同的履行地为丁地，双方未对合同成立地点进行约定。根据《民法典》的规定，该合同成立的地点是（　）。

A. 甲地　　B. 乙地　　C. 丙地　　D. 丁地

[24]（历年真题•单选题）甲地的陈某与乙地的王某签订购买五吨苹果的合同，约定双方在甲地签字盖章后合同成立。后因陈某恰巧有事去乙地，双方就在乙地签字盖章。根据《民法典》的规定，该合同成立的地点应是（　）。

A. 乙地　　B. 甲地

C. 由王某选择甲地或乙地　　D. 由陈某选择甲地或乙地

[25]（历年真题•单选题）甲公司与乙公司签订一份书面合同，约定："合同履行地点为P市，合同成立地点为Q市。"甲公司在M市签字、盖章后邮寄给乙公司，乙公司在N市签字、盖章后将合同邮寄回甲公司。该合同的成立地点为（　）。

A. M市　　B. N市　　C. P市　　D. Q市

[26]（历年真题•单选题）根据《民法典》的规定，下列关于采用数据电文形式订立合同的表述中，不正确的是（　）。

A. 以电子邮件等数据电文形式订立的合同，属于采用书面形式的合同

B. 对通过电子邮件发出的要约，当事人未约定生效时间的，该要约自电子邮件发出时生效

C. 采用数据电文形式订立合同，收件人没有主营业地的，收件人的住所地为合同成立的地点

D. 当事人采用数据电文形式订立合同，在合同成立前要求签订确认书的，签订确认书时合同成立

考点8　缔约过失责任

缔约过失责任是指当事人在订立合同过程中，因故意或过失致使合同未成立、未生效、被撤销或无效，给他人造成损失应承担的损害赔偿责任。

【考点母题——万变不离其宗】缔约过失责任

<table>
<tr><td rowspan="3">承担缔约过失责任情形</td><td colspan="2">（1）当事人在订立合同过程中有特定情形，给对方造成损失的，应当承担损害赔偿责任。该情形包括（　）。</td></tr>
<tr><td colspan="2">A. 假借订立合同，恶意进行磋商
B. 故意隐瞒与订立合同有关的重要事实或提供虚假情况
C. 有其他违背诚实信用原则的行为</td></tr>
<tr><td colspan="2">（2）【判断金句】当事人在订立合同过程中知悉的商业秘密或者其他应当保密的信息，无论合同是否成立，不得泄露或者不正当地使用；泄露、不正当地使用该商业秘密或者信息，造成对方损失的，应当承担赔偿责任。</td></tr>
<tr><td rowspan="4">缔约过失责任与违约责任的区别</td><td colspan="2">（3）下列关于缔约过失责任与违约责任区别的表述中，正确的有（　）。</td></tr>
<tr><td colspan="2">A. 违约责任产生于合同生效之后，适用于生效合同，赔偿的是可期待利益的损害</td></tr>
<tr><td rowspan="2">B. 缔约过失责任发生在合同成立之前，适用于合同未成立、未生效、无效被撤销等，赔偿的是信赖利益的损失</td><td>（4）下列关于缔约过失责任中信赖利益损失范围及赔偿限度的表述中，正确的有（　）。</td></tr>
<tr><td>A. 包括为订立合同而支出的缔约费用、交通费、鉴定费、咨询费等和丧失订约机会的损失
B. 信赖利益的赔偿不得超过合同有效时相对人所可能得到的履行利益</td></tr>
</table>

【考点子题—举一反三，真枪实练】

［27］（经典例题•单选题）下列关于缔约过失责任的表述中，符合《民法典》规定的是（　）。

A. 缔约过失责任是违约责任的一种

B. 缔约当事人没有过错也可能承担缔约过失责任

C. 故意隐瞒与订立合同有关的重要事实应承担缔约过失责任

D. 违反缔约中的保密义务不承担缔约过失责任

［28］（经典例题•单选题）甲、乙同为儿童玩具生产商。六一节前夕，丙与甲商谈进货事宜。乙知道后向丙提出了更为优惠的条件，并指使丁假借订货与甲接洽，报价高于丙，以阻止甲与丙签约。丙经比较后与乙签约，丁随即终止与甲的谈判，甲因此遭受损失。下列关于甲的损失承担的表述中，正确的是（　）。

A. 乙应向甲承担缔约过失责任

B. 丙应向甲承担缔约过失责任

C. 丁应向甲承担缔约过失责任

D. 乙、丙、丁均无须向甲承担缔约过失责任

第三节 合同的效力

【本节知识结构图】

- 合同的效力
  - 合同的生效——附条件或附期限的合同
  - 效力待定合同
    - 限制民事行为能力人超出自己的行为能力范围订立的合同
    - 行为人没有代理权、超越代理权或代理权终止后以被代理人的名义订立的合同

考点9 合同的生效

【考点母题——万变不离其宗】合同生效时间

下列关于合同生效时间的表述中，正确的有（ ）。
A. 依法成立的合同，原则上自成立时生效 B. 法律、行政法规规定应当办理批准、登记等手续生效的，自批准、登记时生效 C. 当事人对合同的效力可以附条件或附期限 D. 附生效条件的合同，自条件成就时生效（当事人不正当地阻止条件成就的，视为条件已成就） E. 附解除条件的合同，自条件成就时失效（当事人不正当地促成条件成就的，视为条件不成就） F. 附生效期限的合同，自期限届至时生效　　G. 附终止期限的合同，自期限届满时失效

【考点子题—举一反三，真枪实练】

[29]（经典例题·单选题）刘某欠何某100万元货款届期未还且刘某不知所踪。刘某之子小刘为替父还债，与何某签订书面房屋租赁合同，租期9年，并约定："月租金1万元，用租金抵偿货款，如刘某出现并还清货款，本合同终止，双方再行结算。"下列关于房屋租赁合同性质的表述中，符合《民法典》规定的是（ ）。

A. 房屋租赁合同是附生效期限的合同　　B. 房屋租赁合同是附终止期限的合同

C. 房屋租赁合同是附生效条件的合同　　D. 房屋租赁合同是附解除条件的合同

[30]（历年真题·单选题）2022年3月5日，张某与王某签订了一份房屋租赁合同。由于张某的儿子要参加2022年高考，还需继续居住该套房屋，合同约定等2022年高考结束以后，王某即可租住该套房屋，租期5年。该租赁合同的性质是（ ）。

A. 附生效条件的合同　　B. 附解除条件的合同
C. 附生效期限的合同　　D. 附终止期限的合同

考点10 效力待定合同

效力待定合同是指合同订立后尚未生效，须经权利人追认才能生效的合同。追认的意思表示自到达相对人时生效，合同自订立时起生效。

【考点母题——万变不离其宗】效力待定合同

<table>
<tr><td colspan="2">（1）下列属于效力待定合同的有（　）。</td></tr>
<tr><td rowspan="4">A. 限制民事行为能力人超出自己的行为能力范围与他人订立的合同</td><td>（2）下列关于限制民事行为能力人超出自己的行为能力范围订立的效力待定合同如何处理的表述中，正确的有（　）。</td></tr>
<tr><td>A. 此效力待定合同的同意权人是限制民事行为能力人的法定代理人，经法定代理人追认后，该合同自始有效
B. 相对人可催告法定代理人在30日内予以追认
C. 法定代理人未作表示的，视为拒绝追认
D. 合同被追认之前，善意相对人有撤销的权利，善意相对人要撤销其订立合同的意思表示，应当通知限制民事行为能力人的法定代理人</td></tr>
<tr><td>（3）下列属于限制合同行为能力人订立的有效合同有（　）。</td></tr>
<tr><td>A. 纯获利益的合同
B. 与其年龄、智力、精神健康状况相适应的合同</td></tr>
<tr><td rowspan="2">B. 行为人没有代理权、超越代理权或代理权终止后以被代理人名义订立的合同</td><td>（4）下列关于无权代理订立的效力待定合同如何处理的表述中，正确的有（　）。</td></tr>
<tr><td>A. 被代理人是此类效力待定合同的同意权人，未经被代理人追认，对被代理人不发生效力，由行为人承担责任
B. 相对人可以催告被代理人在30日内予以追认，被代理人未作表示的，视为拒绝追认
C. 被代理人已经开始履行合同义务或接受相对人履行的，视为对合同的追认
D. 合同被追认之前，善意相对人有撤销的权利，撤销应当以通知的方式作出
E. 行为人实施的行为未被追认的，善意相对人有权请求行为人履行债务或就其受到的损害请求行为人赔偿，但赔偿的范围不得超过被代理人追认时相对人所能获得的利益
F. 相对人知道或应当知道行为人无权代理的，相对人和行为人按照各自的过错承担责任</td></tr>
</table>

【考点子题—举一反三，真枪实练】

[31]（历年真题·单选题）16岁的小林参加中学生科技创意大赛，其作品“厨房定时器”获得组委会奖励。张某对此非常感兴趣，现场支付给小林5万元，买下该作品的制

作方法。下列关于该合同效力的表述中，符合《民法典》规定的是（ ）。

A. 该合同可撤销，因小林是限制合同行为能力人

B. 该合同无效，因小林是限制合同行为能力人

C. 该合同有效，因该合同对小林而言是纯获利益的

D. 该合同效力待定，因需要由小林的法定代理人决定是否追认

[32]（历年真题•单选题）吴某与考上重点中学的12岁外甥孙某约定，将其收藏的一幅名画赠与孙某，下列关于吴某与孙某之间赠与合同效力的表述中，符合《民法典》规定的是（ ）。

A. 合同效力待定，因为吴某可以随时撤销赠与

B. 合同无效，因为孙某为限制合同行为能力人

C. 合同有效，因为限制合同行为能力人孙某可以签订纯获利益的合同

D. 合同效力待定，孙某的法定代理人有权在30日内追认

[33]（经典例题•单选题）张飞在展销会上看到甲公司展台上有一款进口的食品料理机，想起大哥刘备前几天说想买1台料理机，遂自作主张以刘备的名义向甲公司订购1台该款料理机，约定货到付款。随后，甲公司将料理机快递给刘备，刘备签收付款。根据《民法典》的规定，下列关于刘备与甲公司之间买卖合同效力的表述中，正确的是（ ）。

A. 无效，因张飞未取得刘备的授权

B. 效力待定，因张飞无代理权却以刘备的名义签合同，故合同的效力取决于刘备是否追认

C. 有效，因无权代理人张飞以被代理人刘备的名义订立合同，刘备已经签收付款，视为对合同的追认

D. 可撤销，因张飞擅自以刘备名义订立合同

第四节 合同的履行

【本节知识结构图】

- 合同的履行
  - 合同履行的规则
    - 合同履行的意义
    - 当事人就有关合同内容约定不明确时的履行规则
    - 涉及第三人的合同履行
  - 抗辩权的行使
    - 同时履行抗辩权
    - 后履行抗辩权
    - 不安抗辩权

考点 11 合同履行的规则

【考点母题——万变不离其宗】合同内容条款约定不明的履行规则

合同内容约定不明时确定规则的顺序	（1）下列关于合同内容约定不明时确定履行规则顺序的表述中，正确的是（ ）。
	A. 合同生效后，当事人就质量、价款或报酬、履行地点等内容没有约定或约定不明确的，可以协议补充；不能达成补充协议的，按照合同有关条款或交易习惯确定；仍不能确定的，适用法律规定
质量条款履行不明的规则	（2）下列关于合同质量条款约定不明适用法律规则的表述中，正确的有（ ）。
	A. 质量要求不明确的，按照强制性国家标准履行 B. 没有强制性国家标准的，按照推荐性国家标准履行；没有推荐性国家标准的，按照行业标准履行；没有国家标准、行业标准的，按照通常标准或符合合同目的的特定标准履行
价款或报酬不明的规则	（3）下列关于合同价款或报酬约定不明适用法律规则的表述中，正确的有（ ）。
	A. 按照订立合同时履行地的市场价格履行 B. 依法应当执行政府定价或政府指导价的，按照规定履行
履行地点不明的规则	（4）下列关于合同履行地点约定不明适用法律规定的表述中，正确的有（ ）。
	A. 给付货币的，在接受货币一方所在地履行 B. 交付不动产的，在不动产所在地履行 C. 其他标的在履行义务一方所在地履行
履行期限不明的规则	（5）下列关于合同履行期限约定不明适用法律规则的表述中，正确的是（ ）。
	A. 债务人可以随时履行，债权人也可以随时要求履行，但应当给对方必要的准备时间

续表

履行方式不明的规则	(6) 下列关于合同履行方式约定不明适用法律规则的表述中，正确的是（　）。
	A. 按照有利于实现合同目的的方式履行
履行费用负担不明的规则	(7) 下列关于合同履行费用负担约定不明适用法律规则的表述中，正确的是（　）。
	A. 由履行义务一方负担；因债权人原因增加的履行费用，由债权人负担
(8)【判断金句】债权人可以拒绝债务人提前履行债务，但是提前履行不损害债权人利益的除外。债务人提前履行债务给债权人增加的费用，由债务人负担。	
(9)【判断金句】债权人可以拒绝债务人部分履行债务，但是部分履行不损害债权人利益的除外。债务人部分履行债务给债权人增加的费用，由债务人负担。	

【考点子题—举一反三，真枪实练】

[34]（历年真题•多选题）X 市甲厂因购买 Y 市乙公司的一批木材与乙公司签订了一份买卖合同，但合同中未约定交货地与付款地，双方就此未达成补充协议，按照合同有关条款或者交易习惯也不能确定。根据《民法典》的规定，下列关于交货地及付款地的表述中，正确的有（　）。

A. X 市为交货地　B. Y 市为交货地　C. X 市为付款地　D. Y 市为付款地

[35]（历年真题•单选题）地处江南甲地的陈某向地处江北乙地的王某购买五吨苹果，约定江边交货，后双方就交货地点应在甲地的江边还是乙地的江边发生了争议，无法达成一致意见，且按合同有关条款或者交易习惯无法确定。根据《民法典》的规定，苹果的交付地点应是（　）。

A. 乙地的江边　　B. 由陈某选择甲地或者乙地的江边

C. 由王某选择甲地或者乙地的江边　　D. 甲地的江边

[36]（历年真题•多选题）根据《民法典》的规定，当事人就有关合同内容约定不明确的，可以补充协议，不能达成补充协议的，按照合同有关条款或交易习惯确定，仍不能确定的，适用法定规则。下列关于该法定规则的表述中，正确的有（　）。

A. 履行期限不明确的，债务人可以随时履行，但债权人不可以随时要求履行

B. 履行费用的负担不明确的，由权利人负担

C. 履行地点不明确的，给付货币的，在接受货币一方所在地履行

D. 履行方式不明确的，按照有利于实现合同目的的方式履行

[37]（历年真题•单选题）根据《民法典》的规定，当事人就有关合同内容约定不明确的，可以协议补充，不能达成补充协议的，按照合同有关条款或者交易习惯确定，仍不能确定的，适用法定规则。下列关于该法定规则的表述中，正确的是（　）。

A. 价款或者报酬约定不明确的，按照履行合同履行地的市场价格履行

B. 履行费用的负担不明确的，由接受履行一方承担

C. 履行方式不明确的，按照有利于实现合同目的的方式履行

D. 履行地点约定不明确，给付货币的，在支付货币一方所在地履行

考点 12 涉及第三人的合同履行

（1）向第三人履行的合同：指双方当事人约定，由债务人向第三人履行债务的合同。

（2）由第三人履行的合同：双方当事人约定债务由第三人履行的合同，该债务履行的约定必须征得第三人同意。该合同以债权人、债务人为合同当事人，第三人不是合同当事人。

<table>
<tr><td rowspan="5">向第三人履行合同的效力</td><td colspan="2">（1）下列关于向第三人履行合同法律效力的表述中，正确的有（　）。</td></tr>
<tr><td>A. 当事人约定由债务人向第三人履行债务，债务人未向第三人履行债务或履行债务不符合约定的</td><td>债务人向债权人承担违约责任</td></tr>
<tr><td>B. 法律规定或当事人约定第三人可以直接请求债务人向其履行债务，第三人表示接受该权利或未在合理期限内明确拒绝，债务人未向第三人履行债务或履行债务不符合约定的</td><td rowspan="2">第三人可请求债务人承担违约责任</td></tr>
<tr><td>C. 债务人对于合同债权人可行使的一切抗辩权，对该第三人均可行使</td></tr>
<tr><td colspan="2">D. 因向第三人履行债务增加的费用，除双方当事人另有约定外，由债权人负担</td></tr>
<tr><td rowspan="2">由第三人履行的合同的效力</td><td colspan="2">（2）下列关于由第三人履行合同法律效力的表述中，正确的有（　）。</td></tr>
<tr><td colspan="2">A. 第三人不履行债务或履行债务不符合约定的，债务人应当向债权人承担违约责任
B. 第三人向债权人履行债务所增加的费用，除合同另有约定外，一般由债务人承担</td></tr>
</table>

【考点子题—举一反三，真枪实练】

[38]（历年真题•单选题）王某向张某购买一台电脑，与张某约定一个月后由李某支付电脑价款。一个月后，李某未支付电脑价款。下列关于张某请求承担违约责任的表述中，正确的是（　）。

A. 请求王某或李某承担　　B. 请求李某承担

C. 请求王某承担　　D. 请求王某和李某共同承担

[39]（经典例题•单选题）小翠向小花购买一台电脑，与小花约定一个月后向二小交货，且二小可以直接请求小花交货。二小对此明确表示接受。后小翠向小花付款。但交

货期限届满时，二小未收到电脑。根据《民法典》的规定，下列关于二小能否请求小花承担违约责任的表述中，正确的是（ ）。

A. 不能请求，因二小不是合同当事人

B. 不能请求，因二小未付款

C. 能请求，因二小未收到电脑

D. 能请求，因合同约定二小可以直接请求小花交货，且二小表示接受该权利

考点13 抗辩权的行使

（一）同时履行抗辩权

同时履行抗辩权是指无给付先后顺序的双务合同当事人一方在他方当事人未为对待给付前，有拒绝自己给付的抗辩权。

【考点母题——万变不离其宗】同时履行抗辩权

条件	（1）下列关于同时履行抗辩权行使条件的表述中，正确的有（ ）。
	A. 双方因同一双务合同互负债务 B. 双方债务已届清偿期 C. 行使抗辩权之当事人无先为给付义务（双方互负债务无先后履行顺序） D. 须对方当事人未履行或未适当履行合同债务
	（2）【判断金句】对方当事人部分履行对另一方无意义时，另一方得行使同时履行抗辩权请求对方当事人全部履行；部分履行不损害债权的，另一方仅得就未履行的部分行使同时履行抗辩权。
	（3）【判断金句】对方当事人未履行或未适当履行的债务应与抗辩权人抗辩同时履行的债务具有给 付与对待给付的对价关系，若对方当事人未履行或未适当履行合同附随义务或无对价关系的从属义务，则不得主张给付义务的同时履行抗辩。
效力	（4）下列关于同时履行抗辩权效力的表述中，正确的有（ ）。
	A. 暂时阻止对方当事人请求权的行使，不是终止合同 B. 当对方当事人完全履行了合同义务，主张抗辩权的当事人应当履行自己的义务 C. 当事人因行使同时履行抗辩权致使合同迟延履行的，迟延履行责任由对方当事人承担

【考点子题—举一反三，真枪实练】

[40]（历年真题·多选题）根据合同法律制度的规定，下列关于行使同时履行抗辩权必须具备条件的表述中，正确的有（ ）。

A. 双方因同一双务合同互负债务

B. 双方债务已届清偿期

C. 行使抗辩权的当事人负有先为给付义务

D. 对方当事人未履行或未适当履行合同债务

（二）后履行抗辩权

后履行抗辩权是指合同当事人互负债务，有先后履行顺序，先履行一方未履行的，后履行一方有权拒绝其履行要求。先履行一方履行债务不符合约定的，后履行一方有权拒绝其相应的履行要求。

【考点母题——万变不离其宗】后履行抗辩权

<table>
<tr><td rowspan="2">条件</td><td>（1）下列关于后履行抗辩权行使条件的表述中，正确的有（　）。</td></tr>
<tr><td>A. 当事人基于同一双务合同，互负债务　　B. 当事人的履行有先后顺序
C. 应当先履行的当事人不履行合同或不适当履行合同
D. 后履行抗辩权的行使人是履行义务顺序在后的一方当事人</td></tr>
<tr><td rowspan="2">效力</td><td>（2）下列关于后履行抗辩权效力的表述中，正确的有（　）。</td></tr>
<tr><td>A. 暂时阻止对方当事人请求权的行使，不是终止合同
B. 先履行一方当事人如完全履行了合同义务，后履行抗辩权消灭，后履行当事人应按照合同约定履行自己的义务</td></tr>
</table>

（三）不安抗辩权

不安抗辩权又称先履行抗辩权，是指当事人互负债务，有先后履行顺序的，先履行的一方有确切证据证明另一方丧失履行债务能力时，在对方没有履行或没有提供担保之前，有拒绝自己履行的权利。

【考点母题——万变不离其宗】不安抗辩权

<table>
<tr><td rowspan="2">行使条件</td><td>（1）下列关于不安抗辩权行使条件的表述中，正确的有（　）。</td></tr>
<tr><td>A. 当事人基于同一双务合同，互负债务　B. 当事人的履行有先后顺序
C. 不安抗辩权的行使人是履行义务顺序在先的一方当事人
D. 后履行合同的一方当事人有丧失或可能丧失履行债务能力的情形
E. 后履行合同的一方当事人未履行或提供担保</td></tr>
<tr><td colspan="2">【注意】先履行合同义务的当事人应当有证据证明对方不能履行合同或者有不能履行合同的可能性；没有确切证据而行使不安抗辩权，造成对方损失的，应承担违约责任。</td></tr>
</table>

续表

适用情形	（2）下列属于不安抗辩权适用情形的有（　）。
	A. 经营状况严重恶化　B. 转移财产、抽逃资金，以逃避债务 C. 丧失商业信誉　D. 丧失或可能丧失履行债务能力的其他情形
效力	（3）下列关于不安抗辩权效力的表述中，正确的有（　）。
	A. 应当先履行债务的当事人有权中止先为履行，并及时通知对方，对方可提供担保 B. 对方恢复了履行能力或提供了相应的担保后，中止履行合同的一方应恢复合同的履行 C. 中止履行合同后，如果对方在合理期限内未恢复履行能力并且未提供适当担保的，视为以自己的行为表明不履行主要债务，中止履行合同的一方可以解除合同并可以请求对方承担违约责任

【考点子题—举一反三，真枪实练】

[41]（历年真题•单选题）甲公司与乙公司签订买卖合同，约定甲公司先交货。交货前夕，甲公司有确切证据证明乙公司负债严重，不能按时支付货款。甲公司遂决定中止交货，并及时通知乙公司。甲公司的行为是（　）。

A. 违约行为　　B. 行使先诉抗辩权的行为

C. 行使同时履行抗辩权的行为　　D. 行使不安抗辩权的行为

[42]（历年真题•多选题）根据《民法典》的规定，应当先履行债务的合同当事人，有确切证据证明对方当事人具有的下列情形中，可以行使不安抗辩权的有（　）。

A. 转移财产、抽逃资金，以逃避债务　　B. 丧失商业信誉

C. 经营状况严重恶化　　D. 变更经营方式

第五节　合同的保全

【本节知识结构图】

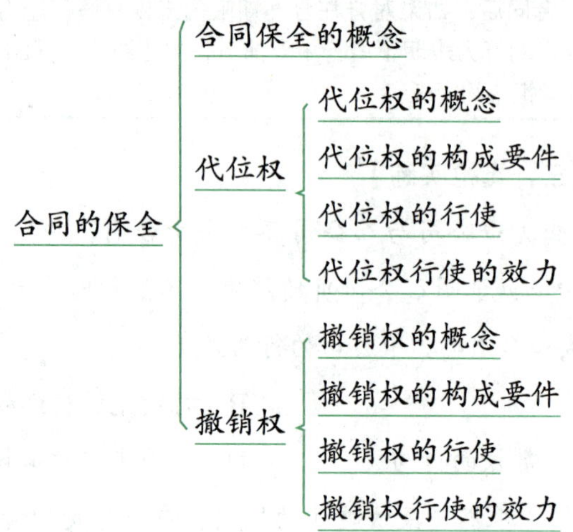

合同的保全

一、代位权

代位权：因债务人怠于行使其对第三人（次债务人）享有的到期债权或者与该债权有关的从权利，危及债权人债权的实现时，债权人以自己的名义可以向人民法院请求代位行使债务人对次债务人的权利，但是该债权专属于债务人自身的除外。

【考点母题——万变不离其宗】代位权

构成要件	（1）下列关于代位权构成要件的表述中，正确的有（　）。
	A. 债务人对第三人享有合法债权或与该债权有关的从权利
	B. 债务人怠于行使其债权（债务人已经行使了权利，即使结果不如意，债权人也不能行使代位权）
	C. 因债务人怠于行使权利有害于债权人的债权（即不以诉讼方式或仲裁方式主张债权，致使债权人到期债权不能实现）
	D. 债务人的债务已到期（债务人对债权人负担的债务已陷于迟延履行）

续表

构成要件	E. 债务人的债权不是专属于债务人自身的债权	（2）下列专属于债务人自身债权的有（　）。 A. 基于扶养关系、抚养关系、赡养关系、继承关系产生的给付请求权 B. 劳动报酬、退休金、养老金、抚恤金、安置费、人寿保险、人身伤害赔偿请求权等权利
期前代位权行使的情形	（3）【判断金句】债权人的债权到期前，债务人的债权或与该债权有关的从权利的诉讼时效即将届满或者未及时申报破产债权等情形，**影响**债权人的债权实现的，债权人可以代位向债务人的相对人（次债务人）请求其向债务人履行（入库规则）、向破产管理人申报或作出其他必要的行为。	
行使	（4）下列关于代位权行使的表述中，正确的有（　）。 A. 债权人须**以自己的名义通过诉讼的形式**行使代位权（以次债务人为被告提起代位权诉讼，未将债务人列为第三人的，法院可追加债务人为第三人） B. 代位权的行使范围以债权人的到期债权为限 C. 次债务人对债务人的抗辩，可以向债权人主张	
行使的效力	（5）下列关于代位权行使效力的表述中，正确的有（　）。 A. 代位权诉讼由债权人向次债务人提起，法院认定代位权成立的，由**次债务人向债权人履行**清偿义务，债权人接受履行后，债权人与债务人、债务人与次债务人之间相应的债权债务关系即予消灭 B. 债权人行使代位权的**必要费用**，由**债务人负担** C. 代位权诉讼中，债权人胜诉的，诉讼费由次债务人负担，从实现的债权中优先支付	

【考点子题一举一反三，真枪实练】

[43]（经典例题•单选题）下列关于代位权行使条件及效力的表述中，符合《民法典》规定的是（　）。

A. 债务人以明显不合理低价转让财产，对债权人造成损害，且受让人知道或应当知道该情形

B. 债权人行使代位权应该以债务人的名义进行

C. 人民法院认定代位权成立的，由次债务人直接向债权人履行清偿义务

D. 债权人行使代位权的必要费用由自己承担

[44]（历年真题•多选题）甲对乙享有50 000元债权，已到清偿期限，但乙一直宣称无能力清偿欠款。甲调查发现，乙因提供劳务对丁享有劳动报酬7 000元的债权，戊因赌博欠乙8 000元；另外，乙在半年前发生交通事故，因事故中的人身伤害对丙享有10 000元债权，因事故中的财产损失对丙享有5 000元债权。乙无其他可供执行的财产，乙对其享有的债权都怠于行使。根据《民法典》的规定，下列各项中，甲不可以代位行使的债权有（　）。

A. 乙对丁的7 000元债权　　B. 乙对戊的8 000元债权

C. 乙对丙的10 000债权　　D. 乙对丙的5 000元债权

[45]（历年真题•单选题）根据合同法律制度的规定，下列债务人对第三人的到期债权中，债务人的债权人不得主张行使代位权的有（　）。

A. 基于抚养关系产生的给付请求权　　B. 基于人身伤害产生的赔偿请求权

C. 基于劳动报酬产生的请求权　　D. 基于借款合同产生的债权请求权

[46]（历年真题•单选题）赵某对钱某享有200万元的到期债权。钱某对孙某享有300万元的到期债权却怠于行使，危及赵某债权的实现。赵某为了保障自己的债权，拟向人民法院提起诉讼，请求行使代位权。赵某在起草起诉书时，拟定的下列四种方案中，符合法律规定的是（　）。

A. 以自己的名义请求孙某清偿200万元　B. 以自己的名义请求孙某清偿300万元

C. 以钱某的名义请求孙某清偿200万元　D. 以钱某的名义请求孙某清偿300万元

[47]（经典例题•判断题）债权人的债权到期前，债务人的债权的诉讼时效即将届满，影响债权人的债权实现的，债权人可以代位向次债务人请求其向自己履行。（　）

二、撤销权

撤销权是指债务人实施了减少财产或增加财产负担的行为并危及到债权人的债权实现

时，债权人可以请求人民法院撤销债务人行为的权利。

【考点母题——万变不离其宗】撤销权

<table>
<tr><td rowspan="2">构成要件</td><td colspan="3">（1）下列关于撤销权构成要件的表述中，正确的有（　）。</td></tr>
<tr><td colspan="3">A. 债权人对债务人享有有效的债权</td></tr>
<tr><td rowspan="9">构成要件</td><td rowspan="6">B. 债务人实施了处分其财产的行为（减少财产或增加财产负担的行为）</td><td colspan="2">（2）债务人处分财产（减少财产）的行为包括（　）。</td></tr>
<tr><td colspan="2">A. 放弃到期债权</td></tr>
<tr><td colspan="2">B. 无偿转让财产</td></tr>
<tr><td rowspan="2">C. 以明显不合理低价转让或明显不合理高价受让财产</td><td>转让价格达不到交易时交易地的指导价或市场交易价 70% 的，可以视为明显不合理的低价</td></tr>
<tr><td>对转让价格高于当地指导价或市场交易价 30% 的，可以视为明显不合理的高价</td></tr>
<tr><td colspan="2">D. 债务人放弃其未到期的债权或放弃债权担保，或恶意延长到期债权的履行期或为他人的债务提供担保</td></tr>
<tr><td colspan="3">C. 债务人处分其财产的行为有害于债权人债权的实现（若实施减少财产或增加财产负担的处分行为但不影响其清偿债务，债权人不得行使撤销权）</td></tr>
<tr><td rowspan="2">D. 第三人主观要件</td><td colspan="2">对债务人有偿转让财产、受让财产或为他人债务提供担保的行为，债权人行使撤销权须以第三人的恶意（即受让人知道或应当知道）为要件</td></tr>
<tr><td colspan="2">债务人放弃债权，无偿转让财产等无偿行为，无论第三人是否恶意，债权人均可请求撤销</td></tr>
<tr><td rowspan="7">撤销权的行使及效力</td><td colspan="3">（3）下列关于撤销权行使及效力的表述中，正确的有（　）。</td></tr>
<tr><td>A. 应以自己的名义向被告住所地法院提起撤销权诉讼</td><td colspan="2">债权人提起诉讼时，应以债务人为被告，将受益人或受让人列为第三人。债权人未将受益人或受让人列为第三人的，受理法院可以将受益人或受让人追加为第三人。两个或两个以上的债权人以同一债务人为被告，就同一标的提起撤销权诉讼的，法院可以合并审理</td></tr>
<tr><td colspan="3">B. 撤销权的行使范围以债权人的债权为限</td></tr>
<tr><td colspan="3">C. 债权人行使撤销权所支付的律师费、差旅费等必要费用，由债务人承担</td></tr>
<tr><td colspan="3">D. 债务人与第三人的行为被撤销的，其行为自始无效，第三人应向债务人返还财产或折价赔偿</td></tr>
<tr><td colspan="3">E. 第三人返还或折价补偿的财产构成债务人全部财产的一部分，债权人对于撤销权行使的结果并无优先受偿的权利</td></tr>
<tr><td rowspan="2">撤销权行使的时间</td><td colspan="3">（4）债权人的撤销权自一定期间未行使将会导致撤销权消灭。该特定期间包括（　）。</td></tr>
<tr><td colspan="3">A. 自债权人知道或者应当知道撤销事由之日起 1 年内
B. 自债务人的行为发生之日起 5 年内</td></tr>
</table>

【考点子题—举一反三，真枪实练】

[48]（历年真题•单选题）2020 年，甲公司向乙银行借款 20 万元，借款期限为 2 年。借款期满后，甲公司无力偿还借款本息，此时甲公司对丙公司享有到期债权 10 万元，明确表示放弃。乙银行拟行使撤销权。下列关于乙银行行使撤销权的表述中，符合《民法典》规定的是（　）。

A. 乙银行可以直接以甲公司的名义行使对丙公司的债权

B. 乙银行行使撤销权应取得甲公司的同意

C. 乙银行应自行承担行使撤销权所支出的必要费用

D. 乙银行必须通过诉讼方式行使撤销权

[49]（历年真题•单选题）甲公司欠乙公司 30 万元货款，一直无力偿付。现与甲公司有关联关系的丙公司欠甲公司 20 万元且已到期，但甲公司明示放弃对丙公司的债权。对于甲公司放弃债权的行为，乙公司拟行使撤销权的下列表述中，正确的是（　）。

A. 乙公司可以请求人民法院判令丙公司偿还乙公司 20 万元

B. 乙公司可以请求人民法院撤销甲公司放弃债权的行为

C. 乙公司行使撤销权的必要费用应由其自行承担

D. 乙公司应在知道或应当知道甲公司放弃债权的 2 年内行使撤销权

[50]（历年真题•单选题）根据《民法典》的规定，下列关于合同保全制度中撤销权行使的表述中，不正确的是（　）。

A. 债权人应以自己的名义行使撤销权

B. 债权人行使撤销权的必要费用，由债权人负担

C. 撤销权的行使范围以债权人的债权为限

D. 自债务人行为发生之日起 5 年内没有行使撤销权的，撤销权消灭

[51]（经典例题•多选题）根据《民法典》的规定，下列属于影响债权人债权实现的债务人不当行为中，债权人无需考虑债务人的相对人知道与否即可请求法院予以撤销的情形有（　）。

A. 债务人放弃其债权担保

B. 债务人以明显不合理的高价受让他人财产

C. 债务人无偿转让财产

D. 债务人以明显不合理低价转让财产

第六节　合同的变更和转让

【本节知识结构图】

- 合同的变更和转让
  - 合同的变更
    - 合同变更的要件
    - 合同变更的形式和程序
  - 合同的转让
    - 合同权利转让
    - 合同义务转移
    - 合同权利义务一并转让
    - 法人或其他组织合并或分立后债权债务关系的处理

考点 15　合同的变更

合同的变更仅指合同内容的变更。是指当事人双方根据客观情况的变化，依照法律规定的条件和程序，经协商一致，对原合同内容进行修改、补充和完善。合同的变更是在合同的主体不改变的前提下对合同内容的变更，合同性质并不改变。

【考点母题——万变不离其宗】合同变更的效力

下列关于合同变更效力的表述中，正确的有（　）。
A. 合同变更后，变更后的内容就取代了原合同的内容，合同各方当事人均应受变更后的合同的约束 B. 当事人对合同变更的内容约定不明确的，推定为未变更 C. 合同变更的效力原则上仅对未履行的部分有效，对已履行的部分没有溯及力，但法律另有规定或当事人另有约定的除外

考点 16　合同的转让

（一）合同权利的转让

【考点母题——万变不离其宗】合同权利的转让

（1）下列关于合同权利转让条件的表述中，正确的有（　）。
A. 须存在有效的合同

续表

<table>
<tr><td rowspan="6">B. 合同权利具有可转让性</td><td colspan="2">（2）下列情形中，属于债权人不得转让合同权利的有（　）。</td></tr>
<tr><td rowspan="3">A. 根据合同性质不得转让</td><td>基于当事人之间信任关系而发生的债权</td></tr>
<tr><td>合同内容中包括了针对特定当事人的不作为义务</td></tr>
<tr><td>因债权目的的达成须对特定债权人为给付之债权（如扶养请求权、抚慰金请求权）</td></tr>
<tr><td colspan="2">B. 根据当事人约定不得转让（非金钱债权不得转让，此种约定不得对抗善意第三人；当事人约定金钱债权不得转让的，不得对抗第三人）</td></tr>
<tr><td colspan="2">C. 根据法律规定不得转让</td></tr>
<tr><td colspan="3">C. 当事人之间订立合同权利转让的协议</td></tr>
<tr><td colspan="3">（3）下列关于合同权利转让通知效力的表述中，正确的有（　）。</td></tr>
<tr><td colspan="3">A. 债权人转让权利无须经债务人同意，但应当通知债务人
B. 未经通知，该转让对债务人不发生效力
C. 债务人接到债权转让通知后，债权让与行为对债务人就生效，债务人应对受让人履行义务</td></tr>
<tr><td colspan="3">（4）下列关于合同权利转让效力的表述中，正确的有（　）。</td></tr>
<tr><td colspan="3">A. 合同权利全部转让的，原合同关系消灭，受让人取代原债权人地位，成为新的债权人；部分转让的，受让人作为第三人加入到合同关系中，与原债权人共同享有债权</td></tr>
<tr><td colspan="3">B. 债权人转让主权利时，附属于主权利的从权利也一并转让，受让人在取得债权时，也取得与债权有关的从权利，但该从权利专属于债权人自身的除外，受让人取得从权利不因该从权利未办理转移登记手续或未转移占有而受到影响</td></tr>
<tr><td colspan="3">C. 债务人接到债权转让通知时，债务人对让与人的抗辩，可以向受让人主张（如权利无效、权利已过诉讼时效等）</td></tr>
<tr><td colspan="2" rowspan="2">D. 债务人接到债权转让通知时，债务人可以在特定情形下向受让人主张抵销</td><td>债务人对让与人享有债权，且债务人的债权先于转让的债权到期或同时到期的</td></tr>
<tr><td>债务人的债权与转让的债权是基于同一合同产生的</td></tr>
<tr><td colspan="3">E. 因债权转让增加的履行费用，由让与人负担</td></tr>
</table>

【考点子题—举一反三，真枪实练】

［52］（历年真题·单选题）陈某向李某购买一批水泥，价款为10万元。合同履行前，李某未经陈某的同意，将价款债权转让给王某，并通知陈某直接向王某付款。陈某与李某未约定合同权利不得转让。下列关于李某转让行为效力的表述中，符合《民法典》规定的是（　）。

A. 李某的转让行为无效，陈某仍应向李某付款

B. 李某的转让行为有效，但如陈某仍向李某付款，可发生清偿效力

C. 李某的转让行为有效，陈某应向王某付款

D. 李某的转让行为效力待定，取决于陈某是否表示同意

[53]（经典例题·多选题）甲向乙借款 300 万元于 2020 年 12 月 25 日到期，丁提供连带责任保证担保，乙、丁之间约定合同权利不得转让。2020 年 12 月 5 日，乙从甲处购买价值 50 万元的货物，双方约定 2021 年 1 月 1 日付款。2020 年 10 月 1 日，乙将其 300 万元债权转让给丙，并于同月 15 日通知到了甲，但未告知丁。下列关于乙将其债权转让给丙的法律后果的表述中，符合《民法典》规定的有（　）。

A. 2020 年 10 月 1 日的债权让与行为在乙丙之间生效

B. 2020 年 10 月 15 日债权让与对甲生效

C. 2020 年 10 月 15 日后甲可向丙主张抵销 50 万元

D. 2020 年 10 月 15 日后丁的保证责任继续有效

[54]（历年真题·判断题）债权人转让债权，未通知债务人的，该转让对债务人不发生效力。（　）

（二）合同义务的转移

债务人将合同的义务全部或者部分转移给第三人，应当经债权人同意。未经债权人同意，债务人转移合同义务的行为对债权人不发生效力，债权人有权拒绝第三人向其履行，同时有权要求债务人履行义务并承担不履行或延迟履行合同的法律责任。

【考点母题——万变不离其宗】合同义务的转移

<table>
<tr><td rowspan="7">转移生效条件</td><td colspan="2">（1）下列属于合同义务转移生效条件的有（　）。</td></tr>
<tr><td colspan="2">A. 须有有效的合同义务存在</td></tr>
<tr><td rowspan="2">B. 合同义务须有可转移性</td><td>（2）下列属于合同义务不具有可转移性情形的有（　）。</td></tr>
<tr><td>A. 性质上不可移转的合同义务（某项合同义务若以特别的信任关系或债务人的特殊技能为基础，需要债务人亲自履行）
B. 当事人约定不可移转的合同义务
C. 法律规定不可移转的合同义务</td></tr>
<tr><td colspan="2">C. 须存在合同义务移转的协议</td></tr>
<tr><td rowspan="2">D. 须经债权人同意</td><td>债务人将债务的全部或者部分转移给第三人的，应当经债权人同意</td></tr>
<tr><td>债务人或者第三人可以催告债权人在合理期限内予以同意，债权人未作表示的，视为不同意</td></tr>
</table>

续表

转移的效力	(3)下列关于合同义务转移效力的表述中，正确的有（　）。
	A. 合同义务全部移转的，新债务人成为合同一方当事人，如不履行或不适当履行合同义务，债权人可以向其请求履行债务或承担违约责任。合同义务部分移转的，则第三人加入合同关系，与原债务人共同承担合同义务 B. 债务人转移义务的，新债务人可以主张原债务人对债权人的抗辩，但原债务人对债权人享有债权的，新债务人不得向债权人主张抵销 C. 从属于主债务的从债务，随主债务的转移而转移，但该从债务专属于原债务人自身的除外 D. 第三人向债权人提供的担保，若担保人未明确表示继续承担担保责任的，则担保责任因债务转移而消灭
债务加入	(4)下列关于第三人加入债务的法律后果的表述中，正确的是（　）。
	A. 第三人与债务人约定加入债务并通知债权人，或第三人向债权人表示愿意加入债务，债权人未在合理期限内明确拒绝的，债权人可以请求第三人在其愿意承担的债务范围内和债务人承担连带责任

【考点子题—举一反三，真枪实练】

[55]（历年真题•单选题）甲公司向乙公司购买一台车床，价款50万元。甲公司与丙公司约定，由丙公司承担甲公司对乙公司的50万元价款债务，乙公司表示同意。后丙公司始终未清偿50万元价款。下列关于乙公司权利义务的表述中，正确的是（　）。

A. 乙公司应当向丙公司主张清偿50万元价款

B. 乙公司应当向甲公司主张清偿50万元价款

C. 乙公司可以选择向甲公司或者丙公司主张清偿50万元价款

D. 乙公司可以要求甲公司和丙公司共同偿还50万元价款

[56]（经典例题•判断题）债务人将合同义务的全部或部分转移给第三人时，债权人对此未作表示，经债务人或第三人催告债权人在合理期限内仍未作表示的，视为债权人同意。（　）

[57]（经典例题•判断题）第三人与债务人约定加入债务并通知债权人，债权人未在合理期限内明确拒绝的，债权人不得请求第三人在其愿意承担的债务范围内和债务人承担连带责任。（　）

（三）合同权利义务的一并转让

合同关系的一方当事人将权利和义务一并转让时，除了应当征得另一方当事人的同意外，还应当遵守《民法典》合同编有关转让权利和义务的规定。

（四）法人或其他组织合并或分立后债权债务关系的处理

【考点母题——万变不离其宗】法人或其他组织合并或分立后债权债务关系的处理

法人合并权利义务关系的处理	（1）下列关于法人或其他组织合并后其权利义务关系处理的表述中，正确的是（　）。
	A. 当事人订立合同后合并的，由合并后的法人或其他组织行使合同权利，履行合同义务
法人分立的权利义务关系的处理	（2）下列关于法人或其他组织分立后其权利义务关系处理的表述中，正确的是（　）。
	A. 当事人订立合同后分立的，由分立后的法人或其他组织对合同的权利义务享有连带债权，承担连带债务，但债权人和债务人另有约定的除外

【考点子题—举一反三，真枪实练】

［58］（历年真题•单选题）甲公司欠乙公司300万元货款。后甲公司将部分优良资产分立出去另成立丙公司，甲、丙公司在分立协议中约定，该笔债务由甲、丙公司按3∶7的比例分担，但甲、丙公司未与乙公司达成债务清偿协议。债务到期后，乙公司要求甲公司清偿300万元，遭到拒绝。根据《民法典》的规定，下列关于该笔债务清偿的表述中，正确的是（　）。

A. 乙公司只能向甲公司主张清偿

B. 乙公司只能向丙公司主张清偿

C. 应当由甲、丙公司按连带责任方式向乙公司清偿

D. 应当由甲、丙公司按分立协议约定的比例向乙公司清偿

第七节　合同的消灭

【本节知识结构图】

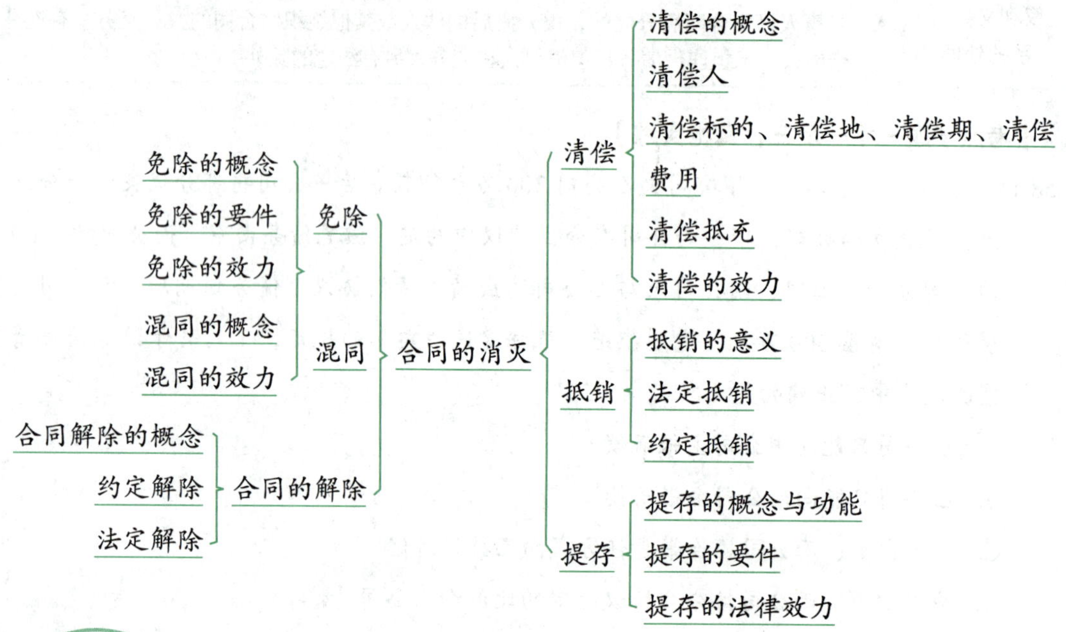

考点17　合同的消灭

【考点母题——万变不离其宗】合同消灭的效力

合同消灭的效力有（　）。
A. 合同权利义务终止 B. 从权利义务（如保证债权）归于消灭 C. 债权人应当将债权文书返还债务人 D. 当事人应当 遵循诚信等原则，根据交易习惯履行通知、协助、保密、旧物回收等义务 E. 合同的消灭，不影响合同中有关解决争议的方法、结算和清理条款的效力

一、清偿

【考点母题——万变不离其宗】清偿

清偿人	（1）下列关于清偿人的表述中，正确的有（　）。

续表

<table>
<tr><td rowspan="2">清偿人</td><td colspan="3">A. 清偿人多为债务人或债务人之代理人，但法律规定或当事人约定不得由代理人清偿的除外</td></tr>
<tr><td>B. 清偿亦可由第三人代为清偿</td><td>（2）【判断金句】债务人不履行债务，第三人对履行该债务具有合法利益的，第三人有权向债权人代为履行；但是，根据债务性质、按照当事人约定或者依照法律规定只能由债务人履行的除外。</td><td>（3）【判断金句】在第三人代为清偿情形下，债权人接受第三人履行后，其对债务人的债权转让给第三人，但是债务人和第三人另有约定的除外。</td></tr>
<tr><td>清偿标的等</td><td colspan="3">（4）【判断金句】清偿标的、清偿地、清偿期、清偿费用等问题的确定，应依照合同约定。合同没有约定或者约定不明确的，可以协议补充；不能达成补充协议的，按照合同有关条款或者交易习惯确定；仍不能确定的，适用合同履行的相关法定规则。</td></tr>
<tr><td rowspan="6">清偿抵充</td><td colspan="3">（5）除当事人另有约定外，关于债务人对同一债权人负担数项种类相同债务，债务人的给付不足以清偿全部债务时如何清偿的下列表述中，正确的有（　）。</td></tr>
<tr><td colspan="3">A. 由债务人在清偿时指定其履行的债务</td></tr>
<tr><td rowspan="4">B. 债务人未作指定的，应当优先履行已经到期的债务</td><td colspan="2">数项债务均到期的，优先履行对债权人缺乏担保或者担保最少的债务</td></tr>
<tr><td colspan="2">均无担保或担保相等的，优先履行债务人负担较重的债务</td></tr>
<tr><td colspan="2">负担相同的，按照债务到期的先后顺序履行</td></tr>
<tr><td colspan="2">到期时间相同的，按照债务比例履行</td></tr>
<tr><td rowspan="2">清偿顺序</td><td colspan="3">（6）债务人在履行主债务外还应当支付利息和实现债权的有关费用，其不足以清偿全部债务的，除当事人另有约定外，应当按照特定顺序清偿。该特定顺序为（　）。</td></tr>
<tr><td colspan="3">A. 实现债权的有关费用　　B. 利息　　C. 主债务</td></tr>
<tr><td>清偿的效力</td><td colspan="3">（7）【判断金句】债权债务关系因清偿而消灭，债权的从权利一般随之消灭，但通知、协助、保密、旧物回收等后合同义务因是法定之债，并不随之消灭。</td></tr>
</table>

【考点子题—举一反三，真枪实练】

[59]（经典例题•单选题）根据《民法典》的规定，除当事人另有约定外，债务人对同一债权人负担的数项债务种类相同，债务人给付不足以清偿全部债务的，由债务人在清偿时指定其履行的债务。关于债务人未作指定时应当优先清偿债务的下列表述中，正确的是（　）。

A. 优先履行对债权人缺乏担保的债务　　B. 优先履行对债权人担保最少的债务

C. 优先履行债务人负担较重的债务　　D. 优先履行已经到期的债务

二、抵销

抵销是指双方当事人互负债务时，一方通知对方以其债权充当债务的清偿或双方协商以债权充当债务的清偿，使得双方的债务在对等额度内消灭的行为。抵销包括法定抵销和约定抵销。

【考点母题——万变不离其宗】抵销

<table>
<tr><td rowspan="11">法定抵销（提出抵销的债权为主动债权，被抵销的债权为被动债权）</td><td colspan="3">（1）下列关于法定抵销条件的表述中，正确的有（　）。</td></tr>
<tr><td colspan="3">A. 当事人互负债务</td></tr>
<tr><td colspan="3">B. 该债务的标的物种类、品质相同的</td></tr>
<tr><td colspan="3">C. 须被动债务（对方的债务）已届清偿期（即任何一方可将自己的债务与对方的到期债务抵销）</td></tr>
<tr><td rowspan="7">D. 债务须非属不得抵销的债务</td><td colspan="2">（2）下列属于不得抵销情形的有（　）。</td></tr>
<tr><td rowspan="2">A. 按债务性质不能抵销</td><td>（3）下列属于按债务性质不能抵销债务的有（　）。</td></tr>
<tr><td>A. 不作为债务　B. 提供劳务的债务
C. 与人身不可分离的债务，如抚恤金、退休金、人身损害赔偿债务</td></tr>
<tr><td colspan="2">B. 按照约定应当向第三人给付的债务</td></tr>
<tr><td colspan="2">C. 当事人约定不得抵销的债务</td></tr>
<tr><td colspan="2">D. 因故意实施侵权行为产生的债务</td></tr>
<tr><td colspan="2">E. 法律禁止扣押和强制执行的债务</td></tr>
<tr><td rowspan="2">法定抵销的方法</td><td colspan="3">（4）下列关于法定抵销方法的表述中，正确的有（　）。</td></tr>
<tr><td colspan="3">A. 当事人主张抵销的，应当通知对方　B. 通知自到达对方时生效
C. 抵销不得附条件或附期限</td></tr>
<tr><td rowspan="3">法定抵销的效力</td><td colspan="3">（5）下列关于法定抵销效力的表述中，正确的有（　）。</td></tr>
<tr><td colspan="2">A. 双方对等数额债务因抵销而消灭</td><td>在双方债务数额不等时，对尚未抵销的剩余债务，债权人仍有受领清偿的权利</td></tr>
<tr><td colspan="2">B. 抵销后剩余的债权的诉讼时效期间，应重新起算</td><td>抵销属于债权的行使方式之一，会发生诉讼时效中断，且中断的法律效果及于全部债权，所以，在部分抵销的场合，剩余债权的诉讼时效期间，应重新计算</td></tr>
<tr><td>约定抵销</td><td colspan="3">（6）【判断金句】当事人互负债务，标的物种类、品质不相同的，经双方协商一致，也可以抵销。</td></tr>
</table>

【考点子题——举一反三，真枪实练】

[60]（历年真题·多选题）陈某租住王某的房屋，租赁至 2010 年 8 月。王某欠陈某 10 万元货款，应于 2010 年 7 月偿付。至 2010 年 8 月，王某尚未清偿货款，但要求收回房屋并请求陈某支付 1 万元租金。根据《民法典》的规定，下列关于陈某权利的表述中，不正确的有（　）。

A. 陈某可以留置该房屋作为担保

B. 陈某可以出售房屋并优先受偿

C. 陈某可以应付租金抵销 1 万元货款

D. 陈某可以行使同时履行抗辩权而不交还房屋

[61]（历年真题·多选题）根据《民法典》的规定，下列关于法定抵销的表述中，正确的有（　）。

A. 双方抵销的债务，标的物种类、品质应相同

B. 故意侵权产生的债务，债务人不得主张抵销

C. 抵销可以附条件或者附期限

D. 当事人主张抵销的，应当通知对方

三、提存

提存是指由于债权人的原因，债务人无法向其交付合同标的物而将该标的物交给提存机关，从而消灭债务、终止合同的制度。

【考点母题——万变不离其宗】提存

提存的原因	（1）下列属于债务人难以履行债务，可以将标的物提存的情形有（　）。
	A. 债权人无正当理由拒绝受领　B. 债权人下落不明 C. 债权人死亡未确定继承人、遗产管理人　D. 债权人丧失民事行为能力未确定监护人
提存的主体	（2）下列关于提存主体的表述中，正确的有（　）。
	A. 提存人是债务人或其代理人 B. 提存应在债务清偿地的提存机关进行，我国目前的提存主要是公证提存，公证机关为提存机关
提存的标的	（3）下列关于提存标的的表述中，正确的有（　）。
	A. 提存的标的只能是动产 B. 标的物不适于提存或者提存费用过高的，债务人依法可以拍卖或者变卖标的物，提存所得的价款 C. 提存人应就需清偿的全部债务进行提存，原则上不许部分提存

续表

提存的法律效力	（4）下列关于提存法律效力的表述中，正确的有（　）。
	A. 提存成立的，视为债务人在其提存范围内已经交付标的物 B. 自提存之日起，提存人的债务归于消灭 C. 提存期间标的物的孳息归债权人所有　　D. 提存期间提存费用由债权人负担 E. 标的物提存后，毁损、灭失的风险由债权人承担 F. 提存后，除债权人下落不明等难以通知情形外，债务人应及时通知债权人或其继承人、遗产管理人、监护人、财产代管人（提存人的通知义务） G. 提存人与提存机关之间，一般可准用保管合同的规定，提存机关应妥善保管提存物，提存人可以凭法院生效的判决、裁定或者提存之债已经清偿的公证证明取回提存物，提存人取回提存物的，视为未提存，提存人应承担提存机关保管提存物的费用 H. 债权人可以随时领取提存物，但债权人对债务人负有到期债务的，在债权人未履行债务或提供担保之前，提存部门根据债务人的要求应当拒绝其领取提存物
债权人领取提存物的期间	（5）债权人领取提存物的权利自一定期间内不行使而消灭。该期间为（　）。
	A. 自提存之日起 5 年内
提存物的归属	（6）下列关于提存物归属的表述中，正确的有（　）。
	A. 债权人领取提存物的权利，自提存之日起 5 年内不行使而消灭，提存物扣除提存费用后归国家所有 B. 如果债权人未履行对债务人的到期债务，或债权人向提存部门书面表示放弃领取提存物权利的，债务人负担提存费用后有权取回提存物

【考点子题—举一反三，真枪实练】

[62]（历年真题•单选题）下列关于提存效力的表述中，符合《民法典》规定的是（　）。

A. 标的物提存后，毁损、灭失风险由债务人承担

B. 提存期间，标的物的孳息归提存部门

C. 标的物提存费用由债权人承担

D. 债权人自提存之日起 3 年内不行使领取提存物的权利，提存物归国家所有

[63]（历年真题•单选题）因债权人胡某下落不明，债务人陈某难以履行债务，遂依法将标的物提存。后该标的物意外灭失。该标的物意外灭失风险的承担人是（　）。

A. 胡某　　B. 胡某与陈某　　C. 陈某　　D. 提存机关

[64]（历年真题•判断题）债权人领取提存物的权利，自提存之日起 5 年内不行使而消灭，即使债权人向提存部门书面表示放弃领取提存物的，也应将提存物扣除提存费用后归国家所有。（　）

四、免除

债务的免除是指权利人放弃自己的全部或部分权利，从而使合同义务减轻或使合同终止的一种形式。

【考点母题——万变不离其宗】免除

免除的要件	（1）下列关于免除要件的表述中，正确的有（　）。
	A．债权人或其代理人应向债务人或其代理人作出抛弃债权的意思表示 B．免除是债权人处分其债权的法律行为，故应符合法律行为要件的有关规定 C．免除不得损害第三人的利益
免除的效力	（2）下列关于免除效力的表述中，正确的有（　）。
	A．债权人免除债务人部分或者全部债务的，合同的权利义务部分或者全部终止，但是债务人在合理期限内拒绝的除外 B．免除债务，债权的从权利如从属于债权的担保权利、利息权利、违约金请求权等也随之消灭 C．债权人免除连带债务人之一的债务的，其余连带债务人在扣除该连带债务人应分担的份额后，仍应就剩余债务承担连带责任

【考点子题—举一反三，真枪实练】

[65]（经典例题•判断题）债权人免除债务人部分债务的，合同的权利义务部分终止，但债务人在合理期限内拒绝的除外。（　）

[66]（经典例题•判断题）债权人免除连带债务人之一的债务的，其余连带债务人在扣除该连带债务人应分担的份额后，仍应就剩余债务承担连带责任。（　）

五、混同

混同即债权债务同归于一人，致使合同关系消灭的事实。

【考点母题——万变不离其宗】混同

（1）下列关于混同效力的表述中，正确的有（　）。	
A．合同关系及其他债之关系消灭，附属于主债务的从权利和从债务也一并消灭	
B．混同不导致债之关系消灭的例外情形	债权是他人权利之标的（如债权为他人权利质押的标的，债权债务即使同归于一人，债权也不消灭，否则将损害质权人的利益）
	法律规定混同不发生债之关系消灭效力（《票据法》规定，票据未到期前依背书转让的，票据上债权债务即使同归于一人，票据仍可流通，票据上的债权债务不消灭）
（2）【判断金句】债权和债务同归于一人的，合同的权利义务终止，但损害第三人利益的除外。	

【考点子题—举一反三，真枪实练】

[67]（历年真题•单选题）甲公司未偿还乙公司到期债务50万元，后甲公司与乙公司合并，甲公司对乙公司承担的该笔债务随之消灭。该债务的消灭原因为（　）。

A. 混同　　B. 抵销　　C. 解除　　D. 免除

六、合同解除

合同解除是指合同有效成立后，因主客观情况发生变化，使合同的履行成为不必要或不可能，根据双方协议或一方当事人的意思表示提前终止合同效力。包括约定解除和法定解除。

【考点母题——万变不离其宗】合同解除

<table>
<tr><td rowspan="2">约定解除</td><td colspan="2">（1）下列属于约定解除情形的有（　）。</td></tr>
<tr><td colspan="2">A. 协商解除　　B. 约定一方解除权　　C. 约定双方解除权</td></tr>
<tr><td rowspan="3">法定解除的情形</td><td colspan="2">（2）下列情形中，属于法定解除的有（　）。</td></tr>
<tr><td colspan="2">A. 因不可抗力致使不能实现合同目的　　B. 因预期违约解除合同
C. 当事人一方迟延履行主要债务，经催告后在合理期限内仍未履行
D. 当事人一方迟延履行债务或有其他违约行为致使不能实现合同目的
E. 法律规定的其他情形（以持续履行的债务为内容的不定期合同，当事人可以随时解除合同，但应当在合理期限之前通知对方）</td></tr>
<tr><td colspan="2">（3）【判断金句】预期违约是指在履行期限届满之前，当事人一方明确表示或以自己的行为表明不履行主要债务的，对方当事人可以解除合同。</td></tr>
<tr><td rowspan="7">法定解除权的行使</td><td colspan="2">（4）下列关于合同法定解除权行使的表述中，正确的有（　）。</td></tr>
<tr><td rowspan="2">A. 法定解除权行使的主体</td><td>因不可抗力致使合同目的不能实现的情形，因双方均无过错，所以，双方均可解除合同</td></tr>
<tr><td>在法定解除权发生的其他情形，解除权的行使主体应限于守约方，合同解除是因违约方根本违约而赋予守约方的救济路径</td></tr>
<tr><td rowspan="4">B. 享有解除权的一方向对方表示解除的意思</td><td>当事人一方依法主张解除合同时，应当通知对方</td></tr>
<tr><td>合同自通知到达对方时解除</td></tr>
<tr><td>通知载明债务人在一定期限内不履行债务则合同自动解除，债务人在该期限内未履行债务的，合同自通知载明的期限届满时解除</td></tr>
<tr><td>当事人一方未通知对方，直接以提起诉讼或申请仲裁的方式依法主张解除合同，法院或仲裁机构确认该主张的，合同自起诉状副本或仲裁申请书副本送达对方时解除</td></tr>
</table>

续表

解除权的行使	C. 对方对于解除权行使有异议的，应诉诸司法程序	对方对解除合同有异议的，任何一方均可以请求法院或仲裁机构确认解除合同的效力
	D. 解除权应在法定或约定的期限内行使	法律规定或当事人约定解除权行使期限，期限届满当事人不行使的，该权利消灭
		法律未规定或合同未约定解除权行使期限的，自解除权人知道或应当知道解除事由之日起 1 年内不行使，或经对方催告后在合理期限内不行使的，该权利消灭
合同解除的效力	（5）下列关于合同解除效力的表述中，正确的有（　）。	
	A. 合同解除后尚未履行的，终止履行 B. 已经履行的，根据履行情况和合同性质，当事人可以要求恢复原状、采取其他补救措施，并有权要求赔偿损失 C. 合同的权利义务终止，不影响合同中结算和清理条款的效力；不影响解决争议条款（仲裁条款）的效力 D. 合同因违约解除的，解除权人可以请求违约方承担违约责任，但当事人另有约定的除外 E. 主合同解除后，担保人对债务人应承担的民事责任仍应承担担保责任，但担保合同另有约定的除外	

【考点子题—举一反三，真枪实练】

[68]（历年真题•多选题）甲与乙签订了一份买卖合同，约定甲将其收藏的一幅名画以 20 万元卖给乙。其后，甲将其对乙的 20 万元债权转让给丙并通知了乙。甲将名画依约交付给乙前，该画因不可抗力灭失。根据《民法典》的规定，下列关于乙能行使权利及义务的表述中，不正确的有（　）。

A. 乙有权对甲主张解除合同，并拒绝丙的给付请求

B. 乙对甲主张解除合同，但不得拒绝丙的给付请求

C. 乙不得对甲主张解除合同，但可以拒绝丙的给付请求

D. 乙不得对甲主张解除合同，并不得拒绝丙的给付请求

[69]（历年真题•单选题）甲小学为了“六一”儿童节学生表演节目的需要，向乙服装厂订购了 100 套童装，约定在“六一”儿童节前一周交付。5 月 28 日，甲小学向乙服装厂催要童装，却被告知，因布匹供应问题 6 月 3 日才能交付童装，甲小学因此欲解除合同。根据《民法典》的规定，下列关于该合同解除的表述中，正确的是（　）。

A. 甲小学应先催告乙服装厂履行，乙服装厂在合理期限内未履行的，甲小学才可以解除合同

B. 甲小学可以解除合同，无须催告

C. 甲小学无权解除合同，只能要求乙服装厂承担违约责任

D. 甲小学无权自行解除合同，但可以请求法院解除合同

[70]（经典例题•多选题）根据《民法典》的规定，下列情形中，属于合同解除法定事由的有（　）。

A. 作为合同当事人一方的法人合并

B. 作为合同当事人一方的法人分立

C. 由于不可抗力致使合同目的不能实现

D. 合同当事人一方迟延履行债务致使合同目的不能实现

[71]（历年真题•单选题）2014年3月，甲科研所与乙企业签订一份设备改造的技术服务合同，约定自2014年7月1日至12月1日，甲科研所负责对乙企业的自动生产线进行技术改造。合同签订后，乙企业为履行合同做了相关准备工作。5月，甲科研所通知乙企业，因负责该项目的技术人员辞职，不能履行合同。根据《民法典》的规定，下列关于乙企业权利的表述中，正确的是（　）。

A. 乙企业有权解除合同，并要求甲科研所赔偿损失

B. 乙企业有权主张合同无效，并要求甲科研所承担缔约过失责任

C. 乙企业有权撤销合同，并要求甲科研所承担缔约过失责任

[72]（经典例题•单选题）10月8日，二小和小花在买卖合同中约定，如果有一方在履行义务期限届满时未履行合同，对方当事人有权解除合同。10月30日，因二小未按时履行其合同义务，小花书面通知二小并催告其在11月10日之前履行合同，否则该合同解除。该通知于11月1日到达二小处。根据《民法典》的规定，该合同解除的时间是（　）。

A. 10月30日　　B. 11月1日

C. 11月10日　　D. 自小花知道解除事由之日起1年内

[73]（经典例题•判断题）当事一方主张解除合同未通知对方，直接以提起诉讼的方式主张解除合同，法院确认该主张的，合同自法院确认时解除。（　）

[74]（历年真题•判断题）合同终止的，不影响合同中独立存在的有关争议解决方法条款的效力。（　）

【考点母题——万变不离其宗】情势变更原则

下列关于情势变更原则的表述中，正确的有（　）。

续表

A. 合同成立后，合同的基础条件发生了当事人在订立合同时无法预见的、不属于商业风险的重大变化，继续履行合同对于当事人一方明显不公平，受不利影响的当事人可以与对方重新协商；在合理期限内协商不成的，当事人可以请求法院或仲裁机构变更或解除合同
B. 法院或仲裁机构应当结合案件的实际情况，根据公平原则变更或解除合同

【考点子题—举一反三，真枪实练】

[75]（经典例题•判断题）合同成立后，合同的基础条件发生了当事人在订立合同时无法预见的、不属于商业风险的重大变化，继续履行合同对于当事人一方明显不公平，受不利影响的当事人可以直接请求法院或仲裁机构变更或解除合同。（　）

第八节　违约责任

【本节知识结构图】

- 违约责任
  - 违约责任的概念与基本构成
  - 承担违约责任的形式
    - 继续履行
    - 采取补救措施
    - 赔偿损失
    - 支付违约金
    - 定金责任
  - 免责事由
    - 法定事由
    - 免责条款
    - 法律特别规定

违约责任

【考点母题——万变不离其宗】违约责任

（1）下列属于承担违约责任的形式有（　　）。	
A. 继续履行	（2）下列属于继续履行例外情形的有（　　）。
	A. 法律上或事实上不能履行　　B. 债务的标的不适于强制履行或履行费用过高 C. 债权人在合理期限内未请求履行
	（3）【判断金句】当事人一方未支付价款、报酬、租金、利息，或者不履行其他金钱债务的，对方可以请求其支付。
	（4）【判断金句】当事人一方不履行债务或者履行债务不符合约定，根据债务的性质不得强制履行的，守约方可以请求违约方负担由第三人替代履行的费用。
B. 采取补救措施（修理、更换、重做、退货、减少价款等，也可解除合同、中止履行、提存等）	
C. 赔偿损失	（5）【判断金句】当事人一方不履行合同义务或履行合同义务不符合约定的，在履行义务或采取补救措施后，对方还有其他损失的，应赔偿损失（采补救措施仍可要求赔损失）。损失赔偿额应当相当于因违约所造成的损失，包括合同履行后可以获得的利益，但不得超过违反合同一方订立合同时预见到或应当预见到的因违反合同可能造成的损失。
	（6）【判断金句】当事人一方违约后，对方应当采取适当措施防止损失的扩大；没有采取适当措施致使损失扩大的，不得就扩大的损失要求赔偿。当事人因防止损失扩大而支出的合理费用，由违约方承担。

续表

<table>
<tr><td rowspan="5">D. 支付违约金</td><td colspan="2">（7）下列关于约定的违约金低于损失如何处理的表述中，正确的是（　）。</td></tr>
<tr><td colspan="2">A. 人民法院或仲裁机构可以根据当事人的请求予以增加</td></tr>
<tr><td colspan="2">（8）下列关于约定的违约金过分高于损失如何处理的表述中，正确的有（　）。</td></tr>
<tr><td colspan="2">A. 人民法院或仲裁机构可以根据当事人的请求予以适当减少
B. 当事人主张约定的违约金过高请求予以适当减少的，法院应当以实际损失为基础，兼顾合同的履行情况、当事人的过错程度以及预期利益等综合因素，根据公平原则和诚实信用原则予以衡量，并作出裁决</td></tr>
<tr><td colspan="2">（9）【判断金句】当事人就迟延履行约定违约金的，违约方支付违约金后，还应当履行债务。</td></tr>
<tr><td rowspan="8">E. 定金责任</td><td colspan="2">（10）定金种类包括（　）。</td></tr>
<tr><td>A. 违约定金</td><td>当事人约定以交付定金作为主合同债务履行担保的，给付定金的一方未履行主合同债务的，无权要求返还定金；收受定金的一方未履行主合同债务的，应当双倍返还定金</td></tr>
<tr><td>B. 成约定金</td><td>当事人约定以交付定金作为主合同成立或者生效要件的，给付定金的一方未支付定金，但主合同已经履行或者已经履行主要部分的，不影响主合同的成立或者生效</td></tr>
<tr><td>C. 解约定金</td><td>定金交付后，交付定金的一方可以按照合同的约定以丧失定金为代价而解除主合同，收受定金的一方可以双倍返还定金为代价而解除主合同</td></tr>
<tr><td colspan="2">（11）下列关于定金生效的表述中，正确的有（　）。</td></tr>
<tr><td colspan="2">A. 定金合同是实践性合同，从实际交付定金时成立
B. 定金的数额由当事人约定，但不得超过主合同标的额的20%，超过部分不产生定金的效力
C. 实际交付的定金数额多于或少于约定数额，视为变更约定的定金数额；收受定金一方提出异议并拒绝接受定金的，定金合同不成立</td></tr>
<tr><td colspan="2">（12）下列关于定金效力的表述中，正确的有（　）。</td></tr>
<tr><td colspan="2">A. 债务人履行债务的，定金应当抵作价款或者收回
B. 给付定金的一方不履行债务或者履行债务不符合约定，致使不能实现合同目的的，无权请求返还定金；收受定金的一方不履行债务或者履行债务不符合约定，致使不能实现合同目的的，应当双倍返还定金（定金罚则）
C. 在同一合同中，当事人既约定违约金，又约定定金的，一方违约时，对方可以选择适用违约金或者定金条款，即二者不能同时主张
D. 买卖合同约定的定金不足以弥补一方违约造成的损失，对方可以请求赔偿超过定金部分的损失，但定金和损失赔偿的数额总和不应高于因违约造成的损失</td></tr>
<tr><td rowspan="2">F. 预期违约</td><td colspan="2">（13）下列关于预期违约时对方当事人权利的表述中，正确的有（　）。</td></tr>
<tr><td colspan="2">A. 在履行期限届满之前，当事人一方明确表示或以自己的行为表明不履行主要债务的，对方当事人可以解除合同
B. 当事人一方明确表示或以自己的行为表明不履行合同义务的，对方可以在履行期限届满之前要求其承担违约责任</td></tr>
</table>

第5章

【考点子题——举一反三，真枪实练】

[76]（经典例题•单选题）甲公司与乙公司签订一买卖合同，合同约定，甲公司须在1个月内向乙公司提供200台电视机，总价款100万元。合同签订后，乙公司按约定向甲公司交付了定金20万元。甲公司依约发运电视机。后甲公司交货质量不符合合同约定，致使乙公司订立合同的目的不能实现。乙公司欲向甲公司主张定金责任。根据《民法典》的规定，下列关于甲公司定金责任承担的表述中，正确的是（　）。

A. 甲公司无须承担定金责任，只需返还乙公司定金20万元

B. 甲公司须承担定金责任，应双倍返还乙公司定金40万元

C. 甲公司只承担一半的定金责任，因法律规定合同约定的定金数额不能超过合同标的额的10%

D. 甲公司须承担定金责任，只需返还乙公司定金20万

[77]（经典例题•多选题）甲、乙约定：甲将一批货物卖给乙，合同价款50万元；合同签订后3天内交货，交货后10天内付款；合同签订后乙应向甲支付10万元定金。合同订立后，乙向甲交付定金5万元。后甲交货，乙拟按时付款。下列关于定金的数额及乙如何付款的表述中，符合《民法典》规定的有（　）。

A. 定金数额为5万元

B. 定金数额为10万元

C. 乙可付款45万元，定金5万元抵作价款

D. 乙可付款50万元，并收回定金5万元

[78]（历年真题•多选题）根据《民法典》的规定，下列关于不同种类违约责任相互关系的表述中，正确的有（　）。

A. 当事人就迟延履行约定违约金的，违约方支付违约金后，还应当履行债务

B. 当事人一方履行合同义务不符合约定的，在采取补救措施后，对方还有其他损失的，应当赔偿损失

C. 当事人既约定违约金，又约定定金的，一方违约时，对方可以同时适用违约金和定金条款

D. 买卖合同当事人执行定金条款后不足以弥补损失的，仍可以请求赔偿超过定金数额的损失

[79]（经典例题•多选题）张某和李某签订一份买卖合同，约定李某应向张某支付10万元定金，同时约定任何一方违约应向对方支付违约金5万元。后李某违约给张某造成损失18万元。下列关于张某权利的表述中，符合《民法典》规定的有（　）。

A. 张某只能要求李某支付违约金

B. 张某可选择适用违约金或定金条款

C. 张某选择定金后可请求李某再支付8万元损失

D. 张某选择违约金后可请求法院增加违约金以弥补损失

[80]（历年真题·单选题）根据《民法典》的规定，违约方承担违约责任的形式不包括（　）。

A. 赔偿损失　　B. 继续履行　　C. 支付违约金　　D. 行使撤销权

[81]（经典例题·单选题）甲、乙约定：甲将100吨汽油卖给乙，合同签订后3天内交货，交货后10天内付款。还约定，合同签订后乙应向甲支付10万元定金，合同在支付定金时生效。合同订立后，乙未交付定金，甲按期向乙交付了100吨汽油，乙到期未付货款。下列关于甲交货的法律后果的表述中，符合《民法典》规定的是（　）。

A. 甲有权请求乙支付定金

B. 甲交付汽油使得乙未支付定金也不影响买卖合同的效力

C. 甲交付汽油使得定金合同生效

D. 甲无权请求乙支付货款

【考点母题——万变不离其宗】免责事由

<table>
<tr><td colspan="3">（1）下列属于免责事由的有（　）。</td></tr>
<tr><td rowspan="3">A. 法定事由</td><td rowspan="2">不可抗力</td><td>（2）下列关于不可抗力免责范围及程序的表述中，正确的有（　）。</td></tr>
<tr><td>A. 因不可抗力不能履行合同的，根据不可抗力的影响，部分或全部免除责任，但法律另有规定的除外
B. 当事人迟延履行后发生不可抗力的，不能免除责任
C. 当事人一方因不可抗力不能履行合同的，应当及时通知对方不能履行或不能完全履行合同的情况和理由，并在合理期限内提供有关机关的证明，证明不可抗力及其影响当事人履行合同的具体情况</td></tr>
<tr><td>受害人过错</td><td>当事人一方违约造成对方损失，对方对损失的发生有过错的，可以减少相应的损失赔偿额</td></tr>
<tr><td rowspan="2">B. 免责条款</td><td colspan="2">（3）下列属于无效免责条款的有（　）。</td></tr>
<tr><td colspan="2">A. 提供格式条款的一方不合理地免除或减轻其责任，加重对方责任，限制对方主要权利
B. 约定造成对方人身损害免责或者故意或重大过失造成对方财产损失免责的条款</td></tr>
<tr><td rowspan="2">C. 法律的特别规定</td><td colspan="2">（4）下列属于承运人对运输过程中货物的毁损、灭失不承担损害赔偿责任情形的有（　）。</td></tr>
<tr><td colspan="2">A. 货物的毁损、灭失是因不可抗力造成的
B. 货物的毁损、灭失是因货物本身的自然性质造成的
C. 货物的毁损、灭失是因货物的合理损耗造成的
D. 货物的毁损、灭失是因托运人、收货人的过错造成的</td></tr>
</table>

第九节 主要合同

【本节知识结构图】

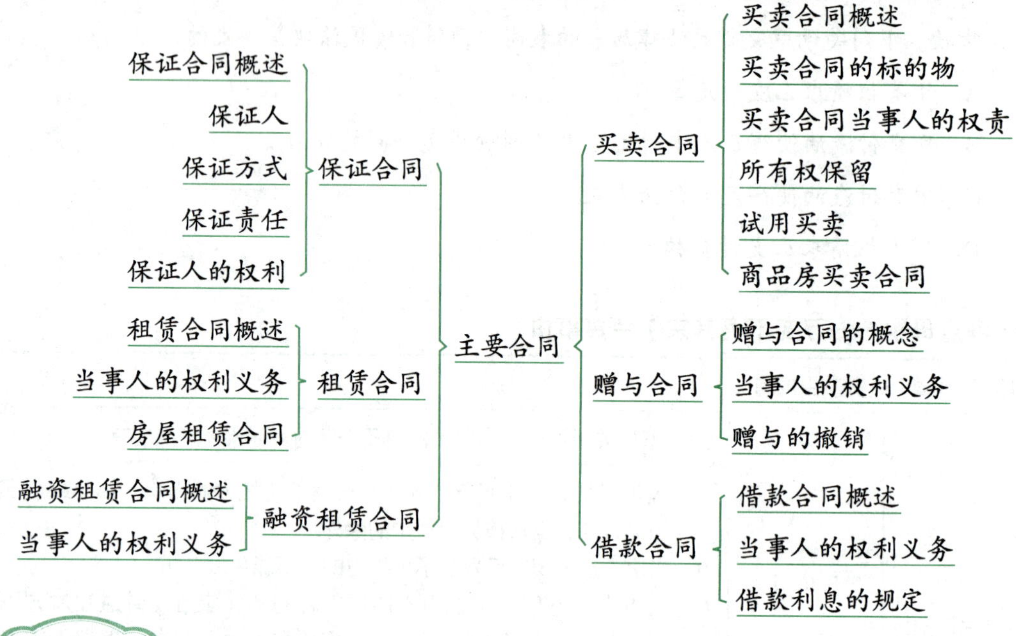

考点19 买卖合同

（一）买卖合同概述

买卖合同是诺成、双务、有偿合同，可以是要式，也可以是不要式。

【考点母题——万变不离其宗】出卖人未取得标的物所有权的处理

【判断金句】出卖人因未取得所有权或处分权致使标的物所有权不能转移，买受人可以解除合同并请求出卖人承担违约责任。

【考点子题—举一反三，真枪实练】

[82]（经典例题·多选题）李某将其房屋租给王某并签订房屋租赁合同，租期3年，自2015年1月1日至2018年1月1日止。2016年2月李某因急需用钱拟出售该租赁房屋，售价100万。王某拟行使优先权购买该房屋。2016年5月，王某在未取得该

房屋所有权的情况下，将该房屋出售给孙某，并与孙某签订房屋买卖合同，售价 110 万。后因李某从别处筹集到资金又不打算出售该房屋。下列关于房屋买卖合同的效力及孙某权利的表述中，正确的有（　）。

A. 该房屋买卖合同无效　　B. 该房屋买卖合同有效

C. 孙某有权要求解除房屋买卖合同　　D. 孙某有权要求王某承担违约责任

（二）买卖合同标的物

【考点母题——万变不离其宗】标的物交付和所有权转移

<table>
<tr><td colspan="4">下列关于标的物交付和所有权转移的表述中，正确的有（　）。</td></tr>
<tr><td>A. 标的物为动产的</td><td>所有权自标的物交付时起转移</td><td colspan="2">标的物为无须以有形载体交付的电子信息产品，当事人对交付方式约定不明确，且依法仍不能确定的，买受人收到约定的电子信息产品或者权利凭证即为交付</td></tr>
<tr><td>B. 标的物为不动产的</td><td>所有权自标的物登记时起转移</td><td colspan="2">出卖具有知识产权的计算机软件等标的物的，除法律另有规定或者当事人另有约定的以外，该标的物的知识产权不属于买受人</td></tr>
<tr><td>C. 因标的物的主物不符合约定而解除合同的</td><td colspan="3">解除合同的效力及于从物</td></tr>
<tr><td>D. 因标的物的从物不符合约定被解除的</td><td colspan="3">解除的效力不及于主物</td></tr>
<tr><td>E. 标的物为数物</td><td colspan="3">其中一物不符合约定的，买受人可以就该物解除，但该物与他物分离使标的物的价值明显受损害的，当事人可以就数物解除合同</td></tr>
<tr><td rowspan="3">F. 出卖人分批交付标的物的</td><td colspan="3">出卖人对其中一批标的物不交付或交付不符合约定，致使该批标的物不能实现合同目的的，买受人可以就该批标的物解除</td></tr>
<tr><td colspan="3">出卖人不交付其中一批标的物或交付不符合约定，致使今后其他各批标的物的交付不能实现合同目的的，买受人可以就该批以及今后其他各批标的物解除</td></tr>
<tr><td colspan="3">买受人如果就其中一批标的物解除，该批标的物与其他各批标的物相互依存的，可以就已经交付和未交付的各批标的物解除</td></tr>
<tr><td rowspan="2">G. 买受人拒绝接收多交部分标的物的</td><td colspan="2" rowspan="2">可以代为保管多交部分标的物，买受人有权主张</td><td>出卖人负担代为保管期间合理费用</td></tr>
<tr><td>出卖人承担代为保管期间非因买受人故意或重大过失造成的损失</td></tr>
<tr><td>H. 合同约定或当事人之间习惯以普通发票作为付款凭证的</td><td colspan="3">买受人有权以普通发票证明已经履行付款义务，但有相反证据足以推翻的除外</td></tr>
</table>

续表

I. 出卖人就同一普通动产订立多重买卖合同，在买卖合同均有效的情况下，买受人均要求实际履行合同的处理情形	先行受领交付的买受人有权请求确认所有权已经转移
	均未受领交付，先行支付价款的买受人有权请求出卖人履行交付标的物等合同义务
	均未受领交付，也未支付价款，依法成立在先合同的买受人有权请求出卖人履行交付标的物等合同义务
J. 出卖人就同一船舶、航空器、机动车等特殊动产订立多重买卖合同，在买卖合同均有效的情况下，买受人均要求实际履行合同的处理情形	先行受领交付的买受人有权请求出卖人履行办理所有权转移登记手续等合同义务
	均未受领交付，先行办理所有权转移登记手续的买受人有权请求出卖人履行交付标的物等合同义务
	均未受领交付，也未办理所有权转移登记手续，依法成立在先合同的买受人有权请求出卖人履行交付标的物和办理所有权转移登记手续等合同义务
	出卖人将标的物交付给买受人之一，又为其他买受人办理所有权转移登记，已受领交付的买受人有权请求将标的物所有权登记在自己名下

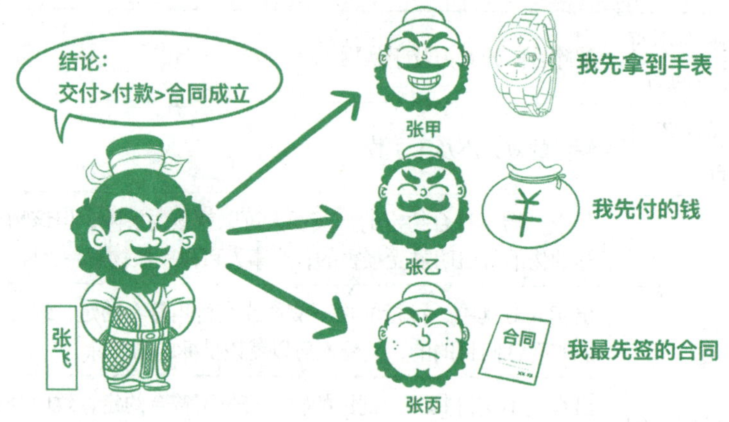

【考点子题—举一反三，真枪实练】

[83]（经典例题·单选题）甲公司与乙公司签订购买大米100吨的合同，合同约定分三批交货，并约定大米的质量标准，保证无虫蛀，产地只能是乙公司种植区。后乙公司如约交付第一批大米。但乙公司交付第二批大米时，甲公司发现大米根本未达到合同约定的标准，且有虫蛀现象。乙公司解释因仓库维修时保管不善，整个仓库保存的的大米的质量都出现了同样问题。甲公司提出要解除合同。下列关于甲公司解除合同权利的表述中，符合《民法典》规定的是（　）。

A. 甲公司只能要求解除第二批大米的合同，因第二批货物不符合合同约定，不能实现合同目的

B. 甲公司只能要求解除第三批大米的合同，因第一批、第二批已经履行

C. 甲公司有权要求解除已交的第一批、第二批和未交的第三批大米的合同

D. 甲公司无权解除第一批大米的合同，但有权要求解除第二批和第三批大米的合同，因第二批交货不符合约定，而合同约定只要在乙种植区的大米，致使今后第三批的交付也不能实现合同目的

[84]（历年真题•单选题）张某有一件画作拟出售，于2019年5月10日与王某签订买卖合同，约定4日后交货付款；5月11日，丁某愿以更高的价格购买该画作，张某遂与丁某签订合同，约定3日后交货付款；5月12日，张某又与林某签订合同，将该画作卖给林某，林某当即支付了价款，约定2日后交货。后因张某未交付画作，王某、丁某、林某均要求张某履行合同，诉至人民法院。下列关于该画作交付和所有权归属的表述中，符合《民法典》规定的是（　）。

A. 应支持林某对张某支付该画作的请求

B. 应支持王某对张某交付该画作的请求

C. 应支持丁某对张某交付该画作的请求

D. 应认定王某、丁某、林某共同取得该画作的所有权

[85]（经典例题•单选题）杨某将一辆小轿车先后卖给甲、乙、丙三人，买卖合同签订日期分别为4月1日、4月2日、4月3日。杨某在4月1日与甲签合同时甲已经交付了货款，但未交付该轿车；在4月2日与乙签合同时办理了该轿车的过户登记手续，但未交付该轿车；在4月3日与丙签合同时将该轿车交付给丙。下列关于甲、乙、丙三方权利义务的表述中，符合《民法典》规定的是（　）。

A. 丙有权请求将该轿车的所有权变更登记在自己名下，因丙已先行受领交付

B. 乙有权请求杨某交付该轿车，因乙已办理了过户登记手续

C. 甲有权请求杨某交付该轿车，因甲已经交付了货款

D. 甲有权请求杨某交付该轿车，因订立合同在先

[86]（历年真题•单选题）甲、乙签订一买卖合同，甲向乙购买机器5台及附带的维修工具，机器编号分别为E、F、G、X、Y，拟分别用于不同厂区。乙向甲如期交付5台机器及附带的维修工具；经验收，E机器存在重大质量瑕疵而无法使用，F机器附带的维修工具亦属不合格品，其他机器及维修工具不存在质量问题。根据《民法典》的规定，下列关于甲如何解除合同的表述中，正确的是（　）。

A. 甲可以解除5台机器及维修工具的买卖合同

B. 甲只能就买卖合同中E机器的部分解除

C. 甲可以就买卖合同中E机器与F机器的部分解除

D. 甲可以就买卖合同中F机器的维修工具与E机器的部分全部解除

【考点母题——万变不离其宗】标的物毁损、灭失风险的承担

<table>
<tr><td colspan="2">（1）下列关于标的物毁损、灭失风险承担的表述中，正确的有（　）。</td></tr>
<tr><td rowspan="2">A. 标的物毁损、灭失风险承担的一般原则</td><td>在标的物交付之前由出卖人承担，交付之后由买受人承担，但法律另有规定或当事人另有约定的除外</td></tr>
<tr><td>因买受人的原因致使标的物不能按照约定的期限交付的，买受人应当自违反约定之日起承担标的物毁损、灭失的风险</td></tr>
<tr><td>B. 标的物由出卖人负责办理托运，承运人为独立运输业者，如当事人未约定交付地点或约定不明时，出卖人将标的物交付给第一承运人后</td><td>标的物毁损、灭失的风险由买受人承担，当事人另有约定的除外</td></tr>
<tr><td>C. 出卖人根据合同约定将标的物运送至买受人指定地点并交付给承运人后</td><td>标的物毁损、灭失的风险由买受人负担，当事人另有约定的除外</td></tr>
<tr><td>D. 出卖人按照约定或依法将标的物置于交付地点，买受人违反约定没有收取的</td><td>标的物毁损、灭失的风险自违反约定时起由买受人承担</td></tr>
<tr><td rowspan="2">E. 出卖人出卖交由承运人运输的在途标的物</td><td>除当事人另有约定外，毁损、灭失的风险自合同成立时起由买受人承担</td></tr>
<tr><td>在合同成立时知道或应当知道标的物已经毁损、灭失却未告知买受人的，出卖人承担标的物毁损、灭失的风险</td></tr>
<tr><td rowspan="2">F. 出卖人按照约定未交付有关标的物的单证和资料的</td><td>不影响标的物毁损、灭失风险的转移</td></tr>
<tr><td>标的物毁损、灭失的风险由买受人承担的，不影响因出卖人履行债务不符合约定，买受人要求其承担违约责任的权利</td></tr>
<tr><td>G. 当事人对风险负担没有约定，标的物为种类物的</td><td>出卖人未以装运单据、加盖标记、通知买受人等可识别的方式清楚地将标的物特定于买卖合同，买受人有权主张不负担标的物毁损、灭失的风险</td></tr>
<tr><td>H. 因标的物质量不符合要求，致使不能实现合同目的的，买受人可以拒绝接受标的物或解除合同；买受人拒绝接受标的物或解除合同的</td><td>标的物毁损、灭失的风险由出卖人承担</td></tr>
<tr><td colspan="2">（2）【判断金句】买受人有确切证据证明第三人可能就标的物主张权利的，可以中止支付相应的价款，但出卖人提供适当担保的除外。</td></tr>
</table>

【考点子题一举一反三，真枪实练】

[87]（历年真题•单选题）甲公司购买乙公司一批货物，双方约定：乙公司于5月6日交货并交付与货物有关的单证和资料。后乙公司按时交货，但却未按约定交付与货物

有关的单证和资料。5月8日，甲公司仓库遭雷击起火，该批货物全部被烧毁。下列关于该批货物损失承担的表述中，符合《民法典》的规定的是（　）。

A. 乙公司承担货物损失，因其未按约定提交单证和资料

B. 甲公司承担货物损失，因货物已经交付给甲方

C. 甲公司、乙公司均不承担责任，因双方均无过错

D. 甲公司、乙公司分担货物损失，因双方均无过错

[88]（历年真题•多选题）根据《民法典》的规定，下列情形中，应由买受人承担标的物毁损、灭失风险的有（　）。

A. 买受人下落不明，出卖人将标的物提存的

B. 标的物已运抵交付地点，买受人因标的物质量瑕疵而拒收货物的

C. 合同约定在标的物所在地交货，买受人违反约定未前往提货的

D. 出卖人根据合同约定将标的物运送至买受人指定地点并交付给承运人的

[89]（历年真题•单选题）甲公司购买乙公司一批货物，约定甲公司于5月6日到乙公司仓库提货，由于甲公司疏忽，当日未安排车辆提货，次日凌晨乙公司仓库遭雷击起火，该批货物全部被烧毁。下列关于该批货物损失承担的表述中，符合《民法典》规定的是（　）。

A. 甲公司和乙公司分担货物损失，因为双方都没有过错

B. 甲公司承担货物损失，因其未按约定时间提货

C. 乙公司承担货物损失，因为货物所有权没有转移

D. 乙公司承担货物损失，因为货物仍在其控制之下

【考点母题——万变不离其宗】标的物检验

<table>
<tr><td rowspan="2">约定检验期间的效力</td><td colspan="2">（1）下列关于当事人约定了检验期间效力的表述中，正确的有（　）。</td></tr>
<tr><td colspan="2">A. 出卖人交付标的物后，买受人应当对收到的标的物在约定的检验期间内检验
B. 买受人应当在检验期间内将标的物的数量或质量不符合约定的情形通知出卖人
C. 买受人在检验期间内怠于通知的，视为标的物的数量或者质量符合约定</td></tr>
<tr><td rowspan="3">未约定检验期间的后果</td><td colspan="2">（2）下列关于当事人未约定检验期间法律后果的表述中，正确的有（　）。</td></tr>
<tr><td colspan="2">A. 没有约定检验期间的，应当及时检验</td></tr>
<tr><td>B. 当事人没有约定检验期间的，买受人应当在发现或应当发现标的物的数量或质量不符合约定的合理期间内通知出卖人</td><td>认定“合理期限”，应当综合当事人之间的交易性质、交易目的、交易方式、交易习惯、标的物的种类、数量、性质、安装和使用情况、瑕疵的性质、买受人应尽的合理注意义务、检验方法和难易程度、买受人或者检验人所处的具体环境、自身技能以及其他合理因素，依据诚实信用原则进行判断</td></tr>
</table>

续表

<table>
<tr><td rowspan="4">未约定检验期间的后果</td><td>C. 买受人在合理期间内未通知出卖人的</td><td>视为标的物的数量或质量符合约定</td></tr>
<tr><td>D. 买受人自标的物收到之日起 2 年内（不变期间）未通知出卖人的</td><td>视为标的物的数量或质量符合约定，但对标的物有质量保证期的，适用质量保证期，不适用该 2 年的规定</td></tr>
<tr><td colspan="2">E. 买受人在合理期限内提出异议，出卖人以买受人已经支付价款、确认欠款数额、使用标的物为由，主张买受人放弃异议的，法院不予支持，但当事人另有约定的除外</td></tr>
<tr><td colspan="2">F. 买受人签收的送货单、确认单等载明标的物数量、型号、规格的，推定买受人已对数量和外观瑕疵进行了检验，但有相反证据足以推翻的除外</td></tr>
<tr><td colspan="3">【注意】在上述“检验期间”“合理期间”“2 年期间”经过后，买受人无权主张标的物的数量或质量不符合约定。
【注意】出卖人自愿承担违约责任后，又以上述期间经过为由反悔的，法院不予支持。</td></tr>
<tr><td rowspan="2">约定检验期间过短</td><td colspan="2">（3）下列关于当事人约定检验期间过短时应如何处理的表述中，正确的有（　）。</td></tr>
<tr><td colspan="2">A. 当事人约定的检验期限过短，根据标的物的性质和交易习惯，买受人在检验期限内难以完成全面检验的，该期限仅视为买受人对标的物的外观瑕疵提出异议的期限
B. 约定的检验期限或者质量保证期短于法律、行政法规规定期限的，应当以法律、行政法规规定的期限为准</td></tr>
<tr><td rowspan="2">检验标准</td><td colspan="2">（4）下列关于出卖人依照买受人的指示向第三人交付标的物，出卖人和买受人之间约定的检验标准与买受人和第三人之间约定的检验标准不一致如何处理表述中，正确的是（　）。</td></tr>
<tr><td colspan="2">A. 以出卖人和买受人之间约定的检验标准为标的物的检验标准</td></tr>
</table>

【考点子题—举一反三，真枪实练】

[90]（历年真题•多选题）甲公司向乙公司订购了一套生产设备，双方签订的买卖合同中对设备的型号、规格、质量等做了明确约定，但未约定质量检验期间。甲公司收到设备后，因故一直未使用，亦未支付剩余货款。收到货物 2 年后，甲公司才开始使用该设备，却发现该设备的质量与合同约定不符。当乙公司要求甲公司支付剩余货款时，甲公司以设备质量不合格为由拒绝，并要求乙公司承担违约责任。下列关于甲公司权利义务的表达中，符合《民法典》规定的有（　）。

A. 因未在收到货物之日起 2 年内提出质量异议，甲公司应当向乙公司支付剩余货款

B. 虽未在收到货物之日起 2 年内提出质量异议，但因设备存在质量问题，甲公司有权拒付剩余货款

C. 因设备质量不合格，甲公司有权要求乙公司承担违约责任

D. 因未在收到货物之日起 2 年内提出质量异议，甲公司无权要求乙公司承担违约责任

（三）买卖双方当事人的权责

【考点母题——万变不离其宗】出卖人的权责

下列关于出卖人权责的表述中，正确的有（　）。	
A. 交货和交单义务	出卖人应当履行向买受人交付标的物或交付提取标的物的单证，并转移标的物所有权的义务
	出卖人应当按照约定或交易习惯向买受人交付提取标的物单证以外的有关单证和资料，主要包括保险单、保修单、普通发票、增值税专用发票等
B. 出卖人应当按照约定的期限交付标的物	约定交付期间的，出卖人可以在该交付期间内的任何时间交付
	未约定交付期限或约定不明的，当事人可协商达成补充协议；不能达成补充协议的，按照合同有关条款或交易习惯确定；仍不能确定，出卖人可以随时履行，买受人也可以随时要求出卖人履行，但应当给对方必要的准备时间
C. 出卖人应当按照约定的地点交付标的物，未约定交付地点或约定不明，可协商达成补充协议；不能达成补充协议的，按照合同有关条款或交易习惯确定，仍不能确定的，适用下列规定	标的物需要运输的，出卖人应当将标的物交付给第一承运人以运交给买受人，出卖人将标的物交付给第一承运人后，标的物毁损、灭失的风险由买受人承担
	标的物不需要运输，出卖人和买受人订立合同时知道标的物在某一地点的，出卖人应当在该地点交付标的物；不知道标的物在某一地点的，应当在出卖人订立合同时的营业地交付标的物
D. 出卖人应当按照约定的质量要求交付标的物	当事人对标的物的质量要求没有约定或约定不明的，依照有关规定执行
	出卖人交付的标的物不符合质量要求的，买受人可以依照合同约定要求出卖人承担违约责任，对违约责任未约定或约定不明，并不能达成补充协议或按有关条款或交易习惯确定的，买受人可以根据标的物的性质及损失的大小，合理选择要求对方承担修理、更换、重做、退货、减少价款或报酬等违约责任
E. 出卖人应当按照约定的包装方式交付标的物	对包装方式未约定或约定不明的，依照法律的规定仍不能确定的，应当按照通用的方式包装，没有通用方式的，应当采取足以保护标的物且有利于节约资源、保护生态环境的包装方式
F. 出卖人应保证标的物的价值或使用效果	买受人依约保留部分价款作为质量保证金，出卖人在质量保证期间未及时解决质量问题而影响标的物的价值或使用效果，出卖人主张支付该部分价款的，法院不予支持
G. 买受人在检验期间、质量保证期间、合理期间内提出质量异议	出卖人未按要求予以修理或因情况紧急，买受人自行或通过第三人修理标的物后，主张出卖人负担因此发生的合理费用的，法院应予支持

第5章

续表

<table>
<tr><td>H. 出卖人未履行或不当履行从给付义务，致使买受人不能实现合同目的</td><td>买受人主张解除合同的，法院予以支持</td></tr>
<tr><td colspan="2">I. 出卖人交付的标的物，负有保证第三人对该标的物不享有任何权利的义务，但买受人订立合同时知道或应当知道第三人对买卖标的物享有权利的，出卖人不承担该义务</td></tr>
<tr><td>J. 当事人约定减轻或免除出卖人对标的物的瑕疵担保责任</td><td>因出卖人故意或重大过失不告知买受人标的物瑕疵的，出卖人无权主张减轻或免除瑕疵担保责任</td></tr>
<tr><td colspan="2">K. 买受人在缔约时知道或应当知道标的物质量存在瑕疵，主张出卖人承担瑕疵担保责任的，法院不予支持，但买受人在缔约时不知道该瑕疵会导致标的物的基本效用显著降低的除外</td></tr>
</table>

【考点母题——万变不离其宗】买受人的权责

<table>
<tr><td colspan="3">（1）下列关于买受人权责的表述中，正确的有（　）。</td></tr>
<tr><td rowspan="4">A. 支付价款</td><td colspan="2">应当按照约定的数额支付价款</td></tr>
<tr><td rowspan="2">应当按照约定的地点支付价款</td><td>（2）下列关于买卖合同中对付款地点未约定或约定不明达不成补充协议时如何处理的表述中，正确的有（　）。</td></tr>
<tr><td>A. 买受人应当在出卖人的营业地支付
B. 如果合同中约定支付价款以交付标的物或交付提取标的物单证为条件的，在交付标的物或交付提取标的物单证的所在地支付</td></tr>
<tr><td colspan="2">应当按照约定的时间支付价款，未约定或约定不明，可协议补充，达不成补充协议的，买受人应当在收到标的物或提取标的物单证时同时支付</td></tr>
<tr><td rowspan="4">B. 出卖人多交货物的处理</td><td colspan="2">买受人可以接收或拒绝接收多交的部分</td></tr>
<tr><td colspan="2">买受人接收多交部分的，按照合同的价格支付价款</td></tr>
<tr><td colspan="2">买受人拒绝接收多交部分的，应当及时通知出卖人</td></tr>
<tr><td colspan="2">标的物在交付之前产生的孳息，归出卖人所有，交付之后产生的孳息，归买受人所有。但当事人另有约定的除外</td></tr>
<tr><td rowspan="2">C. 分期付款未付部分达到全部1/5时的后果</td><td colspan="2">分期付款的买受人未支付到期价款的金额达到全部价款的1/5时，经催告后在合理期限内仍未支付到期价款的，出卖人可以要求买受人支付全部价款或解除合同</td></tr>
<tr><td colspan="2">出卖人解除合同的，可以向买受人要求支付该标的物的使用费</td></tr>
<tr><td rowspan="3">D. 标的物质量不符合约定的</td><td colspan="2">买受人有权请求减少价款</td></tr>
<tr><td colspan="2">当事人有权主张以符合约定的标的物和实际交付的标的物按交付时的市场价值计算差价</td></tr>
<tr><td colspan="2">价款已经支付，买受人有权主张返还减价后多出部分价款</td></tr>
</table>

【考点子题—举一反三，真枪实练】

[91]（历年真题•判断题）2017 年 5 月 1 日，甲到某商场购买一台价值为 20000 元的冰箱，双方约定采取分期付款的方式；5 月 1 日由甲先支付 6000 元并提货，6 月 1 日再付 6000 元，其余 8000 元在 7 月 10 前付清。6 月 1 日，甲未按期支付 6000 元价款。某商场催告甲在 6 月 20 日之前支付 6000 元，甲未予理睬。此时，该商场有权要求解除合同，并可以要求甲支付使用费。（　）

[92]（经典例题•多选题）王某购买甲汽车销售公司的轿车一辆，总价款 20 万元，约定分 10 次付清，每次 2 万元，每月的第一天支付。王某按期支付 6 次共计 12 万元后，因该款汽车大幅降价，王某遂停止支付剩余款项。甲汽车销售公司催告王某在一个月内付款，王某未予理睬。下列关于甲汽车销售公司权利的表述中，正确的有（　）。

A. 甲汽车销售公司有权要求王某一次性付清余下的 8 万元价款

B. 甲汽车销售公司有权通知王某解除合同

C. 甲汽车销售公司有权收回汽车，并且收取王某汽车使用费

D. 甲汽车销售公司有权收回汽车，但不退还王某已经支付的 12 万元价款

（四）所有权保留

所有权保留是指在移转财产所有权的交易中，根据法律规定或当事人的约定，财产所有人将标的物移转给对方当事人占有，但仍保留其对财产的所有权，待对方当事人支付合同价款或完成特定条件时，该财产的所有权才发生移转的一种法律制度。仅适用于动产交易，不适用于不动产。

【考点母题——万变不离其宗】所有权保留

<table>
<tr><td rowspan="2">所有权保留的效力</td><td>（1）下列关于所有权保留效力的表述中，正确的是（　）。</td></tr>
<tr><td>A. 出卖人对标的物保留的所有权，未经登记，不得对抗善意第三人</td></tr>
<tr><td>取回标的物的情形</td><td>（2）除当事人另有约定外，下列属于在标的物所有权转移前出卖人可主张取回标的物情形的有（　）。</td></tr>
<tr><td rowspan="2">取回标的物的情形</td><td>A. 未按约定支付价款的，经催告后在合理期限内仍未支付的
B. 未按约定完成特定条件的
C. 将标的物出卖、出质或作出其他不当处分的</td></tr>
<tr><td>（3）【判断金句】出卖人依法取回标的物，但是与买受人协商不成，当事人请求参照民事诉讼法“实现担保物权案件”的有关规定，拍卖、变卖标的物的，法院应予准许。买受人以抗辩或反诉的方式主张拍卖、变卖标的物，并在扣除买受人未支付的价款以及必要费用后返还剩余款项的，法院应当一并处理。</td></tr>
</table>

续表

不得取回标的物的情形	（4）下列属于出卖人不得主张取回标的物情形的有（　）。
	A．将标的物出卖、出质或作出其他不当处分的，第三人已经善意取得标的物所有权或其他物权的，出卖人不得主张取回标的物 B．买受人已经支付标的物总价款的75%以上，出卖人不得主张取回标的物
取回标的物后的法律后果	（5）下列关于出卖人取回标的物后的法律后果的表述中，正确的有（　）。
	A．取回的标的物价值显著减少的，出卖人可以请求买受人赔偿损失 B．出卖人取回标的物后，买受人在双方约定的或出卖人指定的回赎期间内，消除出卖人取回标的物的事由，可以请求回赎标的物 C．买受人在回赎期间内没有回赎标的物的，出卖人可以合理价格出卖给第三人，出卖所得价款扣除未支付价款及必要费用后仍有剩余的，应返还原买受人；不足部分由买受人清偿

【考点子题——举一反三，真枪实练】

[93]（历年真题·单选题）甲、乙双方于2013年1月7日订立买卖1000台彩电的合同，价款200万元，双方约定：甲支付全部价款后，彩电的所有权才转移给甲。乙于2月4日交付了1000台彩电，甲于3月5日支付了100万元，5月6日支付了剩余的100万元。下列关于彩电所有权转移的表述中，符合《民法典》规定的是（　）。

A．2月4日1000台彩电所有权转移　　B．3月5日1000台彩电所有权转移

C．3月5日500台彩电所有权转移　　D．5月6日1000台彩电所有权转移

[94]（经典例题·多选题）根据《民法典》的规定，当事人约定所有权保留，在标的物所有权转移前，买受人有一定情形的，对出卖人造成损害，除当事人另有约定外，出卖人有权取回标的物。该情形包括（　）。

A．未按约定支付价款的，经催告后在合理期限内仍未支付的

B．买受人已经支付标的物总价款的75%以上

C．未按约定完成特定条件的

D．将标的物出质的

[95]（经典例题·多选题）2020年1月甲以分期付款方式向乙公司购买潜水设备一套，价值10万元。约定首付2万元，余款分3期1年内付清，分别为2万元、3万元、3万元，全部付清款项之前乙公司保留所有权。甲收货后付了首付和第1期款项后，第2期款项经催告迟迟未支付。2020年8月甲以1万元的价格将该设备卖给职业潜水员丙。下列关于乙公司权利的表述中，符合《民法典》规定的有（　）。

A．乙公司有权解除合同，并要求甲承担违约责任

B．乙公司可以要求丙返还该潜水设备

C．乙公司解除合同后可以要求甲支付使用费

D．乙公司可以要求丙返还该潜水设备，但须支付给丙1万元购买费用

（五）试用买卖

【考点母题——万变不离其宗】试用买卖

<table>
<tr><td rowspan="2">认定为同意购买的情形</td><td>（1）试用买卖的买受人在试用期内从事的某些行为被视为同意购买。该行为包括（　）。</td></tr>
<tr><td>A. 试用买卖的买受人在试用期内已经支付部分价款的
B. 在试用期内，买受人对标的物实施了出卖、出租、设定担保物权等行为的</td></tr>
<tr><td rowspan="2">不属于试用买卖的情形</td><td>（2）下列不属于试用买卖情形的有（　）。</td></tr>
<tr><td>A. 约定标的物经过试用或检验符合一定要求时，买受人应购买标的物
B. 约定第三人经试验对标的物认可时，买受人应当购买标的物
C. 约定买受人在一定期间内可以调换标的物
D. 约定买受人在一定期间内可以退还标的物</td></tr>
<tr><td>试用买卖的使用费</td><td>（3）【判断金句】试用买卖的当事人没有约定使用费或约定不明确，出卖人无权主张买受人支付使用费。</td></tr>
<tr><td>试用期内标的物风险承担</td><td>（4）【判断金句】标的物在试用期内毁损、灭失的风险由出卖人承担。</td></tr>
<tr><td colspan="2">（5）【判断金句】试用买卖的买受人在试用期内可以购买标的物，也可以拒绝购买。试用期限届满，买受人对是否购买标的物未作表示的，视为购买。</td></tr>
</table>

【考点子题—举一反三，真枪实练】

[96]（历年真题•单选题）根据合同法律制度的规定，下列关于试用买卖合同的表述中，正确的是（　）。

A. 买受人在试用期内对标的物设立担保物权的，视为同意购买

B. 试用期限届满，买受人对是否购买标的物未作表示的，视为不同意购买

C. 当事人没有约定使用费的，出卖人有权主张买受人支付使用费

D. 标的物在试用期内毁损、灭失的风险由买受人承担

（六）商品房买卖合同

【考点母题——万变不离其宗】商品房买卖合同

<table>
<tr><td rowspan="2">商品房销售广告性质</td><td>（1）下列关于商品房销售广告性质及其法律后果的表述中，正确的有（　）。</td></tr>
<tr><td>A. 商品房的销售广告和宣传资料为要约邀请
B. 出卖人就商品房开发规划范围内的房屋及相关设施所作的说明和允诺具体确定，并对商品房买卖合同的订立以及房屋价格的确定有重大影响的，应当视为要约
C. 该说明和允诺即使未载入商品房买卖合同，应当视为合同内容，当事人违反的，应当承担违约责任</td></tr>
</table>

续表

<table>
<tr><td rowspan="2">商品房预售合同的效力</td><td colspan="2">（2）下列关于商品房预售合同效力的表述中，正确的有（　）。</td></tr>
<tr><td colspan="2">A. 出卖人预售商品房，必须申领商品房预售许可证明
B. 出卖人未取得商品房预售许可证明，与买受人订立的商品房预售合同，应当认定无效，但在起诉前取得商品房预售许可证明的，可以认定有效
C. 当事人不得以商品房预售合同未按照法律、行政法规规定办理登记备案手续为由，请求确认合同无效
D. 当事人约定以办理登记备案手续为商品房预售合同生效条件的，从其约定，但当事人一方已经履行主要义务，对方接受的除外</td></tr>
<tr><td rowspan="5">合同解除权</td><td colspan="2">（3）下列属于当事人可以行使商品房买卖合同解除权的情形有（　）。</td></tr>
<tr><td colspan="2">A. 因房屋主体结构质量不合格不能交付使用，或房屋交付使用后，房屋主体结构质量经核验确属不合格，买受人有权请求解除合同和赔偿损失</td></tr>
<tr><td colspan="2">B. 因房屋质量问题严重影响正常居住使用，买受人有权请求解除合同和赔偿损失</td></tr>
<tr><td rowspan="2">C. 出卖人迟延交付房屋或买受人迟延支付购房款，经催告后在3个月的合理期限内仍未履行的，当事人一方有权请求解除合同，但当事人另有约定的除外</td><td>法律没有规定或者当事人没有约定，经对方当事人催告后，解除权行使的合理期限为3个月</td></tr>
<tr><td>对方当事人没有催告的，解除权应当在解除权发生之日起1年内行使；逾期不行使的，解除权消灭</td></tr>
<tr><td rowspan="2">商品房买卖中贷款合同的效力</td><td colspan="2">（4）下列关于商品房买卖中贷款合同的效力的表述中，正确的有（　）。</td></tr>
<tr><td colspan="2">A. 因当事人一方原因未能订立商品房担保贷款合同并导致商品房买卖合同不能继续履行的，对方当事人可以请求解除合同和赔偿损失
B. 因不可归责于当事人双方的事由未能订立商品房担保贷款合同并导致商品房买卖合同不能继续履行的，当事人可以请求解除合同，出卖人应当将收受的购房款本金及其利息或定金返还买受人
C. 因商品房买卖合同被确认无效或被撤销、解除，致使商品房担保贷款合同的目的无法实现，当事人有权请求解除商品房担保贷款合同，出卖人应当将收受的购房贷款和购房款的本金及利息分别返还担保权人和买受人</td></tr>
</table>

考点20 赠与合同

【考点母题——万变不离其宗】赠与合同

<table>
<tr><td rowspan="2">当事人的权利义务</td><td>（1）下列关于赠与合同中当事人权利义务的表述中，正确的有（　）。</td></tr>
<tr><td>A. 经过公证的赠与合同或依法不得撤销的具有救灾、扶贫、助残等社会公益、道德义务的性质的赠与合同，赠与人不交付赠与的财产的，受赠人可以请求交付，因赠与人故意或重大过失致使赠与的财产毁损、灭失的，赠与人应当承担损害赔偿责任</td></tr>
</table>

续表

当事人的权利义务	B. 赠与的财产有瑕疵的，赠与人不承担责任，但附义务的赠与，赠与的财产有瑕疵的，赠与人在附义务的限度内承担与出卖人相同的责任；赠与人故意不告知赠与的财产有瑕疵或保证无瑕疵，造成受赠人损失的，应当承担损害赔偿责任 C. 赠与附义务的，受赠人应当按照约定履行义务 D. 赠与人的经济状况显著恶化，严重影响其生产经营或家庭生活的，可以**不再履行赠与义务**
赠与的撤销	（2）【判断金句】赠与人在赠与财产的权利转移之前可以撤销赠与，但具有救灾、扶贫、助残等社会公益、道德义务性质的赠与合同或经过公证的赠与合同，不得撤销。
	（3）下列关于法定不得撤销的赠与合同有（　）。
	A. 具有救灾、扶贫、助残等社会公益、道德义务性质的赠与合同 B. 经过公证的赠与合同 C. 赠与的财产权利已转移至受赠人（动产赠与，系指动产交付给受赠人；不动产赠与，系指该赠与不动产权利已经登记机关移转登记）
	（4）受赠人有特定情形的，赠与人可以撤销赠与。该特定情形包括（　）。
	A. 严重侵害赠与人或赠与人近亲属（包括配偶、父母、子女、兄弟姐妹、祖父母、外祖父母、孙子女、外孙子女）的合法权益 B. 对赠与人有扶养义务（且有扶养能力）而不履行 C. 不履行赠与合同约定的义务 D. 因受赠人的违法行为致使赠与人死亡或丧失合同行为能力的，赠与人的继承人或法定代理人可以撤销赠与
赠与撤销的期间	（5）【判断金句】**赠与人**的撤销权，自知道或应当知道撤销原因之日起1年内行使。
	（6）【判断金句】赠与人的**继承人或法定代理人**的撤销权，自知道或应当知道撤销原因之日起6个月内行使。
赠与撤销的后果	（7）【判断金句】撤销权人撤销赠与的，可以向受赠人要求返还赠与的财产。
附义务赠与	（8）【判断金句】在附义务的赠与中，赠与人负有将其财产给付受赠人的义务，受赠人按照合同约定负担某种义务，但受赠人所负担的义务并非赠与人所附义务的对价，双方的义务并不是对应的，赠与人不能以受赠人不履行义务为抗辩。

【考点子题—举一反三，真枪实练】

[97]（历年真题•单选题）李某为资助15岁的王某上学，与王某订立赠与合同，赠与王某10万元，并就该赠与合同办理了公证。后李某无正当理由，在交付给王某6万元后就表示不再赠与了。根据《民法典》的规定，下列表述中，正确的是（　）。

A. 李某应当再给付王某4万元，因该赠与合同不可撤销

B. 李某可不再给付王某4万元，因王某属于限制合同行为能力人，该赠与合同效力待定

C. 李某可向王某要求返还6万元，因该赠与合同可撤销

D. 李某可不再给付王某4万元，因该赠与合同可撤销

[98]（历年真题·多选题）根据《民法典》的规定，下列情形中，赠与人不得主张撤销赠与的有（　）。

A. 张某将1辆小轿车赠与李某，且已交付

B. 甲公司与某地震灾区小学签订赠与合同，将赠与50万元用于修复教学楼

C. 乙公司表示将赠与某大学3辆校车，双方签订了赠与合同，且对该赠与同进行了公证

D. 陈某将1块手表赠与王某，且已交付，但王某不履行赠与合同约定的义务

[99]（经典例题·多选题）王某表示赠与赵某两辆自行车。已经交付了一辆，还有一辆尚未交付。某天，赵某与王某之父发生冲突，厮打中将王某之父打成重伤。后王某表示不再赠与剩余一辆自行车，赵某不同意。根据《民法典》的规定，下列关于王某权利义务的表述中，正确的有（　）。

A. 王某可以撤销对赵某的赠与，因赵某严重侵害赠与人近亲属的合法权益

B. 王某应该交付剩余一辆自行车，因已经开始交付赠与不得撤销

C. 王某应在其父被打伤后6个月内行使撤销权

D. 王某有权要求赵某返还已赠与的自行车

[100]（历年真题·简答题）慈善家李某于2020年设立了甲一人有限责任公司（以下简称“甲公司”）。甲公司2022年度签订了三份赠与合同。

1月5日，甲公司与乙养老院签订赠与合同，约定：甲公司将一批电热毯赠与乙养老院并保证该批电热毯可以正常使用，无任何质量问题。乙养老院在使用该批电热毯时发生火灾，导致乙养老院部分财产被烧毁。经鉴定，该火灾是由电热毯质量不合格所引起。乙养老院要求甲公司赔偿相应损失。

6月10日，甲公司与丙建筑公司签订赠与合同，约定：甲公司将一台已经使用一年的叉车赠与丙建筑公司，6月20日交付。6月19日，甲公司因一项工程建设仍需要使用该叉车两个月，遂通知丙建筑公司先撤销赠与，未来再考虑叉车赠与事宜。丙建筑公司认为双方已经在赠与合同上签字盖章，甲公司无权撤销赠与。

7月10日，甲公司与丁民办学校签订赠与合同，约定：甲公司赠与丁民办学校10万元，专项用于丁民办学校图书馆购买图书，不能挪作他用。7月11日，甲公司向丁民办学校支付10万元。8月10日，甲公司调查发现，丁民办学校已经将该笔资金用于发放所拖欠的教师工资，遂决定撤销赠与，要求丁民办学校归还10万元。丁民办学校认为其对赠与资金有权调剂使用，拒绝归还。

要求：

根据上述资料和合同法律制度的规定，不考虑其他因素，回答下列问题：

（1）乙养老院要求甲公司赔偿相应损失，是否符合法律规定？简要说明理由。

（2）丙建筑公司认为甲公司无权撤销赠与，是否符合法律规定？简要说明理由。

（3）甲公司决定撤销赠与，要求丁民办学校归还10万元，是否符合法律规定？简要说明理由。

考点21　借款合同

【考点母题——万变不离其宗】借款合同

借款合同的形式	（1）下列关于借款合同形式的表述中，正确的是（　）。 A. 借款合同须采用书面形式，但自然人之间借款另有约定的除外
自然人之间的借款合同	（2）下列关于自然人之间借款合同成立的表述中，正确的是（　）。 A. 自然人之间的借款合同为**实践性合同**，自贷款人提供借款时成立
当事人的权利和义务	（3）下列关于借款合同中当事人权利义务的表述中，正确的有（　）。 A. 借款人未按照约定的借款用途使用借款的，贷款人可以停止发放借款，提前收回借款或解除合同 B. 贷款人未按照约定的日期、数额提供借款，造成借款人损失的，应当赔偿损失 C. 借款人未按照约定的日期、数额收取借款的，应当按照约定的日期、数额支付利息 D. 借款人应当按照约定的期限返还借款，对借款期限未约定或约定不明时，当事人可以协议补充；不能达成补充协议的，借款人可随时返还，贷款人也可催告借款人在合理期限内返还 E. 借款人可以在还款期限届满之前向贷款人申请延期，贷款人同意的，可以延期
借期内利息的规定	（4）下列关于**借期内利息**规定的表述中，正确的有（　）。 A. **借款的利息不得预先在本金中扣除；利息预先在本金中扣除的，应当按照实际借款数额返还借款并计算利息** B. **自然人之间的借款合同对支付利息没有约定或约定不明确的，视为没有利息** C. 除自然人之间借贷的外，**借贷双方没有约定利息，视为没有利息**；借贷双方对借贷利息约定不明，当事人不能达成补充协议的，按照当地或当事人的交易方式、交易习惯、市场利率等因素确定利息 D. 出借人有权请求借款人按照合同约定的利率支付利息，但双方约定的利率超过合同成立时1年期贷款市场报价利率4倍的除外 E. 借贷双方对前期借款本息结算后将利息计入后期借款本金并重新出具债权凭证，如前期利率未超过合同成立时1年期贷款市场报价利率4倍，重新出具的债权凭证载明的金额可认定为后期借款本金；超过部分的利息不能计入后期借款本金 F. 借款人在借款期间届满后应当支付的本息之和，超过最初借款本金与以最初借款本金为基数，以合同成立时1年期贷款市场报价利率4倍计算的整个借款期间的利息之和的，法院不予支持

续表

<table>
<tr><td rowspan="5">逾期利息的规定</td><td colspan="2">（5）下列关于借款人逾期归还借款逾期利率如何计算的表述中，正确的有（　）。</td></tr>
<tr><td colspan="2">A. 借贷双方对逾期利率有约定的，从其约定，但以不超过合同成立时 1 年期贷款市场报价利率 4 倍为限</td></tr>
<tr><td rowspan="2">B. 未约定逾期利率或约定不明的处理</td><td>既未约定借期内的利率，也未约定逾期利率，出借人有权主张借款人自逾期还款之日起参照当时 1 年期贷款市场报价利率标准计算的利息承担逾期还款违约责任</td></tr>
<tr><td>约定了借期内的利率但未约定逾期利率，出借人有权主张借款人自逾期还款之日起按借期内的利率支付资金占用期间利息</td></tr>
<tr><td colspan="2">（6）【判断金句】出借人与借款人既约定了逾期利率，又约定了违约金或其他费用，出借人可以选择主张逾期利息、违约金或其他费用，也可以一并主张，但总计超过合同成立时 1 年期贷款市场报价利率 4 倍的部分，不予支持。</td></tr>
<tr><td rowspan="2">利息支付期限规定</td><td colspan="2">（7）下列关于利息支付期限的表述中，正确的有（　）。</td></tr>
<tr><td colspan="2">A. 借款人应当按照约定的期限支付利息
B. 借款人可以提前偿还借款，除当事人另有约定的外，应当按照实际借款的期间计算利息
C. 对支付利息的期限未约定或约定不明的，可以协议补充；不能达成补充协议时，借款期间不满 1 年的，应当在返还借款时一并支付；借款期间 1 年以上的，应当在每届满 1 年时支付，剩余期间不满 1 年的，应当在返还借款时一并支付</td></tr>
</table>

【考点子题一举一反三，真枪实练】

［101］（历年真题·单选题）李某向王某借款 5 万元，约定借款期限 1 年，合同成立时 1 年期贷款市场报价率为 3.85%。但未约定逾期付款利率。1 年后，因李某未如期归还，王某多次催要未果，向法院起诉要求李某还本付息。根据《民法典》的规定，下列关于支付逾期还款利息的主张中，能够得到法院支持的是（　）。

A. 王某请求李某依当地习惯按年利率 10% 支付逾期还款期间的利息

B. 王某请求李某依当地习惯按年利率 6% 支付逾期还款期间的利息

C. 王某请求李某按同期银行贷款利率支付逾期还款期间的利息

D. 王某请求李某按合同成立时 1 年期贷款市场报价利率支付逾期还款期间的利息

［102］（历年真题·单选题）王某为做生意向其朋友张某借款 10000 元，当时未约定利息。

王某还款时，张某索要利息，王某以没有约定利息为由拒绝。根据《民法典》的规定，下列关于王某是否支付利息的表述中，正确的是（　）。

A. 王某不必支付利息

B. 王某应按当地民间习惯支付利息

C. 王某应按同期银行贷款利率支付利息

D. 王某应在不超过同期银行贷款利率四倍的范围支付利息

[103]（历年真题•多选题）根据《民法典》的规定，下列关于借款利息的表述中，正确的有（　）。

A. 借款利息预先在本金中扣除的，应当按照实际借款数额返还借款并计算利息

B. 借款合同约定的利率超过合同成立时1年期贷款市场报价利率4倍的，人民法院不予支持

C. 自然人借款合同对支付利息没有约定的，应按照合同成立时1年期贷款市场报价利率支付利息

D. 借贷双方对逾期利率的约定以不超过合同成立时1年期贷款市场报价利率4倍为限

[104]（历年真题•单选题）2022年3月1日，张某与李某签订借款合同，约定张某向李某借款50万元，年利率为10%。3月5日，李某将45万元转账给张某，声明预扣了5万元利息。双方未约定借款期限。下列关于该借款合同效力的表述中，正确的是（　）。

A. 借款合同的成立日期是2022年3月1日

B. 借款合同的成立日期是2022年3月5日

C. 因未约定借款期限，借款合同无效

D. 因预先扣除借款利息5万元，借款合同无效

考点22　保证合同

（一）保证合同概述

【考点母题——万变不离其宗】保证合同成立的情形

（1）下列关于保证合同成立情形的表述中，正确的有（　）。

续表

A. 保证人与债权人应当以书面形式订立保证合同，保证合同可以是单独订立的**书面合同**，也可以是主债权债务合同中的**保证条款** B. 第三人单方以书面形式向债权人作出保证，债权人接收且未提出异议的，保证合同成立 C. 第三人向债权人提供差额补足、流动性支持等类似承诺文件作为增信措施，具有提供担保的意思表示，债权人请求第三人承担保证责任的，法院应当依照保证的有关规定处理 D. 第三人向债权人提供的承诺文件，具有加入债务或者与债务人共同承担债务等意思表示的，人民法院应当认定为债务加入；第三人提供的承诺文件难以确定是保证还是债务加入的，法院应当将其认定为保证 E. 保证人与债权人可以就单个主合同分别订立保证合同，也可以协议在最高债权额限度内就一定期间连续发生的借款合同或者某项商品交易合同订立一个保证合同
（2）【判断金句】保证合同是主债权债务合同的从合同。主债权债务合同无效的，保证合同无效，但是法律另有规定的除外。保证合同被确认无效后，债务人、保证人、债权人有过错的，应当根据其过错各自承担相应的民事责任。

（二）保证人

【考点母题——万变不离其宗】保证人

<table>
<tr><td rowspan="5">不能担任保证人的情形</td><td colspan="2">（1）下列各项中，属于不得担任保证人的有（　）。</td></tr>
<tr><td>A. 机关法人</td><td>例外：在经国务院批准为使用外国政府或国际经济组织贷款进行转贷时可作为保证人</td></tr>
<tr><td colspan="2">B. 居民委员会、村民委员会不得为保证人，但依法代行村集体经济组织职能的村民委员会，依照村民委员会组织法规定的讨论决定程序对外提供担保的除外</td></tr>
<tr><td rowspan="2">C. 以公益为目的的非营利法人、非法人组织</td><td>非营利法人：为公益目的或者其他非营利目的设立，不向出资人、设立人或会员分配所取得利润的法人，包括事业单位、社会团体、基金会、社会服务机构等</td></tr>
<tr><td>非法人组织：不具有法人资格，但是能够依法以自己的名义从事民事活动的组织（要依法登记），包括个人独资企业、合伙企业、不具有法人资格的专业服务机构等</td></tr>
<tr><td colspan="3">（2）【判断金句】不具有完全代偿能力的法人、其他组织或自然人，以保证人身份订立保证合同后，不得以自己没有代偿能力要求免除保证责任。</td></tr>
</table>

【考点子题—举一反三，真枪实练】

［105］（历年真题•单选题）陈某向李某借款10万元，并签订了借款合同。张某向李某单方面提交了签名的保证书，其中仅载明“若陈某不清偿到期借款本息，张某将代为履行”。李某接到该保证书后未表示反对。借款到期后，陈某未清偿借款本息。经查，张某并不具有代偿能力。根据《民法典》的规定，下列关于保证合同效力的表述中，正确的是（　）。

A. 保证合同无效，因张某不具有代偿能力

B. 保证合同无效，因张某未与李某签订保证合同

C. 保证合同有效，因李某对张某提交的保证书未提出异议

D. 保证合同有效，因张某同意陈某不清偿时其代为清偿

（三）保证方式

保证方式：
- 一般保证：当事人在保证合同中约定，债务人不能履行债务时，由保证人承担保证责任。
- 连带责任保证：当事人在保证合同中约定保证人与债务人对债务承担连带责任。

一般保证的保证人享有先诉抗辩权。先诉抗辩权，是指一般保证的保证人在主合同纠纷未经审判或仲裁，并就债务人财产依法强制执行仍不能履行债务前，有权拒绝向债权人承担保证责任。

连带责任保证的债务人在主合同规定的债务履行期届满没有履行债务的，债权人可以要求债务人履行债务，也可以要求保证人在其保证范围内承担保证责任（无先后顺序）。

【考点母题——万变不离其宗】一般保证的认定及先诉抗辩权

<table>
<tr><td rowspan="2">一般保证</td><td>（1）属于一般保证情形的有（　）。</td></tr>
<tr><td>A. 保证合同明确约定保证方式为一般保证
B. 当事人对保证方式没有约定或约定不明确的，按照一般保证承担保证责任
C. 当事人在保证合同中约定了保证人在债务人不能履行债务或者无力偿还债务时才承担保证责任等类似内容，具有债务人应当先承担责任的意思表示的，应当将其认定为一般保证</td></tr>
<tr><td rowspan="2">不享有先诉抗辩权的情形</td><td>（2）下列属于一般保证的保证人不得行使先诉抗辩权情形的有（　）。</td></tr>
<tr><td>A. 债务人下落不明，且无财产可供执行　B. 人民法院已经受理债务人破产案件
C. 债权人有证据证明债务人的财产不足以履行全部债务或者丧失履行债务能力
D. 保证人以书面形式放弃先诉抗辩权的</td></tr>
<tr><td colspan="2">（3）【判断金句】一般保证的保证人在主债权履行期间届满后，向债权人提供了债务人可供执行财产的真实情况的，债权人放弃或怠于行使权利致使该财产不能被执行，保证人在其提供可供执行财产的实际价值范围内不再承担保证责任。</td></tr>
</table>

【考点母题——万变不离其宗】主张一般保证责任的相关程序规定

下列关于当事人主张一般保证责任相关程序规定的表述中，正确的有（　）。

续表

A. 一般保证中，债权人以债务人为被告提起诉讼的，法院应予受理；债权人未就主合同纠纷提起诉讼或者申请仲裁，仅起诉一般保证人的，法院应当驳回起诉
B. 一般保证中，债权人一并起诉债务人和保证人的，法院可以受理，但是在作出判决时，除有前述保证人不得行使先诉抗辩权的情形外，应当在判决书主文中明确，保证人仅对债务人财产依法强制执行后仍不能履行的部分承担保证责任
C. 债权人未对债务人的财产申请保全，或者保全的债务人的财产足以清偿债务，债权人申请对一般保证人的财产进行保全的，法院不予准许
D. 一般保证的债权人取得对债务人赋予强制执行效力的公证债权文书后，在保证期间内向法院申请强制执行，保证人以债权人未在保证期间内对债务人提起诉讼或申请仲裁为由主张不承担保证责任的，法院不予支持

【考点子题—举一反三，真枪实练】

[106]（经典例题•判断题）**一般保证的债权人取得对债务人赋予强制执行效力的公证债权文书后，在保证期间内向法院申请强制执行，保证人以债权人未在保证期间内对债务人提起诉讼或申请仲裁为由主张不承担保证责任的，法院应予支持。（　）**

【考点母题——万变不离其宗】连带责任保证的认定及效力

下列关于连带责任保证认定及效力的表述中，正确的有（　）。
A. 当事人在保证合同中约定保证人和债务人对债务承担连带责任的，为连带责任保证 B. 当事人在保证合同中约定了保证人在债务人不履行债务或者未偿还债务时即承担保证责任、无条件承担保证责任等类似内容，不具有债务人应当先承担责任的意思表示的，应当将其认定为连带责任保证 C. 连带责任保证的债务人不履行到期债务或发生当事人约定的情形时，债权人可以请求债务人履行债务，也可以请求保证人在其保证范围内承担保证责任

【考点母题——万变不离其宗】共同保证

共同保证责任的承担	（1）下列关于共同保证责任承担的表述中，正确的是（　）。
	A. 同一债务有两个以上保证人的，为共同保证，共同保证人应当按照保证合同约定的保证份额，承担保证责任；各保证人与债权人没有约定保证份额的，应当认定为连带共同保证
连带责任保证与连带共同保证的区别	（2）下列关于连带责任保证与连带共同保证区别的表述中，正确的有（　）。
	A. 连带责任保证是保证的一种方式，是保证人与债务人之间的连带 B. 连带共同保证是共同保证的一种形式，是保证人之间的连带 C. 连带共同保证的多个保证人在保证方式上同样可能承担的是一般保证或连带责任保证，如果承担的是一般保证，共同保证人同样享有先诉抗辩权；如果承担的是连带责任保证，当债务人到期不履行债务时，债权人才可以直接选择要求共同保证人承担连带责任 D. 无论连带共同保证的保证人承担保证的方式是一般保证或连带责任保证，在债权人有权利要求保证人承担保证责任时，债权人可以要求任何一个保证人在保证范围内承担全部保证责任，保证人负有担保全部债权实现的义务 E. 连带共同保证的保证人不得以其相互之间约定各自承担的份额对抗债权人

（四）保证责任

【考点母题——万变不离其宗】保证责任的范围

下列关于保证责任范围的表述中，正确的有（　）。
A. 保证人在约定的保证担保范围内承担保证责任 B. 当事人对保证担保的范围没有约定或者约定不明确的，保证人应当对全部债务承担责任 C. 全部债务包括主债权及利息、违约金、损害赔偿金和实现债权的费用

保证期间是指当事人约定或法律规定的保证人承担保证责任的期限。保证人在与债权人约定的保证期间或法律规定的保证期间内承担保证责任。

【考点母题——万变不离其宗】保证期间

<table>
<tr><td rowspan="7">保证期间</td><td colspan="2">（1）下列关于保证期间的表述中，正确的有（　）。</td></tr>
<tr><td colspan="2">A. 保证人与债权人约定保证期间的，按照约定执行</td></tr>
<tr><td rowspan="2">B. 没有约定或约定不明的，保证期间为 6 个月</td><td>保证合同约定的保证期间早于或等于主债务履行期限的，视为没有约定</td></tr>
<tr><td>保证合同约定保证人承担保证责任直至主债务本息还清时为止等类似内容的，视为约定不明</td></tr>
<tr><td colspan="2">C. 主合同对主债务履行期限没有约定或约定不明的，保证期间自债权人请求债务人履行债务的宽限期届满之日起计算</td></tr>
<tr><td rowspan="2">D. 最高额保证期间</td><td>保证人与债权人协议在最高债权额限度内就一定期间连续发生的债权作保证，未约定保证期间的，保证人可以随时书面通知债权人终止保证合同，但保证人对于通知到债权人前所发生的债权，承担保证责任</td></tr>
<tr><td>最高额保证合同对保证期间没有约定或约定不明的，如最高额保证合同约定有保证人清偿债务期限的，保证期间为清偿期限届满之日起 6 个月；没有约定债务清偿期限的，保证期间自最高额保证终止之日或自债权人收到保证人终止保证合同的书面通知到达之日起 6 个月</td></tr>
<tr><td rowspan="2">保证期间内保证责任的承担</td><td colspan="2">（2）下列关于保证期间内保证人责任承担的表述中，正确的有（　）。</td></tr>
<tr><td colspan="2">A. 一般保证的债权人未在保证期间对债务人提起诉讼或申请仲裁的，保证人不再承担保证责任
B. 连带责任保证的债权人未在保证期间请求保证人承担保证责任的，保证人不再承担保证责任</td></tr>
</table>

续表

<table>
<tr><td rowspan="8">保证期间的效力</td><td colspan="2">（3）下列关于保证期间效力规定的表述中，正确的有（　）。</td></tr>
<tr><td colspan="2">A. 债权人在保证期间内未依法行使权利的，保证责任消灭</td></tr>
<tr><td rowspan="2">B. 保证人如果有数人，债权人应在保证期间内依法向每一个保证人主张保证责任，否则，对于保证期间内未被主张保证责任的部分保证人，其保证责任仍归于消灭</td><td>同一债务有两个以上保证人，债权人以其已经在保证期间内依法向部分保证人行使权利为由，主张已经在保证期间内向其他保证人行使权利的，法院不予支持</td></tr>
<tr><td>同一债务有两个以上保证人，保证人之间相互有追偿权，债权人未在保证期间内依法向部分保证人行使权利，导致其他保证人在承担保证责任后丧失追偿权，其他保证人主张在其不能追偿的范围内免除保证责任的，法院应予支持</td></tr>
<tr><td colspan="2">C. 一般保证的债权人在保证期间内对债务人提起诉讼或者申请仲裁后，又撤回起诉或者仲裁申请，债权人在保证期间届满前未再行提起诉讼或者申请仲裁，保证人主张不再承担保证责任的，法院应予支持</td></tr>
<tr><td colspan="2">D. 连带责任保证的债权人在保证期间内对保证人提起诉讼或申请仲裁后，又撤回起诉或仲裁申请，起诉状副本或仲裁申请书副本已经送达保证人的，法院应当认定债权人已经在保证期间内向保证人行使了权利</td></tr>
<tr><td colspan="2">E. 保证责任消灭后，债权人书面通知保证人要求承担保证责任，保证人在通知书上签字、盖章或按指印，债权人请求保证人继续承担保证责任的，法院不予支持，但债权人有证据证明成立了新的保证合同的除外</td></tr>
</table>

【考点子题一举一反三，真枪实练】

[107]（经典例题•单选题）根据《民法典》的规定，保证人在保证合同中约定保证期间等于主债务履行期限的，视为未约定，保证期间应为法定期间。该法定期间为（　）。

A. 主债务履行期限届满之日起2年　B. 主债务履行期限届满之日起1年

C. 主债务履行期限届满之日起6个月　D. 主债务履行期限届满之日起3个月

[108]（经典例题•单选题）甲企业向乙银行申请贷款，还款日期为2017年12月30日。丙企业为该债务提供连带责任保证，但未约定保证期间。后甲企业申请展期，与乙银行就还款期限作了变更，还款期限延至2018年12月30日，但未征得丙企业的书面同意。展期到期，甲企业无力还款，乙银行遂要求丙企业承担保证责任。根据《民法典》的规定，下列关于丙企业是否承担保证责任的表述中，正确的是（　）。

A. 不承担，因为保证期间已过

B. 应承担，因为保证合同有效

C. 应承担，因为丙企业为连带责任保证人

D. 不承担，因为丙企业的保证责任因还款期限的变更而消灭

[109]（经典例题•判断题）当事人对保证方式没有约定或约定不明确的，按照连带责任

保证承担保证责任。(　　)

【考点母题——万变不离其宗】保证债务的诉讼时效

<table>
<tr><td colspan="3">（1）下列关于保证债务诉讼时效的表述中，正确的有（　　）。</td></tr>
<tr><td colspan="3">A. 保证债务诉讼时效为普通诉讼时效，期间为 3 年</td></tr>
<tr><td colspan="3">B. 保证人知道或者应当知道主债权诉讼时效期间届满仍然提供保证或者承担保证责任，又以诉讼时效期间届满为由拒绝承担保证责任或者请求返还财产的，法院不予支持；保证人承担保证责任后向债务人追偿的，法院不予支持，但是债务人放弃诉讼时效抗辩的除外</td></tr>
<tr><td rowspan="4">C. 一般保证的债权人在保证期间届满前对债务人提起诉讼或者申请仲裁的，从保证人拒绝承担保证责任的权利（先诉抗辩权）消灭之日起，开始计算保证债务的诉讼时效</td><td colspan="2">（2）下列关于如何理解一般保证中“保证人拒绝承担保证责任的权利消灭之日”的表述中，正确的有（　　）。</td></tr>
<tr><td rowspan="2">A. 一般保证中，债权人依据生效法律文书对债务人的财产依法申请强制执行，保证债务诉讼时效的起算时间按照下列规则确定</td><td>法院作出终结本次执行程序裁定，或者因作为被执行人的自然人死亡，无遗产可供执行且无义务承担人或生活困难无力偿还借款，无收入来源且丧失劳动能力而作出终结执行裁定的，自裁定送达债权人之日起开始计算</td></tr>
<tr><td>法院自收到申请执行书之日起 1 年内未作出前项裁定的，自法院收到申请执行书满 1 年之日起开始计算，但是保证人有证据证明债务人仍有财产可供执行的除外</td></tr>
<tr><td colspan="2">B. 一般保证的债权人在保证期间届满前对债务人提起诉讼或者申请仲裁，债权人举证证明存在保证人不得行使先诉抗辩权情形的，保证债务的诉讼时效自债权人知道或者应当知道该情形之日起开始计算</td></tr>
<tr><td colspan="3">D. 连带责任保证的债权人在保证期间届满前请求保证人承担保证责任的，从债权人请求保证人承担保证责任之日起，开始计算保证合同的诉讼时效</td></tr>
<tr><td colspan="3">E. 保证人对债务人行使追偿权的诉讼时效，自保证人向债权人承担责任之日起开始计算</td></tr>
</table>

【考点子题—举一反三，真枪实练】

[110]（经典例题•判断题）2016 年 4 月 10 日，刘备向张飞借款 20 万元，关羽作为保证人与张飞签订了保证合同。合同约定借款期限为 2 年，但未约定保证方式与保证期间。后刘备到期不能清偿借款 20 万元。2018 年 8 月 10 日，张飞向法院起诉刘备请求偿还借款 20 万元。2019 年 5 月 10 日，张飞通过法院执行刘备财产后仍有 8 万元借款不能清偿。张飞拟起诉关羽。张飞应在 2022 年 5 月 10 日之前起诉关羽。(　　)

[111]（经典例题•判断题）保证人对已经超过诉讼时效期间的债务承担保证责任或提供保证的，又以超过诉讼时效为由抗辩的，法院不予支持。(　　)

【考点母题——万变不离其宗】主合同变更和保证责任承担

<table>
<tr><td colspan="3">（1）下列关于保证期间主合同变更与保证责任承担的表述中，正确的有（　）。</td></tr>
<tr><td rowspan="3">A. 主债权转让对保证责任的影响</td><td colspan="2">（2）下列关于债权人将主债权转让给第三人时保证人保证责任承担的表述中，正确的是（　）。</td></tr>
<tr><td rowspan="2">A. 保证期间，债权人将主债权转让给第三人并通知保证人的，保证债权同时转让，保证人在原保证担保的范围内对受让人承担保证责任；未通知保证人的，该转让对保证人不发生效力</td><td>（3）下列关于主债权转让保证人不再承担保证责任的表述中，正确的是（　）。</td></tr>
<tr><td>A. 保证人与债权人事先约定仅对特定的债权人承担保证责任或禁止债权转让的，债权人未经保证人书面同意转让债权的，保证人对受让人不再承担保证责任</td></tr>
<tr><td rowspan="2">B. 主债务转移对保证责任的影响</td><td colspan="2">（4）下列关于债权人许可债务人转让债务时保证人承担保证责任的表述中，正确的是（　）。</td></tr>
<tr><td colspan="2">A. 保证期间，债权人许可债务人转让债务的，应当取得保证人书面同意，保证人对未经同意转让的债务部分，不再承担保证责任，但是债权人和保证人另有约定的除外</td></tr>
<tr><td colspan="3">C. 第三人加入债务的，保证人的保证责任不受影响</td></tr>
<tr><td rowspan="2">D. 债权人和债务人未经保证人书面同意，协商变更主债权债务合同内容</td><td colspan="2">如减轻债务人债务的，保证人仍应当对变更后的合同承担保证责任</td></tr>
<tr><td colspan="2">如加重债务人债务的，保证人对加重的部分不承担保证责任</td></tr>
<tr><td colspan="3">E. 债权人和债务人变更主债权债务合同的履行期限，未经保证人书面同意的，保证期间为原合同约定的或者法律规定的期间</td></tr>
</table>

【考点子题—举一反三，真枪实练】

[112]（经典例题·多选题）下列关于保证期间主合同变更与保证责任承担的表述中，符合《民法典》规定的有（　）。

A. 债权人允许债务人转让全部债务未取得保证人书面同意的，保证人对未经其同意转让的债务不承担责任，除非债权人和保证人另有约定

B. 债权人与债务人变更了合同标的的数量，未经保证人同意的，保证人不承担责任

C. 债权人与债务人变更了合同履行期限，未经保证人书面同意的，保证人不承担责任

D. 债权人与债务人变更了合同标的的价款，未取得保证人书面同意而加重了保证人责任的，保证人对加重的部分不承担责任

[113]（历年真题•单选题）2022年3月1日，甲公司与乙公司签订一份家具买卖合同，约定：乙公司向甲公司购买100套家具，每套价格为1万元，甲公司于6月15日交货，乙公司在收货后支付货款100万元。为担保乙公司按期支付货款，丙公司作为保证人与甲公司签订保证合同。2022年4月5日，因订单增加，乙公司向甲公司提出加购10套家具，货款总额为110万元，甲公司同意。2022年5月15日，因订单持续增加，乙公司又提出加购10套家具，货款总额为120万元，甲公司同意。丙公司对合同货款总额调整并不知情。下列关于丙公司保证责任承担的表述中，正确的是（　）。

A. 丙公司应在110万元范围内承担保证责任

B. 丙公司应在120万元范围内承担保证责任

C. 丙公司应在100万元范围内承担保证责任

D. 丙公司不再承担保证责任

[114]（经典例题•多选题）根据《民法典》的规定，关于债权人将主债权转让给第三人时保证人承担保证责任的下列表述中，正确的有（　）。

A. 保证期间，债权人将主债权转让给第三人未通知保证人的，该转让对保证人不发生效力

B. 保证期间，债权人将主债权转让给第三人未取得保证人书面同意的，该转让对保证人不发生效力

C. 保证人与债权人事先约定禁止债权转让的，债权人未通知保证人转让债权的，保证人对受让人不再承担保证责任

D. 保证人与债权人事先约定禁止债权转让的，债权人未取得保证人书面同意转让债权的，保证人对受让人不再承担保证责任

【考点讲解】保证担保与物的担保并存的保证责任

<table>
<tr><td colspan="2">A. 同一债权既有保证又有物的担保的，属于共同担保</td></tr>
<tr><td colspan="2">B. 被担保的债权既有物的担保又有人的担保，债务人不履行到期债务或发生当事人约定的实现担保物权的情形，债权人应当按照约定实现债权</td></tr>
<tr><td rowspan="2">C. 未约定或约定不明时</td><td>a. 债务人自己提供物的担保的，债权人应当先就该物的担保实现债权</td></tr>
<tr><td>b. 第三人提供物的担保的，债权人可以就物的担保实现债权，也可以要求保证人承担保证责任</td></tr>
<tr><td colspan="2">D. 提供担保的第三人承担担保责任后，有权向债务人追偿</td></tr>
</table>

第5章

【考点子题——举一反三，真枪实练】

[115]（经典例题•判断题）甲公司向乙银行贷款200万元，由甲公司以其机器设备设定抵押向乙银行提供担保，丁公司为保证人提供连带保证。当事人之间未约定承担担保责任的顺序。后甲公司不能清偿到期债务，乙银行要求丁公司承担200万元的担保责任。丁公司认为应先就甲公司的机器设备抵押担保实现债权。法院应支持丁公司的主张。（ ）

[116]（历年真题•多选题）2021年1月15日，赵某向钱某借款，双方签订了借款合同。赵某请李某和孙某为该笔债务提供担保。1月18日，钱某与李某签订抵押合同，以李某所有的一套房屋为抵押物，双方办理了抵押登记。1月20日，孙某为该笔借款提供连带责任保证。因赵某拒绝还款，钱某向李某提出行使抵押权，并请求孙某承担保证责任。下列关于当事人权利义务的表述中，正确的有（ ）。

A. 孙某承担保证责任后，有权向赵某进行追偿

B. 钱某必须先行使抵押权，再要求孙某承担保证责任

C. 孙某享有先诉抗辩权

D. 李某承担担保责任后，有权向赵某进行追偿

（五）保证人的权利

【考点母题——万变不离其宗】保证人的权利

保证人的抗辩权	（1）【判断金句】债务人对债权人享有抵销权或者撤销权的，保证人可以在相应范围内拒绝承担保证责任。
保证人的追偿权	（2）下列关于保证人追偿权的表述中，正确的有（ ）。
	A. 保证人承担保证责任后，有权向债务人追偿 B. 保证期间，法院受理债务人破产案件的，债权人既可以向法院申报债权，也可以向保证人主张权利 C. 债权人申报债权后在破产程序中未受清偿的部分，保证人仍应当承担保证责任 D. 债权人要求保证人承担保证责任的，应在破产程序终结后6个月内提出 E. 债权人知道或应当知道债务人破产，既未申报债权也未通知保证人，致使保证人不能预先行使追偿权的，保证人在该债权在破产程序中可能受偿的范围内免除保证责任 F. 法院受理债务人破产案件后，债权人未申报债权的，各连带共同保证的保证人应当作为一个主体申报债权，预先行使追偿权

考点23 租赁合同

租赁合同是出租人将租赁物交付承租人使用、收益，承租人交付租金的行为。

【考点母题——万变不离其宗】租赁合同

<table>
<tr><td rowspan="4">不定期租赁的情形及法律后果</td><td colspan="3">（1）下列属于不定期租赁情形的有（　）。</td></tr>
<tr><td colspan="3">A. 当事人未采用书面形式的，无法确定租赁期限的，视为不定期租赁
B. 当事人对租赁期限没有约定或约定不明确，可以协议补充，不能达成补充协议的，按照合同有关条款或交易习惯确定，仍不能确定的，视为不定期租赁
C. 租赁期间届满，承租人继续使用租赁物，出租人没有提出异议的，原租赁合同继续有效，但租赁期限为不定期</td></tr>
<tr><td colspan="3">（2）下列关于不定期租赁合同法律后果的表述中，正确的是（　）。</td></tr>
<tr><td colspan="3">A. 对于不定期租赁合同，当事人可以随时解除合同，但是应当在合理期限之前通知对方</td></tr>
<tr><td rowspan="2">租赁期间</td><td colspan="3">（3）下列关于租赁合同租赁期间的表述中，正确的有（　）。</td></tr>
<tr><td colspan="3">A. 租赁合同中租赁期限为 6 个月以上的，应当采用书面形式
B. 租赁期限不得超过 20 年；超过 20 年的，超过部分无效
C. 租赁期间届满，当事人可以续订租赁合同，但约定的租赁期限自续订之日起不得超过 20 年</td></tr>
<tr><td rowspan="10">当事人的权利义务</td><td colspan="3">（4）下列关于租赁合同当事人权利义务的表述中，正确的有（　）。</td></tr>
<tr><td rowspan="4">A. 租赁物的交付及维修义务</td><td colspan="2">出租人应当按照约定交付租赁物，并在租赁期间保持租赁物符合约定的用途</td></tr>
<tr><td rowspan="3">出租人应当履行租赁物的维修义务，但当事人另有约定的除外</td><td>承租人在租赁物需要维修时可以要求出租人在合理期限内维修，出租人未履行维修义务的，承租人可以自行维修，维修费用由出租人负担</td></tr>
<tr><td>因维修租赁物影响承租人使用的，应当相应减少租金或延长租期</td></tr>
<tr><td>因承租人的过错致使租赁物需要维修的，出租人不承担租赁物的维修义务</td></tr>
<tr><td rowspan="5">B. 租赁物的使用权与收益权</td><td colspan="2">承租人应当按照约定的方法或按照租赁物的性质使用租赁物，并应当妥善保管租赁物，如因保管不善造成租赁物毁损、灭失的，应当承担损害赔偿责任</td></tr>
<tr><td colspan="2">承租人按照约定的方法或者根据租赁物的性质使用租赁物，致使租赁物受到损耗的，不承担赔偿责任</td></tr>
<tr><td colspan="2">承租人经出租人同意，可以对租赁物进行改善或增设他物，如未经出租人同意，出租人可以请求承租人恢复原状或赔偿损失</td></tr>
<tr><td colspan="2">（收益权）在租赁期间因占有、使用租赁物获得的收益，归承租人所有，但当事人另有约定的除外</td></tr>
<tr><td colspan="2">租赁物在租赁期间发生所有权变动的，不影响租赁合同的效力</td></tr>
</table>

续表

<table>
<tr><td rowspan="9">当事人的权利义务</td><td rowspan="3">C. 支付租金的义务</td><td colspan="2">承租人应当按照约定的期限支付租金，对支付期限未约定或约定不明的，可以协议补充，不能达成补充协议的，按照合同有关条款或者交易习惯确定。仍不能确定的，租赁期间不满1年的，应当在租赁期间届满时支付；租赁期间1年以上的，应当在每届满1年时支付，剩余期间不满1年的，应当在租赁期间届满时支付</td></tr>
<tr><td colspan="2">承租人无正当理由未支付或迟延支付租金的，出租人可以请求承租人在合理期限内支付，承租人逾期不支付的，出租人可以解除合同</td></tr>
<tr><td colspan="2">因不可归责于承租人的事由，致使租赁物部分或全部毁损、灭失的，承租人可以请求减少租金或不支付租金</td></tr>
<tr><td rowspan="3">D. 转租权</td><td colspan="2">承租人经出租人同意，可以将租赁物转租给第三人，承租人转租的，承租人与出租人之间的租赁合同继续有效；第三人对租赁物造成损失的，承租人应当赔偿损失</td></tr>
<tr><td>承租人未经出租人同意转租的，出租人可以解除合同</td><td>出租人知道或应当知道承租人转租，但在6个月内未提出异议的，视为出租人同意转租</td></tr>
<tr><td colspan="2">承租人拖欠租金的，次承租人可以代承租人支付其欠付的租金和违约金，但是转租合同对出租人不具有法律约束力的除外。次承租人代为支付的租金和违约金，可以充抵次承租人应当向承租人支付的租金；超出其应付的租金数额的，可以向承租人追偿</td></tr>
<tr><td>E. 租赁物返还的义务</td><td colspan="2">租赁期间届满，承租人应当返还租赁物，返还的租赁物应当符合按照约定或者租赁物的性质使用后的状态。承租人继续使用租赁物，出租人没有提出异议的，原租赁合同继续有效，但租赁期限为不定期。（租赁期限届满，房屋承租人享有同等条件优先承租的权利）</td></tr>
<tr><td rowspan="2">F. 合同解除权</td><td colspan="2">（4）下列关于租赁合同当事人可以行使合同解除权情形的表述中，正确的有（　）。</td></tr>
<tr><td colspan="2">A. 承租人未经出租人同意转租的，出租人可以解除合同
B. 承租人无正当理由未支付或者迟延支付租金的，出租人可以请求承租人在合理期限内支付，承租人逾期不支付的，出租人可以解除合同
C. 因租赁物部分或者全部毁损、灭失，致使不能实现合同目的的，承租人可以解除合同
D. 租赁物危及承租人的安全或者健康的，即使承租人订立合同时明知该租赁物质量不合格，承租人仍然可以随时解除合同
E. 出租人未按照约定的方法或未根据租赁物的性质使用租赁物，致使租赁物受到损失的，出租人可以解除合同并请求赔偿损失</td></tr>
</table>

【考点子题—举一反三，真枪实练】

[117]（历年真题•单选题）甲公司将一套设备租赁给乙公司使用，租赁期间，经询问确认乙公司无购买意向后，甲公司将该设备卖给丙公司。根据《民法典》的规定，下列

关于买卖合同与租赁合同效力的表述中，正确的是（　）。

A. 买卖合同无效，租赁合同继续有效

B. 买卖合同有效，租赁合同继续有效

C. 买卖合同有效，租赁合同自买卖合同生效之日起终止

D. 买卖合同有效，租赁合同须经丙公司同意后才继续有效

[118]（经典例题·单选题）乙承租甲的房屋，约定租赁期间为2015年1月1日至2016年12月31日。经甲同意，乙将该房屋转租给丙，租赁期为2015年6月1日至2016年5月31日。在丙承租期间，丙将房屋的墙壁毁损。根据《民法典》的规定，下列关于甲的权利及合同效力的表述中，正确的是（　）。

A. 甲有权直接向丙收取租金，因丙为实际承租者

B. 甲和乙之间的租赁合同在转租期内失效，因甲同意转租

C. 甲有权随时解除乙和丙之间的转租合同

D. 丙对房屋造成的损害，甲有权向乙要求赔偿

[119]（经典例题·判断题）出租人知道或应当知道承租人转租，但在6个月内未提出异议的，视为出租人不同意转租。（　）

[120]（经典例题·判断题）出租人和承租人未在租赁合同中对维修义务进行约定。因此，即使因承租人的过错致使租赁物需要维修的，出租人也应承担租赁物的维修义务。（　）

[121]（经典例题·单选题）甲公司租用乙公司仓库，租期3年，租金月付。租期届满后，甲公司继续缴纳租金，乙公司亦未拒绝。3个月后，乙公司将该仓库出租给丙公司。因丙公司要求甲公司限期腾退仓库而引发纠纷。根据《民法典》的规定，下列关于租期届满后甲乙租赁合同效力的表述中，正确的是（　）。

A. 租期届满后甲乙租赁合同效力待定，若乙事后明确同意续租则有效

B. 租赁期满后乙仍接受甲缴纳的租金，可视为双方租赁合同续订3年

C. 租赁期满后甲乙租赁合同继续有效，且乙有权随时解除租赁合同

D. 租赁期满后双方并未续订合同，甲乙租赁合同终止

【考点母题——万变不离其宗】房屋租赁合同

<table>
<tr><td rowspan="2">房屋租赁合同效力</td><td>（1）下列关于房屋租赁合同效力的表述中，正确的有（　）。</td></tr>
<tr><td>A. 出租人就未取得建设工程规划许可证或者未按照建设工程规划许可证的规定建设的房屋，与承租人订立的租赁合同无效，但在一审法庭辩论终结前取得建设工程规划许可证或经主管部门批准建设的可认定有效
B. 出租人就未经批准或未按照批准内容建设的临时建筑，与承租人订立的租赁合同无效，但在一审法庭辩论终结前经主管部门批准建设的可认定有效
C. 租赁期限超过临时建筑的使用期限，超过部分无效，但在一审法庭辩论终结前经主管部门批准延长使用期限的，应认定延长使用期限内的租赁期间有效</td></tr>
</table>

续表

<table>
<tr><td rowspan="3">“一房数租”的处理</td><td colspan="2">（2）出租人就同一房屋订立数份租赁合同，在合同均有效的情况下，承租人均主张履行合同的，其处理规则按特定顺序处理。该特定顺序为（ ）。</td></tr>
<tr><td colspan="2">A. 已经合法占有租赁房屋的 B. 已经办理登记备案手续的 C. 合同成立在先的</td></tr>
<tr><td colspan="2">（3）【判断金句】不能取得租赁房屋的承租人可以依法请求解除合同、赔偿损失。</td></tr>
<tr><td>房屋租赁合同无效的后果</td><td colspan="2">（4）【判断金句】房屋租赁合同无效，当事人请求参照合同约定的租金标准支付房屋占有使用费的，一般应予支持。</td></tr>
<tr><td rowspan="5">承租人的优先权</td><td>（5）下列关于承租人优先购买权的表述中，正确的有（ ）。</td><td>（6）下列属于承租人不得主张优先购买权情形的有（ ）。</td></tr>
<tr><td>A. 出租人出卖出租房屋的，应当在出卖之前的合理期限内通知承租人，承租人享有以同等条件优先购买的权利</td><td rowspan="2">A. 房屋共有人行使优先购买权的
B. 出租人将房屋出卖给近亲属（配偶、父母、子女、兄弟姐妹、祖父母、外祖父母、孙子女、外孙子女）的
C. 出租人履行通知义务后，承租人在15日内未明确表示购买的
D. 出租人委托拍卖人拍卖租赁房屋的，应当在拍卖5日前通知承租人，承租人未参加拍卖的，视为放弃优先购买权</td></tr>
<tr><td>B. 出租人出卖租赁房屋未在合理期限内通知承租人或者存在其他侵害承租人优先购买权情形，承租人有权请求出租人承担赔偿责任，但出租人与第三人订立的房屋买卖合同的效力不受影响</td></tr>
<tr><td rowspan="2">C. 租赁房屋在租赁期间发生所有权变动，承租人有权请求房屋受让人继续履行原租赁合同（买卖不破租赁）</td><td>（7）下列属于买卖不破租赁例外情形的有（ ）。</td></tr>
<tr><td>A. 房屋在出租前已设立抵押权，因抵押权人实现抵押权发生所有权变动的
B. 房屋在出租前已被人民法院依法查封的</td></tr>
</table>

【考点子题—举一反三，真枪实练】

[122]（历年真题·单选题）刘某与王某签订房屋租赁合同，王某承租后经刘某同意转租给陈某，并签订了转租合同。后刘某又将房屋租给了李某并已交付。王某、陈某、李某均要求继续租赁该房屋并诉至法院。根据《民法典》的规定，下列当事人中应确定为承租人的是（ ）。

A. 王某，因王某与刘某签订租赁合同成立在先

B. 陈某，因刘某同意转租

C. 李某，因李某已经合法占有租赁房屋

D. 无承租人，因刘某一房多租，租赁合同无效

[123]（历年真题·多选题）根据《民法典》的规定，出租人出卖租赁房屋时，承租人享有以同等条件优先购买的权利。但在某些特殊情形下，承租人主张优先购买房屋的，人民法院不予支持。该特殊情形包括（ ）。

A. 出租人履行通知义务后，承租人在 15 日内未明确表示购买的

B. 出租人将租赁房屋出售给其外孙女的

C. 租赁房屋共有人行使优先购买权的

D. 出租人将租赁房屋出售给其侄子的

考点 24　融资租赁合同

融资租赁合同是出租人根据承租人对出卖人、租赁物的选择，向出卖人购买租赁物，提供给承租人使用，承租人支付租金的合同。只有经过金融管理机构许可的公司才可以从事融资租赁业务。因此，融资租赁合同的出租人须是从事融资租赁业务的租赁公司或者其他经过批准兼营租赁业务的公司。融资租赁合同的租金，除当事人另有约定以外，应当根据购买租赁物的大部分或全部成本以及出租人的合理利润确定。

【考点母题——万变不离其宗】融资租赁合同

<table>
<tr><td>一般规定</td><td colspan="2">（1）【判断金句】当事人以虚构租赁物方式订立的融资租赁合同无效。
（2）【判断金句】依照法律、行政法规的规定，对于租赁物的经营使用应当取得行政许可的，出租人未取得行政许可不影响融资租赁合同的效力。
（3）【判断金句】融资租赁合同应当采用书面形式。</td></tr>
<tr><td rowspan="8">出租人的权利义务</td><td colspan="2">（4）下列关于融资租赁合同中出租人权利义务的表述中，正确的有（　）。</td></tr>
<tr><td colspan="2">A. 出租人根据承租人对出卖人、租赁物的选择订立的买卖合同，未经承租人同意，出租人不得变更与承租人有关的合同内容</td></tr>
<tr><td colspan="2">B. 出租人应当保证承租人对租赁物的占有和使用，租赁物不符合约定或不符合使用目的的，出租人不承担责任，但承租人依赖出租人的技能确定租赁物或者出租人干预选择租赁物的除外</td></tr>
<tr><td colspan="2">C. 出租人享有租赁物的所有权，承租人破产的，租赁物不属于破产财产</td></tr>
<tr><td colspan="2">D. 出租人对租赁物享有的所有权，未经登记，不得对抗善意第三人</td></tr>
<tr><td colspan="2">E. 承租人未经出租人同意，将租赁物转让、抵押、质押、投资入股或者以其他方式处分的，出租人可以解除融资租赁合同</td></tr>
<tr><td rowspan="2">F. 出租人、出卖人、承租人可以约定，出卖人不履行买卖合同义务的，由承租人行使索赔的权利，承租人行使索赔权利的，出租人应当协助</td><td>（5）出租人存在致使承租人对出卖人行使索赔权利失败的情形时，承租人有权请求出租人承担相应责任。该情形包括（　）。</td></tr>
<tr><td>A. 明知租赁物有质量瑕疵而不告知承租人
B. 承租人行使索赔权利时，未及时提供必要协助
C. 出租人怠于行使只能由其对出卖人行使的索赔权利，造成承租人损失的</td></tr>
</table>

续表

<table>
<tr><td rowspan="9">承租人的权利义务</td><td colspan="2">（6）下列关于融资租赁合同中承租人权利义务的表述中，正确的有（　）。</td></tr>
<tr><td colspan="2">A. 承租人享有与受领标的物有关的买受人的权利，承租人应当妥善保管、使用租赁物</td></tr>
<tr><td colspan="2">B. 承租人履行占有租赁物期间的维修义务</td></tr>
<tr><td colspan="2">C. 承租人占有租赁物期间，租赁物造成第三人的人身伤害或财产损害的，出租人不承担责任</td></tr>
<tr><td rowspan="4">D. 承租人应按照约定支付租金，经催告后在合理期限内仍不支付租金的，出租人可以要求支付全部租金；也可以解除合同，收回租赁物</td><td>（7）下列关于出租人请求支付租金的表述中，正确的有（　）。</td></tr>
<tr><td>A. 承租人未按照约定支付租金，经催告后在合理期限内仍不支付，出租人请求承租人支付全部剩余租金，并以拍卖、变卖租赁物所得的价款受偿的，法院应予支持
B. 当事人请求参照民事诉讼法“实现担保物权案件”的有关规定，以拍卖、变卖租赁物所得价款支付租金的，法院应予准许
C. 出租人请求解除融资租赁合同并收回租赁物，承租人以抗辩或反诉的方式主张返还租赁物价值超过欠付租金以及其他费用的，法院应当一并处理</td></tr>
<tr><td>（8）下列关于对租赁物的价值有争议时确定租赁物价值规则的表述中，正确的有（　）。</td></tr>
<tr><td>A. 融资租赁合同有约定的，按照其约定
B. 融资租赁合同未约定或者约定不明的，根据约定的租赁物折旧以及合同到期后租赁物的残值来确定
C. 根据前两项规定的方法仍然难以确定，或当事人认为根据前两项规定的方法确定的价值严重偏离租赁物实际价值的，根据当事人的申请委托有资质的机构评估</td></tr>
<tr><td colspan="2">E. 承租人占有租赁物期间，租赁物毁损、灭失的，出租人有权请求承租人继续支付租金，但是法律另有规定或者当事人另有约定的除外</td></tr>
<tr><td rowspan="2">期限届满时租赁物的归属</td><td colspan="2">（9）下列关于融资租赁合同期限届满时租赁物归属的表述中，正确的有（　）。</td></tr>
<tr><td colspan="2">A. 出租人和承租人可以约定租赁期间届满租赁物的归属
B. 当事人约定租赁期间届满租赁物归承租人所有，承租人已经支付大部分租金，但无力支付剩余租金，出租人因此解除合同收回租赁物的，收回的租赁物的价值超过承租人欠付的租金以及其他费用的，承租人可以要求部分返还
C. 对租赁物的归属未约定或约定不明确，可以协议补充，不能达成补充协议的，按合同有关条款或交易习惯确定，仍不能确定的，租赁物的所有权归出租人
D. 当事人约定租赁期限届满，承租人仅需向出租人支付象征性价款的，视为约定的租金义务履行完毕后租赁物的所有权归承租人</td></tr>
</table>

【考点子题—举一反三，真枪实练】

[124]（历年真题•判断题）在融资租赁合同中，承租人占有租赁物期间，租赁物造成第三人的人身伤害或财产损害的，出租人不承担责任。（　）

[125]（经典例题•判断题）甲公司根据乙公司的选择，向丙公司购买了1台大型设备，出租给乙公司使用，甲、乙公司为此签订了融资租赁合同，合同未就设备的维修事项作特别约定，该设备在使用过程中发生部件磨损，须维修。甲公司应承担维修义务。（ ）

[126]（经典例题•判断题）融资租赁合同当事人约定租赁期限届满，承租人仅需向出租人支付象征性价款的，视为约定的租金义务履行完毕后租赁物的所有权归出租人。（ ）

[127]（历年真题•单选题）根据《民法典》的规定，下列关于融资租赁合同中租赁物的表述中，不正确的是（ ）。

A. 承租人破产的，租赁物属于破产财产

B. 在租赁期间出租人享有租赁物的所有权

C. 承租人履行占有租赁物期间的维修义务

D. 出租人和承租人可以约定租赁期间届满租赁物的归属

[128]（历年真题•单选题）甲公司与乙公司签订大型机械设备融资租赁合同，合同约定：根据乙公司的选择，甲公司向丙公司订购一台大型机械设备，出租给乙公司使用，乙公司向甲公司支付租金。下列关于甲公司权利义务的表述中，正确的是（ ）。

A. 乙公司占有机械设备期间，该机械设备造成第三人人身伤害的，甲公司承担责任

B. 乙公司占有机械设备期间，甲公司履行该机械设备的维修义务

C. 甲公司要求丙公司变更订购的机械设备型号，无须经乙公司同意

D. 在租赁期间内，甲公司享有该机械设备的所有权

[本章考点子题答案及解析]

[1] 【答案：ABC】诺成合同是指当事人的意思表示一致即成立的合同。买卖合同、租赁合同、赠与合同都属于诺成合同。自然人之间的借款合同属于实践合同。

[2] 【答案：×】预约合同是当事人约定在将来一定期限订立相关联的另一合同的合同，因此，当事人一方不履行预约合同约定的订立合同义务的，对方可以请求其承担预约合同的违约责任。

[3] 【答案：×】涉及婚姻、收养、监护等有关身份关系的协议，适用该有关身份关系的法律规定；没有规定的，可以根据其性质参照适用合同编的规定。

[4] 【答案：C】寄送的价目表、拍卖公告、招标公告、招股说明书等都属于要约邀请，故选项ABD均不构成要约，故不选。但商业广告的内容符合要约规定的，视为要约。选项C符合要约规定，包括了数量、价格等要约的内容。故选项C正确。

[5] 【答案：A】要约须由要约人向特定相对人作出意思表示；要约的内容必须确定、完整，具有足以使合同成立的条款（包括标的、数量、价格等）。本题中，4月30日的邮件是要约，其内容确定完整。

[6] 【答案: D】以对话方式作出的要约，自相对人知道其内容时生效。要约未确定承诺期限的，应当即时作出承诺。本案中，丁某未当场答复要约失效。故次日丁某找到梁某表示愿意购买是一个新的要约。

[7] 【答案: A】以非对话方式作出的要约，自到达受要约人时生效。故选项 A 正确，选项 D 不正确。要约到达受要约人，并不是指要约一定实际送达到受要约人或其代理人手中，故选项 B、选项 C 不正确，要约只要送达到受要约人通常的地址、住所或者能够控制的现实或虚拟空间（如信箱或邮箱等）即为送达。

[8] 【答案: B】以非对话方式作出的要约，自到达受要约人时生效。要约到达受要约人，并不是指要约一定实际送达到受要约人或者其代理人手中，要约只要送达到受要约人通常的地址、住所或者能够控制的现实或虚拟空间（如信箱或邮箱等）即为送达。本题中，3 月 3 日送达到传达室，也即送达到受要约人的通常住所，故选项 B 正确。

[9] 【答案: BCD】要约撤销是指要约人在要约生效后、受要约人承诺前，使要约丧失法律效力的意思表示。以非对话方式撤销要约的通知应当在受要约人发出承诺通知之前到达受要约人。不得撤销要约的情形:（1）要约人确定了承诺期限或者以其他形式明示要约不可撤销;（2）受要约人有理由认为要约是不可撤销的，并已经为履行合同做了准备工作。选项 A 要约到达受要约人，只是要约已经生效，故选项 A 不选。

[10] 【答案: BCD】要约失效的情形:（1）要约被拒绝。（2）要约被依法撤销。（3）承诺期限届满，受要约人未作出承诺。（4）受要约人对要约的内容做出实质性变更。有关合同标的、数量、质量、价款或者报酬、履行期限、履行地点和方式、违约责任和解决争议方法等内容的变更，是对要约内容的实质性变更。选项 A 要约依法撤回说明要约尚未生效，更谈不上失效，故选项 A 不选。

[11] 【答案: D】属于要约失效情形的有:（1）拒绝要约的通知到达要约人（选项 A）;（2）要约人依法撤销要约;（3）承诺期限届满，受要约人未作出承诺（选项 C）;（4）受要约人对要约的内容做出实质性变更（构成新要约）（选项 B）。本题选不属于的，故选项 D 应选。

[12] 【答案: C】（1）要约人确定了承诺期限的要约不得撤销。（2）受要约人接到要约后，对要约的内容作出实质性变更的，该要约失去效力。本题中，甲公司在要约中要求乙公司于 4 月 8 日前答复，属于不可撤销的要约，因此 4 月 4 日撤销要约的通知到达时，不产生撤销要约的效力，直到 4 月 5 日乙公司新要约的通知到达要约人时，原来的要约才失去效力。故选项 C 正确。

[13] 【答案: D】要约邀请是希望他人向自己发出要约的意思表示。本题中，选项 A 只能作为要约邀请，因甲厂 10 月 8 日的发函中无价格，属于内容不具体、确定，而题意要求选出不符合法律规定的情形，故选项 A 不选；乙厂 10 月 10 日的复函，明确了价格使得内容具体、确定，并且表达只要甲厂同意 5 万元 / 台的价格，合同即告成立的意思表示，构成要约，故选项 B 不选；甲厂 10 月 12 日的复函对乙厂 10 月 10 日的要约价格进行修改，属于对要约进行了实质性变更，构成新要约；乙厂 10 月 19 日的复函，是对甲厂 10 月 12 日的要约价格进行修改，构成新要约，故选项 C 不选，同时也使得甲厂 10 月 12 日的要约失效（甲厂 10 月 12 日的要约中虽然设定了承诺期限，属于要约人不得撤销的要约，但并不妨碍该要约因受要约人作出反要约而失效）；由于甲厂 10 月 12 日的要约已经失效，乙厂 10 月 26 日的发函也就不能构成承诺，故不符合《民法典》的规定的只有选项 D。

[14]【答案: B】受要约人接到要约后，对要约的内容作出实质性变更的（履行方式的变更），该要约失去效力。本题中，陈某在要约中要求李某一次性付款，李某分期付款的答复，属于对要约内容的实质性变更，应为新要约。原要约失效。因此 8 月 5 日李某再次发传真同意陈某的要约应视为新的要约。故选项 B 正确。选项 A 中陈某未表示反对并不产生承诺的效力，合同不成立。

[15]【答案: ABC】要约失效的情形:（1）要约被拒绝，故选项 C 正确。（2）要约被依法撤销。（3）承诺期限届满，受要约人未作出承诺，故选项 A 正确。（4）受要约人对要约的内容做出实质性变更。即有关合同标的、数量、质量、价款或者报酬、履行期限、履行地点和方式、违约责任和解决争议方法等内容的变更，故选项 B 是对要约内容的实质性变更，应为新要约，原要约失效，故选项 B 正确。承诺对要约的内容作出非实质性变更的，除要约人及时表示反对或者要约表明承诺不得对要约的内容作出任何变更的以外，该承诺有效，合同的内容以承诺的内容为准。选项 D 属于乙公司对甲公司的要约内容作出了非实质性改变，由于要约人甲公司未及时表示反对，故应将乙公司的非实质性改变视为承诺，也即甲公司的要约未失效，故选项 D 不正确。

[16]【答案: B】要约以信件或者电报做出的，承诺期限自信件载明的日期或者电报交发之日开始计算。信件未载明日期的，自投寄该信件的邮戳日期开始计算。本题中，由于信件的落款中未载明日期，那么应该按照“邮戳”日期作为承诺的开始时间，故选项 B 正确。

[17]【答案: D】受要约人在承诺期限内发出承诺，按照通常情形能够及时到达要约人，但因其他原因承诺到达要约人时超过承诺期限的，除要约人及时通知受要约人因承诺超过期限不接受该承诺的以外，该承诺有效。本题中，承诺期限的起算日为 7 月 7 日。乙公司 7 月 12 日发出承诺按照正常情形应该能在有效期限内到达甲公司，但由于第三人的原因导致承诺迟到，除非甲公司及时表示反对，否则承诺有效，合同成立。故选项 D 正确。

[18]【答案: BD】无效格式条款包括：提供格式条款一方不合理地免除或减轻其责任、加重对方责任、限制对方主要权利；提供格式条款一方排除对方主要权利；造成对方人身伤害的免责条款，故选项 D 正确；因故意或重大过失造成对方财产损失的免责条款，故选项 B 正确。格式条款有两种以上解释的，应该作出不利于提供格式条款一方的解释，此时并不会导致格式条款无效，故选项 A 不正确。就内容理解存在争议的条款也不会导致格式条款，故选项 C 不正确。

[19]【答案: AD】对格式条款有两种以上解释的，应当作出不利于提供格式条款一方的解释，选项 B 不正确；格式条款和非格式条款不一致的，应当采用非格式条款，选项 C 不正确。

[20]【答案: C】当事人采用合同书形式订立合同的，自当事人均签名、盖章或按指印时合同成立；在签名、盖章或按指印之前，当事人一方已经履行主要义务，对方接受时，该合同成立。故选项 C 正确。

[21]【答案: A】当事人采用合同书形式订立合同的，自双方当事人签字或者盖章时合同成立，在签字或者盖章之前，当事人一方已经履行主要义务并且对方接受的，该合同成立。本题中，甲公司拒收行为说明不接受乙公司的履行，合同并未成立，故选项 A 正确。

[22]【答案: B】以互联网等信息网络发布的商品或服务信息符合要约条件的合同成立时间，自对方选择该商品或服务并提交订单成功时合同成立，但当事人另有约定的除外。

[23]【答案: C】当事人采用合同书形式订立合同的，最后签名、盖章或按指印的地点为合同成立的地点，但当事人另有约定的除外。

[24]【答案：B】当事人采用合同书形式订立合同的，最后签名、盖章或按指印的地点为合同成立的地点，但当事人另有约定的除外。

[25]【答案：D】当事人采用合同书形式订立合同的，最后签名、盖章或按指印的地点为合同成立的地点，但当事人另有约定的除外。

[26]【答案：B】以非对话方式作出的采用数据电文形式的意思表示，相对人指定特定系统接收数据电文的，该数据电文进入该特定系统时生效；未指定特定系统的，相对人知道或者应当知道该数据电文进入其系统时生效；当事人对采用数据电文形式的意思表示的生效时间另有约定的，按照其约定，选项B不正确。

[27]【答案：C】缔约过失责任是指当事人在订立合同过程中，因故意或过失（故选项B不正确）致使合同未成立、未生效、被撤销或无效，给他人造成损失应承担的损害赔偿责任。在订立合同过程中有下列情形之一，给对方造成损失，应当承担损害赔偿责任：（1）假借订立合同，恶意进行磋商；（2）故意隐瞒与订立合同有关的重要事实或者提供虚假情况，故选项C正确；（3）当事人泄露或不正当地使用在订立合同过程中知悉的商业秘密，故选项D不正确；（4）有其他违背诚实信用原则的行为。缔约过失责任与违约责任不同，违约责任产生于合同生效之后，适用于生效合同，故选项A不正确；缔约过失责任则发生在合同成立之前，适用于合同未成立、未生效、无效等情况，赔偿的是信赖利益的损失。

[28]【答案：C】缔约过失责任是指当事人在订立合同过程中，因故意或过失致使合同未成立、未生效、被撤销或无效，给他人造成损失应承担的损害赔偿责任。在订立合同过程中有下列情形之一，给对方造成损失，应当承担损害赔偿责任：（1）假借订立合同，恶意进行磋商；（2）故意隐瞒与订立合同有关的重要事实或者提供虚假情况；（3）当事人泄露或不正当地使用在订立合同过程中知悉的商业秘密；（4）有其他违背诚实信用原则的行为。本题中，因甲、乙之间未进入合同磋商阶段，故甲、乙之间不存在缔约过失责任。故选项A不选。在合同磋商阶段，丙经过市场比较选择与乙订立合同并退出与甲的磋商属于正常订立合同的行为，丙无须向甲承担缔约过失责任。故选项B不选。丁的行为构成恶意磋商，应对甲因此遭受的损失承担缔约过失责任。故选项C正确，选项D不正确。

[29]【答案：D】当事人对合同的效力可以附条件或附期限，附生效条件的合同，自条件成就时生效。附解除条件的合同，自条件成就时失效。当事人为自己的利益不正当地阻止条件成就的，视为条件已成就；不正当地促成条件成就的，视为条件不成就。附生效期限的合同，自期限届至时生效。附终止期限的合同，自期限届满时失效。本题中，“刘某出现并还清货款”这一事实，能否发生不确定，属于条件，且属于条件成就合同解除，是附解除条件的合同，而非附期限，故选项D正确。

[30]【答案：C】当事人对合同的效力可以附条件或附期限，附生效条件的合同，自条件成就时生效。附解除条件的合同，自条件成就时失效。附生效期限的合同，自期限届至时生效。附终止期限的合同，自期限届满时失效。本题中，“2022年高考结束”这一事实，一定会发生，属于期限，且属于附生效期限的合同故选项C正确。

[31]【答案：D】16岁的小林属于限制合同行为能力人，其订立的纯获利益的合同直接有效，不必经法定代理人追认。但“厨房定时器”作价5万元卖给张某，并非纯获利益，该合同的效力待定，故

选项 D 正确。

[32]【答案: C】12 岁的孙某属于限制合同行为能力人，其订立的纯获利益的合同直接有效，不必经法定代理人追认，故选项 C 正确。

[33]【答案: C】无权代理人以被代理人的名义订立合同，被代理人已经开始履行合同义务或接受相对人履行的，视为对合同的追认。刘备签收付款属于接受相对人甲公司履行的行为。故选项 C 应选。

[34]【答案: BD】履行地点不明确的，给付货币的，在接受货币的一方所在地履行，因此选项 D 是正确的；其他标的在履行义务的一方所在地履行，因此选项 B 是正确的。

[35]【答案: A】履行地点不明确，给付货币的，在接受货币一方所在地履行；交付不动产的，在不动产所在地履行；其他标的，在履行义务一方所在地履行。本题是交付苹果，为其他标的物，在履行义务一方（王某）所在地（乙地）履行，故选项 A 正确。

[36]【答案: CD】合同生效后，当事人就质量、价款或报酬、履行地点等内容没有约定或约定不明确的，可以协议补充；不能达成补充协议的，按照合同有关条款或交易习惯确定；仍不能确定的，适用法律规定：合同履行期限约定不明的，债务人可以随时履行，债权人也可以随时要求履行，但应当给对方必要的准备时间；合同履行方式约定不明的，按照有利于实现合同目的的方式履行；履行地点不明确的，给付货币的，在接受货币的一方所在地履行；履行费用的负担不明确的，由履行义务一方负担。

[37]【答案: C】价款或者报酬约定不明确的，按照订立合同时履行地的市场价格履行，依法应当执行政府定价或政府指导价的，按照规定履行，选项 A 不正确；履行费用的负担不明确的，由履行义务一方负担；因债权人原因增加的履行费用，由债权人负担，选项 B 不正确；履行地点约定不明确，给付货币的，在接受货币一方所在地履行，交付不动产的，在不动产所在地履行，其他标的在履行义务一方所在地履行，选项 D 不正确。

[38]【答案: C】当事人约定由第三人向债权人履行债务的，第三人不履行债务或履行债务不符合约定，债务人应当向债权人承担违约责任。注意，第三人不是合同当事人，故选项 C 正确。

[39]【答案: D】向第三人履行的合同的法律效力为：法律规定或当事人约定第三人可以直接请求债务人向其履行债务，第三人表示接受该权利或未在合理期限内明确拒绝，债务人未向第三人履行债务或履行债务不符合约定的，第三人可以请求债务人承担违约责任。

[40]【答案: ABD】同时履行抗辩权应具备的条件：双方因同一双务合同互负债务；双方债务已届清偿期；行使抗辩权之当事人无先为给付义务（双方互负债务无先后履行顺序）；须对方当事人未履行或未适当履行合同债务。

[41]【答案: D】应当先履行债务的当事人，有确切证据证明对方有下列情况之一的，可以行使不安抗辩权，中止合同履行：（1）经营状况严重恶化；（2）转移财产、抽逃资金，以逃避债务；（3）丧失商业信誉；（4）有丧失或者可能丧失履行债务能力的其他情形。本题中，甲公司有确切证据证明乙公司经营状况严重恶化，因此可以中止履行合同，行使不安抗辩权。故选项 D 正确。

[42]【答案: ABC】不安抗辩权适用情形包括：经营状况严重恶化；对方有转移财产、抽逃资金，以逃避债务；丧失商业信誉；丧失或可能丧失履行债务能力的其他情形。

[43]【答案: C】因债务人怠于行使其债权，对债权人造成损害的，债权人可以向人民法院请求以自己的名义代位行使债务人的债权，故选项 B 不正确。债权人行使代位权的必要费用，由债务人负担，

故选项 D 不正确。债权人向次债务人（即债务人的债务人）提起的代位权诉讼，经人民法院审理后认定代位权成立的，由次债务人向债权人履行清偿义务，债权人与债务人、债务人与次债务人之间相应的债权、债务关系即予消灭，故选项 C 正确。选项 A 属于撤销权行使的情形，故选项 A 不正确。

[44]【答案：ABC】赌债不受法律保护。专属于债务人自身的债权，债权人不得行使代位权。本题中，选项 B 属于赌债，不受法律保护，不能行使代位权；选项 AC 属于人身权利，专属于债务人自身，不能行使代位权。本题要求选出不能行使代位权的情形，故选项 ABC 应选。

[45]【答案：ABC】因债务人怠于行使其到期债权，对债权人造成损害的，债权人可以向人民法院请求以自己的名义代位行使债务人的债权，但该债权专属于债务人自身的除外。即基于扶养关系、抚养关系、赡养关系、继承关系产生的给付请求权；劳动报酬、退休金、养老金、抚恤金、安置费、人寿保险、人身伤害赔偿请求权等权利不能行使代位权。

[46]【答案：A】因债务人怠于行使其债权，对债权人造成损害的，债权人可以向人民法院请求以自己的名义代位行使债务人的债权，故选项 CD 不正确。代位权的行使范围以债权人的到期债权为限，故选项 B 不正确。

[47]【答案：×】债权人的债权到期前，债务人的债权或与该债权有关的从权利的诉讼时效即将届满或者未及时申报破产债权等情形，影响债权人的债权实现的，债权人可以代位向债务人的相对人（次债务人）请求其向债务人履行、向破产管理人申报或作出其他必要的行为。

[48]【答案：D】因债务人放弃其债权或者无偿转让财产，对债权人造成损害的，债权人可以请求人民法院撤销债务人的行为。债务人以明显不合理的低价转让财产，对债权人造成损害，并且受让人知道或应当知道该情形的，债权人也可以请求人民法院撤销债务人的行为。债权人行使撤销权应以自己的名义，向人民法院提起诉讼，请求法院撤销债务人因处分财产而危害债权的行为。故选项 AB 不正确，选项 D 正确。撤销权的行使范围以债权人的债权为限，债权人行使撤销权的必要费用，由债务人承担，故选项 C 不正确。

[49]【答案：B】债务人、第三人的行为被撤销的，其行为自始无效，第三人应向债务人返还财产或折价赔偿，故选项 A 不正确。行使撤销权的必要费用由债务人承担，故选项 C 不正确。选项 D 中撤销权自债权人“知道或者应当知道”撤销事由之日起 1 年内行使；自债务人的“行为发生之日”起 5 年内没有行使撤销权的，该撤销权消灭，故选项 D 不正确。

[50]【答案：B】选项 B：债权人行使撤销权的必要费用，由债务人负担。

[51]【答案：AC】对债务人有偿转让财产、受让财产或为他人债务提供担保的行为，债权人行使撤销权须以第三人的恶意为要件。

[52]【答案：C】债权人转让权利无需经债务人同意，但应当通知债务人。未经通知，该转让对债务人不发生效力。债务人接到债权转让通知后，债权让与行为就生效。故选项 C 正确。

[53]【答案：AB】选项 A：债权人转让权利无需经债务人同意，但应当通知债务人。未经通知，该转让对债务人不发生效力。本题中，10 月 1 日乙丙之间债权转让意思表示一致，发生债权转让的效果，丙取得债权。但由于未通知债务人，已经转让的债权对债务人不生效，即丙无权请求甲向自己履行债务，对于甲来讲债权人仍是乙。故选项 A 正确。选项 B：债务人接到债权转让通知后，债权让与行为就生效。债权转让的通知于 2018 年 10 月 15 日到达债务人甲，故债权让与于该日

第5章

对债务人甲生效。故选项 B 正确。选项 C：债务人接到债权转让通知后，债权让与行为就生效，如果债务人对让与人享有债权，并且债务人的债权先于转让的债权到期或同时到期的，债务人可以向受让人主张抵销。本题中，乙对甲所负 50 万元债务于 2019 年 1 月 1 日到期，而甲对丙所负 300 万元的债务于 2018 年 12 月 25 日到期，甲无权对丙主张抵销权。故选项 C 不正确。选项 D：保证人与债权人事先约定禁止债权转让的，未经保证人书面同意的，保证人不再承担保证责任。故选项 D 不正确。

[54]【答案：√】债权人转让权利无须经债务人同意，但应当通知债务人，未经通知，该转让对债务人不发生效力。

[55]【答案：A】债务人将合同的义务全部或者部分转移给第三人，应当经债权人同意。合同义务转移的法律后果：（1）新债务人成为合同一方当事人，如不履行或不适当履行合同义务，债权人可以向其请求履行债务或承担违约责任。（2）新债务人享有基于原合同关系的对抗债权人的抗辩权。（3）从属于主债务的从债务，随主债务的转移而转移。本题中，甲公司与丙公司约定，由丙公司承担甲公司对乙公司的 50 万元价款债务，乙公司表示同意。说明甲公司将其合同中的付款义务转移给丙公司，并取得了债权人乙公司的同意，债务转移生效，丙公司成为合同一方当事人。如丙公司不履行合同义务，债权人乙公司可要求其履行合同债务。故选项 A 正确。

[56]【答案：×】债务人将合同义务的全部或部分转移给第三人时，应取得债权人的同意。债权人未作表示的，债务人或第三人可以催告债权人在合理期限内予以同意，债权人未作表示的，视为不同意。

[57]【答案：×】第三人与债务人约定加入债务并通知债权人，或第三人向债权人表示愿意加入债务，债权人未在合理期限内明确拒绝的，债权人可以请求第三人在其愿意承担的债务范围内和债务人承担连带责任。

[58]【答案：C】当事人订立合同后分立的，除债权人和债务人另有约定的以外，由分立的法人或者其他组织对合同的权利和义务享有连带债权，承担连带债务。本题中，甲、丙之间的分立协议对债权人乙公司没有约束力，因此，应由分立后的甲、丙承担连带责任。故选项 C 正确。

[59]【答案：D】除当事人另有约定外，债务人对同一债权人负担的数项债务种类相同，债务人给付不足以清偿全部债务的，由债务人在清偿时指定其履行的债务。债务人未作指定时应当优先履行已经到期的债务；数项债务均到期的，优先履行对债权人缺乏担保或者担保最少的债务；均无担保或担保相等的，优先履行债务人负担较重的债务；负担相同的，按照债务到期的先后顺序履行；到期时间相同的，按照债务比例履行。

[60]【答案：ABD】选项 A：不动产不适用留置制度；选项 B：在陈某与王某的货款债务中，并未将王某的房屋设为担保物，陈某不享有任何优先受偿权；选项 C：当事人互负到期债务，该债务的标的物种类、品质相同的，任何一方可以将自己的债务与对方的债务抵销，但依照法律规定或者按照合同性质不得抵销的除外；选项 D：同时履行抗辩权应在同一双务合同中行使，本题“租金”和“货款”分属两个不同合同。

[61]【答案：ABD】当事人互负到期债务，该债务的标的物种类、品质相同的，任何一方可以将自己的债务与对方的债务抵销，但依照法律规定、当事人约定或者按照同性质不得抵销的除外，故选项 A 正确。因故意实施侵权行为产生的债务不能抵销，故选项 B 正确。抵销不得附条件或者附期限。

故选项 C 不正确。当事人主张抵销的，应当通知对方。故选项 D 正确。

[62]【答案：C】提存期间，标的物的孳息归债权人所有，故选项 B 不正确。提存费用由债权人负担，故选项 C 正确。标的物提存后，毁损、灭失的风险由债权人承担，故选项 A 不正确。债权人领取提存物的权利，自提存之日起 5 年内不行使而消灭，提存物扣除提存物费用后归国家所有，故选项 D 不正确。

[63]【答案：A】标的物提存后，毁损、灭失的风险由债权人承担。故选项 A 正确。

[64]【答案：×】债权人领取提存物的权利，自提存之日起 5 年内不行使而消灭，提存物扣除提存费用后归国家所有；但债权人未履行对债务人的到期债务，或债权人向提存部门书面表示放弃领取提存物权利的，债务人负担提存费用后有权取回提存物。

[65]【答案：√】债权人免除债务人全部或部分债务的，合同的权利义务全部或部分终止，但债务人在合理期限内拒绝的除外。

[66]【答案：√】债权人免除连带债务人之一的债务的，其余连带债务人在扣除该连带债务人应分担的份额后，仍应就剩余债务承担连带责任。

[67]【答案：A】混同，即债权和债务同归于一人的，合同的权利义务终止，但涉及第三人的除外。

[68]【答案：BCD】债权人转让权利的，应当通知债务人。未经通知，该转让对债务人不发生效力。债务人接到债权转让通知后，债权让与行为就生效。债务人接到债权转让通知后，债务人对让与人的抗辩，可以向受让人主张。因不可抗力致使不能实现合同目的，当事人可以解除合同。本题中，甲不能向乙交付名画，致使乙订立合同的目的不能实现，所以乙可以解除与其签订的合同。在债权转让时，乙可以抗辩甲，则债务人乙对让与人甲的抗辩，可以向受让人丙主张，因此乙可以拒绝丙的付款请求。所以选项 A 正确。

[69]【答案：B】当事人有下列情形之一的，可以解除合同：……当事人一方迟延履行债务或者有其他违约行为致使不能实现合同目的。本题中，乙服装厂迟延履行交货义务致使甲小学不能实现订立合同的目的，即不能满足“六一”儿童节表演的需要。故甲小学可以解除合同无须催告。选项 B 正确。选项 ACD 不正确。

[70]【答案：CD】合同有下列情形之一的，当事人可以解除合同：（1）因不可抗力致使不能实现合同目的。（2）因预期违约解除合同。即在履行期限届满之前，当事人一方明确表示或者以自己的行为表明不履行主要债务的，对方当事人可以解除合同。（3）当事人一方迟延履行主要债务，经催告后在合理期限内仍未履行。（4）当事人一方迟延履行债务或者有其他违约行为致使不能实现合同目的。（5）法律规定的其他情形。 故选项 CD 正确。当事人订立合同后合并的，由合并后的法人或者其他组织行使合同权利，履行合同义务。故选项 A 不正确。当事人订立合同后分立的，除债权人和债务人另有约定的以外，由分立的法人或者其他组织对合同的权利和义务享有连带债权，承担连带债务。故选项 B 不正确。

[71]【答案：A】当事人有下列情形之一的，可以解除合同：因预期违约解除合同。即在履行期限届满之前，当事人一方明确表示或者以自己的行为表明不履行主要债务的，对方当事人可以解除合同，并可以在履行期限届满前请求其承担违约责任。本题中，因甲科研所在履行期届满前明确表示不履行合同，构成预期违约。因此，乙企业有权解除合同并要求赔偿损失。故选项 A 正确。

[72]【答案：C】当事人一方依法主张解除合同时，应当通知对方，合同自通知到达对方时解除。通知

载明债务人在一定期限内不履行债务则合同自动解除，债务人在该期限内未履行债务的，合同自通知载明的期限届满时解除。本题中，通知中载明了解除合同的期限，属于附期限自动解除，故为选项 C。

[73]【答案：×】当事人一方解除合同未通知对方，直接以提起诉讼或申请仲裁的方式依法主张解除合同，法院或仲裁机构确认该主张的，合同自起诉状副本或仲裁申请书副本送达对方时解除。

[74]【答案：√】合同无效、被撤销或被终止的，不影响合同中独立存在的有关争议解决方法的条款（仲裁条款）的效力；不影响合同中结算和清理条款的效力。

[75]【答案：×】合同成立后，合同的基础条件发生了当事人在订立合同时无法预见的、不属于商业风险的重大变化，继续履行合同对于当事人一方明显不公平，受不利影响的当事人可以与对方重新协商；在合理期限内协商不成的，当事人可以请求法院或仲裁机构变更或解除合同。法院或仲裁机构应当结合案件的实际情况，根据公平原则变更或解除合同。

[76]【答案：B】给付定金的一方不履行或履行债务不符合约定，致使不能实现合同目的的，无权要求返还定金；收受定金的一方不履行或履行债务不符合约定，致使不能实现合同目的的，应当双倍返还定金。定金的数额由当事人约定，但不得超过主合同标的额的 20%，超过部分不产生定金的效力。

[77]【答案：ACD】定金合同从实际交付定金时成立。实际交付的定金数额多于或少于约定数额的，视为变更约定的定金数额。故选项 B 不正确。债务人履行债务后，定金应当收回或抵作价款。

[78]【答案：ABD】当事人一方履行合同义务不符合约定的，在采取补救措施后，对方还有其他损失的，应当赔偿损失，故选项 B 正确。当事人就迟延履行约定违约金的，违约方支付违约金后，还应当履行债务，故选项 A 正确。在同一合同中，当事人既约定违约金，又约定定金的，一方违约时，对方可以选择适用违约金或者定金条款，故选项 C 不正确。定金不足以弥补一方违约造成的损失，对方可以请求赔偿超过定金数额的损失，故选项 D 正确。

[79]【答案：BCD】约定的违约金低于损失的，人民法院或者仲裁机构可以根据当事人的请求予以增加，故选项 D 正确。本题中，当事人既约定违约金，又约定定金的，一方违约时，对方可以选择适用违约金或者定金条款，故选项 A 不正确，选项 B 正确。定金不足以弥补一方违约造成的损失，对方可以请求赔偿超过定金数额的损失，本题中，选项 C 明确张某选择定金条款，由于李某给张某造成损失 18 万元，定金不足以弥补损失，因此，张某有权请求李某再支付 8 万元损失，故选项 C 正确。

[80]【答案：D】违约方承担违约责任的形式包括继续履行、采取补救措施（修理、更换、重做、退货、减少价款等，也可解除合同、中止履行、提存等）、赔偿损失、支付违约金。但不包括行使撤销权（撤销权是合同的保全措施）。

[81]【答案：B】定金合同是实践性合同，从实际交付定金之日起生效。因定金合同尚未生效，甲无权请求支付定金，故选项 A 不正确。当事人约定以交付定金作为主合同成立或者生效要件的，给付定金的一方未支付定金，但主合同已经履行或者已经履行主要部分的，不影响主合同的成立或者生效。选项 B 正确。选项 C 无法律依据不正确。既然买卖合同已经生效，甲就有权请求支付货款。故选项 D 不正确。

[82]【答案：BCD】出卖人因未取得处分权致使标的物所有权不能转移，买受人要求可以解除合同并要

求出卖方承担违约责任。本题中，只有有效的合同才会被解除，才会追究违约责任。故选项 BCD 正确。

[83]【答案：D】出卖人分批交付标的物的，出卖人对其中一批标的物不交付或者交付不符合约定，致使该批标的物不能实现合同目的的，买受人可以就该批标的物解除。出卖人不交付其中一批标的物或者交付不符合约定，致使今后其他各批标的物的交付不能实现合同目的的，买受人可以就该批以及今后其他各批标的物解除。买受人如果就其中一批标的物解除，该批标的物与其他各批标的物相互依存的，可以就已经交付和未交付的各批标的物解除。本题中，乙公司第一批交货甲公司未提出异议，说明第一批交货符合合同约定，不能解除第一批。但乙公司第二批交货不符合合同约定，且由于整个仓库保管的大米都会出现第二批的质量问题，故可以推断第三批大米的交货也不能实现合同目的。故选项 D 正确。因三批大米之间不存在相互依存关系，故选项 C 不正确。

[84]【答案：A】出卖人就同一普通动产订立多重买卖合同，在买卖合同均有效的情况下，买受人均要求实际履行合同的，先行受领交付的买受人有权请求确认所有权已经转移；均未受领交付，先行支付价款的买受人有权请求出卖人履行交付标的物等合同义务；均未受领交付，也未支付价款，依法成立在先合同的买受人有权请求出卖人履行交付标的物等合同义务。

[85]【答案：A】出卖人就同一船舶、航空器、机动车等特殊动产订立多重买卖合同，在买卖合同均有效的情况下，买受人均要求实际履行合同的，应当按照以下情形分别处理（交付 > 登记 > 合同成立）：先行受领交付的买受人请求出卖人履行办理所有权转移登记手续等合同义务的，人民法院应予支持；均未受领交付，先行办理所有权转移登记手续的买受人请求出卖人履行交付标的物等合同义务的，人民法院应予支持；均未受领交付，也未办理所有权转移登记手续，依法成立在先合同的买受人请求出卖人履行交付标的物和办理所有权转移登记手续等合同义务的，人民法院应予支持；出卖人将标的物交付给买受人之一，又为其他买受人办理所有权转移登记，已受领交付的买受人请求将标的物所有权登记在自己名下的，人民法院应予支持。

[86]【答案：D】标的物为数物，其中一物不符合约定的，买受人可以就该物解除合同，但该物与他物分离使标的物的价值显受损害的，当事人可以就数物解除合同。在本题中，E 机器存在重大质量瑕疵不会导致 F、G、X、Y 机器无法使用或者价值显受损害，即甲、乙间的买卖合同标的物为数物，且分离不影响标的物的价值。所以，甲可以就买卖合同中 F 机器的维修工具（标的物为从物不符合合同约定而解除合同的，解除的效力不及于主物）与 E 机器部分全部解除合同。故选项 D 正确。

[87]【答案：B】出卖人按照约定未交付有关标的物的单证和资料的，不影响标的物毁损、灭失风险的转移（即买受人承担）。故标的物毁损和灭失的风险应由甲公司承担。选项 B 正确，选项 ACD 不正确。

[88]【答案：ACD】出卖人将标的物提存后，毁损、灭失的风险由买受人承担；故选项 A 正确。因标的物质量不符合质量要求，致使不能实现合同目的的，买受人可以拒绝接受标的物或者解除合同，买受人拒绝接受标的物或者解除合同的，标的物毁损、灭失的风险由出卖人承担；故选项 B 不正确；出卖人按照约定或者将标的物置于交付地点，买受人违反约定没有收取的，标的物毁损、灭失的风险自违反约定之日起由买受人承担；故选项 C 正确。出卖人根据合同约定将标的物运送至买受人指定地点并交付给承运人后，标的物毁损、灭失的风险由买受人承担。故选项 D 正确。

[89]【答案: B】出卖人按照约定或者将标的物置于交付地点，买受人违反约定没有收取的，标的物毁损、灭失的风险自违反约定之日起由买受人承担。本题中，由于甲公司疏忽，未按约定时间提货，导致货物没有按期交付，故应由甲公司自 5 月 6 日起承担标的物毁损、灭失的风险。5 月 7 日凌晨乙公司仓库遭雷击起火，该批货物全部被烧毁，甲公司应承担货物损失责任。故选项 B 正确。

[90]【答案: AD】当事人没有约定检验期间的，应当及时检验。买受人应当在发现或者应当发现标的物的数量或者质量不符合约定的合理期间内通知出卖人。买受人在合理期间内未通知或者自标的物收到之日起 2 年内未通知出卖人的，视为标的物的数量或者质量符合约定，故甲公司应当向乙公司支付剩余价款，无权要求乙公司承担违约责任，选项 AD 正确。

[91]【答案: √】分期付款的买受人未支付到期价款的数额达到全部价款的 1/5 的，经催告后在合理期限内仍未支付到期价款的，出卖人可以请求买受人支付全部价款或者解除合同。出卖人解除合同的，可以向买受人请求支付该标的物的使用费。本题中，甲 6 月 1 日应支付第二期款项，其未支付到期价款 6000 元超过了全部价款的 20%（20000 × 20%=4000 元），经催告合理期限内仍未支付，故该商场有权解除合同并可以要求支付使用费。

[92]【答案: ABC】分期付款的买受人未支付到期价款的金额达到全部价款的 1/5 的，经催告后在合理期限内仍未支付到期价款的，出卖人可以要求:（1）买受人支付全部价款，故选项 A 正确;（2）解除合同，故选项 B 正确;（3）出卖人解除合同的，可以向买受人请求支付该标的物的使用费，故选项 C 正确。选项 D 不正确是因为合同解除后应该恢复原状，即甲汽车销售公司解除合同后扣除使用费并且补偿其他损失后，应将剩余部分返还给王某。

[93]【答案: D】当事人可以在买卖合同中约定，买受人未履行支付价款或者其他义务的，标的物的所有权属于出卖人。本题中，双方当事人约定只有甲支付全部价款后彩电的所有权才转移给甲。故选项 D 正确。

[94]【答案: ACD】当事人约定所有权保留，在标的物所有权转移前，买受人有下列情形之一，对出卖人造成损害，出卖人主张取回标的物的，人民法院应予支持:（1）未按约定支付价款的，经催告后在合理期限内仍未支付的，故选项 A 正确;（2）未按约定完成特定条件的，故选项 C 正确;（3）将标的物出卖、出质或者作出其他不当处分的，故选项 D 正确。买受人已经支付标的物总价款的 75% 以上，出卖人主张取回标的物的，法院不予支持。故选项 B 不正确。

[95]【答案: ABC】分期付款的买受人未支付到期价款的金额达到全部价款的 1/5，经催告在合理期限内仍未支付到期价款的，出卖人可以要求（1）买受人支付全部价款;（2）解除合同;（3）出卖人解除合同的，可以向买受人要求支付该标的物的使用费。故选项 AC 正确。将标的物出卖、出质或者作出其他不当处分的，出卖人有权行使取回标的物的权利。在将标的物出卖、出质或者作出其他不当处分的情形下，第三人已经善意取得标的物所有权或者其他物权，出卖人主张取回标的物的，人民法院不予支持。选项 B 中价值 10 万元的潜水设备只买了 1 万元，丙未以合理价格受让且为恶意（职业潜水员明知卖 1 万元应该有问题），故乙公司可以要求丙返还，选项 B 正确。选项 D 不正确是因为“支付给丙 1 万元购买费用”没有法律依据。

[96]【答案: A】试用买卖的买受人在试用期内的下列行为视为同意购买：试用买卖的买受人在试用期内已经支付部分价款的；在试用期内，买受人对标的物实施了出卖、出租、设定担保物权等行为的，故选项 A 正确。试用买卖的买受人在试用期内可以购买标的物，也可以拒绝购买。试用期限

届满，买受人对是否购买标的物未作表示的，视为购买。试用买卖的当事人没有约定使用费或者约定不明确，出卖人无权主张买受人支付使用费。标的物在试用期内毁损、灭失的风险由出卖人承担。

[97]【答案：A】赠与人在赠与财产的权利转移之前可以撤销赠与。但具有救灾、扶贫、助残等社会公益、道德义务性质的赠与合同或者经过公证的赠与合同，不得撤销。故选项A正确。

[98]【答案：ABC】选项A：赠与人在赠与财产的"权利转移之前"可以撤销赠与；张某已将轿车交付李某，不能再行使任意撤销权。选项BC：救灾、扶贫、助残等社会公益、道德义务性质的赠与合同或者经过公证的赠与合同，不得撤销。选项D：受赠人不履行赠与合同约定的义务的，赠与人可以撤销赠与（赠与人的法定撤销权）。

[99]【答案：AD】受赠人有下列法律规定的情形之一的，赠与人可以撤销赠与：严重侵害赠与人或者赠与人近亲属的合法权益。故选项A正确。选项B即使已经交付了，但由于出现了法定撤销情形，仍可撤销，故选项B不正确。撤销权人撤销赠与的，可以向受赠人要求返还赠与的财产。故选项D正确。因赠与人可行使撤销权，而赠与人的撤销权，自知道或者应当知道撤销原因之日起1年内行使。故选项C不正确。

[100]【答案】

（1）符合。

【理由】赠与的财产有瑕疵的，赠与人不承担责任。赠与人故意不告知赠与的财产有瑕疵或保证无瑕疵，造成受赠人损失的，应当承担损害赔偿责任。

（2）符合。

【理由】赠与人在赠与财产的权利转移之前可以撤销赠与，故赠与的财产权利已转移至受赠人（动产赠与，系指动产交付给受赠人；不动产赠与，系指该赠与不动产权利已经登记机关移转登记）不得撤销。

（3）符合。

【理由】赠与附义务的，受赠人应当按照约定履行义务，受赠人不履行赠与合同约定的义务，赠与人可以撤销赠与。撤销权人撤销赠与的，可以向受赠人要求返还赠与的财产。

[101]【答案：D】借贷双方对逾期利率有约定的，从其约定，但以不超过合同成立时1年起贷款市场报价利率4倍为限。未约定逾期利率或者约定不明的，约定了借期内的利率但未约定逾期利率，出借人主张借款人自逾期还款之日起按照借期内的利率支付资金占用期间利息的，人民法院应予支持。故选项D正确。

[102]【答案：A】自然人之间的借款合同对支付利息没有约定或者约定不明确的，视为没有利息。故选项A正确。

[103]【答案：ABD】选项C：自然人之间的借款合同对支付利息未约定或约定不明的，视为没有利息。

[104]【答案：B】自然人之间的借款合同为实践性合同，自贷款人提供借款时成立，故选项B正确。借款人应当按照约定的期限返还借款，对借款期限未约定或约定不明时，当事人可以协议补充；不能达成补充协议的，借款人可随时返还，贷款人也可催告借款人在合理期限内返还。借款的利息不得预先在本金中扣除；利息预先在本金中扣除的，应当按照实际借款数额返还借款并计算利息。

[105]【答案：C】没有代偿能力并不影响保证合同的效力，故选项A不正确；第三人单方以书面形式向

第5章

债权人出具担保书，债权人接受且未提出异议的，保证合同成立，故选项 B 不正确，选项 C 正确；保证合同有效并不是因为张某同意代为履行，而是由于李某对张某单方提交的保证书接受且未提出异议，故选项 D 不正确。

[106]【答案：×】一般保证的债权人取得对债务人赋予强制执行效力的公证债权文书后，在保证期间内向法院申请强制执行，保证人以债权人未在保证期间内对债务人提起诉讼或申请仲裁为由主张不承担保证责任的，法院不予支持。

[107]【答案：C】保证合同约定保证期间等于主债务履行期限的，视为没有约定，保证期间为主债务履行期届满之日起 6 个月。

[108]【答案：A】连带责任保证的债权人未在保证期间请求保证人承担保证责任的，保证人不再承担保证责任。债权人与债务人对主合同履行期限作了变动，未经保证人书面同意的，保证期间不受影响。本题中，乙银行与丙企业之间约定丙企业承担连带责任；由于未约定保证期间，故丙企业的保证期间为主债务履行期届满之日起 6 个月。虽然甲企业申请展期，但由于未取得丙企业的书面同意，故丙企业仍在主债务履行期满后的 6 个月内承担责任，保证期间并未变更，甲企业未在 6 个月的保证期间内请求丙企业承担保证责任，则保证期间已过，保证人免除保证责任。故选项 A 应选。

[109]【答案：×】当事人对保证方式没有约定或约定不明确的，按照一般保证承担保证责任。

[110]【答案：√】一般保证的债权人在保证期间届满前对债务人提起诉讼或者申请仲裁的，从保证人拒绝承担保证责任的权利（先诉抗辩权：一般保证的保证人在主合同纠纷未经审判或仲裁，并就债务人财产依法强制执行仍不能履行债务前，有权拒绝向债权人承担保证责任）消灭之日起开始计算保证债务的诉讼时效。

[111]【答案：√】保证人对已经超过诉讼时效期间的债务承担保证责任或提供保证的，又以超过诉讼时效为由抗辩的，法院不予支持。

[112]【答案：AD】保证期间，债权人许可债务人转让全部或部分债务的，应当取得保证人书面同意，保证人对未经书面同意转让的债务，不再承担保证责任，除非另有约定，故选项 A 正确。保证期间，债权人与债务人未经保证人书面同意协商变更主合同，如果减轻债务人债务的，保证人仍应当对变更后的合同承担保证责任；如果加重债务人债务的，保证人对加重的部分不承担保证责任，故选项 D 正确，选项 B 不正确。债权人与债务人对主合同履行期限作了变动，未经保证人书面同意的，保证期间不受影响，即保证责任在原保证期间内继续存在。故选项 C 不正确。

[113]【答案：C】根据担保法律制度的规定，保证期间，债权人与债务人对主合同内容作了变动，未经保证人书面同意的，如果减轻债务人债务的，保证人仍应当对变更后的合同承担保证责任；如果加重债务人债务的，保证人对加重的部分不承担保证责任，故选项 C 正确。

[114]【答案：AD】保证期间，债权人将主债权转让给第三人并通知保证人的，保证债权同时转让，保证人在原保证担保的范围内对受让人承担保证责任；未通知保证人的，该转让对保证人不发生效力，故选项 A 正确，选项 B 不正确。但是，保证人与债权人约定禁止债权转让，债权人未经保证人书面同意转让债权的，保证人对受让人不再承担保证责任。故选项 C 不正确，选项 D 正确。

[115]【答案：√】被担保的债权既有物的担保又有人的担保，债务人不履行到期债务或发生当事人约定的实现担保物权的情形，债权人应当按照约定实现债权；没有约定或者约定不明确，债务人自己

提供物的担保的，债权人应当先就该物的担保实现债权；第三人提供物的担保的，债权人可以就物的担保实现债权，也可以要求保证人承担保证责任。

[116]【答案：AD】（1）被担保的债权既有物的担保又有人的担保的，债务人不履行到期债务或者发生当事人约定的实现担保物权的情形，债权人应当按照约定实现债权；（2）没有约定或者约定不明确时：①债务人自己提供物的担保的，债权人应当先就该物的担保实现债权；②第三人提供物的担保的，债权人可以就物的担保实现债权，也可以请求保证人承担保证责任（选项B不正确）。（3）提供担保的第三人承担担保责任后，有权向债务人追偿（选项AD正确）。（4）选项C：一般保证人享有先诉抗辩权，连带责任保证人不享有先诉抗辩权。

[117]【答案：B】租赁物在租赁期间发生所有权变动的，不影响租赁合同的效力。故选项B正确。

[118]【答案：D】承租人经出租人同意，可以将租赁物转租给第三人。承租人转租的，承租人与出租人之间的租赁合同继续有效，第三人对租赁物造成损失的，承租人应当赔偿损失。故选项D正确。甲丙之间无合同关系，故甲无权请求丙支付租金。甲无权随时解除乙丙之间的租赁合同。

[119]【答案：×】出租人知道或应当知道承租人转租，但在6个月内未提出异议的，视为出租人同意转租。

[120]【答案：×】出租人应当履行租赁物的维修义务，但当事人另有约定的除外。但因承租人的过错致使租赁物需要维修的，出租人不承担租赁物的维修义务。

[121]【答案：C】租赁期限届满，承租人继续使用租赁物，出租人没有提出异议的，原租赁合同继续有效，但是租赁期限为不定期。不定期租赁，当事人可以随时解除合同，但是应当在合理期限之前通知对方。

[122]【答案：C】出租人就同一房屋订立数份租赁合同，在合同均有效的情况下，承租人均主张履行合同的，人民法院按照下列顺序确定履行合同的承租人（占有>登记>合同成立）：（1）已经合法占有租赁房屋的；（2）已经办理登记备案手续的；（3）合同成立在先的。故选项C应选。

[123]【答案：ABC】具有下列情形之一，承租人主张优先购买房屋的，人民法院不予支持：（1）房屋共有人行使优先购买权的（选项C正确）；（2）出租人将房屋出卖给近亲属，包括配偶、父母、子女、兄弟姐妹、祖父母、外祖父母、孙子女、外孙子女的（选项B正确，选项D不正确）；（3）出租人履行通知义务后，承租人在15日内未明确表示购买的（选项A正确）。

[124]【答案：√】在融资租赁合同中，承租人占有租赁物期间，租赁物造成第三人的人身伤害或财产损害的，出租人不承担责任。

[125]【答案：×】承租人享有与受领标的物有关的买受人的权利，承租人应当妥善保管、使用租赁物，履行占有租赁物期间的维修义务。

[126]【答案：×】融资租赁合同当事人约定租赁期限届满，承租人仅需向出租人支付象征性价款的，视为约定的租金义务履行完毕后租赁物的所有权归承租人。

[127]【答案：A】选项A：出租人享有租赁物的所有权，承租人破产的，租赁物不属于破产财产。

[128]【答案：D】承租人占有租赁物期间，租赁物造成第三人的人身伤害或财产损害的，出租人（甲公司）不承担责任，选项A不正确；融资租赁期间，承租人（乙公司）履行占有租赁物期间的维修义务，选项B不正确；出租人根据承租人对出卖人、租赁物的选择订立的买卖合同，未经承租人同意，出租人不得变更与承租人有关的合同内容，选项C不正确。

第 6 章　金融法律制度

本章内容主要包括票据法律制度、证券法律制度、保险法律制度和信托法律制度。如图 4-1 所示。

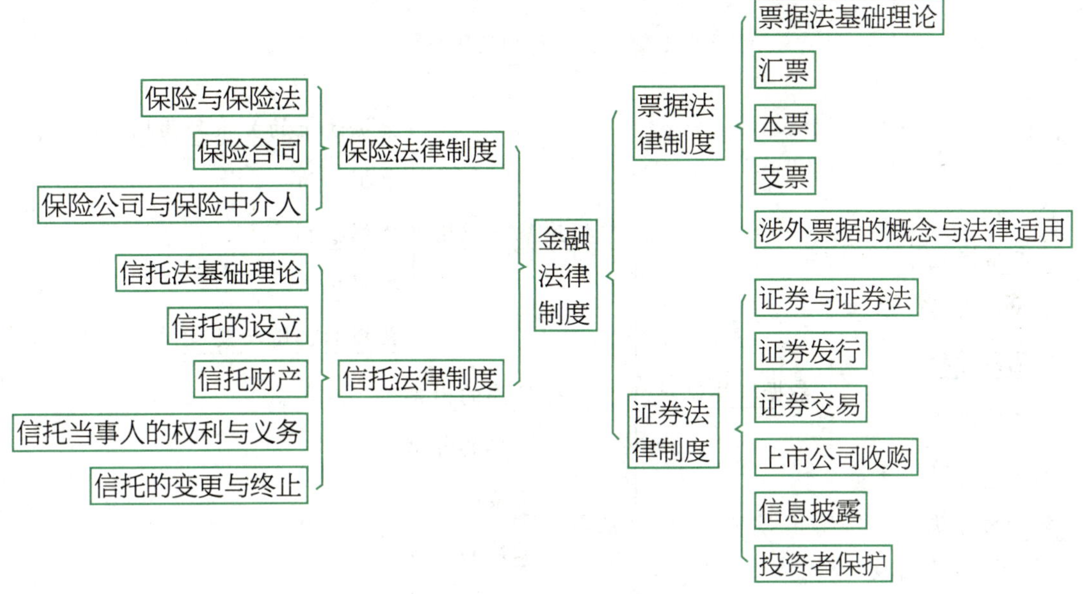

图 6-1　第 6 章知识框架图

近三年本章考试题型及分值分布

本章占分比重 16-20 分左右。第一、三节为重点节。必有简答题。20223 年教材的主要变化体现在第二节。

	2022 年卷 1	2022 年卷 2	2021 年卷 1	2021 年卷 2	2020 年卷 1	2020 年卷 2
单选题	4 题 4 分	3 题 3 分	3 题 3 分	4 题 4 分	4 题 4 分	6 题 6 分
多选题	2 题 4 分	1 题 2 分	2 题 4 分	2 题 4 分	1 题 2 分	3 题 6 分
判断题	1 题 1 分	1 题 1 分	1 题 1 分	1 题 1 分	1 题 1 分	1 题 1 分
简答题	1 题 6 分	1 题 6 分	1 题 6 分	1 题 6 分	1 题 6 分	—
综合题	1 题 2 分	1 题 4 分	—	1 题 2 分	—	—
合计	17 分	16 分	14 分	17 分	13 分	13 分

第一节　票据法律制度

【本节知识框架图】

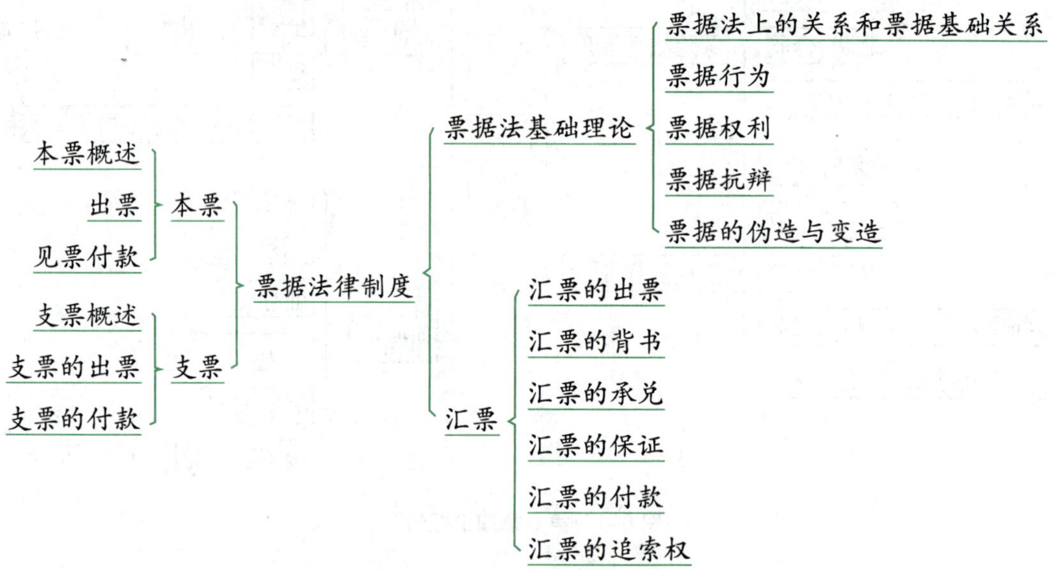

考点1 票据法基础理论

（一）票据的概念

票据包括汇票、本票与支票，是指出票人依法签发的，约定自己或委托付款人在见票时或指定日期向收款人或持票人无条件支付一定金额的有价证券。

（二）票据法的概念（略）

（三）票据法上的关系与票据基础关系

票据法上的关系包括票据法上的票据关系和票据法上的非票据关系。票据基础关系是产生票据的原因关系，一般由民法调整。

【考点母题——万变不离其宗】票据关系与票据基础关系

下列关于票据关系与票据基础关系的表述中，正确的有（　）。
A. 票据关系的发生总是以票据的基础关系为原因和前提的 B. 票据关系形成后与票据基础关系相分离，基础关系是否存在、是否有效，对票据关系不起作用，除非持票人是不履行约定义务的与自己（票据债务人）有直接债权债务关系的人，票据债务人才可基于票据基础关系进行抗辩

【考点子题——举一反三，真枪实练】

[1]（经典例题•判断题）甲、乙签订买卖合同后，甲向乙签发一张以自己为付款人的见票即付的汇票交给了乙。后乙要求甲付款时，甲以乙未交货为由拒付。甲的拒付理由成立。（　）

（四）票据行为

【考点母题——万变不离其宗】票据行为

构成要件	（1）下列关于票据行为构成要件的表述中，正确的有（　）。
	A. 行为人必须具有从事票据行为的能力　　B. 行为人的意思表示必须真实或无缺陷 C. 票据行为的内容必须符合法律、法规的规定 D. 票据行为必须符合法定形式（签章、票据记载事项）
票据签章	（2）下列关于票据签章规定的表述中，正确的有（　）。
	A. 票据上的签章，为签名、盖章或签名加盖章 B. 法人和其他单位在票据上的签章，为该法人或该单位的盖章加其法定代表人或其授权的代理人的签章 C. 银行汇票的出票人的签章和银行承兑汇票的承兑人的签章，应为该银行汇票专用章加其法定代表人或其授权的代理人的签名或盖章 D. 商业汇票的出票人的签章，为该法人或该单位的财务专用章或公章加其法定代表人、单位负责人或其授权的代理人的签名或盖章 E. 银行本票的出票人的签章，应为该银行本票专用章加其法定代表人或授权代理人的签名或盖章 F. 单位的签章，应为该单位的财务专用章或公章加其法定代表人或其授权的代理人的签名或盖章 G. 个人在票据上的签章，应为该个人的签名或盖章（身份证上的姓名） H. 支票的出票人和商业承兑汇票的承兑人的签章，应为其预留银行的签章 I. 银行汇票、银行本票的出票人以及银行承兑汇票的承兑人在票据上未加盖规定的专用章而加盖该银行公章，支票的出票人在票据上未加盖与该单位在银行预留签章一致的财务专用章而加盖该出票人公章的，签章人应当承担票据责任

续表

<table>
<tr><td rowspan="2">签章的效力</td><td colspan="2">（3）下列关于票据签章效力的表述中，正确的有（　）。</td></tr>
<tr><td colspan="2">A. 出票人在票据上的签章不符合规定的，票据无效
B. 承兑人、保证人在票据上的签章不符合规定的，或无民事行为能力人、限制民事行为能力人在票据上签章的，其签章无效，但不影响其他符合规定签章的效力
C. 背书人在票据上的签章不符合规定的，其签章无效，但不影响其前手符合规定签章的效力</td></tr>
<tr><td rowspan="7">票据记载事项</td><td colspan="2">（4）票据记载事项分为（　）。</td></tr>
<tr><td>A. 绝对记载事项</td><td>是指《票据法》明文规定必须记载的，如无记载，票据或票据行为即为无效的事项</td></tr>
<tr><td>B. 相对记载事项</td><td>是指某些应该记载而未记载，适用《票据法》有关规定而不使票据或票据行为失效的事项</td></tr>
<tr><td>C. 任意记载事项</td><td>任意记载事项是指《票据法》规定由当事人任意记载、一经记载即发生票据上效力的事项</td></tr>
<tr><td>D. 不生票据上效力记载事项</td><td>不生票据上效力记载事项是指在票据上记载《票据法》及《支付结算办法》规定事项以外的不具有票据上效力，但在直接当事人间发生其他法律上效力的事项</td></tr>
<tr><td>E. 无益记载事项</td><td>无益记载事项是指行为人记载的不发生任何法律效力，被视为无记载的事项</td></tr>
<tr><td>F. 有害记载事项</td><td>有害记载事项是指《票据法》禁止记载的，一旦记载会导致票据无效或者票据行为无效的事项</td></tr>
<tr><td rowspan="5">票据共同绝对记载事项</td><td colspan="2">（5）下列属于各类票据共同绝对记载事项的有（　）。</td></tr>
<tr><td colspan="2">A. 票据种类的记载</td></tr>
<tr><td rowspan="2">B. 票据金额的记载</td><td>（6）下列关于票据金额记载规则的表述中，正确的有（　）。</td></tr>
<tr><td>A. 票据金额以中文大写和数码同时记载，两者必须一致，两者不一致的，票据无效
B. 票据金额不得更改，更改的票据无效</td></tr>
<tr><td colspan="2">C. 票据收款人的记载　　D. 出票年月日的记载　　E. 签章</td></tr>
<tr><td rowspan="2">不得更改的事项</td><td colspan="2">（7）根据票据法律制度的规定，票据上某些特定事项不得更改，如果更改将导致票据无效。该特定事项包括（　）。</td></tr>
<tr><td colspan="2">A. 票据金额　　B. 出票日期　　C. 收款人名称</td></tr>
</table>

【考点子题——举一反三，真枪实练】

［2］（历年真题·多选题）根据票据法律制度的规定，在票据上更改特定记载事项的，将导致票据无效。下列各项中，属于该记载事项的有（　）。

A. 收款人名称　B. 票据金额　C. 付款地　D. 出票日期

[3]（经典例题·单选题）下列关于票据签章效力的表述中，符合票据法律制度规定的是（ ）。

A. 出票人签章不符合规定的，票据无效

B. 银行本票的出票人未在票据上加盖银行本票专用章而加盖该银行公章的，签章人不承担票据责任

C. 无民事行为能力人在票据上签章的，票据无效

D. 承兑人在票据上签章不符合规定的，票据无效

[4]（经典例题·多选题）下列有关票据行为有效要件的表述中，符合票据法律制度规定的有（ ）。

A. 保证人在票据上的签章不符合规定，其签章无效，但不影响其他符合规定签章的效力

B. 持票人明知转让的是盗窃的票据，仍受让票据的，不得享有票据权利

C. 只要票据基础关系不合法，票据关系就不合法

D. 银行汇票未加盖规定的专用章，而加盖该银行的公章，签章人应承担责任

【考点母题——万变不离其宗】票据行为的代理

票据代理构成要件	（1）下列关于票据代理构成要件的表述中，正确的有（ ）。
	A. 票据当事人须有委托代理的意思表示 B. 代理人须按被代理人的委托在票据上签章 C. 代理人应在票据上表明代理关系，即注明“代理”字样或类似的文句
无权代理	（2）【判断金句】没有代理权而以代理人名义在票据上签章的，应当由签章人承担票据责任。
越权代理	（3）【判断金句】代理人超越代理权限的，应当就其**超越权限的部分承担票据责任**。

【考点子题——举一反三，真枪实练】

[5]（历年真题·判断题）甲没有代理权而以代理人名义在票据上签章，应由票面上显示的本人和甲连带承担票据责任。（ ）

（五）票据权利

票据权利是指持票人向票据债务人请求支付票据金额的权利。包括付款请求权和追索权。

【考点母题——万变不离其宗】票据权利

票据权利的取得方式	（1）下列属于票据权利取得方式的有（ ）。
	A. 出票取得 B. 转让取得 C. 通过税收、继承、赠与、企业合并等方式取得

续表

<table>
<tr><td rowspan="2">持票人因其取得票据的情形不同，因而其享有不同的票据权利</td><td colspan="2">（2）下列关于持票人是否享有票据权利及享有何种票据权利的表述中，正确的有（　）。</td></tr>
<tr><td colspan="2">A. 票据的取得，必须给付票据双方当事人认可的相对应的代价
B. 因税收、继承、赠与可以依法无偿取得票据的持票人，不受给付对价的限制，但是所享有的票据权利不得优于其前手
C. 因欺诈、偷盗、胁迫、恶意取得票据或因重大过失取得不符合法律规定的票据的持票人，不得享有票据权利
D. 善意的且支付了相当对价取得票据的持票人，享有的票据权利优于其前手</td></tr>
<tr><td rowspan="2">可以采取保全和执行措施的情形</td><td colspan="2">（3）下列属于法院可对票据采取保全和执行措施的有（　）。</td></tr>
<tr><td colspan="2">A. 不履行约定义务，与票据债务人有直接债权债务关系的票据当事人所持有的票据
B. 持票人恶意取得的票据　　C. 应付对价而未付对价的持票人持有的票据
D. 记载有“不得转让”字样而用于贴现的票据
E. 记载有“不得转让”字样而用于质押的票据</td></tr>
<tr><td rowspan="6">票据权利的补救措施</td><td colspan="2">（4）下列属于票据权利补救措施的有（　）。</td></tr>
<tr><td rowspan="2">A. 挂失止付</td><td>（5）下列关于挂失支付的表述中，正确的有（　）。</td></tr>
<tr><td>A. 已承兑的商业汇票、支票、填明“现金”字样和代理付款人的银行汇票以及填明“现金”字样的银行本票丧失，可以由失票人通知付款人或者代理付款人挂失止付
B. 未记载付款人或无法确定付款人及其代理付款人的票据不能挂失
C. 挂失止付不是票据丧失后票据权利补救的必经程序，而只是一种暂时的预防措施
D. 付款人或者代理付款人自收到挂失止付通知之日起 12 日内没有收到人民法院的止付通知书的，自第 13 日起，挂失止付通知书失效</td></tr>
<tr><td rowspan="2">B. 公示催告</td><td>（6）下列关于公示催告的表述中，正确的有（　）。</td></tr>
<tr><td>A. 填明“现金”字样的银行汇票、银行本票和现金支票不得背书转让，不能申请公示催告
B. 公示期间不得少于 60 日，且公示催告期间届满日不得早于票据付款日后 15 日
C. 在申报权利的期间无人申报权利，或者申报被驳回的，申请人应当自公示催告期间届满之日起 1 个月内申请作出判决，逾期不申请判决的，终结公示催告程序
D. 判决公告之日起，公示催告申请人有权依据判决向付款人请求付款</td></tr>
<tr><td colspan="2">C. 普通诉讼</td></tr>
<tr><td rowspan="2">票据权利时效</td><td colspan="2">（7）下列关于票据权利时效的表述中，正确的有（　）。</td></tr>
<tr><td colspan="2">A. 持票人对票据的出票人和承兑人的权利（包括付款请求权和追索权），自票据到期日起 2 年。见票即付的汇票、本票，自出票日起 2 年
B. 持票人对支票出票人的权利（包括付款请求权和追索权），自出票日起 6 个月
C. 持票人对前手（不包括出票人）的追索权，自被拒绝承兑或者被拒绝付款之日起 6 个月
D. 持票人对前手（不包括出票人）的再追索权，自清偿日或者被提起诉讼之日起 3 个月</td></tr>
</table>

【考点子题——举一反三，真枪实练】

[6]（历年真题·单选题）根据票据法律制度的规定，持票人对定日付款的汇票出票人的追索权，应在一定期限内行使。该期限为（　）。

A. 自到期日起2年　　B. 自出票日起2年

C. 自被拒绝付款之日起6个月　　D. 自被拒绝承兑之日起3个月

[7]（经典例题·单选题）苏某胁迫李某为其签发见票即付的汇票。李某为出票人和付款人，苏某为收款人，票据金额30万元。后苏某将该票据赠与给其不知情的女朋友王某。王某请求李某付款时，遭到拒绝。下列关于李某是否应承担票据责任的表述中，符合票据法律制度规定的是（　）。

A. 李某不向王某承担票据责任，因该汇票是在苏某胁迫下签发的

B. 李某应向王某承担票据责任，因该汇票已被苏某赠与给王某

C. 李某应向王某承担票据责任，因李某签发的汇票为见票即付

D. 李某不应向王某承担票据责任，因苏某不享有票据权利，王某取得汇票又无支付对价，故不能享有优于其前手苏某的权利

[8]（历年真题·单选题）甲公司与乙公司签订一份买卖合同，约定采用见票即付的商业汇票付款。后乙公司以自己为付款人签发汇票并交付给甲公司，因甲公司欠丙公司货款，故甲公司将该汇票背书转让给丙公司。丙公司持票向乙公司行使付款请求权时，乙公司以甲公司未供货为由拒付。经查，丙公司对甲公司未供货不知情。下列关于乙公司主张拒付理由是否成立的表述中，符合票据法律制度规定的是（　）。

A. 不成立，因丙公司为善意且支付了相当对价的持票人，乙公司不得以对抗甲公司的抗辩事由对抗丙公司

B. 成立，因甲公司未供货，乙公司当然可拒绝付款

C. 不成立，因甲公司已转让该汇票并已退出票据关系

D. 成立，因丙公司与乙公司并无合同关系

（六）票据抗辩

票据抗辩是指票据债务人依法对票据债权人拒绝履行义务的行为。

票据抗辩
- 对人抗辩（票据债务人对抗特定债权人的抗辩，多与基础关系有关）
- 对物抗辩（可向任何持票人提出）

【考点母题——万变不离其宗】对物抗辩

下列情形中，属于对物抗辩的有（　）。

续表

A. 票据应记载的内容有欠缺	B. 票据债务人无行为能力
C. 无权代理或超越代理权进行票据行为	D. 背书不连续
E. 票据上有禁止记载的事项（如付款附有条件，记载到期日不合法）	
F. 持票人的票据权利有瑕疵（如因欺诈、偷盗、胁迫、恶意、重大过失取得票据）	
G. 票据未到期	H. 付款地不符
I. 票据债权因付款、抵销、提存、免除、除权判决、时效届满而消灭	
J. 票据权利的保全手续欠缺而为的抗辩，如应作成拒绝证书而未作	
K. 票据上有伪造、变造情形而为的抗辩	

【考点母题——万变不离其宗】票据抗辩的限制

下列关于票据抗辩限制的表述中，正确的有（ ）。

A. 票据债务人不得以自己与出票人之间的抗辩事由对抗持票人

B. 票据债务人不得以自己与持票人的前手之间的抗辩事由对抗持票人

C. 凡是善意的、已付对价的正当持票人可向票据上的一切债务人请求付款，不受前手权利瑕疵和前手相互间抗辩的影响

D. 持票人因税收、继承、赠与依法无偿取得票据的，由于其享有的权利不能优于其前手，故票据债务人可以对持票人前手的抗辩事由对抗该持票人

第6章

【考点子题——举一反三，真枪实练】

[9]（历年真题·多选题）根据票据法律制度的规定，票据债务人基于票据本身存在的一定事由发生的抗辩，可以对抗任何持票人。该类事由有（ ）。

A. 票据上记载验货合格后付款　　B. 票据权利时效届满

C. 票据背书不连续　　D. 票据上未记载付款地

[10]（经典例题·判断题）票据债务人不得以自己与持票人的前手之间抗辩事由对抗持票人，但持票人明知存在抗辩事由而取得票据的除外。（ ）

（七）票据的伪造与变造

票据的伪造是指假冒他人名义或虚构人的名义而进行的票据行为，包括票据的伪造和票据上签章的伪造。前者是指假冒他人或虚构人的名义进行出票行为；后者是指假冒他人名义进行出票行为之外的其他票据行为。

票据的变造是指无权更改票据内容的人，对票据上签章以外的记载事项加以变更的行为。

【考点母题——万变不离其宗】票据伪造的责任

<table>
<tr><td rowspan="2">票据伪造的责任</td><td>（1）下列关于票据伪造责任的表述中，正确的有（ ）。</td></tr>
<tr><td>A. 票据上没有以伪造人的名义所作的签章，伪造人不承担票据责任
B. 伪造人的行为给他人造成损害的，应承担民事责任，构成犯罪的，还应承担刑事责任
C. 被伪造人对任何人（包括善意持票人）不承担票据责任</td></tr>
<tr><td rowspan="2">票据上伪造签章的效力</td><td>（2）下列关于票据伪造签章效力的表述中，正确的是（ ）。</td></tr>
<tr><td>A. 票据上有伪造签章的，不影响票据上其他真实签章的效力</td></tr>
</table>

【考点子题——举一反三，真枪实练】

[11]（历年真题·单选题）根据票据法律制度的规定，下列关于票据伪造的表述中，正确的是（ ）。

A. 票据伪造是指无权更改票据的人变更票据金额的行为

B. 被伪造人应向善意且支付了对价的持票人承担票据责任

C. 票据上有伪造签章的，不影响票据上其他真实签章的效力

D. 伪造人因未在票据上以自己的名义签章，故不承担票据责任之外的民事责任

[12]（历年真题·多选题）下列有关票据伪造的表述中，不符合票据法律制度规定的有（ ）。

A. 票据的伪造仅指假冒他人名义签章的行为

B. 票据上有伪造签章的，不影响票据上其他真实签章的效力

C. 善意的且支付相当对价的合法持票人有权要求被伪造人承担票据责任

D. 票据伪造人的伪造行为即使对他人造成损害，也不承担票据责任

【考点母题——万变不离其宗】票据的变造

票据变造的情形	（1）下列属于票据变造情形的是（　）。
	A. 无权更改票据内容的人，对票据上签章以外的记载事项加以变更的行为
构成条件	（2）下列关于票据变造构成条件的表述中，正确的有（　）。
	A. 变造的票据是合法成立的有效票据 B. 变造的内容是票据上所记载的除签章以外的事项　C. 变造人无权变更票据的内容
不属于票据变造的情形	（3）下列不属于票据变造情形的有（　）。
	A. 有变更权限的人依法对票据进行的变更 B. 在空白票据上经授权进行补记的　C. 变更票据上的签章的
变造责任的认定	（4）下列关于票据变造责任认定的表述中，正确的有（　）。
	A. 票据的变造应依照签章是在变造之前或之后来承担责任 B. 如果当事人签章在变造之前，应按原记载的内容负责 C. 如果当事人签章在变造之后，则应按变造后的记载内容负责 D. 如果无法辨别是在票据被变造之前或之后签章的，视同在变造之前签章
变造人的责任	（5）【判断金句】尽管被变造的票据仍为有效，但变造人的变造行为给他人造成经济损失的，应对此承担赔偿责任，构成犯罪的，应承担刑事责任。
银行的责任	（6）【判断金句】银行以善意且符合规定和正常操作程序的要求，对伪造、变造的票据的签章以及需要交验的个人有效身份证件进行了审查，未发现异常情况而支付金额的，对出票人或付款人不再承担受托付款的责任，对持票人或收款人不再承担付款的责任。

【考点子题——举一反三，真枪实练】

［13］（历年真题•单选题）一张汇票的出票人是甲，乙、丙、丁依次是背书人，戊是持票人。戊在行使票据权利时发现该汇票的金额被变造。经查，乙是在变造之前签章，丁是在变造之后签章，但不能确定丙是在变造之前或之后签章。根据票据法律制度的规定，下列关于甲、乙、丙、丁对汇票金额承担责任的表述中，正确的是（　）。

A. 甲、乙、丙、丁均只就变造前的汇票金额对戊负责

B. 甲、乙、丙、丁均需就变造后的汇票金额对戊负责

C. 甲、乙就变造前的汇票金额对戊负责，丙、丁就变造后的汇票金额对戊负责

D. 甲、乙、丙就变造前的汇票金额对戊负责；丁就变造后的汇票金额对戊负责

考点 2　汇票

（一）汇票的概念

汇票是出票人签发的、委托付款人在见票时或在指定日期无条件支付确定的金额给收款人或持票人的票据。

依出票人身份的不同可分为银行汇票和商业汇票。

银行汇票是出票银行签发的，由其在见票时按照实际结算金额无条件支付给收款人或持票人的票据。银行汇票可以用于转账，填明“现金”字样的银行汇票也可以用于支取现金。银行汇票的提示付款期限自出票日起 1 个月。

商业汇票是出票人签发的，委托付款人在指定日期无条件支付确定的金额给收款人或持票人的票据。商业汇票的付款期限，最长不得超过 6 个月。商业汇票的提示付款期限，自汇票到期日起 10 日。（包括银行承兑汇票和商业承兑汇票）

（二）汇票的出票

【考点母题——万变不离其宗】汇票的出票

<table>
<tr><td colspan="3">（1）下列属于汇票记载事项的有（　）。</td></tr>
<tr><td rowspan="9">A. 绝对记载事项（如不记载或记载不符合规定，将导致票据无效）</td><td colspan="2">（2）下列属于汇票绝对记载事项的有（　）。</td></tr>
<tr><td colspan="2">A. 表明“汇票”字样</td></tr>
<tr><td>B. 无条件支付的委托</td><td>（3）【判断金句】汇票的支付文句不能附带任何条件，如果附有条件（如收货后付款），则汇票无效。</td></tr>
<tr><td rowspan="5">C. 确定的金额</td><td>（4）下列关于银行汇票金额记载的表述中，正确的有（　）。</td></tr>
<tr><td>A. 银行汇票记载的金额有汇票金额和实际结算金额，汇票金额是出票时汇票上应该记载的金额；实际结算金额是指不超过汇票金额而另外记载的具体结算金额</td></tr>
<tr><td>B. 汇票上记载有实际结算金额的，以实际结算金额为汇票金额</td></tr>
<tr><td>C. 银行汇票记载汇票金额而未记载实际结算金额，并不影响该汇票的效力，而以汇票金额为实际结算金额</td></tr>
<tr><td>D. 实际结算金额只能小于或等于汇票金额，如果实际结算金额大于汇票金额的，实际结算金额无效，以汇票金额为付款金额</td></tr>
<tr><td colspan="2">D. 付款人名称　E. 收款人名称　F. 出票日期　G. 出票人签章</td></tr>
</table>

第 6 章

续表

<table>
<tr><td rowspan="6">B. 相对记载事项（未记载，不影响汇票效力，适用法律规定）</td><td colspan="2">（5）下列属于汇票相对记载事项的有（　）。</td></tr>
<tr><td rowspan="3">A. 付款日期</td><td>（6）下列属于付款日期记载形式的有（　）。</td></tr>
<tr><td>A. 见票即付　B. 定日付款
C. 出票后定期付款　D. 见票后定期付款</td></tr>
<tr><td>（7）【判断金句】汇票上未记载付款日期的，视为见票即付。</td></tr>
<tr><td>B. 付款地</td><td>（8）【判断金句】汇票上未记载付款地的，付款地为付款人的营业场所、住所或经常居住地，住所与经常居住地不一致的，经常居住地为付款地。</td></tr>
<tr><td>C. 出票地</td><td>（9）【判断金句】汇票上未记载出票地的，出票人的营业场所、住所或经常居住地为出票地。</td></tr>
<tr><td>C. 非法定记载事项（记不记无所谓）</td><td colspan="2">如签发票据的原因或用途，该票据项下交易的合同号码等。</td></tr>
</table>

【考点母题——万变不离其宗】出票的效力

下列关于出票效力的表述中，正确的有（　）。
A. 出票人签发汇票后，即承担保证该汇票承兑和付款的责任 B. 出票行为是单方行为，付款人并不因此而有付款义务 C. 收款人取得出票人发出的汇票后，即取得票据权利

【考点子题——举一反三，真枪实练】

[14]（历年真题•单选题）根据票据法律制度的规定，下列各项中，属于汇票绝对记载事项的是（　）。

A. 付款人名称　B. 付款地　C. 出票后定期付款　D. 验货合格后付款

[15]（历年真题•单选题）根据票据法律制度的规定，甲向乙签发商业汇票时记载的下列事项中，不发生票据法上效力的是（　）。

A. 乙交货后付款　B. 票据金额10万元

C. 汇票不得背书转让　D. 乙的开户行名称

[16]（历年真题•多选题）根据票据法律制度的规定，下列各项中，可以导致汇票无效的情形有（　）。

A. 李某出票时未记载付款人名称

B. 郑某出票时未记载付款日期

C. 陈某出票时记载“收货后付款”

D. 王某将中文大写“伍万元整”的汇票数额记载为“5000”

[17]（历年真题•单选题）根据票据法律制度的规定，下列关于汇票出票记载事项的表述

中，正确的是（　）。

A. 出票日期是汇票出票的相对记载事项

B. 出票时未记载付款日期的，该汇票无效

C. 出票时记载签发票据原因的，该汇票无效

D. 出票时未记载付款地的，付款人的营业场所、住所或者经常居住地为付款地

（三）汇票的背书

【考点母题——万变不离其宗】汇票的背书

<table>
<tr><td rowspan="4">记载事项</td><td colspan="2">（1）下列属于汇票背书应记载事项的有（　）。</td></tr>
<tr><td>A. 背书人签章</td><td>背书人未签章，背书无效</td></tr>
<tr><td>B. 背书日期</td><td>背书未记载背书日期的，视为在汇票到期日前背书</td></tr>
<tr><td>C. 被背书人名称的记载</td><td>背书人未记载被背书人名称，即将票据交付他人的，持票人在被背书人栏内记载自己的名称与背书人记载具有同等法律效力</td></tr>
<tr><td rowspan="3">不得记载事项</td><td colspan="2">（2）下列属于背书不得记载事项的有（　）。</td></tr>
<tr><td>A. 附条件的背书</td><td>背书不得附有条件。背书时附有条件的，所附条件不具有汇票上的效力</td></tr>
<tr><td>B. 部分背书</td><td>将汇票金额的一部分或将汇票金额分别转让给两人以上的背书无效</td></tr>
<tr><td rowspan="2">背书连续</td><td colspan="2">（3）下列关于背书连续的表述中，正确的有（　）。</td></tr>
<tr><td colspan="2">A. 背书连续主要是指背书在形式上连续，背书在实质上不连续（如伪造签章等），付款人仍应对持票人付款（但付款人明知持票人不是真正权利人，不得付款）
B. 以背书转让的汇票，背书应当连续，背书不连续的，付款人可以拒绝向持票人付款
C. 对于非经背书转让，而以其他合法方式取得汇票的，只要取得票据的人依法举证，证明其汇票权利，就能享有票据上的权利</td></tr>
<tr><td>出票人记载“不得转让”的后果</td><td colspan="2">（4）【判断金句】出票人在汇票上记载“不得转让”字样，该汇票不得转让。如果收款人或持票人将该汇票转让的，该转让不发生票据法上的效力，出票人和承兑人对受让人不承担票据责任。
（5）【判断金句】对于出票人记载“不得转让”字样的票据，其后手以此票据进行贴现、质押的，通过贴现、质押取得票据的持票人无权主张票据权利。</td></tr>
<tr><td>背书人记载“不得转让”的后果</td><td colspan="2">（6）【判断金句】背书人在汇票上记载“不得转让”字样，其后手再背书转让的，原背书人对其后手的被背书人不承担保证责任。</td></tr>
</table>

续表

<table>
<tr><td rowspan="2">委托收款背书</td><td colspan="2">（7）下列关于委托收款背书的表述中，正确的有（ ）。</td></tr>
<tr><td colspan="2">A. 委托收款背书不以转让票据权利为目的，是以授予被背书人行使代理权为目的的背书
B. 被背书人只是代理人，背书人仍是票据权利人
C. 背书记载“委托收款”字样的，被背书人有权代背书人行使被委托的汇票权利，但不能行使转让票据等处分权利，即被背书人不得再以背书转让汇票权利
D. 被背书人以背书转让票据权利的，原背书人对后手的被背书人不承担票据责任，但不影响出票人、承兑人以及原背书人的前手的票据责任</td></tr>
<tr><td rowspan="6">质押背书</td><td colspan="2">（8）下列关于质押背书的表述中，正确的有（ ）。</td></tr>
<tr><td colspan="2">A. 票据质押时应当以背书记载“质押”字样</td></tr>
<tr><td colspan="2">B. 质押背书确立的是一种担保关系，而不是票据权利转让与被转让的关系</td></tr>
<tr><td colspan="2">C. 票据上记载“质押”文句的，其后手再背书转让或质押的，原背书人对后手的被背书人不承担票据责任，但不影响出票人、承兑人以及原背书人的前手的票据责任</td></tr>
<tr><td rowspan="2">D. 以汇票设定质押时不构成票据质押的情形</td><td>出质人在汇票上只记载了“质押”字样而未在票据上签章的</td></tr>
<tr><td>出质人未在汇票、粘单上记载“质押”字样而另行签订质押合同、质押条款的</td></tr>
<tr><td rowspan="3">法定禁止背书情形</td><td colspan="2">（9）下列属于法定禁止背书情形的有（ ）。</td></tr>
<tr><td colspan="2">A. 被拒绝承兑的汇票　B. 被拒绝付款的汇票　C. 超过付款提示期限的汇票</td></tr>
<tr><td colspan="2">（10）【判断金句】如果背书人将法定禁止背书的汇票以背书方式转让的，应当承担汇票责任。</td></tr>
</table>

【考点子题——举一反三，真枪实练】

[18]（经典例题•判断题）如果出票人在汇票上记载“不得转让”等字样，持票人就不得转让该汇票。否则该转让只具有普通债权让与的效力，不发生票据法上的效力。（　）

[19]（历年真题•多选题）根据票据法律制度的规定，下列各背书情形中，属于背书无效的有（　）。

A. 将汇票金额全部转让给甲某　　B. 将汇票金额的一半转让给甲某

C. 将汇票金额分别转让给甲某和乙某　　D. 将汇票附条件背书转让给甲某

[20]（经典例题•单选题）根据票据法律制度的规定，下列有关汇票背书的表述中，正确的是（　）。

A. 背书时未记载背书日期的，背书无效

B. 背书时附有条件的，背书无效

C. 背书人在汇票上记载“不得转让”字样的，汇票不得转让

D. 背书的连续性主要是指形式上的连续性

[21]（历年真题•单选题）甲将一汇票背书转让给乙，但该汇票上未记载乙的名称。其后，乙在该汇票被背书人栏内记载了自己的名称。根据票据法律制度的规定，下列有关该汇票背书与记载效力的表述中，正确的是（　）。

A. 甲的背书无效，因为甲未记载被背书人乙的名称

B. 甲的背书无效，且将导致该票据无效

C. 乙的记载无效，应由背书人甲补记

D. 乙的记载有效，其记载与背书人甲记载具有同等法律效力

[22]（经典例题•单选题）甲公司与乙公司签订买卖合同，双方约定由甲公司向乙公司签发一张见票即付的汇票，甲公司为出票人，丙公司为付款人，乙公司为收款人。后甲公司如约签发票据交付给乙公司。乙公司因欠丁公司货款便将该汇票背书转让给丁公司，并在汇票上记载“不得转让”。丁公司为了购买戊公司货物便将该汇票背书转让给戊公司，戊公司向丙公司请求付款时，丙公司拒付。戊公司欲行使追索权。根据票据法律制度的规定，戊公司不得行使追索权的是（　）。

A. 甲公司　　B. 乙公司　　C. 丙公司　　D. 丁公司

[23]（经典例题•判断题）甲公司在向乙公司借款时以其持有的票据金额为 20 万元的银行承兑汇票质押。甲公司在该汇票上签章并记载“质押”字样后交付给乙公司。乙公司因欠丙公司 20 万元货款，遂将该汇票背书转让给丙公司。后因该汇票被拒绝付款，丙公司向甲公司行使追索权，甲公司应对丙公司承担票据责任。（　）

[24]（历年真题•单选题）甲公司在向乙银行申请贷款时以一张银行承兑汇票作质押担保。

下列关于甲公司汇票质押生效要件的表述中，符合票据法律制度规定的是（　）。

A. 甲公司只须和乙银行签订该汇票的质押合同并将汇票交付给乙银行即可生效

B. 甲公司只须将该汇票交付乙银行占有即可生效

C. 甲公司只须向乙银行作该汇票的转让背书并交付给乙银行即可生效

D. 甲公司只须在该汇票上记载“质押”字样、乙银行名称、签章并交付给乙银行即可生效

[25]（经典例题•多选题）甲公司在其银行承兑汇票上背书记载了“委托收款”字样交付给乙公司。根据票据法律制度的规定，下列关于乙公司权利的表述中，正确的有（　）。

A. 乙公司有权代理甲公司行使被委托的汇票权利

B. 乙公司不是该汇票的票据权利人

C. 乙公司不得背书转让该汇票的票据权利

D. 乙公司背书转让该票据给丙公司的，甲公司对丙公司承担票据责任

[26]（经典例题•多选题）根据票据法律制度的规定，下列情形中，汇票不得背书转让的有（　）。

A. 汇票上未记载付款日期的

B. 汇票被拒绝付款的

C. 汇票被拒绝承兑的

D. 汇票超过付款提示期限的

（四）汇票的承兑

【考点母题——万变不离其宗】汇票的承兑

<table>
<tr><td rowspan="4">提示承兑的期限</td><td colspan="3">（1）下列关于汇票提示承兑期限的表述中，正确的有（　）。</td></tr>
<tr><td colspan="2">A. 定日付款或出票后定期付款的汇票持票人应当在汇票到期日前向付款人提示承兑</td><td rowspan="2">持票人应当在法定期间内向付款人提示承兑。否则，丧失对其前手的追索权。</td></tr>
<tr><td colspan="2">B. 见票后定期付款的汇票持票人应当自出票日起1个月内向付款人提示承兑</td></tr>
<tr><td colspan="3">C. 见票即付的汇票无须提示承兑</td></tr>
<tr><td rowspan="2">付款人接受或拒绝承兑时间</td><td colspan="3">（2）根据票据法律制度的规定，付款人对向其提示承兑的汇票，应当自收到提示承兑的汇票之日起一定期间内承兑或者拒绝承兑。该期间为（　）。</td></tr>
<tr><td colspan="3">A. 3日内</td></tr>
<tr><td rowspan="3">记载事项</td><td colspan="3">（3）下列属于汇票承兑时记载事项的有（　）。</td></tr>
<tr><td rowspan="2">A. 绝对记载事项</td><td colspan="2">（4）下列属于汇票承兑时绝对记载事项的有（　）。</td></tr>
<tr><td colspan="2">A. 在汇票正面记载“承兑”字样　B. 承兑人签章
C. 见票后定期付款的汇票的付款日期</td></tr>
</table>

续表

记载事项	B. 相对记载事项	（5）下列属于汇票承兑时相对记载事项的是（　）。
		A. 承兑日期（汇票上未记载承兑日期的，以付款人3天承兑期的最后一日为承兑日期，如付款人在3日内不作承兑与否表示的，视为拒绝承兑，持票人可做成拒绝证书行使追索权）
	C. 承兑不得附有条件	（6）【判断金句】付款人承兑汇票，不得附有条件；承兑附有条件的，视同拒绝承兑。
承兑效力	（7）下列关于承兑人到期付款责任（绝对付款责任）的表述中，正确的有（　）。	
	A. 承兑人于汇票到期日必须向持票人**无条件**地支付汇票上的金额 B. 承兑人必须对汇票上的**一切权利人**承担责任，包括付款请求权人和追索权人 C. 承兑人**不得以其与出票人之间的资金关系对抗**持票人，拒绝支付汇票金额 D. 承兑人的票据责任**不因持票人未在法定期限提示付款而解除**	

【考点子题——举一反三，真枪实练】

[27]（经典例题•多选题）根据票据法律制度的规定，汇票承兑生效后，承兑人应当承担到期付款的责任。下列关于该责任的表述中，正确的有（　）。

A. 承兑人在汇票到期日必须向持票人无条件地支付汇票上的金额

B. 承兑人必须对汇票上的付款请求权人承担责任

C. 承兑人必须对汇票上的追索权人承担责任

D. 承兑人的票据责任不因持票人未在法定期限提示付款而解除

[28]（经典例题•多选题）根据票据法律制度的规定，下列关于汇票提示承兑的表述中，正确的有（　）。

A. 见票后定期付款汇票的持票人应当自出票日起3个月内向付款人提示承兑

B. 汇票上没有记载付款日期的，无需提示承兑汇票

C. 付款人自收到提示承兑的汇票之日起3日内不作出承兑与否表示的，视为承兑

D. 承兑附有条件的，视为拒绝承兑

[29]（经典例题•判断题）甲公司向乙公司签发一张银行承兑汇票，该票已经由丙银行承兑签章。后乙公司持票向丙银行请求付款时，丙银行以甲公司存入本行资金不足为由拒付。丙银行的拒付理由成立。（　）

[30]（历年真题•单选题）赵某持汇票在法定期限内向付款人提示承兑，付款人在3日内未作承兑与否的表示。根据票据法律制度的规定，下列关于该汇票承兑效力的表述中，正确的是（　）。

A. 应视为承兑效力待定

B. 应视为拒绝承兑，赵某可以请求付款人作出拒绝承兑证明

C. 应视为同意承兑，赵某可以在汇票到期后请求付款人付款

D. 应视为同意承兑，赵某可以请求付款人在汇票上签章

[31]（历年真题•单选题）根据票据法律制度的规定，下列关于汇票承兑行为的表述中，正确的是（ ）。

A. 未记载付款日期的银行汇票必须提示承兑

B. 承兑附有条件的，所附条件不具有汇票上的效力

C. 出票后定期付款的汇票未按照法定期限提示承兑的，持票人丧失对其前手的追索权

D. 定日付款的汇票，持票人应当自出票日起一个月内向付款人提示承兑

（五）汇票的保证

【考点母题——万变不离其宗】汇票的保证

<table>
<tr><td rowspan="2">不得担任保证人</td><td colspan="3">（1）下列不得担任票据保证人的有（ ）。</td></tr>
<tr><td colspan="3">A. 国家机关，但经国务院批准为使用外国政府或国际经济组织贷款进行转贷，国家机关提供票据保证除外
B. 以公益为目的的事业单位、社会团体
C. 企业法人的分支机构和职能部门，但企业法人的分支机构在法人书面授权范围内提供票据保证的除外</td></tr>
<tr><td rowspan="6">记载事项</td><td colspan="3">（2）下列属于汇票保证记载事项的有（ ）。</td></tr>
<tr><td rowspan="2">A. 绝对记载事项</td><td colspan="2">（3）下列属于汇票保证时绝对记载事项的有（ ）。</td></tr>
<tr><td colspan="2">A.“保证”字样 B. 保证人签章</td></tr>
<tr><td rowspan="3">B. 相对记载事项</td><td colspan="2">（4）下列属于汇票保证时相对记载事项的有（ ）。</td></tr>
<tr><td>A. 保证日期</td><td>汇票上未记载保证日期的，以出票日期为保证日期</td></tr>
<tr><td>B. 被保证人名称</td><td>汇票上未记载被保证人名称的，已承兑的汇票，以承兑人为被保证人；未承兑的汇票，以出票人为被保证人</td></tr>
<tr><td></td><td>C. 保证不得附有条件</td><td colspan="2">（5）【判断金句】票据保证不得附有条件；附有条件的，不影响对票据的保证责任。</td></tr>
<tr><td rowspan="2">保证的效力</td><td colspan="3">（6）下列关于票据保证效力的表述中，正确的有（ ）。</td></tr>
<tr><td colspan="3">A. 保证人对合法取得汇票的持票人所享有的汇票权利，承担保证责任，但被保证人的债务因票据记载事项欠缺而无效的除外
B. 被保证的汇票，保证人应当与被保证人对持票人承担连带责任
C. 保证人为两人以上的，保证人之间承担连带责任
D. 保证人清偿汇票债务后，可以行使持票人对被保证人及其前手的追索权</td></tr>
</table>

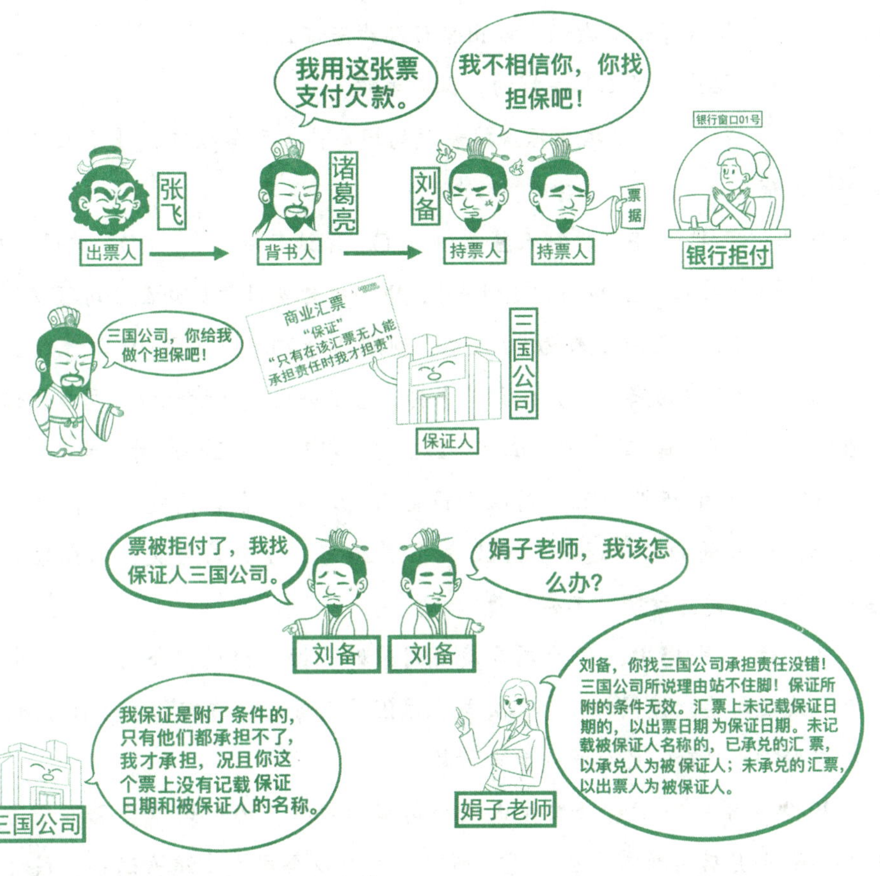

【考点子题——举一反三，真枪实练】

[32]（经典例题•多选题）甲公司为支付购买原材料款项签发了一张定日付款的商业承兑汇票，收款人为乙公司，付款人为丙公司，付款日期为2018年6月5日，票面金额25万元。由丁公司与杨某分别在票据上签章，表示愿意对甲公司出具的汇票承担保证责任，并在票据上记载“保证”字样。后因丙公司拒绝承兑，乙公司遂要求丁公司和杨某承担保证责任。下列关于乙公司要求丁公司与杨某承担责任的表述中，符合票据法律制度规定的有（　）。

A. 乙公司有权要求丁公司承担25万元的保证责任

B. 乙公司有权要求杨某承担25万元的保证责任

C. 乙公司只能要求丁公司承担25万元保证责任

D. 乙公司只能分别要求丁公司和杨某各承担12．5万元的保证责任

[33]（经典例题•多选题）根据票据法律制度的规定，下列关于票据保证的表述中，正确的有（　）。

A. 票据保证不得附有条件，附有条件的，票据保证无效

B. 票据上未记载被保证人名称的，已承兑的汇票，以承兑人为被保证人

C. 票据上未记载保证日期的，以出票日期为保证日期

D. 票据上未记载“保证”字样的，保证无效

[34]（历年真题·多选题）根据票据法律制度的规定，下列各项中，属于汇票保证绝对记载事项的有（　）。

A. “保证”字样　B. 保证人签章　C. 保证日期　D. 被保证人名称

[35]（历年真题·简答题）2022年2月10日，甲公司为支付货款向乙公司签发了一张由丙公司承兑的汇票，汇票金额为80万元，到期日为2022年8月10日。2022年3月10日，乙公司为购买设备，将该汇票背书转让给丁公司，并请求戊公司提供保证。戊公司在汇票上注明“保证”“被保证人为乙公司”以及“以乙公司付费为条件”后签章。

2022年3月25日，乙公司收到设备后发现不符合合同约定的标准，遂向丁公司发出解除合同的书面通知。2022年3月26日，丁公司为支付工程款将该汇票背书转让给己公司并注明“不得转让”。

2022年4月15日，己公司向庚公司采购一批原材料，合同约定发货后十日内付款，庚公司要求提供担保。己公司在该汇票上标明“质押”字样后背书给庚公司。庚公司发货十日后，己公司一直未付款。

2022年8月11日，庚公司向丙公司提示付款，丙公司以资金不足为由，告知庚公司一个月后付款。庚公司遂向所有前手及戊公司发出追索通知。戊公司以乙公司未向其付费为由拒绝承担保证责任。丁公司以在汇票上注明“不得转让”为由拒绝承担票据责任。乙公司以与丁公司的合同已经解除为由拒绝承担票据责任。

要求：

根据上述资料和票据法律制度的规定，不考虑其他因素，回答下列问题：

（1）戊公司是否应当向庚公司承担保证责任？简要说明理由。

（2）丁公司是否应当向庚公司承担票据责任？简要说明理由。

（3）乙公司是否应当向庚公司承担票据责任？简要说明理由。

[36]（历年真题·简答题）2021年1月10日，甲公司为支付货款向乙公司签发并承兑了一张汇票，到期日为2021年4月10日。乙公司财务人员张某因工作失误而丢失该张汇票。张某因担心受到处分，并未将该情况报告乙公司。

2021年1月15日，赵某捡到该汇票，伪造乙公司签章将该汇票背书转让给丙公司，以偿还赵某欠丙公司的货款。丙公司要求提供担保，赵某拟以其担任法定代表人的丁公司为保证人。经丁公司股东会决议后，赵某在该汇票上记载“保证”字样，在签章时仅加盖丁公司财务专用章。

2021年2月10日，丙公司为支付货款将该汇票背书转让给戊公司。

2021年4月11日，戊公司向甲公司提示付款。甲公司发现乙公司的签章系伪造，以此为由拒绝付款。戊公司随后向丙公司追索，丙公司发现汇票上的金额被变造，变造前的金额为80 000元，变造后的金额为180 000元。无法辨别丙公司签章时间与汇票变造时间的先后。丙公司仅愿意按照80 000元承担票据责任。

要求：

根据上述资料和票据法律制度的规定，不考虑其他因素，回答下列问题：

（1）丁公司在该汇票上的签章是否符合法律规定？简要说明理由。

（2）甲公司以乙公司的签章系伪造为由拒绝付款，是否符合法律规定？简要说明理由。

（3）丙公司仅愿意按照80 000元承担票据责任，是否符合法律规定？简要说明理由。

（六）汇票的付款

【考点母题——万变不离其宗】汇票的付款

提示付款期限	（1）下列关于汇票提示付款期限的表述中，正确的有（　）。
	A. 见票即付的汇票，自出票日起1个月内向付款人提示付款（见即汇出票日起1月内提示付） B. 定日付款、出票后定期付款或见票后定期付款的汇票，自到期日起10日内向承兑人提示付款（定日汇、出定汇、见定汇到期日起10日内提示付）
未按期提示付款的后果	（2）下列关于汇票未按法定期限提示付款法律后果的表述中，正确的有（　）。
	A. 持票人未按照上述规定期限内提示付款的，在作出说明后，承兑人或付款人仍应当继续对持票人承担付款责任 B. 丧失对前手（不包括承兑人或见票即付的付款人）的追索权
可不为提示付款的情形	（3）下列属于汇票持票人可不为提示付款情形的有（　）。
	A. 付款人拒绝承兑，无须再为提示 B. 票据丧失，只能通过公示催告或普通诉讼来救济 C. 因不可抗力不能在规定期限提示，可直接行使追索权 D. 付款人或承兑人主体资格消灭，持票人无法提示
付款人的不当付款的责任	（4）下列关于付款人不当付款责任的表述中，正确的有（　）。
	A. 付款人或其代理付款人以恶意或有重大过失付款的，应当自行承担责任 B. 付款人对定日付款、出票后定期付款或见票后定期付款的汇票在到期日前付款，应由付款人自行承担所产生的责任
付款的效力	（5）下列关于汇票付款效力的表述中，正确的有（　）。
	A. 付款人依法足额付款后，全体汇票债务人的责任解除 B. 付款人付款未尽审查义务而对不符合法定形式的票据付款，或其存在恶意或重大过失而付款的，则付款人的义务不能免除，其他债务人也不能免除责任

第6章

【考点子题——举一反三，真枪实练】

[37]（经典例题·判断题）定日付款汇票的持票人未在法定期限内提示付款的，则承兑人的票据责任解除。（ ）

[38]（经典例题·多选题）2015年2月1日，甲公司向乙公司签发了一张出票后3个月付款的银行承兑汇票，该汇票已由丙银行承兑。乙公司于2015年5月23日向丙银行提示付款。下列关于甲公司、乙公司、丙银行权利义务和责任的表述中，符合票据法律制度规定的有（ ）。

A. 乙公司提示付款时间已经超出了法律规定的期限

B. 乙公司提示付款时间符合规定

C. 在乙公司作出说明后，丙银行仍应承担付款责任

D. 丙银行和甲公司不再承担票据责任

[39]（经典例题·多选题）根据票据法律制度的规定，下列情形中，属于持票人可不为付款提示的有（ ）。

A. 付款人死亡 B. 票据丧失 C. 付款人拒绝承兑 D. 承兑人被宣告破产

（七）汇票的追索权

汇票的追索权是指持票人在票据到期后不获付款或期前不获承兑或有其他法定原因，并在实施行使或保全票据上权利的行为后，可以向其前手请求偿还票据金额、利息及其他法定款项的一种票据权利。与付款请求权不同。

【考点母题——万变不离其宗】汇票的追索权

<table>
<tr><td rowspan="7">发生条件</td><td colspan="2">（1）下列属于追索权发生条件的有（ ）。</td></tr>
<tr><td rowspan="2">A. 实质条件</td><td>（2）下列属于追索权发生实质条件的有（ ）。</td></tr>
<tr><td>A. 汇票到期被拒绝付款 B. 汇票在到期日前被拒绝承兑
C. 在汇票到期日前，承兑人或付款人死亡、逃匿的
D. 在汇票到期日前，承兑人或付款人被依法宣告破产或因违法被责令终止业务活动</td></tr>
<tr><td rowspan="3">B. 形式要件</td><td>（3）下列属于追索权发生形式要件的有（ ）。</td></tr>
<tr><td>A. 拒绝证书 B. 退票理由书
C. 承兑人、付款人或代理付款银行直接在汇票上记载提示日期、拒绝事由、拒绝日期并盖章 D. 死亡证明、失踪证明书
E. 人民法院的有关司法文件 F. 有关行政主管部门的处罚决定
G. 承兑人自己作出并发布的表明其没有支付票款能力的公告</td></tr>
<tr><td>（4）【判断金句】持票人不能出示拒绝证明、退票理由书或者未按照规定期限提供其他合法证明的，丧失对其前手的追索权。但是，承兑人或付款人仍应当对持票人承担责任。</td></tr>
</table>

续表

<table>
<tr><td></td><td colspan="3">（5）下列关于追索权行使的表述中，正确的有（　）。</td></tr>
<tr><td rowspan="13">追索权的行使</td><td rowspan="3">A. 发出追索通知</td><td>通知的期限</td><td>（6）【判断金句】持票人应当自收到被拒绝承兑或被拒绝付款的有关证明之日起 3 日内，将被拒绝事由书面通知其前手；其前手应当自收到通知之日起 3 日内书面通知其再前手。持票人也可以同时向各汇票债务人发出书面通知。</td></tr>
<tr><td>通知的方式</td><td>通知以书面形式发出，并说明该汇票已被退票</td></tr>
<tr><td colspan="2">持票人未按规定期限发出追索通知或其前手收到通知未按规定期限再通知其前手，持票人仍可以行使追索权，因延期通知给其前手或者出票人造成损失的，由没有按照规定期限通知的汇票当事人承担对该损失的赔偿责任，但是所赔偿的金额以汇票金额为限</td></tr>
<tr><td rowspan="2">B. 确定追索对象</td><td colspan="2">（7）下列关于确定被追索对象范围及责任承担的表述中，正确的有（　）。</td></tr>
<tr><td colspan="2">A. 被追索人包括出票人、背书人、承兑人和保证人
B. 被追索人对持票人承担连带责任
C. 持票人对票据债务人中的一人或数人已经进行追索的，对其他票据债务人仍可以行使追索权
D. 持票人为出票人的，对其前手无追索权
E. 持票人为背书人的，对其后手无追索权</td></tr>
<tr><td rowspan="8">C. 请求偿还金额和受领清偿金额</td><td rowspan="3">持票人行使追索权可请求的金额（首次追索权）</td><td>被拒绝付款的汇票金额</td></tr>
<tr><td>汇票金额自到期日或提示付款日起至清偿日止，按照中国人民银行规定的同档次流动资金贷款利率计算的利息</td></tr>
<tr><td>取得有关拒绝证明和发出通知书的费用</td></tr>
<tr><td rowspan="3">被追索人清偿后可请求的金额（第二次及以后追索权）</td><td>已清偿的上述全部金额</td></tr>
<tr><td>前项金额自清偿日起至再追索日止，按照中国人民银行规定的同档次流动资金贷款利率计算的利息</td></tr>
<tr><td>发出通知书的费用</td></tr>
<tr><td colspan="2">受领清偿金额，交出汇票和拒绝证明，出具收到利息和费用的收据</td></tr>
<tr><td colspan="2">被追索人清偿债务后，其票据责任解除，与持票人享有同一票据权利，行使再追索权</td></tr>
</table>

【考点子题——举一反三，真枪实练】

［40］（经典例题•多选题）根据票据法律制度的规定，发生特定情形的，持票人可以行使追索权。该情形包括（　）。

A. 汇票到期日被拒绝付款　　B. 汇票到期日前被拒绝承兑

C. 汇票到期日前付款人死亡　　D. 汇票到期日前承兑人依法被宣告破产

第6章

[41]（历年真题·判断题）持票人对汇票债务人中的一人或数人已经进行追索的，对其他汇票债务人仍可以行使追索权。（　）

[42]（历年真题·单选题）根据票据法律制度的规定，下列关于汇票持票人行使票据追索权的表述中，不正确的是（　）。

A. 汇票到期被拒绝付款的，可以向出票人追索

B. 汇票未到期付款人死亡的，可以向付款人的继承人追索

C. 汇票未到期承兑人破产的，可以向出票人追索

D. 汇票未到期承兑人逃匿的，可以向承兑人的前手追索

[43]（经典例题·判断题）甲与乙签订买卖合同为付货款签发了一张见票即付的商业汇票交给乙，乙向丙购买货物时将该汇票背书转让给丙，丙为了向丁还债将该汇票背书转让给丁。丁向甲购买货物时又将该汇票背书转让给甲。甲可以向乙、丙、丁中的任何一人或数人行使追索权。（　）

[44]（经典例题·判断题）甲与乙签订买卖合同为付货款签发了一张见票即付的商业汇票交给乙，乙向丙购买货物时将该汇票背书转让给丙，丙为了向丁还债将该汇票背书转让给丁。丁向甲购买货物时又将该汇票背书转让给乙。乙在该汇票不获付款时，可以向丙、丁中的任何一人行使追索权。（　）

考点3 本票

【考点母题——万变不离其宗】本票

<table>
<tr><td rowspan="2">特征</td><td colspan="2">（1）下列属于本票特征的有（　）。</td></tr>
<tr><td colspan="2">A. 自付证券　B. 无须承兑　C. 见票即付</td></tr>
<tr><td rowspan="5">记载事项</td><td colspan="2">（2）下列属于本票记载事项的有（　）。</td></tr>
<tr><td rowspan="2">A. 绝对记载事项</td><td>（3）下列属于本票绝对记载事项的有（　）。</td></tr>
<tr><td>A. 表明“本票”字样　B. 无条件支付的承诺　C. 确定的金额
D. 收款人名称　E. 出票日期　F. 出票人签章</td></tr>
<tr><td rowspan="2">B. 相对记载事项</td><td>（4）下列属于本票相对记载事项的有（　）。</td></tr>
<tr><td>A. 出票地　B. 付款地</td></tr>
<tr><td rowspan="2">付款提示期限</td><td colspan="2">（5）下列关于本票付款提示期限的表述中，正确的是（　）。</td></tr>
<tr><td colspan="2">A. 自出票日起，付款期限最长不得超过2个月</td></tr>
<tr><td>未按期提示付款的后果</td><td colspan="2">（6）【判断金句】本票持票人未按照规定期限提示本票的，丧失对出票人以外的前手的追索权。</td></tr>
</table>

【考点子题——举一反三，真枪实练】

[45]（历年真题·单选题）根据票据法律制度的规定，下列关于本票的表述中，正确的是（　）。

A. 本票的基本当事人为出票人、付款人和收款人

B. 未记载付款地的本票无效

C. 本票的付款期限最长不得超过1个月

D. 本票无须承兑

[46]（历年真题·单选题）根据票据法律制度的规定，下列关于本票的表述中，不正确的是（　）。

A. 本票自出票日起，最长付款期限为3个月

B. 无条件支付的承诺是绝对记载事项之一

C. 本票无须承兑

D. 仅限于银行本票，且为记名本票

[47]（经典例题·单选题）根据票据法律制度的规定，如果本票的持票人未在法定付款提示期限内提示见票的，则丧失对特定票据债务人以外的其他债务人的追索权。该特定票据债务人是（　）。

A. 出票人　　B. 保证人　　C. 背书人　　D. 被背书人

考点4　支票

【考点母题——万变不离其宗】支票

特征	（1）下列属于支票特征的有（　）。
	A. 委付证券　　B. 见票即付
种类	（2）下列关于支票种类及用途的表述中，正确的有（　）。
	A. 现金支票，只能用于支取现金　　B. 转账支票，只能用于转账，不得支取现金 C. 普通支票，可以用于支取现金，也可用于转账 D. 划线支票只能用于转账，不得支取现金
签发支票的条件	（3）下列属于签发支票应具备的条件有（　）。
	A. 开立账户　　B. 存入足够支付的款项　　C. 预留印鉴
记载事项	（4）下列属于支票记载事项的有（　）。

续表

<table>
<tr><td rowspan="8">记载事项</td><td rowspan="2">A. 绝对记载事项</td><td>（5）下列属于支票绝对记载事项的有（　）。</td></tr>
<tr><td>A. 表明“支票”字样　B. 无条件支付的委托　C. 确定的金额
D. 付款人名称　E. 出票日期　F. 出票人签章</td></tr>
<tr><td rowspan="2">B. 相对记载事项</td><td>（6）下列属于支票相对记载事项的有（　）。</td></tr>
<tr><td>A. 出票地　B. 付款地</td></tr>
<tr><td rowspan="2">C. 授权补记事项</td><td>（7）下列属于支票可授权补记事项的有（　）。</td></tr>
<tr><td>A. 支票金额（未补记前，不得使用、背书转让、提示付款）
B. 收款人名称（可由收取支票的相对人补记，也可由相对人再授权他人补记；出票人可记载自己为收款人）</td></tr>
<tr><td rowspan="2">D. 出票的其他法定条件</td><td>（8）下列属于支票出票的其他法定条件的有（　）。</td></tr>
<tr><td>A. 禁止签发空头支票
B. 不得签发与其预留本名的签名式样或印鉴不符的支票，使用支付密码的，出票人不得签发支付密码不正确的支票
C. 签发现金支票和用于支取现金的普通支票，必须符合国家现金管理的规定</td></tr>
<tr><td rowspan="2">支票出票的效力</td><td colspan="2">（9）下列关于支票出票效力的表述中，正确的有（　）。</td></tr>
<tr><td colspan="2">A. 出票人必须在付款人处有足够可处分的资金
B. 当付款人对支票拒绝付款或超过付款提示期限的，出票人应向持票人当日足额付款</td></tr>
<tr><td>支票的付款</td><td colspan="2">（10）【判断金句】支票限于见票即付，不得另行记载付款日期。另行记载付款日期的，该记载无效。
（11）【判断金句】持票人超过提示付款期限的，并不丧失对出票人的追索权。</td></tr>
</table>

【考点子题——举一反三，真枪实练】

［48］（历年真题·单选题）根据票据法律制度的规定，支票的下列记载事项中，出票人可以授权补记的是（　）。

A. 出票日期　B. 出票人签章　C. 付款人名称　D. 收款人名称

［49］（历年真题·多选题）根据票据法律制度的规定，下列情形中，将导致支票无效的有（　）。

A. 支票上未记载付款地　B. 支票上未记载付款日期

C. 支票金额中文大写与数码记载不一致　D. 支票的出票日期被更改

［50］（历年真题·单选题）根据票据法律制度的规定，下列关于本票和支票的表述中，正确的是（ ）。

A. 本票和支票出票时，都必须记载收款人名称，否则票据无效

B. 本票和支票的出票人都只能是经批准的银行机构

C. 本票和支票上未记载付款地及出票地的，均不影响票据效力

D. 支票是见票即付的票据，本票则可以是远期票据

[51]（历年真题•单选题）根据票据法律制度的规定，下列关于支票记载事项的表述中，正确的是（　）。

A. 支票上未记载付款地的，出票人的营业场所为付款地

B. 支票上未记载付款日期的，该票据无效

C. 支票上未记载出票日期的，该票据无效

D. 支票的出票人不得记载“禁止转让”字样

[52]（历年真题•简答题）甲公司根据合同约定向乙公司销售价值270万元建筑材料，乙公司向甲公司交付一张经丙公司承兑的商业汇票，该汇票距到期日尚有3个月。甲公司持有票据一个月后，因资金紧张，将其贴现给丁银行。丁银行在汇票到期日向丙公司提示付款时，遭拒付。丙公司拒付理由是：乙公司来函告知，甲公司的建筑材料存在严重质量问题，对该汇票应拒付，请协助退回汇票。丁银行认为，丙公司已承兑汇票，不得拒绝付款。丙公司坚持拒付。丁银行遂请求丙公司出具拒绝证明，以便向甲公司行使追索权。

要求：根据上述资料和票据法律制度的规定，不考虑其他因素，回答下列问题：

（1）乙分司能否以建筑材料存在严重问题为由通知丙公司拒付该汇票？简要说明理由。

（2）丁银行认为丙公司不得拒绝付款的理由是否成立？简要说明理由。

（3）丁银行可否向甲公司行使追索权？简要说明理由。

考点5　涉外票据的法律适用

【考点母题——万变不离其宗】涉外票据的法律适用

<table>
<tr><td>涉外票据概念</td><td colspan="2">（1）【判断金句】涉外票据指出票、背书、承兑、保证、付款等行为中，既有发生在中国境内又有发生在中国境外的票据（港澳台视同境外）。</td></tr>
<tr><td rowspan="2">涉外票据法律适用原则</td><td colspan="2">（2）下列属于涉外票据法律适用原则的有（　）。</td></tr>
<tr><td colspan="2">A. 优先适用国际条约（但我国声明保留的条款除外）
B. 适用国际惯例（票据法和我国缔结或参加的国际条约没有规定的）</td></tr>
<tr><td rowspan="3">法律适用内容</td><td colspan="2">（3）涉外票据法律适用的具体规定有（　）。</td></tr>
<tr><td rowspan="2">A. 票据债务人民事行为能力</td><td>适用本国法律（原则）</td></tr>
<tr><td>票据债务人的民事行为能力，依照其本国法律为无民事行为能力或为限制民事行为能力而依照行为地法律为完全民事行为能力的，适用行为地法律</td></tr>
</table>

续表

<table>
<tr><td rowspan="8">法律适用内容</td><td>B. 汇票、本票出票时的记载事项</td><td>适用出票地法律</td></tr>
<tr><td rowspan="2">C. 支票出票时的记载事项</td><td>适用出票地法律</td></tr>
<tr><td>经当事人协议，也可适用付款地法律</td></tr>
<tr><td>D. 票据的背书、承兑、付款和保证行为</td><td>适用行为地法律</td></tr>
<tr><td>E. 票据追索权的行使期限</td><td>适用出票地法律</td></tr>
<tr><td>F. 票据的提示期限、有关拒绝证明的方式、出具拒绝证明的期限</td><td>适用付款地法律</td></tr>
<tr><td>G. 票据丧失时，失票人请求保全票据权利的程序</td><td>适用付款地法律</td></tr>
</table>

【考点子题——举一反三，真枪实练】

[53]（经典例题·单选题）墨西哥人胡安2015年随父母定居美国，美国法律规定自然人具有完全民事行为能力的年龄为21周岁，墨西哥规定为20岁。2017年，胡安19周岁，在其到中国旅游期间与中国一珠宝公司签订了购买珠宝的合同，并签发一张支票。胡安在签发支票后，以不符合墨西哥和美国有关完全民事行为能力年龄法律规定为由，主张签发支票无效。中国珠宝公司即向中国法院起诉。根据票据法律制度的规定，下列关于认定胡安是否具有票据行为能力的表述中，正确的是（　）。

A. 应适用美国法律认定胡安不具有完全行为能力

B. 应适用墨西哥法律认定胡安不具有完全行为能力

C. 应适用墨西哥法律认定胡安具有完全行为能力

D. 应适用中国法律认定胡安在中国的行为具有完全行为能力

第二节 证券法律制度

【本节知识结构图】

- 证券法律制度
  - 信息披露
    - 信息披露义务人
    - 信息披露的原则与要求
    - 证券发行市场信息披露
    - 证券交易市场信息披露
    - 董事、监事、高管的信息披露职责
    - 信息的发布与信息披露的监督
    - 信息披露的民事责任
  - 投资者保护
    - 投资者适当性管理制度
    - 证券公司与普通投资者纠纷的自证清白制度
    - 股东代理权征集制度
    - 上市公司现金分红制度
    - 公司债券持有人会议制度与受托管理人制度
    - 先行赔付制度
    - 普通投资者与证券公司纠纷的强制调解制度
    - 投资者保护机构的代表诉讼制度
    - 代表人诉讼制度
  - 证券与证券法
    - 证券的概念与种类
    - 证券市场
    - 证券活动和证券监管原则
    - 证券法
  - 证券发行
    - 证券发行的概念及分类
    - 证券发行的审核制度
    - 股票的发行
    - 公司债券的发行
    - 证券投资基金的募集
    - 证券发行的程序
  - 证券交易
    - 概念及一般规定
    - 证券上市
  - 上市公司收购
    - 概述
    - 上市公司收购权益披露
    - 要约收购
    - 协议收购
    - 其他合法收购方式
    - 上市公司收购的法律后果

考点6 证券的种类

【考点母题——万变不离其宗】存托凭证、资产支持证券、衍生产品

<table>
<tr><td rowspan="2">存托凭证</td><td>（1）下列关于存托凭证的表述中，正确的有（ ）。</td></tr>
<tr><td>A. 在一国证券市场流通的代表外国公司有价证券的可转让凭证
B. 是由存托人签发，以境外证券为基础在境内发行，代表境外基础证券权益的证券</td></tr>
</table>

续表

<table>
<tr><td colspan="2">（2）【判断金句】中国存托凭证是指境外（含中国香港）的上市公司将部分已发行上市的股票托管在当地金融机构，由中国境内的存托人（由证券登记结算机构、商业银行或证券公司担任）签发、在境内 A 股上市、以人民币交易结算、供国内投资者买卖的投资凭证。</td></tr>
<tr><td colspan="2">（3）【判断金句】只有注册地在中国境外的公司才能在国内发行中国存托凭证，发行目的是进行内地融资，实现股票的异地买卖。</td></tr>
<tr><td rowspan="2">资产支持证券</td><td>（4）下列关于资产支持证券的表述中，正确的有（　）。</td></tr>
<tr><td>A. 是由受托机构发行的、代表特定目的的信托的信托受益权份额
B. 受托机构以信托财产为限向投资者承担支付资产支持证券收益的义务
C. 其支付基本来源于支持证券的资产池产生的现金流
D. 其本质是债券性质的金融工具　E. 是资产信用支持证券</td></tr>
<tr><td colspan="2">（5）【判断金句】资产支持证券不是对某一经营实体的利益要求权，而是对基础资产池产生的现金流和剩余权益的要求权，是一种资产信用支持证券。</td></tr>
<tr><td colspan="2">（6）下列各项中，属于原生证券的衍生产品的有（　）。</td></tr>
<tr><td>A. 认股权证</td><td>证券型证券衍生产品</td></tr>
<tr><td>B. 证券期货　C. 指数期货　D. 期权</td><td>契约型证券衍生产品</td></tr>
</table>

【考点子题——举一反三，真枪实练】

[54]（经典例题•判断题）在中国香港的上市公司不能发行中国存托凭证。（　）

考点 7　证券市场

【考点母题——万变不离其宗】证券市场

<table>
<tr><td colspan="2">（1）下列属于证券市场结构范围的有（　）。</td></tr>
<tr><td rowspan="2">A. 交易所（上海、深圳、北京）市场</td><td>（2）下列属于证券交易所市场的有（　）。</td></tr>
<tr><td>A. 主板市场　B. 创业板　C. 科创板</td></tr>
<tr><td colspan="2">B. 全国中小企业股份转让系统（2021 年 9 月在全国中小企业股份转让系统精选层的基础上建立了北京证券交易所，其上市企业由全国中小企业股份转让系统创新层挂牌满 12 个月的企业产生，“新三板”的基础层、创新层与北京证券交易所是一种层次递进的关系）北京证券交易所定位于服务创新型中小企业，突出“更早、更小、更新”的特点，各项标准相比科创板、创业板，有一定差距，发行、交易制度更为灵活，更加贴近中小企业成长阶段，与沪深交易所、区域性股权市场既错位发展，又互联互通，发挥着转板上市功能</td></tr>
</table>

续表

<table>
<tr><td rowspan="5">C. 区域性股权市场</td><td>概念</td><td>是为特定区域内的企业提供股权、可转换为股票的公司债券转让和融资服务的市场，俗称“四板市场”</td></tr>
<tr><td rowspan="3">监管</td><td>省级人民政府指定地方金融监管部门进行日常监管；实行合格投资者制度</td></tr>
<tr><td>各省、自治区、直辖市、计划单列市行政区域内设立的区域性股权市场运营机构不得超过一家</td></tr>
<tr><td>不得为其所在省级行政区域外企业证券的发行转让或者登记存管提供服务</td></tr>
<tr><td colspan="2">截至 2022 年 9 月，全国拥有 36 家区域性股权市场</td></tr>
</table>

考点 8　证券法适用范围与域外管辖

【考点母题——万变不离其宗】证券法的适用范围

【判断金句】适用于在中国境内，股票、公司债券、存托凭证和国务院依法认定的其他证券的发行和交易行为；《证券法》未规定的，适用《公司法》和其他法律、行政法规的规定。政府债券、证券投资基金份额的上市交易，适用《证券法》，其他法律、行政法规有特别规定的，适用其规定。资产支持证券、资产管理产品发行、交易的管理办法，由国务院依照《证券法》的原则规定。认股权证、期货、期权等衍生产品不适用《证券法》其交易及相关活动适用《中华人民共和国期货和衍生品法》。

【考点母题——万变不离其宗】域外管辖

【判断金句】我国对在中国境外的证券发行和交易活动，扰乱中华人民共和国境内市场秩序，损害境内投资者合法权益的，依《证券法》追究法律责任。

考点 9　证券发行

（一）证券发行概述

证券发行分类	
发行对象不同	公开发行（向不特定对象发行）和非公开发行（向少数特定对象发行）
发行目的不同	设立发行和增资发行
发行方式不同	直接发行和间接发行
发行价格与票面价值关系	平价发行、溢价发行、折价发行

【考点母题——万变不离其宗】证券公开发行

<table>
<tr><td rowspan="2">公开发行</td><td>（1）下列关于证券公开发行的表述中，正确的有（　）。</td></tr>
<tr><td>A. 向不特定对象发行证券
B. 向累计超过 200 人的特定对象发行证券，但依法实施员工持股计划的员工人数不计算在内
C. 法律、行政法规规定的其他发行行为</td></tr>
</table>

续表

(2)【判断金句】非公开发行证券，不得采用广告、公开劝诱和变相公开方式，即一旦采用广告、公开劝诱和变相公开方式即为公开发行。

【考点子题——举一反三 真枪实练】

[55]（经典例题·多选题）根据证券法律制度的规定，下列属于证券公开发行情形的有（　）。

A. 向不特定对象发行证券的

B. 为实施员工持股计划而向超过200人的员工发行证券的

C. 向累计不超过200人的特定对象发行证券的

D. 采取电视广告方式发行证券的

（二）证券发行审核制度

【考点母题——万变不离其宗】证券发行审核制度

注册制	(1) 下列关于注册制的表述中，正确的有（　）。
注册制	A. 证券发行申请人依法将与证券发行有关的信息和资料公开，制成法律文件，送交监管机构审核，监管机构只负责审查发行申请人提供的信息和资料是否履行了信息披露义务的制度 B. 监管机构只负责对注册文件进行形式审查，不对证券发行行为及证券本身进行实质判断，申报文件提交后，经过法定期间，监管机构若无异议，即可发行证券 C. 监管机构不得以发行人的财务状况未达一定标准而拒绝其发行
(2)【判断金句】公开发行证券，必须符合法律、行政法规规定的条件，并依法报经国务院证券监督管理机构或国务院授权的部门注册。未经依法注册，任何单位和个人不得公开发行证券。	
核准制	(3) 下列关于核准制的表述中，正确的是（　）。
核准制	A. 发行人发行证券，不仅要公开全部的，可以供投资人判断的信息与资料，还要符合证券发行的实质性条件，证券监管机构有权依法对发行人提出的申请及资料，进行实质审查，发行人得到批准后方可发行证券

（三）股票发行

【考点母题——万变不离其宗】首次公开发行股票的一般条件

下列属于首次公开发行股票一般条件的有（　）。
A. 具备健全且运行良好的组织机构　B. 具有持续经营能力 C. 最近3年财务会计报告被出具无保留意见审计报告 D. 发行人及其控股股东、实际控制人最近3年不存在贪污、贿赂、侵占财产、挪用财产或破坏社会主义市场经济秩序的刑事犯罪　E. 经国务院批准的国务院证券监督管理机构规定的其他条件

【考点子题——举一反三，真枪实练】

[56]（历年真题·多选题）根据证券法律制度的规定，下列关于发行人首次公开发行股票应具备条件的表述中，正确的有（ ）。

A. 具有持续经营能力

B. 具备健全且运行良好的组织机构

C. 实际控制人不存在债务违约情形

D. 最近 3 年财务会计报告被出具无保留意见审计报告

【考点母题——万变不离其宗】主板上市公司的配股、增发条件

<table>
<tr><td rowspan="2">配股条件</td><td colspan="2">（1）下列属于主板、中小板上市公司配股条件的有（ ）。</td></tr>
<tr><td colspan="2">A. 组织机构健全、运行良好　B. 盈利能力具有可持续性　C. 财务状况良好
D. 最近 36 个月内财务会计文件无虚假记载，且不存在重大违法行为
E. 募集资金的数额和使用符合规定
F. 拟配售股份数量不超过本次配售股份前股本总额的 30%
G. 控股股东应当在股东大会召开前公开承诺认配股份的数量
H. 采用证券法规定的代销方式发行</td></tr>
<tr><td rowspan="2">配股失败</td><td colspan="2">（2）下列属于主板公司配股失败情形的有（ ）。</td></tr>
<tr><td>A. 控股股东不履行认配股份的承诺
B. 代销期限届满，原股东认购股票的数量未达到拟配售数量 70% 的</td><td>配股失败的后果：发行人应按发行价并加算银行同期存款利息返还已经认购的股东</td></tr>
<tr><td rowspan="2">增发条件</td><td colspan="2">（3）下列属于主板上市公司增发条件的有（ ）。</td></tr>
<tr><td colspan="2">A. 最近 3 个会计年度加权平均净资产收益率平均不低于 6%。扣除非经常性损益后的净利润与扣除前的净利润相比，以低者作为加权平均净资产收益率的计算依据
B. 除金融类企业外，最近一期末不存在持有金额较大的交易性金融资产和可供出售的金融资产、借予他人款项、委托理财等财务性投资的情形
C. 发行价格应不低于公告招股意向书前 20 个交易日公司股票均价或前 1 个交易日的均价</td></tr>
</table>

【考点子题——举一反三，真枪实练】

[57]（经典例题·多选题）甲上市公司经临时股东大会审议批准，公司董事会确认配股比例及配股数量为：以公司现有的总股本 3.5 亿股为基数，向全体股东每 10 股配售 2.5 股，控股股东乙公司公开承诺以现金全额认购其可配售的股份数。但乙公司在正式配股时未履行认配股份的承诺。根据证券法律制度的规定，下列关于本次配售股份数量及甲上市公司责任的表述中，正确的有（ ）。

A. 本次配股不得超过 1.05 亿股，因拟配售股份不超过本次配售股份前股本总额的 30%

B. 本次配股不得超过 1.75 亿股，因拟配售股份不超过本次配售股份前股本总额的 50%

C. 甲上市公司应按照发行价并加算银行同期存款利息返还已经认购的股东，因乙公司未履行认配股份的承诺

D. 乙公司应按照发行价并加算银行同期存款利息返还已经认购的股东，因乙公司未履行认配股份的承诺

【考点母题——万变不离其宗】科创板、创业板首次公开股票发行条件

<table>
<tr><td colspan="3">（1）下列关于在科创板、创业板首次公开股票发行条件的表述中，正确的有（　）。</td></tr>
<tr><td rowspan="2">A. 行业、技术符合科创板、创业板定位</td><td>（2）下列关于科创板定位的表述中，正确的有（　）。</td><td>（3）下列关于创业板定位的表述中，正确的有（　）。</td></tr>
<tr><td>A. 面向世界科技前沿、面向经济主战场、面向国家重大需求
B. 符合国家战略，拥有关键核心技术，科技创新能力突出，主要依靠核心技术开展生产经营，具有稳定的商业模式，市场认可度高，社会形象良好，具有较强成长性</td><td>A. 成长性的创新创业企业
B. 与新技术、新产业、新业态、新模式深度融合的传统企业</td></tr>
<tr><td rowspan="2">B. 组织机构健全，持续经营满3年</td><td colspan="2">（4）下列关于科创板、创业板组织机构健全的表述中，正确的有（　）。</td></tr>
<tr><td colspan="2">A. 发行人是依法设立且持续经营3年以上的股份有限公司，具备健全且运行良好的组织机构，相关机构和人员能够依法履行职责
B. 有限责任公司按原账面净资产值折股整体变更为股份有限公司的，持续经营时间可从有限责任公司成立之日起计算</td></tr>
<tr><td rowspan="2">C. 会计基础工作规范，内控制度健全有效</td><td colspan="2">（5）下列关于科创板、创业板会计基础工作规范，内控健全有效的表述中，正确的有（　）。</td></tr>
<tr><td colspan="2">A. 财务报表的编制和披露符合企业会计准则和相关信息披露规则的规定，在所有重大方面公允地反映了发行人的财务状况、经营成果和现金流量，并由注册会计师出具标准无保留意见的审计报告
B. 发行人内部控制制度健全且被有效执行，能够合理保证公司运行效率、合法合规和财务报告的可靠性，并由注册会计师出具无保留结论的内部控制鉴证报告</td></tr>
<tr><td rowspan="2">D. 业务完整并具有直接面向市场独立持续经营的能力</td><td colspan="2">（6）下列关于科创板、创业板业务完整并持续具有经营能力的表述中，正确的有（　）。</td></tr>
<tr><td colspan="2">A. 资产完整，业务及人员、财务、机构独立，与控股股东、实际控制人及其控制的其他企业间不存在对发行人构成重大不利影响的同业竞争，以及严重影响独立性或显失公平的关联交易
B. 发行人主营业务、控制权、管理团队和核心技术人员稳定，最近2年内主营业务和董事、高管及核心技术人员均没有发生重大不利变化
C. 控股股东和受控股股东、实际控制人支配的股东所持发行人的股份权属清晰，最近2年实际控制人没有发生变更，不存在导致控制权可能变更的重大权属纠纷
D. 发行人不存在主要资产、核心技术、商标等的重大权属纠纷，重大偿债风险，重大担保、诉讼、仲裁等或有事项，经营环境已经或将要发生重大变化等对持续经营有重大不利影响的事项</td></tr>
</table>

续表

E. 生产经营合法合规	（7）下列关于科创板、创业板生产经营合法合规的表述中，正确的有（ ）。
	A. 发行人生产经营符合法律、行政法规的规定，符合国家产业政策 B. 最近 3 年内，发行人及其控股股东、实际控制人不存在贪污、贿赂、侵占财产、挪用财产或破坏社会主义市场经济秩序的刑事犯罪 C. 最近 3 年内，不存在欺诈发行、重大信息披露违法或其他涉及国家安全、公共安全、生态安全、生产安全、公众健康安全等领域的重大违法行为 D. 董、监、高不存在最近 3 年内受到证监会行政处罚，或因涉嫌犯罪被司法机关立案侦查或涉嫌违法违规被证监会立案调查，尚未有明确结论意见等情形

【考点母题——万变不离其宗】科创板、创业板上市公司配股与增发的条件

向不特定对象发行股票的条件	（1）下列关于科创板、创业板上市公司向不特定对象发行股票条件的表述中，正确的有（ ）。
向不特定对象发行股票的条件	A. 具备健全且运行良好的组织机构 B. 现任董事、监事、高级管理人员符合法律、行政法规规定的任职要求 C. 具有完整的业务体系和直接面向市场独立经营的能力，不存在对持续经营重大不利影响的情形 D. 会计基础工作规范，内部控制制度健全且有效执行，财务报表的编制和披露符合企业会计准则和相关信息披露规则的规定，在所有重大方面公允地反映了发行人的财务状况、经营成果和现金流量，最近 3 年财务会计报告被出具无保留意见审计报告 E. 除金融类企业外，最近一期末不存在金额较大的财务性投资 F. 创业板上市公司还应当符合盈利要求，即最近 2 年盈利，净利润以扣除非经常性损益前后孰低者为计算依据
募集资金用途	（2）【判断金句】科创板、创业板上市公司公开发行股票所募集资金，必须按照招股说明书所列资金用途使用，改变资金用途，必须经股东大会作出决议。
不得向不特定对象发行股票的情形	（3）下列属于科创板、创业板上市公司不得向不特定对象发行股票情形的有（ ）。
	A. 擅自改变前次募集资金用途未作纠正，或者未经股东大会认可 B. 上市公司及其现任董事、监事和高级管理人员最近 3 年受到证监会行政处罚，或最近 1 年受到证券交易所公开谴责，或者因涉嫌犯罪被司法机关立案侦查或涉嫌违法违规正在被证监会立案调查 C. 上市公司及其控股股东、实际控制人最近 1 年存在未履行向投资者作出的公开承诺 D. 上市公司及其控股股东、实际控制人最近 3 年存在贪污、贿赂、侵占财产、挪用财产或破坏社会主义市场经济秩序的刑事犯罪，或者存在严重损害上市公司利益、投资者合法权益、社会公共利益的重大违法行为

续表

不得向特定对象发行股票的情形	（4）下列属于科创板、创业板上市公司不得向特定对象发行股票情形的有（　）。 A. 擅自改变前次募集资金用途未作纠正，或者未经股东大会认可 B. 最近1年财务报表的编制和披露在重大方面不符合企业会计准则或者相关信息披露规则的规定；最近1年财务会计报告被出具否定意见或者无法表示意见的审计报告；最近1年财务会计报告被出具保留意见的审计报告，且保留意见所涉及事项对上市公司的重大不利影响尚未消除；本次发行涉及重大资产重组的除外 C. 现任董事、监事和高级管理人员最近3年受到证监会行政处罚，或最近1年受到证券交易所公开谴责 D. 上市公司及其现任董事、监事和高级管理人员因涉嫌犯罪被司法机关立案侦查或涉嫌违法违规正在被证监会立案调查 E. 控股股东、实际控制人最近3年存在严重损害上市公司利益或投资者合法权益的重大违法行为 F. 最近3年存在严重损害投资者合法权益或社会公共利益的重大违法行为
发行股票募集资金使用的规定	（5）科创板、创业板上市公司发行股票募集资金使用应符合的规定包括（　）。 A. 符合国家产业政策和有关环境保护、土地管理等法律、行政法规规定 B. 募集资金项目实施后，不会与控股股东、实际控制人及其控制的其他企业新增构成重大不利影响的同业竞争、显失公平的关联交易，或者严重影响公司生产经营的独立性 C. 科创板上市公司募集资金应当投资于科技创新领域的业务；创业板上市公司除金融类企业外，本次募集资金使用不得为持有财务性投资，不得直接或间接投资于以买卖有价证券为主要业务的公司

【考点子题——举一反三，真枪实练】

[58]（经典例题•多选题）根据证券法律制度的规定，科创板、创业板存在特定情形时，不得向不特定对象发行股票。该特定情形包括（　）。

A. 擅自改变前次募集资金用途未经股东大会认可的

B. 现任董事最近5年受到证监会行政处罚的

C. 实际控制人最近3年存在挪用财产的刑事犯罪

D. 控股股东最近1年存在未履行向投资者作出的公开承诺的

[59]（经典例题•判断题）科创板上市公司可以根据实际生产经营的需要改变公开发行股票所募集资金的用途，不必经股东大会作出决议。（　）

（四）公司债券的发行

【考点母题——万变不离其宗】公司债券的发行

公开发行债券的条件	（1）下列属于公开发行公司债券条件的有（　）。 A. 具备健全且运行良好的组织机构 B. 最近3年平均可分配利润足以支付公司债券1年的利息 C. 具有合理的资产负债结构和正常的现金流量　D. 国务院规定的其他条件

续表

<table>
<tr><td rowspan="2">不得再次公开发行情形</td><td>（2）下列属于不得再次公开发行公司债券情形的有（　）。</td></tr>
<tr><td>A. 对已发行的公司债券或其他债务有违约或迟延支付本息的事实，仍处于继续状态
B. 违反证券法规定，改变公开发行公司债券所募资金的用途</td></tr>
<tr><td rowspan="3">发行公司债券募集资金用途</td><td>（3）下列关于公开发行公司债券募集资金用途的表述中，正确的有（　）。</td></tr>
<tr><td>A. 必须按照公司债券募集办法所列资金用途使用
B. 改变资金用途，必须经债券持有人大会作出决议
C. 公开发行公司债券筹集的资金，不得用于弥补亏损和非生产性支出</td></tr>
<tr><td>（4）【判断金句】非公开发行公司债券，募集资金应当用于约定的用途；改变资金用途，应当履行募集说明书约定的程序。</td></tr>
<tr><td rowspan="2">专业投资者和普通投资者都可以参与认购的公开发行</td><td>（5）专业投资者和普通投资者都可以参与认购的公开发行公司债券的资信状况应符合特定标准，该标准包括（　）。</td></tr>
<tr><td>A. 发行人最近 3 年无债务违约或者延迟支付本息的事实
B. 发行人最近 3 年平均可分配利润不少于债券一年利息的 1.5 倍
C. 发行人净资产规模不少于 250 亿元
D. 发行人最近 36 个月内累计公开发行债券不少于 3 期，发行规模不少于 100 亿元
E. 中国证监会根据投资者保护的需要规定的其他条件。
【注意】未达到以上标准的公开发行公司债券，仅限于专业投资者参与认购。</td></tr>
<tr><td rowspan="2">公开发行公司债券的程序</td><td>（6）下列关于公开发行公司债券程序的表述中，正确的有（　）。</td></tr>
<tr><td>A. 公开发行公司债券，由发行人按照中国证监会有关规定制作注册申请文件，向证券交易所申报
B. 证券交易所收到注册申请文件后，在 5 个工作日内作出是否受理的决定
C. 证券交易所按照规定的条件和程序，提出审核意见，并自受理注册申请文件之日起 2 个月内出具审核意见
D. 中国证监会收到证券交易所报送的审核意见、发行人注册申请文件及相关审核资料后，应当自证券交易所受理注册申请文件之日起 3 个月内作出同意注册或者不予注册的决定
E. 发行人根据中国证监会、证券交易所要求补充、修改注册申请文件的时间不计算在内
F. 公开发行公司债券，可以申请一次注册，分期发行
G. 中国证监会同意注册的决定自作出之日起 2 年有效，发行人应当在注册决定有效期内发行公司债券，并自主选择发行时点
H. 公开发行公司债券的募集说明书自最后签署之日起 6 个月内有效，发行人应当及时更新债券募集说明书等公司债券发行文件，并在每期发行前报证券交易所备案
I. 公开发行公司债券的发行人应当为债券持有人聘请债券受托管理人，并订立债券受托管理协议</td></tr>
</table>

续表

非公开发行公司债券	（7）下列关于非公开发行公司债券的表述中，正确的有（　）。
	A. 不得采用广告、公开劝诱和变相公开方式 B. 发行对象为专业投资者，每次发行对象不得超过 200 人 C. 发行人、承销机构应当确认参与非公开发行公司债券认购的投资者为专业投资者，并充分揭示风险 D. 承销机构或依照规定自行销售的发行人在每次发行完成后 5 个工作日内向中国证券业协会报备 E. 非公开发行的公司债券，可以申请在证券交易场所、证券公司柜台转让 F. 非公开发行的公司债券仅限于专业投资者范围内转让，转让后，持有同次发行债券的专业投资者合计不得超过 200 人

【考点子题——举一反三，真枪实练】

[60]（历年真题•多选题）根据证券法律制度的规定，下列关于公司债券非公开发行及转让的表述中，正确的有（　）。

A. 非公开发行公司债券应当向专业投资者发行

B. 每次发行对象不得超过 200 人

C. 非公开发行的公司债券，可以申请在证券交易场所、证券公司柜台转让

D. 非公开发行的公司债券可以公开转让

[61]（经典例题•判断题）公开发行公司债券筹集的资金，不得用于弥补亏损和非生产性支出。（　）

（五）存托凭证的发行

【考点母题——万变不离其宗】存托凭证的发行

存托凭证的发行	（1）境外基础证券发行人公开发行以其股票为基础证券的存托凭证，应当满足的条件有（　）。
	A. 为依法设立且持续经营 3 年以上的公司，公司的主要资产不存在重大权属纠纷 B. 最近 3 年内实际控制人未发生变更，且控股股东和受控股股东、实际控制人支配的股东持有的境外基础证券发行人股份不存在重大权属纠纷 C. 境外基础证券发行人及其控股股东、实际控制人最近 3 年内不存在损害投资者合法权益和社会公共利益的重大违法行为 D. 会计基础工作规范、内部控制制度健全 E. 董事、监事和高级管理人员应当信誉良好，符合公司注册地法律规定的任职要求，近期无重大违法失信记录 F. 中国证监会规定的其他条件
（2）【判断金句】境外基础证券发行人申请以其股票为基础证券的存托凭证公开发行并上市的，应当依法聘请具有保荐资格的机构担任保荐人。	
【注意】以股票为基础证券的存托凭证在中国境内首次公开发行并上市后，境外基础证券发行人拟发行以其新增证券为基础证券的存托凭证的，适用《证券法》以及中国证监会关于上市公司证券发行的规定。	

（六）证券投资基金的募集

证券投资基金是指通过公开或非公开方式募集投资者资金，由基金管理人管理，基金托管人托管，从事股票、债券等金融工具组合方式进行的一种利益共享、风险共担的集合证券投资方式。通过公开募集方式设立的基金（“公开募集基金”）的基金份额持有人按其所持基金份额享受收益和承担风险，通过非公开募集方式设立的基金（“非公开募集基金”）的收益分配和风险承担由基金合同约定。

【考点母题——万变不离其宗】证券投资基金的募集

公开募集基金	（1）下列关于公开募集基金的表述中，正确的有（　）。
	A. 向不特定对象募集资金　B. 向特定对象募集资金累计超过200人 C. 法律、行政法规规定的其他情形
公开募集程序	（2）下列关于证券投资基金公开募集程序的表述中，正确的有（　）。
	A. 公开募集基金，应当经国务院证券监督管理机构注册，未经注册，不得公开或变相公开募集基金 B. 证监会应当自受理公开募集基金的募集注册申请之日起6个月内依法进行审查，作出注册或不予注册的决定，并通知申请人，不予注册应当说明理由 C. 基金管理人应当自收到准予注册文件之日起6个月内进行基金募集
公开募集基金的成立条件	（3）下列关于公开募集基金成立条件的表述中，正确的有（　）。
	A. 基金募集期限届满，**封闭式基金募集的基金份额总额达到准予注册规模的80%以上** B. 基金募集期限届满，开放式基金募集的基金份额总额超过准予注册的最低募集份额总额，且基金份额持有人人数符合规定 C. 基金管理人应当自募集期限届满之日起10日内验资，自收到验资报告之日起10日内，向证监会提交验资报告，办理基金备案手续，并予以公告
基金募集期限	（4）【判断金句】基金募集不得超过国务院证券监督管理机构准予注册的基金募集期限。基金募集期限自基金份额发售之日起计算。
非公开募集——合格投资者	（5）私募基金的合格投资者是指具备相应风险识别能力和风险承担能力，**投资于单只私募基金的金额不低于100万元且符合下列相关标准的单位和个人。**下列人员和机构中，属于证券投资基金私募基金合格投资者的有（　）。
	A. 净资产不低于1000万元的单位 B. 金融资产不低于300万元或最近3年个人年均收入不低于50万元的个人 C. 社会保障基金、企业年金等养老基金，慈善基金等社会公益基金 D. 依法设立并在基金业协会备案的投资计划 E. 投资于所管理私募基金的私募基金管理人及其从业人员

续表

非公开发行——募集规则	（6）下列关于私募基金募集规则的表述中，正确的有（　）。
	A. **不得**向合格投资者之外的单位和个人募集资金 B. **不得**通过公众传播媒体或讲座、报告会、分析会和布告、传单、手机短信、微信、博客和电子邮件等方式，向不特定对象宣传推介 C. **不得**向投资者承诺投资本金不受损失或承诺最低收益 D. 私募基金管理人或销售机构要对投资者风险能力进行评估，并由投资者书面承诺符合合格投资者条件 E. 私募基金管理人自行或委托销售私募基金，应当自行或委托第三方机构对私募基金进行风险评级，向风险能力相匹配的投资者推介私募基金 F. 投资者应当如实填写风险能力问卷，如实承诺资产或收入情况，并对其真实性、准确性和完整性负责 G. 投资者**不得**非法汇集他人资金投资私募基金
非公开发行——投资运作	（7）下列关于私募基金投资运作的表述中，正确的有（　）。
	A. 募集私募基金，签订基金合同 B. 除基金合同另有约定外，私募基金应当由基金托管人托管 C. 基金合同约定私募基金不进行托管的，应当在基金合同中明确保障私募基金财产安全的制度措施和纠纷解决机制 D. 同一私募基金管理人管理不同类别私募基金的，坚持专业化管理 E. **私募基金管理人、托管人、销售机构及其他私募服务机构及其从业人员从事私募基金业务，不得从事将其固有财产或他人财产混同于基金财产从事投资活动** F. 私募基金管理人托管人等从事私募基金业务**不得不公平地对待其管理的不同基金财产** G. 私募基金管理人、托管人应按照合同约定，如实向投资者披露基金投资、资产负债、投资者权益分配、基金承担的费用和业绩报酬、可能存在的利益冲突情况以及可能影响投资者合法权益的其他重大信息，不得隐瞒或提供虚假信息

【考点子题——举一反三，真枪实练】

[62]（经典例题·多选题）根据证券法律制度的规定，私募基金的合格投资者是指具备相应风险识别能力和风险承担能力，投资于单只私募基金的金额不低于100万元且符合下列相关标准的单位和个人。下列属于证券投资基金私募基金合格投资者的有（　）。

A. 净资产不低于1000万元的单位　　B. 金融资产不低于300万元的个人

C. 所有资产不低于500万元的个人　　D. 投资于所管理私募基金的基金管理人

[63]（经典例题·多选题）根据证券法律制度的规定，下列关于私募基金募集规则的表述中，正确的有（　）。

A. 向最近3年年均收入不低于50万元的个人募集资金

B. 不得采取电子邮件方式向不特定对象推介私募基金

C. 投资者不得非法汇集他人资金投资私募基金

D. 可以向投资者承诺投资本金不受损失

[64]（历年真题·多选题）根据证券法律制度的规定，下列关于非公开募集基金的表述中，正确的有（　）。

A. 非公开募集基金不得向投资者承诺投资本金不受损失

B. 社会保障基金视为非公开募集基金的合格投资者

C. 非公开募集基金必须设定基金托管人

D. 中国证监会负责审批非公开募集基金的发行

（七）证券发行程序

【考点母题——万变不离其宗】证券发行程序

<table>
<tr><td colspan="2">（1）下列关于证券发行程序的表述中，正确的有（　）。</td></tr>
<tr><td colspan="2">A. 依法作出决议</td></tr>
<tr><td rowspan="2">B. 聘请保荐人</td><td>（2）下列属于应聘请保荐人情形的有（　）。</td></tr>
<tr><td>A. 申请公开发行股票、为股票的公司债券，依法采取承销方式的
B. 公开发行法律、行政法规规定实行保荐制度的其他证券</td></tr>
<tr><td rowspan="2">C. 签订承销协议</td><td>（3）下列关于证券承销的表述中，正确的有（　）。</td></tr>
<tr><td>A. 发行人向不特定对象发行的证券，依法应当由证券公司承销的，发行人应当同证券公司签订承销协议，证券承销业务采取代销或包销方式
B. 代销是证券公司代发行人发售证券，在承销期结束时，将未售出的证券全部退还给发行人的承销方式
C. 包销是证券公司将发行人的证券按照协议全部购入或在承销期结束时将售后剩余证券全部自行购入的承销方式
D. 向不特定对象发行证券聘请承销团承销的，承销团应当由主承销和参与承销的证券公司组成
E. 证券的代销、包销期限最长不得超过 90 日
F. 证券公司在代销、包销期内，对所代销、包销的证券应保证先行出售给认购人，不得为本公司预留所代销的证券和预先购入并留存所包销的证券
G. 公开发行股票，代销、包销期限届满，发行人应当在规定的期限内将股票发行情况报证监会备案</td></tr>
<tr><td colspan="2">D. 提出发行申请</td></tr>
<tr><td colspan="2">E. 预披露</td></tr>
<tr><td>F. 发行注册</td><td>（4）【判断金句】参与证券发行申请注册的人员，不得与发行申请人有利害关系；不得直接或间接接受发行申请人的馈赠；不得持有所注册的发行申请的证券；不得私下与发行申请人进行接触。
（5）【判断金句】国务院证券监督管理机构或授权的国务院部门应当自受理证券发行申请文件之日起 3 个月内，依照法定条件和法定程序作出予以注册或不予注册的决定，发行人根据要求补充、修改发行申请文件的时间不计算在内。</td></tr>
</table>

续表

G. 信息披露	（6）下列关于证券发行申请经注册后的信息披露要求的表述中，正确的有（　）。
	A. 证券发行申请经注册后，发行人应当依照法律、行政法规的规定，在证券公开发行前，公告公开发行募集文件，并将该文件置备于指定场所供公众查阅 B. 发行证券的信息依法公开前，任何知情人不得公开或泄露该信息 C. 发行人不得在公告公开发行募集文件前发行证券
H. 发行证券	（7）下列关于股票发行失败及法律后果的表述中，正确的是（　）。
	A. 股票发行采用代销方式，代销期限届满，向投资者出售的股票数量未达到拟公开发行股票数量70%的，为发行失败，发行人应当按照发行价并加算银行同期存款利息返还股票认购人
I. 向证监会备案	
J. 撤销注册决定	（8）下列关于证监会或国务院授权的部门发现已作出的证券发行注册的决定不符合法定条件或法定程序如何处理的表述中，正确的有（　）。
	A. 尚未发行证券的，应当予以撤销，停止发行 B. 已经发行尚未上市的，撤销发行注册决定，发行人应当按照发行价并加算银行同期存款利息返还证券持有人；发行人的控股股东、实际控制人以及保荐人，应当与发行人承担连带责任，但是能够证明自己没有过错的除外 C. 股票的发行人在招股说明书等证券发行文件中隐瞒重要事实或编造重大虚假内容，已经发行并上市的，证监会可以责令发行人回购证券，或责令负有责任的控股股东、实际控制人买回证券

【考点子题——举一反三，真枪实练】

［65］（历年真题•单选题）根据证券法律制度的规定，下列关于证券发行规则的表述中，正确的是（　）。

A. 证券发行采用代销的，期限届满，出售的证券数量未达到拟公开发行数量70%的，为发行失败

B. 证券发行采用包销或代销的，最长期限均不得超过90日

C. 证券发行由证券交易所依照法定条件负责发行申请的注册

D. 股票发行采用包销的，证券公司有权在包销期内预先购入并留存所包销的股票

［66］（经典例题•判断题）国务院证券监督管理机构对已作出的证券发行注册的决定，发现不符合法定条件或法定程序，已经发行尚未上市的，应撤销发行注册决定，发行人应按发行价并加算银行同期存款利息返还证券持有人，发行人的控股股东、实际控制人以及保荐人无论有无过错都应对此承担连带责任。（　）

［67］（经典例题•判断题）股票的发行人在招股说明书等证券发行文件中隐瞒重要事实或者编造重大虚假内容，已经发行并上市的，国务院证券监督管理机构可以责令发行人回购证券，或者责令负有责任的控股股东、实际控制人买回证券。（　）

【考点母题——万变不离其宗】科创板、创业板股票发行程序

（1）下列关于科创板、创业板股票发行程序的表述中，正确的有（　）。
A. 发行人内部决议　　B. 保荐人保荐并向证券交易所申报（5 个工作日决定是否受理） C. 证券交易所审核并报送证监会发行注册（证交所 3 个月内形成审核意见） D. 证监会发行注册（20 个工作日作出同意或不予注册的决定）　　E. 信息披露 F. 报备发行与承销方案、发行股票（证交所 5 个工作日内无异议，可启动发行。证监会同意注册的决定自作出之日起 1 年内有效，发行人自主选择发行时点）　　G. 撤销注册
（2）【判断金句】自注册申请文件受理之日起，发行人及其控股股东、实际控制人、董事、监事、高级管理人员，以及与本次股票公开发行并上市相关的保荐人、证券服务机构及相关责任人员，即承担相应法律责任。
（3）【判断金句】预先披露的招股说明书及其他注册申请文件不能含有价格信息，发行人不得据此发行股票。
（4）【判断金句】发行人可以将招股说明书以及有关附件刊登于其他报刊和网站，但披露内容应当与在证券交易所网站和证监会指定报刊、网站披露完全一致，且不得早于在证券交易所网站、证监会指定报刊和网站的披露时间。

【考点子题——举一反三，真枪实练】

[68]（经典例题·判断题）预先披露的招股说明书及其他注册申请文件可含有价格信息，发行人可以据此发行股票。（　）

证券交易

（一）证券交易概述

【考点母题——万变不离其宗】证券转让的限制性规定

（1）下列关于证券转让限制性规定的表述中，正确的有（　）。	
A. 对发起人转让的限制	自公司成立之日起 1 年内不得转让
	公司公开发行股份前已发行的股份，自公司股票在证券交易所上市交易之日起 1 年内不得转让
B. 对董事、监事、高级管理人员转让的限制	在任职期间每年转让的股份不得超过其所持有本公司股份的 25%
	所持本公司股份自公司股票上市交易之日起 1 年内不得转让
	离职后半年内，不得转让其所持有的本公司股份

续表

C. 对“证券交易场所、证券公司和证券登记结算机构的从业人员、证券监督管理机构的工作人员及其他依法禁止参与股票交易的其他人员”持有证券的限制	在任期或法定期限内不得直接或者以化名、借他人名义持有、买卖股票或其他具有股权性质的证券
	在任期或法定期限内不得收受他人赠送的股票或其他具有股权性质的证券
	任何人在成为上述所列人员时，其原已持有的股票其他具有股权性质的证券，必须依法转让
	(2)【判断金句】**实施股权激励计划或员工持股计划的证券公司的从业人员**，可以按照证监会的规定持有、卖出本公司股票或其他具有股权性质的证券。
D. 对“为证券发行出具审计报告或法律意见书的证券服务机构及其人员”买卖证券的限制	在该证券承销期内和证券承销期满后6个月内不得买卖该证券
E. 对“为发行人及其控股股东、实际控制人，或收购人、重大资产交易方出具审计报告或法律意见书的证券服务机构和人员”买卖证券的限制	自接受委托之日起至上述文件公开后5日内，不得买卖该证券
	如实际开展上述有关工作之日早于接受委托之日的，自实际开展上述有关工作之日起至上述文件公开后5日内不得买卖该证券
F. 对“上市公司、股票在国务院批准的其他全国性证券交易场所交易的公司持有5%以上股份的股东、董事、监事、高级管理人员将其持有的该公司股票或其他具有股权性质的证券”转让证券的限制	在买入后6个月内卖出，**或**在卖出后6个月内又买入，由此所得收益归公司所有，董事会应当收回其所得收益
	(3)【判断金句】证券公司因购入包销售后剩余股票而持有5%以上股份，以及有证监会规定的其他情形的不受6个月买入或卖出的限制。
G. 对“上市公司、股票在国务院批准的其他全国性证券交易场所交易的公司持有5%以上股份的自然人股东、董事、监事、高级管理人员将其持有的股票或其他具有股权性质的证券，包括其配偶、父母、子女持有的及利用他人账户持有的股票或其他具有股权性质的证券”转让证券的限制	在买入后6个月内卖出，**或**在卖出后6个月内又买入，由此所得收益归公司所有，董事会应当收回其所得收益（公司董事会不收回所得收益的，股东有权要求董事会在30日内执行。公司董事会未在30日内执行的，股东有权提起代表诉讼。公司董事会不收回所得收益的，负有责任的董事承担连带责任。）
H. 对“投资者通过证券交易所的证券交易，持有或通过协议、其他安排与他人共同持有一个上市公司已发行的有表决权的股份达到5%时”转让证券的限制	应当在该事实发生之日起3日内，向有关机关报告并予以公告；并在上述期间内，不得再行买卖该上市公司的股票，但证监会另有规定的除外
I. 对“投资者通过证券交易所的证券交易，持有或通过协议、其他安排与他人共同持有一个上市公司已发行的有表决权的股份达到5%后，其所持有该上市公司已发行的有表决权股份比例每增加或减少5%时”转让证券的限制	应当在该事实发生之日起3日内，向有关机关报告并予以公告，在该事实发生之日起至公告后3日内不得再行买卖该上市公司的股票，但证监会另有规定的除外

续表

J. 上市公司董事、监事、高级管理人员不能买卖本公司股票的期间	上市公司定期报告起按 30 日内
	上市公司业绩预告公告前 10 日内
	上市公司业绩快报公告前 10 日内
	自可能对本公司股票交易价格产生重大影响的重大事项发生之日或在决策过程中，至依法披露后 2 个交易日内

【考点母题——万变不离其宗】证券交易场所

（1）【判断金句】公开发行的证券，应当在依法设立的证券交易所上市交易或在国务院批准的其他全国性证券交易场所交易。
（2）【判断金句】非公开发行的证券，可以在证券交易所、国务院批准的其他全国性证券交易场所、按照国务院规定设立的区域性股权市场转让。

【考点子题——举一反三，真枪实练】

[69]（经典例题•判断题）为证券发行出具审计报告或者法律意见书等文件的证券服务机构和人员，在该证券承销期内和期满后 6 个月内，不得买卖该种证券。此说法符合法律规定。（　）

[70]（历年真题•单选题）根据证券法律制度的规定，通过证券交易所的证券交易，持有或通过协议、其他安排与他人共同持有一个上市公司已发行的表决权股份达到一定比例时，应在该事实发生之日起 3 日内，向中国证监会、证券交易所作出书面报告，并予以公告。该比例为（　）。

A. 30%　　B. 20%　　C. 10%　　D. 5%

[71]（历年真题•单选题）杨某为某律师事务所律师。2018 年 6 月 1 日，甲上市公司（下称甲公司）拟进行重大资产重组，聘请杨某为其出具法律意见书。该意见书于同年 7 月 1 日正式出具，同年 8 月 1 日公开。根据证券法律制度的规定，杨某在一定期限内不得买卖甲公司股票。该期限为（　）。

A. 2018 年 6 月 1 日至 2018 年 7 月 1 日　B. 2018 年 6 月 1 日至 2018 年 8 月 1 日

C. 2018 年 7 月 1 日至 2018 年 8 月 6 日　D. 2018 年 6 月 1 日至 2018 年 8 月 6 日

[72]（经典例题•判断题）王某为某会计师事务所的注册会计师。甲公司拟收购乙上市公司。2016 年 6 月，王某正式接受委托为收购人甲公司出具审计报告。由于王某在同年 4 月就已经实际开展与收购有关工作，故王某自实际开展上述有关工作之日起至上述文件公开后 5 日内，不得买卖乙上市公司证券。（　）

[73]（经典例题•判断题）甲上市公司董事李某利用其同学账户持有的甲上市公司股票。李某将该股票在买入后 6 个月内卖出，获利 50 万元。该收益不应归甲上市公司所有。（　）

（二）证券上市

【考点母题——万变不离其宗】证券投资基金份额（封闭式基金）的上市条件、终止情形

上市条件（证交所审核同意）	（1）下列属于证券投资基金份额上市交易条件的有（　）。
	A. 基金募集期限届满，封闭式基金募集的基金份额总额达到准予注册规模的 80% 以上 B. 基金合同期限为 5 年以上　C. 基金募集金额不低于 2 亿元人民币 D. 基金份额持有人不少于 1 000 人
终止上市情形	（2）下列属于证券投资基金终止上市交易情形的有（　）。
	A. 基金份额持有人少于 1 000 人　B. 基金合同期限届满 C. 基金份额持有人大会决定提前终止上市交易 D. 基金合同约定的终止的情形出现

【考点子题——举一反三，真枪实练】

[74]（历年真题•多选题）根据证券法律制度的规定，下列关于公开募集基金的基金份额上市交易的表述中，正确的有（　）。

A. 基金管理人应当与证券交易所签订上市协议

B. 基金合同期限为 1 年以上

C. 基金募集金额不低于 2 亿元人民币

D. 基金份额持有人不超过 200 人

[75]（经典例题•多选题）根据证券投资基金法律制度的规定，基金份额上市交易后，出现一定情形的，证券交易所可终止其上市交易。该情形包括（　）。

A. 基金份额持有人不足 1000 人

B. 基金合同期限届满

C. 基金合同约定的终止上市交易的情形出现

D. 基金管理人决定提前终止上市交易

【考点母题——万变不离其宗】开放式基金的申购与赎回

（1）【判断金句】投资人交付申购款项，申购成立；基金份额登记机构确认基金份额时，申购生效。
（2）【判断金句】基金份额持有人递交赎回申请，赎回成立；基金份额登记机构确认赎回时，赎回生效。

【考点子题——举一反三，真枪实练】

[76]（经典例题•判断题）基金份额登记机构确认赎回时，赎回成立。（　）

【考点母题——万变不离其宗】内幕交易行为

内幕信息知情人	（1）下列属于证券交易内幕信息知情人的有（　）。 A. 发行人及其董事、监事、高级管理人员 B. 持有公司 5% 以上股份的股东及其董事、监事、高级管理人员 C. 公司的实际控制人及其董事、监事、高级管理人员 D. 发行人控股或实际控制的公司及其董事、监事、高级管理人员 E. 由于所任公司职务或因与公司业务往来可以获取公司有关内幕信息的人员 F. 上市公司收购人或重大资产交易方及其控股股东、实际控制人、董事、监事和高级管理人员 G. 因职务、工作可以获取内幕信息的证券交易场所、证券公司、证券登记结算机构、证券服务机构的有关人员 H. 因职责、工作可以获取内幕信息的证券监督管理机构工作人员 I. 因法定职责对证券的发行、交易或对上市公司及其收购、重大资产交易进行管理可以获取内幕信息的有关主管部门、监管机构的工作人员
内幕交易的行为认定及责任	（2）【判断金句】内幕信息知情人员自己未买卖证券，也未建议他人买卖证券，但将内幕信息泄露给他人，接受内幕信息的人依此买卖证券的，属内幕交易行为。 （3）【判断金句】证券交易内幕信息的知情人和非法获取内幕信息的人，在内幕信息公开前，不得买卖该公司的证券，或者泄露该信息，或建议他人买卖该证券。 （4）【判断金句】内幕交易行为给投资者造成损失的，应当依法承担赔偿责任。
老鼠仓行为及责任	（5）【判断金句】证券交易场所、证券公司、证券登记结算机构、证券服务机构和其他金融机构的从业人员、有关监管部门或行业协会的工作人员，不得违反规定，**利用因职务便利获取的内幕信息以外的其他未公开的信息**，从事与该信息相关的证券交易活动，或明示、暗示他人从事相关交易活动。 （6）【判断金句】利用未公开信息进行交易给投资者造成损失的，应当依法承担赔偿责任。

【考点子题——举一反三，真枪实练】

[77]（历年真题•单选题）下列人员中，不属于证券法律制度规定的证券交易内幕信息的知情人员的是（　）。

A. 发行人的财务总监　　B. 持有发行人 3% 股份的股东

C. 上市公司收购人　　D. 上市公司的重大资产交易方的控股股东

[78]（经典例题•判断题）内幕信息知情人自己未买卖证券，也未建议他人买卖证券，只是将内幕信息泄露给他人，接受内幕信息的人依此买卖证券的，不属于内幕交易行为。（　）

[79]（经典例题•多选题）根据证券法律制度的规定，禁止某些特定机构的从业人员利用因职务便利获取的内幕信息以外的其他非公开信息，违反规定，从事或明示、暗示他人从事与该信息相关的证券交易活动。该特定机构包括（　）。

A. 证券交易所　　B. 证券公司　　C. 证券业协会　　D. 证券发行人

【考点母题——万变不离其宗】利用未公开信息进行交易的行为

【判断金句】禁止证券交易场所、证券公司、证券登记结算机构、证券服务机构和其他金融机构的从业人员、有关监管部门或者行业协会的工作人员，利用因职务便利获取的内幕信息以外的其他未公开的信息，违反规定，从事与该信息相关的证券交易活动，或者明示、暗示他人从事相关交易活动。利用未公开信息进行交易给投资者造成损失的，应当依法承担赔偿责任。

【考点母题——万变不离其宗】操纵市场行为

操纵市场	（1）下列属于操纵市场行为的有（　）。
	A. 单独或通过合谋，集中资金优势、持股优势或利用信息优势联合或连续买卖，影响或意图影响证券交易价格或证券交易量 B. 与他人串通，以事先约定的时间、价格和方式相互进行证券交易 C. 在自己实际控制的账户之间进行证券交易 D. 不以成交为目的，频繁或者大量申报并撤销申报 E. 利用虚假或者不确定的重大信息，诱导投资者进行证券交易 F. 对证券、发行人公开作出评价、预测或投资建议，并进行反向证券交易 G. 利用在其他相关市场的活动操纵证券市场
操纵市场责任	（2）【判断金句】操纵证券市场行为给投资者造成损失的，行为人应当依法承担赔偿责任。

【考点子题——举一反三，真枪实练】

[80]（经典例题•判断题）对证券、发行人公开作出评价、预测或投资建议，并进行反向证券交易，影响或意图影响证券交易价格或证券交易量的行为是操纵市场行为。（　）

[81]（历年真题•单选题）某证券公司利用资金优势，在3个交易日内连续对某一上市公司的股票进行买卖，使该股票从每股10元上升至13元，然后在此价位大量卖出获利。根据证券法律制度的规定，下列关于该证券公司行为效力的表述中，正确的是（　）。

A. 合法，因该行为不违反平等自愿、等价有偿的原则

B. 合法，因该行为不违反交易自由、风险自担的原则

C. 不合法，因该行为属于操纵市场的行为

D. 不合法，因该行为属于欺诈客户的行为

【考点母题——万变不离其宗】虚假陈述行为

虚假陈述	（1）下列关于虚假陈述行为及其规制的表述中，正确的有（　）。
	A. **虚假陈述行为包括虚假记载、误导性称述和重大遗漏以及不正当披露** B. 禁止任何单位和个人编造、传播虚假信息或误导性信息，扰乱证券市场 C. 禁止证券交易场所、证券公司、证券登记结算机构、证券服务机构及其从业人员，证券业协会、证券监督管理机构及其工作人员，在证券交易活动中作出虚假陈述或信息误导 D. 各种传播媒介传播证券市场信息必须真实、客观，禁止误导 E. 传播媒介及其从事证券市场信息报道的工作人员不得从事与其工作职责发生利益冲突的证券买卖

续表

虚假陈述责任	（2）【判断金句】编造、传播虚假信息或者误导性信息，扰乱证券市场，给投资者造成损失的，应当依法承担赔偿责任。 （3）【判断金句】虚假陈述行为的主体是信息披露义务人，但信息披露义务人以外的机构和人员编造、传播虚假信息或误导性信息、虚假陈述，误导投资者的行为，虽不构成虚假陈述，但属于证券违法行为，给投资者造成损失，要依法承担民事赔偿责任。我国法律将虚假陈述区分为了行为主体和责任主体，行为主体限定在信息披露义务主体范围内，责任主体是承担虚假陈述所生法律后果的主体，尽管行为主体肯定是责任主体，但责任主体不一定是行为主体，责任主体的外延大于行为主体。

【考点子题——举一反三，真枪实练】

[82]（经典例题·多选题）根据证券法律制度的规定，下列情形中，属于虚假陈述行为的有（　）。

A. 新闻工作者在从事证券市场信息报道中编造虚假信息

B. 会计师事务所出具的审计报告中有重大遗漏

C. 保荐人向证券监督管理机构提交的文件中有虚假记载

D. 证券承销机构在上市公司公告书中存在误导投资者的信息

【考点母题——万变不离其宗】欺诈客户行为（证券公司及其从业人员为该行为特有主体）

欺诈客户	（1）下列属于欺诈客户行为的有（　）。
	A. 违背客户的委托为其买卖证券 B. 不在规定时间内向客户提供交易的书面确认文件 C. 未经客户的委托，擅自为客户买卖证券，或假借客户的名义买卖证券 D. 为牟取佣金收入，诱使客户进行不必要的证券买卖 E. 其他违背客户真实意思表示，损害客户利益的行为
欺诈客户责任	（2）【判断金句】欺诈客户行为给客户造成损失的，行为人应当依法承担赔偿责任。

【考点子题——举一反三，真枪实练】

[83]（历年真题·单选题）根据证券法律制度的规定，下列各项中，属于欺诈客户行为的是（　）。

A. 甲证券公司为牟取佣金收入，诱使客户进行不必要的证券买卖

B. 乙上市公司在上市公告书中夸大净资产金额

C. 丙公司与戊公司串通相互交易以抬高证券价格

D. 丁公司董事赵某提前泄露公司增资计划以使李某获利

[84]（历年真题·单选题）根据证券法律制度的规定，证券公司实施的下列行为中，属于合法行为的是（　）。

A. 甲证券公司购入其包销售后剩余股票

B. 乙证券公司为牟取佣金收入，诱使客户进行不必要的证券买卖

C. 丙证券公司集中资金优势连续买入某上市公司股票，造成该股票价格大幅上涨

D. 丁证券公司得知某上市公司正在就重大资产重组进行谈判，在信息未公开前，大量买入该上市公司的股票

考点 11 上市公司收购

上市公司收购是指收购人通过在证券交易所的股份转让活动，持有一个上市公司的股份达到一定比例或通过证券交易所股份转让活动以外的其他合法方式控制一个上市公司的股份达到一定程度，导致其获得或可能获得对该公司实际控制权的行为。

（一）上市公司收购概述

【考点母题——万变不离其宗】实际控制权

实际控制权	（1）下列属于收购人取得上市公司实际控制权情形的有（　）。
	A. 投资者为上市公司持股 50% 以上的控股股东 B. 投资者可以实际支配上市公司股份表决权超过 30% C. 投资者通过实际支配上市公司股份表决权能够决定公司董事会半数以上成员选任 D. 投资者依其可实际支配的上市公司股份表决权足以对公司股东大会的决议产生重大影响
取得实际控制权的方式	（2）下列属于收购人取得上市公司实际控制权方式的有（　）。
	A. 通过取得股份的方式成为一个上市公司的控股股东 B. 通过投资关系、协议和其他安排的途径成为一个上市公司的实际控制人 C. 可以同时采取上述方式和途径取得上市公司控制权

【考点子题——举一反三，真枪实练】

第6章

[85]（历年真题•多选题）根据上市公司收购法律制度的规定，下列情形中，属于表明投资者获得或拥有上市公司控制权的有（　）。

A. 投资者为上市公司持股 50% 以上的控股股东

B. 投资者可实际支配上市公司股份表决权超过 30%

C. 投资者通过实际支配上市公司股份表决权能够决定公司董事会 1/3 成员选任

D. 投资者依其可实际支配的上市公司股份表决权足以对公司股东大会的决议产生重大影响

上市公司收购人：包括投资者及与其一致行动的他人。一致行动，是指投资者通过协议、其他安排，与其他投资者共同扩大其所能够支配的一个上市公司股份表决权数量的行

为或事实。在上市公司的收购及相关股份权益变动活动中有一致行动情形的投资者，互为一致行动人。投资者认为其与他人不应被视为一致行动人的，可向中国证监会提供相反证据。

【考点母题——万变不离其宗】一致行动人

下列属于一致行动人的有（　）。
A. 投资者之间有股权控制关系　　B. 投资者受同一主体控制 C. 投资者的董、监或高管中的主要成员，同时在另一个投资者担任董、监或高管 D. 投资者参股另一投资者，可以对参股公司的重大决策产生重大影响 E. 银行以外的其他法人、其他组织和自然人为投资者取得相关股份提供融资安排 F. 投资者之间存在合伙、合作、联营等其他经济利益关系 G. 持有投资者30%以上股份的自然人，与投资者持有同一上市公司股份 H. 在投资者任职的董事、监事及高级管理人员，与投资者持有同一上市公司股份 I. 持有投资者30%以上股份的自然人和在投资者任职的董事、监事及高级管理人员，其父母、配偶、子女及其配偶、配偶的父母、兄弟姐妹及其配偶、配偶的兄弟姐妹及其配偶等亲属，与投资者持有同一上市公司股份 J. 在上市公司任职的董事、监事、高级管理人员及其前项所述亲属同时持有本公司股份的，或者与其自己或者其前项所述亲属直接或者间接控制的企业同时持有本公司股份 K. 上市公司董事、监事、高级管理人员和员工与其所控制或者委托的法人或者其他组织持有本公司股份

【考点子题——举一反三，真枪实练】

[86]（历年真题•多选题）根据证券法律制度的规定，在特定情形下，如无相反证据，投资者将会被视为一致行动人。下列各项中，属于该特定情形的有（　）。

A. 投资者之间存在股权控制关系　　B. 投资者之间为同学、战友关系

C. 投资者之间存在合伙关系　　D. 投资者之间存在联营关系

[87]（经典例题•单选题）根据证券法律制度的规定，甲公司拟收购乙上市公司。下列人员或机构中，如没有相反证据，可与甲公司视为一致行动人的是（　）。

A. 张某，持有甲公司5%的股份且同时持有乙上市公司的股份

B. 王某，担任甲公司的董事且同时持有乙上市公司的股份

C. 李某，持有甲公司25%的股份，其配偶同时持有乙上市公司的股份

D. 丙银行，为甲公司取得乙上市公司股份提供融资安排

【考点母题——万变不离其宗】收购人不得收购情形及义务、支付方式

收购人不得收购情形	（1）下列属于收购人不得收购上市公司情形的有（　）。
	A. 收购人负有数额较大债务，到期未清偿，且处于持续状态 B. 收购人最近3年有重大违法行为或涉嫌有重大违法行为 C. 收购人最近3年有严重的证券市场失信行为 D. 收购人为自然人的，存在《公司法》规定不得担任公司董事、监事、高级管理人员的情形

续表

<table>
<tr><td rowspan="4">收购当事人的义务</td><td colspan="2">（2）下列关于上市公司收购人义务的表述中，正确的有（　）。</td></tr>
<tr><td>公告义务</td><td>A. 收购人应当编制要约收购报告书，对要约收购报告书作出提示性公告
B. 要约收购完成后，收购人应当在15日内将收购情况报告证监会和证券交易所，并予以公告</td></tr>
<tr><td>禁售义务</td><td>C. 收购人在要约收购期内，不得卖出被收购公司的股票
D. 收购人在要约收购期内，不得采取要约规定以外的形式和超出要约的条件买入被收购公司的股票</td></tr>
<tr><td>锁定义务</td><td>E. 收购人持有的被收购的上市公司的股票，在收购行为完成后的18个月内不得转让，但收购人在被收购公司中拥有权益的股份在同一实际控制人控制的不同主体之间进行转让不受前述18个月的限制</td></tr>
<tr><td rowspan="2">收购支付方式</td><td colspan="2">（3）下列关于上市公司收购支付方式的表述中，正确的有（　）。</td></tr>
<tr><td colspan="2">A. 现金　　B. 依法可以转让的证券
C. 现金与证券相结合　　D. 收购人发出全面要约的应以现金支付
E. 收购人发出全面要约的以依法可转让的证券支付收购价款的，应当同时提供现金方式供投资者选择</td></tr>
</table>

【考点子题——举一反三，真枪实练】

[88]（经典例题•多选题）根据证券法律制度的规定，下列情形中，属于不得收购上市公司的有（　）。

A. 收购人负有数额较大债务，到期未清偿，且处于持续状态

B. 收购人因犯贪污罪，被判处刑罚，执行期满未逾5年的

C. 收购人最近3年有重大违法行为

D. 收购人担任已经破产清算的公司的经理，并对该公司的破产负有个人责任的，自该公司、企业破产清算完结之日起未逾5年

[89]（历年真题•单选题）下列关于上市公司中有关收购人的义务的表述中，不符合证券法律制度规定的是（　）。

A. 收购行为完成后，收购人应当在15日内将收购情况报告国务院证券监督管理机构和证券交易所，并予公告

B. 收购人在要约收购期内，不得卖出被收购公司的股票

C. 收购人持有的被收购上市公司的股票，在收购行为完成后18个月内不得转让

D. 收购人在要约有效期内可以超出要约规定的条件买入被收购公司的股票

（二）上市公司收购的权益披露

【考点母题——万变不离其宗】上市公司收购权益披露的情形与时间

场内交易受让股份	（1）【判断金句】通过证券交易所的证券交易，投资者持有或通过协议、其他安排与他人共同持有一个上市公司已发行的有表决权股份**达到 5% 时**，应当在该事实发生之日起 3 日内，向证监会、证券交易所作出书面报告，通知该上市公司，并予公告，在**上述期限内不得**再行**买卖**该上市公司的股票，但证监会规定的情形除外。
	（2）【判断金句】投资者持有或通过协议、其他安排与他人共同持有一个上市公司已发行的有表决权股份达到 5% 后，其所持该上市公司已发行的有表决权股份比例**每增加或减少 5%**，应当在该事实发生之日起 3 日内进行报告和公告，在**该事实发生之日起至公告后 3 日内**，**不得**再行**买卖**该上市公司的股票，但证监会规定的情形除外。
	（3）【判断金句】投资者持有或通过协议、其他安排与他人共同持有一个上市公司已发行的有表决权股份达到 5% 后，其所持该上市公司已发行的有表决权股份比例**每增加或减少 1%**，应当在**该事实发生的次日**通知该上市公司，并予公告。
	（4）【判断金句】违反上市公司收购权益披露的规定买入上市公司有表决权的股份的，在买入后的 36 **个月内，对该超过规定比例部分的股份不得行使表决权。**
协议受让股份	（5）【判断金句】投资者及其一致行动人通过协议转让方式，在一个上市公司中拥有表决权的股份拟达到或超过 5% 时，应当在该事实发生之日起 3 日内编制权益变动报告书，向证监会、证券交易所提交书面报告，通知该上市公司，并予公告。
	（6）【判断金句】投资者及其一致行动人通过协议转让方式，在一个上市公司中拥有表决权的股份达到 5% 后，其拥有表决权的股份比例每增减达到或超过 5% 的，应当在该事实发生之日起 3 日内，依法履行报告、公告义务。 （7）【判断金句】投资者及其一致行动人在作出报告、公告前，不得再行买卖该上市公司的股票。
被动受让股份	（8）【判断金句】投资者及其一致行动人通过行政划转或变更、执行法院裁定、继承、赠与等方式拥有表决权的股份变动达到 5% 时，应当在该事实发生之日起 3 日内编制权益变动报告书，向证监会、证券交易所提交书面报告，通知该上市公司，并予公告。

【考点子题——举一反三，真枪实练】

[90]（历年真题•判断题）通过证券交易所的证券交易，投资者持有或通过协议、其他安排与他人共同持有一个上市公司已发行的有表决权股份达到 3% 时，应当在该事实发生之日起 5 日内，向证监会、证券交易所作出书面报告，通知该上市公司，并予公告。（ ）

【考点母题——万变不离其宗】权益变动披露文件

简式权益变动书（5% ～ 20%）	（1）【判断金句】投资者及其一致行动人不是上市公司的第一大股东或者实际控制人，其拥有表决权的股份**达到或超过 5% 但未达到 20% 的**，应当编制简式权益变动报告书。

第 6 章

续表

详式权益变动书（20% ~ 30%）	（2）【判断金句】投资者及其一致行动人是上市公司的第一大股东或者实际控制人，或其拥有表决权的股份**达到20%但未超过30%**的，应当编制详式权益变动报告书。
【注意】无论哪种报告书，均应披露持股达到法定比例或者持股增减变化达到法定比例的日期、增持股份的资金来源；在上市公司中拥有权益的股份变动的时间及方式。	

（三）要约收购

要约收购是指收购人公开向被收购公司的股东发出要约，并按要约中的价格、期限等条件购买被收购公司的表决权股份，以期获得或者巩固被收购公司的控制权的行为。投资者及其一致行动人可以自愿选择以要约方式收购上市公司的表决权股份，但是，通过证券交易所的证券交易，投资者持有或通过协议、其他安排与他人共同持有一个上市公司已发行的有表决权股份达到30%时，继续增持股份的，应当采取向被收购公司的股东发出收购要约的方式进行收购。

【考点母题——万变不离其宗】要约收购

<table>
<tr><td rowspan="2">强制要约收购触发条件</td><td colspan="2">（1）下列关于强制要约收购的触发条件的表述中，正确的有（　）。</td></tr>
<tr><td colspan="2">A. 投资者通过证券交易所的证券交易，持有或通过协议、其他安排与他人共同持有一个上市公司已发行的有表决权股份达到30%时（含直接持有和间接持有）
B. 继续增持股份的</td></tr>
<tr><td>期限</td><td colspan="2">（2）【判断金句】收购要约约定的收购期限不得少于30日，并不得超过60日；但出现竞争要约的除外。</td></tr>
<tr><td>公平对待</td><td colspan="2">（3）【判断金句】收购人应当公平对待被收购公司的所有股东。上市公司发行不同种类股份的，收购人可以针对不同种类股份提出不同的收购条件。</td></tr>
<tr><td>不得撤销</td><td colspan="2">（4）【判断金句】在收购要约确定的承诺期限内，收购人不得撤销其收购要约。</td></tr>
<tr><td rowspan="3">变更要约</td><td rowspan="2">（5）【判断金句】收购人需要变更收购要约的，应当及时公告，载明具体变更事项。</td><td>（6）收购要约变更不得存在的情形包括（　）。</td></tr>
<tr><td>A. 降低收购价格
B. 减少预定收购股份数额
C. 缩短收购期限</td></tr>
<tr><td colspan="2">（7）【判断金句】收购人可以变更其收购要约，但在收购要约期限届满前15日内，收购人不得变更收购要约，除非出现竞争要约。</td></tr>
<tr><td colspan="3">（8）【判断金句】在要约收购期间，被收购公司董事不得辞职。</td></tr>
</table>

续表

<table>
<tr><td rowspan="14">免除发出要约</td><td colspan="2">（9）下列属于收购人可以免于以要约方式增持股份情形的有（　）。</td></tr>
<tr><td colspan="2">A. 收购人与出让人能够证明本次股份转让是在同一实际控制人控制的不同主体之间进行，未导致上市公 司的实际控制人发生变化
B. 上市公司面临严重财务困难，收购人提出的挽救公司的重组方案取得该公司股东大会批准，且收购人承诺 3 年内不转让其在该公司中所拥有的权益
C. 中国证监会为适应证券市场发展变化和保护投资者合法权益的需要而认定的其他情形</td></tr>
<tr><td colspan="2">（10）下列属于投资者可以免于发出要约情形的有（　）。</td></tr>
<tr><td colspan="2">A. 经政府或者国有资产管理部门批准进行国有资产无偿划转、变更、合并，导致投资者在一个上市公司中拥有权益的股份占该公司已发行股份的比例超过 30%</td></tr>
<tr><td colspan="2">B. 因上市公司按照股东大会批准的确定价格向特定股东回购股份而减少股本，导致投资者在该公司中拥有权益的股份超过该公司已发行股份的 30%</td></tr>
<tr><td colspan="2">C. 经上市公司股东大会非关联股东批准，投资者取得上市公司向其发行的新股，导致其在该公司拥有权益的股份超过该公司已发行股份的 30%，投资者承诺 3 年内不转让本次向其发行的新股，且公司股东大会同意投资者免于发出要约</td></tr>
<tr><td>D. 在一个上市公司中拥有权益的股份达到或者超过该公司已发行股份的 30% 的，自上述事实发生之日起 1 年后，每 12 个月内增持不超过该公司已发行的 2% 的股份</td><td>增持不超过 2% 的股份锁定期为增持行为完成之日起 6 个月</td></tr>
<tr><td>E. 在一个上市公司中拥有权益的股份达到或者超过该公司已发行股份的 50% 的，继续增加其在该公司拥有的权益不影响该公司的上市地位</td><td>若采用集中竞价方式增持股份的，每累计增持股份比例达到上市公司已发行股份的 2% 的，在事实发生当日和上市公司发布相关股东增持公司股份进展公告的当日不得再行增持股份</td></tr>
<tr><td colspan="2">F. 证券公司、银行等金融机构在其经营范围内依法从事承销、贷款等业务导致其持有一个上市公司已发行股份超过 30%，没有实际控制该公司的行为或者意图，并且提出在合理期限内向非关联方转让相关股份的解决方案</td></tr>
<tr><td colspan="2">G. 因继承导致在一个上市公司中拥有权益的股份超过该公司已发行股份的 30%</td></tr>
<tr><td colspan="2">H. 因履行约定购回式证券交易协议购回上市公司股份导致投资者在一个上市公司中拥有权益的股份超过该公司已发行股份的 30% ，并且能够证明标的股份的表决权在协议期间未发生转移</td></tr>
<tr><td colspan="2">I. 因所持优先股表决权依法恢复导致投资者在一个上市公司中拥有权益的股份超过该公司已发行股份的 30%</td></tr>
<tr><td colspan="2">J. 中国证监会为适应证券市场发展变化和保护投资者合法权益的需要而认定的其他情形</td></tr>
<tr><td>（11）符合免于以要约方式增持股份或属于免于要约发出情形的，投资者及其一致行动人可以进行的行为有（　）。</td><td>（12）不符合免于以要约方式增持股份或属于免于要约发出情形的，投资者及其一致行动人应进行的行为有（　）。</td></tr>
</table>

续表

免除发出要约	A. 免于以要约收购方式增持股份 B. 存在主体资格、股份种类限制或法律、行政法规、中国证监会规定的特殊情形的，免于向被收购公司的所有股东发出收购要约	A. 投资者及其一致行动人应当在30日内将其或者其控制的股东所持有的被收购公司股份减持到30%或30%以下 B. 拟以要约以外的方式继续增持股份的，应当发出全面要约
	【注意】收购人按照规定免于发出要约的，应当聘请符合《证券法》规定的律师事务所等专业机构出具专业意见，即要约收购的豁免无须中国证监会行政许可，只需律师等专业机构出具专业意见。	

【考点子题——举一反三，真枪实练】

[91]（经典例题•多选题）下列关于上市公司要约收购的表述中，符合证券法律制度规定的有（　）。

A. 收购要约约定的收购期限不得少于30天，并不得超过60天，但出现竞争要约的除外

B. 在收购要约确定的承诺期内，收购人不得变更其收购要约

C. 收购人在要约收购期内，不得卖出被收购公司的股票

D. 在要约收购期间，被收购董事不得辞职

[92]（经典例题•多选题）下列关于上市公司要约收购的表述中，符合证券法律制度规定的有（　）。

A. 收购人可以采取要约规定以外的形式和超出要约的条件买入被收购公司的股票

B. 投资者应当向被收购公司的所有股东发出收购其所持有的部分股份的要约或全部股份的要约

C. 收购人在收购要约期限届满前15日内，不得变更其收购要约，除非出现竞争要约

D. 收购人在收购要约确定的承诺期限内，不得撤销其收购要约

[93]（历年真题•单选题）根据证券法律制度的规定，下列关于上市公司收购中收购要约变更的表述中，正确的是（　）。

A. 收购要约期限届满前20日内，收购人不得变更要约

B. 收购人可以将原定的收购期限从30日改为40日

C. 收购人可以减少预定收购的股份数额

D. 收购人可以根据证券市场变化，降低收购价格

[94]（经典例题•单选题）根据证券法律制度的规定，不考虑其他因素，下列不符合免于发出要约的情形是（ ）。

A. 上市公司主营业务长期停顿且最近一年亏损，收购人收购大股东所持该公司32%股份，收购人提出的挽救公司的重组方案取得该公司股东大会批准，且收购人

承诺 3 年内不转让其在该公司中所拥有的权益

B. 经上市公司股东大会非关联股东批准，投资者取得上市公司向其发行的新股，导致其在该公司拥有权益的股份超过该公司已发行股份的 30%，投资者承诺 3 年内不转让本次向其发行的新股

C. 因履行约定购回式证券交易协议购回上市公司股份导致投资者在一个上市公司中拥有权益的股份超过该公司已发行股份的 30%，并且能够证明标的股份的表决权在协议期间未发生转移

D. 在一个上市公司中拥有权益的股份达到该公司已发行股份的 30% 的，自上述事实发生之日起一年后，每 12 个月内增持不超过该公司已发行的 2% 的股份

（四）协议收购

【考点母题——万变不离其宗】协议收购

下列关于协议收购的表述中，正确的有（　）。
A. 是收购在证券交易所之外，通过与被收购公司的股东协商一致达成协议，受让其持有的上市公司的股份而进行的收购 B. 收购协议达成后，收购人必须在 3 日内将该收购协议向证监会及证券交易所作出书面报告，并予公告 C. 在公告前不得履行收购协议 D. 采取协议收购的，协议双方可临时委托证券登记结算机构保管协议转让的股票，并将资金存放于指定银行 E. 采取协议收购方式的，收购人收购或通过协议、其他安排与他人共同收购一个上市公司已发行的有表决权股份达到 30% 时，继续进行收购的，应依法向该上市公司所有股东发出收购上市公司全部或部分股份的要约，进行要约收购，但按照证监会规定免除发出要约的除外

（五）其他合法方式收购

【考点母题——万变不离其宗】其他合法收购方式

（1）下列属于合法收购方式的有（　）。
A. 认购股份收购（收购人经上市公司非关联股东批准，通过认购上市公司发行的新股使其在公司拥有的表决权的股份能够达到控制权的获得与巩固） B. 集中竞价收购（收购人在场内交易市场上，通过证券交易所集中竞价交易方式对目标上市公司进行的收购） C. 国有股权的行政划拨或变更　　D. 执行法院裁定　　E. 继承　　F. 赠与
（2）【判断金句】在国有股权划转或变更、司法裁定等方式构成的上市公司收购中，收购人（及行政划转或变更的受让方和司法裁决的胜诉方）可能没有取得上市公司控制权的主观动机，但如果上述行为的结果使收购人获得了或可能获得上市公司的控制权，即构成收购，收购人应履行相关收购义务。

（六）上市公司收购的法律后果

【考点母题——万变不离其宗】上市公司收购的法律后果

下列关于上市公司收购法律后果的表述中，正确的有（　）。
A. 收购期限届满，被收购公司股权分布不符合证券交易所上市条件的，该上市公司的股票应当由证券交易所依法终止上市交易，其余仍持有被收购公司股票的股东，有权向收购人以收购要约的同等条件出售其股票，收购人应当收购 B. 收购行为完成后，被收购公司不再具备股份有限公司条件的，应当依法变更企业形式 C. 在上市公司收购中，收购人持有的被收购的上市公司的股票，在收购行为完成后的 18 个月内不得转让 D. 收购行为完成后，收购人与被收购公司合并，并将该公司解散的，被解散公司的原有股票由收购人依法更换 E. 收购行为完成后，收购人应当在 15 日内将收购情况报告国务院证券监督管理机构和证券交易所，并予公告

【考点子题——举一反三，真枪实练】

[95]（经典例题•单选题）根据证券法律制度的规定，在上市公司收购中，收购人持有的被收购上市公司的股票，在收购行为完成后的一定期间内不得转让。该期间为（　）。

A. 3 个月　　B. 6 个月　　C. 12 个月　　D. 18 个月

[96]（经典例题•多选题）下列关于上市公司收购的法律后果的表述中，符合证券法律制度规定的有（　）。

A. 收购期限届满，上市公司的股票由证券交易所终止上市交易的，其余持有被收购公司股票的股东，有权向收购人以收购要约的同等条件出售其股票，但收购人有权拒绝收购

B. 收购行为完成后，被收购公司不再具备股份有限公司条件的，应当依法变更企业形式

C. 甲投资者持有该上市公司股票，在收购完成后的 36 个月内不得转让

D. 收购行为完成后，甲投资者应当在 15 日内将收购情况报告国务院证券监督管理机构和证券交易所，并予公告

考点 12　信息披露

信息披露义务是一种法定义务，而非合同义务。包括首次信息披露和持续信息披露。

【考点母题——万变不离其宗】信息披露的原则和要求

<table>
<tr><td colspan="2">（1）下列关于信息披露原则和要求的表述中，正确的有（ ）。</td></tr>
<tr><td colspan="2">A. 信息披露义务人（狭义是指发行人，广义还包括发起人、董事、监事、高级管理人员、股东、实际控制人、收购人.保荐人、承销的证券公司等）披露的信息，应当真实、准确、完整，简明清晰，通俗易懂，不得有虚假记载、误导性陈述或重大遗漏</td></tr>
<tr><td rowspan="3">B. 信息披露义务人应贯彻一致性原则，包括时间一致性与内容一致性</td><td>（2）下列关于时间一致性要求的表述中，正确的有（ ）。</td></tr>
<tr><td>A. 证券同时在境内境外公开发行、交易的，信息披露义务人在境外披露的信息，应当在境内同时披露
B. 除法律、行政法规另有规定的外，信息披露义务人披露的信息应当同时向所有投资者披露，不得提前向任何单位和个人泄露任何单位和个人不得非法要求信息披露义务人提供依法需要披露但尚未披露的信息，任何单位和个人对于依法提前获知的信息，在依法披露前应当保密</td></tr>
<tr><td>（3）【判断金句】内容一致性要求信息披露义务人在强制信息披露以外，自愿披露信息的，所披露的信息不得与依法披露的信息相冲突，不得误导投资者。</td></tr>
<tr><td colspan="2">（4）【判断金句】信息披露义务是一种法定义务，而非合同义务。</td></tr>
<tr><td colspan="2">（5）【判断金句】信息披露制度分为证券发行市场信息披露（首次信息披露：包括发行文件的预先信息披露和证券发行信息披露）和证券交易市场信息披露（持续信息披露）。</td></tr>
<tr><td colspan="2">（6）【判断金句】证券发行信息披露文件主要包括招股说明书、公司债券募集办法、上市公告书等。</td></tr>
<tr><td colspan="2">（7）【判断金句】证券交易市场信息披露文件主要包括定期报告（年度报告、中期报告和季度报告）和临时报告。</td></tr>
</table>

【考点母题——万变不离其宗】定期报告

<table>
<tr><td rowspan="2">报送义务人</td><td>（1）下列属于向证监会、证券交易场所报送定期报告的义务人包括（ ）。</td></tr>
<tr><td>A. 上市公司　　B. 公司债券上市交易的公司
C. 股票在国务院批准的其他全国性证券交易场所交易的公司</td></tr>
<tr><td rowspan="2">报送时间</td><td>（2）下列关于定期报告报送时间的表述中，正确的有（ ）。</td></tr>
<tr><td>A. 在每一会计年度结束之日起 4 个月内，报送并公告年度报告，其中的年度财务会计报告应当经符合证券法规定的会计师事务所审计
B. 在每一会计年度的上半年结束之日起 2 个月内，报送并公告中期报告</td></tr>
<tr><td rowspan="2">定期报告的编制、审议和披露</td><td>（3）下列关于定期报告的编制、审议和披露程序的表述中，正确的有（ ）。</td></tr>
<tr><td>A. 经理、财务负责人、董事会秘书等高级管理人员应当及时编制定期报告草案，提请董事会审议
B. 董事会秘书负责送达董事审阅
C. 董事长负责召集和主持董事会会议审议定期报告
D. 监事会负责审核董事会编制的定期报告
E. 董事会秘书负责组织定期报告的披露工作</td></tr>
</table>

临时报告：发生可能对上市公司、股票在国务院批准的其他全国性证券交易场所交易的公司的股票（对上市交易公司债券的）交易价格产生较大影响的重大事件，投资者尚未得知时，公司应当立即将有关该重大事件的情况向国务院证券监督管理机构和证券交易场所报送临时报告，并予公告，说明事件的起因、目前的状态和可能产生的法律后果。

【考点母题——万变不离其宗】临时报告（重大事件、内幕信息）

股票临时报告	（1）下列属于股票发行公司发布临时报告重大事件的有（　）。
	A. 公司的经营方针和经营范围的重大变化 B. 公司的重大投资行为，公司在 1 年内购买、出售重大资产超过公司资产总额 30%，或公司营业用主要资产的抵押、质押、出售或报废一次超过该资产的 30% C. 公司订立重要合同、提供重大担保或从事关联交易，可能对公司的资产、负债、权益和经营成果产生重要影响 D. 公司发生重大债务和未能清偿到期重大债务的违约情况 E. 公司发生重大亏损或重大损失　　F. 公司生产经营的外部条件发生的重大变化 G. 公司的董事、1/3 以上监事或经理发生变动，董事长或经理无法履行职责 H. 持有公司 5% 以上股份的股东或实际控制人持有股份或控制公司的情况发生较大变化，公司的实际控制人及其控制的其他企业从事与公司相同或相似业务的情况发生较大变化 I. 公司分配股利、增资的计划，公司股权结构的重要变化，公司减资、合并、分立、解散及申请破产的决定，或依法进入破产程序、被责令关闭 J. 涉及公司的重大诉讼、仲裁，股东大会、董事会决议被依法撤销或宣告无效 K. 公司涉嫌犯罪被依法立案调查，公司的控股股东、实际控制人、董事、监事、高级管理人员涉嫌犯罪被依法采取强制措施
控股股东、实际控制人配合	（2）【判断金句】公司的控股股东或实际控制人对重大事件的发生、进展产生较大影响的，应当及时将其知悉的有关情况书面告知公司，并配合公司履行信息披露义务。
公司债券临时报告	（3）下列属于公司债券上市交易公司发布临时报告重大事件的有（　）。
	A. 公司股权结构或生产经营状况发生重大变化　　B. 公司债券信用评级发生变化 C. 公司重大资产抵押、质押、出售、转让、报废 D. 公司发生未能清偿到期债务的情况 E. 公司新增借款或对外提供担保超过上年末净资产的 20% F. 公司放弃债权或财产超过上年末净资产的 10% G. 公司发生超过上年末净资产 10% 的重大损失 H. 公司分配股利，作出减资、合并、分立、解散及申请破产的决定，或进入破产程序、被责令关闭 I. 涉及公司的重大诉讼、仲裁 J. 公司涉嫌犯罪被依法立案调查，公司的控股股东、实际控制人、董事、监事、高级管理人员涉嫌犯罪被依法采取强制措施

续表

及时披露的时点	(4) 上市公司应当在最先发生的特定时点时，及时（是指起算日起或触及披露时点的两个交易日内）履行重大事件的信息披露义务。下列属于该特定时点的有（ ）。
	A. 董事会或监事会就该重大事件形成决议时 B. 有关各方就该重大事件签署意向书或协议时 C. 董事、监事或高级管理人员知悉该重大事件发生并报告时
披露时点之前出现须披露的情形	(5) 上市公司在规定的时点之前出现特定情形的，应当及时披露相关事项的现状及可能影响事件进展的风险因素。下列属于该特定情形的有（ ）。
	A. 该重大事件难以保密　　B. 该重大事件已经泄露或市场出现传闻 C. 公司证券及其衍生品种出现异常交易情况
重大事件报告、传递、审核和披露程序	(6) 下列关于重大事件的报告、传递、审核和披露程序的表述中，正确的有（ ）。
	A. 董事、监事、高级管理人员知悉重大事件发生时，应当按照公司规定立即履行报告义务 B. 董事长在接到报告后，应当立即向董事会报告，并敦促董事会秘书组织临时报告的披露工作

【考点子题——举一反三，真枪实练】

[97]（历年真题•多选题）根据证券法律制度的规定，上市公司发生可能对上市公司股票交易价格产生较大影响而投资者尚未得知的重大事件时，应当立即提出临时报告。下列各项中，属于重大事件的有（ ）。

A. 公司董事涉嫌职务犯罪被公安机关刑事拘留

B. 公司1/3以上监事辞职

C. 公司董事会的决议被依法撤销

D. 公司经理被撤换

[98]（经典例题•多选题）根据证券法律制度的规定，凡发生可能对上市交易公司债券交易价格产生较大影响的重大事件，投资者尚未得知时，公司应当立即报送临时报告，并予以公告。下列各项中，属于该重大事件的有（ ）。

A. 公司股权结构发生重大变化

B. 公司放弃财产超过上年末净资产的10%

C. 公司分配股利

D. 公司新增对外担保超过上年末净资产的20%

[99]（经典例题•单选题）2017年5月16日，甲上市公司（下称甲公司）董事会拟就甲公司与乙公司签订重要合同事项召开董事会，该合同的签订将会对公司的收益产生重大影响。同年5月22日，甲公司董事会形成同意签订该合同的决议。同年6月10日，甲公司和乙公司签订了意向书。根据证券法律制度的规定，甲公司应在最先

发生的特定时点起的一定期间履行该事件的信息披露义务。该特定期间是（　）。

A. 2017年5月16日至5月18日　　B. 2017年5月22日至5月24日

C. 2017年6月10日至6月15日　　D. 2017年5月16日至5月21日

【考点母题——万变不离其宗】董事、监事、高级管理人员的信息披露职责

下列关于董事、监事、高级管理人员信息披露职责的表述中，正确的有（　）。
A. 发行人的董事、高级管理人员应当对证券发行文件和定期报告签署书面确认意见 B. 发行人的监事会应当对董事会编制的证券发行文件和定期报告进行审核并提出书面审核意见，监事应当签署书面确认意见 C. 发行人的董事、监事和高级管理人员应当保证发行人及时、公平地披露信息，所披露的信息真实、准确、完整 D. 董事、监事和高级管理人员无法保证证券发行文件和定期报告内容的真实性、准确性、完整性或有异议的，应当在书面确认意见中发表意见并陈述理由，发行人应当披露，发行人不予披露的，董事、监事和高管可以直接申请披露

【考点子题——举一反三，真枪实练】

[100]（经典例题•判断题）发行人的董事、监事和高级管理人员无法保证证券发行文件和定期报告内容的真实性、准确性、完整性或有异议的，可以在书面确认意见中发表意见并陈述理由，发行人可以披露，发行人不予披露的，董事、监事和高级管理人员就不得披露。（　）

【考点母题——万变不离其宗】信息披露的民事责任

下列关于信息披露民事责任的表述中，正确的有（　）。
A. 发行人及其控股股东、实际控制人、董事、监事、高管等作出公开承诺的，属强制披露内容，不履行承诺给投资者造成损失的，应当依法承担赔偿责任 B. 信息披露义务人未按照规定披露信息，或公告的证券发行文件、定期报告、临时报告及其他信息披露资料存在虚假记载、误导性陈述或重大遗漏，致使投资者在证券交易中遭受损失的，信息披露义务人应当承担赔偿责任；发行人的控股股东、实际控制人、董事、监事、高管和其他直接责任人员以及保荐人、承销的证券公司及其直接责任人员，应当与发行人承担连带赔偿责任，但是能够证明自己没有过错的除外

【考点子题——举一反三，真枪实练】

[101]（经典例题•多选题）根据证券法律制度的规定，下列关于信息披露民事责任的表述中，正确的有（　）。

A. 发行人的实际控制人作出公开承诺的，属强制披露内容，不履行承诺给投资者造成损失的应依法承担赔偿责任

B. 信息披露义务人未按照规定披露信息致使投资者在证券交易中遭受损失的，信息披露义务人应承担赔偿责任

C. 信息披露义务人未按照规定披露信息致使投资者在证券交易中遭受损失的，发行人的控股股东应当承担连带赔偿责任，但经证明自己没有过错的除外

D. 信息披露义务人未按照规定披露信息致使投资者在证券交易中遭受损失的，发行人的保荐人应当承担连带赔偿责任，但经证明自己没有过错的除外

考点 13　投资者保护

【考点母题——万变不离其宗】投资者保护制度

<table>
<tr><td colspan="2">（1）下列属于投资者保护制度的有（　）。</td></tr>
<tr><td rowspan="2">A. 投资者适当性管理制度</td><td>（2）下列关于投资者适当性管理制度的表述中，正确的有（　）。</td></tr>
<tr><td>A. 证券公司向投资者销售证券、提供服务时，应当按规定充分了解投资者的基本情况、财产状况、金融资产状况、投资知识和经验、专业能力等相关信息（了解投资者状况）
B. 证券公司应如实说明证券、服务的重要内容，充分揭示投资风险
C. 证券公司应销售、提供与投资者上述状况相匹配的证券、服务，否则，导致投资者损失的，应当承担相应的赔偿责任
D. 投资者在购买证券或接受服务时，应当按照证券公司明示的要求提供真实信息，拒绝提供或未按照要求提供信息的，证券公司应当告知其后果，并按照规定拒绝向其销售证券、提供服务</td></tr>
<tr><td>B. 证券公司与普通投资者纠纷的自证清白制度</td><td>（3）【判断金句】普通投资者与证券公司发生纠纷的，证券公司应当证明其行为符合法律、行政法规以及国务院证券监督管理机构的规定，不存在误导、欺诈等情形。证券公司不能证明的，应当承担相应的赔偿责任。</td></tr>
<tr><td rowspan="4">C. 股东权利代为行使征集制度</td><td>（4）下列属于依法可以作为股东权利代为行使征集人的有（　）。</td></tr>
<tr><td>A. 上市公司董事会　　B. 独立董事
C. 上市公司持有 1% 以上有表决权股份的股东　　D. 依法设立的投资者保护机构</td></tr>
<tr><td>（5）下列关于股东权利代为行使征集制度的表述中，正确的有（　）。</td></tr>
<tr><td>A. 上述征集人自行或委托证券公司、证券服务机构，公开请求上市公司股东委托其代为出席股东大会，并代为行使提案权、表决权等股东权利
B. 征集股东权利的征集人应当披露征集文件，上市公司应予以配合
C. 禁止以有偿或变相有偿的方式公开征集股东权利
D. 公开征集股东权利违反法律、行政法规或证监会有关规定，导致上市公司或其股东遭受损失的，应当依法承担赔偿责任</td></tr>
<tr><td>D. 上市公司现金分红制度</td><td>（6）【判断金句】上市公司应当在章程中明确分配现金股利的具体安排和决策程序，依法保障股东的资产收益权。
（7）【判断金句】上市公司当年税后利润，在弥补亏损及提取法定公积金后有盈余的，应当按照公司章程的规定分配现金股利。</td></tr>
</table>

续表

E. 公司债券持有人会议制度与受托管理人制度	（8）下列关于公司债券受托管理人制度的表述中，正确的有（　）。
	A. 公开发行公司债券的，发行人应当为债券持有人聘请债券受托管理人，并订立债券受托管理协议 B. 受托管理人应当由本次发行的承销机构或其他经证监会认可的机构担任 C. 债券持有人会议可以决议变更债券受托管理人 D. 债券受托管理人应当勤勉尽责，公正履行受托管理职责，不得损害债券持有人利益 E. 债券发行人未能按期兑付债券本息的，债券受托管理人可接受全部或部分债券持有人的委托，以自己名义代表债券持有人提起、参加民事诉讼或清算程序
	（9）【判断金句】公开发行公司债券的，应当设立债券持有人会议，并应当在募集说明书中说明债券持有人会议的召集程序、会议规则和其他重要事项。
F. 先行赔付的赔偿机制	（10）【判断金句】发行人因欺诈发行、虚假陈述或其他重大违法行为给投资者造成损失的，发行人的控股股东、实际控制人、相关的证券公司可以委托投资者保护机构，就赔偿事宜与受到损失的投资者达成协议，予以先行赔付。先行赔付后，可以依法向发行人以及其他连带责任人追偿。
G. 普通投资者与证券公司纠纷的强制调解制度	（11）【判断金句】投资者与发行人、证券公司等发生纠纷的，双方可以向投资者保护机构申请调解。普通投资者与证券公司发生证券业务纠纷，普通投资者提出调解请求的，证券公司不得拒绝。（单方强制） （12）【判断金句】投资者保护机构对损害投资者利益的行为，可以依法支持投资者向人民法院提起诉讼。
H. 投资者保护机构的代表诉讼制度	（13）【判断金句】发行人的董事、监事、高级管理人员执行公司职务时违反法律、行政法规或公司章程的规定给公司造成损失，发行人的控股股东、实际控制人等侵犯公司合法权益给公司造成损失，投资者保护机构持有该公司股份的，可以为公司的利益以自己的名义向人民法院提起诉讼，持股比例和持股期限不受《公司法》规定的限制（180天，1%）。
I. 代表人诉讼制度	（14）下列关于投资者代表人（即普通代表人诉讼）诉讼制度的表述中，正确的有（　）。
	A. 投资者提起虚假陈述等证券民事赔偿诉讼时，诉讼标的是同一种类，且当事人一方人数众多的，可依法推选代表人进行诉讼 B. 对代表人诉讼，可能存在有相同诉讼请求的其他众多投资者的，人民法院可以发出公告，说明该诉讼请求的案件情况，通知投资者在一定期间向人民法院登记，人民法院作出的判决、裁定，对参加登记的投资者发生效力（明示加入）
	（15）下列关于投资者保护机构的代表人（即特别代表人诉讼）诉讼制度的表述中，正确的有（　）。
	A. 投资者保护机构的代表人诉讼是由投资者保护机构代表投资者进行的诉讼 B. 投资者保护机构受50名以上投资者委托，可以作为代表人参加诉讼，并为经证券登记结算机构确认的权利人依照规定向人民法院登记，但投资者明确表示不愿意参加该诉讼的除外（默示加入、明示退出原则）

【考点子题——举一反三，真枪实练】

[102]（经典例题·判断题）普通投资者与证券公司发生纠纷的，证券公司无法证明其行为符合法律、行政法规以及国务院证券监督管理机构的规定，无法证明不存在误导、欺诈等情形时，应当承担相应的赔偿责任。（　）

[103]（经典例题·判断题）普通投资者与证券公司发生证券业务纠纷，普通投资者提出调解请求的，证券公司按照调解自愿的原则可以拒绝。（　）

[104]（历年真题·多选题）根据证券法律制度的规定，发行人因欺诈发行给投资者造成损失的，特定主体可以委托投资者保护机构，就赔偿事宜与受到损失的投资者达成协议，予以先行赔付。该特定主体有（　）。

A. 发行人的控股股东　　B. 相关的证券公司

C. 发行人的实际控制人　　D. 证券交易所

[105]（经典例题·判断题）投资者保护机构受 50 名以上投资者委托，可以作为代表人参加诉讼，并为经证券登记结算机构确认的权利人依照规定向人民法院登记，但投资者明确表示不愿意参加该诉讼的除外。（　）

第三节 保险法律制度

- 保险法律制度
  - 保险合同
    - 保险合同的特征
    - 保险合同的分类
    - 保险合同的当事人及关系人
    - 保险合同的订立
    - 保险合同的条款
    - 保险合同的形式
    - 保险合同的履行
    - 保险合同的变更
    - 保险合同的解除
    - 财产保险合同中的特殊制度
    - 人身保险合同的特殊条款
  - 保险与保险法
    - 保险的概念与种类
    - 保险法的基本原则
  - 保险公司与保险中介人
    - 保险公司
    - 保险中介

保险是指投保人根据合同约定，向保险人支付保险费，保险人对于合同约定的可能发生的事故因其发生所造成的财产损失承担赔偿保险金责任，或当被保险人死亡、伤残、疾病或达到合同约定的年龄、期限等条件时承担给付保险金责任的商业保险行为。

保险构成的三要素:（1）是可保危险的存在。可保危险的特征：①危险发生与否很难确定；②危险何时发生很难确定；③危险发生的原因与后果很难确定；④危险的发生须是非故意的。（2）众人协力。（3）以损失赔付为目的。

保险的分类

【考点母题——万变不离其宗】再保险、重复保险

再保险	（1）【判断金句】保险公司对每一危险单位，即对一次保险事故可能造成的最大损失范围所承担的责任，不得超过其实有资本金加公积金总和的 10%；超过部分应当办理再保险。
重复保险	（2）【判断金句】重复保险是指投保人对同一保险标的、同一保险利益、同一保险事故分别与两个以上保险人订立保险合同，且保险金额总和超过保险价值的保险。

考点 15　保险法的基本原则

【考点母题——万变不离其宗】最大诚信原则

（1）下列关于最大诚信原则内容的表述中，正确的有（　）。	
A. 告知义务	（2）下列关于投保人如实告知义务的内容及未履行如实告知义务法律后果的表述中，正确的有（　）。 A. 告知是投保人在订立保险合同时应当将与保险标的有关的**重要事实**如实向保险人陈述（告知重要事实） B. 订立保险合同，保险人就保险标的或被保险人有关情况提出询问的，投保人应当如实告知，投保人的告知义务限于保险人询问的范围和内容 C. 当事人对询问范围及内容有争议的，保险人负举证责任，保险人以投保人违反了对投保单询问表中所列概括性条款的如实告知义务为由请求解除合同的，法院不予支持，但该概括性条款有具体内容的除外 D. 投保人故意或因重大过失未履行如实告知义务，足以影响保险人决定是否同意承保或提高保险费率的，保险人有权解除合同 E. 对投保人**故意**不履行如实告知义务的，保险人对于解除合同前发生的保险事故，不承担赔偿或给付保险金的责任，并不退还保费 F. 对投保人**因重大过失**未履行如实告知义务，对保险事故的发生有严重影响的，保险人对于合同解除前发生的保险事故，不承担赔偿或给付保险金的责任，但应当退还保险费 G. 保险人在合同订立时已经知道投保人未如实告知的情况的，保险人不得解除合同；发生保险事故的，保险人应当承担赔偿或给付保险金的责任 H. 投保人的告知义务仅限于订立合同之时，投保人不履行如实告知义务的法律后果，是产生解除合同的解除权**并不导致保险合同无效**
B. 保证	
C. 弃权与禁止反言	（3）下列关于保险公司弃权与禁止反言的表述中，正确的有（　）。 A. 弃权是保险人放弃因投保人或被保险人违反告知义务或保证而产生的保险合同解除权 B. 禁止反言是保险人既然放弃自己的权利，将来不得反悔再向对方主张已经放弃的权利 C. 保险人在保险合同成立后知道或应当知道投保人未履行如实告知义务，仍然收取保险费，又主张解除合同的，法院不予支持
D. 保险合同解除权行使期间	（4）【判断金句】保险人解除合同的权利，自保险人**知道**有解除事由之日起，**超过** 30 日不行使而消灭；自**合同成立之日起超过** 2 **年**的，保险人不得解除合同。发生保险事故的保险人应承担赔偿或给付保险金的责任。

【考点子题——举一反三，真枪实练】

［106］（经典例题•多选题）投保人在订立保险合同时负有如实告知义务。下列关于投保人如实告知义务的内容及违反告知义务法律后果的表述中，符合保险法律制度规定

的有（　）。

A. 投保人的告知义务限于保险人询问的范围和内容

B. 投保人因重大过失不履行如实告知义务的，保险人对合同解除前发生的保险事故应承担责任

C. 投保人因故意不履行如实告知义务的，保险人对合同解除前发生的保险事故不承担责任，但应退还保险费

D. 投保人因故意不履行如实告知义务的，保险人对合同解除前发生的保险事故不承担责任，也不退还保费

[107]（历年真题•单选题）根据保险法律制度的规定，保险人在合同订立时已经知道投保人未履行如实告知义务的，将产生一定的法律后果。该法律后果是（　）。

A. 保险人可以解除保险合同，并退还保险费

B. 保险人可以解除合同，并不退还保险费

C. 保险人不得解除合同，但在发生保险事故后应减少支付保险金的责任

D. 保险人不得解除合同，并在发生保险事故后承担给付保险金的责任

[108]（历年真题•单选题）根据保险法律制度的规定，投保人在订立保险合同时故意或因重大过失未履行如实告知义务，足以影响保险人决定是否同意承保或提高保险费率的，保险人有权解除合同，保险人解除合同的权利，自保险人知道有解除事由之日起超过一定期限不行使而消灭，该期限为（　）。

A. 3个月　　B. 30日　　C. 1年　　D. 2年

【考点母题——万变不离其宗】保险利益原则

<table>
<tr><td rowspan="5">人身保险的保险利益</td><td>（1）下列关于保险利益的表述中，正确的有（　）。</td></tr>
<tr><td>A. 是投保人或被保险人对保险标的具有的法律上承认的利益
B. 具有经济性，可以用货币计算估价的利益　　C. 具有确定性</td></tr>
<tr><td>（2）在人身保险中，投保人对特定人员应具有保险利益。该特定人员包括（　）。</td></tr>
<tr><td>A. 本人　　B. 配偶、子女、父母
C. 与投保人有抚养、赡养或扶养关系的家庭其他成员、近亲属
D. 与投保人有劳动关系的劳动者
E. 被保险人同意投保人为其订立合同的，视为投保人对被保险人具有保险利益</td></tr>
<tr><td>（3）【判断金句】人身保险的投保人在保险合同订立时，对被保险人应当具有保险利益。投保人对被保险人不具有保险利益的，保险合同无效，但投保人主张保险人退还扣减相应手续费后的保险费的，法院应予支持。
（4）【判断金句】人身保险合同订立后，因投保人丧失对被保险人的保险利益，当事人主张保险合同无效的，法院不予支持。</td></tr>
</table>

续表

财产保险中的保险利益	(5)【判断金句】财产保险的被保险人在**保险事故发生时**，对保险标的应当具有保险利益。

【考点子题——举一反三，真枪实练】

[109](历年真题•多选题)根据保险法律制度的规定，人身保险合同中的投保人对某些特定人员应具有保险利益。下列人员中，属于该特定人员的有(　)。

A. 投保人的配偶　　B. 投保人赡养的孤寡老人

C. 与投保人签订劳动合同的员工　　D. 投保人扶养的未成年弟弟

[110](历年真题•多选题)根据保险法律制度的规定，人身保险的投保人在订立保险合同时，对某些人员具有保险利益。该人员包括(　)。

A. 投保人的父亲　　B. 投保人赡养的伯父

C. 投保人抚养的外甥女　　D. 投保人的儿子

[111](历年真题•单选题)王某为其妻子钱某投保人身险，在保险责任期间双方离婚，王某因此主张保险合同无效。根据保险法律制度的规定，下列关于保险合同效力的表述中，正确的是(　)。

A. 保险合同的效力由钱某自主选择　　B. 保险合同有效

C. 保险合同因丧失保险利益而自始无效　D. 保险合同自双方离婚之日起无效

[112](历年真题•多选题)根据保险法律制度的规定，下列关于保险利益的表述中，正确的有(　)。

A. 财产保险的被保险人在保险事故发生时，对保险标的应当具有保险利益

B. 保险利益必须是确定的、客观存在的利益，包括现有利益和期待利益

C. 人身保险的投保人在保险合同订立时，对被保险人应当具有保险利益

D. 保险利益必须是得到法律认可和保护的合法利益

【考点母题——万变不离其宗】损失补偿原则

【判断金句】保险人的赔付以投保时约定的保险金额为限，且保险金额不得超过保险标的的实际价值，超过保险金额的损失，保险人不予赔偿。

考点 16　保险合同

(一)保险合同的特征

双务有偿合同；射幸合同；诺成合同；格式合同。

【考点母题——万变不离其宗】格式条款

<table>
<tr><td rowspan="2">格式条款</td><td>（1）下列关于保险格式条款的表述中，正确的是（　）。</td></tr>
<tr><td>A. 订立保险合同，采用格式条款的，保险人应向投保人说明合同的内容
B. 对保险合同中的免除保险人责任的条款，保险人在订立合同时应在投保单、保险单或其他保险凭证上作出足以引起投保人注意的提示，并对该条款的内容以书面或口头形式向投保人作出明确说明；未作提示或明确说明的，该条款不产生效力</td></tr>
<tr><td rowspan="2">条款无效</td><td>（2）下列属于格式条款无效情形的有（　）。</td></tr>
<tr><td>A. 免除保险人依法应承担的义务或加重投保人、被保险人责任的
B. 排除投保人、被保险人或受益人依法享有的权利的</td></tr>
<tr><td rowspan="2">格式条款的解释</td><td>（3）下列关于格式条款有争议时应如何解释的表述中，正确的有（　）。</td></tr>
<tr><td>A. 按照通常理解予以解释
B. 对合同条款有两种以上解释的，法院或仲裁机构应当作出有利于被保险人和受益人的解释</td></tr>
<tr><td rowspan="4">作出提示、说明的认定</td><td>（4）下列关于保险人对格式条款是否履行其提示和说明义务认定的表述中，正确的有（　）。</td></tr>
<tr><td>A. 保险人在投保单或保险单等其他保险凭证上，对保险合同中免责条款，以足以引起投保人注意的文字、字体、符号或其他明显标志作出提示的，应当认定履行了提示义务
B. 保险人对保险合同中免责条款的概念、内容及其法律后果以书面或口头形式向投保人作出常人能够理解的解释说明的
C. 通过网络、电话等方式订立的保险合同，保险人以网页、音频、视频等形式对免责条款予以提示和明确说明的
D. 投保人对保险人履行了符合要求的明确说明义务在相关文书上签字、盖章或以其他形式予以确认的，应认定保险人履行了该项义务。但另有证据证明保险人未履行明确说明义务的除外</td></tr>
<tr><td>（5）【判断金句】保险人将法律、行政法规中的禁止性规定情形作为合同免责条款的免责事由，保险人对该条款作出提示后，投保人、被保险人或受益人以保险人未履行明确说明义务为由主张该条款不生效的，法院不予支持。</td></tr>
<tr><td>（6）【判断金句】保险人已向投保人履行了保险法规定的提示和明确说明义务，保险标的受让人以保险标的转让后保险人未向其提示或明确说明为由，主张免除责任条款不生效的，法院不予支持。</td></tr>
</table>

【考点子题——举一反三，真枪实练】

[113]（经典例题•判断题）保险人对保险合同中的免责条款未作提示或者未明确说明的，该免责条款不产生效力。（　）

[114]（经典例题•判断题）杨某向保险公司投保机动车责任险时，保险公司提供的格式条款中约定“驾驶人饮酒后造成被保险机动车的任何损失和费用，保险人均不负赔偿责任”。保险公司对该免责条款用引人注意的字体进行了提示。后杨某饮酒后驾

车撞上道路护栏，导致车辆受损。杨某以保险公司未对上述免责条款履行明确说明义务为由主张该免责条不生效，要求保险公司赔付。人民法院对杨某的主张应予以支持。(　)

[115]（经典例题·判断题）保险人已向投保人履行了提示和明确说明义务，但保险标的转让后，受让人有权以保险标的转让后保险人未向其提示或者明确说明为由，主张免除责任条款不生效。(　)

（二）保险合同的分类

【考点母题——万变不离其宗】保险合同的分类

<table>
<tr><td rowspan="3">保险价值是否先予确定</td><td colspan="2">（1）根据保险合同中的保险价值是否先予确定为标准，可将保险合同分为（　）。</td></tr>
<tr><td>A. 定值保险合同</td><td>是投保人和保险人约定保险标的的保险价值并在合同中载明的，保险事故发生时，以约定的保险价值为赔偿计算标准的保险合同</td></tr>
<tr><td>B. 不定值保险合同</td><td>是投保人和保险人未约定保险标的的保险价值，保险事故发生时，以保险事故发生时保险标的的实际价值为赔偿计算标准的保险合同</td></tr>
<tr><td rowspan="7">保险价值与保险金额的关系</td><td colspan="2">（2）根据保险价值与保险金额的关系分类，可将保险合同分为（　）。</td></tr>
<tr><td rowspan="2">A. 足额保险合同</td><td>（3）下列关于足额保险合同的表述中，正确的有（　）。</td></tr>
<tr><td>A. 保险金额等于保险价值的保险合同
B. 如果保险标的遭受全部损失，保险人按保险金额赔偿
C. 如遭受部分损失，保险人赔偿实际损失</td></tr>
<tr><td rowspan="2">B. 不足额保险合同</td><td>（4）下列关于不足额保险合同的表述中，正确的有（　）。</td></tr>
<tr><td>A. 保险金额小于保险价值的保险合同
B. 保险金额低于保险价值的，除合同另有约定外，保险人按照保险金额与保险价值的比例承担赔偿保险金的责任</td></tr>
<tr><td rowspan="2">C. 超额保险</td><td>（5）下列关于超额保险合同的表述中，正确的有（　）。</td></tr>
<tr><td>A. 保险金额高于保险价值的保险合同
B. 保险金额不得超过保险价值，超过保险价值的，超过部分无效，保险人应退还相应的保险费</td></tr>
<tr><td rowspan="3">保险合同的性质</td><td colspan="2">（6）根据保险合同的性质，可将保险合同分为（　）。</td></tr>
<tr><td>A. 补偿性保险合同</td><td>是在保险事故发生后，保险人根据评定的被保险人的实际损失据以赔偿的保险合同
【例】大多数的财产保险合同属于补偿性保险合同。</td></tr>
<tr><td>B. 给付性保险合同</td><td>是在保险事故发生或是合同约定的条件成就后，保险人按照合同约定的保险金额承担给付责任的保险合同
【例】大多数人身保险合同属于给付性保险合同。</td></tr>
</table>

续表

保险标的	（7）根据保险标的的不同，可将保险合同分为（ ）。
	A. 人身保险合同 B. 财产保险合同
保险人承担危险	（8）根据保险人承担危险状况的不同，可将保险合同分为（ ）。
	A. 特定危险合同 B. 一切险保险合同

【考点子题——举一反三，真枪实练】

[116]（经典例题·多选题）下列关于保险金额与保险价值关系的表述中，正确的有（ ）。

A. 保险金额可以等于保险价值

B. 保险金额高于保险价值的，保险合同无效

C. 保险金额低于保险价值的，保险人只能按照保险金额与保险价值的比例赔偿保险金的责任

D. 保险金额超过保险价值的，超过部分无效

[117]（历年真题·单选题）根据保险法律制度的规定，以保险标的的保险价值是否先予确定为标准，保险合同可以划分为（ ）。

A. 人身保险合同和财产保险合同

B. 定值保险合同和不定值保险合同

C. 足额保险合同、不足额保险合同和超额保险合同

D. 特定危险保险合同和一切险保险合同

（三）保险合同的当事人及关系人

【考点母题——万变不离其宗】保险合同的关系人

（1）下列属于保险合同关系人的有（ ）。	
A. 被保险人	（2）下列关于被保险人的表述中，正确的有（ ）。
	A. 是指其财产或人身受保险合同保障，享有保险金请求权的人
	B. 人身保险的被保险人只能是自然人（财险不限）
	C. 投保人不得为无民事行为能力人投保以死亡为给付保险金条件的人身保险，保险人也不得承保，但父母为其未成年子女投保的人身保险，不受此限

续表

<table>
<tr><td rowspan="7">A. 被保险人</td><td rowspan="5">D. 被保险人的同意权</td><td colspan="2">（3）被保险人的同意权包括（　）。</td></tr>
<tr><td colspan="2">A. 人身保险的受益人由被保险人或投保人指定，投保人指定受益人时须经被保险人同意（指定同意权）</td></tr>
<tr><td colspan="2">B. 投保人变更受益人时也须经被保险人同意</td></tr>
<tr><td colspan="2">C. 以死亡为给付保险金条件的合同，未经被保险人同意并认可保险金额的，保险合同无效，父母为其未成年子女投保的人身保险不受此限</td></tr>
<tr><td colspan="2">D. 按照以死亡为给付保险金条件的合同所签发的保险单，未经被保险人书面同意，不得转让或质押</td></tr>
<tr><td rowspan="2">D. 被保险人的同意权</td><td rowspan="2">E. 当事人以死亡为给付保险金条件的合同，被保险人可以在合同订立时采取书面形式、口头形式或其他形式同意并认可保险金额，也可以在合同订立后予以追认</td><td>（4）应认定被保险人同意并认可保险金额情形的有（　）。</td></tr>
<tr><td>A. 被保险人明知他人代其签名同意而未表示异议的
B. 被保险人同意投保人指定的受益人的
C. 有证据足以认定被保险人同意投保人为其投保的其他情形</td></tr>
<tr><td rowspan="8">B. 受益人</td><td colspan="3">（5）下列关于受益人及其认定和受益份额确定的表述中，正确的有（　）。</td></tr>
<tr><td colspan="2">A. 是指人身保险合同中由被保险人或投保人指定的享有保险金请求权的人</td><td>可以是投保人、被保险人；可以是自然人、法人；可以是一人或数人；胎儿作为受益人以活着出生为限；不能是死亡的人</td></tr>
<tr><td colspan="3">B. 投保人指定受益人未经被保险人同意的，指定行为无效</td></tr>
<tr><td rowspan="4">C. 约定受益人存在争议，除投保人、被保险人在保险合同之外另有约定外，其处理原则</td><td colspan="2">受益人约定为“法定”或“法定继承人”的，以继承法规定的法定继承人为受益人</td></tr>
<tr><td rowspan="2">受益人仅约定为身份关系的处理</td><td>投保人与被保险人为同一主体的，根据保险事故发生时与被保险人的身份关系确定受益人</td></tr>
<tr><td>投保人与被保险人为不同主体的，根据保险合同成立时与被保险人的身份关系确定受益人</td></tr>
<tr><td colspan="2">受益人的约定包括姓名和身份关系，保险事故发生时身份关系发生变化的，认定为未指定受益人</td></tr>
<tr><td colspan="3">D. 受益人为数人的，未确定受益份额的，按相等份额享有</td></tr>
</table>

续表

B. 受益人	E. 部分受益人在保险事故发生前死亡、放弃受益权或依法丧失受益权，该受益人应得的受益份额按保险合同约定处理；保险合同未约定或约定不明的处理	未约定受益顺序及受益份额的，由其他受益人平均享有
		未约定受益顺序但约定受益份额的，由其他受益人按照相应比例享有
		约定受益顺序但未约定受益份额的，由同顺序的其他受益人平均享有；同一顺序没有其他受益人的，由后一顺序的受益人平均享有
		约定受益顺序及受益份额的，由同顺序的其他受益人按照相应比例享有；同一顺序没有其他受益人的，由后一顺序的受益人按照相应比例享有

【考点子题——举一反三，真枪实练】

[118]（经典例题•单选题）2015 年，曹某为其妻刘某投保人寿险。经刘某同意，在合同中确定受益人为丈夫。2017 年曹某和刘某离婚，刘某与王某再婚。2018 年刘某不幸身亡。曹某与王某均请求保险公司给付保险金。下列关于保险公司承担责任的表述中，符合保险法律制度规定的是（　）。

A. 保险公司应向曹某承担保险责任，因投保人和被保险人为不同主体的，根据保险合同成立时与被保险人的身份关系确定受益人

B. 保险公司应向王某承担保险责任，因投保人和被保险人为不同主体的，根据保险事故发生时与被保险人的身份关系确定受益人

C. 保险公司应向曹某承担保险责任，因刘某离婚后并未变更受益人

D. 保险公司对曹某、王某均不承担保险责任，因只写明身份关系，而保险事故发生时身份关系发生变化的，应认定为未指定受益人

[119]（经典例题•单选题）2015 年，李某为其丈夫田某投保人寿险。经田某同意，在合同中确定具体受益人为李某，妻子。2017 年李某和田某离婚。2018 年田某不幸身亡。李某请求保险公司给付保险金，保险公司拒赔。下列关于保险公司应否向李某给付保险金的表述中，符合保险法律制度规定的是（　）。

A. 保险公司应向李某给付保险金，因投保人和被保险人为不同主体的，根据保险合同成立时与被保险人的身份关系确定受益人

B. 保险公司不应向李某给付保险金，因投保人和被保险人为不同主体的，根据保险事故发生时与被保险人的身份关系确定受益人

C. 保险公司应向李某给付保险金，因田某离婚后并未变更受益人

D. 保险公司不应向李某给付保险金，因受益人的约定包括姓名和身份关系，保险事故发生时身份关系发生变化的，认定为未指定受益人

[120]（经典例题•单选题）2015 年，李某为自己投保以死亡为给付保险金的合同。合同中确定具体受益人为妻子，但未写妻子宋某的名字。2017 年李某和宋某离婚。2018 年李某不幸身亡。宋某请求保险公司给付保险金，保险公司以李某已与其离婚为由拒赔。下列关于保险公司应否给付保险金的表述中，符合保险法律制度规定的是（　）。

A. 保险公司应向宋某给付保险金，因投保人和被保险人为同一主体的，根据保险合同成立时与被保险人的身份关系确定受益人

B. 保险公司不应向宋某给付保险金，因投保人和被保险人为同一主体的，根据保险事故发生时与被保险人的身份关系确定受益人

C. 保险公司应向宋某给付保险金，因李某离婚后并未变更受益人

D. 保险公司不应向宋某给付保险金，因受益人的约定未包括姓名，应认定为未指定受益人

[121]（历年真题•多选题）张某与保险公司拟签订一份人身保险合同，合同约定张某为投保人和受益人，张某的妻子王某为被保险人。下列关于相关当事人权利义务的表述中，正确的有（　）。

A. 若保险合同约定以王某死亡为给付保险金的条件，未经王某书面同意，保险单不得质押

B. 若王某同意张某作为受益人，应认定为王某同意张某为其订立保险合同并认可保险金额

C. 若保险合同约定以王某死亡为给付保险金的条件，王某可以在合同订立时采取口头形式同意并认可保险金额

D. 若张某将保险受益人变更为王某的女儿，无须经王某同意

【考点母题——万变不离其宗】保险金作为被保险人遗产的情形

<table>
<tr><td colspan="2">（1）下列属于被保险人死亡后保险金作为其遗产情形的有（　）。</td></tr>
<tr><td colspan="2">A. 没有指定受益人　　　B. 受益人指定不明无法确定的</td></tr>
<tr><td>C. 受益人先于被保险人死亡，没有其他受益人的</td><td>（2）【判断金句】受益人与被保险人在同一事件中死亡，且不能确定死亡先后顺序的，推定受益人死亡在先。</td></tr>
<tr><td rowspan="3">D. 受益人依法丧失受益权或放弃受益权，没有其他受益人的</td><td>（3）下列属于受益人丧失受益权情形的有（　）。</td></tr>
<tr><td>A. 受益人故意造成被保险人死亡、伤残、疾病的</td></tr>
<tr><td>B. 故意杀害被保险人未遂的</td></tr>
</table>

【考点子题——举一反三，真枪实练】

[122]（历年真题·多选题）根据保险法律制度的规定，保险金在一定情形下作为被保险人遗产。下列各项中，属于该情形的有（ ）。

A. 唯一受益人放弃受益权　　B. 受益人指定不明无法确定

C. 唯一受益人先于被保险人死亡　　D. 唯一受益人故意造成被保险人死亡

[123]（历年真题·判断题）受益人故意造成被保险人死亡的，该受益人丧失受益权。（ ）

（四）保险合同的订立

【考点母题——万变不离其宗】保险合同的订立

【判断金句】保险人接受了投保人提交的投保单并收取了保险费，尚未作出是否承保的意思表示，发生保险事故，被保险人或受益人请求保险人按照合同承担赔偿或给付保险金责任，符合承保条件的，法院应予支持；不符合承保条件的，保险人不承担保险责任，但应当退还已经收取的保险费。保险人主张不符合承保条件的，应承担举证责任。

【考点母题——万变不离其宗】保险合同成立的时间

（1）【判断金句】投保人提出保险要求，经保险人同意承保，保险合同成立。
（2）【判断金句】依法成立的保险合同，自成立时生效。
（3）【判断金句】投保人或投保人的代理人订立保险合同时没有亲自签字或盖章，而由保险人或保险人的代理人代为签字或盖章的，对投保人不生效。但投保人已经交纳保险费的，视为其对代签字或盖章行为的追认。

【考点子题——举一反三，真枪实练】

[124]（历年真题·判断题）某保险公司的代理人周某向刘某推介一款保险产品，刘某认为不错，于是双方约定了签订合同的时间。订立保险合同时，刘某无法亲自到场签字，就由周某代为签字。后刘某缴纳了保险费。此时，应视为刘某对周某代为签字行为的追认。（ ）

[125]（历年真题·单选题）根据保险法律制度的规定，下列关于保险合同成立时间的表述中，正确的是（ ）。

A. 投保人支付保险费时，保险合同成立

B. 保险人签发保险单时，保险合同成立

C. 保险代理人签发暂保单时，保险合同成立

D. 投保人提出保险要求，保险人同意承保时，保险合同成立

[126]（历年真题·单选题）甲保险公司的代理人张某向王某推销一款保险产品，王某符

合该保险的承保条件。张某向王某出具了一份投保单，王某口头同意投保，张某代替王某在投保单上签字，王某向甲保险公司缴纳了保险费。由于内部工作流程问题，甲保险公司迟迟未向王某签发保险单，后在保险期间发生了保险事故。下列关于保险合同效力及保险责任的表述中，正确的是（　）。

A. 王某已经缴纳保险费，甲保险公司应当承担保险责任

B. 保险合同未生效，甲保险公司无须承担责任

C. 张某代替王某签字，该合同对王某不生效

D. 张某代替签字有过错，应当承担对王某的保险责任

（五）保险合同的条款

【考点母题——万变不离其宗】保险责任开始期间、保险金额、保险金

保险责任开始时间	（1）【判断金句】保险合同成立后，投保人按照约定交付保险费，保险人按照约定的时间开始承担保险责任。
保险金额	（2）【判断金句】**保险金额**是保险人承担赔偿或给付保险金责任的最高限额。
保险金	（3）【判断金句】**保险金**是保险合同约定的保险事故的发生或在约定的保险事件到来后，保险人实际支付的赔款。

（六）保险合同的形式

【考点母题——万变不离其宗】保险合同中记载内容不一致的认定规则

根据保险法律制度的规定，保险合同中记载内容不一致的，按照特定规则认定。该特定规则包括（　）。
A. 投保单与保险单或其他保险凭证不一致的，以投保单为准。但不一致的情形系经保险人说明并经投保人同意的，以投保人签收的保险单或其他保险凭证载明的内容为准 B. 非格式条款与格式条款不一致的，以非格式条款为准 C. 保险凭证记载的时间不同的，以形成时间在后的为准 D. 保险凭证存在手写和打印两种方式的，以双方签字、盖章的手写部分的内容为准

【考点子题——举一反三，真枪实练】

[127]（历年真题•多选题）根据保险法律制度的规定，保险合同中记载内容不一致的，按照特定规则认定。该特定规则包括（　）。

A. 投保单与保险单不一致系经保险人说明并经投保人同意的，故应以投保人签收的保险单载明的内容为准

B. 非格式条款与格式条款不一致的，以格式条款为准

C. 保险凭证记载的时间不同的，以形成时间在先的为准

D. 保险凭证存在手写和打印两种方式的，以双方签字、盖章的手写部分的内容为准

（七）保险合同的履行

【考点母题——万变不离其宗】投保人、被保险人的义务

<table>
<tr><td colspan="2">（1）下列关于投保人、被保险人义务的表述中，正确的有（　）。</td></tr>
<tr><td rowspan="3">A. 支付保险费的义务</td><td>（2）【判断金句】可代为支付。当事人以被保险人、受益人或他人已经代为支付保险费为由，主张投保人对应的交费义务已经履行的，法院应予支持。</td></tr>
<tr><td>（3）【判断金句】人身保险合同约定分期支付保险费，投保人支付首期保险费后，除合同另有约定外，投保人自保险人催告之日起超过 30 日未支付当期保险费，或超过约定的期限 60 日未支付当期保险费的，合同效力中止，或由保险人按照合同约定的条件减少保险金额。</td></tr>
<tr><td>（4）【判断金句】对人寿保险的保险费，保险人不得用诉讼方式要求投保人支付。</td></tr>
<tr><td rowspan="4">B. 危险增加的通知义务</td><td>（5）危险程度显著增加的考虑因素包括（　）。</td></tr>
<tr><td>A. 保险标的用途的改变
B. 保险标的使用范围的改变
C. 保险标的所处环境的变化
D. 保险标的因改装等原因引起的变化
E. 保险标的使用人或管理人的改变
F. 危险程度增加持续的时间</td></tr>
<tr><td>（6）下列关于保险标的危险程度显著增加后保险合同当事人权利义务的表述中，正确的有（　）。</td></tr>
<tr><td>A. 被保险人应按照合同约定及时通知保险人，保险人可以按照合同约定增加保险费或解除合同
B. 保险人解除合同的，应当将已收取的保险费，按照合同约定扣除自保险责任开始之日起至合同解除之日止应收的部分后，退还投保人
C. 被保险人在合同有效期间内未履行保险标的危险增加通知的，因保险标的危险显著增加而发生的保险事故，保险人不承担赔偿保险金的责任</td></tr>
<tr><td>C. 保险事故发生后的通知义务</td><td>（7）【判断金句】投保人、被保险人或受益人知道保险事故发生后，应当及时通知保险人。故意或因重大过失未及时通知，致使保险事故的性质、原因、损失程度等难以确定的部分，保险人不承担赔偿或者给付保险金的责任，但保险人通过其他途径已经及时知道或应当及时知道保险事故发生的除外。</td></tr>
<tr><td>D. 接受保险人检查，维护保险标的安全义务</td><td>（8）【判断金句】投保人、被保险人未按照约定履行其对保险标的的安全应尽责任的，保险人有权要求增加保险费或解除合同。</td></tr>
<tr><td>E. 积极施救义务</td><td>（9）【判断金句】保险事故发生时，被保险人应当尽力采取必要的措施，防止或减少损失。</td></tr>
</table>

【考点子题——举一反三，真枪实练】

[128]（经典例题•判断题）投保人有缴纳保险费的义务，因此，当事人以被保险人、受益人或者他人已经代为支付保险费为由，主张投保人对应的交费义务已经履行的，人民法院不予支持。（　）

[129]（经典例题•单选题）根据保险法律制度的规定，合同约定分期支付保险费，投保人支付首期保险费后，除合同另有约定外，投保人自保险人催告之日起超过一定期间未支付当期保险费，合同效力中止。该期间为（ ）。

A. 90 日　　B. 60 日　　C. 30 日　　D. 20 日

[130]（经典例题•多选题）根据保险法律制度的规定，在保险合同有效期间，被保险人未履行保险标的危险增加通知的义务的，保险人可采取某些措施。该措施包括（ ）。

A. 可以解除合同

B. 可以按照合同约定增加保险费

C. 解除合同时不退还已缴纳的保险费

D. 解除合同后，应将已收取的保险费，按照合同约定扣除自保险责任开始之日起至合同解除之日止应收的部分后，退还投保人

[131]（历年真题•多选题）根据保险法律制度的规定，人寿保险合同中的被保险人在宽限期内发生保险事故的，下列关于保险人权利义务的表述中，正确的是（ ）。

A. 保险人应当按照合同约定给付保险金，但可以扣减欠交的保险费

B. 因投保人违约，保险人无须给付保险金

C. 保险人有权解除保险合同，并退还现金价值

D. 保险人有权通过诉讼的方式要求投保人支付保险费

【考点母题——万变不离其宗】保险人的义务

<table>
<tr><td colspan="3">（1）下列关于保险人义务的表述中，正确的有（ ）。</td></tr>
<tr><td>A. 给付保险赔偿金或保险金的义务</td><td colspan="2">（2）【判断金句】保险人自收到赔偿或给付保险金的请求和有关证明、资料之日起 60 日内，对其赔偿的数额不能确定的，应根据已有证明和资料可以确定的数额先予支付；保险人最终确定赔偿或给付保险金的数额后，应当支付相应的差额。</td></tr>
<tr><td rowspan="4">B. 支付其它合理、必要费用的义务</td><td colspan="2">（3）下列属于保险人支付的必要、合理费用的有（ ）。</td></tr>
<tr><td rowspan="2">A. 为防止或减少损失所支付的合理、必要的费用（如施救费用等）（施救费用单另计，不和损失一起算，最高不超保险金额）</td><td>（4）【判断金句】保险事故发生后，被保险人为防止或减少保险标的的损失所支付的必要的、合理的费用，由保险人承担；保险人所承担的费用数额在保险标的损失赔偿金额以外另行计算，最高不超过保险金额的数额。</td></tr>
<tr><td>（5）【判断金句】保险事故发生后，被保险人请求保险人承担为防止或者减少保险标的的损失所支付的必要、合理费用，保险人不得以被保险人采取的措施未产生实际效果为由抗辩。</td></tr>
<tr><td colspan="2">B. 为查明和确定保险事故的性质、原因和保险标的损失程度所支付的必要的、合理的费用</td></tr>
</table>

续表

B. 支付其它合理、必要费用的义务	C. 责任保险中被保险人被提起诉讼或仲裁的费用及其他合理、必要的费用	(6)【判断金句】责任保险中被保险人因给第三者造成损害的保险事故而被提起仲裁或诉讼的，被保险人支付的仲裁或诉讼费用以及其他必要的、合理的费用，除合同另有约定外，由保险人承担。

【考点子题——举一反三，真枪实练】

[132]（历年真题•单选题）甲公司购进一台价值120万元的机器设备，向保险公司投保。保险合同约定保险金额为60万元，但未约定保险金的计算方法。后保险期间发生了保险事故，造成该设备实际损失80万元；甲公司为防止损失的扩大，花费了6万元施救费。根据保险法律制度的规定，保险公司应当支付给甲公司的保险金数额是（　）。

A. 46万元　　B. 60万元　　C. 80万元　　D. 86万元

[133]（经典例题•判断题）保险事故发生后，被保险人请求保险人承担为防止或者减少保险标的的损失所支付的必要、合理费用，保险人可以被保险人采取的措施未产生实际效果为由拒绝承担。（　）

【考点母题——万变不离其宗】索赔时效

人寿保险时效	(1)【判断金句】人寿保险的被保险人或受益人应当自知道或应当知道保险事故发生之日起5年内向保险人请求给付保险金。
非寿险合同时效	(2)【判断金句】人寿保险以外的其他保险的被保险人或受益人应当自知道或应当知道保险事故发生之日起2年内向保险人请求赔偿或给付保险金。
商业责任保险时效的起算日	(3)【判断金句】商业责任保险的被保险人请求赔偿保险金的诉讼时效期间自被保险人对第三人应负的赔偿责任确定之日起计算。

【考点子题——举一反三，真枪实练】

[134]（历年真题•单选题）根据保险法律制度的规定，人寿保险的被保险人或受益人应当自知道或应当知道保险事故发生之日起一定期间内向保险人请求给付保险金。该期间为（　）。

A. 5年　　B. 3年　　C. 2年　　D. 1年

（八）保险合同的变更

【考点母题——万变不离其宗】保险合同的变更

(1) 下列属于保险合同变更情形的有（　）。

续表

A. 投保人、被保险人的变更（主体的变更即合同的转让）	（2）下列关于财产保险合同中保险标的转让后法律后果的表述中，正确的有（　）。
	A. 保险标的的受让人或继承人承继被保险人的权利和义务 B. 保险标的已交付受让人，但尚未依法办理所有权变更登记，承担保险标的毁损灭失风险的受让人有权主张行使被保险人权利 C. 被保险人或受让人应当及时通知保险人，但货物运输保险合同和另有约定的合同除外 D. 被保险人、受让人依法及时向保险人发出保险标的转让通知后，保险人作出答复前，发生保险事故，被保险人或受让人有权主张保险人按照保险合同承担赔偿保险金的责任
B. 保险合同内容（条款）的变更	（3）下列关于变更合同内容程序的表述中，正确的有（　）。
	A. 由保险人在保险单上或其他保险凭证上批注或附贴批单 B. 或由投保人和保险人订立变更的书面协议
	（4）下列关于变更受益人法律效力的表述中，正确的有（　）。
	A. 投保人或被保险人变更受益人，当事人有权主张变更行为自变更意思表示发出时生效 B. 投保人或被保险人变更受益人未通知保险人，保险人有权主张变更对其不发生效力 C. 投保人变更受益人未经被保险人同意，变更行为无效 D. 投保人或被保险人在保险事故发生后变更受益人，变更后的受益人无权请求保险人给付保险金
C. 保险效力变更	（5）下列关于因投保人未按照保险法规定支付保险费而导致合同效力中止后法律后果的表述中，正确的有（　）。
	A. 经保险人与投保人协商并达成协议，在投保人补交保险费后合同效力恢复 B. 自合同效力中止之日起满 2 年未达成协议的，保险人有权解除合同

【考点子题——举一反三，真枪实练】

[135]（经典例题•多选题）下列关于人身保险合同受益人变更及其效力的表述中，符合保险法律制度规定的有（　）。

A. 被保险人变更受益人，变更行为自变更意思表示发出时生效

B. 被保险人变更受益人的，该变更未通知保险人，保险人可以主张该变更对其不生效

C. 被保险人在保险事故发生后变更受益人，变更后的受益人有权请求保险人给付保险金

D. 投保人变更受益人必须取得被保险人同意

[136]（历年真题•简答题）2020 年 10 月 10 日，赵某在某 4S 店购买了一辆小汽车，并向甲保险公司购买了“交强险”以及足额“车损险”，被保险人为赵某。2021 年初，

单位派赵某去海外工作两年，赵某决定转让该辆小汽车。

2021 年 2 月 1 日，赵某与钱某签订了买卖小汽车的合同。当日，赵某即将小汽车交付钱某。钱某将上述事实通知了甲保险公司。钱某在开车回家途中因操作失误撞到马路护栏上，导致车辆损失。钱某随即向甲保险公司报案并索赔。

甲保险公司提出以下两项抗辩：(1）小汽车虽已经交付，但尚未办理过户登记。因此，钱某无权主张行使被保险人的权利；(2）钱某虽及时将转让小汽车的事实通知了甲保险公司，但甲保险公司尚未作出答复，此时发生保险事故，甲保险公司不承担赔偿保险金的责任。

要求：

根据上述资料和保险法律制度的规定，不考虑其他因素，回答下列问题：

(1）甲保险公司的第（1）项抗辩理由是否符合法律规定？简要说明理由。

(2）甲保险公司的第（2）项抗辩理由是否符合法律规定？简要说明理由。

[137]（历年真题•单选题）根据保险法律制度的规定，人寿保险合同中的被保险人在宽限期内发生保险事故的，下列关于保险人权利义务的表述中，正确的是（　）。

A. 保险人应当按照合同约定给付保险金，但可以扣减欠交的保险费

B. 因投保人违约，保险人无须给付保险金

C. 保险人有权解除保险合同，并退还现金价值

D. 保险人有权通过诉讼的方式要求投保人支付保险费

（九）保险合同的解除

【考点母题——万变不离其宗】投保人的合同解除权

下列关于投保人合同解除权行使及其法律后果的表述中，正确的有（　）。
A. 除保险法另有规定或保险合同另有约定外，保险合同成立后，投保人可以解除合同，保险人不得解除合同 B. 在人身保险合同中，投保人解除合同的，保险人应当自收到解除通知之日起 30 日内，按照合同约定退还保险单的现金价值 C. 在财产保险合同中，保险责任开始前，投保人要求解除合同的，应按照合同约定向保险人支付手续费，保险人应当退还保险费；保险责任开始后，投保人要求解除合同的，保险人应当将已收取的保险费，按照合同约定扣除自保险责任开始之日起至合同解除之日止应收的部分后，退还投保人 D. 保险标的发生部分损失的，自保险人赔偿之日起 30 日内，投保人可以解除合同，保险人应将保险标的未受损失部分的保险费，按照合同约定扣除自保险责任开始之日起至合同解除之日止应收的部分后，退还投保人

【考点子题——举一反三，真枪实练】

[138]（历年真题·单选题）根据我国保险法律制度的规定，保险合同成立后，除《保险法》另有规定或者保险合同另有约定外，无权解除保险合同的当事人是（　）。

A. 保险人　B. 投保人　C. 被保险人　D. 受益人

【考点母题——万变不离其宗】保险人的合同解除权

下列关于保险人合同解除权行使及其法律后果的表述中，正确的有（　）。
A. 投保人故意或因重大过失未履行如实告知义务，足以影响保险人决定是否同意承保或提高保险费率的 B. 被保险人或受益人未发生保险事故，谎称发生了保险事故，向保险人提出赔偿或者给付保险金请求的，保险人有权解除合同，并不退还保险费 C. 投保人、被保险人故意制造保险事故的，保险人有权解除合同，不承担赔偿或给付保险金的责任 D. 投保人、被保险人未按照合同约定履行其对保险标的的安全应尽责任 E. 在合同有效期内，保险标的的危险程度显著增加，被保险人未按合同约定及时通知保险人的或保险人要求增加保险费被拒绝的 F. 投保人申报的被保险人年龄不真实，并且其真实年龄不符合合同约定的年龄限制的 G. 人身保险合同效力中止后2年保险合同双方当事人未达成协议恢复合同效力的 H. 保险标的发生部分损失的，自保险人赔偿之日起30日内，除合同另有约定外，保险人可以解除合同，但应当提前15日通知投保人，并将保险标的未受损失部分的保险费，按照合同约定扣除自保险责任开始之日起至合同解除之日止应收的部分后，退还投保人

【考点子题——举一反三，真枪实练】

[139]（历年真题·多选题）根据保险法律制度的规定，下列情形中，保险人可以单方解除合同的法定事由有（　）。

A. 投保人故意隐瞒与保险标的有关的重要事实，未履行如实告知义务的

B. 被保险人谎称发生保险事故的

C. 被保险人在保险标的的危险程度显著增加时未按照合同约定及时通知保险人的

D. 投保人故意制造保险事故的

[140]（经典例题·多选题）根据我国保险法律制度的规定，下列关于投保人解除保险合同及法律后果的表述中，正确的有（　）。

A. 人身保险合同投保人解除合同的，保险人应当自收到解除通知之日起30日内，按照合同约定退还保险单的现金价值

B. 财产保险合同保险责任开始前，投保人要求解除合同的，应当按照合同约定向保险人支付手续费，保险人应当退还保险费

C. 财产保险合同中保险责任开始后，投保人要求解除合同的，保险人不退还保险费

D. 保险标的发生部分损失的，自保险人赔偿之日起30日内，投保人可以解除合同，保险人不退还保险费

【考点母题——万变不离其宗】当事人不得解除的保险合同

【判断金句】货物运输保险合同和运输工具航程保险合同，其保险责任开始后，合同当事人不得解除合同。

（十）财产保险合同中的特殊制度

【考点母题——万变不离其宗】重复保险的分摊制度

重复保险的认定	（1）下列关于重复保险认定的表述中，正确的有（ ）。
	A. 不同投保人就同一保险标的分别投保，保险事故发生后，被保险人在其保险利益范围内依据保险合同主张保险赔偿的，法院应予支持 B. 同一投保人对同一保险标的、同一保险利益、同一保险事故分别与两个以上保险人订立保险合同，各保险合同的保险金额总和未超过保险标的价值，不构成重复保险，属于共同保险（共同保险的单个保险合同均为不足额保险，各个保险合同的保险人只就其承保部分在保险事故发生时按比例承担保险赔偿责任） C. 重复保险是否成立的判断时点是保险事故发生时，而不是保险合同成立时
投保人的通知义务	（2）【判断金句】重复保险的投保人应当将重复保险的有关情况通知各保险人。
责任分摊及投保人权利	（3）下列关于重复保险中保险人责任分摊及投保人权利的表述中，正确的有（ ）。
	A. 重复保险的各保险人赔偿保险金的总和不得超过保险价值 B. 除合同另有约定外，各保险人按照其保险金额与保险金额总和的比例承担赔偿保险金的责任 C. 重复保险的投保人可以就保险金额总和超过保险价值的部分，请求各保险人按比例返还保险费

【考点子题——举一反三，真枪实练】

[141]（经典例题•判断题）同一投保人对同一保险标的、同一保险利益、同一保险事故分别与两个以上保险人订立保险合同，各保险合同的保险金额总和即使未超过保险标的价值，也构成重复保险。（ ）

[142]（历年真题•判断题）重复保险的投保人可以就保险金额总和超过保险价值的部分，请求各保险人按比例返还保险费。（ ）

[143]（经典例题•单选题）魏某将其一辆价值30万元的轿车同时向甲保险公司（下称甲公司）和乙保险公司（下称乙公司）投保。魏某向甲公司投保20万元，合同签订后又向乙公司投保30万元。后魏某的轿车发生保险事故，造成损失10万元。保险合同中未约定重复保险责任的分摊方式。根据保险法律制度的规定，甲公司和乙公司承担责任的份额为（ ）。

A. 甲公司、乙公司各承担5万元

B. 甲公司承担 10 万元，乙公司不承担

C. 甲公司承担 4 万元，乙公司承担 6 万元

D. 甲公司、乙公司均不承担

物上代位是指当保险标的因遭受保险事故而发生全损，保险人在支付全部保险金额后，即拥有对该保险标的物的所有权，即保险人代位取得对受损保险标的的权利。

【考点母题——万变不离其宗】物上代位制度

（1）下列关于物上代位成立要件的表述中，正确的是（　）。
A. 保险事故发生后，保险人已支付了全部保险金额，且保险金额等于保险价值的，受损保险标的的全部权利归于保险人；保险金额低于保险价值的，保险人按照保险金额与保险价值的比例取得受损保险标的的部分权利
（2）【判断金句】物上代位权是一种法定权利，只要保险事故发生，保险人已支付全部保险金额，受损保险标的全部或部分权利即法定转移。保险人随即代位取得受损保险标的物上的权利，处理该受损标的所得的全部或部分收益归其所有。

代位求偿是指保险人在向被保险人赔偿损失后，取得了该被保险人享有的依法向负有民事赔偿责任的第三人追偿的权利，并据此权利予以追偿的制度。

【考点母题——万变不离其宗】代位求偿制度

<table>
<tr><td rowspan="5">成立要件</td><td colspan="2">（1）下列关于代位求偿权成立要件的表述中，正确的有（　）。</td></tr>
<tr><td colspan="2">A. 保险事故的发生是由第三者的行为引起的</td></tr>
<tr><td rowspan="3">B. 被保险人未放弃向第三者的赔偿请求权</td><td>（2）下列关于被保险人放弃向第三者赔偿请求权法律后果的表述中，正确的有（　）。</td></tr>
<tr><td>A. 因第三者对保险标的的损害而造成的保险事故发生后，保险人未赔偿保险金之前，被保险人放弃对第三者请求赔偿的权利的，保险人不承担赔偿保险金的责任
B. 保险人向被保险人赔偿保险金后，被保险人未经保险人同意放弃对第三者请求赔偿权利的，该行为无效
C. 如因被保险人故意或重大过失致使保险人不能行使代位求偿权的，保险人可以扣减或要求返还相应的保险额；但在保险人以第三者为被告提起的代位求偿权之诉中，第三者以被保险人在保险合同订立前已放弃对其请求赔偿的权利为由进行抗辩，人民法院认定上述放弃行为合法有效，保险人无权就相应部分主张行使代位求偿权（保险合同订立时，保险人就是否存在上述放弃情形提出询问，投保人未如实告知，致使保险人不能行使代位求偿权，保险人有权请求返还保险金，除非保险人知道或应知道上述情形仍同意承保）</td></tr>
</table>

第 6 章

续表

<table>
<tr><td rowspan="3">成立要件</td><td rowspan="3">C. 代位权的产生须在保险人支付保险金之后</td><td>（3）【判断金句】因第三者对保险标的的损害而造成保险事故的，保险人自向被保险人赔偿保险金之日起，在赔偿金额范围内代位行使被保险人对第三者请求赔偿的权利。</td></tr>
<tr><td>（4）【判断金句】因第三者对保险标的的损害而造成保险事故，保险人获得代位请求赔偿的权利的情况未通知第三者或通知到达第三者前，第三者在被保险人已经从保险人处获赔的范围内又向被保险人作出赔偿，保险人无权主张代位行使被保险人对第三者请求赔偿的权利。</td></tr>
<tr><td>（5）【判断金句】保险人获得代位请求赔偿的权利的情况已经通知到第三者，第三者又向被保险人作出赔偿，保险人主张代位行使请求赔偿的权利，第三者无权以其已经向被保险人赔偿为由抗辩。</td></tr>
<tr><td rowspan="2">行使</td><td colspan="2">（6）下列关于代位求偿权行使的表述中，正确的有（　）。</td></tr>
<tr><td colspan="2">A. 应以保险人自己的名义
B. 被保险人应当向保险人提供必要的文件和所知道的有关情况
C. 被保险人因故意或重大过失未履行提供文件和情况的义务，致使保险人未能行使或未能全部行使代位请求赔偿的权利，保险人有权主张在其损失范围内扣减或返还相应保险金
D. 保险代位求偿权的诉讼时效期间自其取得代位求偿权之日起算
E. 投保人和被保险人为不同主体，因投保人对保险标的的损害而造成保险事故，保险人依法主张代位行使被保险人对投保人请求赔偿权利的，法院应予支持，但法律另有规定或保险合同另有约定的除外
F. 除被保险人的家庭成员或其组成人员故意对保险标的的损害而造成保险事故外，保险人不得对被保险人的家庭成员或其组成人员行使代位请求赔偿的权利</td></tr>
</table>

【考点子题——举一反三，真枪实练】

[144]（历年真题•多选题）下列关于保险代位求偿权的表述中，符合保险法律制度规定的有（　）。

A. 保险人未赔偿保险金之前，被保险人放弃对第三人请求赔偿的权利的，保险人不承担赔偿保险金的责任

B. 保险人向被保险人赔偿保险金后，被保险人未经保险人同意放弃对第三人请求赔偿的权利的，该放弃行为无效

C. 因被保险人故意致使保险人不能行使代位请求赔偿的权利的，保险人可以扣减或者要求返还相应的保险金

D. 即使被保险人的家庭成员故意损害保险标的而造成保险事故，保险人也不得对被保险人的家庭成员行使代位求偿权

[145]（经典例题•多选题）下列关于保险代位求偿制度的表述中，符合保险法律制度规定的有（　）。

A. 投保人和被保险人为不同主体，因投保人对保险标的损害而造成保险事故，保险人有权主张代位行使被保险人对投保人请求赔偿权利，但法律另有规定或保险合同另有约定的除外

B. 保险人在赔偿金额范围内代位行使被保险人对第三者请求赔偿的权利

C. 保险人应以被保险人的名义行使代位求偿权

D. 保险人将获得代位请求赔偿权利的情况通知到第三者，第三者又向被保险人作出赔偿，保险人主张代位行使请求赔偿的权利，第三者无权以其已经向被保险人赔偿为由抗辩

[146]（经典例题·单选题）甲公司将自己的机器设备向某保险公司投保企业财产险。合同有效期内，该机器设备因其工人孙某故意操作不当损坏，造成损失20万元。根据保险法律制度的规定，关于甲公司请求赔偿保险金权利及保险公司追偿权利的下列表述中，正确的是（　）。

A. 甲公司只能向孙某要求赔偿

B. 甲公司可要求保险公司赔偿，保险公司赔偿后，无权向孙某追偿

C. 甲公司可要求保险公司赔偿，保险公司赔偿后，有权向孙某追偿

D. 甲公司可以放弃对孙某的赔偿请求权，只向保险公司要求赔偿，保险公司应承担赔偿责任

（十一）人身保险合同的特殊条款

【考点母题——万变不离其宗】人身保险合同的特殊条款

迟交宽限条款	（1）下列关于投保人迟交保费效力的表述中，正确的有（　）。
	A. 合同约定分期支付保险费，投保人支付首期保险费后，除合同另有约定外，投保人自保险人催告之日起超过30日未支付当期保险费，或者超过约定的期限60日未支付当期保险费的，合同效力中止，或者由保险人按照合同约定的条件减少保险金额 B. 被保险人在宽限期内发生保险事故的，保险人应当按照合同约定给付保险金，但可以扣减欠交的保险费
中止、复效条款	（2）下列关于中止、复效条款的表述中，正确的有（　）。
	A. 在保险费交纳的宽限期满后，投保人仍未交纳应付的保险费，保险合同效力中止 B. 自中止之日起2年内，经保险人与投保人协商并达成协议，在投保人补交保险费后，合同效力恢复 C. 自合同效力中止之日起满2年双方未达成协议的，保险人有权解除合同，保险人解除合同的，应当按照合同约定退还保险单的现金价值

续表

不丧失价值条款	（3）下列属于人身保险合同不丧失价值条款情形的有（　）。
	A. 投保人申报的被保险人年龄不真实，并且其真实年龄不符合合同约定的年龄限制的，保险人可以解除合同，并按照合同约定退还保险单的现金价值 B. 投保人故意造成被保险人死亡、伤残或者疾病的，保险人不承担给付保险金的责任，但投保人已交足2年以上保险费的，保险人就应当按照合同约定向其他权利人退还保险单的现金价值。 C. 投保人故意犯罪或者抗拒依法采取的刑事强制措施导致其伤残或者死亡的，保险人不承担给付保险金的责任。投保人已交足2年以上保险费的，保险人应当按照合同约定退还保险单的现金价值
误告年龄条款	（4）下列关于投保人申报的被保险人年龄不真实时如何处理的表述中，正确的有（　）。
	A. 投保人申报的被保险人的年龄不真实，致使投保人支付的保险费少于应付保险费的，保险人有权更正并要求投保人补交保险费 B. 投保人申报的被保险人的年龄不真实，致使投保人支付的保险费少于应付保险费的，保险人有权在给付保险金时按照实付保险费与应付保险费的比例支付 C. 投保人申报的被保险人的年龄不真实，投保人为此支付的保险费多于应交的保险费，保险人应当将多收的保险费退还投保人
自杀条款	（5）【判断金句】以被保险人死亡为给付保险金条件的合同，自合同成立或合同效力恢复之日起2年内，被保险人自杀的，保险人不承担给付保险金的责任，但被保险人自杀时为无民事行为能力人的除外。

【考点子题——举一反三，真枪实练】

[147]（历年真题•单选题）2013年刘某经妻子宋某同意为其投保人寿保险，并指定自己为受益人。2015年刘某故意将宋某打伤致残。事后，刘某请求保险公司支付保险金遭到拒绝。经查，刘某已缴纳3年保险费。下列关于保险公司是否承担支付保险金责任的表述中，符合保险法律制度规定的是（　）。

A. 保险公司应承担给付保险金的责任

B. 保险公司不承担给付保险金的责任，也不退还保险费

C. 保险公司不承担给付保险金的责任，但应退还保险单的现金价值

D. 保险公司不承担给付保险金的责任，但应退还保险费

[148]（经典例题•单选题）2014年10月，向某为其18岁的儿子投保了一份以死亡为给付保险金条件的保险合同。2015年10月向某的儿子因精神病被宣告为无民事行为能力人。2015年12月向某的儿子自杀身亡。向某要求保险公司给付保险金。下列关于保险公司承担责任的表述中，符合保险法律制度规定的是（　）。

A. 保险公司不承担给付保险金的责任，也不退还保险单的现金价值

B. 保险公司应承担给付保险金的责任

C. 保险公司不承担给付保险金的责任，但应退还保险单的现金价值

D. 保险公司不承担给付保险金的责任，也不退还保险费

[149]（历年真题•单选题）2014年10月，向某为自己18岁的儿子投保了一份以死亡为给付保险金条件的保险合同。2017年向某的儿子因抑郁自杀身亡，向某要求保险公司给付保险金。下列关于保险公司承担责任的表述中，符合保险法律制度规定的是（　）。

A. 保险公司不承担给付保险金的责任，也不退还保险单的现金价值

B. 保险公司应承担给付保险金的责任

C. 保险公司不承担给付保险金的责任，但应退还保险单的现金价值

D. 保险公司不承担给付保险金的责任，也不退还保险费

[150]（历年真题•简答题）2020年10月，赵某发现5周岁的女儿李某智力发育略低于同龄人。为了给女儿成年以后的生活提供足够的保障，赵某向甲保险公司为其女儿购买人身保险。

赵某与甲保险公司签订的保险合同约定：投保人为赵某，被保险人为李某；如李某生存到60周岁，可以按月领取养老金；如李某不幸身故，甲保险公司将向受益人赵某支付一笔保险金。保险合同生效后，赵某按照合同约定向甲保险公司缴纳了保险费。

2022年2月，经专科医院检查，李某有自闭症倾向。2022年3月5日，李某在其7周岁生日当天趁赵某外出买菜之际自杀。2022年4月5日，赵某向甲保险公司索赔。2022年4月8日，甲保险公司通知赵某拒绝赔偿。

2022年4月12日，赵某向人民法院提起诉讼，请求甲保险公司按照保险合同约定支付保险金。甲保险公司提出两项抗辩：（1）赵某不得为无民事行为能力人投保以死亡为给付保险金条件的人身保险；（2）被保险人自合同成立之日起2年内自杀的，保险人不承担给付保险金的责任。

要求：

根据上述资料和保险法律制度的规定，不考虑其他因素，回答下列问题：

（1）赵某与甲保险公司所签订的保险合同的当事人是否包括李某？简要说明理由。

（2）甲保险公司提出的第一项抗辩是否成立？简要说明理由。

（3）甲保险公司提出的第二项抗辩是否成立？简要说明理由。

保险公司与保险中介人

【考点母题——万变不离其宗】保险公司

<table>
<tr><td rowspan="4">保险公司的终止</td><td colspan="2">(1)下列属于保险公司终止情形的有(　　)。</td></tr>
<tr><td rowspan="2">A. 解散</td><td>(2)经营有人寿保险业务的保险公司，除出现特定情形外，不得解散。该特定情形包括(　　)。</td></tr>
<tr><td>A. 合并　B. 分立　C. 被依法撤销</td></tr>
<tr><td colspan="2">B. 被撤销　C. 破产</td></tr>
<tr><td rowspan="6">业务范围</td><td colspan="2">(3)下列属于保险公司业务范围的有(　　)。</td></tr>
<tr><td rowspan="2">A. 人身保险业务</td><td>(4)人身保险业务包括(　　)。</td></tr>
<tr><td>A. 人寿保险　B. 健康保险　C. 意外伤害险</td></tr>
<tr><td rowspan="2">B. 财产保险业务</td><td>(5)财产保险业务包括(　　)。</td></tr>
<tr><td>A. 财产损失保险　B. 责任保险　C. 信用保险　D. 保证保险</td></tr>
<tr><td colspan="2">(6)【判断金句】保险人不得兼营人身保险业务和财产保险业务。但经营财产保险业务的保险公司经国务院保险监督管理机构批准，可以经营短期健康保险业务和意外伤害保险业务。</td></tr>
<tr><td rowspan="2">资金运用限制</td><td colspan="2">(7)下列属于保险公司资金运用形式的有(　　)。</td></tr>
<tr><td colspan="2">A. 银行存款
B. 买卖债券、股票、证券投资基金份额等有价证券　C. 投资不动产</td></tr>
<tr><td>寿险保险公司终止后的处理</td><td colspan="2">(8)【判断金句】经营有人寿保险业务的保险公司被依法撤销或被依法宣告破产的，其持有的人寿保险合同及责任准备金，必须转让给其它经营有人寿保险业务的保险公司；不能同其他保险公司达成转让协议的，由银保监会指定经营有人寿保险业务的保险公司接受转让。</td></tr>
</table>

【考点子题——举一反三，真枪实练】

[151](历年真题·多选题)根据保险法律制度的规定，下列属于经营有人寿保险业务的保险公司，可以终止的情形有(　　)。

A. 合并　　B. 分立　　C. 被依法撤销　　D. 解散

[152](经典例题·多选题)根据保险法律制度的规定，下列属于保险公司资金运用形式的有(　　)。

A. 银行存款　　B. 买卖股票　　C. 投资不动产　　D. 买卖债券

第6章

【考点母题——万变不离其宗】保险中介人

<table>
<tr><td>（1）下列关于保险代理人的表述中，正确的有（　）。</td><td>（2）下列关于保险经纪人的表述中，正确的有（　）。</td></tr>
<tr><td>A. 是保险人的代理人
B. 必须与保险人签订委托代理合同
C. 以保险人的名义，在保险人授权范围内代为保险业务的行为，由保险人承担责任
D. 可以是单位，也可以是个人
E. 个人保险代理人在代为办理人寿保险业务时，不得同时接受两个以上保险人的委托</td><td>A. 是以自己的名义独立实施保险经纪行为
B. 代表投保人的利益从事保险经纪行为
C. 可以依法收取佣金，其佣金一般由保险人支付；但保险经纪人与投保人约定，也可由投保人支付
D. 不得同时向投保人和保险人双方收取佣金
E. 是专门从事保险经纪活动的单位，不能是个人</td></tr>
<tr><td colspan="2">（3）【判断金句】保险佣金只限于向具有合法资格的保险代理人、保险经纪人支付，不得向其他人支付。</td></tr>
<tr><td colspan="2">（4）下列关于保险公估人的表述中，正确的有（　）。</td></tr>
<tr><td colspan="2">A. 保险公估人是指接受委托，专门从事保险公估（保险公估是指评估机构及其评估专业人员接受委托，对保险标的或者保险事故进行评估、勘验、鉴定、估损理算以及相关的风险评估）业务的评估机构
B. 保险公估人虽然接受委托从事保险公估业务，却不代表任何一方的利益，处于中立的地位，独立、客观、公正地出具保险公估报告
C. 保险公估机构和人员，因故意或者过失给保险人或者被保险人造成损失的，依法承担赔偿责任</td></tr>
</table>

【考点子题——举一反三，真枪实练】

[153]（历年真题•多选题）根据保险法律制度的规定，下列关于保险代理人的表述中，正确的有（　）。

A. 是以自己的名义实施保险代理行为

B. 可以是单位，也可以是个人

C. 代表投保人的利益从事保险代理活动

D. 个人保险代理人在代为办理人寿保险业务时，不得同时接受两个以上保险人的委托

[154]（历年真题•单选题）根据保险法律制度的规定，下列关于保险经纪人的表述中，正确的是（　）。

A. 保险经纪人可以是个人

B. 保险经纪人可同时向投保人和保险人收取佣金

C. 保险经纪人代表投保人的利益从事保险经纪行为

D. 保险经纪人是保险合同的当事人

第四节　信托法律制度

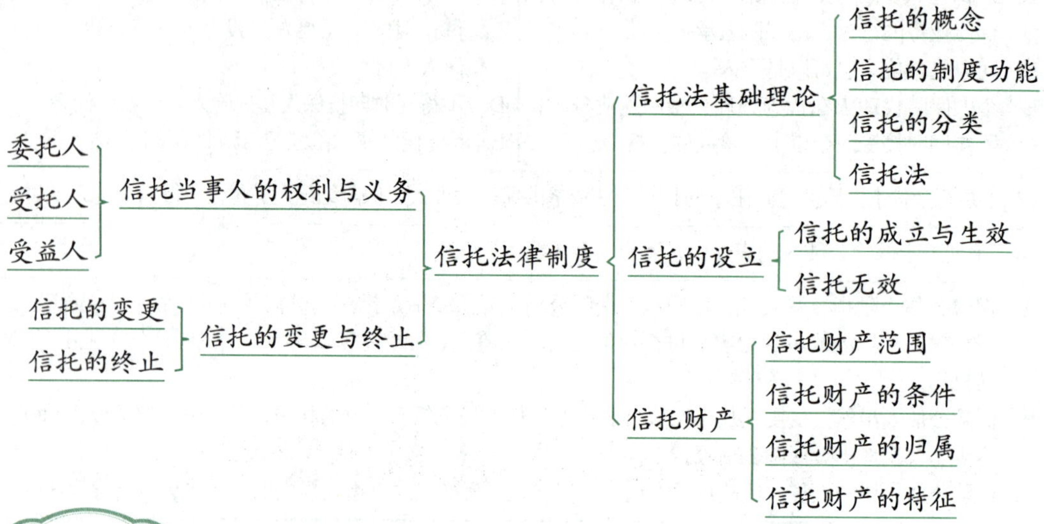

考点18　信托法基础理论

（一）信托的概念

信托是委托人基于对受托人的信任，将其财产权委托给受托人，由受托人按委托人的意愿以自己的名义，为受益人的利益或特定目的进行管理和处分的行为。

【考点母题——万变不离其宗】信托的特征

下列关于信托本质特征的表述中，正确的有（　）。	
A. 财产权主体与利益主体相分离	信任；财产权的转移和分离；财产管理与处分；财产权与利益相分离（信托财产权主体为受托人，利益主体为受益人）
B. 信托财产独立	一旦有效设立，信托财产即从委托人、受托人以及受益人的自有财产中分离出来，成为独立运作的财产，仅服从于信托目的
C. 有限责任	受托人处理信托事务只要没有违反信托并已尽职守则，对受益人所负的债务、对第三人所负责任均以信托财产为限
D. 信托管理的连续性	信托不因受托人的欠缺而影响其成立，已成立的信托也不因受托人的更迭而影响其存续

（二）信托的制度功能

【考点母题——万变不离其宗】信托的制度功能

信托制度的功能包括（　）。	
A. 转移财产	委托人将信托财产转移给受托人，实现信托财产与委托人的分离
B. 管理财产	信托受托人受委托人之托，利用自身的专业技能、财产管理经验与能力，为受益人的利益经营管理或处理信托财产的功能，即“受人之托、代人理财”
C. 融资功能	由持有经营金融业务许可证的各类金融机构作为受托人，通过办理资金信托实现资金的归集
D. 协调经济关系功能	金融机构作为受托人，在开展信托业务中要与诸多方面发生经济往来，是天然的横向经济联系的桥梁和纽带，通过为经济交易各方提供信息、居间、咨询和资信调查等服务，发挥沟通和协调各方经济联系的功能

（三）信托的分类

【考点母题——万变不离其宗】信托的分类

信托的分类（　）。		
A. 按照信托事务性质划分	民事信托	涉及民事范围的信托事务，如家族信托
	商事信托	涉及的是商事范围的信托事务，如公司资金运用信托
B. 按照受益人与委托人关系划分	自益信托	受益人与委托人合二为一的信托
	他益信托	他益信托是受益人为委托人以外的他人的信托
C. 按照委托人人数的不同划分	单独信托	接受单个委托人委托，按照委托人确定的财产管理方式，单独管理与运用信托财产的信托
	集合信托	接受两个以上委托人的委托，按照委托人确定的管理方式，集合多数人的财产加以管理与运用，并将实现的收益按照个人财产比例或信托文件约定分给受益人的信托（公募证券投资基金是典型的集合资金信托）
D. 按照信托成立原因划分	意定信托	基于委托人的意思表示，通过法律行为设立的信托
	法定信托	法定信托是基于法律规定而成立的信托

考点 19　信托的设立

信托设立，是指通过财产所有人的明示行为或直接依据法律规则而确定信托当事人、信托意图和信托关系具体内容的过程。金融信托为意定信托，一般基于委托人的意思表示，通过合同行为设立。

（一）信托的成立与生效

【考点母题——万变不离其宗】信托的成立与生效

<table>
<tr><td rowspan="2">信托成立</td><td colspan="3">（1）下列关于信托成立条件及法律后果的表述中，正确的有（　）。</td></tr>
<tr><td colspan="3">A. 信托的成立以委托人和受托人达成设立信托的意思表示一致为条件
B. 采取信托合同形式设立信托的，信托合同签订时，信托成立；采取其他书面形式设立信托的，受托人承诺信托时，信托成立
C. 信托一经成立，在委托人和受托人之间便产生了转移信托财产和接受信托财产的义务
D. 通常情况下，在信托成立阶段，信托受益人并非严格意义上的信托行为主体，但设立遗嘱信托，遗嘱指定的人拒绝或无能力担任受托人，由受益人另行选任受托人的，受益人成为信托行为主体</td></tr>
<tr><td rowspan="7">信托生效</td><td colspan="3">（2）下列关于信托生效要件的表述中，正确的有（　）。</td></tr>
<tr><td rowspan="3">A. 信托当事人要件</td><td>委托人应当是具有完全民事行为能力的自然人、法人或依法成立的其他组织</td><td>例外：如集合资金信托计划就要求委托人必须是合格投资者，且自然人人数不能超过 50 人</td></tr>
<tr><td colspan="2">受托人应当是具有完全民事行为能力的自然人、法人，法律、行政法规对受托人的条件另有规定的，从其规定</td></tr>
<tr><td colspan="2">受益人或受益人范围能够确定</td></tr>
<tr><td>B. 信托财产要件</td><td colspan="2">必须有确定的信托财产，并且该信托财产必须是委托人合法所有的财产（包括财产权利）（信托生效对信托财产的要求是满足确定性、合法所有性与可转让性）</td></tr>
<tr><td>C. 信托行为要件</td><td colspan="2">设立信托，委托人和受托人的意思表示应当真实，并应当采取书面形式，包括信托合同、遗嘱或者法律、行政法规规定的其他书面文件等</td></tr>
<tr><td>D. 信托目的要件</td><td colspan="2">设立信托，必须有合法的信托目的，不能违反法律、行政法规的强制性规定或损害公共利益，不能专门以诉讼或讨债为目的</td></tr>
<tr><td>生效时间</td><td colspan="3">（3）【判断金句】设立信托，对于信托财产，有关法律、行政法规规定应当办理登记手续的，应当依法办理信托登记。未办理信托登记的，应当补办登记手续；不补办的，该信托不产生效力。</td></tr>
</table>

（二）信托的无效

【考点母题——万变不离其宗】信托的无效

<table>
<tr><td rowspan="2">信托无效</td><td>（1）下列属于信托绝对无效情形的有（　）。</td></tr>
<tr><td>A. 信托目的违反法律、行政法规或者损害社会公共利益　　B. 信托财产不能确定
C. 委托人以非法财产或者法律规定不得设立信托的财产设立信托
D. 专以诉讼或者讨债为目的设立信托　　E. 受益人或者受益人范围不能确定
F. 法律、行政法规规定的其他情形
【注意】绝对无效的信托具有当然性、自始性特征，无须任何人主张，自始当然无效。</td></tr>
</table>

（三）诈害信托的撤销

【考点母题——万变不离其宗】诈害信托的撤销

<table>
<tr><td rowspan="2">诈害信托的撤销</td><td>概念</td><td>是指以损害债权的清偿为设立后果的信托。诈害信托已经设立并成立，但因其设立构成对债权人权利的侵犯，债权人可以主张撤销该信托。</td></tr>
<tr><td colspan="2">【判断金句】委托人设立信托不得损害债权人利益，设立信托损害其债权人利益的，债权人有权申请人民法院撤销该信托。债权人的申请权，自债权人知道或者应当知道撤销原因之日起 1 年内不行使的，归于消灭。人民法院撤销信托的，不影响善意受益人已经取得的信托利益。
【注意】根据《民法典》关于可撤销的法律行为因撤销而归于无效的原则，这种诈害信托经撤销后自始不发生效力。</td></tr>
</table>

【考点子题——举一反三，真枪实练】

[155]（经典例题•多选题）根据信托法律制度的规定，下列属于无效信托的有（　）。

A. 没有明确的受益人　　B. 专门以讨债为目的设立的信托

C. 信托财产不能确定　　D. 专门以诉讼为目的设立的信托

[156]（经典例题•单选题）根据信托法律制度的规定，下列属于债权人有权申请撤销信托情形的是（　）。

A. 信托财产不能确定　　B. 受益人不能确定

C. 设立信托损害委托人的债权人利益的　　D. 委托人以国家级文物设立信托

考点 20　信托财产

【考点母题——万变不离其宗】信托财产

<table>
<tr><td rowspan="2">信托财产的范围</td><td colspan="2">（1）下列属于信托财产范围的有（　）。</td></tr>
<tr><td colspan="2">A. 受托人因承诺信托而取得的财产
B. 受托人因信托财产的管理运用而取得的财产
C. 受托人因信托财产的处分而取得的财产
D. 受托人因其他情形而取得的财产，如被保险的信托财产因第三人的行为而灭失、毁损，根据保险单而取得的保险赔款</td></tr>
<tr><td rowspan="2">信托财产的条件</td><td>（2）下列可以成为信托财产的有（　）。</td><td>（3）不能成为信托财产的有（　）。</td></tr>
<tr><td>A. 具有财产价值的东西，满足可转让性、确定性与合法所有性要求，不论其采取何种存在形式，原则上均可以作为信托财产，如金钱、不动产、动产、有价证券、知识产权等
B. 法律、行政法规限制流通的财产，依法经有关部门批准后，可以成为信托财产</td><td>A. 非确定的独立财产，如商誉、经营控制权等营业上的利益
B. 不能以金钱计算其价值，且不能转移的财产，如姓名权、名誉权、身份权等具有专属性质的人身权利
C. 法律、行政法规禁止流通的财产不得作为信托财产</td></tr>
</table>

续表

<table>
<tr><td rowspan="3">信托财产的归属</td><td colspan="3">（4）下列关于信托财产归属的表述中，正确的有（　）。</td></tr>
<tr><td colspan="3">A. 在信托财产上不能成立所有权，不能使用“信托财产所有权”和“信托财产所有人”的表述</td></tr>
<tr><td colspan="2">B. 信托一经设立，财产权便发生转移，信托财产自此开始不再属于委托人，受益人拥有的仅是向受托人要求以支付信托利益为内容的债权，即受益权，信托财产只能归属于受托人</td><td>（5）【判断金句】受托人对信托财产享有的财产权与其本身所有的财产（固有财产：一切在信托法律关系成立之前便已经为受托人享有所有权的财产）的财产权有着本质区别，受托人对信托财产要根据信托文件的约定，按照委托人的意愿对信托财产进行管理、处分，而不是按照受托人自己的需要来运用信托财产。</td></tr>
<tr><td rowspan="9">信托财产的特征</td><td colspan="3">（6）下列关于信托财产特征的表述中，正确的有（　）。</td></tr>
<tr><td rowspan="8">A. 信托财产的独立性</td><td colspan="2">（7）信托财产独立性的表现（　）。</td></tr>
<tr><td rowspan="3">A. 信托财产独立于委托人</td><td>信托财产与委托人未设立信托的其他财产相区别</td></tr>
<tr><td>设立信托后，委托人死亡或者依法解散、被依法撤销、被宣告破产时，委托人是唯一受益人的，信托终止，信托财产作为其遗产或者清算财产</td></tr>
<tr><td>委托人不是唯一受益人的，信托存续，信托财产不作为其遗产或者清算财产，但作为共同受益人的委托人死亡或者依法解散、被依法撤销、被宣告破产时，其信托受益权作为其遗产或者清算财产</td></tr>
<tr><td rowspan="2">B. 信托财产独立于受托人</td><td>信托财产与受托人的固有财产相区别，不得归入受托人的固有财产或成为固有财产的一部分</td></tr>
<tr><td>受托人死亡或者依法解散、被依法撤销、被宣告破产而终止，信托财产不属于其遗产或清算财产</td></tr>
<tr><td rowspan="2">C. 信托财产独立于受益人</td><td>信托关系存续期间，受益人只能主张信托利益，并不享有信托财产权</td></tr>
<tr><td>信托关系终了后，委托人可通过信托文件将信托财产归于自己或第三人，故信托财产也独立于受益人的自有财产</td></tr>
</table>

续表

<table>
<tr><td rowspan="7">信托财产的特征</td><td rowspan="4">A. 信托财产的独立性</td><td rowspan="2">D. 偿债方面具有独立性</td><td rowspan="2">受托人占有和控制信托财产，但受托人无权用信托财产清偿其与信托无关的个人债务，债权人也无权要求通过强制执行或拍卖信托财产来满足其与这种债务相对应的债权
【注意】对于违反规定而强制执行信托财产，委托人、受托人或者受益人有权向人民法院提出异议。</td><td>（8）对信托财产可以强制执行的情形有（　）。</td></tr>
<tr><td>A. 设立信托前债权人已对该信托财产享有优先受偿的权利，并依法行使该权利的
B. 受托人处理信托事务所产生债务，债权人要求清偿该债务的
C. 信托财产本身应担负的税款</td></tr>
<tr><td rowspan="2">E. 抵销方面具有独立性</td><td colspan="2">受托人管理运用、处分信托财产所产生的债权，不得与其固有财产产生的债务相抵销</td></tr>
<tr><td colspan="2">受托人管理运用、处分不同委托人的信托财产所产生的债权债务，不得相互抵销</td></tr>
<tr><td rowspan="3">B. 信托财产的物上代位性（同一性）</td><td colspan="3">（9）下列关于信托财产物上代位性的表述中，正确的有（　）。</td></tr>
<tr><td colspan="3">A. 信托设立后，因受托人对信托财产的管理、处分，信托财产变化成各种形态，在信托结束前，不管信托财产物质形态如何变换，均属于信托财产
B. 物上代位性（同一性）使信托财产基于信托目的而在内部结合成为一个整体，不因财产形态的变化而丧失其信托财产的性质，故受托人就信托财产的收益和变化了的形态，应继续保持其独立性并为受益人的利益继续管理、处分</td></tr>
</table>

【考点子题——举一反三，真枪实练】

[157]（经典例题•多选题）根据信托法律制度的规定，下列属于信托财产的有（　）。

A. 受托人因承诺信托而取得的财产

B. 受托人因信托财产的管理运用而取得的财产

C. 受托人因信托财产的处分而取得的财产

D. 被保险的信托财产因第三人行为而灭失、毁损，受托人根据保险单取得的保险赔款

[158]（经典例题•多选题）根据信托法律制度的规定，下列可以作为信托财产的有（　）。

A. 房屋　　B. 著作权　　C. 商誉　　D. 姓名权

[159]（经典例题•判断题）信托财产与委托人未设立信托的其他财产相区别，因此，设立信托后，委托人死亡时，不论委托人是否唯一受益人，信托财产都不得作为其遗产。（　）

考点 21 信托当事人的权利和义务

（一）委托人

委托人应当是具有完全民事行为能力的自然人、法人或依法成立的其他组织。委托人设定信托，除了对信托财产享有所有权以外，设立信托时不得陷入破产境地。

【考点母题——万变不离其宗】委托人的权利和义务

<table>
<tr><td colspan="3">（1）下列属于委托人权利的有（ ）。</td></tr>
<tr><td rowspan="3">A. 信托财产管理、处分的知情权</td><td colspan="2">委托人有权了解其信托财产的管理运用、处分及收支情况，并有权要求受托人作出说明</td></tr>
<tr><td colspan="2">委托人有权查阅、抄录或者复制与其信托财产有关的信托账目以及处理信托事务的其他文件</td></tr>
<tr><td colspan="2">委托人行使质询权和查阅、抄录、复制权，任何人不得干涉</td></tr>
<tr><td>B. 信托财产管理方法的变更权</td><td>委托人因设立信托时未能预见的特别事由，致使信托财产的管理方法不利于实现信托目的或不符合受益人的利益时，委托人有权要求受托人调整该信托财产的管理方法</td><td>委托人可以直接向受托人行使该权利，也可以通过法院作出裁定行使该权利</td></tr>
<tr><td rowspan="2">C. 对违反信托权限行为的撤销权</td><td rowspan="2">受托人违反信托目的处分信托财产或者因违背管理职责、处理信托事务不当致使信托财产受到损失的，委托人有权申请法院撤销该处分行为，并有权要求受托人恢复信托财产的原状或者予以赔偿；该信托财产的受让人明知是违反信托目的而接受该财产的，应当予以返还或者予以赔偿</td><td>委托人的申请权，应自其知道或者应当知道撤销原因之日起 1 年内不行使而消灭</td></tr>
<tr><td>委托人的撤销权应当通过诉讼方式行使，法院根据委托人的请求作出撤销受托人处分信托财产行为的判决后，受托人的处分行为即发生自始无效的法律后果</td></tr>
<tr><td rowspan="2">D. 对受托人的解任权</td><td>受托人违反信托目的处分信托财产或</td><td rowspan="2">委托人有权依照信托文件的规定直接解任受托人，或申请法院通过诉讼方式解任受托人</td></tr>
<tr><td>管理运用、处分信托财产有重大过失的</td></tr>
<tr><td colspan="3">（2）委托人的义务包括（ ）。</td></tr>
<tr><td colspan="3">A. 负有按照信托文件的约定向受托人支付报酬的义务
B. 委托人违反信托文件的约定，单方解除信托关系而给受托人造成损失的，负有对受托人的损失进行赔偿的义务</td></tr>
</table>

【考点子题——举一反三，真枪实练】

[160]（经典例题·多选题）根据信托法律制度的规定，下列关于委托人对违反信托权限行为行使撤销权的表述中，正确的有（ ）。

A. 委托人的撤销权应当通过诉讼方式行使

B. 受托人违反信托目的处分信托财产致使信托财产受到损失的，委托人有权申请人民法院撤销该处分行为

C. 受托人因违背管理职责、处理信托事务不当致使信托财产受到损失的，委托人有权申请人民法院撤销该处分行为

D. 委托人申请撤销权应自其知道或者应当知道撤销原因之日起 3 年内不行使而消灭

[161]（经典例题•判断题）受托人违反信托目的处分信托财产或者管理运用、处分信托财产有重大过失的，委托人只能申请人民法院解任受托人。（　）

[162]（经典例题•多选题）根据信托法律制度的规定，委托人设立信托以后，其根据法律或者信托文件的规定可以享有的权利有（　）。

A. 信托财产的所有权　　B. 信托财产管理、处分的知情权

C. 对违反信托权限行为的撤销权　　D. 对受托人的解任权

（二）受托人

受托人是在信托关系中接受委托人的委托，或者按照有关国家机关的规定，以自己的名义为受益人的利益或特定目的，对信托财产进行管理、处分的人。具有完全民事行为能力的自然人、法人可以成为受托人，但是，自然人不得成为金融信托的受托人，按照我国法律，从事金融信托业务，应当是依法设立的、取得经营金融业务许可证的信托公司、基金管理公司等金融机构；担任公益信托的受托人，应当经有关公益事业管理机构批准。

【考点母题——万变不离其宗】受托人的权利和义务

<table>
<tr><td colspan="3">（1）下列属于受托人义务和责任的有（　）。</td></tr>
<tr><td rowspan="3">A. 谨慎义务（实行过错责任原则）</td><td colspan="2">受托人应当遵守信托文件的规定，为受益人的最大利益处理信托事务；受托人管理信托财产，必须恪尽职守，履行诚实、信用、谨慎、有效管理的义务</td></tr>
<tr><td colspan="2">谨慎义务是受托人的法定义务，也是一种积极义务，受托人不得违反</td></tr>
<tr><td colspan="2">对于谨慎义务，可通过信托文件的约定予以增加或减少，但不得约定免除谨慎义务及违反谨慎义务的责任</td></tr>
<tr><td rowspan="4">B. 忠实义务（实行无过错责任原则）</td><td colspan="2">（2）下列关于受托人忠实义务的表述中，正确的有（　）。</td></tr>
<tr><td rowspan="3">A. 受托人除依法取得报酬外，不得利用信托财产为自己谋取利益，违反规定，利用信托财产为自己谋取利益的，所得利益归入信托财产</td><td>受托人不得以受托人的地位直接或间接地享有信托财产的收益</td></tr>
<tr><td>受托人不得以信托财产为自己的利益而进行交易</td></tr>
<tr><td>受托人不得因信托财产交易而从交易对方获取自己的利益</td></tr>
</table>

续表

<table>
<tr><td rowspan="3">B. 忠实义务（实行无过错责任原则）</td><td>B. 受托人不得将信托财产转为其固有财产</td><td>受托人将信托财产转为其固有财产的，必须恢复该信托财产的原状，造成信托财产损失的，应当承担赔偿责任</td></tr>
<tr><td>C. 受托人不得将其固有财产与信托财产进行交易或将不同委托人的信托财产进行相互交易，但信托文件另有规定或经委托人或受益人同意，并以公平的市场价格进行交易的除外</td><td>违反规定，造成信托财产损失的，应当承担赔偿责任</td></tr>
<tr><td colspan="2">（3）【判断金句】忠实义务是受托人所承担的各项信托义务中最为根本的义务，属于法定义务、消极义务，不可以通过约定加以排除。</td></tr>
<tr><td rowspan="5">C. 分别管理义务</td><td rowspan="5">受托人必须将信托财产与其固有财产分别管理、分别记账，并将不同委托人的信托财产分别管理、分别记账</td><td>便于明确受托人的责任</td></tr>
<tr><td>为了维护受益人的合法利益</td></tr>
<tr><td>便于区分因信托财产发生之债或因固有财产发生之债的责任</td></tr>
<tr><td>委托人、受益人及其代理人便于查阅、检查有关信托财产的管理和处分情况</td></tr>
<tr><td>便于司法机关在处理相关问题时有据可查</td></tr>
<tr><td rowspan="2">D. 自己管理义务</td><td>受托人应当自己处理信托事务，但信托文件另有规定或有不得已事由的，可以委托他人代为处理</td><td>不得已除包括不可抗力和意外事件外，还包括受托人个人患病、家庭发生变故、出国学习培训、长期出差等情况，使其无法亲自处理信托事务；在受托人是机构时，该机构发生合并、分立、被暂时限制从事某类活动、发生领导机构及人员的变化还未办完交接等情形</td></tr>
<tr><td colspan="2">受托人依法将信托事务委托他人代理的，应当对他人处理信托事务的行为承担责任</td></tr>
<tr><td rowspan="3">E. 共同受托人共同处理信托事务义务与连带责任</td><td colspan="2">（4）下列关于共同受托人共同处理信托事务的含义及义务的表述中，正确的有（　）。</td></tr>
<tr><td colspan="2">A. 受托人共同处理信托事务是指两个以上受托人处理信托事务时，没有先后顺序，没有主从关系，也没有份额关系
B. 原则上，共同受托人应当共同处理信托事务，但信托文件规定对某些具体事务由受托人分别处理的，从其规定
C. 共同受托人共同处理信托事务，意见不一致时，按信托文件规定处理；信托文件未规定的，由委托人、受益人或者其利害关系人决定</td></tr>
<tr><td colspan="2">（5）下列关于共同受托人共同处理信托事务承担连带责任的表述中，正确的有（　）。</td></tr>
</table>

续表

<table>
<tr><td>E. 共同受托人共同处理信托事务义务与连带责任</td><td colspan="2">A. 共同受托人处理信托事务对第三人所负债务，应当承担连带清偿责任
B. 第三人对共同受托人之一所作的意思表示，对其他受托人同样有效
C. 共同受托人之一违反信托目的处分信托财产或者因违背管理职责、处理信托事务不当致使信托财产受到损失的，其他受托人应当承担连带赔偿责任</td></tr>
<tr><td rowspan="3">F. 书类设置与报告、保密义务</td><td colspan="2">书类设置义务是指受托人应对信托财产的管理造册，并载明信托事务的处理状况</td></tr>
<tr><td colspan="2">报告义务是指受托人应当每年定期将信托财产的管理运用、处分及收支情况，报告委托人和受益人，应当每年定期一次或多次报告</td></tr>
<tr><td colspan="2">保密义务是指受托人对信托中了解到的委托人、受益人以及处理信托事务的情况和资料应当依法保守秘密</td></tr>
<tr><td rowspan="2">G. 支付信托利益的义务</td><td colspan="2">信托利益是指由信托财产本身及其收益所产生的利益，包括本金及其孳息，如金钱本金及其产生的利息、果树及其所结的果实、母畜及所产的奶产品与仔畜、房屋及其出租的租金等</td></tr>
<tr><td colspan="2">受托人以信托财产为限向受益人承担支付信托利益的义务</td></tr>
<tr><td colspan="3">（6）受托人的权利包括（　）。</td></tr>
<tr><td rowspan="2">A. 报酬给付请求权</td><td>受托人有权依照信托文件的约定取得报酬</td><td>但受托人违反信托目的处分信托财产或者因违背管理职责、处理信托事务不当致使信托财产受到损失的，在未恢复信托财产的原状或者未予赔偿前，不得请求给付报酬</td></tr>
<tr><td colspan="2">信托文件未作事先约定的，经信托当事人协商同意，可以作出补充约定；未作事先约定和补充约定的，不得收取报酬</td></tr>
<tr><td>B. 优先受偿权</td><td colspan="2">受托人因处理信托事务所支出的费用、对第三人所负的债务，或者所受到的损害，以信托财产承担；受托人以其固有财产先行支付的，对信托财产享有优先受偿的权利</td></tr>
</table>

【考点子题——举一反三，真枪实练】

[163]（经典例题•多选题）根据信托法律制度的规定，下列关于受托人忠实义务的表述中，正确的有（　）。

A. 受托人不得以信托财产为自己的利益而进行交易

B. 受托人不得因信托财产交易而从交易对方获取自己的利益

C. 受托人不得将全部信托财产转为固有财产，但可将信托收益转为自己的固有财产

D. 只要受益人同意，受托人就可以将其固有财产与信托财产进行交易

[164]（经典例题•判断题）受托人违反信托目的处分信托财产或者因违背管理职责、处理信托事务不当致使信托财产受到损失的，在未恢复信托财产的原状或者未予赔偿前，不得请求给付报酬。（　）

[165]（历年真题•单选题）根据信托法律制度的规定，下列关于共同受托人共同处理信

托事务的表述中，正确的是（　）。

A. 共同受托人应当共同处理信托事务，但信托文件规定对某些具体事务由受托人分别处理的，从其规定

B. 共同受托人共同处理信托事务，意见不一致时，按照半数以上共同受托人的意见处理

C. 共同受托人之一处理信托事务不当致使信托财产受到损失的，其他受托人无须承担赔偿责任

D. 第三人对共同受托人之一所作的意思表示，对其他受托人不具有法律效力

【考点母题——万变不离其宗】受益人的权利和义务

<table>
<tr><td colspan="2">（1）下列关于受益人资格的表述中，正确的有（　）。</td></tr>
<tr><td colspan="2">A. 受益人可以是自然人、法人或者依法成立的其他组织　B. 可以是一人，也可以是数人
C. 委托人、受托人、第三人均可成为受益人，其中的委托人可以是同一信托的唯一受益人，但受托人不得是同一信托的唯一受益人</td></tr>
<tr><td colspan="2">（2）下列关于受益人享有的信托受益权内容的表述中，正确的有（　）。</td></tr>
<tr><td colspan="2">A. 如果信托文件未对受益人享有信托受益权的起始时间作出特别规定，受益人自信托生效之日起享有信托受益权</td></tr>
<tr><td colspan="2">B. 受益人为数人时，共同受益人共同享有信托受益权，信托文件对共同受益人享受信托利益的分配有规定的，从其规定；信托文件对信托利益的分配比例或者分配方法未作规定的，各受益人按照均等的比例享受信托利益</td></tr>
<tr><td colspan="2">C. 受益人不能清偿到期债务的，其信托受益权可以用于清偿债务，但法律、行政法规及信托文件有限制性规定的除外</td></tr>
<tr><td colspan="2">D. 受益人的信托受益权可以转让和继承，信托文件有限制性规定的除外</td></tr>
<tr><td rowspan="3">E. 受益人可以放弃信托受益权，全体受益人放弃信托受益权的，信托终止；部分受益人放弃信托受益权的，被放弃的信托受益权按下列顺序确定归属：</td><td>信托文件规定的人</td></tr>
<tr><td>其他受益人</td></tr>
<tr><td>委托人或者其继承人</td></tr>
<tr><td colspan="2">（3）【判断金句】受益人可以行使信托财产管理处分的知情权、信托财产管理方法的变更权、对违反信托权限行为的撤销权以及对受托人的解任权，受益人行使上述权利与委托人意见不一致时，可申请法院作出裁定。</td></tr>
<tr><td colspan="2">（4）【判断金句】共同受益人之一行使对违反信托权限行为的撤销权，人民法院所作出的撤销裁定，对全体共同受益人有效。</td></tr>
</table>

【考点子题——举一反三，真枪实练】

[166]（经典例题•多选题）根据信托法律制度的规定，下列关于受益人享有的信托受益

权的表述中，正确的有（　）。

A. 如果信托文件未对受益人享有信托受益权的起始时间作出特别规定，受益人自信托生效之日起享有信托受益权

B. 受益人为数人时，信托文件对信托利益的分配比例或者分配方法未作规定的，各受益人按照均等的比例享受信托利益

C. 信托文件可以规定受益人的信托受益权不得转让和继承

D. 部分受益人放弃信托受益权的，被放弃的信托受益权应归属于委托人

考点22　信托的变更与终止

【考点母题——万变不离其宗】信托的变更

<table>
<tr><td colspan="3">（1）下列属于信托变更情形的有（　）。</td></tr>
<tr><td>A. 信托财产管理方法的变更</td><td colspan="2">因设立信托时未能预见的特别事由，致使信托财产的管理方法不利于实现信托目的或者不符合受益人的利益时，委托人、受益人有权要求受托人调整该信托财产的管理方法，委托人与受益人对变更的意见不一致时，可以申请法院作出裁定</td></tr>
<tr><td rowspan="10">B. 受托人的变更</td><td colspan="2">（2）下列属于受托人变更情形的有（　）。</td></tr>
<tr><td rowspan="2">A. 解任</td><td>当受托人违反信托目的处分信托财产或者管理运用、处分信托财产有重大过失时，委托人、受益人有权解任受托人</td></tr>
<tr><td>委托人与受益人意见不一致时，可以申请法院作出裁定</td></tr>
<tr><td rowspan="3">B. 辞任</td><td>设立信托后，经委托人和受益人同意，受托人可以辞任</td></tr>
<tr><td>受托人辞任的，在新受托人选出前仍应履行管理信托事务的职责</td></tr>
<tr><td>法律对公益信托的受托人辞任另有规定的，从其规定</td></tr>
<tr><td rowspan="3">C. 受托人职责终止</td><td>（3）下列属于受托人职责终止情形的有（　）。</td></tr>
<tr><td>A. 死亡或者被依法宣告死亡
B. 被依法宣告为无民事行为能力人或者限制民事行为能力人
C. 被依法撤销或者被宣告破产
D. 依法解散或者法定资格丧失</td></tr>
<tr><td>【注意】受托人职责终止时，其继承人或者遗产管理人、监护人、清算人应当妥善保管信托财产，协助新受托人接管信托事务。</td></tr>
<tr><td colspan="2">（4）下列关于受托人变更法律后果的表述中，正确的有（　）。</td></tr>
</table>

续表

<table>
<tr><td>B. 受托人的变更</td><td colspan="2">A. 受托人的变更，不影响信托的存续
B. 受托人为一人时，受托人职责终止的，依照信托文件规定选任新受托人；信托文件未规定的，由委托人选任；委托人不指定或者无能力指定的，由受益人选任；受益人为无民事行为能力人或者限制民事行为能力人的，依法由其监护人代行选任
C. 原受托人处理信托事务的权利和义务，由新受托人承继
D. 受托人为数人时，共同受托人之一职责终止的，信托财产由其他受托人管理和处分
E. 除受托人死亡或行为能力出现问题外，受托人职责终止的，应当作出处理信托事务的报告，并向新受托人办理信托财产和信托事务的移交手续
F. 受托人的报告经委托人或者受益人认可，原受托人就报告中所列事项解除责任，但原受托人有不正当行为的除外</td></tr>
<tr><td>C. 受托人报酬的变更</td><td colspan="2">对于信托文件约定的报酬，经信托当事人协商同意，可以增减其数额</td></tr>
<tr><td rowspan="3">D. 受益人的变更</td><td colspan="2">在自益信托中，委托人和受益人为同一人，除信托文件另有规定外，委托人或者其继承人可以解除信托，使自己的受益权归于消灭</td></tr>
<tr><td rowspan="2">在他益信托中，委托人不得擅自变更受益人或处分受益人的信托受益权</td><td>（5）下列属于委托人可以变更受益人或处分受益人的信托受益权情形的有（　）。</td></tr>
<tr><td>A. 受益人对委托人有重大侵权行为
B. 受益人对其他共同受益人有重大侵权行为
C. 经受益人同意　D. 信托文件规定的其他情形</td></tr>
</table>

【考点子题——举一反三，真枪实练】

[167]（经典例题·多选题）根据信托法律制度的规定，下列属于委托人可以变更受益人或者处分受益人的信托受益权情形的有（　）。

A. 受益人对委托人有重大侵权行为　　B. 受益人对其他共同受益人有重大侵权行为

C. 经受益人同意　　D. 受益人对委托人有言语不文明的行为

【考点母题——万变不离其宗】信托的终止

<table>
<tr><td colspan="2">（1）下列属于信托终止事由的有（　）。</td></tr>
<tr><td>A. 信托文件规定的终止事由发生
C. 信托目的已经实现或者不能实现
E. 信托被撤销</td><td>B. 信托的存续违反信托目的
D. 信托当事人协商同意
F. 信托被解除</td></tr>
<tr><td colspan="2">（2）【判断金句】信托一经有效成立，委托人便不能随意解除信托。自益信托，委托人是唯一受益人，除非信托文件另有规定，委托人或者其继承人可以解除信托；他益信托，受益人对委托人有重大侵权行为、经受益人同意或者存在信托文件规定的其他解除情形，委托人可以解除信托。</td></tr>
<tr><td colspan="2">（3）信托终止后，信托财产归属的顺序（　）。</td></tr>
</table>

续表

A. 受益人或者其继承人	B. 委托人或者其继承人
(4)【判断金句】信托财产的归属确定后，在该信托财产转移给权利归属人的过程中，信托视为存续，权利归属人视为受益人。	
(5) 下列关于信托终止后债务处理的表述中，正确的有（　）。	
A. 信托终止后，对原信托财产依法强制执行的，以权利归属人为被执行人 B. 信托终止后，受托人依法行使请求给付报酬、从信托财产中获得补偿的权利时，可以留置信托财产或者对信托财产的权利归属人提出请求 C. 信托终止的，受托人应当作出处理信托事务的清算报告，受益人或者信托财产的权利归属人对清算报告无异议的，受托人就清算报告所列事项解除责任，但受托人有不正当行为的除外	

[本章考点子题答案及解析]

[1] 【答案: √】票据关系与票据的基础关系具有密切的联系。一般地，票据关系的发生是以票据的基础关系为原因和前提的。但票据关系一经形成，就与基础关系相分离，基础关系是否存在，是否有效，对票据关系都不起影响作用。除非持票人是不履行约定义务的与自己有直接债权债务关系的人，票据债务人才可进行抗辩。本题中，乙是与甲有直接债权债务关系的持票人，故甲有权拒付。

[2] 【答案: ABD】票据金额、(出票)日期、收款人名称不得更改，更改的票据无效。

[3] 【答案: A】出票人在票据上的签章不符合规定的，票据无效，故选项 A 正确；无民事行为能力人、限制民事行为能力人在票据上签章的，其签章无效，但不影响其他符合规定签章的效力。选项 C 中无民事行为能力人签章并不导致票据无效，只是签章无效，即无民事行为能力人不对该票据负票据责任，故选项 C 不正确。银行汇票、银行本票的出票人以及银行承兑汇票的承兑人在票据上未加盖规定的专用章而加盖该银行的公章，支票的出票人在票据上未加盖与该单位在银行预留签章一致的财务专用章而加盖该出票人公章的，签章人应当承担票据责任，故选项 B 不正确。票据上有伪造签章的不影响票据上其他真实签章的效力，故选项 D 不正确。

[4] 【答案: ABD】票据关系一旦形成就与票据基础关系相分离，票据基础关系无效不影响票据关系，除非持票人是不履行约定义务与自己有直接债权债务关系的人，故选项 C 不正确。以欺诈、偷盗或者胁迫等手段取得票据的，或者明知有前列情形，出于恶意取得票据的，不得享有票据权利，故选项 B 正确。银行汇票在票据上未加盖规定的专用章而加盖该银行的公章，签章人应当承担票据责任，故选项 D 正确。保证人在票据上的签章不符合规定的其签章无效，但不影响其他符合规定签章的效力，故选项 A 正确。

[5] 【答案: ×】没有代理权而以代理人名义在票据上签章的，应当由签章人承担票据责任。

[6] 【答案: A】持票人对票据的出票人和承兑人的权利（包括付款请求权和追索权），自票据到期日起 2 年。故选项 A 正确。

[7] 【答案: D】因偷盗、胁迫等取得票据的，不得享有票据权利。因税收、继承、赠与可以依法无偿取得票据的，不受给付对价的限制。但是，所享有的票据权利不得优于其前手。本题中，选项 A 中李某不向王某承担票据责任，不是因为该汇票是在苏某胁迫下签发的，而是因为王某取得该汇

票是无偿取得的，王某取得汇票后所享有的票据权利不得优于其前手即苏某，而苏某因其胁迫李某签发票据不得享有票据权利，故王某的票据权利与苏某的票据权利相同，故王某也不享有票据权利。故李某不应向王某承担票据责任。故选项 D 正确。

[8]【答案: A】善意的且支付了相当对价取得票据的持票人，享有的票据权利优于其前手。善意的且支付了对价的持票人不受前手票据权利瑕疵的影响。本题中，丙公司取得该汇票是善意的（丙公司对甲公司未供货不知情），且支付了相当对价（甲公司欠丙公司货款），而善意的且支付了对价的持票人不受前手票据权利瑕疵的影响，故即使甲公司不交货也不影响丙公司的票据权利。丙公司取得的票据权利优于其前手甲公司，乙公司不得以对抗甲公司的抗辩事由对抗丙公司，故选项 A 正确。因票据关系一经形成，票据关系与票据基础关系就相互分离，且该票据已背书转让给了善意的且支付了对价的丙公司，因此，乙公司不能对丙公司拒付。故选项 B 不正确。背书人转让票据后并不退出票据关系，而是成为票据关系中的债务人，故选项 C 不正确。选项 D 不正确是因为丙公司要求乙公司付款不是因为合同关系，而是基于票据关系。

[9]【答案: ABC】票据上存在以下情形的，可以对任何持票人行使抗辩权：票据应记载的内容有欠缺；票据债务人无行为能力；无权代理或超越代理权进行票据行为；票据上有禁止记载的事项，如付款附有条件（选项 A 就属于付款附有条件的情形，故选项 A 正确）；记载到期日不合法；背书不连续，故选项 C 正确；持票人的票据权利有瑕疵（如因欺诈、偷盗、胁迫、恶意、重大过失取得票据）；票据未到期；付款地不符；票据债权因付款、抵销、提存、免除、除权判决、时效届满而消灭，故选项 B 正确；应作成拒绝证书而未作；票据上有伪造、变造情形而为的抗辩。选项 D 中，付款日期属于票据相对记载事项的情形，不属于上述行使抗辩权的情形。

[10]【答案: √】票据债务人不得以自己与出票人或者与持票人的前手之间的抗辩事由，对抗持票人。但是，持票人明知存在抗辩事由而取得票据的除外。

[11]【答案: C】票据的伪造包括票据的伪造和票据上签章的伪造。前者是指假冒他人或者虚构人的名义进行出票行为，如在空白票据上伪造出票人的签章或者盗盖出票人的印章而进行出票；后者是指假冒他人名义进行出票行为之外的其他票据行为，如伪造背书签章、承兑签章、保证签章等，选项 A 是票据变造的情形，不选。票据伪造的，被伪造人不承担票据责任，故选项 B 不正确。伪造人没有以自己的名义“在票据上”签章，因此不承担“票据责任”。但是，如果伪造人的行为给他人造成损失的，应承担“民事责任”；构成犯罪的，还应承担“刑事责任”，故选项 D 不正确。

[12]【答案: AC】票据的伪造包括票据的伪造和票据上签章的伪造。前者是指假冒他人或者虚构人的名义进行出票行为，选项 A 是不符合的情形，故选。票据上有伪造签章的，不影响票据上其他真实签章的效力，符合法律规定，故选项 B 不选。票据伪造的，被伪造人不承担票据责任，故选项 C 不符合应选。伪造人没有以自己的名义“在票据上”签章，因此不承担“票据责任”。故选项 D 符合法律规定不选。

[13]【答案: D】如果当事人签章在变造之前，应按原记载的内容负责；如果当事人签章在变造之后，则应按变造后的记载内容负责；如果无法辨别是在票据被变造之前或之后签章的，视同在变造之前签章。本题中，甲、乙都是在变造之前签章，丙无法辨别变造前还是变造后，视同变造前签章，因此甲、乙、丙对变造之前的金额承担责任，丁是在变造后签章，对变造后的金额承担责任，故选项 D 正确。

[14]【答案：A】汇票的付款人名称为绝对记载事项，故选项 A 正确。付款地属于相对记载事项，未记载的，以付款人的营业场所、住所或经常居住地为付款地，出票后定期付款付款日期的记载，为相对记载事项，故选项 BC 属于汇票的相对记载事项不选。选项 D 验收合格后付款是一种有害的记载，验收后合格是有条件的付款，这种记载将导致票据无效，故不选。

[15]【答案：D】汇票票据金额为绝对记载事项，如不记载将导致汇票无效，故选项 B 能发生票据法上的效力，不选。出票人可以在出票时记载“不得背书转让”，该记载会发生票据法上的效力，故选项 C 不选。选项 A 交货后付款的记载是一种有害的记载，因为无条件支付的委托是绝对记载事项，交货是有条件的付款，这种记载将导致票据无效，会发生票据法上的效力，故不选。只有选项 D 的记载属于非法定记载事项，即记不记均可，记载了也不发生票据法上的效力，不记载也不会影响票据的效力。故选项 D 应选。

[16]【答案：ACD】汇票上未记载付款人名称的，汇票无效，故选项 A 应选。票据金额以中文大写和数码同时记载，两者必须一致，两者不一致的，票据无效，故选项 D 应选。如果汇票上未记载付款日期，并不必然导致票据的无效，此为见票即付。如果出票人在汇票上记载“收货后付款”则会导致汇票无效，故选项 C 应选。

[17]【答案：D】出票日期是汇票的绝对记载事项，故选项 A 不正确。汇票上未记载付款日期，并不必然导致票据的无效，此为见票即付。故选项 B 不正确。签发票据的原因属于非法定记载事项，记不记均可，均不影响汇票的效力，故选项 C 不正确。

[18]【答案：√】如果出票人在汇票上记载“不得转让”等字样，持票人就不能转让该汇票。否则该转让只具有普通债权让与的效力，不发生票据法的上效力。

[19]【答案：BC】部分背书无效，故选项 B C 应选，选项 A 不选。附条件的背书，所附条件无效，不影响背书行为本身的效力，不导致背书无效，故选项 D 不选。

[20]【答案：D】背书日期为相对记载事项，背书未记载背书日期的，视为在汇票到期日前背书，因此选项 A 不正确；背书时附有条件的，所附条件不具有汇票上的效力，因此选项 B 不正确；背书人在汇票上记载“不得转让”字样的，其后手再背书转让的，原背书人对其后手的被背书人不承担保证责任，因此选项 C 不正确。

[21]【答案：D】如果背书人未记载被背书人名称而将票据交付他人的，持票人在票据被背书人栏内记载自己的名称与背书人记载具有同等法律效力。故选项 D 应选。

[22]【答案：B】背书人在汇票上记载“不得转让”字样的，其后手再背书转让的，原背书人对其后手的被背书人不承担保证责任。故在本题中，乙公司只对自己的直接后手丁公司承担票据责任。乙公司不对戊公司承担票据责任。故选项 B 应选。

[23]【答案：×】票据上记载“质押”文句的，其后手再背书转让或质押的，原背书人对后手的被背书人不承担票据责任，但不影响出票人、承兑人以及原背书人的前手的票据责任。

[24]【答案：D】票据质押时应当以背书记载“质押”字样，或“为担保”、“为设质”等。以汇票设定质押时，出质人在汇票上只记载了“质押”字样而未在票据上签章的，或者出质人未在汇票、粘单上记载“质押”字样而另行签订质押合同、质押条款的，不构成票据质押。故选项 ABC 不正确。

[25]【答案：ABC】委托收款背书不以转让票据权利为目的，而是以授予他人一定的代理权为目的，故

被背书人只是代理人，背书人仍是票据权利人，故选项 B 正确。背书记载“委托收款”字样的，被背书人有权代背书人行使被委托的汇票权利。故选项 A 正确。但是，被背书人不得再以背书转让汇票权利。故选项 C 正确。否则，原背书人对后手的被背书人不承担票据责任，但不影响出票人、承兑人以及原背书人的前手的票据责任。故选项 D 不正确。

[26]【答案: BCD】法定禁止背书转让的情形包括:（1）汇票已经被拒绝承兑，故选项 C 正确;（2）汇票已经被拒绝付款，故选项 B 正确;（3）超过付款提示期限，故选项 D 正确；汇票上未记载付款日期的，视为见票即付。不影响汇票的背书转让。故选项 A 不正确。

[27]【答案: ABCD】付款人承兑汇票后，应当承担到期付款的责任。到期付款的责任是一种绝对责任，具体表现在:（1）承兑人于汇票到期日必须向持票人无条件地支付汇票上的金额，否则其必须承担延迟付款责任;（2）承兑人必须对汇票上的一切权利人承担责任，包括付款请求权人和追索权人;（3）承兑人不得以其与出票人之间的资金关系来对抗持票人，拒绝支付汇票金额;（4）承兑人的票据责任不因持票人未在法定期限提示付款而解除。故选项均正确。

[28]【答案: BD】见票后定期付款的汇票，持票人应当自“出票日起 1 个月”内向付款人提示承兑，因此选项 A 不正确；汇票上未记载付款日期的，视为见票即付，无需提示承兑，因此选项 B 正确；如果付款人在 3 日内不作承兑与否表示的，应视为拒绝承兑，因此选项 C 不正确；付款人承兑汇票，不得附有条件；承兑附有条件的，视为拒绝承兑，因此选项 D 正确。

[29]【答案: ×】承兑人不得以其与出票人之间的资金关系来对抗持票人，拒绝支付汇票金额。

[30]【答案: B】汇票上未记载承兑日期的，以付款人 3 天承兑期的最后一日为承兑日期，如付款人在 3 日内不作承兑与否表示的，视为拒绝承兑，持票人可做成拒绝证书行使追索权。

[31]【答案: C】汇票上未记载付款日期的，视为见票即付，无需提示承兑。汇票承兑不得附有条件，附有条件的，视为拒绝承兑。定日付款或出票后定期付款的汇票持票人应当在汇票到期日前向付款人提示承兑，未按照法定期限提示承兑的，持票人丧失对其前手的追索权。故只有选项 C 正确。

[32]【答案: AB】保证人为两人以上的，保证人之间承担连带责任。故选项 AB 正确。

[33]【答案: BCD】票据保证不得附有条件，附有条件的，只是所附条件无效，保证有效，故选项 A 不正确。票据上未记载被保证人名称的，已承兑的汇票，以承兑人为被保证人，故选项 B 正确。票据上未记载保证日期的，以出票日期为保证日期，故选项 C 正确。票据上记载“保证”字样属于票据保证的绝对记载事项。故选项 D 正确。

[34]【答案: AB】票据保证的绝对记载事项包括:“保证”字样和保证人签章。保证日期和被保证人名称为相对记载事项。

[35]【答案】

（1）应当承担。

【理由】根据规定，保证人对合法取得汇票的持票人所享有的汇票权利，承担保证责任，但被保证人的债务因票据记载事项欠缺而无效的除外。【或答：被保证的汇票，保证人应当与被保证人对持票人承担连带责任。】

（2）不应当承担。

【理由】根据规定，背书人（丁公司）在汇票上记载“不得转让”字样，其后手（己公司）再背书转让的，原背书人（丁公司）对其后手（己公司）的被背书人（庚公司）不承担保证责任。

（3）应当承担。

【理由】根据规定，票据债务人不得以自己与持票人的前手之间的抗辩事由对抗持票人，但持票人明知存在抗辩事由而取得票据的除外。

[36]【答案】

（1）不符合。

【理由】根据规定，单位在票据上的签章，应为该单位的财务专用章或公章加其法定代表人或其授权的代理人的签名或盖章。

（2）不符合。

【理由】根据规定，票据上有伪造签章的，不影响票据上其他真实签章的效力。甲公司为真实签章，应承担票据责任。

（3）符合。

【理由】根据规定，如果无法辨别是在票据被变造之前或之后签章的，视同在变造之前签章，故丙公司只承担 80000 元的票据责任。

[37]【答案：×】持票人未在法定期限内提示付款的，丧失对前手（不包括承兑人或见票即付的付款人）的追索权。

[38]【答案：AC】出票后定期付款的汇票，自到期日起 10 日内向承兑人提示付款。持票人未按照上述规定期限内提示付款的，丧失对前手（不包括承兑人或见票即付的付款人）的追索权，但在作出说明后，承兑人或者付款人仍应当继续对持票人承担付款责任。本题中，乙公司提示付款的时间已经过了法律规定的时间，故选项 A 正确，选项 B 不正确。选项 C 正确，选项 D 不正确。

[39]【答案：ABCD】持票人在以下情形下可不为付款提示：（1）付款人拒绝承兑，无须再为提示；（2）票据丧失，只能通过公示催告或普通诉讼来救济；（3）因不可抗力不能在规定期限提示，可直接行使追索权；（4）付款人或承兑人主体资格消灭，持票人无法提示。本题中，选项 AD 均属于付款人或承兑人主体资格消灭的情形。故当选。

[40]【答案：ABCD】追索权发生的实质条件包括：汇票到期日前被拒绝承兑、汇票到期日前付款人死亡逃匿、汇票到期日前承兑人或付款人被宣告破产或被责令终止业务活动。

[41]【答案：√】持票人对汇票债务人中的一人或数人已经进行追索的，对其他汇票债务人仍可以行使追索权。

[42]【答案：B】持票人可行使追索对象的有：出票人、背书人、承兑人和保证人。不能向付款人的继承人行使追索权。

[43]【答案：×】持票人为出票人的，对其前手无追索权。乙、丙、丁均为甲的前手，故不能向乙、丙、丁行使追索权。

[44]【答案：×】持票人为背书人的，对其后手无追索权。丙、丁为乙的后手，故不能行使追索权。

[45]【答案：D】付款地属于本票的相对记载事项，未记载不影响本票的效力，故选项 B 不正确。本票属于自付证券，只有出票人和收款人两个当事人，故选项 A 不正确。本票为见票即付，无须承兑，故选项 D 正确。自出票日起，付款期限最长不得超过 2 个月，故选项 C 不正确。

[46]【答案：A】银行本票自出票日起，付款期限最长不得超过 2 个月，选项 A 不正确。

[47]【答案：A】本票持票人未在法定期限内提示付款的，丧失对出票人以外的前手的追索权。故选项

A 正确。

[48]【答案：D】支票出票人可以授权补记的事项为收款人名称和票据金额。故选项 D 正确。

[49]【答案：CD】支票上未记载付款地的，付款人的营业场所为付款地，因此选项 A 不选；支票属于见票即付票据，无需记载付款日期，因此选项 B 不选；票据中文大写与数码记载不一致的，票据无效，因此选项 C 应选；票据的金额、收款人和出票或出票日期不得更改，更改的票据无效，因此选项 D 应选。

[50]【答案：C】支票上的收款人名称属于支票可授权补记的事项，未记载不会导致票据无效，选项 A 不正确；支票的出票人为在经批准的银行机构开立存款账户的单位和个人，选项 B 不正确；本票和支票均为见票即付的票据，选项 D 不正确。出票地和付款地均为支票和本票的相对记载事项。

[51]【答案：C】支票上未记载付款地的，付款人的营业场所为付款地，选项 A 不正确；支票限于见票即付，不得另行记载付款日期。另行记载付款日期的，该记载无效，选项 B 不正确；“不得转让”“禁止转让”等字样，属于票据的任意记载事项，选项 D 不正确。

[52]【答案】

（1）乙公司不能以建筑材料存在严重质量问题为由通知丙公司拒绝付款。

【理由】根据规定，票据债务人不得以自己与持票人的前手之间的抗辩事由对抗持票人。

（2）丁银行认为丙公司不能拒绝付款的理由成立。

【理由】根据规定，付款人承兑汇票后，成为汇票的主债务人应当承担到期付款的责任。到期付款的责任是一种绝对责任。

（3）丁银行可以向甲公司行使追索权。

【理由】汇票的出票人、背书人、承兑人和保证人对持票人承担连带责任。持票人可以不按照汇票债务人的先后顺序，对其中任何一人、数人或者全体行使追索权。

【或答：甲公司为背书人，丁银行可以向甲公司行使追索权。】

[53]【答案：D】票据债务人的民事行为能力，适用其本国法律。票据债务人的民事行为能力，依照其本国法律为无民事行为能力或者为限制民事行为能力而依照行为地法律为完全民事行为能力的，适用行为地法律。

[54]【答案：×】中国存托凭证是指境外（含中国香港）的上市公司将部分已发行上市的股票托管在当地保管银行，由中国境内的存托银行发行、在境内 A 股上市、以人民币交易结算、供国内投资者买卖的投资凭证。

[55]【答案：AD】公开发行是指向不特定对象发行证券或向累计超过 200 人的特定对象发行证券，但依法实施员工持股计划的员工人数不计算在内。故选项 A 正确，选项 BC 不正确。非公开发行证券，不得采用广告、公开劝诱和变相公开方式，即一旦采用广告、公开劝诱和变相公开方式即为公开发行。故选项 D 正确。

[56]【答案：ABD】首次公开发行股票一般条件：（1）具备健全且运行良好的组织机构（选项 B 正确）；（2）具有持续经营能力（选项 A 正确）；（3）最近 3 年财务会计报告被出具无保留意见审计报告（选项 D 正确）；（4）发行人及其控股股东、实际控制人最近 3 年不存在贪污、贿赂、侵占财产、挪用财产或破坏社会主义市场经济秩序的刑事犯罪；（5）经国务院批准的国务院证券监督管理机构规定的其他条件。

[57]【答案：AC】上市公司向原股东配售股份，配售股份数量不超过本次配售股份前股本总额的30%；故选项A正确，选项B不正确。控股股东应当在股东大会召开前公开承诺认配股份的数量，控股股东不履行认配股份的承诺或代销期限届满，原股东认购股票的数量未达到拟配售数量70%的为配股失败，发行人应按发行价并加算银行同期存款利息返还已经认购的股东，故选项C正确。不是乙公司返还而是发行人甲上市公司返还，故选项D不正确。

[58]【答案：ACD】有下列情形之一的，科创板、创业板上市公司不得向不特定对象发行股票：（1）擅自改变前次募集资金用途未作纠正，或者未经股东大会认可；（2）上市公司及其现任董事、监事和高级管理人员最近3年收到证监会行政处罚，或最近1年受到证券交易所公开谴责，或者因涉嫌犯罪被司法机关立案侦查或涉嫌违法违规正在被证监会立案调查；（3）上市公司及其控股股东、实际控制人最近1年存在未履行向投资者作出的公开承诺；（4）上市公司及其控股股东、实际控制人最近3年存在贪污、贿赂、侵占财产、挪用财产或破坏社会主义市场经济秩序的刑事犯罪，或者存在严重损害上市公司利益、投资者合法权益、社会公共利益的重大违法行为。

[59]【答案：×】公司对公开发行股票所募集资金，必须按照招股说明书或者其他公开发行募集文件所列资金用途使用；改变资金用途，必须经股东大会作出决议。

[60]【答案：ABC】非公开发行公司债券的对象应当是专业投资者，每次发行对象不得超过200人。故选项AB正确。非公开发行的公司债券，可以申请在证券交易场所、证券公司柜台转让，选项C正确。非公开发行的公司债券仅限于专业投资者范围内转让，选项D不正确。

[61]【答案：√】公开发行公司债券筹集的资金，不得用于弥补亏损和非生产性支出。

[62]【答案：ABD】私募基金的合格投资者是指具备相应风险识别能力和风险承担能力，投资于单只私募基金的金额不低于100万元且符合下列相关标准的单位和个人，包括：净资产不低于1000万元的单位，故选项A应选；金融资产不低于300万元或最近3年个人年均收入不低于50万元的个人，故选项B应选，选项C不选；社会保障基金、企业年金等养老基金，慈善基金等社会公益基金；依法设立并在基金业协会备案的投资计划；投资于所管理私募基金的私募基金管理人及其从业人员，故选项D应选。

[63]【答案：ABC】私募基金的募集规则包括：不得向合格投资者之外的单位和个人募集资金，选项A属于合格投资者，故选项A应选；不得通过公众传播媒体或讲座、报告会、分析会和布告、传单、手机短信、微信、博客和电子邮件等方式，向不特定对象宣传推介，故选项B应选；不得向投资者承诺投资本金不受损失或承诺最低收益，故选项D不选；投资者不得非法汇集他人资金投资私募基金，故选项C应选。

[64]【答案：AB】社会保障基金、企业年金等养老基金，慈善基金等社会公益基金属于证券投资基金私募基金合格投资者，故选项B正确。非公开募集基金不得向投资者承诺投资本金不受损失或承诺最低收益，故选项A正确。非公开募集基金除基金合同另有约定外，私募基金应当由基金托管人托管，故选项C不正确。非公开发行不设行政审批，故选项D不正确。

[65]【答案：B】股票发行采用代销方式，代销期限届满，向投资者出售的股票数量未达到拟公开发行股票数量70%的，为发行失败，发行人应当按照发行价并加算银行同期存款利息返还股票认购人，选项A不正确；公开发行证券，必须符合法律、行政法规规定的条件，并依法报经国务院证券监督管理机构或国务院授权的部门注册。未经依法注册，任何单位和个人不得公开发行证券，

选项 C 不正确；证券公司在代销、包销期内，对所代销、包销的证券应保证先行出售给认购人，不得为本公司预留所代销的证券和预先购入并留存所包销的证券，选项 D 不正确。

[66]【答案：×】国务院证券监督管理机构对已作出的证券发行注册的决定，发现不符合法定条件或法定程序的，已经发行尚未上市的，撤销发行注册决定，发行人应当按照发行价并加算银行同期存款利息返还证券持有人；发行人的控股股东、实际控制人以及保荐人，应当与发行人承担连带责任，但是能够证明自己没有过错的除外。

[67]【答案：√】股票的发行人在招股说明书等证券发行文件中隐瞒重要事实或者编造重大虚假内容，已经发行并上市的，国务院证券监督管理机构可以责令发行人回购证券，或者责令负有责任的控股股东、实际控制人买回证券。

[68]【答案：×】预先披露的招股说明书及其他注册申请文件不能含有价格信息，发行人不得据此发行股票。

[69]【答案：√】为证券发行出具审计报告或法律意见书的证券服务机构及其人员在该证券承销期内和证券承销期满后 6 个月内不得买卖该证券。

[70]【答案：D】投资者通过证券交易所的证券交易，持有或通过协议、其他安排与他人共同持有一个上市公司已发行的有表决权的股份达到 5% 时，应当在该事实发生之日起 3 日内，向有关机关报告并予以公告；并在上述期间内，不得再行买卖该上市公司的股票，但证监会另有规定的除外。

[71]【答案：D】为发行人及其控股股东、实际控制人，或收购人、重大资产交易方出具审计报告或法律意见书的证券服务机构和人员，自接受委托之日起至上述文件公开后 5 日内，不得买卖该证券。本题中，接受委托之日为 6 月 1 日，故选项 D 应选。

[72]【答案：√】为发行人及其控股股东、实际控制人，或收购人、重大资产交易方出具审计报告或法律意见书的证券服务机构和人员，自接受委托之日起至上述文件公开后 5 日内，不得买卖该证券。实际开展上述有关工作之日早于接受委托之日的，自实际开展上述有关工作之日起至上述文件公开后 5 日内不得买卖该证券。

[73]【答案：×】上市公司、股票在国务院批准的其他全国性证券交易场所交易的公司持有 5% 以上股份的自然人股东、董事、监事、高管将其持有的股票或其他具有股权性质的证券，包括其配偶、父母、子女持有的及利用他人账户持有的股票或其他具有股权性质的证券，在买入后 6 个月内卖出，在卖出后 6 个月内又买入，由此所得收益归公司所有，董事会应当收回其所得收益。本题中，董事同学属于上述所列人员。

第6章

[74]【答案：AC】证券投资基金份额上市交易，应当符合下列条件：（1）基金募集期限届满，封闭式基金募集的基金份额总额达到准予注册规模的 80% 以上；（2）基金合同期限为 5 年以上（选项 B 不正确）；（3）基金募集金额不低于 2 亿元人民币；（4）基金份额持有人不少于 1000 人（选项 D 不正确）；（5）基金份额上市交易规则规定的其他条件。

[75]【答案：ABC】证券投资基金份额终止上市的情形包括：基金份额持有人少于 1 000 人；基金合同期限届满；基金份额持有人大会决定提前终止上市交易；基金合同约定的终止的情形出现。故选项 ABC 应选。基金管理人无权提前终止，故选项 D 不选。

[76]【答案：×】基金份额持有人递交赎回申请，赎回成立；基金份额登记机构确认赎回时，赎回生效。

[77]【答案：B】证券交易内幕信息知情人包括：发行人及其董事、监事、高级管理人员；持有公司 5% 以上股份的股东及其董事、监事、高级管理人员；公司的实际控制人及其董事、监事、高级管理人员；发行人控股或实际控制的公司及其董事、监事、高级管理人员；由于所任公司职务或因与公司业务往来可以获取公司有关内幕信息的人员；上市公司收购人或重大资产交易方及其控股股东、实际控制人、董事、监事和高级管理人员；因职务、工作可以获取内幕信息的证券交易场所、证券公司、证券登记结算机构、证券服务机构的有关人员；因职责、工作可以获取内幕信息的证券监督管理机构工作人员；因法定职责对证券的发行、交易或对上市公司及其收购、重大资产交易进行管理可以获取内幕信息的有关主管部门、监管机构的工作人员，故选项 B 不正确，符合题意，应选。

[78]【答案：×】内幕信息知情人员自己未买卖证券，也未建议他人买卖证券，但将内幕信息泄露给他人，接受内幕信息的人依此买卖证券的，属内幕交易行为。

[79]【答案：ABC】证券交易场所、证券公司、证券登记结算机构、证券服务机构和其他金融机构的从业人员、有关监管部门或行业协会的工作人员，不得违反规定，利用因职务便利获取的内幕信息以外的其他未公开的信息，从事与该信息相关的证券交易活动，或明示、暗示他人从事相关交易活动。故选项 D 不正确。

[80]【答案：√】根据证券法律制度的规定，对证券、发行人公开作出评价、预测或投资建议，并进行反向证券交易影响证券交易价格的行为属于操纵证券市场行为。

[81]【答案：C】单独或通过合谋，集中资金优势、持股优势或利用信息优势联合或连续买卖，影响或意图影响证券交易价格或证券交易量属于操纵证券市场行为，《证券法》禁止任何操纵市场行为。故选项 C 应选。

[82]【答案：ABCD】虚假陈述行为包括虚假记载、误导性称述和重大遗漏以及不正当披露；禁止任何单位和个人编造、传播虚假信息或误导性信息，扰乱证券市场；禁止证券交易场所、证券公司、证券登记结算机构、证券服务机构及其从业人员，证券业协会、证券监督管理机构及其工作人员，在证券交易活动中作出虚假陈述或信息误导；各种传播媒介传播证券市场信息必须真实、客观，禁止误导。故选项 ABCD 应选。

[83]【答案：A】选项 A 属于欺诈客户行为，只有证券公司及其从业人员才能从事为了牟取佣金收入，诱使客户进行不必要的证券买卖的行为。选项 B 属于虚假陈述行为。选项 C 属于操纵市场行为。选项 D 属于内幕交易行为。

[84]【答案：A】证券公司及其从业人员不得为牟取佣金收入，诱使客户进行不必要的证券买卖。选项 B 属于欺诈客户行为，选项 C 属于操纵市场行为，选项 D 属于内幕交易行为，都属于禁止交易行为。选项 A 正确。证券公司承销证券可以采取全额报销或余额包销，选项 A 属于余额包销。

[85]【答案：ABD】收购人取得上市公司实际控制权是指：投资者为上市公司持股 50% 以上的控股股东；投资者可以实际支配上市公司股份表决权超过 30%；投资者通过实际支配上市公司股份表决权能够决定公司董事会半数以上成员选任，故选项 C 不正确；投资者依其可实际支配的上市公司股份表决权足以对公司股东大会的决议产生重大影响。

[86]【答案：ACD】如果没有相反证据，投资者有下列情形之一的，为一致行动人：（1）投资者之间有股权控制关系；故选项 A 正确。（2）投资者受同一主体控制；（3）投资者的董事、监事或者高级

管理人员中的主要成员，同时在另一个投资者担任董事、监事或者高级管理人员;（4）投资者参股另一投资者，可以对参股公司的重大决策产生重大影响;（5）银行以外的其他法人、其他组织和自然人为投资者取得相关股份提供融资安排;（6）投资者之间存在合伙、合作、联营等其他经济利益关系；故选项 CD 正确。（7）持有投资者 30% 以上股份的自然人，与投资者持有同一上市公司股份;（8）在投资者任职的董事、监事及高级管理人员，与投资者持有同一上市公司股份;（9）持有投资者 30% 以上股份的自然人和在投资者任职的董事、监事及高级管理人员，其父母、配偶、子女及其配偶、配偶的父母、兄弟姐妹及其配偶、配偶的兄弟姐妹及其配偶等亲属，与投资者持有同一上市公司股份;（10）在上市公司任职的董事、监事、高级管理人员及其前项所述亲属同时持有本公司股份的，或者与其自己或者其前项所述亲属直接或者间接控制的企业同时持有本公司股份;（11）上市公司董事、监事、高级管理人员和员工与其所控制或者委托的法人或者其他组织持有本公司股份;（12）投资者之间具有其他关联关系。

[87]【答案: B】如果没有相反证据，投资者有下列情形之一的，为一致行动人:（1）银行以外的其他法人、其他组织和自然人为投资者取得相关股份提供融资安排；故选项 D 不选。（2）持有投资者 30% 以上股份的自然人，与投资者持有同一上市公司股份；故选项 A 不选。（3）在投资者任职的董事、监事及高级管理人员，与投资者持有同一上市公司股份；故选项 B 应选。（4）持有投资者 30% 以上股份的自然人和在投资者任职的董事、监事及高级管理人员，其父母、配偶、子女及其配偶、配偶的父母、兄弟姐妹及其配偶、配偶的兄弟姐妹及其配偶等亲属，与投资者持有同一上市公司股份；故选项 C 不选。

[88]【答案: ABC】有下列情形之一的，不得收购上市公司：①收购人负有数额较大债务，到期未清偿，且处于持续状态；②收购人最近 3 年有重大违法行为或者涉嫌有重大违法行为；③收购人最近 3 年有严重的证券市场失信行为；④收购人为自然人的，存在《公司法》规定的依法不得担任公司董事、监事、高级管理人员的情形；⑤法律、行政法规规定以及中国证监会认定的不得收购上市公司的其他情形。选项 B 属于《公司法》规定不得担任公司董事、监事、高级管理人员的情形，也属于不得收购上市公司的情形。选项 D 属于可以担任公司董、监、高的情形。

[89]【答案: D】要约收购完成后，收购人应当在 15 日内将收购情况报告证监会和证券交易所，并予以公告，收购人在要约收购期内，不得卖出被收购公司的股票，收购人在要约收购期内，不得采取要约规定以外的形式和超出要约的条件买入被收购公司的股票，故选项 D 不符合，应选。

收购人持有的被收购的上市公司的股票，在收购行为完成后的 18 个月内不得转让。

[90]【答案: ×】通过证券交易所的证券交易，投资者持有或通过协议、其他安排与他人共同持有一个上市公司已发行的有表决权股份达到 5% 时，应当在该事实发生之日起 3 日内，向证监会、证券交易所作出书面报告，通知该上市公司，并予公告。

[91]【答案: ACD】收购人应当公平对待被收购公司的所有股东。持有同一种类股份的股东应当得到同等对待。收购要约约定的收购期限不得少于 30 日，并不得超过 60 日；但出现竞争要约的除外。在收购要约确定的承诺期限内，收购人不得撤销其收购要约。收购人需要变更收购要约的，必须及时公告，载明具体变更事项，并通知被收购公司，故选项 B 不正确。在要约收购期间，被收购公司董事不得辞职。

[92]【答案: BCD】投资者进行要约收购时，应向被收购公司的所有股东发出全面要约或部分要约；在

收购要约确定的承诺期限内，收购人不得撤销其收购要约。收购要约期限届满前 15 日内，收购人不得变更收购要约，但是出现竞争要约的除外。收购人在要约收购期内，不得采取要约规定以外的形式和超出要约的条件买入被收购公司的股票，故选项 A 不正确。

[93]【答案：B】选项 A：收购人可以变更其收购要约，但在收购要约期限届满前 15 日内，收购人不得变更收购要约，除非出现竞争要约。选项 BCD：收购要约变更不得存在下列情形：(1) 降低收购价格（选项 D 不正确）(2) 减少预定收购股份数额（选项 C 不正确）(3) 缩短收购期限（延长可以，选项 B 正确）。

[94]【答案：B】选项 A 符合法律规定：上市公司面临严重财务困难，收购人提出的挽救公司的重组方案取得该公司股东大会批准，且收购人承诺 3 年内不转让其在该公司中所拥有的权益的，收购人可以免于以要约方式增持股份。选项 B 不符合法律规定，经上市公司股东大会非关联股东批准，投资者取得上市公司向其发行的新股，导致其在该公司拥有权益的股份超过该公司已发行股份的 30%，投资者承诺 3 年内不转让本次向其发行的新股，且公司股东大会同意投资者免于发出要约的，投资者可以免于发出要约，本题选不符合的，故选项 B 应选。选项 C 符合法律规定，因履行约定购回式证券交易协议购回上市公司股份导致投资者在一个上市公司中拥有权益的股份超过该公司已发行股份的 30%，并且能够证明标的股份的表决权在协议期间未发生转移的，投资者可以免于发出要约。选项 D 符合法律规定，在一个上市公司中拥有权益的股份达到或者超过该公司已发行股份的 30% 的，自上述事实发生之日起 1 年后，每 12 个月内增持不超过该公司已发行的 2% 的股份。

[95]【答案：D】在上市公司收购中，收购人持有的被收购的上市公司的股票，在收购行为完成后的 18 个月内不得转让。

[96]【答案：BD】收购期限届满，被收购公司股权分布不符合证券交易所上市条件的，该上市公司的股票应当由证券交易所依法终止上市交易，其余仍持有被收购公司股票的股东，有权向收购人以收购要约的同等条件出售其股票，收购人应当收购（终止上市与余额股东出售权）；收购行为完成后，被收购公司不再具备股份有限公司条件的，应当依法变更企业形式（变更企业形式）；在上市公司收购中，收购人持有的被收购的上市公司的股票，在收购行为完成后的 18 个月内不得转让（限期禁止转让股份）；收购行为完成后，收购人应当在 15 日内将收购情况报告国务院证券监督管理机构和证券交易所，并予公告（报告并公告义务）。

[97]【答案：ABCD】股票发行公司发布临时报告的重大事件包括：……公司的董事、3/1 以上监事或经理发生变动，董事长或经理无法履行职责，故选项 BD 正确。涉及公司的重大诉讼、仲裁，股东大会、董事会决议被依法撤销或宣告无效；公司涉嫌犯罪被依法立案调查，公司的控股股东、实际控制人、董事、监事、高级管理人员涉嫌犯罪被依法采取强制措施，故选项 AC 正确。

[98]【答案：ABCD】公司债券上市交易公司发布临时报告的重大事件包括：公司股权结构或生产经营状况发生重大变化；……公司新增借款或对外提供担保超过上年末净资产的 20%；公司放弃债权或财产超过上年末净资产的 10%；公司分配股利等。故选项 ABCD 应选。

[99]【答案：B】上市公司应当在最先发生的特定时点时，及时履行重大事件的信息披露义务：董事会或监事会就该重大事件形成决议时；有关各方就该重大事件签署意向书或协议时；董事、监事或高级管理人员知悉该重大事件发生并报告时。及时是指自起算日起或触及披露时点的两个交易日

内。故选项B应选。

[100]【答案：×】董事、监事和高管无法保证证券发行文件和定期报告内容的真实性、准确性、完整性或有异议的，应当在书面确认意见中发表意见并陈述理由，发行人应当披露，发行人不予披露的，董事、监事和高管可以直接申请披露。

[101]【答案：ABCD】发行人及其控股股东、实际控制人、董事、监事、高管等作出公开承诺的，属强制披露内容，不履行承诺给投资者造成损失的，应当依法承担赔偿责任，故选项A正确。信息披露义务人未按照规定披露信息，或公告的证券发行文件、定期报告、临时报告及其他信息披露资料存在虚假记载、误导性陈述或重大遗漏，致使投资者在证券交易中遭受损失的，信息披露义务人应当承担赔偿责任；发行人的控股股东、实际控制人、董事、监事、高管和其他直接责任人员以及保荐人、承销的证券公司及其直接责任人员，应当与发行人承担连带赔偿责任，但是能够证明自己没有过错的除外，故选项BCD正确。

[102]【答案：√】普通投资者与证券公司发生纠纷的，证券公司应当证明其行为符合法律、行政法规以及国务院证券监督管理机构的规定，不存在误导、欺诈等情形。证券公司不能证明的，应当承担相应的赔偿责任。

[103]【答案：×】普通投资者与证券公司发生证券业务纠纷，普通投资者提出调解请求的，证券公司不得拒绝。

[104]【答案：ABC】发行人因欺诈发行、虚假陈述或其他重大违法行为给投资者造成损失的，发行人的控股股东（选项A）、实际控制人（选项C）、相关的证券公司（选项B）可以委托投资者保护机构，就赔偿事宜与受到损失的投资者达成协议，予以先行赔付。先行赔付后，可以依法向发行人以及其他连带责任人追偿。

[105]【答案：√】投资者保护机构受50名以上投资者委托，可以作为代表人参加诉讼，并为经证券登记结算机构确认的权利人依照规定向人民法院登记，但投资者明确表示不愿意参加该诉讼的除外。

[106]【答案：AD】投保人的告知义务限于保险人询问的范围和内容。对投保人故意不履行如实告知义务的，保险人对于解除合同前发生的保险事故，不承担赔偿或给付保险金的责任，并不退还保费。对投保人因重大过失未履行如实告知义务，对保险事故的发生有严重影响的，保险人对于合同解除前发生的保险事故，不承担赔偿或给付保险金的责任，但应当退还保险费。故选项AD应选。

[107]【答案：D】保险人在合同订立时已经知道投保人未如实告知的情况的，保险人不得解除合同；发生保险事故的，保险人应当承担赔偿或给付保险金的责任。

[108]【答案：B】保险人的合同解除权，自保险人"知道有解除事由"之日起，超过30日不行使而消灭。"自合同成立之日起"超过2年的（一直不知道），保险人不得解除合同，发生保险事故的，保险人应当承担赔偿或者给付保险金的责任。

[109]【答案：ACD】在人身保险中，投保人对下列人员具有保险利益：①本人；②配偶、子女、父母；③上述人员以外的与投保人有抚养、赡养或者扶养关系的家庭其他成员、近亲属，故选项B不正确；④与投保人有劳动关系的劳动者。除上述规定外，被保险人同意投保人为其订立合同的，视为投保人对被保险人具有保险利益。

[110]【答案：ABCD】在人身保险中，投保人对下列人员具有保险利益：①本人；②配偶、子女、父母；③上述人员以外的与投保人有抚养、赡养或者扶养关系的家庭其他成员、近亲属，伯父属于近亲

属，故选项B应选；④与投保人有劳动关系的劳动者。除上述规定外，被保险人同意投保人为其订立合同的，视为投保人对被保险人具有保险利益。

[111]【答案：B】人身保险合同仅在合同订立时要求投保人对被保险人具有保险利益，并不要求保险责任期间始终存在保险利益关系。保险法司法解释规定，（人身）保险合同订立后，因投保人丧失对被保险人的保险利益（离婚后不再是妻子），当事人主张保险合同无效的，人民法院不予支持。

[112]【答案：ABCD】财产保险的被保险人在保险事故发生时，对保险标的应当具有保险利益，选项A正确；保险利益必须是确定的、客观存在的利益，包括现有利益和期待利益，选项B正确；人身保险的投保人在保险合同订立时，对被保险人应当具有保险利益，选项C正确；保险利益是投保人或被保险人对保险标的具有的法律上承认的利益，选项D正确。

[113]【答案：√】对保险合同中免除保险人责任的条款，保险人在订立合同时应当在投保单、保险单或者其他保险凭证上作出足以引起投保人注意的提示，并对该条款的内容以书面或者口头形式向投保人作出明确说明；未作提示或者明确说明的，该条款不产生效力。

[114]【答案：×】保险人将法律、行政法规中的禁止性规定情形作为保险合同免责条款的免责事由，保险人对该条款作出提示后，投保人、被保险人或者受益人以保险人未履行明确说明义务为由主张该条款不生效的，人民法院不予支持。

[115]【答案：×】保险人已向投保人履行了保险法规定的提示和明确说明义务，保险标的受让人以保险标的转让后保险人未向其提示或明确说明为由，主张免除责任条款不生效的，法院不予支持。

[116]【答案：AD】保险金额等于保险价值的保险合同为足额保险合同。不足额保险合同又称低额保险。保险金额低于保险价值的，除合同另有约定外，保险人按照保险金额与保险价值的比例承担赔偿保险金的责任。超额保险合同是指保险金额高于保险价值的保险合同，即超额保险。保险金额不得超过保险价值。超过保险价值的，超过部分无效，保险人应当退还相应的保险费。选项B中，高于保险价值的只是超出部分无效，并不导致保险合同无效。选项C中“只能”的表述不正确，因保险合同对保险人承担的责任可以另有约定。

[117]【答案：B】以保险标的的保险价值是否先予确定为标准，保险合同可以划分为定值保险合同和不定值保险合同。

[118]【答案：A】受益人仅约定为身份关系，投保人与被保险人为同一主体的，根据保险事故发生时与被保险人的身份关系确定受益人；投保人与被保险人为不同主体的，根据保险合同成立时与被保险人的身份关系确定受益人。

[119]【答案：D】受益人的约定包括姓名和身份关系，保险事故发生时身份关系发生变化的，认定为未指定受益人。

[120]【答案：B】受益人仅约定为身份关系，投保人与被保险人为同一主体的，根据保险事故发生时与被保险人的身份关系确定受益人；投保人与被保险人为不同主体的，根据保险合同成立时与被保险人的身份关系确定受益人。

[121]【答案：ABC】根据保险法律制度的规定，按照以死亡为给付保险金条件的合同所签发的保险单，未经被保险人书面同意，不得转让或质押，故选项A正确。应认定被保险人同意并认可保险金额情形的有：被保险人明知他人代其签名同意而未表示异议的；被保险人同意投保人指定的受益人的；有证据足以认定被保险人同意投保人为其投保的其他情形。故选项B正确。当事人以死亡为

给付保险金条件的合同，被保险人可以在合同订立时采取书面形式、口头形式或其他形式同意并认可保险金额，也可以在合同订立后予以追认，故选项C正确。人身保险的受益人由被保险人或投保人指定，投保人指定受益人时须经被保险人同意。投保人变更受益人时须经被保险人同意，故选项D不正确。

[122]【答案：ABCD】被保险人死亡后，有下列情形之一的，保险金作为被保险人的遗产，由保险人依照《继承法》的规定履行给付保险金的义务：(1)没有指定受益人，或者受益人指定不明无法确定的；(2)受益人先于被保险人死亡，没有其他受益人的；(3)受益人依法丧失受益权或者放弃受益权，没有其他受益人的。因选项ACD明确是唯一受益人，因此，符合②③的情形。

[123]【答案：√】受益人故意造成被保险人死亡、伤残、疾病的，或者故意杀害被保险人未遂的，该受益人丧失受益权。

[124]【答案：√】投保人或者投保人的代理人订立保险合同时没有亲自签字或者盖章，而由保险人或者保险人的代理人代为签字或者盖章，对投保人不生效。但投保人已经交纳保险费，视为其对代签字或者盖章行为的追认。

[125]【答案：D】投保人提出保险要求，经保险人同意承保，保险合同成立。

[126]【答案：A】投保人或者投保人的代理人订立保险合同时没有亲自签字或者盖章，而由保险人或者保险人的代理人代为签字或者盖章，对投保人不生效。但投保人已经交纳保险费，视为其对代签字或者盖章行为的追认。故保险合同已生效，保险人应承担保险责任。

[127]【答案：AD】保险合同中记载的内容不一致的，按照下列规则认定：(1)投保单与保险单或者其他保险凭证不一致的，以投保单为准。但不一致的情形系经保险人说明并经投保人同意的，以投保人签收的保险单或者其他保险凭证载明的内容为准；(2)非格式条款与格式条款不一致的，以非格式条款为准；(3)保险凭证记载的时间不同的，以形成时间在后的为准；(4)保险凭证存在手写和打印两种方式的，以双方签字、盖章的手写部分的内容为准。

[128]【答案：×】当事人以被保险人、受益人或者他人已经代为支付保险费为由，主张投保人对应的交费义务已经履行的，人民法院应予支持。

[129]【答案：C】合同约定分期支付保险费，投保人支付首期保险费后，除合同另有约定外，投保人自保险人催告之日起超过30日未支付当期保险费，合同效力中止，或者由保险人按照合同约定的条件减少保险金额。

[130]【答案：ABD】在保险合同有效期间，被保险人未履行保险标的危险增加通知的义务的，被保险人应按照合同约定及时通知保险人，保险人可以按照合同约定增加保险费或解除合同；保险人解除合同的，应当将已收取的保险费，按照合同约定扣除自保险责任开始之日起至合同解除之日止应收的部分后，退还投保人。

[131]【答案：A】被保险人在宽限期内发生保险事故的，保险人应当按照合同约定给付保险金，但可以扣减欠交的保险费，故选项A正确。在保险费交纳的宽限期满后，投保人仍未交纳应付的保险费，保险合同效力中止。自中止之日起2年内，经保险人与投保人协商并达成协议，在投保人补交保险费后，合同效力恢复；自合同效力中止之日起满2年双方未达成协议的，保险人有权解除合同，保险人解除合同的，应当按照合同约定退还保险单的现金价值，故选项BC不正确。对人寿保险的保险费，保险人不得用诉讼方式要求投保人支付。故选项D不正确。

[132]【答案：A】不足额保险合同又称低额保险。保险金额低于保险价值的，除合同另有约定外，保险人按照保险金额与保险价值的比例承担赔偿保险金的责任。保险事故发生后，被保险人为防止或者减少保险标的的损失所支付的必要的、合理的费用，由保险人承担；保险人所承担的费用数额在保险标的损失赔偿金额以外另行计算，最高不超过保险金额的数额。本题为不足额保险，在合同未另行约定的情况下，保险公司应支付的保险金为 80×60\120+6=46 万。6 万元的施救费用在保险金外另行计算。故选项 A 应选。

[133]【答案：×】保险事故发生后，被保险人请求保险人承担为防止或者减少保险标的的损失所支付的必要、合理费用，保险人以被保险人采取的措施未产生实际效果为由抗辩的，人民法院不予支持。

[134]【答案：A】根据保险法律制度的规定，人寿保险的被保险人或者受益人向保险人请求给付保险金的诉讼时效期间为 5 年，自其知道或者应当知道保险事故发生之日起计算。

[135]【答案：ABD】在人身保险合同中，投保人或者被保险人变更受益人，当事人主张变更行为自变更意思表示发出时生效的，人民法院应予支持。但是，投保人或者被保险人变更受益人未通知保险人，保险人主张变更对其不发生效力的，人民法院应予支持。投保人变更受益人未经被保险人同意，人民法院应认定变更行为无效。投保人或者被保险人在保险事故发生后变更受益人，变更后的受益人请求保险人给付保险金的，人民法院不予支持，故选项 C 不正确。

[136]【答案】

（1）不符合法律规定。根据规定，保险标的已交付受让人，但尚未依法办理所有权变更登记，承担保险标的毁损灭失风险的受让人，依照规定主张行使被保险人权利的，人民法院应予支持。

（2）不符合法律规定。根据规定，被保险人、受让人依法及时向保险人发出保险标的转让通知后，保险人作出答复前，发生保险事故，被保险人或者受让人主张保险人按照保险合同承担赔偿保险金的责任的，人民法院应予支持。

[137]【答案：A】被保险人在宽限期内发生保险事故的，保险人应当按照合同约定给付保险金，但可以扣减欠交的保险费，故选项 A 正确。在保险费交纳的宽限期满后，投保人仍未交纳应付的保险费，保险合同效力中止。自中止之日起 2 年内，经保险人与投保人协商并达成协议，在投保人补交保险费后，合同效力恢复；自合同效力中止之日起满 2 年双方未达成协议的，保险人有权解除合同，保险人解除合同的，应当按照合同约定退还保险单的现金价值，故选项 BC 不正确。对人寿保险的保险费，保险人不得用诉讼方式要求投保人支付。故选项 D 不正确。

[138]【答案：A】除保险法另有规定或者保险合同另有约定外，保险合同成立后，投保人可以解除合同，保险人不得解除合同。

[139]【答案：ABCD】投保人故意或者因重大过失未履行如实告知义务，足以影响保险人决定是否同意承保或者提高保险费率的，保险人有权解除合同。被保险人或者受益人未发生保险事故，谎称发生了保险事故，向保险人提出赔偿或者给付保险金请求的，保险人有权解除合同，并不退还保险费。投保人、被保险人故意制造保险事故的，保险人有权解除合同，不承担赔偿或者给付保险金的责任。在合同有效期内，保险标的的危险程度显著增加，被保险人未按合同约定及时通知保险人的或者保险人要求增加保险费被拒绝的，保险人有权解除合同。

[140]【答案：AB】在人身保险合同中，投保人解除合同的，保险人应当自收到解除通知之日起 30 日内，按照合同约定退还保险单的现金价值。在财产保险合同中，保险责任开始前，投保人要求解除合

同的，应当按照合同约定向保险人支付手续费，保险人应当退还保险费。保险责任开始后，投保人要求解除合同的，保险人应当将已收取的保险费，按照合同约定扣除自保险责任开始之日起至合同解除之日止应收的部分后，退还投保人。保险标的发生部分损失的，自保险人赔偿之日起 30 日内，投保人可以解除合同。合同解除的，保险人应将保险标的未受损失部分的保险费，按照合同约定扣除自保险责任开始之日起至合同解除之日止应收的部分后，退还投保人。

[141]【答案：×】同一投保人对同一保险标的、同一保险利益、同一保险事故分别与两个以上保险人订立保险合同，各保险合同的保险金额总和未超过保险标的价值，不构成重复保险。

[142]【答案：√】重复保险的投保人可以就保险金额总和超过保险价值的部分，请求各保险人按比例返还保险费。

[143]【答案：C】重复保险的各保险人赔偿保险金的总和不得超过保险价值，除合同另有约定外，各保险人按照其保险金额与保险金额总和的比例承担赔偿保险金的责任。本题中，各保险公司赔款 = 该保险人保险金额 / 各保险金额总和 × 损失金额。甲公司赔款 =20/50×10=4（万）；乙公司赔款 =30/50×10=6（万元）。故选项 C 应选。

[144]【答案：ABC】因第三者对保险标的的损害而造成的保险事故发生后，保险人未赔偿保险金之前，被保险人放弃对第三者请求赔偿的权利的，保险人不承担赔偿保险金的责任。保险人向被保险人赔偿保险金后，被保险人未经保险人同意放弃对第三者请求赔偿权利的，该行为无效。如果因被保险人故意或重大过失致使保险人不能行使代位请求赔偿的权利的，保险人可以扣减或者要求返还相应的保险金。除被保险人的家庭成员或者其组成人员故意对保险标的损害而造成保险事故外，保险人不得对被保险人的家庭成员或者其组成人员行使代位请求赔偿的权利，故选项 D 不正确不选。

[145]【答案：ABD】保险人获得代位请求赔偿的权利的情况已经通知到第三者，第三者又向被保险人作出赔偿，保险人主张代位行使请求赔偿的权利，第三者无权以其已经向被保险人赔偿为由抗辩。代位求偿权应以保险人自己的名义行使，故选项 C 不正确。投保人和被保险人为不同主体，因投保人对保险标的损害而造成保险事故，保险人依法主张代位行使被保险人对投保人请求赔偿权利的，法院应予支持，但法律另有规定或保险合同另有约定的除外。因第三者对保险标的的损害而造成保险事故的，保险人自向被保险人赔偿保险金之日起，在赔偿金额范围内代位行使被保险人对第三者请求赔偿的权利。

[146]【答案：C】除被保险人的家庭成员或者其组成人员故意对保险标的损害而造成保险事故外，保险人不得对被保险人的家庭成员或者其组成人员行使代位请求赔偿的权利。本题中，由于甲公司的组成人员孙某是故意对保险标的造成损坏，所以，保险公司可以对孙某行使代位求偿权。故选项 C 不选。

[147]【答案：C】投保人故意造成被保险人死亡、伤残或者疾病的，保险人不承担给付保险金的责任，但投保人已交足 2 年以上保险费的，保险人就应当按照合同约定向其他权利人退还保险单的现金价值。

[148]【答案：B】以被保险人死亡为给付保险金条件的合同，自合同成立或者合同效力恢复之日起 2 年内，被保险人自杀的，保险人不承担给付保险金的责任，但被保险人自杀时为无民事行为能力人的除外。本题中，向某的儿子自杀时为无民事行为能力人，故保险公司应予以赔偿，选项 B 正确。

[149]【答案：B】以被保险人死亡为给付保险金条件的合同，自合同成立或者合同效力恢复之日起 2 年内，被保险人自杀的，保险人不承担给付保险金的责任，但被保险人自杀时为无民事行为能力人的除外。本题中，向某的儿子自杀时已经过了 2 年，故保险公司应予以赔偿，选项 B 正确。

[150]【答案】

（1）不包括。

【理由】李某为被保险人，属于保险合同的关系人。

（2）不成立。

【理由】投保人不得为无民事行为能力人投保以死亡为给付保险金条件的人身保险，保险人也不得承保，但父母为其未成年子女投保的人身保险，不受此限。

（3）不成立。

【理由】以被保险人死亡为给付保险金条件的合同，自合同成立或合同效力恢复之日起 2 年内，被保险人自杀的，保险人不承担给付保险金的责任，但被保险人自杀时为无民事行为能力人的除外。

[151]【答案：ABC】经营有人寿保险业务的保险公司，除因合并、分立或依法被撤销外，不得解散。故选项 D 不选。

[152]【答案：ABCD】保险公司的资金运用限于下列形式：银行存款；买卖债券、股票、证券投资基金份额等有价证券；投资不动产及国务院规定的其他资金运用形式。

[153]【答案：BD】保险代理人是保险人的代理人。保险代理人以保险人的名义，在保险人授权范围内代为保险业务的行为，由保险人承担责任。保险代理人可以是单位，也可以是个人。个人保险代理人在代为办理人寿保险业务时，不得同时接受两个以上保险人的委托。故选项 BD 正确。

[154]【答案：C】保险经纪人是以自己的名义独立实施保险经纪行为。保险经纪人是为投保人、被保险人与保险人订立保险合同提供中介服务的机构。保险经纪人既不是保险合同的当事人，故选项 D 不正确，也不是任何一方的代理人，它是具有独立法律地位的经营组织，在从事保险经纪行为时是以自己的名义与保险人进行活动的，且自行承担由此产生的法律后果。保险经纪人代表投保人的利益从事保险经纪行为。保险经纪人是接受投保人的委托，代表的是投保人的利益，故选项 C 正确。保险经纪人可以依法收取佣金，但保险经纪机构不得同时向投保人和保险人双方收取佣金，故选项 B 不正确。保险经纪人是专门从事保险经纪活动的单位，而不能是个人。故选项 A 不正确。

[155]【答案：ABCD】有下列情形之一的，信托无效：（1）信托目的违反法律、行政法规或者损害社会公共利益；（2）信托财产不能确定；（3）委托人以非法财产或者法律规定不得设立信托的财产设立信托；（4）专以诉讼或者讨债为目的设立信托（5）受益人或者受益人范围不能确定。故选项 ABCD 应选。

[156]【答案：C】委托人设立信托不得损害债权人利益，设立信托损害其债权人利益的，债权人有权申请人民法院撤销该信托。选项 ABD 属于信托绝对无效的情形。

[157]【答案：ABCD】信托财产包括：受托人因承诺信托而取得的财产；受托人因信托财产的管理运用而取得的财产；受托人因信托财产的处分而取得的财产；受托人因其他情形而取得的财产，如被保险的信托财产因第三人的行为而灭失、毁损，根据保险单而取得的保险赔款。

[158]【答案：AB】非确定的独立财产，如商誉、经营控制权等营业上的利益；不能以金钱计算其价值，

且不能转移的财产，如姓名权、名誉权、身份权等具有专属性质的人身权利；法律、行政法规禁止流通的财产不得作为信托财产。

[159]【答案：×】信托财产与委托人未设立信托的其他财产相区别。设立信托后，委托人死亡或者依法解散、被依法撤销、被宣告破产时，委托人是唯一受益人的，信托终止，信托财产作为其遗产或者清算财产；委托人不是唯一受益人的，信托存续，信托财产不作为其遗产或者清算财产。但是，作为共同受益人的委托人死亡或者依法解散、被依法撤销、被宣告破产时，其信托受益权作为其遗产或者清算财产。

[160]【答案：ABC】受托人违反信托目的处分信托财产或者因违背管理职责、处理信托事务不当致使信托财产受到损失的，委托人有权申请人民法院撤销该处分行为，并有权要求受托人恢复信托财产的原状或者予以赔偿。委托人应自其知道或者应当知道撤销原因之日起 1 年内不行使的，撤销权归于消灭。委托人的撤销权应当通过诉讼方式行使，人民法院根据委托人的请求作出撤销受托人处分信托财产行为的判决后，受托人的处分行为即发生自始无效的法律后果。

[161]【答案：×】受托人违反信托目的处分信托财产或者管理运用、处分信托财产有重大过失的，委托人有权依照信托文件的规定解任受托人，或者申请人民法院解任受托人。

[162]【答案：BCD】信托一旦设立，信托财产不再属于委托人所有。委托人有权了解其信托财产的管理运用、处分及收支情况，并有权要求受托人作出说明。委托人有权查阅、抄录或者复制与其信托财产有关的信托账目以及处 理信托事务的其他文件。受托人违反信托目的处分信托财产或者管理运用、处分信托财产有重大过失的，委托人有权依照信托文件的规定解任受托人。受托人违反信托目的处分信托财产或者因违背管理职责、处理信托事务不当致使信托财产受到损失的，委托人有权申请人民法院撤销该处分行为，并有权要求受托人恢复信托财产的原状或者予以赔偿。

[163]【答案：AB】受托人除依法取得报酬外，不得利用信托财产为自己谋取利益：受托人不得以受托人的地位直接或间接地享有信托财产的收益；受托人不得以信托财产为自己的利益而进行交易；受托人不得因信托财产交易而从交易对方获取自己的利益。受托人不得将信托财产转为其固有财产：受托人不管是将全部或部分信托财产转为固有财产，还是将信托财产直接转为自己的固有财产，或者表面上利用他人名义将信托财产间接地转为自己的固有财产，都是受到禁止的，本题中，信托财产的收益也是信托财产的组成部分。故选项 C 不正确。受托人不得将其固有财产与信托财产进行交易或者将不同委托人的信托财产进行相互交易，但信托文件另有规定或者经委托人或者受益人同意，并以公平的市场价格进行交易的除外。故选项 D 不正确。

[164]【答案：√】受托人违反信托目的处分信托财产或者因违背管理职责、处理信托事务不当致使信托财产受到损失的，在未恢复信托财产的原状或者未予赔偿前，不得请求给付报酬。

[165]【答案：A】原则上，共同受托人应当共同处理信托事务，但信托文件规定对某些具体事务由受托人分别处理的，从其规定，故选项 A 正确。共同受托人共同处理信托事务，意见不一致时，按信托文件规定处理；信托文件未规定的，由委托人、受益人或者其利害关系人决定，故选项 B 不正确。共同受托人之一违反信托目的处分信托财产或者因违背管理职责、处理信托事务不当致使信托财产受到损失的，其他受托人应当承担连带赔偿责任，故选项 C 不正确。第三人对共同受托人之一所作的意思表示，对其他受托人同样有效，故选项 D 不正确。

[166]【答案：ABC】如果信托文件未对受益人享有信托受益权的起始时间作出特别规定，受益人自信托

生效之日起享有信托受益权。受益人为数人时，共同受益人共同享有信托受益权，信托文件对共同受益人享受信托利益的分配有规定的，从其规定；信托文件对信托利益的分配比例或者分配方法未作规定的，各受益人按照均等的比例享受信托利益。受益人不能清偿到期债务的，其信托受益权可以用于清偿债务，但法律、行政法规及信托文件有限制性规定的除外；受益人的信托受益权可以转让和继承，信托文件有限制性规定的除外。受益人可以放弃信托受益权，全体受益人放弃信托受益权的，信托终止；部分受益人放弃信托受益权的，被放弃的信托受益权按下列顺序确定归属：（1）信托文件规定的人；（2）其他受益人；（3）委托人或者其继承人。

[167]【答案：ABC】在他益信托中，委托人不得擅自变更受益人或是处分受益人的信托受益权，但是，有下列情形之一的，委托人可以变更受益人或者处分受益人的信托受益权：（1）受益人对委托人有重大侵权行为；（2）受益人对其他共同受益人有重大侵权行为；（3）经受益人同意；（4）信托文件规定的其他情形。

第 7 章　财政法律制度

本章由三个财政法律制度构成，分别是预算法律制度、国有资产管理法律制度、政府采购法律制度，内容较为庞杂。本章考试在试卷中的占比在逐年提升，不应忽视。本章考试的题型主要为单项选择题、多项选择题和判断题。具体知识结构分布如图 7-1。

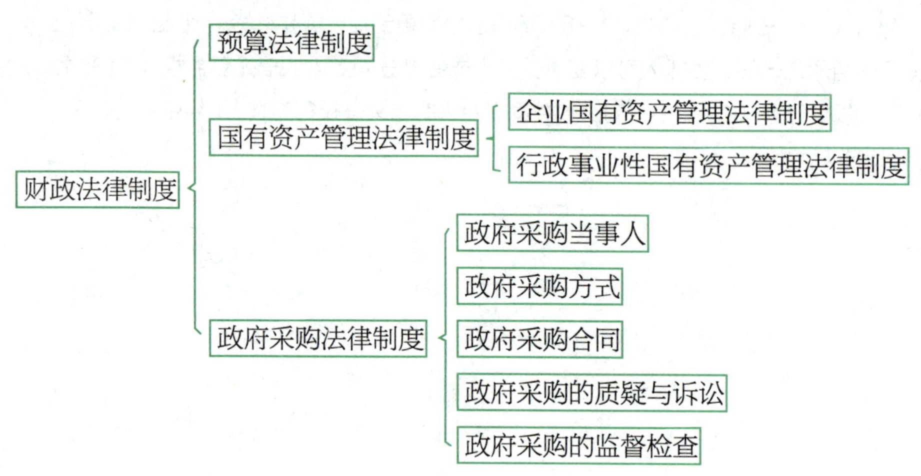

图 7-1　第 7 章知识框架图

近三年本章考试题型及分值分布

题型	2022 年（1）	2022 年（2）	2021 年（1）	2021 年（2）	2020 年（1）	2020 年（2）
单选题	5 题 5 分	5 题 5 分	4 题 4 分	5 题 5 分	2 题 2 分	3 题 3 分
多选题	2 题 4 分	2 题 4 分	2 题 4 分	2 题 4 分	1 题 2 分	2 题 4 分
判断题	2 题 2 分	2 题 2 分	2 题 2 分	1 题 1 分	1 题 1 分	1 题 1 分
合计	9 题 11 分	9 题 11 分	8 题 10 分	8 题 10 分	4 题 5 分	6 题 8 分

扫码畅听增值课

第一节　预算法律制度

【本节知识框架】

预算法律制度
- 预算和预算法
- 预算收支范围
- 预算编制
- 预算审查和批准
- 预算执行和调整
- 决算
- 预算监督

图 7-2　第 1 节知识框架图

【本节考点、考点母题及考点子题】

考点 1　预算和预算法

（一）预算和预算法的概念

【考点母题——万变不离其宗】预算和预算法概念

财政	概念	财政是国家为了满足公共需要而取得、使用和管理资财的政务的总称。	
	财政的内容	（1）财政的内容主要有（　）。	
		A. 财政收入	税收、国债、收费、国有企业上缴利润、捐赠等
		B. 财政支出	购买性支出：用于投资、消费等项目发生的支出
			转移性支出：用于解决政府间财政失衡问题，特别是社会保障、财政补贴的支出
		C. 财政管理	整体上体现为预算管理

续表

<table>
<tr><td rowspan="3">预算</td><td>概念</td><td>（2）【判断金句】预算也称政府预算或财政预算，是指由政府各部门编制、经本级政府同意提交本级人民代表大会审查批准、按其执行的年度财政收支计划。</td></tr>
<tr><td rowspan="2">功能（作用）</td><td>（3）预算的功能有（　）。</td></tr>
<tr><td>A. 预算集中反映着政府的政策目标、职能范围和治理活动
B. 预算是国家组织、分配财政资金的重要工具
C. 预算是国家进行宏观调控的经济杠杆，在优化资源配置、调节收入分配支撑宏观经济调控、改进公共治理、保障政策规划与实施等方面发挥着重要作用，是现代国家治理体系的重要组成部分</td></tr>
</table>

【考点子题——举一反三，真枪实练】

［1］（经典子题•多选题）下列各项中，属于财政政策工具的有（　）。

A. 预算　B. 政府债务　C. 转移支出　D. 税收

［2］（经典子题•判断题）预算具有调节经济的作用。（　）

（二）预算的基本原则

【考点母题——万变不离其宗】预算的基本原则

<table>
<tr><td colspan="2">根据预算法律制度的规定，下列各项中，属于预算的基本原则的有（　）。</td></tr>
<tr><td>A. 统筹兼顾、勤俭节约、量力而行、讲求绩效、收支平衡</td><td>收支平衡是指跨年度预算平衡</td></tr>
<tr><td rowspan="2">B. 预算法定</td><td>经人民代表大会批准的预算，非经法定程序，不得调整</td></tr>
<tr><td>各级政府、各部门、各单位的支出必须以经批准的预算为依据，未列入预算的不得支出</td></tr>
<tr><td>C. 预算完整</td><td>政府的全部收入和支出都应当纳入预算。预算应当完整的反映政府全部的财政收支活动，不应当有预算外的其他财政收支</td></tr>
<tr><td rowspan="3">D. 预算公开</td><td>除涉及国家秘密的以外，经本级人民代表大会或者本级人民代表大会常务委员会批准的预算、预算调整、决算、预算执行情况的报告及报表，应当在批准后20日内由本级政府财政部门向社会公开，并对本级政府财政转移支付安排、执行的情况以及举借债务的情况等重要事项作出说明</td></tr>
<tr><td>除涉及国家秘密的以外，经本级政府财政部门批复的部门预算、决算及报表，应当在批复后20日内由各部门向社会公开，并对部门预算、决算中机关运行经费的安排、使用情况等重要事项作出说明</td></tr>
<tr><td>除涉及国家秘密的以外，各级政府、各部门、各单位应当将政府采购的情况向社会公开</td></tr>
<tr><td colspan="2">E. 相互制约、相互协调</td></tr>
</table>

【考点子题——举一反三，真枪实练】

[3]（经典子题·判断题）经人民代表大会批准的预算，非经法定程序，不得调整。（ ）

[4]（经典子题·单选题）除涉及国家秘密的以外，经本级政府财政部门批复的部门预算、决算及报表，应当在批复后特定期限内由各部门向社会公开，并对部门预算、决算中机关运行经费的安排、使用情况等重要事项作出说明。该特定期限是（ ）。

A. 3日　　B. 5日　　C. 10日　　D. 20日

（三）预算体制

【考点母题——万变不离其宗】一级政府一级预算

<table>
<tr><td colspan="2">（1）【判断金句】国家实行一级政府一级预算。全国总预算分为五级，五级预算又分为中央预算和地方预算两类。</td></tr>
<tr><td colspan="2">（2）我国的预算层级有五级，分别是（ ）。</td></tr>
<tr><td colspan="2">A. 中央预算</td></tr>
<tr><td>地方预算</td><td>B. 省、自治区、直辖市预算　　C. 设区的市、自治州预算
D. 县、自治县、不设区的市、市辖区预算　　E. 乡、民族乡、镇预算</td></tr>
</table>

【考点子题——举一反三，真枪实练】

[5]（经典子题·单选题）我国的预算层级是（ ）。

A. 3级　　B. 4级　　C. 5级　　D. 6级

【考点母题——万变不离其宗】分税制

（1）【判断金句】国家实行中央和地方分税制。
（2）【判断金句】中央和地方分税制，指在划分中央与地方事权的基础上，确定中央与地方财政支出范围，并按税种划分中央与地方预算收入的财政管理体制。
（3）【判断金句】县级以上地方各级政府应当根据中央和地方分税制的原则和上级政府的有关规定，确定本级政府对下级政府的财政管理体制。

【考点母题——万变不离其宗】财政转移支付

（1）【判断金句】转移性支出也称转移支付，是指政府通过一定的形式和途径，把一部分财政资金无偿地转移给相关主体所发生的支出。广义的转移支付是指中央政府或者地方政府将部分财政收入无偿让渡给其他各级政府、企业和居民所发生的财政支出。狭义的转移支付，是指政府间的财政转移支付，包括中央对地方的转移支付和地方上级政府对下级政府的转移支付。
（2）下列表述中符合预算法律制度规定的有（ ）。

续表

<table>
<tr><td colspan="3">A. 国家实行财政转移支付制度
B. 财政转移支付应当规范、公平、公开，以推进地区间基本公共服务均等化。为主要目标。</td></tr>
<tr><td colspan="3">（3）政府间转移支付的种类有（　）。</td></tr>
<tr><td rowspan="2">A. 一般性转移支付</td><td rowspan="2">一般性转移支付是指不规定具体用途，由下级政府统筹安排使用，旨在均衡地区间基本财力水平的预算资金。一般性转移支付是财政转移支付的主体</td><td>（4）根据预算法制度的规定，下列财政转移支付中，属于一般性转移支付的有（　）。</td></tr>
<tr><td>A. 均衡性转移支付
B. 对革命老区、民族地区、边疆地区、贫困地区的财力补助
C. 其他一般性转移支付</td></tr>
<tr><td rowspan="2">B. 专项转移支付</td><td rowspan="2">专项转移支付，是指上级政府为了实现特定的经济和社会发展目标给予下级政府，并由下级政府按照上级政府规定的用途安排使用的预算资金</td><td>按照法律，行政法规和国务院的规定，可以设立专项转移支付，用于办理特定事项</td></tr>
<tr><td>市场竞争机制能够有效调节的事项，不得设立专项转移支付。</td></tr>
<tr><td colspan="3">（5）【判断金句】上级政府在安排专项转移支付时，不得要求下级政府承担配套资金。但是，按照国务院的规定应当由上下级政府共同承担的事项除外。</td></tr>
<tr><td colspan="3">（6）专项转移支付实行定期评估和退出机制。县级以上各级财政部门会同有关部门对专项转移支付进行定期评估。对评估后的专项转移支付处理的下列表述中，正确的有（　）。</td></tr>
<tr><td colspan="3">A. 符合法律、行政 法规和国务院规定，有必要继续执行的，可以继续执行
B. 设立的有关要求变更，或者实际绩效与目标差距较大、管理不够完善的，应当予以调整
C. 设立依据失效或者废止的，应当予以取消</td></tr>
</table>

【考点子题——举一反三，真枪实练】

[6]（历年真题•单选题　改编）根据预算法律制度的规定，下列关于财政转移支付的表述中，不正确的是（　）。

A. 狭义的财政转移支付包括中央对地方的转移支付和地方上级政府对下级政府的转移支付

B. 市场竞争机制能够有效调节的事项不得设立专项转移支付

C. 对革命老区、民族地区、边疆地区、贫困地区的财力补助属于专项转移支付

D. 均衡性转移支付属于一般性转移支付

[7]（经典子题•多选题）下列关于财政转移支付的表述中，正确的有（　）。

A. 均衡性转移支付属于一般性转移支付

B. 对贫困地区的财力补助属于专项转移支付

C. 上级政府在安排专项转移支付时，一律不得要求下级政府承担配套资金

D. 对评估后的专项转移支付，设立的有关要求变更，或者实际绩效与目标差距较大、管理不够完善的，应当予以调整

（四）预算管理职权

【考点母题——万变不离其宗】预算管理职权

（1）根据预算法制度的规定，下列各项中，属于预算管理职权的有（ ）。
A. 预算编制权 B. 预算审批权 C. 预算执行权 D. 预算调整权 F. 预算监督权
（2）根据主体的不同，预算管理职权可以分为（ ）。
A. 各级权力机关的职权 B. 各级政府的职权 C. 各级政府财政部门的职权 D. 其他部门、单位的职权

考点 2 预算收支范围

【考点母题——万变不离其宗】预算收支范围

根据预算法制度的规定，下列各项中属于预算收支范围的有（ ）。
A. 一般公共预算收支 B. 政府性基金预算收支 C. 国有资本经营预算收支 D. 社会保险基金预算收支

【考点子题——举一反三，真枪实练】

［8］（经典子题•多选题）下列各项中，属于预算收支范围的有（ ）。

A. 一般公共预算收支　　B. 政府性基金预算收支

C. 国有资本经营预算收支　　D. 社会保险基金预算收支

（一）一般公共预算

【考点母题——万变不离其宗】一般公共预算

一般公共预算收入	（1）根据预算法制度的规定，下列各项中，属于一般公共预算收入的有（ ）。	
	A. 税收收入	税收收入是国家预算收入的最主要部分，占我国一般公共预算收入的 80% 以上
		目前我国有 18 个税种
		关税和船舶吨税由海关负责征收；进口环节的增值税，消费税由海关代征；出口产品退税（增值税、消费税）由税务机关负责办理
	B. 行政事业性收费收入	行政事业性收费收入，是指国家机关、事业单位等依照法律、法规，按照国务院规定的程序批准。在实施社会公共管理以及在向公民、法人和其他组织提供特定公共服务过程中，按照规定标准向特定服务对象收取费用形成的收入

续表

一般公共预算收入	C. 国有资源（资产）有偿使用收入	国有资源（资产）有偿使用收入，是指矿藏、水流、海域、无居民海岛以及法律规定属于国家所有的森林、草原等国有资源有偿使用收入，按照规定纳入一般公共预算管理的国有资产收入等
	D. 转移性收入	（2）下列各项中，属于转移性收入的有（　）。
		A. 上级税收返还和转移支付 B. 下级上解收入 C. 调入资金 D. 按照财政部规定列入转移性收入的无隶属关系政府的无偿援助
	E. 其他收入	如罚没收入，以政府名义接受的捐赠收入等
一般公共预算支出	（3）根据预算法制度的规定，一般公共预算支出按功能划分，其种类有（　）。	
	A. 一般公共服务支出　B. 外交、公共安全、国防支出 C. 农业、环境保护支出　D. 教育、科技、文化、卫生、体育支出 E. 社会保障及就业支出　F. 其他支出	
	（4）根据预算法制度的规定，一般公共预算支出按经济性质划分，其种类有（　）。	
	A. 工资福利支出　B. 商品和服务支出　C. 资本性支出　D. 其他支出	
中央与地方一般公共预算项目的划分	（5）根据预算法制度的规定，中央一般公共预算有（　）。	
	A. 中央各部门（含直属单位）的预算 B. 中央对地方的税收返还、转移支付预算	
	（6）根据预算法制度的规定，地方各级一般公共预算有（　）。	
	A. 本级各部门（含直属单位）的预算　B. 税收返还　C. 转移支付预算	
	（7）转移性支出包括（　）。	
	A. 上解上级支出 B. 对下级的税收返还和转移支付 C. 调出资金 D. 按照财政部规定，列入转移性支出的，给予无隶属关系政府的无偿援助	

【考点子题——举一反三，真枪实练】

[9]（历年真题·多选题）根据预算法律制度的规定，下列收入中，属于一般公共预算收入的有（　）。

A. 行政事业性收费收入　　B. 国有土地使用权出让收入

C. 国有资源有偿使用收入　　D. 国有控股公司股息红利收入

[10]（历年真题·多选题　改编）根据预算法律制度的规定，下列各项中，属于一般公共预算收入的有（　）。

A. 采矿权拍卖所得

B. 地方从中央获得的消费税返还

C. 上级政府收到下级政府的体制上解收入

D. 税务机关征收的所得税收入

（二）政府性基金预算

政府性基金预算是将依照法律、行政法规的规定在一定期限内向特定对象征收、收取或者以其他方式筹集的资金，专项用于特定公共事业发展的收支预算。

【考点母题——万变不离其宗】政府性基金预算

（1）根据预算法制度的规定，政府性基金预算包括（　）。	
A. 政府性基金预算收入	政府性基金各项目收入和转移性收入
B. 政府性基金预算支出	与政府性基金预算收入相对应的各项目支出和转移性支出
（2）【判断金句】政府性基金应当根据基金项目收入情况和实际支出需要，按基金项目编制，做到以收定支。	
示例	民航发展基金 国家重大水利建设基金 国有土地使用权出让金

【考点子题——举一反三，真枪实练】

[11]（历年真题•单选题）根据预算法律制度的规定，国有土地使用权出让金收入应当列入的预算是（　）。

A. 一般公共预算　　B. 政府性基金预算

C. 国有资本经营预算　　D. 社会保险基金预算

（三）国有资本经营预算

【考点母题——万变不离其宗】国有资本经营预算

（1）【判断金句】国有资本经营预算是对国有资本收益作出支出安排的收支预算。收入主要来源于国有企业及国有股权的收益上缴，支出主要用于解决国有企业历史遗留问题及相关改革成本支出、对国有企业的资本金注入及国有企业政策性补贴等方面。
（2）根据预算法制度的规定，国有资本经营预算收入包括（　）。
A. 依照法律、行政法规和国务院规定应当纳入国有资本经营预算的国有独资企业和国有独资公司按照规定上缴国家的利润收入 B. 从国有资本控股和参股公司获得的股息红利收入　　C. 国有产权转让收入 D. 清算收入　　E. 其他收入
（3）根据预算法制度的规定，国有资本经营预算支出包括（　）。

续表

A. 资本性支出	B. 费用性支出
C. 向一般公共预算调出资金等转移性支出	D. 其他支出
(4)【判断金句】国有资本经营预算应当按照收支平衡的原则编制，不列赤字，并安排资金调入一般公共预算。	

【考点子题——举一反三，真枪实练】

[12](历年真题•单选题 改编)根据预算法律制度的规定，下列关于国有资本经营预算的表述中，不正确的是( )。

A. 国有资本经营预算按年度单独编制

B. 国有资本经营预算可列赤字

C. 国有资本经营预算是对国有资本收益作出支出安排的收支预算

D. 国有资本经营预算收入主要来源于国有企业及国有股权的收益上缴

(四)社会保险基金预算

社会保险基金预算是对社会保险缴款、一般公共预算安排和其他方式筹集的资金，专项用于社会保险的收支预算。

【考点母题——万变不离其宗】社会保险基金预算

(1)根据预算法制度的规定，社会保险基金预算收入包括( )。		
A. 各项社会保险费收入	B. 利息收入	C. 投资收益
D. 一般公共预算补助收入	E. 集体补助收入	F. 转移收入
G. 上级补助收入	H.. 下级上解收入	I. 其他收入
(2)根据预算法制度的规定，社会保险基金预算支出包括( )。		
A. 各项社会保险待遇支出	B. 转移支出	C. 补助下级支出
D. 上解上级支出	E. 其他收入	
(3)【判断金句】社会保险基金预算应当按照统筹层次和社会保险项目分别编制，做到收支平衡。		

【考点子题——举一反三，真枪实练】

[13](历年真题•判断题)社会保险基金预算应当按照统筹层次和社会保险项目分别编制，做到收支平衡。( )

第7章

考点3 预算编制

预算编制是制定预算收支计划，对预算资金的分配、使用进行计划安排的活动。它是预算管理流程的第一个阶段，是预算周期的起点。

预算编制的对象是预算草案。预算草案是指各级政府各部门单位编制的未经法定程序审查批准的预算。预算草案在未经权力机关批准之前，仅是一种不具有法律效力的国家预算。

【考点母题——万变不离其宗】预算年度

根据《预算法》的规定，下列关于我国预算年度的表述中，正确的是（　）。
A. 预算年度自公历 1 月 1 日起，至 12 月 31 日止

【考点子题——举一反三，真枪实练】

[14]（历年真题•判断题）我国预算年度自公历当年 4 月 1 日起，至次年 3 月 31 日止。（　）

[15]（历年真题•单选题）根据预算法律制度的规定，我国预算年度的起止日期为（　）。

A. 自公历 4 月 1 日起，至次年 3 月 31 日止

B. 自公历 1 月 1 日起，至当年 12 月 31 日止

C. 自公历 6 月 1 日起，至次年 5 月 31 日止

D. 自公历 10 月 1 日起，至次年 9 月 30 日止

（一）预算编制的基本要求

【考点母题——万变不离其宗】预算编制的基本要求

（1）根据预算法制度的规定，下列关于预算编制基本要求的表述中，正确的有（　）。	
A. 各级预算收入的编制，应当与经济社会发展水平相适应，与财政政策相衔接	应当依照《预算法》规定，将所有政府收入全部列入预算，不得隐瞒、少列
B. 各级预算支出应当依照《预算法》规定，按其功能和经济性质分类编制	各级预算支出的编制应当贯彻勤俭节约的原则，严格控制各部门、各单位的机关运行经费和楼堂馆所等基本建设支出
	各级一般公共预算支出的编制，应当统筹兼顾，在保证基本公共服务合理需要的前提下，优先安排国家确定的重点支出
C. 中央一般公共预算中必需的部分资金，可以通过举借国内和国外债务等方式筹措，举借债务应当控制适当的规模，保持合理的结构	对中央一般公共预算中举借的债务实行余额管理，余额的规模不得超过全国人民代表大会批准的限额
	余额管理是指国务院在全国人民代表大会批准的中央一般公共预算债务的余额限额内，决定发债规模、品种、期限和时点的管理方式。这里的余额是指中央一般公共预算中举借债务未偿还的本金

续表

	（2）下列关于省级预算中必需额建设投资部分资金的表述中，正确的有（　）。
	A. 经国务院批准的省、自治区、直辖市的预算中必需的建设投资的部分资金，可以在国务院确定的限额内，通过发行地方政府债券举借债务的方式筹措 B. 举借债务的规模，由国务院报全国人民代表大会或者全国人民代表大会常务委员会批准
	C. 省，自治区，直辖市依照国务院下达的限额举借的债务，列入本级预算调整方案，报本级人民代表大会常务委员会批准
D. 地方各级预算按照量入为出、收支平衡的原则编制，除《预算法》另有规定外，不列赤字	D. 举借的债务应当有偿还计划和稳定的偿还资金来源，只能用于公益性资本支出，不得用于经常性支出 E. 除此之外，地方政府及其所属部门不得以任何方式举借债务
	（3）下列关于地方各级举借债务规模的表述中，正确的有（　）。
	A. 举借债务的规模，是指各地方政府债务余额限额的总和；包括一般债务限额和专项债务限额 B. 一般债务是指列入一般公共预算，用于公益性事业发展的一般债券、地方政府负有偿还责任的外国政府和国际经济组织贷款转贷债务 C. 专项债务是指列入政府性基金预算，用于有收益的公益性事业发展的专项债券
	（4）【判断金句】除法律另有规定外，地方政府及其所属部门不得为任何单位和个人的债务以任何方式提供担保。
	（5）【判断金句】国务院建立地方政府债务风险评估和预警机制、应急处置机制以及责任追究制度。国务院财政部门对地方政府债务实施监督。

（二）预算编制的时间要求

【考点母题——万变不离其宗】预算编制的时间要求

下列关于预算编制时间要求的表述中，正确的有（　）。	
A. 国务院应当及时下达关于编制下一年预算草案的通知	编制预算草案的具体事项由国务院财政部门部署
	各级政府、各部门、各单位应当按照国务院规定的时间编制预算草案
B. 财政部于每年 6 月 15 日前部署编制下一年度预算草案的具体事项，规定报表格式、编报方法、报送期限等	
C. 县级以上地方各级政府财政部门应当于每年 6 月 30 日前部署本行政区域编制下一年度预算草案的具体事项，规定有关报表格式、编报方法、报送期限等	
D. 省、自治区、直辖市政府财政部门汇总的本级总预算草案或者本级总预算，应当于下一年度 1 月 10 日前报财政部	

（三）预算编制的方法

【考点母题——万变不离其宗】预算编制的方法

（1）根据预算法制度的规定，下列关于预算编制方法的表述中，正确的有（　）。	
A. 各级预算应当根据年度经济社会发展目标、国家宏观调控总体要求和跨年度预算平衡的需要，参考上一年预算执行情况、有关支出绩效评价结果和本年度收支预测，按照规定程序征求各方面意见后，进行编制	绩效评价是指根据设定的绩效目标，依据规范的程序，对预算资金的投入、使用过程、产出与效果进行系统和客观的评价。绩效评价结果应当按照规定作为改进管理和编制以后年度预算的依据
	各级政府财政部门编制收入预算草案时，应当征求税务、海关等预算收入征收部门和单位的意见。预算收入征收部门和单位应当按照财政部门的要求提供下一年度预算收入征收预测情况
	财政部门会同社会保险行政部门部署编制下一年度社会保险基金预算草案的具体事项。社会保险经办机构具体编制下一年度社会保险基金预算草案，报本级社会保险行政部门审核汇总。社会保险基金收入预算草案由社会保险经办机构会同社会保险费征收机构具体编制。财政部门负责审核并汇总编制社会保险基金预算草案
B. 各部门、各单位应当按照国务院财政部门制定的政府收支分类科目、预算支出标准和要求，以及绩效目标管理等预算编制规定，根据其依法履行职能和事业发展的需要以及存量资产情况，编制本部门、本单位预算草案	
C. 各级政府依据法定权限作出决定或者制定行政措施，凡涉及增加或者减少财政收入或者支出的应当在预算批准前提出，并在预算草案中作出相应安排	
D. 预算编制中的特殊安排	（2）下列关于预算编制中特殊安排的表述中，正确的有（　）。 A. 中央预算和有关地方预算中应当安排必要的资金，用于扶助革命老区、民族地区、边疆地区、贫困地区发展经济社会建设事业。 B. 各级一般公共预算应当按照本级一般公共预算支出额的 1%-3% 设置预备费，用于当年预算执行中的自然灾害等突发事件处理增加的支出及其他难以预见的开支 C. 各级一般公共预算按照国务院的规定可以设置预算稳定调节基金，用于弥补以后年度预算资金的不足 D. 各级一般公共预算按照国务院的规定可以设置预算周转金，用于本级政府调剂预算年度内季节性收支差额；经嗯嗯。本级政府批准，设置的预算周转金的额度不得超过本级一般公共预算支出总额的 1%；年度终了时，各级政府财政部门可以将预算周转金收回并用于补充预算稳定调节基金

预备费、周转金与预算稳定调节基金		
	设置标准	用途
预备费（应当设）	按照本级一般公共预算支出额的 1%~3% 设置	用于当年预算执行中的自然灾害等突发事件处理增加的支出及其他难以预见的开支

续表

周转金（可以设）	额度不得超过本级一般公共预算支出总额的 1%	用于本级政府调剂预算年度内季节性收支差额 年度终了时，各级政府财政部门可以将预算周转金收回并用于补充预算稳定调节基金
预算稳定调节基金（可以设）	——	用于弥补以后年度预算资金的不足

【考点子题——举一反三，真枪实练】

[16]（历年真题•单选题）根据预算法律制度的规定，下列关于预算编制的表述中，不正确的是（　）。

A. 政府全部收入均应列入预算，不得隐瞒、少列

B. 地方政府举借的债务可以用于经常性支出

C. 各级一般公共预算可以设置预算周转金

D. 各级一般公共预算应当设置预备费

考点 4 预算审批

预算审批，即预算审查和批准，是国家各级权力机关对同级政府所提出的预算草案进行审查和批准的活动。预算的审批是使预算草案转变为正式预算的关键阶段，只有经过审批的预算才是具有法律效力的、相关预算主体必须遵守的正式预算。

【考点母题——万变不离其宗】预算审批的程序和内容

（1）根据预算法制度的规定，下列关于预算审批的权限和内容的表述中，正确的有（　）。	
A. 中央预算由全国人民代表大会审查和批准；地方各级预算由本级人民代表大会审查和批准	
B. 国务院财政部门应当在每年全国人民代表大会会议举行的 45 日前将中央预算草案的初步方案提交全国人民代表大会财政经济委员会进行初步审查	省、自治区、直辖市政府财政部门应当在本级人民代表大会会议举行的 30 日前，将本级预算草案的初步方案提交本级人民代表大会有关专门委员会进行初步审查
	设区的市、自治州政府财政部门应当在本级人民代表大会会议举行的 30 日前，将本级预算草案的初步方案提交本级人民代表大会有关专门委员会进行初步审查，或者送交本级人民代表大会常务委员会有关工作机构征求意见
	县、自治县、不设区的市、市辖区政府应当在本级人民代表大会会议举行的 30 日前将本级预算草案的初步方案提交本级人民代表大会常务委员会进行初步审查
	县、自治县、不设区的市、市辖区、乡、民族乡、镇的人民代表大会举行会议审查预算草案前，应当采用多种形式组织本级人民代表大会代表，听取选民和社会各界的意见

续表

<table>
<tr><td rowspan="2">C. 国务院在全国人民代表大会举行会议时，向大会作关于中央和地方预算草案以及中央和地方预算执行情况的报告</td><td>（2）全国人民代表大会和地方各级人民代表大会对预算草案及其报告、预算执行情况的报告重点审查的内容有（　）。</td></tr>
<tr><td>A. 上一年预算执行情况是否符合本级人民代表大会预算决议的要求
B. 预算安排是否符合《预算法》的规定
C. 预算安排是否贯彻国民经济和社会发展的方针政策，收支政策是否切实可行
D. 重点支出和重大投资项目的预算安排啊？是否适当
E. 预算的编制是否完整，是否细化到符合《预算法》的规定，即本级一般公共预算支出，按其功能分类应当编列到项；按其经济性质分类，基本支出应当编列到款。本级政府性基金预算、国有资本经营预算、社会保险基金预算支出，按其功能分类应当编列到项
F. 对下级政府的转移性支出预算是否规范、适当
G. 预算安排举借的债务是否合法、合理，是否有偿还计划和稳定的偿还资金来源
H. 与预算有关重要事项的说明是否清晰</td></tr>
<tr><td rowspan="2">D. 全国人民代表大会财政经济委员会向全国人民代表大会主席团提出关于中央和地方预算草案及中央和地方预算执行情况的审查结果报告。省、自治区、直辖市、设区的市、自治州人民代表大会有关专门委员会，县、自治县、不设区的市、市辖区人民代表大会常务委员会，向本级人民代表大会主席团提出关于总预算草案及上一年总预算执行情况的审查结果报告</td><td>（3）根据预算法制度的规定，预算执行情况的审查结果报告应当包括下列内容（　）。</td></tr>
<tr><td>A. 对上一年预算执行和落实本级人民代表大会预算决议的情况作出评价
B. 对本年度预算草案是否符合《预算法》的规定，是否可行作出评价
C. 对本级人民代表大会批准预算草案和预算报告提出建议
D. 对执行年度预算、改进预算管理、提高预算绩效、加强预算监督等提出意见和建议</td></tr>
<tr><td colspan="2">D. 地方各级政府在本级人民代表大会举行会议时，向大会作关于总预算草案和总预算执行情况的报告
E. 全国人民代表大会财政经济委员会向全国人民代表大会主席团提出关于中央和地方预算草案及中央和地方预算执行情况的审查结果报告
F. 省、自治区、直辖市、设区的市、自治州人民代表大会有关专门委员会，县、自治县、不设区的市、市辖区人民代表大会常务委员会，向本级人民代表大会主席团提出关于总预算草案及上一年总预算执行情况的审查结果报告</td></tr>
</table>

【考点母题——万变不离其宗】预算的备案和批复

（1）根据预算法制度的规定，下列关于预算报备案的表述中，正确的有（　）。
A. 乡、民族乡、镇政府应当及时将经本级人民代表大会批准的本级预算报上一级政府备案 B. 县级以上地方各级政府应当及时将经本级人民代表大会批准的本级预算及下一级政府报送备案的预算汇总，报上一级政府备案 C. 县级以上地方各级政府将下一级政府依照前述规定报送备案的预算汇总后，报本级人民代表大会常务委员会备案 D. 国务院将省、自治区、直辖市政府依照前款规定报送备案的预算汇总后，报全国人民代表大会常务委员会备案

续表

(2)【判断金句】国务院和县级以上地方人民政府对下一级政府依照《预算法》的相关规定报送备案的预算，认为有同法律、行政法规相抵触或者有其他不适当之处，需要撤销批准预算的决议的，应当提请本级人民代表大会常务委员会审议决定。
(3)根据预算法制度的规定，下列关于批复预算的表述中，正确的有（ ）。
A. 各级预算经本级人民代表大会批准后，本级政府财政部门应当在20日内向本级各部门批复预算 B. 各部门应当在接到本级政府财政部门批复的本级部门预算后15日内向所属各单位批复预算

【考点子题——举一反三，真枪实练】

[17]（经典子题•单选题）根据预算法律制度的规定，中央预算由特定机关审查和批准。该特定机关是（ ）。

A. 全国人民代表大会　　B. 全国人民代表大会常务委员会

C. 国务院　　D. 财政部

[18]（历年真题•单选题）根据预算法律制度的规定，县级以上地方各级人民政府认为下一级人民政府按规定报送备案的预算有不适当之处，需要撤销批准该预算的决议时，应当提请特定机关审议决定。该特定机关为（ ）。

A. 本级人民代表大会　　B. 本级人民代表大会常务委员会

C. 上一级人民代表大会　　D. 上一级人民政府

考点5 预算执行和调整

（一）预算执行

【考点母题——万变不离其宗】预算执行

(1)根据预算法制度的规定，下列关于预算执行的表述中，正确的有（ ）。	
A. 各级预算由本级政府组织执行，具体工作由本级政府财政部门负责 B. 各部门、各单位是本部门、本单位的预算执行主体，负责本部门、本单位的预算执行，并对执行结果负责	
预算执行的一般性规定	(2)根据预算法制度的规定，预算年度开始后、各级预算草案在本级人民代表大会批准前，可以安排的支出有（ ）。
	A. 上一年度结转的支出 B. 参照上一年同期的预算支出数额安排必须支付的本年度部门基本支出、项目支出，以及对下级政府的转移性支出 C. 法律规定必须履行支付义务的支出 D. 用于自然灾害等突发事件处理的支出 【注意】上述安排支出的情况，应当在预算草案的报告中作出说明。

续表

<table>
<tr><td rowspan="5">预算执行的一般性规定</td><td colspan="2">（3）【判断金句】预算经本级人民代表大会批准后，按照批准的预算执行。</td></tr>
<tr><td colspan="2">（4）【判断金句】各级预算的收入和支出实行收付实现制。特定事项按照国务院的规定实行权责发生制的有关情况，应当向本级人民代表大会常务委员会报告。</td></tr>
<tr><td colspan="2">（5）【判断金句】国家实行国库集中收缴和集中支付制度，对政府全部收入和支出实行国库集中收付管理。</td></tr>
<tr><td colspan="2">（6）【判断金句】各级政府应当加强对预算执行的领导，支持政府，财政，税务，海关等预算收入的征收部门依法组织预算收入，支持政府财政部门严格管理预算支出。</td></tr>
<tr><td colspan="2">（7）【判断金句】各部门、各单位应当加强对预算收入和支出的管理，不得截留或者动用应当上缴的预算收入，不得擅自改变预算支出的用途。</td></tr>
<tr><td rowspan="6">组织预算收入</td><td colspan="2">（8）根据预算法制度的规定，下列关于组织预算收入的表述中，正确的有（　）。</td></tr>
<tr><td colspan="2">A. 预算收入征收部门和单位，必须依照法律、行政法规的规定，及时、足额征收应征的预算收入
B. 不得违反法律、行政法规规定，多征、提前征收或者减征、免征、缓征应征的预算收入，不得截留、占用或者挪用预算收入
C. 各级政府不得向预算收入征收部门和单位下达收入指标</td></tr>
<tr><td rowspan="4">D. 政府的全部收入应当上缴国家金库（简称国库），任何部门、单位和个人不得截留、占用、挪用或者拖欠</td><td>国库是办理预算收入的收纳、划分、留解、退付和库款支拨的专门机构</td></tr>
<tr><td>国库分为中央国库和地方国库</td></tr>
<tr><td>（9）根据预算法制度的规定，下列关于国库制度的表述中，正确的有（　）。</td></tr>
<tr><td>A. 中央国库业务由中国人民银行经理。未设中国人民银行分支机构的地区。由中国人民银行商财政部后委托有关银行业金融机构办理。依照国务院的有关规定办理
B. 县级以上各级预算必须设立国库。地方国库业务由中国人民银行分支机构办理。未设中国人民银行分支机构的地区，由上级中国人民银行分支机构商有关地方财政部门后委托有关银行业金融机构办理
C. 具备条件的乡、民族乡、镇也应当设立国库；具体条件和标准由省、自治区、直辖市政府财政部门确定
D. 各级国库应当按照国家有关规定，及时准确地办理预算收入的收纳、划分、留解、退付和预算支出的拨付
E. 各级国库的库款支配权属于本级政府财政部门
F. 除法律、行政法规另有规定外，未经本级政府财政部门同意，任何部门、单位和个人都无权冻结、动用国库库款或者以其他方式支配已入国库的库款</td></tr>
</table>

续表

<table>
<tr><td rowspan="3">组织预算收入</td><td rowspan="3">E. 对于法律有明确规定或者国务院批准的特定专用资金，可以依照国务院的规定设立财政专户</td><td colspan="2">财政专户是指财政部门为履行财政管理职能，根据法律规定或者经国务院批准开设的用于管理核算特定专用资金的银行结算账户</td></tr>
<tr><td colspan="2">（10）下列各项中，属于特定专用资金的有（　）。</td></tr>
<tr><td colspan="2">A. 法律规定可以设立财政专户的资金
B. 外国政府和国际经济组织的贷款 / 赠款
C. 按照规定存储的人民币以外的货币
D. 财政部会同有关部门报国务院批准的其他特定专用资金</td></tr>
<tr><td rowspan="2">拨付预算支出</td><td colspan="3">（11）根据预算法制度的规定，下列关于拨付预算支出的表述中，正确的有（　）。</td></tr>
<tr><td colspan="3">A. 各级政府财政部门必须依照法律、行政法规和国务院财政部门的规定，及时、足额地拨付预算支出资金，加强对预算支出的管理和监督
B. 各级政府、各部门、各单位的支出必须按照预算执行，不得虚假列支
C. 各级政府、各部门、各单位应当对预算支出情况开展绩效评价</td></tr>
<tr><td rowspan="6">预算执行中的余额调剂</td><td colspan="3">（12）下列关于预算执行余额调剂的表述中，正确的有（　）。</td></tr>
<tr><td colspan="3">A. 各级预算预备费的动用方案由本级政府财政部门提出，报本级政府决定
B. 各级预算周转金由本级政府财政部门管理，不得挪作他用</td></tr>
<tr><td colspan="2">C. 各级一般公共预算年度执行中有超收收入的，只能用于冲减赤字或者补充预算稳定调节基金；各级一般公共预算的结余资金，应当补充预算稳定调节基金</td><td>超收收入，是指年度本级一般公共预算收入的实际完成数超过经本级人民代表大会或者其常务委员会批准的预算收入数的部分</td></tr>
<tr><td colspan="2">D. 省、自治区、直辖市一般公共预算年度执行中出现短收，通过调入预算稳定调节基金、减少支出等方式仍不能实现收支平衡的，省、自治区、直辖市政府报本级人民代表大会或者其常务委员会批准，可以增列赤字，报国务院财政部门备案，并应当在下一年度预算中予以弥补</td><td>短收，是指年度本级一般公共预算收入的实际完成数小于经本级人民代表大会或者其常务委员会批准的预算收入数的情形
【注意】上述所称一般公共预算收入的实际完成数和预算收入数，不包括转移性收入和政府债务收入。</td></tr>
<tr><td colspan="3">E. 各级政府性基金预算年度执行中有超收收入的，应当在下一年度安排使用，并优先用于偿还相应的专项债务；出现短收的应当通过减少支出实现收支平衡；国务院另有规定的除外</td></tr>
<tr><td colspan="3">F. 各级国有资本经营预算年度执行中有超收收入的应当在下一年度安排使用；出现短收的，应当通过减少支出实现收支平衡；国务院另有规定的除外</td></tr>
</table>

【考点子题——举一反三，真枪实练】

[19]（历年真题·多选题）根据预算法律制度的规定，预算年度开始后，各级预算草案在本级人民代表大会批准前，可以安排的支出有（　）。

A. 用于自然灾害等突发事件处理的支出

B. 法律规定必须履行支付义务的支出

C. 参照上一年同期的预算支出数额安排必须支付的本年度部门基本支出

D. 上年度结转的支出

[20]（历年真题•多选题）根据预算法律制度的规定，下列关于预算执行的表述中，正确的有（　）。

A. 各级政府可以向预算收入征收部门和单位下达收入指标

B. 各级政府、各部门、各单位应当对预算支出情况开展绩效评价

C. 各级国库库款的支配权属于本级人民政府财政部门

D. 各级一般公共预算的结余资金，应当补充预算稳定调节基金

[21]（历年真题•多选题）根据预算法律制度的规定，下列关于国库制度的表述中，正确的有（　）。

A. 县级以上各级预算必须设立国库

B. 国库库款的支配权属于本级政府财政部门

C. 中央国库业务由国务院财政部门经理

D. 国家实行国库集中收缴和集中支付制度

[22]（经典子题•判断题）各级预算的收入和支出实行收付实现制。特定事项按照国务院的规定实行权责发生制的有关情况，应当向本级人民代表大会常务委员会报告。（　）

[23]（经典子题•单选题）根据预算法律制度的规定，中央国库业务由特定主体经理。该主体是（　）。

A. 国务院财政主管部门　　B. 中国人民银行

C. 国家税务总局　　D. 中国银行保险监督管理委员会

[24]（历年真题•判断题）各级一般公共预算的结余资金，应当补充预算稳定调节基金。（　）

（二）预算调整

预算调整是在因特殊情况而在预算执行过程中对原来的预算作部分调整和变更。

【考点母题——万变不离其宗】预算调整

（1）根据预算法制度的规定，经全国人民代表大会批准的中央预算和经地方各级人民代表大会批准的地方各级预算，在执行中出现特定情形时，应当进行预算调整。该特定情形有（　）。

续表

A. 需要增加或者减少预算总支出的 B. 需要调入预算稳定调节基金的 C. 需要调减预算安排的重点支出数额的 D. 需要增加举借债务数额的 【注意】在预算执行中，各级政府一般不制定新的增加财政收入或者支出的政策和措施，也不制定减少财政收入的政策和措施；必须作出并需要进行调整的，应当在预算调整方案中作出安排。
（2）根据预算法制度的规定，下列关于预算调整方案的编制及审批的表述中，正确的有（ ）。
A. 在预算执行中，各级政府对于必须进行的预算调整，应当编制预算调整方案 B. 预算调整方案应当说明预算调整的理由、项目和数额 C. 在预算执行中，由于发生自然灾害等突发事件，必须及时增加预算支出的，应当先动支预备费；预备费不足支出的，各级政府可以先安排支出，属于预算调整的，列入预算调整方案
（3）根据预算法制度的规定，下列不属于预算调整情形的有（ ）。
A. 在预算执行中，地方各级政府因上级政府增加不需要本级政府提供配套资金的专项转移支付而引起的预算支出变化 B. 各级一般公共预算年度执行中例行节约、节约开支，造成本级预算支出实际执行数小于预算总支出的
（4）下列关于预算调整方案审查和批准的表述中，正确的有（ ）。
A. 中央预算的调整方案应当提请全国人民代表大会常务委员会审查和批准 B. 县级以上地方各级预算的调整方案应当提请本级人民代表大会常务委员会审查和批准 C. 乡、民族乡、镇预算的调整方案应当提请本级人民代表大会审查和批准 D. 未经批准，不得调整预算
（5）【判断金句】地方各级预算的调整方案经批准后，由本级政府报上一级政府备案。

【考点子题——举一反三，真枪实练】

[25]（历年真题•单选题）根据预算法律制度的规定，下列不属于应进行预算调整的情形是（ ）。

A. 需要增加预算总支出的

B. 需要调入预算稳定调节基金的

C. 需要调减预算安排的重点支出数额

D. 地方各级政府因上级政府增加不需要本级政府提供配套资金的专项转移支付而引起预算支出变化的

[26]（历年真题•多选题 改编）根据预算法律制度的规定，下列关于预算调整的表述中，正确的有（ ）。

A. 在预算执行中，需要增加举借债务数额的，应当依法定条件和程序进行预算调整

B. 在预算执行中，地方各级政府因上级政府增加不需要本级政府提供配套资金的专项转移支付引起的预算支出变化，不属于预算调整

C. 县级以上地方各级预算的调整方案应当提请本级人民代表大会审查和批准

D. 未经《预算法》规定的程序，各级政府不得作出预算调整的决定

[27]（历年真题•多选题）根据预算法律制度的规定，经批准的中央预算在执行中出现下列情形时，应当进行预算调整的有（　）。

A. 需要增加预算总支出的　　B. 需要减少举借债务数额的

C. 需要调入预算稳定调节基金的　　D. 需要调减预算安排的重点支出数额的

[28]（历年真题•单选题）根据预算法律制度的规定，乡、民族乡、镇预算的调整方案应当提请特定主体审查和批准。该特定主体是（　）。

A. 本级人民代表大会　　B. 本级人民政府

C. 上级人民代表大会常务委员会　　D. 上级人民政府

考点6 决算

决算是对年度预算收支执行结果的报告，是对年度预算执行结果的总结。是预算管理程序中的最后一个环节。

【考点母题——万变不离其宗】决算

<table>
<tr><td colspan="2">（1）根据预算法制度的规定，下列关于决算编制的表述中，正确的有（　）。</td></tr>
<tr><td rowspan="3">A. 决算草案是由各级政府、各部门、各单位，在每一预算年度终了后按照国务院规定的时间编制</td><td>决算草案是指各级政府、各部门、各单位编制的未经法定程序审查和批准的预算收支和结余的年度执行结果</td></tr>
<tr><td>编制决算草案必须符合法律、行政法规，做到收支真实、数额准确、内容完整、报送及时</td></tr>
<tr><td>结算草案应当与预算相对应，按预算数、调整预算数、决算数分别列出</td></tr>
<tr><td colspan="2">B. 各部门对所属各单位的决算草案，应当审核并汇总编制本部门的决算草案，在规定的期限内报本级政府财政部门审核
C. 各级政府财政部门对本级各部门决算草案审核后发现有不符合法律、行政法规规定的，有权予以纠正</td></tr>
<tr><td colspan="2">（2）根据预算法制度的规定，下列关于决算审批的表述中，正确的有（　）。</td></tr>
<tr><td colspan="2">A. 国务院财政部门编制中央决算草案，经国务院审计部门审计后，报国务院审定，由国务院提请全国人民代表大会常务委员会审查和批准
B. 县级以上各级政府财政部门编制本级决算草案，经本级政府审计部门审计后，报本级政府审定，由本级政府提请本级人民代表大会常委会审查和批准
C. 乡、民族乡、镇政府编制本级决算草案，提请本级人民代表大会审查和批准
D. 县级以上各级人民代表大会常务委员会和乡、民族乡、镇人民代表大会对本级决算草案进行审查</td></tr>
</table>

续表

E. 县级以上各级人民代表大会常务委员会应当结合本级政府提出的上一年度预算执行和其他财政收支的审计工作报告，对本级决算草案进行审查

F. 各级决算经批准后，财政部门应当在 20 日内向本级各部门批复决算。各部门应当在接到本级政府财政部门批复的本部门决算后 15 日内向所属单位批复决算

G. 地方各级政府应当将经批准的决算及下一级政府上报备案的决算汇总，报上一级政府备案。县级以上各级政府应当将下一级政府报送备案的决算汇总后，本级人民代表大会常务委员会备案

（3）根据预算法律制度的规定，下列关于决算撤销的表述中，正确的是（　）。

A. 国务院和县级以上地方各级政府对下一级政府依照《预算法》规定报送备案的决算，认为有同法律、行政法规相抵触或者有其他不适当之处，需要撤销批准该项决算的决议的，应当提请本级人民代表大会常务委员会审议决定；经审议决定撤销的，该下级人民代表大会常务委员会应当责成本级政府依照《预算法》规定重新编制决算草案，提请本级人民代表大会常务委员会审查和批准

【考点子题——举一反三，真枪实练】

［29］（历年真题•单选题）根据预算法律制度的规定，中央决算草案在编制后需经特定机关审查和批准。该特定机关是（　）。

A. 全国人民代表大会　　B. 全国人民代表大会常务委员会

C. 财政部　　D. 国务院

［30］（历年真题•单选题）根据预算法律制度的规定，下列机构中，有权审查和批准县级本级决算的是（　）。

A. 县级人民代表大会　　B. 县级人民代表大会常务委员会

C. 县级人民政府　　D. 县级财政部门

考点 7 预算监督

预算监督是指各级国家机关依法对全部预算活动的监督。预算监督贯穿于预算管理活动的各个环节，有效地推进财权法治化，确保财政资金的安全性和绩效性。

（一）权力机关对预算的监督

【考点母题——万变不离其宗】权力机关对预算的监督

（1）根据预算法制度的规定，下列关于权力机关对预算、决算监督的表述中，正确的有（　）。

A. 全国人民代表大会及其常务委员会对中央和地方预算、决算进行监督

B. 县级以上地方各级人民代表大会及其常务委员会对本级和下级预算、决算进行监督

C. 乡、民族乡、镇人民代表大会对本级预算、决算进行监督

（2）【判断金句】各级人民代表大会和县级以上各级人民代表大会常务委员会有权就预算、决算中的重大事项或者特定问题组织调查，有关的政府、部门、单位和个人应当如实反映情况和提供必要的材料。

续表

(3)【判断金句】各级人民代表大会和县级以上各级人民代表大会常务委员会举行会议时，人民代表大会代表或者常务委员会组成人员，依照法律规定程序就预算、决算中的有关问题提出询问或者质询，受询问或者受质询的有关政府或者财政部门必须及时给予答复。
(4)【判断金句】国务院和县级以上地方各级政府应当在每年 6 月至 9 月期间向本级人民代表大会常务委员会报告预算执行情况。

【考点子题——举一反三，真枪实练】

[31](经典子题·多选题)根据预算法律制度的规定，对中央预算、决算进行监督的主体有(　　)。

A. 全国人民代表大会　　B. 全国人民代表大会常务委员会

C. 财政部　　D. 国务院

(二)政府机关对预算的监督

【考点母题——万变不离其宗】政府机关对预算的监督

根据预算法制度的规定，下列关于政府机关对预算、决算监督的表述中，正确的有(　　)。
A. 各级政府监督下级政府的预算执行；下级政府应当定期向上一级政府报告预算执行情况 B. 各级政府财政部门负责监督本级各部门及其所属各单位预算管理有关工作，并向本级政府和上一级政府财政部门报告预算执行情况 C. 县级以上政府审计部门依法对预算执行、决算实行审计监督。对预算执行和其他财政收支的审计工作报告应当向社会公开 D. 政府各部门负责监督检查所属各单位的预算执行，及时向本级政府财政部门反映本部门预算执行情况，依法纠正违反预算的行为

(三)其他主体对预算的监督

【考点母题——万变不离其宗】其他主体对预算的监督

根据预算法制度的规定，下列关于其他主体对预算监督的表述中，正确的有(　　)。
A. 公民、法人或者其他组织发现有违反《预算法》的行为，可以依法向有关国家机关进行检举、控告 B. 接受检举、控告的国家机关应当依法进行处理，并为检举人、控告人保密；任何单位或者个人不得压制和打击报复检举人、控告人

第二节　国有资产管理法律制度

【本节知识框架】

- 国有资产管理法律制度
  - 国有资产的概念和类型
  - 企业国有资产管理法律制度
    - 企业国有资产的概念
    - 出资人和履行出资人职责的机构
    - 国家出资企业管理者的选择与考核
    - 与关联方交易的限制
    - 国有资本经营预算
  - 行政事业性国有资产管理法律制度
    - 行政事业性国有资产的概念及其适用范围
    - 行政事业性国有资产的管理体制和原则
    - 行政事业性国有资产的配置、使用和处置
    - 行政事业性国有资产的预算管理
    - 行政事业性国有资产的基础管理
    - 行政事业性国有资产的报告
    - 行政事业性国有资产的监督

图 7-3　第 2 节知识框架图

【本节考点、考点母题及考点子题】

考点 10　国有资产的概念和类型

第7章

【考点母题——万变不离其宗】国有资产的概念和类型

<table>
<tr><td rowspan="3">国有资产的概念</td><td>（1）【判断金句】国有资产，是指所有权属于国家的财产或财产权益。</td></tr>
<tr><td>（2）属于国有资产的财产或财产权益，包括（　）。</td></tr>
<tr><td>A. 属于国家的有形财产（固定资产和流动资产）　　B. 属于国家的债权
C. 属于国家的无形资产</td></tr>
</table>

续表

国有资产的类型	（3）国有资产的类型包括（ ）。	
	A. 经营性国有资产	国家投资所形成的财产权益，通常指企业国有资产
	B. 非经营性国有资产	由国家以拨款或者其他形式投入非经营性领域形成的财产权益，通常指行政事业性国有资产
	C. 资源性国有资产	有开发价值的、依法属于国家所有的自然资源
国有资产管理	（4）【判断金句】国有资产管理，是指国家对企业国有资产和行政事业性国有资产的管理。	

【考点子题——举一反三，真枪实练】

[32]（经典子题·多选题）根据国有资产法律制度的规定，属于国有资产的财产或财产权益包括（ ）。

A. 属于国家的固定资产　　B. 属于国家的流动资产

C. 属于国家的债权　　D. 属于国家的无形资产

考点 11 企业国有资产管理法律制度

（一）企业国有资产的概念

【考点母题——万变不离其宗】企业国有资产的概念

概念	（1）【判断金句】企业国有资产，是指国家对企业各种形式的出资所形成的权益，或者说，国家企业各种形式的投资和投资所形成的权益，以及依法认定为国家所有的其他权益。
国家出资企业	（2）【判断金句】企业国有资产属于国家所有，即全民所有。国务院代表国家行使国有资产所有权。

【考点子题——举一反三，真枪实练】

[33]（经典子题·多选题）根据国有资产法律制度的规定，代表国家行使国有资产所有权的是（ ）。

A. 国务院　　B. 国有资产监督管理委员会

C. 财政部　　D. 中国人民银行

（二）出资人和履行出资人职责的机构

【考点母题——万变不离其宗】出资人和履行出资人职责的机构

出资人	（1）下列关于企业国有资产出资人职责代表机构的表述中，正确的有（ ）。

第7章

续表

出资人	A. 国务院和地方人民政府依照法律，行政法规的规定，分别代表国家对国家出资企业履行出资人职责，享有出资人权益	国务院所确定的关系国民经济命脉和国家安全的大型国家出资企业、重要基础设施和重要自然资源等领域的国家出资企业，由国务院代表国家履行出资人职责
		其他的国家出资企业，由地方人民政府代表国家履行出资人职责
	（2）国家出资企业有（　）。	
	A. 国有独资企业　B. 国有独资公司 C. 国有资本控股公司　D. 国有资本参股公司	
	（3）国务院和地方人民政府履行出资人职责时应遵循的原则有（　）。	
	A. 政企分开　B. 社会公共管理职能与国有资产出资人职能分开 C. 不干预企业依法自主经营	
履行出资人职责的机构	（4）下列关于履行出资人职责机构的表述中，正确的有（　）。	
	A. 国务院国有资产监督管理机构和地方人民政府按照国务院规定所设立的国有资产监督管理机构，根据本级人民政府的授权，代表本级人民政府对国家出资企业履行出资人职责 B. 国务院和地方人民政府根据需要，可以授权其他部门、机构代表本级人民政府国家出资企业履行出资人职责	
履行出资人职责机构的职责	（5）下列各项中，属于履行出资人职责机构享有的出资者权利的有（　）。	
	A. 资产收益权　B. 参与重大决策权　C. 选择管理者的权利	
	（6）下列各项中，属于履行出资人职责机构职责的有（　）。	
	A. 代表本级人民政府对国家出资企业依法享有资产收益、参与重大决策和选择管理者等出资人权利 B. 依法制定或者参与制定国家出资企业的章程 C. 委派股东代表参加国有资本控股公司、国有资本参股公司召开的股东会会议，股东大会会议，按照委派机构的指示提出提案，发表意见，行使表决权，并将其履行职责的情况和结果及时报告委派机构 D. 依法律法规和企业章程履行出资人职责，保障出资人权益，防止国有资产损失 E. 维护企业作为市场主体依法享有的权利，除依法履行出资人职责外，不得干预企业经营活动 F. 对本级人民政府负责，向本级人民政府报告履行出资人职责的情况，接受本级人民政府的监督和考核，对国有资产的保值增值负责 G. 定期向本级人民政府报告有关国有资产总量、结构、变动、收益等汇总分析的情况	

【考点子题——举一反三，真枪实练】

[34]（经典子题•单选题）（经典子题·单选题）根据企业国有资产法律制度的规定，下列各项中，属于国家出资企业的有（　）。

A. 国有独资企业　　B. 国有独资公司

C. 国有资本控股公司　　　　　　　　D. 国有资本参股公司

[35]（经典子题•多选题）根据企业国有资产法律制度的规定，属于国务院和地方人民政府依法履行出资人职责时应遵循的原则有（　）。

A. 政企分开

B. 保护消费者合法权益

C. 不干预企业依法自主经营

D. 社会公共管理职能与企业国有资产出资人职能分开

[36]（经典子题•多选题）根据企业国有资产法律制度的规定，下列表述中，正确的有（　）。

A. 企业国有资产属于国家所有，国务院代表国家对国家出资企业履行出资人职责

B. 地方人民政府无权代表国家对国家出资企业履行出资人职责

C. 财政部可对授权范围内的金融类国家出资企业履行出资人职责

D. 履行出资人职责应当坚持政企分开、社会公共管理职能与企业国有资产出资人职能分开、不干预企业依法自主经营原则

[37]（历年真题•判断题）国务院确定的关系国家安全的大型国家出资企业由国务院代表国家履行出资人职责。（　）

（三）国家出资企业管理者的选择与考核制度

【考点母题——万变不离其宗】国家出资企业管理者的选择与考核制度

<table>
<tr><td rowspan="2">国家出资企业管理者的选择</td><td>（1）下列关于履行出资人职责的机构任免或建议任免国家出资企业人员的表述中，正确的有（　）。</td></tr>
<tr><td>A. 有权任免国有独资企业的经理、副经理、财务负责人和其他高级管理人员
B. 有权任免国有独资公司的董事长、副董事长、董事、监事会主席和监事
C. 有权向国有资本控股公司、国有资本参股公司的股东会、股东大会提出董事、监事人选
D. 上述 A、B 项规定的企业管理者，国务院和地方人民政府规定由本级人民政府任免的，依照其规定</td></tr>
<tr><td rowspan="2">国家出资企业管理者的兼职限制</td><td>（2）下列关于国家出资企业中董事、高级管理人员兼职限制的表述中，正确的有（　）。</td></tr>
<tr><td>A. 未经履行出资人职责的机构同意，国有独资企业、国有独资公司的董事、高级管理人员不得在其他企业兼职
B. 未经股东（大）会同意，国有资本控股公司、国有资本参股公司董事、高管不得在经营同类业务的其他企业兼职
C. 未经履行出资人职责的机构同意，国有独资公司的董事长不得兼任经理
D. 未经股东（大）会同意，国有资本控股公司的董事长不得兼任经理
E. 董事、高级管理人员不得兼任监事</td></tr>
</table>

续表

国家出资企业管理者的考核	（3）下列关于国家出资企业管理者的考核的表述中，正确的有（　）。
	A. 国家建立国家出资企业管理者经营业绩考核制度。履行出资人职责的机构应当对其任命的企业管理者进行年度和任期考核，并依据考核结果决定对企业管理者的奖惩。履行出资人职责的机构应当按照国家有关规定，确定其任命的国家出资企业管理者的薪酬标准
	B. 国有独资企业、国有独资公司和国有资本控股公司的主要负责人，应当接受依法进行的任期经济责任审计

【考点子题——举一反三，真枪实练】

[38]（历年真题•单选题）根据《企业国有资产法》的规定，国家出资企业的下列人员中，不由履行出资人职责的机构任免的是（　）。

A. 国有独资公司的董事长　　B. 国有资本参股公司的监事

C. 国有独资企业的经理　　D. 国有独资企业的财务负责人

[39]（历年真题•判断题）未经履行出资人职责的机构同意，国有资本控股公司的董事长不得兼任经理。（　）

[40]（历年真题•判断题）未经履行出资人职责的机构同意，国有独资公司的董事长不得兼任经理。（　）

[41]（历年真题•多选题）下列各项中，属于国有资产监督管理机构可以代表本级政府履行出资人职责的事项有（　）。

A. 制定或参与制定国家出资企业的章程　B. 参加股东会或者股东大会

C. 任免国有独资企业的财务负责人　　D. 任命国有资本参股东的监事

[42]（历年真题•多选题）根据国有资产管理法律制度的规定，下列主体中，其主要负责人应当接受任期经济责任审计的有（　）。

A. 国有独资企业　　B. 国有独资公司

C. 国有资本控股公司　　D. 国有资本参股公司

（四）与关联方交易的限制

【考点母题——万变不离其宗】与关联方交易的限制

关联方的概念	（1）【判断金句】《企业国有资产法》所称的关联方，是指本企业的董事、监事、高级管理人员及其近亲属，以及这些人员所有或者实际控制的企业。
与关联方交易的限制	（2）【判断金句】国家出资企业的关联方不得利用与国家出资企业之间的交易，谋取不当利益，损害国家出资企业利益。
	（3）下列关于国家出资企业与管理方交易限制和禁止的表述中，正确的有（　）。

续表

与关联方交易的限制	A.	国有独资企业 国有独资公司 国有资本控股公司	不得无偿向关联方提供资金、商品、服务或者其他资产
			不得以不公平的价格与关联方进行交易
	B.	国有独资企业 国有独资公司	（4）下列行为中，国有独资企业、国有独资公司未经履行出资人职责的机构同意不得从事的有（　）。
			A. 与关联方订立财产转让、借款的协议 B. 为关联方提供担保 C. 与关联方共同出资设立企业，或者向董事、监事、高级管理人员或者其近亲属所有或者实际控制的企业投资
	C.	国有资本控股公司 国有资本参股公司	（5）下列关于国有资本控股公司、国有资本参股公司与关联方的交易的表述中，正确的有（　）。
			A. 与关联方的交易，由公司股东会、股东大会决定的，履行出资人职责的机构委派的股东代表，依法行使权利 B. 公司董事会对公司与关联方的交易作出决议时，该交易涉及的董事不得行使表决权，也不得代理其他董事行使表决权

【考点子题——举一反三，真枪实练】

[43]（历年真题 • 单选题）甲公司是国有独资公司，王某是该公司总经理。下列关于甲公司关联方认定的表述中，正确的是（　）。

A. 王某的大学同学李某是乙公司控股股东，故乙公司是甲公司的关联方

B. 丙公司是甲公司的全资子公司，钱某是丙公司监事，故钱某是甲公司的关联方

C. 周某是王某的妻子，故周某是甲公司的关联方

D. 丁公司和甲公司由同一国有资产监督管理机构出资，郑某是丁公司经理，故郑某是甲公司的关联方

[44]（经典子题 • 多选题）下列行为中，未经履行出资人职责的机构同意，国有独资企业、国有独资公司不得进行交易的有（　）。

A. 与关联方订立财产转让、借款的协议　B. 为关联方提供担保

C. 与关联方共同出资设立企业　　D. 向关联方企业投资

[45]（历年真题 • 多选题）根据《企业国有资产法》的规定，未经履行出资人职责的机构同意，与关联方发生的下列交易中，应该禁止的有（　）。

A. 国有独资公司与关联方订立借款协议

B. 国有独资企业为关联方提供担保

C. 国有独资企业与关联方订立财产转让协议

D. 国有独资公司按照市场价格购买关联方的商品

（五）国有资本经营预算

【考点母题——万变不离其宗】国有资本经营预算

<table>
<tr><td colspan="2">（1）【判断金句】国家建立健全国有资本经营预算制度，对取得的国有资本收入及其支出实行预算管理。</td></tr>
<tr><td rowspan="2">国有资本经营预算编制的范围</td><td>（2）国家取得的下列国有资本收入，以及下列收入的支出，应当编制国有资本经营预算的有（　）。</td></tr>
<tr><td>A. 从国家出资企业分得的利润　B. 国有资产转让收入
C. 从国家出资企业取得的清算收入　D. 其他国有资本收入</td></tr>
<tr><td rowspan="2">国有资本经营预算编制的要求</td><td>（3）下列关于国有资本经营预算编制的要求，表述正确的有（　）。</td></tr>
<tr><td>A. 国有资本经营预算按年度单独编制，纳入本级人民政府预算，报本级人民代表大会批准
B. 国有资本经营预算支出按照当年预算收入规模安排，不列赤字
C. 国务院和有关地方人民政府财政部门负责国有资本经营预算草案的编制工作，履行出资人职责的机构向财政部门提出由其履行出资人职责的国有资本经营预算建议草案</td></tr>
</table>

【考点子题——举一反三，真枪实练】

[46]（历年真题•单选题）根据国有资产管理法律制度的规定，下列关于国有资本经营预算的表述中，不正确的是（　）。

A. 国有资本经营预算按年度单独编制

B. 国有资本经营预算可列赤字

C. 国有资本经营预算的执行情况应接受审计监督

D. 国有资本经营预算草案的编制由财政部门负责

（六）企业国有资产及重大事项管理

【考点母题——万变不离其宗】企业国有资产及重大事项管理

<table>
<tr><td rowspan="2">国有资产监督管理机构决定的事项</td><td>（1）下列事项中，应由国有资产监督管理机构决定的有（　）。</td></tr>
<tr><td>A. 国有独资企业、国有独资公司的合并、分立
B. 国有独资企业、国有独资公司增加或者减少注册资本
C. 国有独资企业、国有独资公司发行债券
D. 国有独资企业、国有独资公司分配利润
E. 国有独资企业、国有独资公司解散、申请破产
F. 其所出资企业的国有股权转让</td></tr>
</table>

续表

<table>
<tr><td rowspan="2">企业国有资产及重大事项管理</td><td>（2）下列各项中，属于国有资产监督管理机构管理的事项有（　）。</td></tr>
<tr><td>A. 依照国家有关规定，负责企业国有资产的产权界定、产权登记、资产评估监管、清产核资、资产统计、综合评价等基础管理工作。协调其所出资企业之间的企业国有资产产权纠纷
B. 建立企业国有资产产权交易监督管理制度，加强企业国有资产产权交易的监督管理，促进企业国有资产的合理流动，防止企业国有资产流失
C. 对其所出资企业的企业国有资产收益依法履行出资人职责，对其所出资企业的重大投融资规划、发展战略和规划，依照国家发展规划和产业政策履行出资人职责
D. 所出资企业中的国有独资企业、国有独资公司的重大资产处置，需由国有资产监督管理机构批准的，依照有关规定执行
E. 依照法定程序决定其所出资企业中的国有独资企业、国有独资公司的分立、合并、破产、解散、增减资本、发行公司债券等重大事项；其中，重要的国有独资企业、国有独资公司分立、合并、破产、解散的，应当由国有资产监督管理机构审核后，报本级人民政府批准
F. 依照法定程序审核、决定国防科技工业领域其所出资企业中的国有独资企业、国有独资公司的有关重大事项时，按照国家法律法规进行
G. 决定其所出资企业的国有股权转让；其中，转让全部国有股权或者转让部分国有股权致使国家不再拥有控股地位的，报本级人民政府批准
H. 依照国家有关规定拟订所出资企业收入分配制度改革的指导意见，调控所出资企业工资分配的总体水平
I. 可以对所出资企业中具备条件的国有独资企业、国有独资公司进行国有资产授权经营；被授权的国有独资企业、国有独资公司对其全资、控股、参股企业中国家投资形成的国有资产依法进行经营、管理和监督
J. 依法对所出资企业财务进行监督，建立和完善国有资产保值增值指标体系，维护国有资产出资人的权益；所出资企业中的国有独资企业、国有独资公司应当按照规定定期向国有资产监督管理机构报告财务状况、生产经营状况和国有资产保值增值状况</td></tr>
<tr><td rowspan="2">本级人民政府批准的事项</td><td>（3）重要的国有独资企业、重要的国有独资公司、重要的国有资本控股公司发生特定事项，应当由国有资产监督管理机构审核后，报本级人民政府批准。该特定事项有（　）。</td></tr>
<tr><td>A. 合并、分立　　B. 解散、申请破产
C. 国有股权转让中，转让全部国有股权或者转让部分国有股权致使国家不再拥有控股地位的</td></tr>
</table>

【考点子题——举一反三，真枪实练】

[47]（经典子题•多选题）根据企业国有资产法律制度的规定，重要的国有独资公司的下列事项中，应当由国有资产监督管理机构审核后报本级人民政府批准的有（　）。

A. 合并　　B. 申请破产　　C. 发行债券　　D. 对外担保

（七）企业国有资产监督

【考点母题——万变不离其宗】企业国有资产监督

各级权力机关的监督	（1）下列关于各级权力机关对企业国有资产监督的表述中，正确的是（　）。
	A. 各级人民代表大会常务委员会通过听取和审议本级人民政府履行出资人职责的情况和国有资产监督管理情况的专项工作报告，组织对《企业国有资产法》实施情况的执法检查等，依法行使监督职权
各级政府的监督	（2）下列关于各级政府对企业国有资产监督的表述中，正确的有（　）。
	A. 国务院和地方人民政府应当对其授权履行出资人职责的机构履行职责的情况进行监督 B. 国务院和地方人民政府审计机关依照《中华人民共和国审计法》的规定，对国有资本经营预算的执行情况和属于审计监督对象的国家出资企业进行审计监督
社会监督	（3）下列关于对企业国有资产社会监督的表述中，正确的有（　）。
	A. 履行出资人职责的机构根据需要，可以委托会计师事务所对国有独资企业、国有独资公司的年度财务会计报告进行审计，或者通过国有资本控股公司的股东会、股东大会决议，由国有资本控股公司聘请会计师事务所对公司的年度财务会计报告进行审计，维护出资人权益 B. 国务院和地方人民政府应当依法向社会公布国有资产状况和国有资产监督管理工作情况，接受社会公众的监督。任何单位和个人有权对造成国有资产损失的行为进行检举和控告

考点12 行政事业性国有资产管理法律制度

【考点母题——万变不离其宗】行政事业性国有资产的概念及其适用范围

行政事业性国有资产的概念	（1）行政单位、事业单位通过特定方式取得或者形成的资产是行政事业性国有资产。该特定方式有（　）。
	A. 使用财政资金形成的资产　B. 接受调拨或者划转、置换形成的资产 C. 接受捐赠并确认为国有的资产　D. 其他国有资产
	（2）【判断金句】行政事业性国有资产属于国家所有。
行政事业性国有资产管理适用范围	（3）下列关于行政事业性国有资产管理适用范围的表述中，正确的有（　）。
	A. 货币形式的行政事业性国有资产管理，按照预算管理有关规定执行 B. 执行企业财务、会计制度的事业单位以及事业单位对外投资的全资企业或者控股企业的资产管理，不适用《行政事业性国有资产管理条例》 C. 公共基础设施、政府储备物资、国有文物文化等行政事业性国有资产管理的具体办法，由国务院财政部门会同有关部门制定 D. 中国人民解放军、中国人民武装警察部队直接支配的行政事业性国有资产管理，依照中央军事委员会有关规定执行 【注意】除国家另有规定外，社会组织直接支配的行政事业性国有资产管理，依照《行政事业性国有资产管理条例》执行。

第7章

【考点子题——举一反三，真枪实练】

[48]（历年真题•判断题）政府储备物资属于行政事业性国有资产。（　）

【考点母题——万变不离其宗】行政事业性国有资产的管理体制和原则

<table>
<tr><td colspan="2">下列对行政事业性国有资产的管理体制和原则的表述中，正确的有（　）。</td></tr>
<tr><td colspan="2">A. 行政事业性国有资产实行政府分级监管、各部门及其所属单位直接支配的管理体制</td></tr>
<tr><td colspan="2">B. 各级人民政府应当建立健全行政事业性国有资产管理机制，加强对本级行政事业性国有资产的管理，审查、批准重大行政事业性国有资产管理事项</td></tr>
<tr><td rowspan="2">C. 国务院财政部门负责制定行政事业单位国有资产管理规章制度并负责组织实施和监督检查，牵头编制行政事业性国有资产管理情况报告。相关部门根据职责规定，按照集中统一、分类分级原则，加强中央行政事业单位国有资产管理，优化管理手段，提高管理效率</td><td>国务院机关事务管理部门和有关机关事务管理部门会同有关部门依法依规履行相关中央行政事业单位国有资产管理职责，制定中央行政事业单位国有资产管理具体制度和办法并组织实施，接受国务院财政部门的指导和监督检查</td></tr>
<tr><td>相关部门根据职责规定，按照集中统一、分类分级原则，加强中央行政事业单位国有资产管理，优化管理手段，提高管理效率</td></tr>
<tr><td rowspan="2">D. 各部门根据职责负责本部门及其所属单位国有资产管理工作，应当明确管理责任，指导、监督所属单位国有资产管理工作</td><td>各部门所属单位负责本单位行政事业性国有资产的具体管理，应当建立和完善内部控制管理制度</td></tr>
<tr><td>各部门及其所属单位管理行政事业性国有资产应当遵循安全规范、节约高效、公开透明、权责一致的原则，实现实物管理与价值管理相统一，资产管理与预算管理、财务管理相结合</td></tr>
</table>

【考点母题——万变不离其宗】行政事业性国有资产的配置、使用和处置

<table>
<tr><td rowspan="3">行政事业性国有资产配置</td><td>（1）【判断金句】资产配置包括调剂、购置、建设、租用、接受捐赠等方式。各部门及其所属单位应当优先通过调剂方式配置资产。不能调剂的，可以采用购置、建设、租用等方式。</td></tr>
<tr><td>（2）下列关于行政事业性国有资产配置的表述中，正确的有（　）。</td></tr>
<tr><td>A. 各部门及其所属单位应当根据依法履行职能和事业发展的需要，结合资产存量、资产配置标准、绩效目标和财政承受能力配置资产，合理选择资产配置方式
B. 各部门及其所属单位应当合理选择资产配置方式，资产配置重大事项应当经可行性研究和集体决策，资产价值较高的按照国家有关规定进行资产评估，并履行审批程序
C. 县级以上人民政府应当组织建立、完善资产配置标准体系，明确配置的数量、价值、等级、最低使用年限等标准。资产配置标准应当按照勤俭节约、讲求绩效和绿色环保的要求，根据国家有关政策、经济社会发展水平、市场价格变化、科学技术进步等因素适时调整</td></tr>
</table>

续表

行政事业性国有资产的使用	（3）下列关于行政事业性国有资产使用的表述中，正确的有（　）。
	A. 行政单位国有资产应当用于本单位履行职能的需要。除法律另有规定外，行政单位不得以任何形式将国有资产用于对外投资或者设立营利性组织 B. 事业单位国有资产应当用于保障事业发展、提供公共服务。事业单位利用国有资产对外投资应当有利于事业发展和实现国有资产保值增值，符合国家有关规定，经可行性研究和集体决策，按照规定权限和程序进行。应当明确对外投资形成的股权及其相关权益管理责任，按照规定将对外投资形成的股权纳入经营性国有资产集中统一监管体系 C. 各部门及其所属单位应当加强对本单位固定资产、在建工程、流动资产、无形资产等各类国有资产的管理，明确管理责任，规范使用流程，加强产权保护，推进相关资产安全有效使用。应当明确资产使用人和管理人的岗位责任。接收捐赠的资产应当按照捐赠约定的用途使用。捐赠人意愿不明确或者没有约定用途的，应当统筹安排使用 D. 县级以上地方人民政府及其有关部门应当建立健全国有资产共享共用机制，采取措施引导和鼓励国有资产共享共用，统筹规划，有效推进国有资产共享共用工作。各部门及其所属单位应当在确保安全使用的前提下，推进本单位大型设备等国有资产共享共用工作，可以对提供方给予合理补偿
行政事业性国有资产的处置	（4）【判断金句】各部门及其所属单位应当根据履行职能、事业发展需要和资产使用状况，经集体决策和履行审批程序，依据处置事项批复等相关文件及时处置行政事业性国有资产。
	（5）各部门及其所属单位应当对特定资产及时予以报废、报损。该特定资产有（　）。
	A. 因技术原因确需淘汰或者无法维修、无维修价值的资产 B. 涉及盘亏、坏账以及非正常损失的资产 C. 已超过使用年限且无法满足现有工作需要的资产 D. 因自然灾害等不可抗力造成毁损、灭失的资产
	（6）下列对行政事业性国有资产处置的表述中，正确的有（　）
	A. 各部门及其所属单位应当将依法罚没的资产按照国家规定公开拍卖或者按照国家有关规定处理，所得款项全部上缴国库 B. 各部门及其所属单位发生分立、合并、改制、撤销、隶属关系改变或者部分职能、业务调整等情形，应当根据国家有关规定办理相关国有资产划转、交接手续 C. 国家设立的研究开发机构、高等院校对其持有的科技成果的使用和处置，依照《中华人民共和国促进科技成果转化法》《中华人民共和国专利法》和国家有关规定执行

【考点子题——举一反三，真枪实练】

[49]（历年真题·单选题）根据国有资产管理法律制度的规定，行政事业性国有资产的下列配置方式中，各部门及其所属单位应当优先采用的是（　）。

A. 购置　　B. 接受捐赠　　C. 调剂　　D. 租用

[50]（历年真题·多选题）根据国有资产管理法律制度的规定，下列行政事业性国有资产中，应当及时予以报废、报损的有（　）。

A. 因技术原因确需淘汰的资产

B. 因不可抗力造成毁损的资产

C. 非正常损失的资产

D. 可满足现有工作需要但已超过使用年限的资产

[51](历年真题·单选题)根据国有资产管理法律制度的规定，下列关于行政事业性国有资产配置、使用和处置的表述中，不正确的是(　　)。

A. 应当优先通过调剂方式配置资产

B. 各部门进行国有资产共享共用时，可以对提供方给予合理补偿

C. 因技术原因确需淘汰的资产应当及时予以报废

D. 依法罚没的资产处理后的所得款项可由作出罚没决定的部门自行处置

【考点母题——万变不离其宗】行政事业性国有资产的预算管理

<table>
<tr><td colspan="2">(1)【判断金句】资产管理与预算管理相结合是行政事业性国有资产管理的重要特点。</td></tr>
<tr><td rowspan="2">预算编制与执行</td><td>(2)下列关于行政事业性国有资产的预算编制与执行的表述中，正确的有(　　)。</td></tr>
<tr><td>A. 各部门及其所属单位购置、建设、租用资产应当提出资产配置需求，编制资产配置相关支出预算，并严格按照预算管理规定和财政部门批复的预算配置资产
B. 县级以上人民政府投资建设公共基础设施，应当依法落实资金来源，加强预算约束，防范政府债务风险，并明确公共基础设施的管理维护责任单位</td></tr>
<tr><td rowspan="2">收入管理</td><td>(3)下列关于行政事业性国有资产的收入管理的表述中，正确的有(　　)。</td></tr>
<tr><td>A. 行政单位国有资产出租和处置等收入，应当按照政府非税收入和国库集中收缴制度的有关规定管理
B. 除国家另有规定外，事业单位国有资产的处置收入应当按照政府非税收入和国库集中收缴制度的有关规定管理。事业单位国有资产使用形成的收入，由本级人民政府财政部门规定具体管理办法
C. 各部门及其所属单位应当及时收取各类资产收入，不得违反国家规定，多收、少收、不收、侵占、私分、截留、占用、挪用、隐匿、坐支</td></tr>
<tr><td>决算管理</td><td>(4)【判断金句】各部门及其所属单位应当在决算中全面、真实、准确反映其国有资产收入、支出以及国有资产存量情况。</td></tr>
<tr><td>绩效管理</td><td>(5)【判断金句】各部门及其所属单位应当按照国家规定建立国有资产绩效管理制度，建立健全绩效指标和标准，有序开展国有资产绩效管理工作。</td></tr>
</table>

【考点母题——万变不离其宗】行政事业性国有资产的基础管理

(1)下列关于资产台账、会计核算、资产盘点、资产评估、资产清查、权属登记、资产纠纷处理和信息化等的表述中，正确的有(　　)。

续表

A. 各部门及其所属单位应当按照国家规定设置行政事业性国有资产台账，依照国家统一的会计制度进行会计核算，不得形成账外资产 B. 各部门及其所属单位应当定期或者不定期对资产进行盘点、对账。出现资产盘盈盘亏的，应当按照财务、会计和资产管理制度有关规定处理，做到账实相符和账账相符 C. 除国家另有规定外，各部门及其所属单位将行政事业性国有资产进行转让、拍卖、置换、对外投资等，应当按照国家有关规定进行资产评估。行政事业性国有资产以市场化方式出售、出租的，依照有关规定可以通过相应公共资源交易平台进行 D. 各部门及其所属单位在资产清查中发现账实不符、账账不符的，应当查明原因予以说明，并随同清查结果一并履行审批程序。由于资产使用人、管理人的原因造成资 产毁损、灭失的，应当依法追究相关责任
E. 各部门及其所属单位对需要办理权属登记的资产应当依法及时办理。对有账簿记录但权证手续不全的行政事业性资产，可以向本级人民政府有关主管部门提出确认资产权属申请，及时办理权属登记 F. 各部门及其所属单位之间，各部门及其所属单位与其他单位和个人之间发生资产纠纷的，应当依照有关法律法规规定采取协商等方式处理 G. 国务院财政部门应当建立全国行政事业性国有资产管理信息系统，推行资产管理网上办理，实现信息共享
(2) 下列情形中，各部门及其所属单位应当对行政事业性国有资产进行清查的有（ ）。
A. 根据本级政府部署要求 B. 发生重大资产调拨、划转以及单位分立、合并、改制、撤销、隶属关系改变等情形 C. 因自然灾害等不可抗力造成资产毁损、灭失 D. 会计信息严重失真 E. 国家统一的会计制度发生重大变更，涉及资产核算方法发生重要变化 F. 其他应当进行资产清查的情形

【考点子题——举一反三，真枪实练】

[52]（历年真题·单选题）根据国有资产管理法律制度的规定，下列关于行政事业性国有资产基础管理的表述中，正确的是（ ）。

A. 各部门及其所属单位对有账簿记录但权证手续不全的行政事业性国有资产，应当及时予以报废

B. 国务院国有资产监督管理机构负责建立全国行政事业性国有资产管理信息系统

C. 各部门及其所属单位根据业务需要可以形成行政事业性国有资产账外资产

D. 各部门及其所属单位会计信息严重失真的，应当对行政事业性国有资产进行清

[53]（经典子题·多选题）各部门及其所属行政事业单位发生的下列情形中，应当进行资产清查的有（ ）。

A. 因自然灾害造成资产毁损、灭失 B. 会计信息严重失真

C. 发生重大资产调拨、划转 D. 单位改制

[54]（历年真题•判断题）因自然灾害等不可抗力造成行政事业性国有资产毁损、灭失的，各部门及其所属单位应当对行政事业性国有资产进行清查。（　）

【考点母题——万变不离其宗】行政事业性国有资产的报告

（1）下列关于行政事业性国有资产的报告，正确的有（　）。
A. 国务院向全国人民代表大会常务委员会报告全国行政事业性国有资产管理情况
B. 县级以上地方人民政府按照规定向本级人民代表大会常务委员会报告行政事业性国有资产管理情况
（2）行政事业性国有资产管理情况报告的内容包括（　）。
A. 资产负债总量　B. 相关管理制度建立和实施 C. 资产配置、使用、处置和效益　D. 推进管理体制机制改革等
（3）下列关于行政事业性国有资产管理情况报告程序的表述中，正确的有（　）。
A. 各部门所属单位应当每年编制本单位行政事业性国有资产管理情况报告，逐级报送相关部门 B. 本部门应当汇总编制本部门行政事业性国有资产管理情况报告，报送本级政府财政部门 C. 县级以上地方人民政府财政部门应当每年汇总本级和下级行政事业性国有资产管理情况，报送本级政府和上一级政府财政部门

【考点母题——万变不离其宗】行政事业性国有资产的监督

下列属于行政事业性国有资产的监督的有（　）。
A. 人大监督　B. 政府层级监督　C. 财政监督　D. 审计监督　E. 行业监督　F. 社会监督

第三节 政府采购法律制度

【本节知识框架】

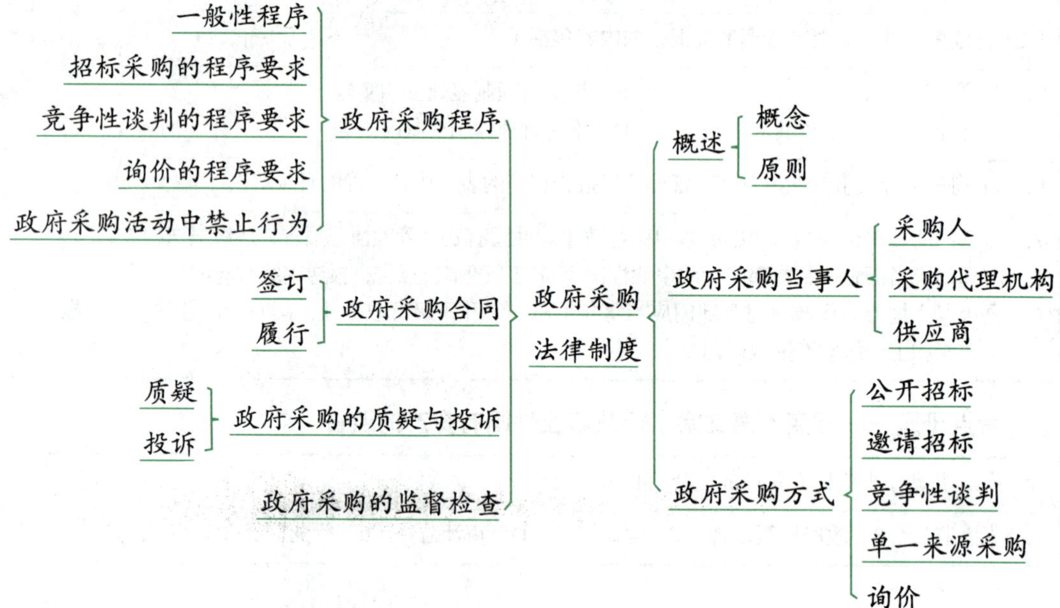

图 7-4 第 3 节知识框架图

【本节考点、考点母题及考点子题】

政府采购概述

【考点母题——万变不离其宗】政府采购概述

定义	（1）【判断金句】政府采购，是指各级国家机关、事业单位和团体组织，使用财政性资金采购依法制定的集中采购目录以内的或者采购限额标准以上的货物、工程和服务的行为。

续表

<table>
<tr><td rowspan="11">政府采购的原则</td><td colspan="3">（2）下列各项中，属于我国《政府采购法》的原则的有（　）。</td></tr>
<tr><td rowspan="2">A. 公开透明原则</td><td colspan="2">（3）下列情形中，符合政府采购公开透明原则要求的有（　）。</td></tr>
<tr><td colspan="2">A. 政府采购的信息应当在政府采购监督管理部门指定的媒体上及时向社会公开发布（涉及商业秘密的除外）
B. 政府采购目录和限额标准应当向社会公布
C. 纳入集中采购目录的政府采购项目，应当实行集中采购
D. 政府采购项目的采购标准应当公开
E. 采购人在采购活动完成后，应当将采购结果予以公布</td></tr>
<tr><td rowspan="3">B. 公平竞争原则</td><td colspan="2">（4）【判断金句】任何单位和个人不得采用任何方式，阻挠和限制供应商自由进入本地区和本行业的政府采购市场。政府采购当事人不得以任何手段排斥其他供应商参与竞争。</td></tr>
<tr><td colspan="2">（5）采购人或者采购代理机构不得以不合理的条件对供应商实行差别待遇或者歧视待遇。下列情形中，属于以不合理的条件对供应商实行差别待遇或者歧视待遇的有（　）。</td></tr>
<tr><td colspan="2">A. 就同一采购项目向供应商提供有差别的项目信息
B. 设定的资格、技术、商务条件与采购项目的具体特点和实际需要不相适应或者与合同履行无关
C. 采购需要中的技术、服务等要求指向特定供应商、特定产品
D. 以特定行政区域或者特定行业的业绩、奖项作为加分条件或者中标、成交条件
E. 对供应商采取不同的资格审查或评审标准
F. 限定或者指定特定的专利、商标、品牌或者供应商
G. 非法限定供应商的所有制形式、组织形式或者所在地
H. 以其他不合理条件限制或者排斥潜在供应商</td></tr>
<tr><td rowspan="4">C. 公正原则</td><td rowspan="2">微观公正</td><td>旨在实现采购个案的公正</td></tr>
<tr><td>规定了回避制度和采购代理机构独立于政府制度</td></tr>
<tr><td rowspan="2">宏观公正</td><td>只在实现采购整体环境的公正</td></tr>
<tr><td>政府采购应当有助于实现国家经济和社会发展的政策目标，包括保护环境、扶持不发达地区和少数民族地区，促进中小企业发展等</td></tr>
<tr><td>D. 诚实信用原则</td><td colspan="2">一方面要求政府采购应当严格按照批准的预算执行；保护当事人的信赖利益。另一方面也要求供应商恪守采购合同义务</td></tr>
</table>

【考点子题——举一反三，真枪实练】

[55]（经典子题·多选题）根据政府采购法律制度的规定，下列情形中，属于以不合理的条件对供应商实行差别待遇或者歧视待遇的有（　）。

A. 就同一采购项目向供应商提供有差别的项目信息

B. 设定的技术条件与采购项目的具体特点和实际需要不相适应

C. 以特定行业的业绩、奖项作为加分条件

D. 对供应商采取不同的资格审查或评审标准

[56]（经典子题•判断题）除涉及商业秘密的以外，政府采购的信息应当在政府采购监督管理部门指定的媒体上及时向社会公开发布。（ ）

政府采购当事人

【考点母题——万变不离其宗】政府采购当事人

<table>
<tr><td rowspan="6">采购人</td><td colspan="2">（1）根据政府采购法律制度的规定，下列关于采购人的表述中，正确的有（ ）。</td></tr>
<tr><td colspan="2">A. 采购人是指依法进行政府采购的国家机关、事业单位、团体组织，不包括国有企业</td></tr>
<tr><td colspan="2">B. 政府采购实行集中采购和分散采购相结合的采购模式。集中采购的范围由政府集中采购目录确定，分散采购的范围由采购限额标准确定</td></tr>
<tr><td>C. 集中采购</td><td>集中采购分为政府集中采购和部门集中采购两种形式
政府集中采购是指单位将属于政府集中采购目录的项目委托政府设立的集中采购机构代理的采购行为
部门集中采购是指主管部门统一组织实施本部门具有特殊要求采购项目的采购行为</td></tr>
<tr><td>D. 分散采购</td><td>也称单位自行采购，是指实施政府集中采购和部门集中采购范围以外、采购限额标准以上采购项目的采购行为</td></tr>
<tr><td colspan="2">E. 技术、服务等标准统一，采购人普遍使用的项目，列为集中采购机构采购项目
F. 采购人采购纳入集中采购目录的政府采购项目，必须委托集中采购机构代理采购；纳入集中采购目录属于通用的政府采购项目的，应当委托集中采购机构代理采购；属于本部门、本系统有特殊要求的项目，应当实行部门集中采购；属于本单位有特殊要求的项目，经省级以上政府批准，可以自行采购
G. 采购未纳入集中采购目录的政府采购项目，可以自行采购，也可以委托集中采购机构在委托的范围内代理采购
H. 采购人可以委托集中采购机构以外的采购代理机构，在委托的范围内办理政府采购事宜。采购人有权自行选择采购代理机构，任何单位和个人不得以任何方式为采购人指定采购代理机构</td></tr>
<tr><td rowspan="3">采购代理机构</td><td colspan="2">（2）【判断金句】采购代理机构是根据采购人的委托办理采购事宜的机构，包括集中采购机构和集中采购机构以外的采购代理机构。</td></tr>
<tr><td colspan="2">（3）下列关于采购代理机构的表述中，正确的有（ ）。</td></tr>
<tr><td colspan="2">A. 采购代理机构与行政机关不得存在隶属关系或者其他利益关系
B. 集中采购机构进行政府采购活动，应当符合采购价格低于市场平均价格、采购效率更高、采购质量优良和服务良好的要求
C. 采购代理机构与采购人是委托代理关系
D. 采购代理机构不得以向采购人行贿或者采取其他不正当手段谋取非法利益</td></tr>
</table>

续表

<table>
<tr><td rowspan="11">供应商</td><td colspan="2">（4）根据政府采购法律制度的规定，下列关于供应商的表述中，正确的有（　）。</td></tr>
<tr><td colspan="2">A. 供应商是指向采购人提供货物、工程或者服务的法人、其他组织或者自然人</td></tr>
<tr><td rowspan="2">B. 供应商应满足下列条件</td><td>（5）下列各项中，属于供应商应当具备的条件有（　）。</td></tr>
<tr><td>A. 具有独立承担民事责任的能力
B. 具有良好的商业信誉和健全的财务会计制度
C. 具有履行合同所必需的设备和专业技术能力
D. 有依法缴纳税收和社会保障资金的良好记录
E. 参加政府采购活动前 3 年内，在经营活动中没有重大违法记录</td></tr>
<tr><td colspan="2">C. 单位负责人为同一人或者存在直接控股、管理关系的不同供应商，不得参加同一合同项下的政府采购活动</td></tr>
<tr><td colspan="2">D. 除单一来源采购项目外，为采购项目提供整体设计、规范编制或者项目管理、监理、检测等服务的供应商，不得再参加该采购项目的其他采购活动</td></tr>
<tr><td colspan="2">E. 采购人可以根据采购项目的特殊要求，规定供应商的特定条件，但不得以不合理的条件对供应商实行差别待遇或者歧视待遇</td></tr>
<tr><td colspan="2">F. 采购人可以要求参加政府采购的供应商提供有关资质证明文件和业绩情况，并对供应商的资格进行审查</td></tr>
<tr><td colspan="2">（6）根据政府采购法律制度的规定，下列关于联合体供应商的表述中，正确的有（　）。</td></tr>
<tr><td colspan="2">A. 两个以上的自然人、法人或者其他组织可以组成一个联合体，以一个供应商的身份共同参加政府采购
B. 以联合体形式进行政府采购的，参加联合体的供应商均应当具备供应商的条件，并应当向采购人提交联合协议，载明联合体各方承担的工作和义务
C. 联合体各方应当共同与采购人签订采购合同，就采购合同约定的事项对采购人承担连带责任
D. 联合体中有同类资质的供应商按照联合体分工承担相同工作的，应当按照资质等级较低的供应商确定资质等级
E. 以联合体形式参加政府采购活动的，联合体各方不得再单独参加或者与其他供应商另外组成联合体参加同一合同项下的政府采购活动</td></tr>
</table>

【考点子题——举一反三，真枪实练】

[57]（历年真题•单选题）根据政府采购法律制度的规定，下列主体中，可以作为采购人的是（　）。

A. 事业单位　　B. 国有参股公司　　C. 普通合伙企业　　D. 国有独资企业

[58]（历年真题•多选题）根据政府采购法律制度的规定，下列各项中，属于供应商应当具备的条件有（　）。

A. 具有独立承担民事责任的能力

B. 具有良好的商业信用和健全的财务会计制度

C. 具有履行合同所必需的设备和专业技术能力

D. 参与政府采购活动前2年内没有违法记录

[59]（历年真题•多选题）根据政府采购法律制度的规定，下列主体中，可以作为采购人的有（　）。

A. 国家机关　B. 事业单位　C. 团体组织　D. 国有企业

[60]（历年真题•单选题）根据政府采购法律制度的规定，下列关于政府采购供应商应当具备条件的表述中，不正确的是（　）。

A. 必须是企业法人

B. 具有良好的商业信用和健全的财务会计制度

C. 具有履行合同所必需的设备和专业技术能力

D. 参与政府采购活动前3年内，在经营活动中没有重大违法记录

[61]（历年真题•判断题）采购人采购未纳入集中采购目录的政府采购项目，不得委托集中采购机构代理采购。（　）

[62]（历年真题•单选题）甲公司和乙公司组成联合体，以一个供应商的身份共同参加丙高校学生宿舍建设工程项目投标。下列关于该项政府采购活动的表述中，正确的是（　）。

A. 若中标，丙高校应当分别与甲公司和乙公司签订采购合同

B. 若中标，甲公司和乙公司就采购合同约定的事项对丙高校承担连带责任

C. 甲公司建筑资质比乙公司低，在参加该工程项目投标时，应当以乙公司的资质来确定该联合体的资质等级

D. 甲公司可以与丁公司另外组成联合体参加该工程项目投标

政府采购方式

【考点母题——万变不离其宗】政府采购方式

<table>
<tr><td colspan="2">（1）根据政府采购法律制度的规定，政府采购的方式有（　）。</td></tr>
<tr><td rowspan="2">A. 公开招标</td><td>公开招标，是指招标人依法以招标公告的方式邀请非特定的供应商参加投标的采购方式</td></tr>
<tr><td>（2）根据政府采购法律制度的规定，下列关于公开招标的表述中，正确的有（　）。</td></tr>
</table>

续表

<table>
<tr><td rowspan="5">A. 公开招标</td><td colspan="2">A. 公开招标是政府采购的主要方式
B. 招标人以招标公告的方式邀请不特定的法人或者其他组织投标
C. 采购人采购货物或者服务应当采用公开招标方式的，其具体数额标准，属于中央预算的政府采购项目，由国务院确定；属于地方预算的政府采购项目，由省级人民政府规定；因特殊情况需要采用公开招标以外采购方式的，应当在采购活动开始前获得设区的市、自治州以上政府采购监督管理部门的批准</td></tr>
<tr><td>D. 采购人不得将应当以公开招标方式采购的货物或者服务化整为零或者以其他任何方式规避公开招标采购</td><td>在一个财政年度内，采购人将一个预算项目下的同一品目或者类别的货物、服务采用公开招标以外的方式多次采购，累计资金数额超过公开招标数额标准的，属于以化整为零方式规避公开招标，但项目预算调整或者经批准采用公开招标以外方式采购除外</td></tr>
<tr><td colspan="2">E. 列入集中采购目录的项目，适合实行批量集中采购的，应当实行批量集中采购，但紧急的小额零星货物项目和有特殊要求的服务、工程项目除外</td></tr>
<tr><td colspan="2">F. 依法必须进行招标的项目，其招标投标活动不受地区或者部门的限制；任何单位和个人不得违法限制或者排斥本地区、本系统以外的法人或者其他组织参加投标，不得以任何方式非法干涉招标投标活动</td></tr>
<tr><td colspan="2">G. 招标文件规定的各项技术标准应当符合国家强制性标准；招标文件不得要求或者标明特定的投标人或者产品，以及含有倾向性或者排斥潜在投标人的其他内容</td></tr>
<tr><td rowspan="5">B. 邀请招标</td><td colspan="2">邀请招标，是指采购人依法从符合相应资格条件的供应商中随机抽取 3 家以上供应商，并以投标邀请书的方式邀请其参加投标的采购方式</td></tr>
<tr><td colspan="2">（3）根据政府采购法律制度的规定，下列情形中，可以采用邀请招标方式采购的有（　）。</td></tr>
<tr><td colspan="2">A. 具有特殊性，只能从有限范围的供应商处采购的
B. 采用公开招标方式的费用占政府采购项目总价值的比例过大的</td></tr>
<tr><td colspan="2">（4）根据政府采购法律制度的规定，下列关于邀请招标程序的表述中，正确的有（　）。</td></tr>
<tr><td colspan="2">A. 招标采购单位应当在省级以上人民政府财政部门指定的政府采购信息媒体发布资格预审公告，公布投标人资格条件，资格预审公告的期限不得少于 7 个工作日
B. 投标人应当在资格预算公告期结束之日起 3 个工作日前，按公告要求提交资格证明文件；招标采购单位从评审合格投标人中通过随机方式选择 3 家以上的投标人，并向其发出投标邀请书</td></tr>
<tr><td rowspan="4">C. 竞争性谈判</td><td colspan="2">（5）【判断金句】竞争性谈判，是指谈判小组与符合资格条件的 3 家以上供应商就采购事宜与供应商分别进行谈判，采购人从谈判小组提出的成交候选人中确定成交供应商的采购方式。</td></tr>
<tr><td colspan="2">（6）根据政府采购法律制度的规定，下列情形中，可以采用竞争性谈判方式采购的有（　）。</td></tr>
<tr><td colspan="2">A. 招标后没有供应商投标或者没有合格标的或者重新招标未能成立的</td></tr>
<tr><td colspan="2">B. 技术复杂或者性质特殊，不能确定详细规格或者具体要求的</td></tr>
</table>

续表

C. 竞争性谈判	C. 采用招标所需时间不能满足用户紧急需要的	这种情形的出现应当是采购人不可预见的或者非因采购人拖延导致的
	D. 不能事先计算出价格总额的	这种情形是指因采购艺术品或者因专利、专有技术或者因服务的时间、数量事先不能确定等导致不能事先计算出价格总额
D. 单一来源采购	（7）【判断金句】单一来源采购是指采购人直接从某个供应商或承包商处购买所需货物、服务或者工程的采购方式。	
	（8）根据政府采购法律制度的规定，下列情形中，可以采用单一来源采购方式采购的有（ ）。	
	A. 只能从唯一供应商处采购的，这种情形是指因货物或者服务使用不可替代的专利、专有技术，或者公共服务项目具有特殊要求，导致只能从某一特定供应商处采购 B. 发生了不可预见的紧急情况不能从其他供应商处采购的 C. 必须保证原有采购项目一致性或者服务配套的要求，需要继续从原供应商处添购，且添购资金总额不超过原合同采购金额 10% 的	
E. 询价	（9）【判断金句】询价是指采购人就采购项目向符合相应资格条件的被询价供应商（不少于 3 家）发出询价通知书，通过对报价供应商的报价进行比较，最终确定成交供应商的采购方式。	
	（10）【判断金句】采购货物规格、标准统一，现货货源充足且价格变化幅度小的政府采购项目，可以采用询价方式采购。	

【考点子题——举一反三，真枪实练】

[63]（历年真题•单选题）下列各项中，不属于政府采购方式的是（ ）。

A. 邀请招标　　B. 询价　　C. 指定采购　　D. 公开招标

[64]（历年真题•单选题）根据政府采购法律制度的规定，下列关于公开招标的表述中，正确的是（ ）。

A. 地方招标项目招标文件规定的各项技术标准符合地方标准即可

B. 进行公开招标的地方项目，应当明确只能由当地法人参加投标

C. 应当采用公开招标方式的项目的具体数额标准，一律由国务院规定

D. 评标委员会成员人数为 5 人以上的单数

[65]（历年真题•单选题）某事业单位拟采购一种特定的技术服务，经向社会公开招标没有合格标的，在此情形下，根据《政府采购法》的规定，该事业单位可以采用的采购方式是（ ）。

A. 询价　　B. 邀请招标　　C. 竞争性谈判　　D. 单一来源采购

[66]（历年真题•多选题）根据政府采购法律制度的规定，下列关于政府采购方式的表述中，正确的有（ ）。

A. 公开招标应作为政府采购的主要方式

B. 具有特殊性，并且只能从有限范围的供应商处采购商品或者服务的，可采用邀请招标的方式

C. 竞争性谈判的方式要求最少 2 家供应商，就采购事宜由采购人或者采购代理机构与供应商分别进行一对一的谈判

D. 只能从唯一供应商处采购的，可以采用单一来源采购的方式

[67]（历年真题•单选题）根据政府采购法律制度的规定，下列关于邀请招标的表述中，正确的是（ ）。

A. 投标人应在资格预审公告期结束之日后 3 个工作日内提交履约保证金

B. 采用公开招标方式的费用占政府采购项目总价值比例过大的，可以采用邀请招标方式

C. 采用邀请招标方式采购，资格预审公告的期限为 5 个工作日

D. 招标采购单位应从评审合格的投标人中选择资质级别最高的两家投标人，发出投标邀请书

考点 16　政府采购程序

【考点母题——万变不离其宗】一般性程序

（1）根据政府采购法律制度的规定，下列关于政府采购一般性程序的表述中，正确的有（ ）。
A. 负有编制部门预算职责的部门在编制下一财政年度部门预算时，应当将该财政年度政府采购的项目及资金预算列出，报本级财政部门汇总 B. 采购人应当根据集中采购目录、采购限额标准和已批复的部门预算编制政府采购实施计划，报本级人民政府财政部门备案 C. 采购人或者采购代理机构应当在招标文件、谈判文件、询价通知书中公开采购项目预算金额 D. 除国务院财政部门规定的情形外，采购人或者采购代理机构应当从政府采购评审专家库中随机抽取评审专家 E. 评标委员会、竞争性谈判小组或者询价小组成员应当按照客观、公正、审慎的原则，根据采购文件规定的评审程序、评审方法和评审标准进行独立评审。评标委员会、竞争性谈判小组或者询价小组成员应当在评审报告上签字，对自己的评审意见承担法律责任。对评审报告有异议的，应当在评审报告上签署不同意见，并说明理由，否则视为同意评审报告 F. 采购代理机构应当自评审结束之日起 2 个工作日内将评审报告送交采购人。采购人应当自收到评审报告之日起 5 个工作日内在评审报告推荐的中标或者成交候选人中按顺序确定中标或者成交供应商采购人或者采购代理机构应当自中标、成交供应商确定之日起 2 个工作日内，发出中标、成交通知书，并在省级以上人民政府财政部门指定的媒体上公告中标、成交结果，招标文件、竞争性谈判文件、询价通知书随中标、成交结果同时公告 G. 采购人或者采购代理机构应当按照政府采购合同规定的技术、服务、安全标准 组织对供应商履约情况的验收，并出具验收书

续表

(2) 根据政府采购法律制度的规定，下列关于投标保证金的表述中，正确的有（　）。
A. 不得超过采购项目预算金额的 2% B. 投标保证金应当以支票、汇票、本票或者金融机构、担保机构出具的保函等非现金形式提交 C. 采购人或者采购代理机构应当自中标通知书发出之日起 5 个工作日内退还未中标供应商的投标保证金，自政府采购合同签订之日起 5 个工作日内退还中标供应商的投标保证金 D. 竞争性谈判或者询价采购中要求参加谈判或者询价的供应商提交保证金的，参照上述规定执行
(3)【判断金句】采购文件的保存期限为从采购结束之日起至少保存 15 年。

【考点子题——举一反三，真枪实练】

[68]（历年真题•单选题）根据政府采购法律制度的规定，招标文件要求投标人提交投标保证金的，投标保证金不得超过采购项目预算金额的一定比例。该比例为（　）。

A. 2%　　B. 3%　　C. 4%　　D. 5%

[69]（历年真题•单选题）根据政府采购法律制度的规定，政府采购文件从采购结束之日起至少保存（　）。

A. 10 年　　B. 15 年　　C. 20 年　　D. 25 年

【考点母题——万变不离其宗】招标采购的程序要求

(1)【判断金句】采取招标方式采购的，采购人或者采购代理机构应当按照国务院财政部门制定的招标文件标准文本编制招标文件。
(2) 招标文件的提供期限自招标文件开始发出之日起不得少于特定期限。该期限为（　）
A. 5 个工作日
(3)【判断金句】货物或者服务项目采取邀请招标方式采购的，采购人应当从符合相应资格条件的供应商中，通过随机方式选择 3 家以上的供应商，并向其发出投标邀请书。
(4) 货物和服务项目实行招标方式采购的，自招标文件开始发出之日起至投标人提交投标文件截止之日止，不得少于特定期限。该期限为（　）
A. 20 日
(5) 根据政府采购法律制度的规定，在招标采购中，出现特定情形时，应予废标。该特定情形有（　）。
A. 符合专业条件的供应商或者对招标文件作实质响应的供应商不足 3 家的 B. 出现影响采购公正的违法、违规行为的 C. 投标人的报价均超过了采购预算，采购人不能支付的　　D. 因重大变故，采购任务取消的
(6) 根据政府采购法律制度的规定，废标后，下列处理方式正确的有（　）。

续表

A. 废标后，采购人应当将废标理由通知所有投标人 B. 废标后，除采购任务取消情形外，应当重新组织招标 C. 需要采取其他方式采购的，应当在采购活动开始前获得设区的市、自治州以上政府采购监督管理部门或者政府有关部门批准
（7）【判断金句】政府采购招标评标方法分为最低评标价法和综合评分法。
（8）【判断金句】技术、服务等标准统一的货物和服务项目，应当采用最低评标价法。采用综合评分法的，评审标准中的分值设置应当与评审因素的量化指标相对应。招标文件中没有规定的评标标准不得作为评审的依据。

【考点子题——举一反三，真枪实练】

［70］（经典子题•单选题）根据政府采购法律制度的规定，采用招标方式进行政府采购的，自招标文件开始发出之日起至投标人提交投标文件截止之日止，不得少于一定期间，该期间为（　）。

A. 20 日　　B. 19 日　　C. 15 日　　D. 7 日

【考点母题——万变不离其宗】竞争性谈判的程序要求

（1）根据政府采购法律制度的规定，采用竞争性谈判方式采购的，应当遵循的程序有（　）。
A. 成立谈判小组，由 3 人以上的单数组成，专家的人数不得少于成员总数的 2/3 B. 制定谈判文件　C. 确定邀请参加谈判的供应商名单　D. 谈判　E. 确定成交供应商
（2）【判断金句】质量和服务相等的含义，是指供应商提供的产品质量和服务均能满足采购文件招标文件的提供期限自招标文件定的实质性要求。

【考点母题——万变不离其宗】询价的程序要求

（1）根据政府采购法律制度的规定，采取询价方式采购的，应当遵循下列程序有（　）。	
A. 成立询价小组	询价小组由采购人的代表和有关专家共 3 人以上的单数组成，专家的人数不得少于成员总数的 2/3
	询价小组应当对采购项目的价格构成和评定成交的标准等事项作出规定
B. 确定被询价的供应商名单	询价小组根据采购需求，从复合相应资格条件的供应商名单中确定不少于 3 家的供应商，并向其发出询价通知书让其报价；询价通知书应当根据采购需求确定政府采购合同条款
C. 询价	询价小组要求被询价的供应商一次报出不得更改的价格
	在询价过程中，询价小组不得改变询价通知书所确定的政府采购合同条款
D. 确定成交供应商	采购人根据符合采购需求、质量和服务相等且报价最低的原则确定成交供应商，并将结果通知所有被询价的未成交的供应商

【考点子题——举一反三，真枪实练】

[71]（历年真题·判断题）政府采购采用询价方式的，被询价的供应商应一次报出不得更改的价格。（　）

【考点母题——万变不离其宗】政府采购活动中的禁止与回避

（1）根据政府采购法律制度的规定，政府采购活动中禁止的行为有（　）。
A. 政府采购当事人不得相互串通损害国家利益、社会公共利益和其他当事人的合法权益；不得以任何手段排斥其他供应商参与竞争 B. 采购代理机构不得以向采购人行贿或者采取其他不正当手段谋取非法利益制定谈判文件 C. 供应商不得以向采购人、采购代理机构、评标委员会的组成人员、竞争性谈判小组的组成人员、询价小组的组成人员行贿或者采取其他不正当手段谋取中标或者成交确定邀请参加谈判的供应商名单评标委员会、竞争性谈判小组或者询价小组在评审过程中发现供应商有行贿、提供虚假材料或者串通等违法行为的，应当及时向财政部门报告 D. 采购人、采购代理机构不得向评标委员会、竞争性谈判小组或者询价小组的 评审专家作倾向性、误导性的解释或者说明 E. 政府采购评审专家应当遵守评审工作纪律，不得泄露评审文件、评审情况和评审中获悉的商业秘密。政府采购评审专家在评审过程中收到非法干预的，应当及时 向财政、监察等部门举报
（2）在政府采购活动中，采购人员及相关人员与供应商有下列利害关系之一的，应当回避（　）。
A. 参加采购活动前 3 年内与供应商存在劳动关系 B. 参加采购活动前 3 年内担任供应商的董事、监事 C. 参加采购活动前 3 年内是供应商的控股股东或者实际控制人 D. 与供应商的法定代表人或者负责人有夫妻、直系血亲、三代以内旁系血亲或者近姻亲关系 E. 与供应商有其他可能影响政府采购活动公平、公正进行的关系

考点 22　政府采购合同

【考点母题——万变不离其宗】政府采购合同

（1）根据政府采购法律制度的规定，下列关于政府采购合同签订的表述中，正确的有（　）。
A. 政府采购合同应当采用书面形式 B. 采购人与中标、成交供应商应当在中标、成交通知书发出之日起 30 日内，按照采购文件确定的事项签订政府采购合同 C. 中标或者成交供应商拒绝与采购人签订合同的，采购人可以按照评审报告推荐的中标或者成交候选人名单排序，确定下一候选人为中标或者成交供应商，也可以重新开展政府采购活动 D. 采购文件要求中标或者成交供应商提交履约保证金的，供应商应当以支票、汇票、本票或者金融机构、担保机构出具的保函等非现金形式提交 E. 履约保证金的数额不得超过政府采购合同金额的 10% F. 采购人应当自政府采购合同签订之日起 2 个工作日内，将政府采购合同在省级以上人民政府财政部门指定的媒体上公告，但政府采购合同中涉及国家秘密、商业秘密的内容除外 G. 政府采购项目的采购合同自签订之日起 7 个工作日内，采购人应当将合同副本报同级政府采购监督管理部门和有关部门备案

续表

（2）根据政府采购法律制度的规定，下列关于政府采购合同履行的表述中，正确的有（　）。
A. 采购人应当按照政府采购合同规定，及时向中标或者成交供应商支付采购资金 B. 经采购人同意，中标、成交供应商可以依法采取分包方式履行合同；分包履行的，中标、成交供应商就采购项目和分包项目向采购人负责，分包供应商就分包项目承担责任 C. 政府采购合同履行中，采购人需追加与合同标的相同的货物、工程或者服务的，在不改变合同其他条款的前提下，可以与供应商协商签订补充合同，但所有补充合同的采购金额不得超过原合同采购金额的10% D. 政府采购合同的双方当事人不得擅自变更、中止或者终止合同，政府采购合同继续履行将损害国家利益和社会公共利益的，双方当事人应当变更、中止或者终止合同。有过错的一方应当承担赔偿责任，双方都有过错的，各自承担相应的法律责任

【考点子题——举一反三，真枪实练】

[72]（历年真题·单选题）根据政府采购法律制度的规定，采购人与中标、成交供应商应当在中标、成交通知书发出之日起一定期限内，按照采购文件确定的事项签订政府采购合同。该期限为（　）。

A. 10日　B. 15日　C. 20日　D. 30日

[73]（历年真题·单选题）根据政府采购法律制度的规定，采购文件要求中标或者成交供应商提交履约保证金的，履约保证金的数额不得超过政府采购合同金额的一定比例。该比例是（　）。

A. 30%　B. 20%　C. 10%　D. 5%

[74]（历年真题·多选题）根据政府采购法律制度的规定，下列关于政府采购合同的表述中，正确的有（　）。

A. 履约保证金的数额可以为政府采购合同金额的20%

B. 经采购人同意，成交供应商可以依法采取分包方式履行合同

C. 政府采购合同中涉及国家秘密的内容不在媒体上公告

D. 小额政府采购合同签订后，采购人不必将合同副本报有关部门备案

[75]（历年真题·多选题）根据政府采购法律制度的规定，下列关于政府采购合同签订和履行的表述中，正确的有（　）。

A. 采购人不得委托采购代理机构代表其与供应商签订政府采购合同

B. 履约保证金的数额不得超过政府采购合同金额的10%

C. 供应商不得采取分包方式履行政府采购合同

D. 政府采购合同签订后，采购人应当将合同副本报同级政府采购监督管理部门和有关部门备案

政府采购的质疑与投诉

【考点母题——万变不离其宗】政府采购的质疑与投诉

根据政府采购法律制度的规定，下列关于政府采购质疑与投诉的表述中，正确的有（ ）。	
询问	A. 供应商对政府采购活动事项有疑问的，可以向采购人提出询问，采购人应当及时作出答复，但答复的内容不得涉及商业秘密 B. 采购人或者采购代理机构应当在 3 个工作日内对供应商依法提出的询问作出答复
质疑	C. 供应商认为采购文件、采购过程和中标、成交结果使自己的权益受到损害的，可以在知道或者应知其权益受到损害之日起 7 个工作日内，以书面形式向采购人提出质疑 D. 采购人应当在收到供应商的书面质疑后 7 个工作日内作出答复，并以书面形式通知质疑供应商和其他有关供应商，但答复的内容不得涉及商业秘密 【注意 1】应知其权益受到损害之日，是指：（1）对可以质疑的采购文件提出质疑的，为收到采购文件之日或者采购文件公告期限届满之日；（2）对采购过程提出质疑的，为各采购程序环节结束之日；（3）对中标或者成交结果提出质疑的，为中标或者成交结果公告期限届满之日。 【注意 2】政府采购评审专家应当配合采购人或者采购代理机构答复供应商的询问和质疑。
投诉	E. 质疑供应商对采购人、采购代理机构的答复不满意或者采购人、采购代理机构未在规定的时间内作出答复的，可以在答复期满后 15 个工作日内内向同级政府采购监督管理部门（即采购人所属预算级次本级财政部门）投诉 F. 政府采购监督管理部门应当在收到投诉后 30 个工作日内，对投诉事项作出处理决定，并以书面形式通知投诉人和与投诉事项有关的当事人；政府采购监督管理部门在处理投诉事项期间，可以视具体情况书面通知采购人暂停采购活动，但暂停时间最长不得超过 30 日 G. 财政部门处理投诉事项采用书面审查的方式，必要时可以进行调查取证或者组织质证；财政部门对投诉事项作出的处理决定，应当在省级以上人民政府财政部门指定的媒体上公告 H. 投诉人对政府采购监督管理部门的投诉处理决定不服或者政府采购监督管理部门逾期未作处理的，可以依法申请行政复议或者向人民法院提起行政诉讼

政府采购的监督检查

【考点母题——万变不离其宗】政府采购的监督检查

（1）根据政府采购法律制度的规定，政府采购的主要监管主体是（ ）。
A. 财政部门
（2）【判断金句】审计机关、监察机关以及其他有关部门依法对政府采购活动实施监督，发现当事人有违法行为的，应当及时通报财政部门。

续表

(3)根据政府采购法律制度的规定，政府采购监督管理部门对政府采购活动及集中采购机构进行监督检查，监督检查的主要内容包括（ ）。	
A. 有关政府采购的法律、行政法规和规章的执行情况	
B. 采购范围、采购方式和采购程序的执行情况	C. 政府采购人员的职业素质和专业技能
(4)【判断金句】政府采购监督管理部门不得设置集中采购机构，不得参与政府采购项目的采购活动。	
(5)根据政府采购法律制度的规定，政府采购监督管理部门对集中采购机构的考核事项有（ ）。	
A. 采购价格、节约资金效果、服务质量、信誉状况、有无违法行为	
B. 政府采购政策的执行情况	C. 采购文件编制水平
D. 采购方式和采购程序的执行情况	E. 询问、质疑答复情况
F. 内部监督管理制度建设及执行情况	G. 省级以上人民政府财政部门规定的其他事项

【考点子题——举一反三，真枪实练】

[76]（历年真题•单选题）根据政府采购法律制度的规定，政府采购监督管理部门是（ ）。

A. 审计部门　　B. 财政部门

C. 国有资产监督管理部门　　D. 市场监督管理部门

[77]（经典子题•简答题）某市级单位委托集中采购机构通过公开招标方式确定该单位数据库系统开发服务供应商。招标公告发布后，甲公司为提高中标概率，除自己投标外，还与乙公司商定组成联合体进行投标，后因故该次招标成为废标。采购单位重新委托进行了招标，乙公司中标。甲公司对第二次招标提出了质疑，认为乙公司与集中采购机构负责人员具有密切关系。因不满采购人和集中采购机构的答复甲公司遂向该市政府采购监督管理部门投诉。

要求：根据上述情形，回答下列问题。

（1）甲公司是否可以同时以自己和联合体的名义参加同一项目的政府采购活动？简要说明理由。

（2）在招标采购活动中可能导致废标的情形有哪些？

（3）在政府采购活动中，采购人员及相关人员是否适用回避规定？

[本章考点子题答案及解析]

[1]【答案：ABCD】财政政策工具主要有税收、预算、政府债务、政府购买性支出、转移支出等，是用于达到政策目标的各种财政手段。

[2]【答案：√】预算是国家进行宏观调控的经济杠杆，在优化资源配置、调节收入分配支撑宏观经济调控、改进公共治理、保障政策规划与实施等方面发挥着重要作用，是现代国家治理体系的重要组成部分。

[3]【答案：√】经人民代表大会批准的预算，非经法定程序，不得调整。这是预算法定原则的要求。

[4] 【答案：D】除涉及国家秘密的以外，经本级政府财政部门批复的部门预算、决算及报表，应当在批复后 20 日内由各部门向社会公开，并对部门预算、决算中机关运行经费的安排、使用情况等重要事项作出说明。这是预算公开原则的具体要求。

[5] 【答案：C】我国的预算层级有五级。

[6] 【答案：C】(1) 财政转移支付包括中央对地方的转移支付和地方上级政府对下级政府的转移支付，以为均衡地区间基本财力、由下级政府统筹安排使用的一般性转移支付为主。选项 A 正确。(2) 一般性转移支付包括：均衡性转移支付；对革命老区、民族地区、边疆地区、贫困地区的财力补助；其他一般性转移支付。选项 C 不正确选项 D 正确。

[7] 【答案：AD】均衡性转移支付以及对革命老区、民族地区、边疆地区、贫困地区的财力补助，属于一般性转移支付，选项 A 正确而选项 B 不正确。上级政府在安排专项转移支付时，不得要求下级政府承担配套资金，但是，按照国务院的规定应当由上下级政府共同承担的事项除外，选项 C 不正确。对评估后的专项转移支付，设立的有关要求变更，或者实际绩效与目标差距较大、管理不够完善的，应当予以调整，选项 D 正确。

[8] 【答案：ABCD】预算包括一般公共预算、政府性基金预算、国有资本经营预算、社会保险基金预算。

[9] 【答案：AC】一般公共预算收入包括：税收收入；行政事业性收费收入（选项 A）；国有资源（资产）有偿使用收入（选项 C）；转移性收入。

[10] 【答案：ABCD】选项 A 属于国有资源（资产）有偿使用收入。选项 BC 属于转移性收入。选项 D 属于税收收入。

[11] 【答案：B】政府性基金预算是将依照法律、行政法规的规定在一定期限内向特定对象征收、收取或者以其他方式筹集的资金，专项用于特定公共事业发展的收支预算。政府性基金预算收入来源于向特定对象征收、收取或者以其他方式筹集的资金，如民航发展基金、国家重大水利建设基金、国有土地使用权出让金等。

[12] 【答案：B】选项 B：企业国有资本经营预算应当按照收支平衡的原则编制，不列赤字，并安排资金调入一般公共预算。选项 ACD 的表述均正确。

[13] 【答案：√】社会保险基金预算应当按照统筹层次和社会保险项目分别编制，做到收支平衡。

[14] 【答案：×】我国预算年度自公历 1 月 1 日起，至 12 月 31 日止。

[15] 【答案：B】根据预算法律制度的规定，我国预算年度的起止日期自公历 1 月 1 日起，至当年 12 月 31 日止。

[16] 【答案：B】(1) 应当依照《预算法》规定，将所有政府收入全部列入预算，不得隐瞒、少列。选项 A 正确。(2) 地方各级经批准举借的债务应当有偿还计划和稳定的偿还资金来源，只能用于公益性资本支出，不得用于经常性支出。选项 B 不正确。适选。(3) 各级一般公共预算按照国务院的规定可以设置预算周转金，用于本级政府调剂预算年度内季节性收支差额。选项 C 正确。(4) 各级一般公共预算应当按照本级一般公共预算支出额的 1%-3% 设置预备费，用于当年预算执行中的自然灾害等突发事件处理增加的支出及其他难以预见的开支。选项 D 正确。

[17] 【答案：A】中央预算由全国人民代表大会审查和批准。

[18] 【答案：B】国务院和县级以上地方人民政府对下一级政府依照《预算法》的相关规定报送备案的

预算，认为有同法律、行政法规相抵触或者有其他不适当之处，需要撤销批准预算的决议的，应当提请本级人民代表大会常务委员会审议决定。

[19]【答案：ABCD】预算年度开始后、各级预算草案在本级人民代表大会批准前，可以安排下列支出：上一年度结转的支出；参照上一年同期的预算支出数额安排必须支付的本年度部门基本支出、项目支出，以及对下级政府的转移性支出；法律规定必须履行支付义务的支出；用于自然灾害等突发事件处理的支出。

[20]【答案：BCD】(1)各级政府不得向预算收入征收部门和单位下达收入指标。选项 A 不正确。(2)各级政府、各部门、各单位应当对预算支出情况开展绩效评价。选项 B 正确。(3)各级国库的库款支配权属于本级政府财政部门。选项 C 正确。(4)各级一般公共预算年度执行中有超收收入的，只能用于冲减赤字或者补充预算稳定调节基金。各级一般公共预算的结余资金，应当补充预算稳定调节基金。选项 D 正确。

[21]【答案：ABD】(1)县级以上各级预算必须设立国库，具备条件的乡、民族乡、镇也应当设立国库。选项 A 正确。(2)各级国库的库款支配权属于本级政府财政部门。选项 B 正确。(3)中央国库业务由中国人民银行经理。选项 C 不正确。(4)国家实行国库集中收缴和集中支付制度，对政府全部收入和支出实行国库集中收付管理。选项 D 正确。

[22]【答案：√】各级预算的收入和支出实行收付实现制。特定事项按照国务院的规定实行权责发生制的有关情况，应当向本级人民代表大会常务委员会报告。

[23]【答案：B】中央国库业务由中国人民银行经理。

[24]【答案：√】各级一般公共预算年度执行中有超收收入的，只能用于冲减赤字或者补充预算稳定调节基金。各级一般公共预算的结余资金，应当补充预算稳定调节基金。

[25]【答案：D】在预算执行中，地方各级政府因上级政府增加不需要本级政府提供配套资金的专项转移支付而引起预算支出变化，不属于预算调整。选项 ABC 均属于预算调整的情形。

[26]【答案：ABD】县级以上地方各级预算的调整方案应当提请本级人民代表大会常务委员会审查和批准。

[27]【答案：ACD】选项 B：需要增加举借债务数额的，应当进行预算调整。

[28]【答案：A】乡、民族乡、镇预算的调整方案应当提请本级人民代表大会审查和批。

[29]【答案：B】国务院财政部门编制中央决算草案，经国务院审计部门审计后，报国务院审定，国务院提请全国人民代表大会常务委员会审查和批准。

[30]【答案：B】县级以上各级政府财政部门编制本级决算草案，经本级政府审计部门审计后，报本级政府审定，由本级政府提请本级人民代表大会常委会审查和批准。

[31]【答案：AB】全国人民代表大会及其常务委员会对中央和地方预算、决算进行监督。

[32]【答案：ABCD】国有资产是指所有权属于国家的财产或财产权益。这里的财产或财产权益不仅包括有形财产(如固定资产和流动资产)，还包括属于国家的债权、无形资产等财产权益。

[33]【答案：A】国务院代表国家行使国有资产所有权，各级人民政府依法代表国家对国家出资企业履行出资人职责。

[34]【答案：ABCD】上述四项均为国家出资企业。

[35]【答案：ACD】国务院和地方人民政府按照政企分开、社会公共管理职能与国有资产出资人职能分

开、不干预企业依法自主经营的原则，依法履行出资人职责。

[36]【答案：CD】国务院代表国家行使国有资产所有权，各级人民政府依法代表国家对国家出资企业履行出资人职责，选项AB不正确；国家财政部等有关部门是国务院授权代表国务院对金融类国家出资企业履行出资人职责的机构，选项C正确；国务院和地方人民政府按照政企分开、社会公共管理职能与国有资产出资人职能分开、不干预企业依法自主经营的原则，依法履行出资人职责，选项D正确。

[37]【答案：√】国务院所确定的关系国民经济命脉和国家安全的大型国家出资企业、重要基础设施和重要自然资源等领域的国家出资企业，由国务院代表国家履行出资人职责。

[38]【答案：B】履行出资人职责的机构有权任免国有独资企业的经理（选项C）、副经理、财务负责人（选项D）和其他高级管理人员；有权任免国有独资公司的董事长（选项A）、副董事长、董事、监事会主席和监事；有权向国有资本控股公司、国有资本参股公司的股东会、股东大会提出董事、监事人选。国有资本参股公司的监事不属于履行出资人职责的机构任免范畴。

[39]【答案：×】未经履行出资人职责的机构同意，国有独资公司的董事长不得兼任经理。

[40]【答案：√】未经履行出资人职责的机构同意，国有独资公司的董事长不得兼任经理。

[41]【答案：ABC】履行出资人职责机构的职责有：代表本级人民政府对国家出资企业依法享有资产收益、参与重大决策和选择管理者等出资人权利；依法制定或者参与制定国家出资企业的章程（选项A）；委派股东代表参加国有资本控股公司、国有资本参股公司召开的股东会会议，股东大会会议（选项B），按照委派机构的指示提出提案，发表意见，行使表决权，并将其履行职责的情况和结果及时报告委派机构；…… 履行出资人职责的机构有权任免国有独资企业的经理、副经理、财务负责人（选项C）和其他高级管理人员。

[42]【答案：ABC】国有独资企业、国有独资公司和国有资本控股公司的主要负责人，应当接受依法进行的任期经济责任审计。

[43]【答案：C】《企业国有资产法》所称的关联方，是指本企业的董事、监事、高级管理人员及其近亲属，以及这些人员所有或者实际控制的企业。选项C中，周某是董事王某的妻子（近亲属），周某是甲公司的关联方。

[44]【答案：ABCD】《企业国有资产法》规定，国家出资企业的关联方不得利用与国家出资企业之间的交易，谋取不当利益，损害国家出资企业利益。未经履行出资人职责的机构同意，国有独资企业、国有独资公司不得有下列行为：与关联方订立财产转让、借款的协议；为关联方提供担保；与关联方共同出资设立企业，或者向董事、监事、高级管理人员或者其近亲属所有或者实际控制的企业投资。

[45]【答案：ABC】国有独资企业、国有独资公司未经履行出资人职责的机构同意不得从事的有：（1）与关联方订立财产转让、借款的协议（选项AC）；（2）为关联方提供担保（选项B）；（3）与关联方共同出资设立企业，或者向董事、监事、高级管理人员或者其近亲属所有或者实际控制的企业投资。

[46]【答案：B】选项B：企业国有资本经营预算支出按照当年预算收入规模安排，不列赤字。

[47]【答案：AB】重要的国有独资企业、国有独资公司分立、合并、破产、解散的，应当由国有资产监督管理机构审核后，报本级人民政府批准。

[48]【答案：√】公共基础设施、政府储备物资、国有文物文化等行政事业性国有资产管理的具体办法，由国务院财政部门会同有关部门制定。

[49]【答案：C】资产配置包括调剂、购置、建设、租用、接受捐赠等方式。各部门及其所属单位应当优先通过调剂方式配置资产。不能调剂的，可以采用购置、建设、租用等方式。

[50]【答案：ABC】各部门及其所属单位应当对下列资产及时予以报废、报损：因技术原因确需淘汰或者无法维修、无维修价值的资产；涉及盘亏、坏账以及非正常损失的资产；已超过使用年限且无法满足现有工作需要的资产；因自然灾害等不可抗力造成毁损、灭失的资产。

[51]【答案：D】（1）资产配置包括调剂、购置、建设、租用、接受捐赠等方式。各部门及其所属单位应当优先通过调剂方式配置资产。不能调剂的，可以采用购置、建设、租用等方式。选项 A 正确。（2）各部门及其所属单位应当在确保安全使用的前提下，推进本单位大型设备等国有资产共享共用工作，可以对提供方给予合理补偿，选项 B 正确。（3）因技术原因确需淘汰或者无法维修、无维修价值的资产，各部门及其所属单位应当及时予以报废、报损。选项 C 正确。（4）各部门及其所属单位应当将依法罚没的资产按照国家规定公开拍卖或者按照国家有关规定处理，所得款项全部上缴国库。选项 D 不正确。

[52]【答案：D】（1）各部门及其所属单位对有账簿记录但权证手续不全的行政事业性资产，可以向本级人民政府有关主管部门提出确认资产权属申请，及时办理权属登记。选项 A 不正确。（2）国务院财政部门应当建立全国行政事业性国有资产管理信息系统，推行资产管理网上办理，实现信息共享。选项 B 不正确。（3）各部门及其所属单位应当按照国家规定设置行政事业性国有资产台账，依照国家统一的会计制度进行会计核算，不得形成账外资产。选项 C 不正确。（4）各部门及其所属单位会计信息严重失真，应当对行政事业性国有资产进行清查。选项 D 正确。

[53]【答案：ABCD】《行政事业性国有资产管理条例》规定，有下列情形之一的，各部门及其所属单位应当对行政事业性国有资产进行清查：根据本级政府部署要求；发生重大资产调拨、划转以及单位分立、合并、改制、撤销、隶属关系改变等情形；因自然灾害等不可抗力造成资产毁损、灭失；会计信息严重失真；国家统一的会计制度发生重大变更，涉及资产核算方法发生重要变化；其他应当进行资产清查的情形。

[54]【答案：√】各部门及其所属单位应当对行政事业性国有资产进行清查的情形有：根据本级政府部署要求；发生重大资产调拨、划转以及单位分立、合并、改制、撤销、隶属关系改变等情形；因自然灾害等不可抗力造成资产毁损、灭失；会计信息严重失真；国家统一的会计制度发生重大变更，涉及资产核算方法发生重要变化；其他应当进行资产清查的情形。

[55]【答案：ABCD】选项 ABCD 均属于以不合理的条件对供应商实行差别待遇或者歧视待遇的情形。

[56]【答案：√】政府采购的信息应当在政府采购监督管理部门指定的媒体上及时向社会公开发布（涉及商业秘密的除外）。

[57]【答案：A】采购人是指依法进行政府采购的国家机关、事业单位、团体组织，不包括国有企业。

[58]【答案：ABC】参加政府采购活动前 3 年内，在经营活动中没有重大违法记录是供应商应当满足的条件，因此选项 D 不正确。

[59]【答案：ABC】采购人是指依法进行政府采购的国家机关、事业单位、团体组织，不包括国有企业。

[60]【答案：A】供应商应满足下列条件：具有独立承担民事责任的能力；具有良好的商业信誉和健全的财务会计制度；具有履行合同所必需的设备和专业技术能力；有依法缴纳税收和社会保障资金的良好记录；参加政府采购活动前 3 年内，在经营活动中没有重大违法记录。

[61]【答案：×】采购未纳入集中采购目录的政府采购项目，可以自行采购，也可以委托集中采购机构在委托的范围内代理采购，采购人可以委托集中采购机构以外的采购代理机构，在委托的范围内办理政府采购事宜。

[62]【答案：B】(1)联合体各方应当共同与采购人签订采购合同，就采购合同约定的事项对采购人承担连带责任。选项 A 不正确选项 B 正确。(2)联合体中有同类资质的供应商按照联合体分工承担相同工作的，应当按照资质等级较低的供应商确定资质等级。选项 C 不正确。(3)以联合体形式参加政府采购活动的，联合体各方不得再单独参加或者与其他供应商另外组成联合体参加同一合同项下的政府采购活动。选项 D 不正确。

[63]【答案：C】政府采购方式包括公开招标、邀请招标、竞争性谈判、单一来源采购、询价。

[64]【答案：D】招标文件规定的各项技术标准应当符合国家强制性标准，选项 A 不正确；依法必须进行招标的项目，其招标投标活动不受地区或者部门的限制；任何单位和个人不得违法限制或者排斥本地区、本系统以外的法人或者其他组织参加投标，不得以任何方式非法干涉招标投标活动，选项 B 不正确；采购人采购货物或者服务应当采用公开招标方式的，其具体数额标准，属于中央预算的政府采购项目，由国务院确定；属于地方预算的政府采购项目，由省级人民政府规定，选项 C 不正确。

[65]【答案：C】招标后没有供应商投标或者没有合格标的，可以采用竞争性谈判方式采购。

[66]【答案：ABD】竞争性谈判是指采购人或者采购代理机构根据采购需求直接要求 3 家以上的供应商就采购事宜与供应商分别进行一对一的谈判，最后通过谈判结果来选择供应商的一种采购方式。

[67]【答案：B】投标人应当在资格预算公告期结束之日起 3 个工作日前，按公告要求提交资格证明文件，招标采购单位从评审合格投标人中通过随机方式选择 3 家以上的投标人，并向其发出投标邀请书，选项 AD 不正确；招标采购单位应当在省级以上人民政府财政部门指定的政府采购信息媒体发布资格预审公告，公布投标人资格条件，资格预审公告的期限不得少于 7 个工作日，选项 C 不正确。有下列情形之一的，可以采用邀请招标的方式采购：具有特殊性，只能从有限范围的供应商处采购的；采用公开招标方式的费用占政府采购项目总价值比例过大的。选项 B 正确。

[68]【答案：A】投标保证金不得超过采购项目预算金额的 2%。

[69]【答案：B】政府采购文件从采购结束之日起至少保存 15 年。

[70]【答案：A】实行招标方式采购的，自招标文件开始发出之日起至投标人提交投标文件截止之日止，不得少于 20 日。

[71]【答案：√】询价小组要求被询价的供应商一次报出不得更改的价格。在询价过程中，询价小组不得改变询价通知书所确定的政府采购合同条款。

[72]【答案：A】采购人与中标、成交供应商应当在中标、成交通知书发出之日起 30 日内，按照采购文件确定的事项签订政府采购合同。

[73]【答案：C】履约保证金的数额不得超过政府采购合同金额的 10%。

[74]【答案：BC】履约保证金的数额不得超过政府采购合同金额的 10%，选项 A 不正确。政府采购项

目的采购合同自签订之日起 7 个工作日内，采购人应当将合同副本报同级政府采购监督管理部门和有关部门备案，选项 D 不正确。

[75]【答案: BD】采购人可以委托采购代理机构代表其与供应商签订政府采购合同，选项 A 不正确；经采购人同意，中标、成交供应商可以依法采取分包方式履行合同，选项 C 不正确。

[76]【答案: B】政府采购监督管理部门是财政部门。

[77]【答案】

（1）甲公司不可以同时以自己和联合体的名义参加同一项目的政府采购活动。根据政府采购法律制度的规定，以联合体形式参加政府采购活动的，联合体各方不得再单独参加或者与其他供应商另外组成联合体参加同一合同项下的政府采购活动。

（2）在招标采购中出现下列情形之一的，应予废标：符合专业条件的供应商或者对招标文件作实质响应的供应商不足 3 家的；出现影响采购公正的违法、违规行为的；投标人的报价均超过了采购预算，采购人不能支付的；因重大事故采购任务取消的。

（3）为保证政府采购活动的公平公正，法律规定当出现特定的情形时，采购人员及相关人员必须回避，或者可以申请其回避。具体情形有：在政府采购活动中，采购人员及相关人员与供应商有利害关系的，必须回避；供应商认为采购人员及相关人员与其他供应商有利害关系的，可以申请其回避。